景德镇年鉴

2024

景德镇市党史和地方志工作办公室　编

方志出版社
Publishing House of Local Records

图书在版编目（CIP）数据

景德镇年鉴 . 2024 / 景德镇市党史和地方志工作办公室编 . -- 北京 : 方志出版社 , 2024.11. -- ISBN 978-7-5144-6541-9

Ⅰ . Z525.63

中国国家版本馆 CIP 数据核字第 2024MQ5520 号

责任编辑：丛珺
责任校对：张玉霞
责任印制：梅中英
出 版 者：方志出版社
地　　址：北京市朝阳区潘家园东里 9 号（国家方志馆 4 层）
邮　　编：100021
网　　址：http://www.zgfzcb.cn
发　　行：方志出版社图书营销中心（010-67110500）
印　　刷：湖南省越来越好印务有限公司
开　　本：889 毫米 ×1194 毫米 1/16
印　　张：30.5
字　　数：834 千字
版　　次：2024 年 11 月第 1 版
印　　次：2024 年 11 月第 1 次印刷
定　　价：200.00 元

《景德镇年鉴（2024）》编辑部

编辑说明

一、《景德镇年鉴》是由中共景德镇市委领导、景德镇市人民政府主办、景德镇市党史和地方志工作办公室编纂的地方综合年鉴，首卷为1991—1992年卷，以后每年出版1卷，《景德镇年鉴(2024)》为第31卷。

二、《景德镇年鉴》以马克思列宁主义、毛泽东思想、邓小平理论、“三个代表”重要思想、科学发展观、习近平新时代中国特色社会主义思想为指导，坚持辩证唯物主义和历史唯物主义的立场、观点、方法，全面、系统、真实地记载全市社会各项事业的发展情况，为党政机关、企事业单位提供有价值的地情资料，为社会各界和海内外人士了解景德镇提供全面的信息。

三、《景德镇年鉴(2024)》记述时限为2023年1月1日至12月31日。为了完整记述重大事项，特载、专记等的记载时限作适当上溯或下延。

四、《景德镇年鉴(2024)》采用分类编辑法，按类目、分目、条目3个层次设计。条目为记述基本形式，其标题用黑体字加【 】标示。全书内容层次设置是为方便分类编辑和读者系统阅读，并不反映严格的科学分类体系；机关、企事业单位等排序和层次并不表示其地位和规模。本卷年鉴配备双重检索系统，书前有中文目录，书后有主题分析索引，范围涉及条目、图片和表格。

五、《景德镇年鉴(2024)》所采用稿件均由市各部门、各单位专人提供，并经各单位负责人审定。文中插图均由资料供稿单位提供，彩页专题照片由市改革和政策研究中心、新闻部门和有关部门提供。机构及领导人员名单中副县级以上领导名单由市委组织部提供，非市管单位的领导名单由该单位提供；统计资料由景德镇市统计局提供。文中所列数据，均保持各单位提供时的原貌，不作省略或改动。因统计方法或口径不同，不同部门提供的同项数据或有不一致，以统计部门公布的数据为准。部分数据因四舍五入等原因，总数与分项之和之间存在合理范围内误差。

六、《景德镇年鉴(2024)》全书使用的机构简称，原则上以各级编制机构核定的名称为准。数字用法、标点符号用法分别采用国家标准《出版物上数字用法》(GB/T 15835—2011)、《标点符号用法》(GB/T 15834—2011)，计量单位采用国家技术监督局1993年12月发布的《量和单位》系列国家标准。

景德镇市地图

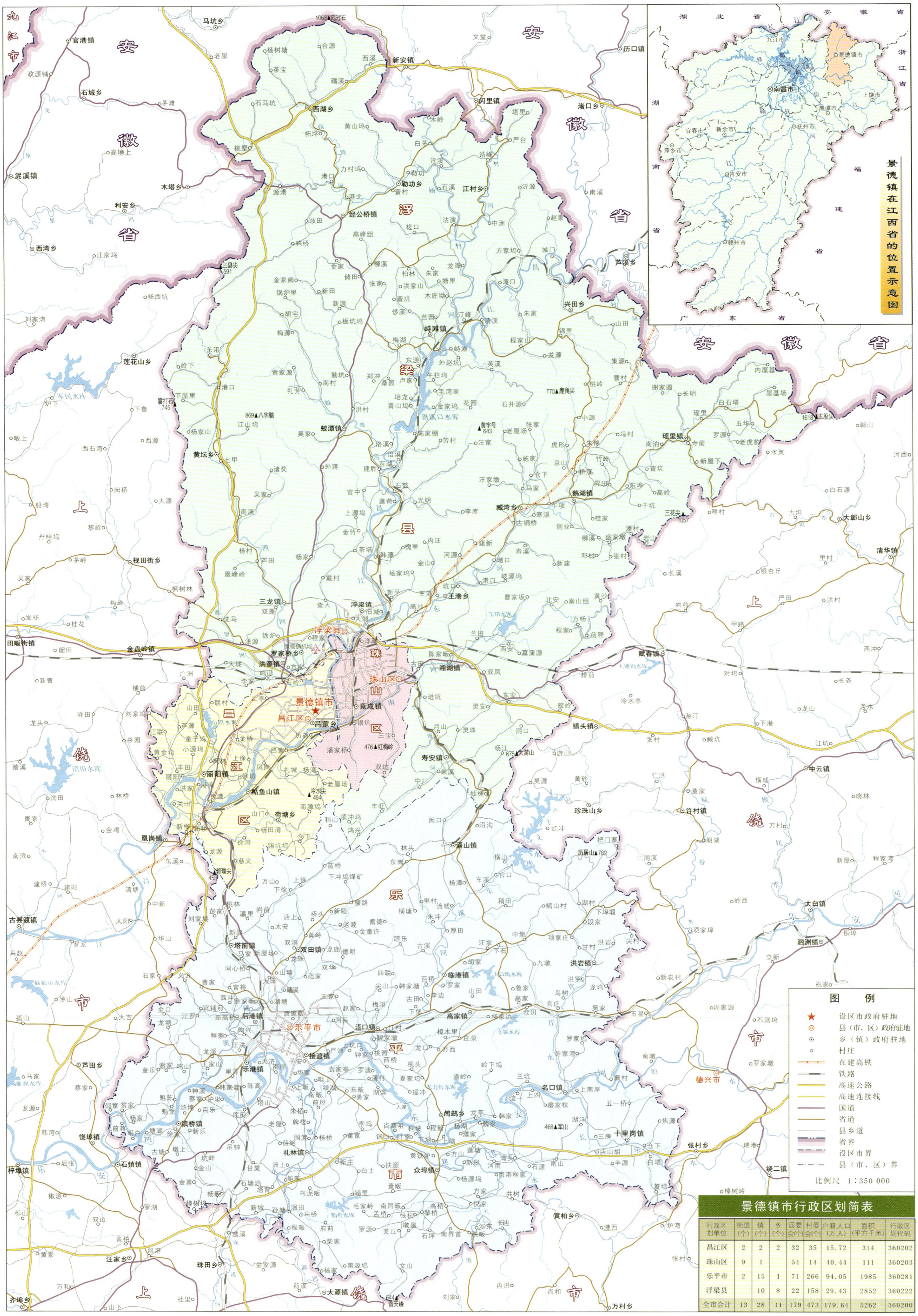

景德镇市行政区划简表

行政区划单位	街道(个)	镇(个)	乡(个)	居委会(个)	村委会(个)	户籍人口(万人)	面积(平方千米)	行政区划代码
昌江区	2	2	2	32	35	15.72	314	360202
珠山区	9	1		54	14	40.44	111	360203
乐平市	2	15	1	71	266	94.05	1985	360281
浮梁县		10	8	22	158	29.43	2852	360222
全市合计	13	28	11	179	473	179.64	5262	360200

江西有色地质矿产勘查开发院编制

赣S（2023）215号

政治建设

主题教育

2023 年 9 月 13 日，景德镇市学习贯彻习近平新时代中国特色社会主义思想主题教育动员会召开，2024 年 1 月基本结束。景德镇市始终紧扣主题主线、高位谋划部署、精心组织实施，实现凝心铸魂筑牢根本、锤炼品格强化忠诚、实干担当促进发展、践行宗旨为民造福、廉洁奉公树立新风的目标要求，推动全市主题教育从预热升温到走深走实。

2023 年 9 月 16 日，市级领导干部学习贯彻习近平新时代中国特色社会主义思想主题教育专题读书班开班 （市委主题教育领导小组办公室 / 供图）

2024 年 1 月 11 日，市委常委会召开主题教育专题民主生活会 （市委主题教育领导小组办公室 / 供图）

学习习近平总书记考察江西重要讲话精神

2023年10月10—13日，习近平总书记再次亲临江西考察，并首次亲临景德镇市考察调研，对景德镇的工作充分肯定，全市人民备受鼓舞、倍感振奋。全市上下坚持把学习宣传贯彻习近平总书记考察江西重要讲话精神作为首要政治任务和头等大事，努力把习近平总书记擘画的美好蓝图变成生动实践。

2023年10月14日，市委常委会（扩大）会议专题传达学习习近平总书记在江西考察时的重要讲话精神 （余乐俭／摄）

2023年10月26日，开展“重温场景、牢记嘱托、感恩奋进”活动暨市委理论学习中心组专题学习会 （刘定远／摄）

2023 年 11 月 3 日，省委宣讲团在景德镇陶瓷大学举行学习贯彻习近平总书记考察江西重要讲话精神报告会 （刘定远 / 摄）

2023 年 11 月 6 日，市领导在浮梁县西湖乡柘坪村宣讲习近平总书记考察江西重要讲话精神 （余乐俭 / 摄）

2023 年 11 月，珠山区小巷讲堂学习贯彻习近平总书记考察江西重要讲话精神 （傅雯 / 供图）

景德镇国家陶瓷文化传承创新试验区建设

国家试验区建设

2023 年，景德镇市把国家试验区建设作为全市各项工作的统领，围绕“两地一中心”目标定位，深化落实试点政策、谋划推进重大项目，不断激发高质量发展动力活力。

2023 年 4 月 12 日，景德镇国家陶瓷文化传承创新试验区建设现场交流会 （刘定远 / 摄）

2023 年 10 月 17 日，景德镇国际陶博城正式开业 （刘定远 / 摄）

2023 年 10 月 18 日，2023 中国景德镇国际陶瓷博览会开幕

（余乐俭 / 摄）

2023 年 10 月 18 日，陈武（左二）、叶建春（左三）等领导在瓷博会巡馆

（刘定远 / 摄）

2023 年 12 月 15 日，2023 景德镇国际陶瓷艺术双年展举行

（余乐俭 / 摄）

经济建设

农村经济

2023 年，景德镇市继续抓好农业产业，发展农村经济。全市粮食播种面积 9.56 万公顷，粮食产量 56.19 万吨，引进农业产业化项目 19 个，其中 10 亿元以上项目 1 个。乐平市蔬菜产业和浮梁县茶产业 2 个特色优势产业已纳入省级重点培育 134 个优势特色产业。

2023 年 4 月，清明节前夕，浮梁县鹅湖镇三田有机茶园里，采茶员工正在采摘头茬茶叶 （王镇炼 / 摄）

2023 年 7 月 8 日，乐平市镇桥镇神溪村田间的应季蔬菜果实累累，长势良好 （曾刚锋 / 摄）

2023 年 7 月 16 日，乐平市镇桥镇吊钟村水稻集约高效种植农事服务试点收割测产观摩会现场 （曾刚锋 / 摄）

2023 年 9 月 12 日，乐平市礼林镇塔背村委会罗汉山村的“乐平市艳平果蔬种植专业合作社”红心猕猴桃园硕果满枝，迎接游客休闲游玩 （朱定文 / 摄）

2023 年 11 月 6 日，景德镇市油菜机械化移栽现场观摩会在浮梁县杨家店村举行，两台油菜插秧机现场演示油菜钵体毯状苗机械化移栽生产过程 （周建红 / 摄）

项目建设

2023年，全市新签约198个亿元以上项目、申报24个优强项目。在全省开放型经济考评中，市本级和乐平市、浮梁县均获评综合先进单位，昌江区、珠山区获评外贸进出口先进单位。

2023年1月3日，芯声先进陶瓷材料有限公司年产3600亿只MLCC片式多层陶瓷电容器项目在高新区落地开工（蔡翀/摄）

2023年2月6日，省市县三级重大项目协同联动开工暨2023年“项目大会战”动员大会召开（刘定远/摄）

2023 年 2 月 28 日，全市工业倍增三年行动暨招商引资决战大会召开（余乐俭/摄）

2023 年 7 月 24 日，乐平市塔山工业园的德孚环保科技一期项目再生利用废矿物油、废有机溶剂油生产现场（黄原柯/摄）

2023 年 10 月 17 日，景德镇市城市招商推介会召开（余乐俭/摄）

航空产业

2023年，景德镇市航空产业营收突破400亿元。全市有航空类企业105家，涵盖直升机及无人机研发、制造、通航等完备的航空上下游产业链，具备年产500架整机产能。拥有全国唯一的研发、生产、销售、培训、通航运营的“全牌照”资质。

2023年10月28日，2023中国航空产业大会在景德镇市召开 （刘定远／摄）

2023年10月28日，2023中国航空产业大会“直升机和无人机飞行演示”在浮梁通用机场拉开帷幕 （雷智／摄）

2023 年 10 月 28 日，2023 中国航空产业大会上“直升机与无人机飞行演示”（汤向伟 / 摄）

特警直升机索降（雷智 / 摄）

2023 年，航空工业昌合飞机工业有限责任公司直升机生产线（市委政研室 / 供图）

2023 年 5 月 30 日，全市贸易兴市工作推进会会场 （余乐俭 / 摄）

贸易兴市

2023 年，景德镇市把贸易兴市作为推动经济社会发展的重要支柱来抓，召开全市贸易兴市推进会，出台贸易兴市行动计划，大力实施强平台、畅物流、育主体、促消费“四大行动”。全市社会消费品零售总额 606 亿元，全市进出口总值 130.46 亿元。

2023 年浙江路商圈夜景（赵献国 / 摄）

2023 年，陶瓷跨境电商产业园出口陶瓷产品展示区 （市委政研室 / 供图）

2023 年 6 月 7 日，由景德镇市委宣传部主办的首批“景德镇制”官方认证产品发布会在深圳国际会展中心举行 （市委政研室 / 供图）

2023 年 5 月 30 日，市领导在全市贸易兴市工作推进会上为 2022 年度优秀商贸企业代表颁奖 （刘定远 / 摄）

景德镇正式迈入“高铁时代”

2023 年 12 月 27 日，昌景黄高铁全线投入运营。随着由陶博城冠名的首趟高铁列车停靠在景德镇北站，标志着景德镇正式迈入“高铁时代”。昌景黄高铁是杭昌高铁的组成部分，线路全长 286 千米，时速 350 千米。

2024 年 1 月 10 日，景德镇北至北京南 G2566 次始发列车首发仪式在景德镇北站举行　（雷智 / 摄）

2023 年 12 月 27 日，扩建后的景德镇北站高铁站台
（市委政研室 / 供图）

2023 年扩建后的景德镇北站全景　（赵献国 / 摄）

珠山夜市

2023年3月26日，景德镇“夜珠山”入选《世界旅游休闲城市发展报告》，作为典型案例被宣传推介。4月，“探索‘夜珠山’国家级夜间文旅消费集聚区模式”案例入选“江西省全面深化改革优秀案例”。

九集小镇 （赵献国／摄）

陶溪川陶然集
（陈小勇／摄）

陶溪川文创集市
（陶溪川文创街区／供图）

文化建设

文化创新发展

2023 年，景德镇市成功承办 2023 战略传播论坛、景德镇文化创新发展论坛、国际陶瓷艺术双年展、中阿知名艺术家采风作品展等国际文化交流活动，20 余批次、100 余个国家、1000 余名国际友人到景德镇交流，外宾层次、规模都创历年之最。积极走出去参加中阿、中法、中德、中荷、中埃等国家外事交流活动，友好关系意向城市增至 30 个，国际“朋友圈”加速扩容。

2023 年 6 月 18 日，由中国外文局、江西省委宣传部主办的 2023 战略传播论坛在景德镇开幕（刘定远 / 摄）

2023 年 6 月 18 日，参加 2023 战略传播论坛的“Z 世代”青年在御窑博物院参观 （黄原珂 / 摄）

2023 年 7 月 30 日，由开罗中国文化中心等举办的中国故事之“埃及人眼中的中国：‘一带一路’之中埃陶瓷文化交融”讲座，在开罗中国文化中心举办（市委政研室 / 供图）

2023 年 10 月 18 日，2023 景德镇文化创新发展论坛在景德镇市举行 （雷智 / 摄）

景德镇获批创建“国家文物保护利用示范区”

2023年11月22日，国家文物局在上海召开国家文物保护利用示范区创建工作现场会，景德镇成功入选第二批国家文物保护利用示范区创建名单，是江西省第一个获批创建的地市。国家文物保护利用示范区是根据中办、国办《创建示范活动管理办法（试行）》，经过党和国家功勋荣誉表彰工作委员会办公室批复同意的创建示范活动。

陶阳里历史文化旅游区 （市委政研室／供图）

窑砖里弄
（白光华／摄）

景德镇御窑博物院荣膺“2023年全国最具创新力博物馆”

2023年5月18日，景德镇御窑博物院荣膺“2023年全国最具创新力博物馆”。景德镇御窑博物院是集考古、文保和展示于一体的综合性文博机构。博物院利用现代艺术及科技手段，营造“最打卡场域空间”，活化遗址展示；将御窑大遗址与历史街区完美融合，不断践行“无边界博物馆”理念；创立全球首个“古陶瓷基因库”，推动古陶瓷研究数据的全球共享，搭建陶瓷文化交流的国际平台。

奖牌

景德镇古陶瓷基因知识图谱

景德镇御窑遗址夜晚的“星空博物馆”火爆出圈（市委政研室/供图）

“千馆之城”发布仪式

2023年12月26日晚,“千馆之城”发布仪式分为“千年遗存 千年保护”“千年技艺 千年传承”“千年匠心 千年呵护”“千年故事 千年讲述”四个篇章，分别推出陶瓷历史文化、陶瓷传承、陶瓷工艺、文化传播四类代表场馆。景德镇市以“一座城、千座馆”为目标,到2025年将推动全市900多家博物馆、美术馆、工艺馆、收藏馆、艺术展厅优化升级，打造“千馆之城”。

刘锋（中)、张鉴武（右三)、胡雪梅（左三)、俞小平（左二）等领导共同启动“千馆之城”数字平台

“千馆之城”发布仪式现场

情景舞蹈《一起向未来》（刘定远/摄）

（此页除署名外皆由市委政研室供图）

旅游火爆出圈

2023年，景德镇“陶然集”“无语佛”“进货式旅游”等IP火热出圈。旅游行业热搜在诸多新媒体平台跻身全国前列，全年接待游客同比增长50%、旅游总收入同比增长65%。

2023年2月5日，陶溪川文创街区开展“千灯万福，喜乐元宵”主题活动。图为当晚身穿汉服的“小姐姐们”正在参加游园花灯会

（李珊/摄）

“五一”假期，陶阳里御窑景区备受游客追捧

（市委政研室/供图）

2023年9月1日，丝绸之路旅游城市联盟成立仪式举行

（刘定远/摄）

景德镇籍运动员程玉洁在杭州第19届亚运会中勇夺3金2铜

2023年9月23日至10月8日，景德镇籍运动员程玉洁参加女子50米自由泳、女子100米自由泳、女子4×100米自由泳接力、男女4×100米混合泳接力、女子4×100米混合泳接力、女子4×200米自由泳接力六项比赛。其中，在女子4×100米自由泳接力、男女4×100米混合泳接力、女子4×200米自由泳接力项目中获得金牌，在女子50米自由泳、女子100米自由泳项目中获得铜牌，以优异成绩展现自我实力，为家乡添彩、为国家增光。

获女子4×200米自由泳接力比赛金牌

获男女4×100米混合泳接力比赛金牌

获女子100米自由泳比赛铜牌

（此页皆由市委政研室供图）

陶溪川·2023景德镇马拉松赛开跑

2023年12月3日上午8时，随着发令枪响，参加陶溪川·2023景德镇马拉松赛的3000名全马跑者、6000名半马跑者和6000名欢乐跑跑者从景北大道望津府路段起跑。经过激烈的角逐，来自埃塞俄比亚的ZELEKEFYALEWFAYE以2小时16分57秒的成绩获得全程男子组冠军，来自肯尼亚的Cecilia Wayua Michael以2小时42分56秒的成绩夺得全程女子组冠军。

2023年12月3日8时，陶溪川·2023景德镇马拉松赛鸣枪发令 （刘定远/摄）

陶溪川·2023景德镇马拉松赛正式开跑 （刘定远/摄）

景德镇市卫生学校斩获全国一等奖

2023年8月20—22日，景德镇市卫生学校龚燕芬、余美珍老师指导的娄诗琴、林诗曼代表江西省斩获“2023年全国职业院校技能大赛中职组‘护理技能’赛项”一等奖的佳绩。景德镇市卫生学校龚燕芬、余美珍两位老师获得优秀指导教师称号。这是景德镇市卫生学校建校史上首次获此殊荣。

职业院校技能大赛一等奖颁奖

优秀指导教师颁奖

参赛代表团手捧奖杯合影

获奖证书

江西省代表队

在2023年全国职业院校技能大赛中职组护理技能赛项比赛中荣获团体一等奖。

学校名称：景德镇市卫生学校

选手姓名：娄诗琴　林诗曼

指导教师：龚燕芬　余美珍

ChinaSkills

全国职业院校技能大赛组织委员会

二〇二三年八月

编号：202308921

获奖证书

（此页皆由市委政研室供图）

社会生活

2023 年 5 月 1 日，乐平市赣剧演艺有限责任公司在赣鄱古人类文化文化遗址景区演出经典赣剧《汉宫惊魂》（程万海 付裕 / 摄）

2023 年 5 月 13 日，学生们在市为民瓷厂内的中德（景德镇）工业 4.0 智能制造实训基地学陶艺

（黄原珂 / 供图）

2023 年 5 月 19 日，浮梁县高级职业学校举行师生才艺汇报演出

（吴国庆 / 摄）

2023 年 9 月 27 日，景德镇人才夜市活动现场，求职者正向招聘企业工作人员了解招聘企业及其招聘岗位详情 （黄原珂 / 摄）

2023年11月28日，昌河实验小学操场内，身穿军绿色作训服的五年级学生们在开展训练（市融媒体中心/供图）

2023年12月8日，“百馆千万场 服务来共享”——2023年“永不落幕”的百姓大舞台优秀文艺作品展演景德镇专场在黑猫剧场举行（杨宇欣/摄）

2023年12月21日，珠山区太白园街道浙江路社区新时代文明实践站开展“冬至包饺子 移风易俗”主题宣传活动（郑霞/摄）

2023年12月19日，军分区领导送三等功喜报到现役军军人赵艺林家中（袁涛/摄）

生态文明建设

玉田水库

景德镇市入选国家节水型城市名单

2023 年 5 月 31 日，经住房和城乡建设部、国家发展和改革委按程序组织申报材料预审、第三方评价、社会满意度调查、现场考评、综合评议及公示，决定命名江西省景德镇市等 16 个城市为第十一批（2022 年度）国家节水型城市。

景德镇市城市节水工作汇报会与现场考评工作总结反馈会

国家节水城市奖牌

（此页皆由市委政研室供图）

景德镇市浮梁县王港乡港口村入选中国美丽休闲乡村

2023年9月12日，农业农村部网站发布2023年中国美丽休闲乡村名单，景德镇市浮梁县王港乡港口村入选2023年中国美丽休闲乡村，为江西省10个入选乡村之一，也是景德镇市唯一入选乡村。

村口景观（市委政研室／供图）

港口村东河风光（王港乡／供图）

沙滩烧烤（市委政研室／供图）

数字景德镇

携手见证 共同走过 2023

- 2023年，全年地区生产总值同比增长3.5%
- 一般公共预算收入90.3亿元
- 规模以上工业增加值增长5.4%
- 固定资产投资下降8%
- 社会消费品零售总额增长5.8%
- 居民消费价格总指数与上年持平
- 城乡居民人均可支配收入分别增长3.8%、6.9%

一、国家试验区建设持续深化

获批12项国家级试点示范

60个重点项目有序实施

首批330家精品馆精彩亮相

与26个国家58座城市联合发布《景德镇宣言》

旅游人次同比增长50%

二、产业转型持续加快 特色产业集聚发展

陶瓷产业营收突破800亿元，税收超10亿元

2023中国航空产业大会，现场签约189.6亿元

航空产业营收突破400亿元

精细化工和医药产业营收超600亿元

解决企业融资需求近70亿元

73个增资扩产项目完成投资130.5亿元

新增上云企业超6300家，上云率全省领先

三、发展动能持续增强 重点改革不断深入

签约亿元以上项目198个

申报优强项目24个

新增1家院士工作站

科技创新监测评价全省第2

3件专利获第24届中国专利奖

获奖数量全省第1

四、城乡环境持续改善 现代农业高效发展

粮食播面143.4万亩，总产11.2亿斤

引进农业产业化项目19个，其中10亿元以上项目1个

7家企业进入全省农产品品牌百强榜

推进89个城市功能与品质提升项目

新改建污水管网110.4公里

完成419个省市新农村点整治建设任务

全市$PM_{2.5}$平均浓度25微克/立方米

空气优良天数比率98.6%

均列全省第2

地表水断面水质优良比例、集中式饮用水水源地水质达标率均为100%

五、民生福祉持续提升

民生支出占比75.5%

10件民生实事基本完成

新增城镇就业1.76万人

零就业家庭安置率100%

城乡低保标准全省第2

建成72个社区老年助餐点

参保患者住院平均医疗费用下降11%

改扩建学校5所、新建公办幼儿园8所

新增中小学学位1.45万个

普惠性幼儿园覆盖率达94%

连续21年未发生重大及以上事故

魅力瓷都

陶阳里（陶阳里景区／供图）

瓷都风光（市委政研室/供图）

浯溪口水利工程（徐瑛丹／摄）

荣誉景德镇

2023 年 2 月 17 日　在海口举办的第二届中国城市国际传播论坛上，江西景德镇的“景德镇向世界讲述瓷都故事”国际传播案例入选“中国城市（区）国际传播示范案例”。

2023 年 3 月 1 日　国家卫生健康委等 11 个部委印发通报表扬，授予景德镇市“2020—2021 年度全国平安医院建设表现突出地区”荣誉称号。

2023 年 4 月　2022 年度江西省全面深化改革先进单位和 20 项市县优秀案例公布，景德镇市获评“江西省全面深化改革先进市”，珠山区、浮梁县获评“江西省全面深化改革先进县（市、区）”，“探索深化景德镇国家陶瓷文化传承创新试验区改革”“探索‘夜珠山’国家级夜间文旅消费集聚区模式”两项案例入选“江西省全面深化改革优秀案例”。

2023 年 5 月 5 日　浯溪口水利枢纽工程被中国水利工程协会评为 2021—2022 年度中国水利工程优质（大禹）奖，这是该工程继 2021 年获得省水利工程优质（赣鄱）奖后的又一殊荣，也是本批次江西省唯一获奖水利工程。

2023 年 5 月 6 日　在国家版权局公布 2022 年中国版权金奖获奖名单，景德镇市版权局获评 2022 年中国版权金奖（管理奖），实现中部地区“全国版权示范城市”零的突破。

2023 年 5 月 18 日　在“全国最具创新力博物馆”评选中，景德镇御窑博物院从参选的 34 家博物馆中脱颖而出，获此殊荣。全国仅三家博物馆当选。

2023 年 5 月 31 日　住建部、国家发改委正式公布全国第十一批国家节水型城市名单，景德镇市名列其中,成为江西省首个“国家节水型城市”。全国仅有 16 个城市获此称号。

2023 年 6 月 25 日　文化和旅游部、商务部公布新一批国家对外文化贸易基地名单，确定景德镇等 12 家新一批国家对外文化贸易基地。

2023 年 11 月 22 日　在国家文物保护利用示范区创建工作现场会上，江西省景德镇市成功列入第二批国家文物保护利用示范区创建地区名单。

2023 年 12 月 27 日　文化和旅游部公共服务司公布 2023 旅游公共服务十佳案例和优秀案例，景德镇市《浮梁县程家山村打造红色旅游公共服务新模式》入选优秀案例。

目 录

特 载

专 记

大事记

市情概览

中国共产党景德镇市委员会

景德镇市人民代表大会

景德镇市人民政府

中国人民政治协商会议景德镇市委员会

中国共产党景德镇市纪律检查委员会 景德镇市监察委员会

民主党派和工商联

群众团体

军　事

法　治

经济管理及监督

园区经济

农　业

工　业

景德镇国家陶瓷文化传承创新试验区

商　贸

金　融

旅　游

交通运输

邮政·通信

城乡建设与管理

生态环境

科学技术

教　育

文化·传媒

卫　生

体 育

人力资源与社会保障

公共安全

县（市、区）概况

人　物

附　录

索　引

特 载

在市委十二届五次全体（扩大）会议暨市委经济工作会议上的讲话

（2024 年 1 月 2 日）

中共景德镇市委书记　刘锋

第一次全体会议上的讲话

同志们：

这次会议主要任务是，以习近平新时代中国特色社会主义思想为指导，深入学习贯彻党的二十大精神和习近平总书记考察江西重要讲话精神，全面落实中央经济工作会议精神，以及省委十五届五次全体（扩大）会议、省委经济工作会议和市第十二次党代会精神，认真总结 2023 年工作，研究部署 2024 年工作，动员全市上下进一步坚定信心、担当实干，全面贯彻省委打造“三大高地”、实施“五大战略”，在持续深化落实“五新”战略行动，建好国家陶瓷文化传承创新试验区，打造国家文化交流客厅、国际文化交流名城，全面建设社会主义现代化国际瓷都的实践进程中，奋力把“千年瓷都”这张靓丽的名片擦得更亮。

今天的会议是全会和经济工作会议合开，我主要讲两个部分：一是受市委常委会委托，向全会报告 2023 年工作；二是就经济工作讲几点意见。

一、关于 2023 年市委常委会工作

2023 年是景德镇历史上具有里程碑意义的一年，也是三年新冠疫情防控转段后经济恢复发展的一年。市委常委会始终坚持以习近平新时代中国特色社会主义思想为指导，深入学习贯彻党的二十大精神和习近平总书记考察江西重要讲话精神，在省委、省政府的坚强领导下，团结带领全市广大干部群众，牢记嘱托、感恩奋进，推动党的建设和经济社会发展取得新成效。一年来，重点抓了三件大事：

一是深入学习宣传贯彻习近平总书记考察江西重要讲话精神。2023 年 10 月 10 日至 11 日，是值得铭记和载入史册的日子。习近平总书记首次亲临景德镇考察调研，对景德镇的工作充分肯定，对景德镇的发展充满期待，这是全市人民政治生活中的大事、喜事，是景德镇这座城市的无上荣光，全市人民备受鼓舞、倍感振奋。市委常委会坚持把学习宣传贯彻习近平总书记考察江西重要讲话精神作为首要政治任务和头等大事，第一时间召开市委常委会（扩大）会议、全市领导干部会议，开展“重温场景、牢记嘱托、感恩奋进”活动暨市委理论学习中心组专题学习会，研究起草关于深入学习贯彻习近平总书记考察江西重要讲话精神的决定，深入开展大学习、大研讨，做好大宣传、大宣讲，推进大调研、大落实，努力把习近平总书记擘画的美好蓝图变成生动实践。

二是统筹推进文化立市、工业强市、贸易兴市“三手”同向发力。市委常委会在坚持文化立市、工业强市的基础上，把贸易兴市作为推动经济社会发展的重要支柱来抓，召开全市贸易兴市推进大会，出台贸易兴市行动计划，大力实施强平台、畅物流、育主体、促消费“四大行动”。通过“三手”同向发力，使我们的工作指向更加集中、发展重点更加聚焦、工作要求更加明确。

三是全力推进四大重点项目。重点谋划了乐平水利枢纽、机场扩建、电厂二期及风电光伏、浮梁抽水蓄能四大项目，由市四套班子主要领导牵头挂点，分别组建由厅级领导负责的专班，常态调度、大力推进，取得了良好进展。乐平水利枢纽已完成规划调整论证、项目可研、初设审查、用地预审、节能评估等前期工作，并成功争取特别国债18亿元，金额之大前所未有，创造了重大水利项目的“景德镇速度”；机场扩建项目已和省机场集团签订框架协议，完成项目投、融、建、运主体招标工作，总体规划有望在1月下旬获批；电厂二期及风电光伏项目已与国能集团签订框架协议，进入实质性推进阶段，具备开工建设条件；浮梁抽水蓄能项目已明确规划站址，完成预可研阶段地勘工作，编制完成预可研报告，且赣北地区目前还没有抽水蓄能项目，未来落地机会很大。

过去一年，市委常委会主要做了以下几个方面工作。

（一）扎实开展主题教育，坚持不懈用党的创新理论凝心铸魂。市委常委会认为，开展学习贯彻习近平新时代中国特色社会主义思想主题教育，是党的建设的重大任务，必须按照中央和省委统一部署，在省委第四巡回指导组指导下，努力在以学铸魂、以学增智、以学正风、以学促干上取得扎实成效。

强化理论武装。把“学思想”摆在首位并贯穿始终，坚持和完善“第一议题”制度，举办市级领导干部专题读书班，在通读精读规定书目的基础上，结合景德镇实际，重点围绕“落实总书记殷殷嘱托”“学习领会总书记在文化传承发展座谈会上的重要讲话精神”两个专题，开展深入交流研讨。市委常委同志带头上专题党课，精心指导分管领域、积极参加所在部门主题教育。全市县处级以上领导班子开展中心组学习342次，班子成员讲专题党课609次。各基层党支部通过“三会一课”、主题党日等开展学习讨论8356次，基层党组织书记带头讲党课3535次，广大党员干部深刻领悟“两个确立”的决定性意义，更加坚定自觉做到“两个维护”。

深入调查研究。制定《关于在全市大兴调查研究的方案》《市委常委2023年度领衔调查研究和推动落实的具体方案》，市委常委会常态听取常委领衔课题汇报。市委常委班子深入开展“大力推进国家试验区建设”正面案例和“深刻汲取蔡某某案教训”反面案例解剖式调研。市四套班子确定正反面案例各4个、班子成员确定调研课题28个，全市县处级以上领导班子确定正反案例各114个、县级干部确定调研课题847个。认真学习运用“四下基层”制度，市委常委下沉一线，既开展调查研究，又推动工作落实，既宣讲政策方针，又现场解决问题。

从严整改整治。始终把整改整治摆在突出位置，抓住整改清单列出的具体问题和专项整治的突出问题，坚持靶向发力、综合施策，动真碰硬推动真改实改。坚持边学、边查、边改，召开市委主题教育调研成果转化暨整改整治工作推进会，认真制定“三张清单、一个方案”，逐项落实问题整改。注重把“当下改”与“长久立”结合起来，推动各参学单位出台制度举措343项，切实做到补短板、堵漏洞、促长效。

（二）纵深推进国家试验区建设，全力打造国家文化交流客厅、国际文化交流名城。市委常委会认为，国家试验区建设是国家使命、政治责任，必须把国家试验区建设作为全市各项工作的统领，紧紧围绕“两地一中心”目标定位，深化落实试点政策、谋划推进重大项目，不断激发高质量发展动力活力。

持续释放政策红利。充分发挥先行先试优势，协调国家发改委牵头召开调研座谈会、现场交流会，争取召开两次省领导小组会，推动解决多批次恳请事项。获批国家对外文化贸易基地、国家节水型城市、国家级知识产权保护中心等12项国家级试点示范，累计达70多项。争取项目资金30.3亿元，其中中央预算内资金8.87亿元，同比增长29.9%。

352户陶瓷企业享受“手工制瓷减按3%征收增值税”政策。

强化文化保护传承。聚焦2026年成功申遗目标，举全市之力申报世界文化遗产，得到国家文物局和省委、省政府全力支持，省级层面成立了高规格的申遗专班，进一步明确了申遗策略、确定了申遗格局，考古挖掘、文本编制、要素点建设等重点任务加快推进。入选国家文物保护利用示范区创建名单，古陶瓷基因库列入全国首批文物事业高质量发展案例。举办国际瓷器研究联盟成立大会、第二届国家工业遗产峰会，国家工业遗产数量4处，居全国设区市前列。编撰出版《景德镇陶瓷史话》《景德镇陶瓷简史》。

加快文旅融合发展。围绕“一轴五陶、一城千馆”布局，统筹推进陶阳里、陶溪川、陶源谷、陶科园、陶博城等“五陶”各具特色、唱响品牌，发布首批330家“千馆之城”创建场馆，御窑博物院被评为“全国最具创新力博物馆”。承办丝绸之路旅游城市联盟成立大会，26个国家的58个城市作为创始会员加入联盟，发布《景德镇宣言》。旅游行业热搜在诸多新媒体平台跻身全国前列，全年接待游客同比增长32%、旅游综合收入同比增长95.4%。“夜珠山”获评《世界旅游休闲城市发展报告》典型案例，珠山区入选国家文化产业和旅游产业融合发展示范区。

深化对外文化交流。成功承办2023战略传播论坛、景德镇文化创新发展论坛、国际陶瓷艺术双年展、中阿知名艺术家采风作品展等国际文化交流活动，20多批次、100多个国家、1000多名国际友人来景交流，外宾层次、规模都创历年之最。“景德镇向世界讲述瓷都故事”入选中国城市国际传播示范案例。积极走出去参加中阿、中法、中德、中荷、中埃等国家外事交流活动，与保加利亚特罗阳市、尼泊尔廓尔喀市、塞浦路斯帕罗迪亚区、俄罗斯戈罗杰茨市等城市签署建立友好关系意向书，友好关系意向城市增至30个，国际“朋友圈”加速扩容。

（三）坚定实施工业强市战略，全力构建现代化特色产业体系。市委常委会认为，文化和产业就像车之两轮、鸟之两翼，两者是互融共荣的统一关系，必须全面落实全省制造业重点产业链现代化建设“1269”行动计划，坚定不移实施工业强市战略，贯通工业强市、招商引资、营商环境“三位一体”，为景德镇发展提供强有力支撑。

推进三年倍增。全力推进工业倍增三年行动计划，坚持大抓工业、强攻项目，在全省工业高质量发展考核中一年一进位，实现了从2020年在全省工业强省推进大会上作剖析发言，到2023年在全省新型工业化推进大会上作经验介绍的华丽转身。近三年，规上工业营收从893亿元预计增加到1421亿元，三年净增528亿元、增长59%，增量接近存量的六成；规上工业企业由416家增加到641家，三年净增225家，增量超过存量的一半；工业增值税入库24.5亿元，实现三年翻番；新建标准厂房超过400万平方米，提前一年完成300万平方米目标任务；新增浮梁产业园、昌江产业园2个省级工业园区，乐平工业园获批第一批江西省化工园区，陶瓷工业园区调区、浮梁产业园扩区方案获省政府批复。三年来，全市上下围绕倍增目标做了大量工作，取得了明显成效，大部分细化指标如期完成，但离全面完成还有差距。比如，规上工业营收离1800亿元的目标预计还差379亿元，究其原因，除宏观经济增速放缓等因素影响外，一方面受企业解捆、有责修订、现场核查、月度强审等客观因素影响472.7亿元；另一方面也不同程度存在松懈思想、懈怠现象、自满情绪等主观因素影响。工业倍增目标是市委、市政府下达的“任务书”“责任状”，今年仍然要继续努力、奋力收官。

壮大特色产业。陶瓷产业营收从2020年的432亿元，预计增加到860亿元，实现三年翻番；陶瓷税收从3.7亿元，增加到10.1亿元，三年增长173%；陶瓷外贸从2.45亿元，到有望突破10亿元，三年增长三倍；规上陶瓷企业从121家，增加到236家，三年接近翻番；先进陶瓷产值从45.5亿元，预计增加到260亿元，连续三年翻番。航空产业营收预计突破400亿元，初步明确高附加值航空配套、直升机及通航、无人机及eVTOL三大赛道，AC313大型民用直升机荣获全省科技进步特等奖。精细化工和医药产业形成五大优势链条，营收预计可达600亿元，黑猫炭黑股份公司入选全国首批“创建世界一流专精特新示范企业”，富祥药业跻身中国医药工业百强榜。

强攻招商引资。坚持县（市、区）党政主官每月外出招商不少于7天制度，组建92支招商小分队，成立景德镇国际商会暨市会展行业协会，编制全市重点产业链“四图五清单”。在前两年入统332个亿元以上项目、46个优强项目的基础上，又新签约198个亿元以上项目、申报24个优强项目。在全省开放型经济考评中，市本级和乐平市、浮梁县均获综合先进单位，昌江区、珠山区获外贸进出口先进单位。

优化营商环境。锚定“保五争三”目标，用好“一月一调度”以及指挥长令、红黑榜等机制，持续深化超时默许制、企业安静期、首违轻微免罚等改革，全面推进“无感办理服务”“市县同权”“一网通办”“审管执信服”等“4+2”重点改革任务，梳理91项“创一流”改革举措，工程建设项目审批制度改革获住建部推介。

（四）大力推进贸易兴市，以高水平贸易构筑发展新优势。市委常委会认为，贸易一头连着生产，一头连着市场，是商品到货币、投资到利润的“最关键一步”，必须通过强平台、畅物流、育主体、促消费，大力推进内外贸一体化发展，积极融入全国统一大市场建设。

建强贸易平台。陶博城交易中心满铺开业，全国20余个产瓷区以及11个国家600余家企业32个国际品牌入驻，推动一城“买全球、卖全球”。举办第二十届瓷博会，4000多家国内外采购商团、592名外宾参加，线上线下贸易额135.3亿元、同比增长12.7%。景德镇陶瓷官方旗舰店加速布局，北京、珠海、迪拜等门店相继开业，营收超7000万元。跨境电商综试区实现出口4.5亿元，市场采购贸易方式试点出口超1亿美元。

畅通物流通道。昌景黄高铁开通运营，景德镇机场扩建、鱼山码头、鸣山码头等重点工程加快推进，昌江、乐安河航道提升工程全面启动。物流仓储园区已入驻中通、申通、韵达、极兔等综合物流快递企业，月均出入快递1000万单。景德镇保税物流中心和景德镇陶瓷文化保税展示交易平台投入使用，实现出口货物“一站式”通关。两家企业建成俄罗斯、新加坡海外仓，实现零的突破。

繁荣商贸消费。以创建国家文化和旅游消费示范城市为抓手，改造提升陶阳里、陶溪川等特色街区，打造宝龙商贸综合体等核心商圈，结束了西市区没有大型商贸综合体的历史。抢抓假日节庆消费黄金期，整合各级财政资金3000万元，开展春节商贸消费促进月、“五一”商贸文旅消费节、“逛景赶集”金秋消费节等商贸文旅活动100余场。全市陶瓷直播电商年交易额突破70亿元，占全国市场份额70%左右。

（五）全力保障和改善民生，让更多发展成果惠及人民群众。市委常委会认为，民心是最大的政治，必须深入践行以人民为中心的发展思想，着力解决人民群众急难愁盼问题，不断提高群众获得感、幸福感和安全感。

扎实办好民生实事。坚持把有限财力向民生领域倾斜，民生支出占一般公共预算支出75.3%。城镇、农村居民人均可支配收入分别增长4.1%、6.1%，城市、农村低保标准居全省第二。生态环境保持优良水平，“贯彻绿色发展理念、助力经济社会绿色转型改革创新做法”获生态环境部通报表扬。

大力发展社会事业。坚持教育优先发展，建成5所中小学校、8所公办幼儿园，新增中小学位1.45万个、幼儿园位2340个，筹建景德镇卫生健康职业学院，全市在校大学生增至8.45万人，比2020年翻了一番，“景漂”超6万人。深入推进健康景德镇行动，挂牌成立市疾控局，市第一人民医院、市皮肤病医院整体搬迁等项目加快推进，在三年健康江西行动综合考核中获评全省优秀。全力补齐内涝短板，黄泥头防洪排涝主体工程完工，4个内涝片区、30多个内涝点全面消除，“不设防的城市”成为历史。

全面推进乡村振兴。巩固拓展脱贫攻坚成果同乡村振兴有效衔接，牢牢守住不发生规模性返贫底线。夯实粮食安全基础，粮食播面143.4万亩，总产11.2亿斤、同比增长2%。大力实施“头雁引航·雏鹰振飞”行动，梯次发展市级以上农业产业化龙头企业180家。实施商贸兴农，4家企业入选省级农业物联网示范基地，7家农业企业进入全省农产品品牌百强榜。深入实施乡村建设行动，创建美丽示范乡镇4个、美丽示范村庄42个、美丽庭院7060户。

维护社会和谐稳定。获评全国第一批市域社会治理现代化试点“合格城市”。开展全市党政领导干部接访月活动和领导干部常态下访活动，全面推进信访工作法治化建设。统筹发展和安全，扎实抓好防范化解经济和金融领域重大风险工作，全力以赴“保交楼”，坚决守住不发生系统性区域性风险的底线，安全生产事故同比下降18.8%，是全省唯一连续21年无重大及以上事故的地市。

（六）全面加强党的建设，以高质量党建引领保障高质量发展。市委常委会认为，办好景德镇的事情，关键在党、关键在人，必须深入学习贯彻习近平总书记关于党的建设的重要思想，坚定不移推进全面从严治党，全面提升基层党建质量和水平。

加强党的政治建设。坚持把政治建设作为根本性建设抓紧抓实，突出加强政治教育和政治训练，持续强化政治把关和政治素质考察。严肃党内政治生活，全面推行同级政治谈话常态化、规范化。全面加强政治监督，紧紧围绕“三新一高”等“国之大者”强化监督，确保党中央重大决策部署在景德镇落地落实。认真履行巡视整改主体责任，深入推进省委巡视反馈意见整改。巩固深化政治巡察，先后两轮对26个单位开展常规巡察、10个单位开展提级巡察。

凝聚干事创业合力。充分发挥党委总揽全局、协调各方作用，加强党对人大、政协工作的全面领导，发展壮大新时代爱国统一战线，顺利完成群团组织领导班子集中换届，扎实做好民族、宗教、港澳台、外事和侨务工作，支持法院、检察院依法履职。坚持党管武装，完成国防动员体制改革，推进军民融合深度发展，提高新时代双拥工作质量水平。全面落实意识形态工作责任制，组建市融媒体中心。深化城市基层党建示范市建设，强化“两新”组织党建工作，打造41个新型村级集体经济发展党建赋能平台，推动党建工作与陶瓷产业同频共振、融合发展。

加强干部队伍建设。制定《关于大力激励干部敢为地方敢闯、企业敢干、群众敢首创的意见》，新招录公务员253人，充分用好职务与职级并行政策，选派干部参与主题教育、申遗、创5A、先陶产业发展、优化营商环境等中心工作接受历练。打好澄清正名、容错纠错、受处分干部回访教育“组合拳”，为5名干部和2个单位澄清正名，对2人及1个单位实施容错纠错。

从严正风肃纪反腐。举办市委落实全面从严治党主体责任培训班，压紧压实管党治党政治责任。深入开展干部作风突出问题专项治理，查处违规“请吃收送”、不作为乱作为、损害营商环境等问题566起，处理902人，其中给予党纪政务处分383人，公开通报曝光典型问题39起。坚持一体推进不敢腐、不能腐、不想腐，立案1011件，结案889件，对江华、潘福林、舒琦等42人采取留置措施，挽回经济损失3.1亿余元。召开全市警示教育大会，3100余名党员干部接受教育警醒。制定《关于进一步加强工程建设领域监管及廉政风险防控的工作方案》，全面加强监管。

回顾2023年的工作，我们走过的历程极不寻常，取得的成绩极为不易。能够取得这样的成效，关键在于习近平新时代中国特色社会主义思想的科学指引，关键在于省委、省政府的坚强领导，关键在于全市上下一心、共同奋斗，特别是市委全委会的委员，以及市四套班子其他领导和各地各单位负责人胸怀大局、勤勉工作，对市委常委会的工作给予了大力支持。借此机会，我代表市委常委会，向同志们表示衷心的感谢！

市委常委会分析了当前面临的困难和不足。主要是：国家试验区建设还有短板，试点示范政策还没有充分见效，形成的可复制、可推广经验还不够多，如何把文化影响力转化为现实生产力，还需要下更多功夫和努力；经济发展还比较薄弱，尽管这几年我市全力补齐工业短板，但工业发展是个栽树过程，很难有立竿见影效果，引进项目的支撑作用还没有充分显现；财政收支压力较大，一般公共预算中税收占比低，刚性支出对土地收入依赖大，受宏观经济增速放缓和土地交易情况不理想等影响，“三保”压力依然很大；等等。市委常委会将坚决贯彻党中央决策部署和省委、省政府工作要求，坚持问题导向，全面固强补弱，努力把各项工作做得更好。

二、关于2024年经济工作

这里，我着重就认识论、方法论层面讲9个方面问题。

（一）关于工作基调的问题

这次中央经济工作会议坚持稳中求进工作总基调，明确提出“稳中求进、以进促稳、先立后破”，体现了对稳与进、立与破辩证关系的深刻把握，彰显了稳定经济增长、推动高质量发展的深邃考量，这是做好今年经济工作的方法论。“稳”是大局和基础，“进”是方向和动力。坚持“稳中求进”，关键是要扎实做好稳预期、稳增长、稳就业各项工作，在经济回升向好、社会发展稳定的基础上，为实现“进”的目标不断创造更加有利的条件；坚持“以进促稳”，关键是要在转方式、调结构、提质量、增效益上积极进取，在经济结构、发展质量、重大改革等关键领域有所突破，从而实现更加坚实、更有活力的“稳”；坚持“先立后破”，“立”要做在“破”之前，不能急于求破、为破而破，在破除落后经济增长方式、阻碍发展的体制机制过程中，要先把以科技创新为引领的新动能、以改革开放为动力的新机制立起来，坚持用发展的办法来解决发展中的问题，以培育壮大增量来调整优化存量。要深刻领会今年经济工作的总基调，把握工作的方式方法，统筹好稳与进、立与破，既全力稳住经济大盘、巩固经济回升向好态势，又不断优化动能结构、提升发展质效，加快推动经济实现质的有效提升和量的合理增长。

基于今年经济工作总基调，中央对宏观政策取向进行了优化调整，将进一步强化宏观政策逆周期和跨周期调节，谨慎出台收缩性抑制性举措，要求积极的财政政策要适度加力、提质增效，稳健的货币政策要灵活适度、精准有效。特别是财政政策方面，中央今年将安排地方政府专项债券规模3.9万亿元，较去年新增1000亿元，并合理扩大资本金范围。同时，今后几年还将发行超长期特别国债，不列入赤字，专项用于国家重大战略实施和重点领域安全能力建设，先发行1万亿元。适度增加中央预算内投资规模，重点支持关键核心技术攻关、新型基础设施建设、节能减排降碳，加大对城市地下综合管网、教育服务高质量供给、农民工住房保障、提升医疗服务水平、优化养老服务供给等方面的投资力度。省里今年还将加大重大项目前期工作经费补助力度。这些都为我市抓项目、扩投资提供了重要机遇。市里要成立工作专班，加强政策研究和对接汇报，瞄准中央预算内投资、特别国债、地方政府专项债等中央资金投向，以及省里对重大项目前期工作的经费补助，精心谋划和储备一批重大项目，争取更多项目进入“国家盘子”。

（二）关于发展形势的问题

做好经济工作，要全面准确认识所处的发展环境，搞清楚哪些是有利因素，存在什么困难问题，做到因势而谋、应势而动、顺势而为，牢牢掌握经济工作主动权。

从国际看，世界百年变局全方位、深层次加速演进，国际政治纷争和军事冲突多点爆发，乌克兰危机延宕起伏，巴以冲突骤然升级，地区热点问题频发，全球能源、粮食等大宗商品价格走势存在较大不确定性，世界经济形势依然低迷。据国际机构预测，2024年世界经济和贸易整体不如疫情前。我市精细化工和医药等生产型外贸企业受到不同程度影响。中美关系虽然出现企稳向好态势，但美国等西方国家对我国全面遏制打压的策略和做法不会根本改变。同时也要看到，美国在应对乌克兰危机和巴以冲突等方面显得力不从心，扩大了我国战略统筹的空间。

从国内看，我国经济回升向好、长期向好的基本趋势没有改变，支撑高质量发展的各方面优势不断巩固，2023年我国经济在持续承压中走出一条回升向好的“复苏曲线”，经济增长预计高于全球大多数主要经济体，续写了“风景这边独好”的新篇章，体现了我国经济强大的韧劲和旺盛的活力。随着国家扩大内需、促进民营经济发展、活跃资本市场等系列政策效应连续显现，积极的财政政策、稳健的货币政策相关措施接续出台，供需两端必将有力改善、内生动力必将持续增强，经济发展有良好支撑基础和许多有利条件，我国经济充满光明。但国内周期性问题、结构性矛盾交织，面临着有效需求不足、部分行业产能过剩、社会预期偏弱、风险隐患较多的问题。

从自身看，我市经济运行总体呈现回升向好的发展态势，经济发展的有利因素在持续增加，发展的红利在逐步释放。特别是这几年我市城市魅力、产业实力、干部能力等都有一个很大的提升，为未来发展打下了良好基础。比如，我们以文化城、以旅彰文，文旅热度持续攀升、文创产业加速集聚，相信只要持续推动陶瓷文化与数字经济、流量经济、文创经济、都市经济等深度融合，陶瓷文化必然会迸发出勃勃生机；还有我们大抓工业、大抓招商，积蓄了一大批好项目、大项目，为构建“3+1+X”特色产业体系补了链、强了链，这些项目只要推进得好，都会成为未来的就业岗位、财政税源，更好地支撑城市的可持续发展；更为重要的是，我们在干事创业中历练了一批能干事、善破难、勇争先的干部队伍，干部队伍的精气神有了可喜变化，成长了一大批懂招商、懂项目、懂产业的“招商好手”“项目专家”，这都是景德镇发展的宝贵资源。总的来看，我市发展基础是好的，机遇远大于挑战、办法远大于困难。只要保持清醒头脑和战略定力，科学把握时与势，充分调动一切积极因素、用足一切政策举措、挖掘一切潜力资源，就一定能逆势前行，不断开辟发展新境界。

（三）关于目标要求的问题

2024年已进入“十四五”规划后半程，迈上“把‘千年瓷都’这张靓丽的名片擦得更亮”的新征程。全市经济工作的总体要求是：以习近平新时代中国特色社会主义思想为指导，深入贯彻党的二十大和二十届二中全会精神及中央经济工作会议精神，全面落实习近平总书记考察江西重要讲话精神，按照省委十五届五次全会和省委经济工作会议部署，聚焦“走在前、勇争先、善作为”目标要求，坚持“稳中求进、以进促稳、先立后破”，全面贯彻省委打造“三大高地”、实施“五大战略”，深化落实“五新”战略行动，坚持文化立市、工业强市、贸易兴市“三手”同向发力，解放思想、开拓进取，扬长补短、固本兴新，全力建好景德镇国家陶瓷文化传承创新试验区，打造国家文化交流客厅、国际文化交流名城，全面建设社会主义现代化国际瓷都，奋力把“千年瓷都”这张靓丽的名片擦得更亮。

对照上述要求，综合研判各方面情况，今年我市经济社会发展的主要预期目标是：生产总值增长5%左右，规上工业增加值增长6.5%左右，固投增长3.5%左右，社会消费品零售总额增长6.5%左右，出口总额、实际利用外资促稳提质，城乡居民人均可支配收入分别增长5%、7%左右，居民消费价格涨幅3%左右，主要污染物排放等指标完成国家和省下达任务。

这些总体要求和预期目标主要有4个方面考虑：一是坚持对标对表。总体上对标了中央经济工作会议对当前宏观经济形势的判断，与省委经济工作会议提出的预期目标相一致，其中固定资产投资等个别指标高于全省，主要是考虑到今年我市有一批大项目相继开工建设。二是突出统筹衔接。既同全省经济发展主要预期目标相衔接，也同市第十二次党代会以及市“十四五”规划目标相衔接，有利于增强工作的系统性、协同性。三是注重引导预期。确立合理的经济增长目标，释放稳中求进、以进促稳的积极信号，有利于稳定社会预期、增强发展信心，引导全市广大干部群众开拓进取、担当作为。四是坚持实事求是。预期目标的设定，考虑和兼顾了实物工作量的支撑、产业潜在的增长、今年发展的基数，是科学可行的。我们要锚定全年目标任务不动摇，鼓足干劲、奋发进取，各县（市、区）要挑起大梁、各部门单位要勇于担当，为推动全市经济高质量发展做出应有贡献。

（四）关于发展信心的问题

信心比黄金更重要。越是在困难的时候越要看到成绩和光明，越是在问题面前越要有勇气和毅力，越是在复杂局面中越要坚定信心和决心。尽管“大环境”影响“小气候”，但只要我们坚定信心、抢抓机遇，一定能够在“大环境”中创造属于景德镇的“小气候”。当前，景德镇的发展机遇持续叠加、加速集聚。

领袖关怀的重大机遇。习近平总书记近八年来先后5次对景德镇作出重要批示、提出重要指示、发来重要贺信，并亲临景德镇考察调研，既为景德镇标定了历史方位、擘画了美好蓝图，又极大拉高了景德镇的曝光度、美誉度，改善了景德镇经济发展的社会预期，为景德镇更好地争取政策、引进项目、集聚人才创造了利好条件。

政策叠加的重大机遇。从大趋势上看，这次中央经济工作会议鲜明指出，“必须把推进中国式现代化作为最大的政治”，强调“要聚焦经济建设这一中心工作和高质量发展这一首要任务”，进一步唱响中国经济光明论。从我市看，随着国家试验区建设的纵深推进，已先后争取到70多项国家级试点示范，只要做好转化文章，有效释放政策红利，就能为高质量发展提供强劲助力。

高铁时代的重大机遇。随着昌景黄高铁开通，景德镇正式迈入高铁时代。既打通我市联通长三角地区和粤港澳大湾区的快捷通道，又构建起兼具“中国味”和“国际范”的世界级黄金旅游线，显著放大景德镇区位交通优势、市场潜力优势、战略地位优势、综合比较优势，吸引汇集四面八方的资金流、政策流、信息流、人才流等“源头活水”。要积极拥抱高铁时代，深度融入高铁时代，推动景德镇经济社会发展全面进入“快车道”。

流量赋能的重大机遇。景德镇从经济总量、人口规模上看是四五线城市，但从文化魅力、网络热度上看已逐渐跻身一二线网红城市，无数年轻人“种草”景德镇、宣传景德镇，纷纷到景德镇旅游打卡；大量电商从业者到景德镇开网店、当主播。要抢抓风口，努力把“网红”变“长红”、“打卡”变“刷卡”，推动“网络流量”加速转化为“发展增量”。

产业风口的重大机遇。陶瓷、航空、精细化工和医药三大特色产业，既是景德镇的传统产业，也是富有潜力的未来产业，还是能够催生新质生产力的产业。比如先进陶瓷，是三大材料领域中最具潜力的赛道；低空经济，这次中央经济工作会议将其列为战略性新兴产业重点打造；精细化工和医药，也是材料、生物制造的重要基础。要进一步找准、细分、优化产业赛道，加大招商引资和科技创新力度，推进具有景德镇特色的新型工业化。

（五）关于发展定力的问题

习近平总书记强调，“要有钉钉子的精神，钉钉子往往不是一锤子就能钉好的，而是要一锤一锤敲”，“如果东一榔头西一棒子，结果很可能是一颗钉子都钉不上、钉不牢”。市第十二次党代会提出“五新”战略行动和陶瓷优先发展战略、工业强市战略、人才强市战略，契合时代发展趋势，符合我市现阶段发展实际，既是目标导向也是问题导向，必须保持定力、久久为功，一步一个脚印向前迈进。

坚持“五新”战略行动不动摇。全力实施“五新”战略行动，涵盖了城市建设、产业发展、区域发展、共同富裕、对外交流，贯彻了习近平总书记重要指示精神和国家试验区建设目标任务，是指导当前和今后一个时期全市工作的实践路径，也是被这两年实践证明的推进中国式现代化景德镇图景的重要拼图。要紧紧围绕“五新”战略行动来推进工作，坚定不移实施、紧跟形势完善、与时俱进深化，不断推动发展提质提效。

坚持陶瓷优先发展战略不动摇。陶瓷是立市之本，是景德镇最大优势、最大财富、最大资源，没有陶瓷就没有景德镇，任何时候都不能丢掉陶瓷这个“根”和“魂”，任何阶段都要把陶瓷摆在全市优先发展的地位。这次习近平总书记亲临景德镇考察调研，又强调“陶瓷是中华瑰宝，是中华文明的重要名片”，殷殷嘱托我们“要进一步把陶瓷产业做大做强，把‘千年瓷都’这张靓丽的名片擦得更亮”。从发展实践看，景德镇发展陶瓷有基础、有人才、有生态、有名气、有竞争力，没有哪一个产瓷城市像景德镇一样形成了这么完整的全要素、多业态、立体式的“陶瓷经济”生态链。要以国家试验区建设为统领，坚持陶瓷优先发展、首位发展，全力推进陶瓷文化保护、陶瓷传承创新、陶瓷文旅融合、陶瓷工业壮大、陶瓷经贸交流以及各类“陶瓷 +”等全方位、全链条、全生态发展，让陶瓷真正成为景德镇的“金饭碗”、中华文明的“金名片”。

坚持“三手”同向发力不动摇。文化、工业、贸易，景德镇都有底蕴、有基础，但也有短板。千年陶瓷支撑了千年瓷都，把这个城市立起来了。而一个城市的发展又离不开实体经济，无工不富、无工不强，没有工业现代化，就不可能有景德镇的现代化。景德镇的辉煌史，就是一部贸易繁荣史，贸易活则生产旺、消费热。这三者相辅相成、不可偏废。要坚持文化立市、工业强市、贸易兴市“三手”同向发力不动摇，系统性、整体性促进三者相互交融、相互促进、相得益彰，使之成为经济社会发展的“三大支柱”。

坚持人才强市战略不动摇。人才是第一资源，也是城市发展的基本力量、最大动能。城市的竞争就是人才的竞争，赢得人才就赢得未来。纵观国际大都市发展历程，凡是大量吸收人才的城市，必然形成汇聚人才的“马太效应”，构建起城市长远发展的“基本盘”。城市吸引人才，一般分为政策吸引、环境吸引和文化吸引三个阶段，其中政策吸引属于初级阶段，环境、文化则更能集聚人才、留住人才。陶瓷文化赋予了景德镇独特魅力和城市个性，也因此吸引了 8.4 万多名在校大学生、6 万多名“景漂”在景德镇就学创业生活。要充分发挥陶瓷文化“瓷引力”，通过衍生的平台、活动与产品，让精品更精、配套更优，吸引更多人才与游客集聚景德镇，着力构建国际瓷都“强磁场”。要精心营造具有艺术感、充满烟火气、彰显国际范、纵享慢生活的城市形态，着力打造亲切、精致、自由的人文之城、艺术之城、青年之城、创新之城，实现人与城的双向奔赴、共同成长，让更多的人爱上景德镇、打卡景德镇、定居景德镇，让景德镇成为世人向往的“诗与远方”。

（六）关于工作抓手的问题

抓手是破解难题的突破口、是打开局面的切入点，是撬动“杠杆”的“支撑点”，抓手用好了，往往能发挥“四两拨千斤”的作用。从近几年我市发展实践看，关键是用好了两个抓手。

以重点项目带动发展。抓工作、促发展，最终都要落实到项目上。实践证明，经济要发展、城市要更新、民生要改善，都要靠一个个项目来支撑、来落脚、来实现。从历史看，景德镇发展不足，一定程度上与投资不足密切相关。从当前看，项目是稳定经济增长的关键所在。近年来我市每年都会谋划推进 300 多个重点项目，这是我市发展的重要驱动力，支撑了我市经济发展和城市建设。从长远看，项目是关系发展的硬核支撑。今天的项目就是明天的产出。景德镇要发展，就必须大抓项目、抓大项目，一切盯着项目看、一切围着项目转、一切扭住项目干，以高强度项目建设支撑高质量发展。

以中心工作倒逼落实。近年来，我市每年都有一个好抓手，就是举全市之力推进某项或几项中心工作。2017 年成功争取国家“双修”城市试点，2018 年成功承办第十五届省运会，2019 年成功获批国家试验区建设，2020 年成功创建全国文明城市、国家卫生城市，2021 年成功承办全省旅游产业发展大会，2022 年成功承办第五届阿拉伯艺术节，2023 年陶博城交易中心开业。我们还举办了历年瓷博会、中国航空产业大会、农民丰收节，以及申遗、创“5A”等。回顾这些年的发展成就，感觉到一个很重要的经验，就是抓工作要有抓手、要有目标、要有压力，正是因为一项项中心工作的倒排工期、高标推进，倒逼我们干成一些不想干、不敢干、干不成的事情。今年我们还要继续推进申遗、创“5A”，以及抓好文化强省建设推进大会等中心工作，相信通过这些中心工作的倒逼，一定会让景德镇发展有一个新的大变化。

（七）关于用好政策的问题

好的政策不等同于就有好的成效，政策用得好、用得足就是真金白银、金山银山，锁在抽屉里就是空头支票、纸上富贵。近年来，我市先后争取到70余项国家级试点示范，这些政策在逐步转化、红利在逐步释放，但也有的试点示范相对落实空、落地慢,政策“含金量”远远没有转化为发展“实物量”。争取到政策只是好的开始，会转化能落地才有好的结果。在具体落实中,既要强化向上对接,紧跟中央、省委决策部署，深入钻研政策，摸清摸透政策；又要开阔视野，紧盯先进地区的好经验、好做法、好模式，大胆“抄作业”，巧于借鉴、精于升华；还要结合实际，找准切入点、结合点，大胆探索、勇于创新、务求实效，最大限度挖掘政策潜力，创造更多可复制、可推广的景德镇经验。

（八）关于防范风险的问题

坚持底线思维，从最坏处着眼，做最充分的准备，朝好的方向努力，争取最好结果，是我们干好一切工作的原则和方法，只有这样才能有备无患，牢牢把握主动权。

坚决防范系统性风险。高度关注和持续警惕房地产、政府债务、金融等领域风险，提高对重大风险的预测预判预警能力，见微知著、先知先觉。要切实用好中央、省委防范化解风险的政策举措，主动应对、综合施策，努力在不稳定性中增强稳定性、在不确定性中寻找确定性。要继续推进“保交楼”及办证工作，加强在建项目预售资金监管，防止出现新的房地产风险。要聚焦地方债务“减存量、控增量、防暴雷”等要求，加强融资平台公司经营性债务风险的监测预警，“一企一策”“一债一策”优化债务结构，逐步把债务规模控制在合理水平。要加强金融风险监测预警和早期干预，重点抓好中小金融机构存量风险化解和增量风险防范，坚决守住不发生区域性、系统性金融风险底线。

着力扩大有效益投资。发展中的问题要靠发展来解决。项目“支撑力”越足、投资“实物量”越多，应对风险、爬坡过坎的能力就越强。要大力争资引项，对接中央预算内投资、超长期特别国债、地方政府专项债等中央资金，持续推进重点项目建设。要扩大民间投资，积极实施PPP新机制，支持社会资本参与重大工程、重点项目和盘活国有存量资产、人防等城市老旧资源、新型基础设施等领域建设。要积极争取省现代产业引导基金支持，鼓励金融机构采用预期收益质押等方式为项目提供融资支持，促进存量资产和新增投资良性互动。

稳妥推进“瘦身式”改革。无论是应对风险挑战，还是落实“过紧日子”要求，政府机构、事业单位都要轻装疾行，集中有限力量办大事、办要事。精简不是改革的目的,更多的是通过“瘦身”与“健体”并重，“降本”与“增效”并举，实现“强身健体”。下一步，要按上级精神和政策规定，重点深化市以下财政体制改革，稳妥有序实施市区两级义务教育管理体制改革，健全行政事业单位非编人员管理机制，合理控制财政供养人员规模，优化编制资源配置。通过改革的办法，有效化解“三保”压力、激发发展活力。

（九）关于工作落实的问题

抓落实是做好一切工作的根本保证。千招万招，不抓落实都是虚招；千忙万忙，不抓落实都是白忙。这次中央经济工作会议和省委经济工作会议，都重点强调了抓落实的重要性和方法论的问题。习近平总书记重点强调不折不扣抓落实、雷厉风行抓落实、求真务实抓落实、敢作善为抓落实。尹弘书记重点强调了要提高抓落实的站位、增强抓落实的效率、改进抓落实的作风、强化抓落实的保障。省委全会还明确今年将在全省开展“大抓落实年”活动。我们一定要认真学习贯彻中央和省委经济工作会议关于抓落实的重要要求，按照省委统一部署，在全市深入开展“大抓落实年”活动，真正让“抓落实”成为景德镇今年工作的主旋律、最强音。

抓落实，首要讲政治。牢牢把握推进中国式现代化这个最大的政治，聚焦经济建设这一中心工作和高质量发展这一首要任务，善于从政治高度考量和推进工作，自觉同党中央、省委指示精神和市委、市政府决策部署精准对标对表，不讲条件、不打折扣、不搞变通，也要防止层层加码、变形走样，把好经念歪、好事办糟。

抓落实，还要讲担当。现在各方面情况复杂多变，机遇稍纵即逝，风险也突如其来，如果没有一点担当精神，退退缩缩、亦步亦趋，往往既会错失良机、贻误发展，还可能会把小事拖大、大事拖炸。要牢固树立马上就办、抓紧快办、办就办好的意识，抓住一切有利时机、利用一切有利条件，看准了就抓紧干，能多干就多干一些，对条件比较成熟的要加快推进，对条件不太具备的要积极准备，对工作中的新情况新问题要及时破解，以自身工作的确定性来应对形势变化的不确定性。

抓落实，更要讲方法。我们干工作，既要有想法，还要有办法；既要心中有数，更要手上有招。要善于学习，把政策学透、把眼界放宽、把思想解放，让自身的认知始终“上线”不落伍，紧紧跟上时代潮流和发展脚步。要躬身实践，干中学、学中干，把情况摸清、问题找准、对策提实，防止“外行”领导“内行”，争做本领域的“行家里手”。要灵活应变，也就是在“战术层面”活学活用政策，因时因地因事改进方法、推进工作，不迂腐、不呆板、不教条，不断增强抓落实的针对性、实效性，使各项工作最终效果符合决策意图、顺应客观规律、满足群众期盼。

同志们，做好今年经济工作使命光荣、任重道远。我们要深入学习贯彻习近平总书记考察江西重要讲话精神，全面落实中央经济工作会议和省委全会、省委经济工作会议精神，解放思想、开拓进取，扬长补短、固本兴新，全力推进经济社会发展各项工作取得新成效，奋力把“千年瓷都”这张靓丽的名片擦得更亮！

第二次全体会议上的讲话

同志们：

这次会议，传达学习了省委十五届五次全体（扩大）会议精神和省委经济工作会议精神，听取和审议了市委常委会工作报告，讨论并通过了《中共景德镇市委关于深入学习贯彻习近平总书记考察江西重要讲话精神、奋力把“千年瓷都”这张靓丽的名片擦得更亮的决定》（以下简称《决定》），通过了有关纪律处分事项，讨论并通过了《中共景德镇市委十二届五次全体（扩大）会议决议》，进一步统一了思想认识、明确了目标任务，对于更好地推动习近平总书记考察江西重要讲话精神在景德镇落地落实，全面贯彻省委打造“三大高地”、实施“五大战略”，奋力把“千年瓷都”这张靓丽的名片擦得更亮，具有十分重要的意义。

下面，我就深入学习贯彻习近平总书记考察江西重要讲话精神，扎实做好当前和今后一个时期全市工作，再讲几点意见。

一、深刻把握精髓要义，坚定不移沿着习近平总书记指引的方向前进

习近平总书记考察江西重要讲话，深刻回答了新时代新征程江西发展一系列全局性、根本性、战略性的重大问题，为我们做好各项工作指明了前进方向、提供了行动指南。要深刻理解领悟、把握精髓要义，自觉用以指导推动工作。

*第一，必须掌握运用科学方法。*习近平总书记提出“解放思想、开拓进取，扬长补短、固本兴新”，这是一个相互联系的有机整体，深刻阐明了思想观念、精神状态、工作方法、实践路径等问题，充分体现了习近平新时代中国特色社会主义思想的立场观点方法。解放思想，是习近平总书记提出的首位重要要求。我们与先进发达地区的差距，表面是经济实力、产业发展、科技创新等方面的差距，归根结底还是思想观念上的差距。要把思想大解放作为推动景德镇新一轮发展的“先导工程”，学习借鉴发达地区的先进理念和成功经验，对发展有利的，都要大胆地试、大胆地闯，力争“没有先例”的率先做出成功案例，“普遍在做”的做得更好更快，坚决摒弃遇事找文件、看惯例、找依据的习惯，努力把不可能的事变成可能、把可能的事变成现实、把现实的事做到极致。开拓进取，是干事创业的重要保障。这几年，我们很多指标摆脱了“八九不离十”甚至垫底局面，最根本的就在于我们开拓进取。要始终保持开拓的精神和进取的姿态，自觉拉高工作标杆，不为困难找理由、只为发展想办法，以顽强斗争打开事业发展新天地。扬长补短，是我们开展工作的重要方法。长板既是比较优势，也是提升竞争力的关键所在；短板既是发展差距，也是挖掘潜力的努力方向。要坚持锻长板与补短板相结合，持续放大国家战略叠加、文化底蕴深厚、特色产业鲜明等优势，加快补齐产业发展、科技创新、民生保障等方面的短板，努力变差距为潜力、变劣势为优势，推动抢位发展、错位发展。固本兴新，固本是做大存量的基础，兴新是提升增量的关键。景德镇三大主导产业特色鲜明，具有良好基础和广阔前景。要巩固特色产业的基础和优势，抢抓新一轮科技革命和产业变革机遇，瞄准未来新兴产业赛道谋篇布局，着力培育引进一批行业领军企业，加快形成新质生产力。

*第二，必须自觉践行目标要求。*习近平总书记提出的“走在前、勇争先、善作为”目标要求，既是对江西工作的目标定位，也是对全省党员干部的殷切期望，是全方位、全覆盖、立体式的，没有局

外人、没有旁观者。要把“走在前、勇争先、善作为”落实到我们的行动上、融入我们的血脉中。“走在前”。景德镇人民素有“走在前”的基因。一部景德镇史，就是一部引领世界陶瓷发展的创新创造史。“走在前”就意味着要走别人没走过的路、做别人没做过的事、做“第一个吃螃蟹的人”。要充分用足用好国家试验区先行先试权，坚决克服“别人干了跟着干、别人没干不敢干”的盲从心态，始终保持“走在前”的雄心壮志，在新一轮区域发展竞争中站稳脚跟、争得应有地位。“勇争先”。工作上的落后只是一时的，只要敢于比拼，必将实现争先进位。要始终保持不甘小、不甘后、不甘慢的争先姿态，对标最高、聚焦最好、锚定最优，推动各项工作横向有进位、纵向有提升，不断提升在全省乃至全国同类地区或部门中的位势。“善作为”。美好事业不是喊出来、等出来的，而是干出来的。人人都要经常问一问自己，我为景德镇干了什么、我为群众做了什么、我为地方留下了什么？要强化“一日无为、三日难安”的责任感，秉持“功成不必在我、建功必定有我”的理念，坚决顶起自己该顶的那片天，让担当实干成为景德镇的时代强音。

*第三，必须逐条逐项落到实处。*习近平总书记对景德镇高度重视、特别关心，2015 年以来先后 5 次对景德镇提要求、作指示。这一系列重要批示、重要嘱托、重要指示精神，在目标定位上一脉相承、在工作要求上一以贯之，涵盖文化保护、产业发展、对外交流、文旅融合、民生改善、社会治理、党的建设等各方面，赋予了景德镇面向世界、面向未来的高标定位、时代课题、光荣使命，是我们做好各项工作的总遵循、总纲领、总要求。全市上下要用心领悟蕴含其中的深邃思想、深远考量、深刻用意，做好深化细化结合文章。要把自己摆进去、把工作摆进去、把职责摆进去，从习近平总书记重要讲话中找方向、找位置、找方法、找动力，清单化落实、项目化推进、责任化督查，切实把习近平总书记重要讲话精神转化成工作的强大动力、落实的具体举措、发展的实际成效，一步一个脚印把习近平总书记擘画的宏伟蓝图变为美好现实。

二、聚焦重点工作任务，全力担当好把“千年瓷都”这张靓丽的名片擦得更亮的光荣使命

市委《决定》对深入学习贯彻习近平总书记考察江西重要讲话精神作了全面部署，全市各地各部门要切实抓好落实，特别是要聚焦重点、抓住关键，以重点突破带动全局发展。

*第一，坚持文化立市，在纵深推进国家试验区建设中持续放大城市魅力。*建好国家试验区是政治任务、国家使命，也是全市工作的总统领。要围绕“两地一中心”目标任务，大力实施陶瓷优先发展战略，充分发挥先行先试优势，真正把国家试验区这个“金字招牌”用足用好。

要原真化保护，让文物活起来。对标 2026 年成功申遗目标，全力抓好申报世界文化遗产这个国家试验区建设的“龙头工程”，系统梳理保护老窑址、老街区等瓷业遗产，守护好千年瓷都的“根”与“魂”。要统筹推进国家文物保护利用示范区、长江国家文化公园、长征国家文化公园、万里茶道等项目建设，提升文物、文化、历史的温度热度，让景德镇始终是一部活的陶瓷历史文化教科书。

要系统化传承，让非遗潮起来。以创建陶瓷文化生态保护区为抓手，用好丰富的非遗资源，系统推进非遗传承人培养、非遗技艺活态传承和陶瓷文化挖掘阐释，促进传统技艺与现代时尚相结合、陶瓷设计与品牌塑造相融合。要在陶瓷创意设计上做足文章，充分依托陶瓷高校、人才集中的优势，打造世界陶瓷设计中心，让景德镇陶瓷更具时代化特征、彰显国际化语言、满足多元化需求。要大力创作陶瓷文化 ACGMN（动画、漫画、游戏、音视频、小说等）艺术精品，打造更多体现中国审美、陶瓷特色、当代精神的“国潮”产品，让陶瓷文化“潮”出生命力、“潮”出购买力。

要市场化运营，让文旅旺起来。坚持市场化理念做旅游，充分发挥市场主体力量，错位化发展陶阳里、陶溪川、陶源谷、陶科园、陶博城“五陶”业态，景区化推进“千馆之城”建设，全域化唱响“夜珠山”文旅消费品牌。要优化“吃住行游购娱”等旅游要素供给，打造“景德镇菜”品牌，构建“快旅慢游”交通体系，拓展旅游集散功能，壮大提质酒店住宿行业，特别是要大力发展民宿业，扩大规模、提升品质，有效缓解我市酒店供需矛盾突出的问题，努力推动“网红”变“长红”、“游客”变“常客”、“打卡”变“刷卡”，构建全域、全时、全龄、全业的陶瓷文旅消费生态体系。

要现代化转型，让产业强起来。聚焦陶瓷首位产业，全力推进现代化转型升级，在做大日用陶瓷、做精艺术陶瓷的基础上，坚持把先进陶瓷作为产业发展的主攻方向，重点突破一批先进陶瓷产业关键、核心和共性技术，增强先进陶瓷细分领域核心竞争力，全力打造国家先进陶瓷发展样板区。要积极推

进数字赋能陶瓷文化产业高质量发展，推动陶瓷文化与大数据、人工智能、物联网、区块链深度融合、集成应用，助推陶瓷文化 IP 化、品牌化、商业化、规模化发展，用数字化手段催生陶瓷文化新动能。

要国际化交流，让“客厅”热起来。坚持以瓷为媒、以瓷会友，高水平有效益地办大会、办大展、办大赛，推动瓷博会申报国家级重点展会，把陶博城打造成推动陶瓷贸易发展的强引擎，建设陶瓷会展中心城市。要深化与各友好城市在文化旅游、贸易投资、科技创新等领域的务实合作，携手绘就人文交流新图景、跑出经贸发展加速度、书写友城共赢新篇章。

第二，坚持工业强市，在努力构建现代化特色产业体系中持续壮大经济实力。不抓产业，景德镇就没有发展；不大抓产业，景德镇就没有未来。要积极融入全省制造业重点产业链现代化建设“1269”行动计划，坚定不移实施工业强市战略，奋力跑出工业发展的“加速度”。

倍增目标再攻坚。2021 年下达的工业倍增三年行动计划，虽然在数据上没能全面完成，但这三年来创造的实物量是可观的，经过“挤水分”、提质量，我市工业数据更加真实、发展更有质效。今年还要锚定目标、再接再厉，千亿陶瓷产业和千亿园区要确保完成，精细化工和医药产业要全力拉近千亿目标距离，其他细化指标也要积极完成。在此基础上，要对标对表“1269”行动计划，科学制订新一轮工业倍增计划，持之以恒大抓产业、大抓项目、大抓招商，坚持不懈把工业的短板补齐补强。

优势赛道再细分。聚焦重点产业链，进一步深耕、细分、优化赛道，避免产业发展布局趋同，主导产业同质化。要大力发展先进陶瓷，力争 2025 年产值突破 500 亿元，再造一个景德镇传统陶瓷工业。要抢抓低空经济列为战略性新兴产业的重大机遇，用好低空空域改革契机，最大限度释放区域空域资源，争取设立无人机试验试飞基地、检验检测中心和适航审定中心“一基地两中心”，申报筹建航空职业技术学院，大力发展高附加值航空配套、直升机及通航、无人机及 eVTOL 三大赛道，着力打造在全国有影响力的航空先进制造业集群。要理直气壮发展精细化工和医药产业，在生物蛋白、维生素等领域抢占制高点，打造更多专精特新的“单项冠军”。

科技创新再升级。坚持高举高打、高位切入，以科技创新引领产业发展。持续推动“政产学研用金”一体化，强化与大院大所、名校名企合作共建高端研发平台，充分发挥政府产业引导基金作用，推动更多科研成果落地转化，吸引更多人才、技术、资源在我市集聚。要大力推进制造业智能化转型，提升 5G、大数据等数字基础设施建设水平，推动“设备换芯”“生产换线”“机器换人”，以数字化为企业发展插上腾飞翅膀。

招商引资再发力。坚持“多业”齐抓，结合不同产业领域的特点优势，做到工业、农业、文旅、城建、商贸服务业、未来产业等一体招商；坚持“条块”共抓，构建以“块块”招商为基础、产业链条招商为重点、行业主管部门积极参与的大招商格局；坚持“量质”双抓，围绕主导产业、优强项目抓招引，力争主导产业占比进一步提升、引进优强项目数量进一步提升，不断畅通产业循环、壮大产业集群。

营商环境再优化。全面对标市场化、法治化、国际化要求，树立“长三角、大湾区能够做得到，我们也要做得到”的理念，巩固提升企业安静期、超时默许制、首违轻微免罚、无感办理等做法，更大力度减材料、减环节、减检查、提效能，打造可预期、可信赖、可发展的营商环境，唱响“景快办、办德好、镇暖心”品牌。

第三，坚持贸易兴市，在着力深化对内对外开放中持续激发发展活力。贸易成就景德镇的辉煌历史，决定景德镇的美好未来。要持续深化对内对外开放，巩固传统商路，积极开拓新路，创新贸易方式，全力推动内外贸一体化发展。

对内要做好区域合作的“融入文章”。积极拥抱昌景黄高铁通车重大机遇，做好周边城市聚散成盟、高铁沿线串珠成链、全国范围跨区协作的融合文章，全力打造两小时产业圈、一小时旅游圈、半小时商贸圈。“两小时产业圈”，即对接长江经济带、长三角、海西经济区、粤港澳大湾区等国家战略，依托逐步完善的水运、空运和铁路交通体系，承接沿海地区关键零部件、关键材料、关键设备等产业转移，积极打造国家产业备份基地，实现相互赋能、借势而为。“一小时旅游圈”，即加强与南昌都市圈等周边地区的市际、省际合作，整合沿线旅游资源，打造以景德镇为重要节点的黄金旅游带，形成拉动内贸消费的新“增长极”。“半小时商贸圈”，即构筑覆盖全域的商贸体系，打造以景德镇为中心的覆盖周边县（市、区）300 万人口的半小时商贸圈、服务圈、生活圈。

对外要做好牵线搭桥的“服务文章”。紧扣“国际瓷都”和“文化消费”的独特印记，积极引进和培育国内外知名的品牌首店、旗舰店、概念店和体验店等业态，推动陶博城提升国际知名度、商业活跃度、消费舒适度，努力建设国际文化消费中心城市。要引进培育一批出口商、进口商、报关行等贸易服务企业，加强陶瓷生产企业的外贸培训，提升对接国外市场需求的能力。要用好市场采购贸易方式试点等外贸政策，既为小批量、个性化、定制化陶瓷产品出口提供便捷服务，又有针对性地吸引我省及周边地区小商品出口企业到景德镇注册落户，打造赣东北外贸集散地。

线上要做好抢占风口的“流量文章”。顺应线上贸易裂变发展的大趋势，做大做强陶博城数字贸易产业园、陶溪川手工陶瓷制造有限公司等平台。要加快推进跨境电商综试区建设，推动特色产业、品牌企业、优质产品与社交电商、直播电商等深度对接，更好地满足智能化、定制化、国际化的消费需求。要用好国内首个陶瓷行业标识解析二级节点建设许可，做实做优做旺中国陶瓷工业互联网平台，逐步构建全要素、高质量的陶瓷数字经济生态链。

第四，坚持全域发展，在深度推进城乡一体化中持续释放融合效力。全域融合发展既是战略选择，也是必然趋势。景德镇地域面积虽小，但县域各有特色、各富潜力。要紧扣打造“一核两轴、一圈两区”区域发展新格局目标，全力做好融合大文章。

城市更新要彰显高品质。围绕新型人文城市建设，借助城市更新试点、创建中国人居环境奖、承办文化强省大会等契机，推动城市品质品位进一步提升，文化魅力和城市个性进一步凸显。要加强统筹规划，对城市的空间立体性、平面协调性、文脉延续性等进行统一规划管理。要补齐城市基础设施短板，丰富综合功能的多样性、拓展优质资源的覆盖面，让景德镇彰显文化风、国际范、亲近感，成为“吃住行游购娱”的全场景首选地，着力打造人文之城、艺术之城、青年之城、创新之城。

县域经济要主动挑大梁。县域强则全市强，县域活则全局活。县域经济本质就是特色经济。要找准定位显特色，立足区位特点、自然禀赋、产业基础，各打各的优势牌、各唱各的特色戏，不简单模仿，不盲目攀比，不搞恶性竞争，走出一条差异化特色化的发展道路。要集聚集群强特色，围绕主导产业加强上下游衔接、左右岸配套，延链成群、集聚发展，全力打造县域特色产业集群。要用足用好“飞地经济”模式，推动土地、技术、人才、资本等要素全方位合作，解决县域有资源无产业、有产业无人才、有人才无平台等问题，形成资源共享、优势互补、合作共赢的县域产业发展新格局。

乡村振兴要善于开新路。坚持用工业化理念来抓农业，以“粮头食尾”“农头工尾”为抓手，加大外引内培力度，建设一批投资规模大、产业链条长、带动能力强的农产品加工项目，打响“乐平菜”“浮梁茶”品牌。要学习运用浙江“千万工程”经验，统筹推进农村人居环境整治与乡风文明建设，着力建设景村融合、产村融合、“三治”融合、城乡融合、共同富裕“四融一共”和美乡村。需要强调的是，近日中央巩固拓展脱贫攻坚成果后评估资金绩效检查组将来我市进行考核。此项考核结果将直接影响江西省排名，各地要高度重视，切实担起属地责任，全力做好各项准备工作。

城乡融合要弹好协奏曲。城乡融合发展不是城与乡的简单相加，而是相互依赖、相互支持的良性互动。要以交通共联为基础，积极推动景德镇绕城高速、景德镇至上饶高速、G351北移等项目前期工作，适时启动景德镇北站综合客运枢纽建设谋划论证。要以设施共建为支撑，大力推进景乐一体化、景浮一体化、公交一体化、环卫一体化以及“半小时经济圈”建设。要以要素共享为保障，加快户籍、土地、社保等制度联动改革，实现城乡深度融合、协调联动、互融共荣。

第五，坚持共同富裕，在保障和改善民生中持续倾注更多心力。共同富裕是中国式现代化的本质要求，是人民群众的共同期盼和美好向往。要坚持以人民为中心的发展思想，把有限的财力向保障和改善民生倾斜，让民生更有温度、幸福更有质感。

公共服务要精准供给。公共服务、民生保障，是群众最关切的现实问题。要坚持尽力而为、量力而行，为生活在这座城市的人提供优质高效的公共服务。要加快建设高质量教育体系，推动学前教育普及普惠，义务教育优质均衡，高中教育提质提效，职业教育产教融合，高等教育校地融合。要大力实施健康景德镇行动，切实推进区域医疗中心和紧密型县域医共体建设，促进优质医疗资源下沉和区域均衡布局。要健全城乡社区养老服务体系，积极发展银发经济，实现老有所养、老有所依、老有所为。

基层社会要精细治理。维护稳定、防范风险是基层治理的重要任务。要坚决维护国家政治安全，严格落实意识形态工作责任制。要有效防范化解金融、房地产、地方债务等领域风险隐患，确保不发生区域性系统性风险。要认真落实过“紧日子”要求，压减一般性支出，提高财政统筹能力，守住“三保”底线。要完善矛盾纠纷排查化解机制，加强社会治安防控，常态化推进扫黑除恶斗争，依法严厉打击各类违法犯罪行为，确保社会安定有序。要严格落实安全生产责任制，提高防灾、减灾、救灾能力，全力维护人民群众生命财产安全。

生态环境要精心守护。牢固树立和践行“绿水青山就是金山银山”的理念，纵深推进国家生态文明试验区建设，深入打好蓝天、碧水、净土攻坚战，持续改善生态环境质量，着力推动产业结构、能源结构、交通运输结构等绿色低碳转型，积极稳妥推进“双碳”工作，促进生态产业化和产业生态化。

三、加强党的全面领导，以高质量党的建设引领保障高质量发展

事业成败，关键在党、关键在人，重在行动、要在落实。要深入学习贯彻习近平总书记关于党的建设的重要思想，以政治建设统领党的各项建设，推动全面从严治党不断向纵深发展。

*要强化政治建设总统领。*始终保持政治敏锐性，不断提高政治判断力、政治领悟力、政治执行力，切实增强坚定拥护“两个确立”、坚决做到“两个维护”的政治自觉。要善于从政治上分析和判断问题，牢牢把握推进中国式现代化这个最大的政治，以政治上的清醒确保工作上的不折不扣落实。要巩固拓展主题教育成果，建立常态化长效化机制，坚持不懈用习近平新时代中国特色社会主义思想凝心铸魂，更好地转化为改进工作、推动实践的强大力量。

*要牢固树立正确政绩观。*树立正确政绩观，关键要处理好当前和长远的关系。既要做让老百姓看得见、摸得着、得实惠的实事，也要做为后人做铺垫、打基础、利长远的好事，既要做显功，也要做潜功。只有这样才能既在战术上打好攻坚战，又在战略上坚持持久战，不断提高发展的系统性、整体性、协同性。要沉心静气抓发展，不搭花架、不务虚功，努力创造经得起“身后评”的工作业绩。

*要提振干事创业精气神。*这几年，在全市上下共同努力下，我市各项工作有了明显进步，但决不能小进即满、自我陶醉。要始终保持一流的状态、瞄准一流的目标、争创一流的业绩，一天当作两天用、三步并作两步走，努力实现本地本部门工作在全省有进位、在全国有影响。特别是有综合考核指标的责任单位，要紧盯排位不放松，确保各项指标在全省名次靠前。

*要推动基层党建务实效。*党的基层组织是党的全部工作和战斗力的基础。要树牢大抓基层的鲜明导向，大力开展基层党建“书记领航工程”，统筹抓好国企、高校、非公经济组织、社会组织等领域基层党建，深入实施新经济组织、新社会组织、新就业群体党建集中攻坚行动，推进党组织和党的工作在基层全覆盖。要创新党建引领基层治理，积极探索产业链党建，推动党建工作与特色产业同频共振、融合发展。

*要持续正风肃纪反腐败。*反腐败是一场输不起也决不能输的重大政治斗争。要始终保持反腐败高压态势，坚持“严”的主基调不动摇，加强重点领域腐败治理，铲除腐败滋生土壤和条件。要认真落实中央八项规定精神，坚决向违规吃喝、不作为乱作为、损害营商环境等作风顽疾“亮剑”，市委常委会决定干部作风突出问题专项治理再延长半年，进一步加大明察暗访力度，并把专项治理作为民主生活会一项重要内容进行对照检查，让“严”的氛围越来越浓、“治”的效果越来越好，推动“干”的劲头越来越足。各级领导干部要发挥好表率作用，带头落实全面从严治党要求，管好自己、亲属和身边的工作人员，切实当好风清气正政治生态的建设者、守护者。

同志们，领袖指引新航向，千年瓷都启新篇。我们要深入贯彻党的二十大精神和习近平总书记考察江西重要讲话精神，全面落实省委打造“三大高地”、实施“五大战略”，牢记嘱托、感恩奋进，真抓实干、久久为功，在持续深化落实“五新”战略行动，建好国家陶瓷文化传承创新试验区，打造国家文化交流客厅、国际文化交流名城，全面建设社会主义现代化国际瓷都的实践进程中，奋力把“千年瓷都”这张靓丽的名片擦得更亮！

政府工作报告

——2024 年 1 月 16 日在市十六届人大四次会议上

中共景德镇市市长　胡雪梅

各位代表：

现在，我代表市人民政府向大会报告工作，请予审议，并请市政协委员和其他列席人员提出意见。

一、2023 年工作回顾

2023 年是景德镇发展史上极具里程碑意义的一年，习近平总书记首次亲临景德镇考察，并嘱托我们“要把‘千年瓷都’这张靓丽的名片擦得更亮”，为景德镇发展标定了历史方位、擘画了宏伟蓝图，162 万瓷都儿女沐浴着历史性荣光。我们牢记嘱托、感恩奋进，坚持以习近平新时代中国特色社会主义思想为指导，深入学习贯彻党的二十大精神和习近平总书记考察江西重要讲话精神，认真落实省委、省政府和市委各项决策部署，以国家试验区建设为统领，深化落实“五新”战略行动，经济社会发展取得新成效。全年地区生产总值同比增长 3.5%，一般公共预算收入 90.3 亿元，规上工业增加值增长 5.4%，固定资产投资下降幅度收窄至 8.0%，社会消费品零售总额增长 5.8%，居民消费价格与上年持平，城乡居民人均可支配收入分别增长 3.8%、6.9%。

——这一年，我们跨越山海、双向奔赴，文化立市的步伐走得更加自信。深度融入共建“一带一路”，赴欧洲、阿拉伯等国家开展文化交流，举办中埃陶瓷文化交融讲座等重点活动 18 项，达成合作意向 12 个，精品瓷乐队先后 3 次走出国门、广受好评。承办 2023 战略传播论坛等 10 余场品牌活动，20 多批次、100 多个国家、1000 多名国际友人来景交流，外宾层次和规模均创历史之最，友好关系意向城市增至 30 个，国际“朋友圈”加速扩容，城市影响力持续提升。

——这一年，我们引育并举、量质齐抓，工业强市的步伐走得更加稳健。工业对地区生产总值增长贡献率达 50.2%，较 2020 年提高近 10 个百分点，在全省工业高质量发展考评中连续三年进位。工业增值税实现三年翻番；规上企业数超额完成三年行动目标；2 家企业获评国家专精特新“小巨人”、49 家中小企业获评省“专精特新”，产业发展势头强劲。

——这一年，我们凝聚共识、协同发力，贸易兴市的步伐走得更加强劲。陶博城交易中心满铺开业，600 余家企业入驻，覆盖 20 多个产瓷区以及 11 个国家、32 个国际品牌。陶瓷官方旗舰店线上覆盖多个主流平台，线下新设北京、珠海门店，海外首站布局迪拜，营收超 8000 万元。瓷博会规模再创新高，贸易额 135.3 亿元、增长 12.7%。陶瓷出口连续两年翻番，突破 10 亿元，商贸经济活力迸发。

回顾一年来的成绩，主要体现在五个方面。

（一）国家试验区建设持续深化。成功争取在景德镇召开国家试验区部省恳谈会、现场交流会，省政府两次召开省领导小组会，获批 12 项国家级试点示范，60 个重点项目有序实施。传承保护有力有效。申遗工作扎实推进，《御窑厂遗址保护规划》完成修编，入选第二批国家文物保护利用示范区创建名单，获批建设国家级知识产权保护中心，古陶瓷基因库列入全国首批文物事业高质量发展案例。制定《“景德镇制”陶瓷保护条例》，搭建“陶瓷艺术品官方溯源平台”，发布陶瓷酒瓶及玲珑瓷标准。“千馆之城”① 建设初显成效，上线数字化服务平台，首批 330 家精品馆精彩亮相，御窑博物院获评全国最具创新力博物馆。文旅融合火热出圈。作为首届轮值主席城市，高规格举办丝绸之路旅游城市联盟成立大会，与 26 个国家 58 座城市联合发布《景德镇宣言》。浮梁县获评县域旅游高质量发展全国百强，珠山区获批创建国家文旅产业融合发展示范区。陶阳里、陶然集等文旅 IP 持续火热，旅游人次同比增长 50%。对外交流持续深化。举办文化创新发展论坛、中阿知名艺术家采风作品展等活动，国际陶瓷艺术双年展评出首届“景蓝奖”，“向世界讲述瓷都故事”入选中国城市国际传播示范案例，文化魅力不断彰显。

（二）产业转型持续加快。特色产业集聚发展。深入实施陶瓷优先发展战略，陶瓷产业营收突破 800 亿元，税收超 10 亿元。先进陶瓷“一园两基地”② 加快建设，总产值连续三年翻番。举办 2023 中国航空产业大会，现场签约 189.6 亿元，参与成立 50 亿元省航空产业发展投资基金。设立南昌航空大学航空制造产业学院，航空科技园、产教融合基地、无人机展销中心建成使用，航空产业营收突破400亿元。德孚环保等优强项目建成投产，黑猫集团入选全国首批“创建世界一流专精特新示范企业”，富祥药业跻身中国医药工业百强榜，精细化工和医药产业营收超600亿元。惠企帮扶成效明显。常态开展企业服务日活动，解决融资需求近70亿元，73个增资扩产项目完成投资130.5亿元。推进昌河汽车“乘转商”，整车生产超3万辆、增长50%。转型升级步伐加快。新增上云企业超6300家，上云率全省领先。昌飞公司获批国家智能制造示范工厂，宏柏新材入选国家数字化转型贯标试点，陶瓷产业集群获评国家级中小企业特色产业集群，产业竞争力不断提升。

（三）发展动能持续增强。重点改革不断深入。组建资本投资集团、测绘设计院公司，经营性国有资产实现集中统一监管。“高新区剥离社会事务，一区多园融合发展”获评全省开发区改革创新优秀案例，昌江产业园获批省级产业园。“知识产权陶瓷技术调查官制度”等改革全国首创，“工程建设项目全生命周期数字化管理”入选全国改革试点。开放水平不断提升。签约亿元以上项目198个，申报优强项目24个。加快对外通道建设，鱼山码头基本建成，乐平水利枢纽、昌江航道提升工程、机场扩建前期工作取得重要进展，昌景黄高铁建成通车，景德镇迈入“高铁时代”。创新能力不断增强。新增1家院士工作站，“AC313大型民用直升机”项目获省科技进步奖特等奖，陶溪川获批国家文化与科技融合示范基地。科技创新监测评价全省第二，3件专利获第24届中国专利奖，获奖数量居全省第一。

（四）城乡环境持续改善。现代农业高效发展。粮食播面143.4万亩，总产11.2亿斤。推进“头雁引航·雏鹰振飞”行动[3]，引进农业产业化项目19个，其中10亿元以上项目1个。7家企业进入全省农产品品牌百强榜，浮梁县勤坑村成为全省第二个“盒马村”[4]。城乡融合日益深化。推进89个城市功能与品质提升项目，实施公交客运枢纽站等一批交通项目，新改建污水管网110.4公里，完成十九中、黄泥头防洪排涝工程，主城区防洪系统形成闭环。入选全国深化城市体检工作制度机制试点城市，成为全省首个国家节水型城市，浯溪口水利枢纽工程获评中国水利工程优质（大禹）奖。完成419个省市新农村点整治建设任务，浮梁县港口村入选中国美丽休闲乡村；乐平市沿沟村，以及浮梁县桃墅村、勒功村获评中国传统村落。生态质量保持优良。全市$PM_{2.5}$平均浓度25微克/立方米，空气优良天数比率98.6%，均列全省第二。地表水断面水质优良比例、集中式饮用水水源地水质达标率均为100%，“贯彻绿色发展理念、助力经济社会绿色转型改革创新做法”获生态环境部通报表扬。

（五）民生福祉持续提升。坚持把有限财力向民生领域倾斜，民生支出占比75.5%，十件民生实事[5]基本完成。社会保障更加有力。新增城镇就业1.76万人，零就业家庭安置率100%。城乡低保标准全省第二。建成72个社区老年助餐点，基本形成“15分钟城市老年助餐服务圈”。全面实施DIP支付方式[6]改革，参保患者住院平均医疗费用下降11%。公共服务更加完善。改扩建学校5所、新建公办幼儿园8所，新增中小学学位1.45万个，普惠性幼儿园覆盖率达94%。深入推进健康景德镇建设，获评三年健康江西行动综合考核优秀。成功承办国际滑翔伞公开赛、马拉松赛等赛事，景德镇籍运动员程玉洁获游泳世锦赛冠军。基层治理更加有效。扎实做好金融、房地产等领域风险防范化解，安全稳定基础不断夯实，珠山派出所获评全国第三批枫桥式公安派出所，浮梁镇人民调解委员会获评全国模范人民调解委员会。深入开展安全生产专项整治，连续21年未发生重大及以上事故。同时，国防动员、退役军人、机关事务、审计、民宗、史志、档案、工青妇、红十字会、气象、水文等工作取得新成绩。

一年来，我们不断强化政府自身建设，深入开展学习贯彻习近平新时代中国特色社会主义思想主题教育，持续推进政府系统党风廉政建设和反腐败工作，大兴调查研究之风，狠抓工作落实，服务效能持续提升。严格执行重大行政决策法定程序，依法接受人大法律监督、工作监督，自觉接受政协民主监督和社会监督，办理人大建议78件、政协提案173件，办复率100%。

各位代表！成绩来之不易，这是全市广大干部群众团结奋斗的结果。在此，我谨代表市政府，向全市人民，向各民主党派、人民团体和社会各界人士，向驻景德镇解放军指战员、武警部队官兵、公安干警和消防指战员，向各驻景德镇单位致以崇高敬意，并向所有关心支持景德镇发展的各界朋友表示衷心感谢！

大道行思，取则行远。我们必须清醒地看到，发展中依然存在一些困难和不足：经济总量不够大，创新能力不够强，财政收支矛盾依然突出，对外开放水平还有待提高，公共服务还有短板，等等。针对这些问题，我们将采取有力举措，切实加以解决。

二、2024 年工作安排

今年是新中国成立 75 周年，是实现“十四五”规划目标任务的关键一年。政府工作的总体要求是：以习近平新时代中国特色社会主义思想为指导，深入贯彻党的二十大和二十届二中全会精神及中央经济工作会议精神，全面落实习近平总书记考察江西重要讲话精神，按照省委十五届五次全会和省委经济工作会议部署，聚焦“走在前、勇争先、善作为”目标要求，坚持“稳中求进、以进促稳、先立后破”，围绕打造“三大高地”、实施“五大战略”，深化落实“五新”战略行动，坚持“文化立市、工业强市、贸易兴市”三手同向发力，解放思想、开拓进取，扬长补短、固本兴新，全力建好景德镇国家陶瓷文化传承创新试验区，打造国家文化交流客厅、国际文化交流名城，全面建设社会主义现代化国际瓷都，奋力把“千年瓷都”这张靓丽的名片擦得更亮。

经济社会发展的主要预期目标是：生产总值增长 5% 左右，一般公共预算收入基本持平，规模以上工业增加值增长 6.5% 左右，固定资产投资增长 3.5% 左右，社会消费品零售总额增长 6.5% 左右，出口总额、实际利用外资促稳提质，城乡居民人均可支配收入分别增长 5%、7% 左右，居民消费价格涨幅 3% 左右，主要污染物排放等指标完成国家和省下达目标。

今年重点做好七个方面工作。

（一）聚焦先行先试，全力建好国家试验区。深入贯彻习近平文化思想，纵深推进“两地一中心”建设，奋力推动陶瓷文化创造性转化、创新性发展。

强化文化传承保护。坚持“保护第一、修旧如旧”，统筹抓好遗产与非遗保护，打造国家陶瓷文化保护传承创新基地。注重活态传承。高质量完成申遗文本编制，制定《瓷业文化遗产保护条例》，加快申遗“四中心”[⑦]建设，创建国家文物保护利用示范区，开展第四次全国文物普查，实施《景德镇陶瓷文化生态保护区总体规划》，加强濒临失传手工制瓷技艺保护，非遗传承人突破 3000 人。深化陶瓷文化阐释，加强考古研究，编纂陶瓷文化典籍文献丛书，拍摄历史文化纪录片。注重保护利用。重塑“景德镇制”区域品牌，规范运营国家级知识产权保护中心，争取陶瓷检测分析中心获国家认监委授权。精心打造“千馆之城”，命名一批非遗工坊和景区，创建一批 A 级景区、等级博物馆，推出一批文创产品、精品线路，让“满城瓷器千座馆”享誉世界。

推进文旅深度融合。以“五陶”[⑧]为重点，创建国家文化和旅游消费示范城市，打造世界著名陶瓷文化旅游目的地。培育旅游精品。推进陶阳里创 AAAAA、陶博城创 AAAA，推动高岭·中国村、陶源谷等创省级旅游度假区，打造非遗研学游、博物馆游、陶瓷购物游等 10 条精品线路。创排《唯我青白》歌舞剧并在国家大剧院公演。做优陶瓷文创品牌，举办“天工景德”旅游商品大赛。优化旅游服务。加强旅游市场监管，丰富“馆位、车位、导位、床位、厕位”供给，新增 2 家国家等级旅游民宿，完善旅游集散功能，提升应对旅游高峰能力。实施“导游讲解员千人计划”[⑨]，力争全年突破 500 名，其中多语种人才 200 名。拓展旅游市场。策划“驿路瓷行·嘉游赣”等推广活动，联动高铁沿线景区，构建“快旅慢游”交通体系，推动“引客入景”，唱响千年瓷都文旅品牌。

深化陶瓷文化交流。开放包容“请进来”，从容自信“走出去”，打造国际陶瓷文化交流合作交易中心。推动国际友城扩容，与法国利摩日市正式缔结友好关系，与韩国南原市、日本多治见市签署友好意向书。实施外事人才培育计划，力争翻译人才达 200 名。积极参与中法建交 60 周年等活动，举办“丝路瓷行”陶瓷文化欧洲巡展，争取“艺海流金”内地与港澳文旅交流活动在景举办，推动文化交流迈向更高层次。

（二）聚焦提质增效，全力构建现代化产业体系。深入落实“1269”行动计划[⑩]，大力推进新型工业化，加快发展新质生产力，挺起工业“硬脊梁”。

增强主导产业发展力。推动优势产业强龙头、壮链条、育集群，提升产业链供应链韧性和安全水平。做强陶瓷首位产业。积极落实习近平总书记“加强创意设计和研发创新，进一步把陶瓷产业做大做强”要求，坚持日用陶瓷规模化、艺术陶瓷精品化、先进陶瓷高端化，打造全国先进陶瓷氧化铝中心、碳化硼中心。筹办国际陶瓷创意设计大奖赛。上线陶瓷全产业链地图，引进培育一批知名陶瓷品牌，力争陶瓷产业营收 1000 亿元。做大航空产业。认真落实习近平总书记“构建先进制造体系、打造世界一流直升机企业”要求，聚焦高附加值航空配套、直升机整机、无人机三大赛道，引进航空发动机、航电系统等关键核心技术，推进国家重点型号直升机研发制造，支持无人机企业批量生产、拓展市场。抢抓低空经济战略机遇，丰富通航场景应用，推动“航

空 +”融合发展，力争航空产业营收 600 亿元。做优精细化工和医药产业。加强化工园区安全、环保设施建设，提升绿色安全发展水平，推动富祥科技、煜旺化工、黑猫超导炭黑等项目建设，力争精细化工和医药产业营收 1000 亿元。大力发展数字经济。高质量运营中国陶瓷工业互联网平台，陶瓷标识解析二级节点注册量超 6000 万、解析量达 1.1 亿。推动企业“上云用数赋智”，力争数字经济核心产业营收 240 亿元。

增强骨干企业竞争力。深入推进扶优扶强，重点帮扶一批产业链骨干企业、延链补链项目、关键性平台，推动企业增资扩产、技改升级，新增规上工业企业 80 家、省级制造业领航（培育）企业 2 家、专精特新中小企业 20 家、专精特新“小巨人”企业 8 家、制造业单项冠军企业 2 家。实施“映山红行动”升级工程，加快联晟电子上市步伐，推动昌兴航空上市辅导。

增强园区平台承载力。实施开发区管理体制改革，完善“管委会 + 平台”模式，支持社会资本、产业基金和市场主体参与开发区建设，深化高新区、昌江区两区融合，统筹推进省级园区集群发展，力争高新区营收突破千亿元、省级园区营收增长 10%。健全亩产效益评价标准体系，提高土地节约集约利用水平。

（三）聚焦商贸流通，全力激发市场活力。深入推进贸易兴市，联通国内国际两个市场、用好两种资源，促进内外贸一体化发展。

抓外贸拓出口。实施陶瓷外贸“千企百亿”行动计划[11]，全年引进生产型出口企业 10 家，培育外贸业务企业 100 家，陶瓷外贸出口突破 20 亿元。推动航空口岸临时开放，争取纳入国家一类航空口岸规划。拓展 RCEP 成员国等新兴市场，建成 2~3 家陶瓷海外仓，推动景企出海、景品出境，激发外贸新动能。

抓消费促升级。实施促进消费扩容升级三年行动，开展大宗商品消费季、主题购物节等活动，推动新能源车、绿色智能家电下乡，培育智能家居、体育赛事等新增长点。发布《景德镇名品菜谱》，开展名菜“四进工程”[12]。实施电子商务“十百千万”行动[13]，培育直播电商、即时零售等新模式，打造 2 家省级以上电商示范基地。

抓会展强能级。推进“一城一展”“一产一会”，支持各地打造一批特色品牌展会。高水平办好瓷博会，提升会展贸易水平。依托省“千企百展”工程[14]，组织企业参加境外专业展会。用好陶博城物理空间，植入引流业态，吸引名企入驻，市场化办会办展，打响“买全球、卖全球”品牌。

（四）聚焦项目带动，全力增强发展后劲。推动力量向项目集中、资源向项目集聚、政策向项目倾斜，以有效投资支撑经济社会发展。

紧跟政策谋项目。超前布局一批打基础、管长远的大项目、好项目，积极争取中央预算内投资、专项债券、特别国债等资金。落实政府和社会资本合作（PPP）新机制，采取特许经营模式，支持社会资本参与盘活国有存量资产、城市老旧资源等领域建设。

精准出击引项目。主动对接长三角一体化等国家战略，建立重大产业项目招商引资企业库，深入推进产业链清单式精准招商。深度参与世界赣商大会等重大投资促进活动，发挥景商联合总会和驻外商会力量，推进工业、文旅、商贸服务业等一体招商，引进优强项目 15 个，实现招商引资多业并举、量质齐升。

铆足干劲建项目。实施 315 个市重点项目，大力推进乐平水利枢纽、机场扩建、电厂二期及风电光伏、浮梁抽水蓄能等项目，加快昌江航道提升、国道 G351 北移等项目建设，强化项目要素保障，推动重大项目落地转化，以大投入带动大发展。

（五）聚焦蓄势赋能，全力深化改革创新。坚持改革闯关、创新赋能，为高质量发展培育强大动能。

优化营商环境。深化“放管服”改革，实施新一轮营商环境提升行动。加快数字政府建设，推进相对集中行政许可改革、“审管执信服”改革[15]等重点任务，推动便利市场准入、惠企政策“直达快享”，确保“惠企通”覆盖率超 80%。联动“12345”热线与“110”等平台，力争群众满意率 96% 以上。

深化重点改革。开展国企改革深化提升行动，强化融资平台市场化运营，持续盘活资产，变“物理空间”为“发展空间”，力争使用率 90% 以上。推进市以下财政体制改革，强化县区义务教育支出和保障责任。统筹农村宅基地、供销合作社等其他领域改革。

提升创新能力。积极融入 G60 科创走廊，推动一批项目纳入“厅市”互动调度，力争全社会研发投入强度 2% 以上。构建科技型企业梯次培育体系，新增省级创新平台 6 家。支持昌飞打造全国应急救援重点实验室，推动国家航空救援科研培训基地落户、智造工坊创建国家级工业设计中心。推进质量强市，强化标准引领。加强科技人才培养，打造青年发展型城市，让创新创造活力竞相迸发。

（六）聚焦区域联动，全力推动城乡融合发展。统筹新型城镇化和乡村全面振兴，促进各类要素双向流动，加快形成优势互补、协调联动的城乡发展新格局。

提高城市治理水平。常态长效开展文明城市、卫生城市建设，开展爱国卫生运动，积极创评中国人居环境奖。深入实施城市更新行动，编制城市防洪、水网规划，加快建设东三宝、刘家弄等重点项目，提升城市宜居水平。优化智慧城管平台“一网统管”，持续开展城市安全、打击“两违”等集中攻坚行动，加强城市精细化管理。

加快乡村振兴步伐。巩固拓展脱贫攻坚成果同乡村振兴有效衔接，坚决守住不发生规模性返贫底线。夯实粮食安全根基，确保粮食播面稳定在143万亩以上、总产量11亿斤以上。提升“乐平菜”“浮梁茶”品牌价值，发展油茶种植和林下经济，推进荻湾乡村振兴等项目，培育农业龙头企业3家。学习运用浙江“千万工程”经验，建设“四融一共”[16]和美乡村。

提升生态环境质量。扎实推进环保督察反馈问题整改，强化$PM_{2.5}$和臭氧协同管控，确保空气质量保持全省前列。深入实施河湖长制、林长制，开展入河排污口、城市黑臭水体等专项整治行动，持续提升水生态环境。完善生态产品价值实现机制，畅通“两山”转化通道,以生态“含绿量”提升发展“含金量”。

（七）聚焦共同富裕，全力增进民生福祉。深入践行以人民为中心的发展思想，解决好群众的急难愁盼，把民生底线兜住兜牢，让幸福可感可及。

强化社会保障。突出就业优先导向，建设“5+2就业之家”[17]，做好困难群体就业兜底，推进高校毕业生、返乡农民工、退役军人等重点群体就业。强化职业伤害保障，维护新就业形态劳动者权益。促进全民参保扩面、社会救助扩围增效，实现养老法定人员全覆盖、全民医保参保率95%以上。

提升公共服务。优化义务教育，统筹高中教育，提质职业教育。完善医疗卫生服务体系，筹建卫生健康职业学院，加快第一人民医院搬迁、第四人民医院精神康复大楼建设等项目。强化养老托育服务，社会化运营市福利中心，实施社区嵌入式养老院提升行动，健全城乡助餐服务体系，让发展成果惠及更多人群。

筑牢安全屏障。持续开展工矿企业、燃气、自建房等重点领域安全生产专项整治，确保不发生重特大事故。严厉打击非法金融活动，坚决防范财政金融风险，完成“保交楼”任务，牢牢守住不发生系统性风险的底线。坚持和发展新时代“枫桥经验”，推进信访工作法治化，完善社会治理体系，持续深化“三大专项行动”[18]，切实维护社会安全稳定。

本次会议将票决出10件民生实事，我们会用心用情办好每一件，让瓷都更有质感，让景德镇更有温度！

各位代表，重任在肩，时不我待。我们将深入践行“三个务必”，全面加强自身建设，努力打造人民满意的政府。铸牢忠诚之魂。坚定拥护“两个确立”，自觉增强“四个意识”、坚定“四个自信”、做到“两个维护”，确保上级决策部署和市委工作要求不折不扣落实到位，以实干担当诠释对党绝对忠诚。恪守为民之心。牢记政府前面的“人民”二字，不断提高公共服务水平，把惠民生、暖民心、顺民意的工作做到群众心坎上。厉行高效之举。开展“大抓落实年”活动，看准就干，干就干好，以自身工作的确定性应对形势变化的不确定性。弘扬清廉之风。深化政府系统全面从严治党，严格落实中央八项规定精神，强化重点领域廉政风险防范，加强法治政府建设，自觉接受各方监督。坚持过“紧日子”，把有限财力用在刀刃上，以节用裕民新成效彰显人民政府新担当。

各位代表！嘱托指引航向，奋斗创造未来。让我们更加紧密地团结在以习近平同志为核心的党中央周围，在省委、省政府和市委的坚强领导下，坚定信心、开拓奋进，深化落实“五新”战略行动，建好国家陶瓷文化传承创新试验区，打造国家文化交流客厅、国际文化交流名城，全面建设社会主义现代化国际瓷都，奋力把“千年瓷都”这张靓丽的名片擦得更亮！

注 释

1.“千馆之城”：以陶瓷文化场馆为主体，通过整合全市博物馆、文化馆、图书馆、美术馆等资源，带动文旅产业高质量发展，实现“一座城、千座馆”目标。

2.“一园两基地”：“一园”，即昌南新区压电陶瓷产业园；“两基地”，即浮梁县高纯氧化铝粉体研发制备基地、高新区先进陶瓷复合材料基地。

3.“头雁引航·雏鹰振飞”行动：按照工业化理念，坚持“外引内培”双轮驱动，在全省集中打造一批在生产、加工、流通等领域中发挥示范带动作用的优势龙头企业。力争到2025年，全省新增超10亿元龙头企业50家，总数达100家；新增超1亿元龙头企业200家，总数达1000家以上；农产品加工业总产值达到1万亿元。

4. 盒马村：根据订单为盒马种植农产品的村庄，是阿里巴巴数字农业基地的典型代表，也是当下农村转型、发展的新样本。

5.2023年十件民生实事：①启动中心城区3566套保障性租赁住房建设。②全面开工3506户老旧小区改造。③新增城镇就业1.75万人以上；发放创业担保贷款5亿元。④实施"5G+明厨亮灶智慧监管"，全市校园食堂、集中供餐配送企业和中央厨房覆盖率达到100%。⑤建设市第二职业学校，新建改建昌江一中和洪源中心学校，新增学位10000个，园位2000个。⑥实施市中医医院医养结合及服务提升、珠山区中医医院改扩建，新增床位380余个；启动市第四人民医院、乐平市人民医院改扩建，市第六人民医院迁建。⑦建设昌南新区康养服务中心，在莲花山社区、森林公园等中心城区新建10个养老服务项目。⑧新建景东招商场、河西等农贸市场。⑨在陶溪川周边、高铁商务区、名坊园、九集小镇等地新增一批停车泊位及充电桩，新增车位3000余个，安装充电桩200余个。⑩在昌南大道、迎宾大道等地新建改建10座独立式公厕。

6.DIP支付方式：基于大数据应用，按照"疾病诊断＋治疗方式"组合作为付费单位，根据每年应支付的医保基金总额确定每个病种的付费标准。

7. 申遗"四中心"：申遗展示中心、监测中心、档案中心、管理中心。

8. "五陶"：陶阳里、陶溪川、陶源谷、陶科园、陶博城。

9. "导游讲解员千人计划"：利用两年时间，培养提升全市导游讲解员队伍，到2025年底，全市导游讲解员突破1000名、多语种人才达500名。

10. "1269"行动计划：到2026年，江西力争实现产业链现代化"1269"目标。"12"即电子信息、有色金属、装备制造、新能源、石化化工、建材、钢铁、航空、食品、纺织服装、医药、现代家具12条制造业重点产业链现代化水平全面提升。"6"即打造电子信息、铜基新材料、锂电和光伏新能源、钨和稀土金属新材料、航空、炼化一体化和化工新材料6个综合实力和竞争力强的先进制造业集群。"9"即全省规模以上工业营业收入年均增长9%左右。

11. "千企百亿"行动计划：通过五年努力，全市陶瓷外贸产业规模进一步壮大，力争2024—2026年陶瓷外贸出口总额累计达100亿元；2027—2028年陶瓷外贸出口总额累计超100亿元。到2028年参与陶瓷外贸的主体（含供应商等）达1000家。

12. 名菜"四进工程"：推动"景德镇菜"进酒店、进景区、进机场、进高铁。

13. "十百千万"行动：省政府引导企业依托十大类主流平台，打造百个江西网络零售品牌，培育千名本土电商主播，新设万家网络零售店铺。

14. "千企百展"工程：为引导、支持企业"走出去"开拓市场、抢抓订单，省政府组织1000家以上企业参加100多个境内外重点展会。

15. "审管执信服"改革：依托大数据、云计算、人工智能等技术手段，将审批、监管、执法、信用、服务五个环节串联一起，形成一个全流程的闭环体系，实现信息相互共享、结果相互推送，从而减少企业群众办事的制度性交易成本。

16. "四融一共"：景村融合、产村融合、"三治"融合、城乡融合、共同富裕。

17. "5+2就业之家"：指全省提供公共就业创业服务的平台和网点，"5"即省、市、县、街道（乡镇）、社区（村）五级，"2"即开发区、大中专院校（含技工院校）两类。

18. "三大专项行动"：矛盾纠纷排查化解专项行动、校园及周边安全治理专项行动、道路交通安全风险隐患排查治理专项行动。

专 记

景德镇市工业倍增三年行动工作纪实

2009—2021 年，景德镇市工业在全省长期处于落后位置，规模以上营业收入、利润等总量指标连续 13 年全省垫底，严重制约全市经济社会高质量发展。基于上述原因，2020 年底，市委、市政府制定出台《景德镇市工业倍增三年行动计划（2021—2023 年）》，决定把工业作为主攻方向，推动全市工业大发展，大提速。2021 年以来，全市上下坚决贯彻工业强市战略，全面推进工业倍增三年行动，全力以赴招大引强、扶优扶强，发展氛围日益浓厚；工业经济保持平稳增长态势，至 2023 年成效逐步显现。主要体现在以下几方面：发展有进位。2023 年，全市规模以上工业增加值增速达到 5.4%，列全省第 6 位，较 2020 年前移 5 位。得益于各项指标的支撑，在全省工业高质量发展考核中景德镇市连续 3 年实现进位。占比有提升。主要工业指标在全省的比重进一步提升，其中规模以上工业企业数占比从 2020 年的 2.91% 提高到 2023 年的 3.53%；规模以上工业营收占比从 2020 年的 2.35% 提高到 3.12%；规模以上工业利润占比从 2020 年的 1.49% 提高到 2.24%。支撑作用强。工业对经济发展的“压舱石”作用进一步凸显。工业对地区生产总值增长贡献率由 2020 年的 40.6% 提高到 2023 年的 52.3%，提高 11.7 个百分点。2023 年全市累计实现工业增值税 24.53 亿元，是 2020 年全年的 2 倍。

园区建设逐步夯实。发挥园区工业发展主力军、主阵地、主平台作用，引导工业向园区集聚，园区发展质量再上新台阶。推进园区体制改革，理顺开发区与行政区的关系，重点推进昌江区和高新区融合发展，支持珠山区开展“飞地经济”，全市省级以上园区主要领导（乐平市工业园区除外）都在同级政府任党组成员。推进园区平台建设，昌江区产业园正式获评省级工业园区，陶瓷工业园区调区方案、浮梁产业园扩区方案先后获省政府通过，乐平工业园区获评省级化工园区，全市实现一县（区）一园区。加快标准厂房建设，推进高新区智慧产业、高

乐平工业园区航拍图

端装备制造，昌南新区陶瓷智造工坊、先进陶瓷产业园等项目建设，建成标准厂房超过400万平方米，提前一年完成目标任务，标准厂房入驻率达到70%。

*产业发展提能升级。*围绕陶瓷、航空、精细化工和医药三大优势产业，不断强链补链延链，发展赛道更加明确，特色产业规模不断壮大，陶瓷产业获批国家级中小企业特色产业集群，实现国家级产业集群零的突破，营业收入达860亿元，实现三年翻番；陶瓷税收达到10.1亿元，三年增长173%；先进陶瓷规模预计达到260亿元，连续两年翻番。精细化工和医药、航空产业营业收入分别达600亿元、400亿元。定期召开重点产业调度会，成立工作专班，紧盯项目谋划、签约、开工、建设、竣工投产等各个环节，全程跟进解决问题，全力破解土地、资金、能耗等瓶颈制约，推动项目建设早开工、早建成、早投产，凌富生物医药、昌河汽车转型升级等一批项目有序推进，黑猫、天新、宏柏、富祥等一批增资扩产项目建成投产。三年内，全市累计引进亿元以上工业项目406个，其中5亿元以上项目124个，10亿元以上项目40个。

*转型升级成效显著。*推进传统产业转型升级，支持企业技术改造，推动产业向高端化迈进。绿色发展取得突破，昌南新区、乐平化工园区先后获评省级绿色园区，高新区获评景德镇市首个国家绿色园区（全市三大主要园区全部获评绿色园区），天新药业、黑猫炭黑获评国家级绿色工厂，全市共有省级以上绿色工厂6家，节水型企业17家。引导企业机器换人、设备换芯，抢占数字化转型“智”高点，全市新增两化融合企业53家，上云企业1.78万家，乐平市和高新区获评全省首批中小企业数字转型试点区；昌飞公司获评国家智能制造标杆企业，全市共有国家级智能制造标杆企业1家，国家智能制造示范工厂1家，国家智能制造优秀场景1个，省级智能制造标杆企业9家。

*企业梯队不断优化。*扶优扶强，不断健全市领导挂点帮扶机制，实施分级培育，企业竞争力持续提升，推动形成龙头企业顶天立地，中小企业铺天盖地发展格局。龙头企业越来越强。黑猫集团获评全省唯一国务院国资委创建世界一流专精特新示范企业名单。连续12年荣列中国制造业500强。天新药业成功实现主板上市，全市主板上市企业达到6户，位列全省第四。长虹华意（集团）营业收入突破百亿元。黑猫等4家企业成为江西省领航企业，新引进的中科泛半导体于年内成功获评江西省领航企业，昌兴航空等8家企业获评江西省领航培育企业。中小企业特色发展。加大规上企业培育力度，引导中小企业走专精特新发展道路。三年内，累计培育规上超过200家，全市规上企业达到640家，提前完成工业倍增目标。全市创新型中小企业达到64家，省级专精特新企业达到131家，省级以上专业化“小巨人”企业达到16家，省级以上单项冠军5家。

*发展动能持续激活。*创新引领，推动资金、土地、资金等各类资源要素向工业集聚，凝聚工业发展强大合力。强化创新引领，推进企业创新主体建设，新增市级以上企业技术中心25家，全市企业研发投入强度达1.32%，连续两年位列全省第一。此外，景德镇市还开展校地、校企合作，68家企业（单位）与中国科学院、清华大学等108家大院大所在科学研究、技术开发、人才培养、成果转化、平台建设等方面开展多层次宽领域的合作，涉及领域包括航空制造与技术、机电、陶瓷材料、信息技术、医药等。高新区还分别与哈工大、北航、西工大、昌航、中关村智酷等开展科研平台、成果转化、人才培养和引进等方面合作。加大金融支持力度。工业贷款余额占比逐年提升，用好政府性融资担保政策，加大普惠小微企业融资担保支持力度，累计为企业提供融资担保服务超过140亿元，平均综合担保费率从1%下降至0.46%，为企业节约融资成本4000余万元。景德镇市还设立先进陶瓷等产业发展引导基金，为优质企业提供资金支持。

2023年长虹华意集团主营业务收入129亿元（图为公司全景）

工业在国民经济中居于主导地位，是经济发展的主力军、创新创业的主阵地、就业富民的主渠道。景德镇市继续贯彻习近平总书记考察江西重要讲话精神，重点实施制造业重点产业链现代化建设行动，推动工业发展不断提质提效，构建具有景德镇特色的现代化产业体系。（雷　禹）

2023 中国景德镇国际陶瓷博览会

2023 年 10 月 18—22 日，由商务部、中国国际贸易促进委员会、中国轻工业联合会和江西省人民政府共同主办的 2023 第 20 届中国景德镇国际陶瓷博览会（简称瓷博会）在景德镇国际陶博城举行。全国政协副主席、党组成员陈武，江西省委副书记、省长叶建春，江西省委常委、宣传部部长庄兆林，江西省人大常委会副主任朱斌，商务部原副部长张志刚，中国轻工业联合会党委书记、会长张崇和等领导出席开幕式，中央有关部委、省直有关单位、省内各设区市政府领导，国内各产瓷区政府代表团和有关协会组织等领导和嘉宾参会。

第 20 届瓷博会以“瓷行天下、贸连全球”为主题，聚焦推动瓷博会向贸易、投资、文化一体化发展转变为主线，强化文化性、贸易性、国际性、市场性、参与性、实效性、时代性“七个功能”，用好博览、交易、投资“三个手段”，努力将瓷博会打造成带动陶瓷、文化旅游、商贸服务三大产业发展的“新引擎”，推动陶瓷文化和陶瓷贸易更好地走向世界。五天展会期间，线下观展人数总计 48.19 万人次；线上线下实现贸易交易额 135.26 亿元，同比增长 12.7%；举办各类促消费活动 60 余项，带动文旅商贸消费突破 51.3 亿元，同比增长 60.3%；瓷博会相关报道达 96 万余篇，传播涵盖 26 个语种，覆盖 38 个国家。

突出陶瓷贸易和陶瓷文化相结合。深度融合贸易兴市三年行动计划，把贸易成交作为衡量瓷博会成效的核心要义。在上年 3 万平方米会展中心的基础上，交易中心一期在 2023 年瓷博会前夕开业，2023 年瓷博会展览面积达 13 万平方米，近千家陶瓷企业和商户入驻，规模创历届之最、业界之首。瓷博会期间，举办陶博城交易中心开业典礼、产业招商推介会、2023 中国（景德镇）陶瓷跨国采购对接会、陶瓷艺术作品专场拍卖等一系列投资贸易活动，提升贸易实效。其中，2023 瓷博会产业招商（招才引智）推介会暨景商合作大会共签约项目 18 个，总投资额 105.99 亿元；2023 中国（景德镇）陶瓷跨国采购对接会邀请来自 60 个国家和地区近 250 名跨国采购商，与 130 余家当地陶瓷企业进行一对一精准洽谈，累计达成意向金额 6676 万美元，实际成交 1329 万美元；2023“瓷甄——现当代陶瓷艺术品专场拍卖会”，总成交额 1917.5 万元，成交率达 92%，成交率创历届瓷博会拍卖会新高；举办各类电商推介会 9 场次，瓷博会期间直播电商平台总计 67 个直播账号，商品交易总额（GMV）达 1714.86 万元，订单量 54352 单，直播间曝光量 1.8 亿次。把文化属性提升到一个新高度，将文化元素融入瓷博会各个环节。2023 年瓷博会举办的 13 个专题活动中，有 8 个是文化属性强的活动，配套活动 62 项，具有文化属性的活动达到 37 项，占比超过一半。开幕式演出“炫彩世界 china 之旅”以景德镇陶瓷为创作元素，以丝绸之路的开拓精神为主线，展现陶瓷文化及不同民族国家地区的风土人情，带领现场观众回顾中国陶瓷走向世界的史诗篇章，感受瓷茶越千年、丝绸炫五洲的波澜壮阔和澎湃豪情，充分烘托瓷博会主题和氛围。会展中心展陈展示突出文化属性，重点打造陶瓷文化传承、陶瓷文化交流、陶瓷文化创新三大板块，让观众沉浸式体验景德镇“瓷越千年”的陶瓷文化底蕴和新时代的陶瓷文化盛况。

突出国际和国内相结合。展览展陈方面。2023 年 3 月，全面启动陶博城的招商招展工作，第 20 届瓷博会邀请到德国唯宝、日本柴田、日本香兰社、

2023 年 10 月 18—22 日，第 20 届中国景德镇国际陶瓷博览会在景德镇国际陶博城举行（市商务局 / 供图）

俄罗斯皇家陶瓷、非洲陶瓷等众多国际陶瓷品牌进驻会展中心二号馆参展，并在交易中心设立国际陶瓷专区，共吸引40余个国际品牌入驻。同时，为促进国内各大陶瓷产区交流合作，在会展中心三号馆设置全国名窑展区，邀请到龙泉青瓷、德丰汝瓷、廷怀汝瓷、晋家钧瓷、中华钧瓷、北宋官窑、吉州窑、南平建窑、铜官窑、德州黑瓷、耀州窑、磁州窑、邢窑等国内知名窑口到会展示交流，还有数百家景德镇当地企业和个人参展，囊括世界范围内的精品名瓷。外宾邀请方面。共有来自美国、俄罗斯、德国、埃及、印度、巴基斯坦、韩国、日本等79个国家和地区的579位外宾参会，包括德国驻华大使馆、美国驻武汉总领事馆、韩国驻武汉总领事馆、法国驻武汉总领事馆、新加坡驻厦门总领事馆等驻华使领节12人，韩国利川市、土耳其伊兹尼克市、韩国公州市、尼泊尔廓尔喀市、塞浦路斯帕罗迪亚区、韩国南原市等“一带一路”沿线城市政府代表团（含国际友好城市及世界产瓷城市）32人等。活动举办方面。瓷博会期间，举办国际友好城市交流论坛、“世界好手艺·绽放景德镇”——联合国教科文组织创意城市联盟展暨陶瓷文化国际交流研讨会，并与尼泊尔廓尔喀市、塞浦路斯帕罗迪亚区签署建立友好城市关系意向书，持续推动国际交流合作。

陶博城——国际陶瓷交易中心（市委政研室／供图）

突出专业化和市场化相结合。专业化。第20届瓷博会开幕式由专业的第三方团队策划执行，同时，专业的会展设计团队对展馆进行统一设计和布展，在主视觉设计、展区布置、氛围营造等方面都更具专业水平。市场化。2023年瓷博会由景德镇市国控集团负责展陈，完全实现市场化招商、市场化运营，整个展陈分为会展中心和交易中心两部分。第20届瓷博会结束后，入驻交易中心的600家陶瓷商户常态化运营，真正实现瓷博会“永不落幕”的目标，打造“买全球、卖全球”的标杆性陶瓷大市场。

突出线上和线下相结合。2023年，在13万平方米的线下展陈空间上做文章，通过邀请专业采购商、市场采购贸易方式试点等模式扩大成交，邀请40余个国家和地区、4000余家国内外采购商到会交易洽谈。同时，突出线上的延伸，利用数字赋能瓷博会。将交易中心5楼打造成陶博城数字贸易产业园，全面运营传统电商、跨境电商和直播电商，赋能线下交易市场。其中，直播间总面积近7000平方米，选品中心900平方米，通过阿里、京东、抖音、快手、亚马逊、义乌购等海内外电商平台，打造全球陶瓷线上选品中心。此外，利用陶瓷工业互联网、景德镇陶瓷官方旗舰店等线上平台，提升瓷博会的影响和贸易成效。

突出主要活动和配套活动相结合。2023年瓷博会的活动分为主要活动和配套活动。主要活动包含主体活动和专题活动，主体活动2项，为开幕式和巡馆；专题活动共13项，其中文旅部、国家版权局、国家文物局作为指导单位，支持景德镇市举办2023景德镇文化创新发展论坛，文旅部主办“艺汇丝路——第12届阿拉伯知名艺术家访华采风创作活动作品展”，文旅部产业发展司主办“‘多彩中国佳节好物’文化和旅游贸易促进活动”等。配套活动60余项，分为群众参与、竞技评比、论坛展示3类，时间集中在9月至10月，从传播陶瓷文化、展现城市魅力、促进市民及游客体验“镇生活”等角度，利用陶博城、陶溪川、陶阳里、陶源谷、名坊园、古窑、高岭中国村等文创街区、网红打卡地和“夜珠山”消费品牌，举办诸如名坊园·景德镇记忆文创集市、陶溪川春秋大集·秋集、陶瓷与美食夜间集市等接地气、聚人气、有“烟火气”的活动，凸显瓷博会的参与性、体验性、互动性，打造一届全域全时全场景的陶瓷嘉年华，让市民、游客及陶瓷人共度一个盛大的节日，带动文旅商贸消费突破51.3亿元，同比增长60.3%。

瓷博会的成功举办，得益于商务部、中国国际贸易促进委员会、中国轻工业联合会等主承办单位的大力支持，得益于江西省委、省政府的高度重视。

（中国景德镇国际陶瓷博览会执行委员会办公室）

景德镇市学习贯彻习近平新时代中国特色社会主义思想主题教育纪实

2023 年 4 月起，学习贯彻习近平新时代中国特色社会主义思想主题教育在全党深入开展，自上而下分两批进行。根据中央、省委有关文件精神，9 月景德镇市开始开展主题教育，2024 年 1 月基本结束。此次主题教育，不划阶段、不分环节，把理论学习、调查研究、推动发展、检视整改、建章立制等重点措施有机融合、一体推进，总要求是“学思想、强党性、重实践、建新功”，根本任务是坚持学思用贯通、知信行统一，把习近平新时代中国特色社会主义思想转化为坚定理想、锤炼党性和指导实践、推动工作的强大力量，使全党始终保持统一的思想、坚定的意志、协调的行动、强大的战斗力，努力在以学铸魂、以学增智、以学正风、以学促干方面取得实实在在的成效。从前期筹备至总结大会，6 个多月的时间里，景德镇市始终紧扣主题主线、高位谋划部署、精心组织实施，实现凝心铸魂筑牢根本、锤炼品格强化忠诚、实干担当促进发展、践行宗旨为民造福、廉洁奉公树立新风的目标要求，推动全市主题教育从预热升温到走深走实，从落地生根到开花结果，得到省委主题教育办、省委巡回督导组的肯定，也得到基层党员干部群众的认可。中央主题教育办简报 7 次刊发景德镇市有关经验做法；中共江西省委书记尹弘在全省总结会议上，对景德镇市主题教育给予肯定，指出景德镇市深入推进国家陶瓷文化传承创新试验区建设，持续擦亮“千年瓷都”靓丽名片。

*凝心铸魂，突出抓好理论学习。*坚持把“学思想”作为重中之重，推动理论学习走深走实、层层推进。

以上率下带头学。坚持第一议题制度，通过市委常委会会议、市委理论学习中心组学习会议、市级领导干部专题读书班等，深入学习贯彻习近平新时代中国特色社会主义思想，重点结合习近平总书记对景德镇的殷殷嘱托、在文化传承发展座谈会上重要讲话两个专题深入交流研讨，努力把总书记擘画的美好蓝图变成生动实践。深学细悟习近平总书记考察江西重要讲话精神，第一时间召开市委常委会（扩大）会议、全市领导干部会议，开展“重温场景、牢记嘱托、感恩奋进”活动，市委全会出台深入学习贯彻总书记考察江西重要讲话精神的决定，在全市形成“大学习大研讨、大宣传大宣讲、大调研大落实”的浓厚氛围。

全面深入系统学。全市各级党组织迅速响应、层层跟进，采取现场教学、专题辅导、集体研讨等方式，深入学习贯彻习近平总书记考察江西重要讲话精神以及关于此领域的重要讲话和重要指示批示精神。各级领导干部紧密联系思想和工作实际，深入基层党组织讲好专题党课，全市县处级以上领导班子开展中心组学习 520 次，班子成员讲专题党课 609 人。市委办公室、市人大常委会机关、市政府办公室、市政协机关和市纪委市监委机关，强化政治机关属性，深化对党忠诚教育，引导党员干部把政治标准和政治要求贯穿工作全过程；市委组织部、市委宣传部、市委统战部、市委政法委坚持和完善第一议题制度，自觉赓续对党绝对忠诚的政治基因。

2023 年 9 月 13 日，全市学习贯彻习近平新时代中国特色社会主义思想主题教育动员大会召开（市委学习贯彻习近平新时代中国特色社会主义思想主题教育领导小组办公室 供图）

灵活多样生动学。各基层党支部通过“三会一课”、主题党日等开展学习讨论8763次，基层党委书记、党支部书记带头讲党课3535次。发挥新时代文明实践中心（所、站）和“一县一品”基层理论宣讲平台作用，常态化开展各类宣讲3670余次，线上线下覆盖51.7万余人次。市属主要新闻媒体开设主题教育专栏，中央和省级媒体发稿540余篇，市属主流媒体发稿1648篇，多角度展现景德镇市主题教育的工作进展成效。乐平市打造巡回讲堂、互动讲堂、云上讲堂和行走讲堂，浮梁县开展“书记讲给书记听”，昌江区建立“周述学”制度，市国资委运用网上党支部开展小讨论、大点赞、写随笔、谈感言等活动，团市委开展青年读书班、“景漂”青年说等学习活动。

研以致用，做深做实调查研究。制定《关于在全市大兴调查研究的方案》，认真学习运用“四下基层”制度，开展调查研究，摸清社情民意、解决实际问题。

以调研促落实。把落实习近平总书记考察江西重要讲话精神和对景德镇工作重要指示精神作为首要调研方向，出台《市委常委2023年度领衔调查研究和推动落实的具体方案》，梳理出12类、62个方面的调研重点，市委常委会常态听取常委领衔课题汇报，既调查研究又推动落实。县处级以上领导干部完成调研课题847个，以调查研究固强补弱、大抓落实。

以调研破难题。聚焦事关景德镇发展的重大问题、实际工作中的难点问题、群众反映强烈的热点问题，扎实开展对策性、跟踪性、督查式调研，形成成果转化清单，“对症下药”解决疑难杂症。全市县处级以上领导干部调研2514次，调研发现问题2287个，提出解决问题的措施2628条，解决问题1301个，建立调研成果转化运用清单646张。市委政研室常态化开展“微调研”，一批调研成果转化为决策参考和政策文件；市直机关工委下沉到70余家市直单位党支部开展分片调研督导；市生态环境局深入工业园、企业、有关单位开展调研33次，发现和解决问题22个。

以调研促提升。深入开展正反典型案例解剖式调研，市委常委班子深入开展“大力推进国家试验区建设”正面案例和“深刻汲取蔡某某案教训”反面案例解剖式调研，总结提炼国家试验区建设成功做法，以案促改深刻反思教训启示。全市各参学单位确定正、反典型案例各114个，通过深剖细研，既解决实际问题，又提高履职本领，优化决策、促进工作。市委党校创新采取“1+1”结对模式，带领学员开展“学+研+践”一体化调研；市人社局将年轻人喜闻乐见的夜生活场景与求职招聘相结合，创新开展“挑灯纳才”现场招聘等活动；市市场监管局针对假期旅游市场住宿业乱涨价问题，发布提醒告诫书和《价格行为指引》《价格行为合规手册》，督促签订《诚信承诺书》。

动真碰硬，检视整改见行见效。发扬刀刃向内的自我革命精神，坚持边学习、边对照、边检视、边整改，把检视整改突出问题贯穿主题教育始终，让群众感受到解决问题的实际成效。

深入查摆检视问题。对标对表习近平总书记考察江西重要讲话精神，对照主题教育明确的6个方面突出问题，结合省委巡视、审计监督反馈意见等方面，制定“三张清单、一个方案”，对问题清单实行动态管理，逐项落实整改举措，推动问题清单按期销号。市委编办结合机构改革、人编分离等重难点工作，有针对性地抓好整改；黑猫集团从推动技术革新提质增量、降低企业行政成本等问题入手，逐一对账销号。

全力抓好整改整治。市领导靠前指挥、实地督导，通过专题会、现场会调度推进，强化压力传导和工作督导。相关责任部门积极履行整改整治主体责任，台账式管理、项目化推进，逐个突破、逐项落实，推动全市整改整治工作取得

2023年11月23日，市委主题教育调研成果转化暨整改整治工作推进会（市委学习贯彻习近平新时代中国特色社会主义思想主题教育领导小组办公室/供图）

明显成效。全市累计完成问题整改 352 个，完成率 100%。市级层面 9 个专项整治问题全部完成销号。市发改委聚焦停车难问题，牵头加大城区停车场规划建设管理，免费开放 6994 个停车位；市政数局推进“一码通办”专项整治，荣获全省“最佳创新案例”；高新区针对航空产业发展基金不足问题，与交银融投资公司等签订 50 亿元的航空产业发展投资基金合作协议；昌南新区加大陶瓷产业强链补链延链力度，新落户项目 60 个，陶瓷产业链占比超 75%。

巩固成果建章立制。坚持把“当下改”与“长久立”结合起来，推动从“整改一个问题”到“解决一类问题”。全市参学单位建立健全理论学习、调查研究、推动高质量发展、密切联系群众、防止形式主义和官僚主义等长效机制 654 个。市中级人民法院出台关于加强陶瓷知识产权审判工作的意见，以司法力量护航陶瓷文化传承创新发展；市检察院建立常态化协作机制 16 项，提升公益保护合力。

*感恩奋进，真抓实干推动发展。*市委牢记嘱托、感恩奋进，坚持主题教育与中心工作“两手抓、两促进”，以高质量发展成效检验主题教育成果。

国家试验区建设成效斐然。成功争取国家对外文化贸易基地、国家节水型城市等 10 多项国家级试点示范，成功承办 2023 战略传播论坛等国际文化交流活动，20 多批次、100 余个国家、1000 多名国际友人到景德镇交流，外宾层次、规模均创历年之最。发布首批 330 家“千馆之城”创建场馆，陶阳里、陶溪川、陶源谷、陶科园、陶博城“五陶”特色更加鲜明、品牌更加响亮，旅游行业热搜在诸多新媒体平台跻身全国前列。市文旅局围绕景德镇市特色文化 IP，抓实文化传承保护，推进文旅融合发展；珠山区唱响“夜珠山”等国字号品牌，旅游收入同比增长 81.8%。

经济发展提质增效。面对经济下行压力和各种不利因素，坚持文化立市、工业强市、贸易兴市“三手”发力不动摇，推动经济持续回升向好。全市陶瓷产值实现三年翻番、陶瓷外贸出口连续两年翻番、陶瓷税收三年增长 173%、规上陶瓷企业三年接近翻番、先进陶瓷产值连续三年翻番，实现在全省工业大会上从剖析发言到经验介绍的华丽转身。

民生福祉更加殷实。深入践行以人民为中心的发展思想，聚焦老百姓急难愁盼，努力让更多发展成果惠及人民群众。昌景黄高铁建成通车，景德镇迈入“高铁时代”。重点谋划乐平水利枢纽、机场扩建、电厂二期及风电光伏、浮梁抽水蓄能四大项目，取得良好进展，为长远发展打下基础。改扩建学校 5 所、新建公办幼儿园 8 所，新增中小学位 1.45 万个，筹建景德镇卫生健康职业学院，全市在校大学生增至 8.45 万人，比 2020 年翻一番，“景漂”超 6 万人。黄泥头防洪排涝工程正式建成，基本形成 36.5 千米的城防工程封闭圈，告别“一下雨就看海”的历史。开展全市党政领导干部接访月活动和领导干部常态下访活动，获评全国第一批市域社会治理现代化试点“合格城市”。市委信访局牵头推进国家信访局交办的第三批 148 件信访积案全部化解；市公安局实行首违轻微免罚不按规定停车 1.54 万余起、不按所需行进方向驶入导向车道 1.06 万余起；市民政局牵头建成 72 个老年助餐点，推动形成“15 分钟养老助餐服务圈”；市住建局有序推进“保交楼”，全面启动中心城区 3566 套保障性租赁住房建设，完成 3506 户城镇老旧小区改造任务。

担当氛围更加浓厚。中共景德镇市委出台《关于大力激励干部敢为、地方敢闯、企业敢干、群众敢首创的意见》，选派干部参与主题教育、申遗、创“5A”、先陶产业发展、优化营商环境等中心工作接受历练，为 6 名干部和 2 个单位澄清正名，对 2 人及 1 个单位实施容错纠错。深入开展干部作风突出问题专项治理，查处违规“请吃收送”、不作为乱作为、损害营商环境等问题 566 起，处理 902 人，其中给予党纪政务处分 383 人，公开通报曝光典型问题 39 起。坚持一体推进不敢腐、不能腐、不想腐，立案 1011 件，结案 889 件，对 42 人采取留置措施，挽回经济损失 3.1 亿余元，留置人数、涉案金额均创历史新高。

主题教育收官并非终点，而是新的起点。通过开展主题教育，广大党员干部经受思想淬炼、精神洗礼，更加坚定自觉地用习近平新时代中国特色社会主义思想凝心铸魂，以更加饱满的政治热情和强烈的政治担当，把学习成果转化为干事创业的实际行动，加快推进高质量发展，努力开创各项事业发展新局面。

（市委学习贯彻习近平新时代中国特色社会主义思想主题教育领导小组办公室）

大事记

1月

1日起，景德镇市参保人员在定点医疗机构普通门诊就诊，产生的符合医保规定的政策范围内医疗费用，纳入普通门诊保障。

3日，芯声年产3600亿只片式多层陶瓷电容器（MLCC）项目开工。MLCC是先进陶瓷细分领域高科技、高附加值产品，素有“工业大米”之称。

同日，景德镇市政府出台《景德镇市碳达峰实施方案》，明确气象部门要在碳达峰与生态文明建设中发挥作用。

同日，全年经济工作征求意见座谈会在市政府常务会议室召开。

6日，乐平市老北街开街仪式在婺前口门楼举行。老北街历史文化街区保护项目总投资2.6亿元，是集休闲、娱乐、餐饮、购物于一体的综合性传统历史文化街区；始建于南朝时期，是乐平市唯一保留下来的最完整的古街。

8日，“中国体育彩票”2023年全国新年登高健身大会（景德镇分会场）在冷水尖风景区举行。

同日，景德镇市政府出台《景德镇市碳达峰实施方案》，明确气象部门要在碳达峰与生态文明建设中发挥作用。

11日，黄泥头防洪排涝泵站主体封顶，6月1日，排涝工程泵站机组具备排涝效益，堤防工程全线合围。至此，景德镇市主城区最后一个涝区得到彻底治理，主城区防洪工程形成完整封闭圈。

13—14日，承办全省新就业形态劳动者“党建带工建”暨“六有六规范”建设工作现场会，省人大常委会党组副书记、省总工会主席刘强出席并讲话。景德镇市委书记刘锋出席并致辞。

16日，景德镇市委宣传部、景德镇市文明办承办的全省道德模范与“身边好人”（景德镇）现场交流活动暨2022年第四季度“江西好人”发布仪式在景德镇市举行。

17日，全市2022年度党委（党组）书记抓基层党建述职评议会议召开。

19日，中国科协公布2021—2025年度第二批全国科普示范县（市、区），乐平市榜上有名。至此，乐平市连续5次获评全国科普示范县（市）。

20日，“学习强国”景德镇学习平台正式上线，在“学习强国”学习平台拥有具有地方特色的陶瓷类专业账号平台“景德镇陶瓷”强国号。

同日，景德镇市融媒体中心举行揭牌仪式，景德镇市融媒体中心正式成立。

2月

2日，景德镇市“体育运动特色学校”授牌仪式在景德镇市发展中心北苑35号楼举办。景德镇市教体局为景德镇二中等15所首批获得“景德镇市体育运动特色学校”称号的中小学校授牌。

同日，高新区与南昌航空大学举行校地产学研合作签约仪式，标志高新区政校合作、校企合作步入新篇章。

3日，市委第38次常委会会议召开。审定《中共景德镇市委关于大力激励干部敢为、地方敢闯、企业敢干、群众敢首创的意见》（送审稿）。

6日，全国“扫黄打非”工作小组办公室公布第六批全国“扫黄打非”进基层示范点名单，市陶阳学校入围。

同日，省市县三级重大项目协同联动开工暨2023年“项目大会战”动员大会召开。

8日，景德镇市政府办公室印发《景德镇市气象灾害应急预案》，明确景德镇市各部门在气象灾害应急处置过程中的职责和组织指挥体系，细化大风、暴雨、高温、雷电等9类15种气象灾害响应的部门职责和责任。

10日，由景德镇市中级人民法院与景德镇市人民政府台湾事务办公室共同成立的“景德镇市涉台审判法官工作室”在市法院正式启动。

13日，市发展中心南苑食堂第五餐厅升级改造完成，成为江西省党政机关集中办公区首个智慧称重餐厅。

17日，中央广播电视总台《焦点访谈》栏目报道《华意压缩：匠心打造 分毫必争》专题，创下该栏目在景德镇市正面宣传报道的篇幅纪录。

同日，在海口举办的第二届中国城市国际传播论坛上，“景德镇向世界讲述瓷都故事”入选“中国城市（区）国际传播示范案例”，编入《中国城市海外影响力分析报告（2022）》。

21日，全市人才工作专项述职会召开。会上，各县（市、区）、高新区、昌南新区及市委人才工作领导小组成员单位就2022年度人才工作述职。

23日，景德镇卫生健康职业学院举行揭牌仪式。全市建成职业学校13所，获评国家产教融合试点城市等一批“国字号”试点示范。

24日，市中级人民法院、市市场监督管理局、市文旅局联合印发《景德镇市知识产权陶瓷技术调查官管理办法（试行）》。

28日，国务院国资委印发《创建世界一流示范企业和专精特新示范企业名单》，江西黑猫炭黑股份有限公司成功入选，成为全国首批200家创建世界一流专精特新示范企业之一，也是江西省此批次唯一入选企业。

同日，景德镇市工业倍增三年行动暨招商引资决战大会召开，景德镇市委书记刘锋出席会议并讲话。

同月，由中国东方演艺集团、景德镇陶文旅集团、人民网股份有限公司联合打造的舞剧《唯我青白》正式立项，8月中旬、10月中旬，主创团队先后两次到景德镇采风，并提交剧本大纲。11月29日在北京举办主创建组发布会。

3月

3日， 高新区召开景德镇航空无人机投资合伙企业（有限合伙）创立大会暨第一次合伙人会议，景德镇航空无人机投资合伙企业（有限合伙）创立。

4日，《中国妇女报》头版刊登《中国特色儿童友好城市将成为讲好中国故事新名片——怎样建设儿童友好城市？三位市长同题作答》之《全国人大代表、景德镇市市长胡雪梅——关爱儿童，就是在守护我们城市发展的未来》。

13日，市委书记刘锋主持召开景德镇窑址申报世界文化遗产调度会。

17日，景德镇市第13例造血干细胞捐献志愿者在南昌完成捐献。

18日，全国第2个“越剧文化传播基地”授牌仪式举行，景德镇市群众文化活动中心被授予“越剧文化传播基地”称号。

19日，全国春季游泳锦标赛在山东青岛开赛，景德镇市培养输送的运动员程玉洁以53秒85的优异成绩夺得女子100米自由泳冠军。

同日，住房和城乡建设部、文化和旅游部、国家文物局、财政部、自然资源部、农业农村部六部门联合公布第六批列入中国传统村落名录村落名单，乐平市涌山镇沿沟村和浮梁县桃墅村、勒功村上榜。

23日，程玉洁以24秒57的成绩再次夺得全国春季游泳锦标赛女子50米自由泳银牌。

同日，中国科学技术协会正式批复，同意认定景德镇高新区为2022年度中国科协海智计划基地。

24日，全市非物质文化遗产保护工作联席会第一次会议召开。

26日，在2023国际旅游休闲城市·青岛论坛会上。景德镇“夜珠山”入选《世界旅游休闲城市发展报告》并作为典型案例分享。

29日，高新区、昌江区两区融合，社会事务移交合作签约仪式在高新区报告厅举行。

同日，印发《关于提高2023年城乡困难群众救助标准的通知》，将城市低保保障标准提高至900元/（人·月），将农村低保保障标准提高至670元/（人·月），两项保障标准均高于全省平均水平。

同日，由纪录片《中国之极》摄制组团队负责拍摄制作的纪录片《瓷韵茶香·景德镇》在昌南新区名坊园CFAC美院基地景德镇非物质文化遗产馆开机。

30日，景德镇二中“雷锋馆”揭牌。该馆是景德镇市首个“雷锋馆”，也是全省首个在中小学校设立的“雷锋馆”。该馆展示雷锋生平事迹，解读雷锋精神，回顾景德镇二中“火炬”学雷锋小组53年的活动历程。

31日，2023中国旅游商品大赛（传统工艺现代生活主题）在浙江省义乌市国际博览中心落下帷幕。景德镇市选送的玉柏《四季安泰》玲珑茶具套组获大赛金奖，为江西省唯一获得金奖的文创产品；景德镇市选送的《知知隐ZHING·醉梦花醒》茶具酒具系列获大赛铜奖。

4月

3日，景德镇市民政局、市财政局联合出台《景德镇市民办养老机构建设和运营资金补助管理办法》。

7日，“学习二十大 奋进新征程”景德镇市第43届群众歌咏月活动在群众文化活动中心举行。

12日，由Smithers公司主办、江西黑猫炭黑股份有限公司承办的“2023炭黑世界大会”在紫晶宾馆国际会议中心召开。

13日，2023年全市机关党的工作会议召开，以市委明电形式下发《全市机关党建水平提升攻坚年实施方案》等“一要点三方案”。

14日，景德镇市第14例造血干细胞捐献志愿者在南昌完成捐献。

同日，市法院在浮梁县设立全国首个“环资审判+少年法庭”成长公益林生态修复基地。

17日，2023江西省陶瓷文物修复职业技能竞赛在景德镇御窑博物院开幕。

17—19日，航空领域特殊过程评价中心（ASP）委任专家审核组对江西景航航空锻铸有限公司开展锻造、热处理特殊过程现场审核，认定江西景航航空锻铸有限公司基本符合特殊过程准则实施监控管理。7月，颁发特殊过程符合性评价认可证书。

18日，2023中国·浮梁买茶节开幕式在江西省景德镇市浮梁县高岭·中国村开幕，此届买茶节按照“高视野定位、高质量策划、高标准执行”的原则，展示浮梁茶产业发展新路径、产城融合新面貌，推进茶旅深度融合发展。

22日，市委副书记、市长胡雪梅会见联合国教科文组织国际陶艺学会（IAC）主席、陶艺家托比恩·卡瓦斯博一行，双方就促进文化交流互鉴等方面进行交流。

同日，市市场监管局联合市发改委、市文旅局召开宾馆酒店行业价格行为提醒告诫会，规范“五一”假日期间旅游市场秩序。

23日，2022年度十大著作权人发布会在第二届全民阅读大会期间举办。由江西省版权局推荐的景德镇陶邑文化发展有限公司成功入选“2022年度十大作品著作权人”。

同日，首届“瓷都十大青年五四奖章”评选揭晓：夏振东、方桂凤、袁坚、喻志强、田田、戴旺、吴琳、张伊、程远润、孙德娜10人被授予首届“瓷都青年五四奖章”。

26日，无党派人士余华工作室揭牌仪式举行，是景德镇市成立的首个无党派人士工作室。

28日，景德镇艺术职业大学与景德镇市建筑设计院有限公司产教融合基地签约暨授牌仪式举行。

同日，2023陶博城潮玩音乐节开幕暨景德镇文旅一卡通首发启动仪式在景德镇国际陶瓷博览交易中心举行。

29日，“五一”小长假首日接待游客56.25万人次，同比增长81.21%。实现旅游总收入7.31亿元，同比增长168.45%。

4月，2022年度江西省全面深化改革先进单位和20项市县优秀案例公布，景德镇市获评“江西省全面深化改革先进市”，珠山区、浮梁县获评“江西省全面深化改革先进县（市、区）”，“探索深化景德镇国家陶瓷文化传承创新试验区改革”“探索‘夜珠山’国家级夜间文旅消费集聚区模式”两个案例入选“江西省全面深化改革优秀案例”。

5月

3日，在杭州奥体中心游泳馆举行的2023年全国游泳冠军赛女子100米自由泳决赛中，景德镇市输送的运动员程玉洁以53秒26的成绩夺冠。5月5日，程玉洁在女子50米自由泳决赛中以24秒53分的成绩再次夺冠，获亚运会的入场券。此次比赛景德镇市共派出3名运动员参赛，其中杨浚瑄和张雨霏分别获女子100米自由泳决赛亚军和季军。

5日，江西省财政争取世界银行外贷资金支持的景德镇市浯溪口水利枢纽工程项目获评2021—2022年度中国水利工程优质（大禹）奖。大禹奖是中国水利工程行业优质工程的最高奖项。

6日，国家版权局正式公布2022年中国版权金奖获奖名单，景德镇市文广新旅局（版权局）获“中国版权金奖·管理奖”。

12日，是全国第15个“防灾减灾日”，景德镇市气象局围绕“防范灾害风险，护航高质量发展”主题，开展学习和宣传活动。

13日，位于老北街核心街区的乐平市首个以非遗为主题的展示馆——乐平市非物质文化遗产馆举办开馆后的首场演出。

18日，在福建博物院举行的2023国际博物馆日中国主会场活动上发布：景德镇御窑博物院荣获2022年度“全国最具创新力博物馆”（全国共3家）称号。

20日，景德镇市第一届幼儿趣味运动会举行。设20米袋鼠跳、20米单人踩滚筒、30米障碍跑步、1分钟跳绳、投篮、投掷沙包6个项目，全市36所幼儿园1088名幼儿参加。

26日，江西黑猫炭黑股份有限公司正式通过信息化和工业化融合管理体系认证，并荣获工信部两化融合十家评定单位之一中国船级社质量认证有限公司颁发的景德镇首家“两化融合管理体系AA级评定证书”。

同日，景德镇市社会福利中心举行乔迁揭牌仪式。

27—30日，连续4天最高气温超过35℃，出现历史罕见的高温过程，最高38.1℃，为景德镇有气象记录以来之最。

29日，中国残疾人联合会组织《光明日报》、新华网、央广网、中国网、《华夏时报》等中央媒体记者团到景德镇市采访调研残疾人工作。

30日，全市贸易兴市工作推进会召开。

31日，“守艺出新”景德镇墨彩瓷画研究展、“为新时代人物塑像”作品巡展（景德镇站）在景德镇美术馆开幕。

同日，住房和城乡建设部、国家发展和改革委正式公布第十一批（2022年度）国家节水型城市名单，景德镇市名列其中，成为江西省首个“国家节水型城市”。全国仅有16个城市获此称号。

同日，首届景德镇市邮政行业职业技能竞赛——“亿翔陶瓷杯”邮政行业职业技能竞赛正式开赛，来自EMS、顺丰、韵达等11支代表队的41名选手参加竞赛。

5月，市侨联邀请纪录片《中国之极》拍摄团队到景德镇，为景德镇瓷、茶行业的10位非遗传承人拍摄相关纪录片。

同月，江西景航航空锻铸有限公司通过国防科技工业企业最高计量标准复查考核。

同月，景德镇市引进的国家一级演员、景德镇瑶里天韵黄梅戏有限公司艺术顾问梅院军，凭借在黄梅戏《汤显祖》中的表演，获得第九届中国戏剧奖·梅花表演奖（第三十一届中国戏剧梅花奖），为江西摘到第八朵“梅花”，是江西省民营剧团演员首次获得梅花奖，也是江西省第一位获梅花奖的黄梅戏演员。

同月，由中央网信办网络传播局指导，中国互联网发展基金会支持，新华网承办的“中国好故事”网络国际传播精品案例评选结果发布，市委宣传部报送的《缠之恋》MV入选。

6月

1日，科技部办公厅发布关于公布第九批国家农业科技园区验收结果的通知，江西景德镇国家农业科技园通过科技部验收。

同日，全市DIP支付方式改革工作动员部署会召开，全面推进DIP支付方式改革进程。两家试点医疗机构于6月开始实施DIP实际付费。

同日，九三学社景德镇市委会在昌华玉牙口腔门诊部建立全市首个“社会服务基地”。

2日，“江西风景独好”云端旅游系列推介会非遗主题专场活动走进千年瓷都景德镇，在陶溪川历史文化街区展示全省非遗与旅游深度融合发展的活力。

3日，全国职业本科教育研究会成立大会暨职业本科教育发展研讨会在河北工业职业技术大学举行。景德镇艺术职业大学当选全国职业本科教育研究会第一届理事会理事单位。

同日，根据《景德镇高新区内设机构改革实施方案》，调整内设机构，高新区多个部门单位举行揭牌仪式，标志高新区“大部制”改革取得阶段性成果，机构改革进入实施阶段。

同日，西北工业大学航空学院产学研用基地正式揭牌，标志高新区与西北工业大学合作开启新篇章。

5日，印发《全市巩固拓展民政领域脱贫攻坚成果同乡村振兴有效衔接工作要点》。全市有农村低保保障建档脱贫户7864户1.50万人，全年发放救助资金8448万元；有农村特困供养保障建档立卡脱贫户1591户1611人，全年发放特困供养资金1655万元。

6日，中日韩友好城市联合摄影展在景德镇陶瓷博览交易中心开幕。

7日，瓷都先锋少年评选揭晓，王子玉、王浠蓓、冯云璐、陈紫灵、罗一言、金弈舟、钟欣霖、徐宸希、梅朵儿、蔡雨玥儿获2023年“瓷都先锋少年”称号。

同日，第十九届中国（深圳）国际文化产业博览交易会在深圳国际会展中心开幕。由国家版权局、江西省版权局指导，景德镇市文旅局（版权局）组织的“版权赋能 瓷上中国”景德镇版权赋能城市高质量发展成果展在数字文化馆（9号馆）展出。

10日，在2023年文化和自然遗产日主场城市活动开幕式上，国家文物局公布文物事业高质量发展推介案例名单。景德镇御窑博物院的《古陶瓷基因库 留存文物“密码”》被国家文物局评为首批全国文物事业高质量发展入围案例。

10—13日，市长胡雪梅应邀参加2023新疆维吾尔自治区旅游发展大会暨“新疆是个好地方”旅游推介会，并代表市政府与新疆维吾尔自治区文化和旅游厅签署合作框架协议。

14日，民盟中央参政议政（江西景德镇）调研基地在景德镇市陶溪川揭牌，是全省第一家。

18日，2023战略传播论坛在景德镇开幕。战略传播论坛以源远流长的景德镇历史文脉为切入点，通过一场主论坛、一次圆桌对话、五场平行分论坛以及同步启动的景德镇陶瓷文化国际传播合作计划，共同推动构建全球文明对话合作。

同日，龙盛汽车开业仪式在高新区航空大道航空孵化园举行。江西龙盛汽车有限公司是上海龙创汽车公司与合盛公司共同合作设立的一家从事汽车零部件制造、配件制造、模具制造等业务的公司。

18—19日，景德镇市承办的2023战略传播论坛在景德镇举行。

25日，文化和旅游部、商务部公布新一批国家对外文化贸易基地名单，确定12家新一批国家对外文化贸易基地，景德镇市陶博城获评。

25—27日，2023年全省旅游产业大会在萍乡召开。会议通报第二批“风景独好”旅游名县和首批“风景独好”旅游名景区、名镇村获奖名单并授牌，景德镇市珠山区、浮梁县瑶里镇瑶里村上榜。

26日，“探访禁毒古遗址，骑行禁毒新征途”暨“6.26”国际禁毒日宣传活动启动仪式举行。

27日，中国国旅（香港）旅行社有限公司、香港国际青年文化交流中心有限公司、关键旅游有限公司、南京旅游（香港）有限公司、海港旅游有限公司、香港中国旅行社有限公司等18家香港知名旅行商到景德镇踩线。

29日，景德镇市人民政府印发《景德镇市贯彻落实江西省气象高质量发展纲要（2023—2035年）实施方案》。

30日至7月1日，国家文物局党组成员、副局长关强率队到景德镇调研申报世界文化遗产工作并召开座谈会。

6月底，市史志办为全市保存、开发、利用较好的10处革命遗址挂牌“中共党史教育基地”。至此，景德镇市挂牌“中共党史教育基地”革命遗址增至20处。

6月，原景德镇市广播电视台办公地由瓷都大道1073号搬迁至市发展中心北苑32号楼，与原景德镇日报社合署办公。

同月，景德镇国家农业科技园区通过科技部验收，正式批复为第九批国家农业科技园区。园区内企业依托高校、科研院所组建各级研发平台11个，获得专利授权178项，实施中央引导地方科技发展专项、国家农业科技成果转化资金等各级各类科技项目25项。

7月

1日起，市融媒体中心在《景德镇日报》开设《创建“四强”党支部 深化模范机关建设》专栏，连续报道市直机关典型做法。

3日，向社会发布《关于申报2023年景德镇市社科普及专项课题的通知》，开展景德镇市首届社科普及专项课题申报工作。

同日，在山东淄博举行的全国U20国际式摔跤锦标赛中，代表江西省参赛的昌江区体校运动员胡胜杰勇夺61千克级冠军，入选中国代表团参加亚青赛和世青赛名单。7月6日，代表江西省参赛的昌江区体校运动员饶余琪，夺得该赛女子自由式摔跤65千克级冠军。

4日，在“燃气轮机聚焦产业风云榜”发布会上，江西景航航空锻铸有限公司荣登“2022年度燃气轮机行业供应商百强榜”。

同日，景德镇市邮政业安全中心成立揭牌，主要承担全市邮政业安全监管、服务等工作。

7日，中国电池工业协会八届五次常务理事会暨八届四次理事会在湖北襄阳召开，会议审议通过《关于审议分支机构调整议案及理事会人员增补议案》。江西黑猫炭黑股份有限公司入选为中国电池工业协会理事单位。

7—9日，中央民族乐团团长、党委副书记赵聪一行到景德镇市就瓷乐发展进行调研。

9日，由市委政法委、市总工会联合主办的景德镇首届政法技能大赛启动仪式暨党务技能决赛开赛，选手们围绕机关党建、党建故事和微党课等项目进行。

19日，国家知识产权局发布《国家知识产权局关于第二十四届中国专利奖授奖的决定》，景德镇市玉柏瓷业有限公司的专利“陶瓷茶具套件（心如莲花）”和景德镇诚德轩瓷业有限公司的专利“成套茶具”获得中国外观设计优秀奖。

19—21日，第23届中国国际金属成形展览会在上海国家会展中心开幕，江西景航航空锻铸有限公司参展的履带板获得中国锻压协会颁发的“神工奖”优质金属成形零件优质奖。

21日，第十一届“大地杯”中国陶瓷创新与设计大赛各奖项揭晓。景德镇市企业河州窑作品《五彩玲珑》获大赛特等奖、善窑厂作品《汝瓷天青釉博山炉》获大赛金奖。

23—25日，江西景航航空锻铸有限公司通过环境、职业健康安全管理体系再认证。

26日，福冈游泳世锦赛展开男女4×100米混合泳接力决赛的角逐。景德镇市输送的运动员程玉洁与国家队队友徐嘉余、覃海洋、张雨霏组成的中国队以3分38秒57的成绩夺冠，是中国队首次赢得该项目世锦赛金牌。

27日，国家知识产权局公布第二批知识产权纠纷快速处理试点地区，全国5省、12市、5县入围，景德镇位列其中。

28日，长虹华意压缩机（荆州）有限公司新增1000万台扩能项目（一期）投产暨首台压缩机下线仪式在荆州公司11号厂房举行。

同日，江西景航航空锻铸有限公司理化检测中心通过中国合格评定委员会（CNAS）的评定审核，获得实验室认可证书。

30日，由开罗中国文化中心、景德镇市人民政府主办，景德镇市文化广电新闻出版旅游局承办的中国故事之“埃及人眼中的中国：‘一带一路’中埃陶瓷文化交融”讲座在开罗中国文化中心举行。

同日，《景德镇市建成全省首个自由职业工艺美术师社区服务站》一文在《江西改革工作简讯》第1231期刊登。

30日至8月1日，市长胡雪梅率领市政府代表团一行在埃及开展为期3天的文化经贸交流活动。

31日，浮梁县法院审结全省首例“认购碳汇＋劳务代偿”刑事附带民事公益诉讼案，以失火罪判处被告人全某才有期徒刑八个月，缓刑一年六个月，同时责令其赔偿森林生态系统功能损失共计人民币7.28万元。

8月

1日，省政府发布《江西省人民政府关于2022年度江西省科学技术奖励的决定》，由中国直升机设计研究所、昌河飞机工业（集团）有限责任公司等单位共同研制的“AC313大型民用直升机”成果获科学技术进步奖特等奖。AC313大型直升机重大技术攻关和产业化项目成功入选2022年度江西省十大创新成果。江西昌河航空工业有限公司“C919客机大型复合材料襟缝翼研制”项目获科学技术进步奖二等奖。

2日，中国国家版本馆首批版本捐赠入藏大会举行。由景德镇新闻传媒集团组织艺术家捐赠的14件陶艺作品成功入藏。入藏大会上，中国工艺美术大师刘文斌代表与会的景德镇陶瓷艺术家发言。

3日，景德镇申报世界文化遗产工作调度会召开。

同日，市长胡雪梅率领的市政府代表团参加由景德镇陶瓷文化国际交流中心、沙特科研与知识交流中心主办，景德镇御窑博物院协办的“瓷的故事——中国与阿拉伯伊斯兰世界的世纪交流”文化交流活动。

4日，景德镇市基层理论宣讲大赛首次举办，评选出一等奖1名、二等奖3名、三等奖6名、最具人气奖3名、优秀奖5名。

5—6日，市长胡雪梅率市政

府代表团一行赴阿联酋迪拜景德镇官方旗舰店访问考察。

7日，景德镇市“昌南杯”养老护理员职业技能竞赛暨江西省“振兴杯”康养服务行业（养老护理员）职业技能竞赛举办。

8日，抖音电商“焕新非遗”发布会暨非遗产业带扶持专项景德镇站启动仪式举行。

10日，景德镇农商银行在江西省五星“幸福社区”汪王庙社区建立的全市首家全功能型普惠金融服务站开业。服务站配置有专职运营工作人员，设有金融角、便民角、宣传角、监督角等功能区，布放智能柜台、多功能制卡、智能POS机等机具，可办理银行开户、存取转账、生活缴费、电子银行等业务。

10—14日，受日本大阪华侨总会邀请，由市侨联牵头，浮梁县委、县侨联、县茶产业发展中心参加的团队，到日本开展为期5天的瓷茶招商贸易活动。

13日，中国石油和化学工业联合会在青岛黑猫新材料研究院有限公司组织召开北京化工大学与青岛黑猫研究院共同研发的“高分散水性炭黑的开发”科技成果鉴定会。鉴定委员会认为，该技术达到国际先进水平，同意通过鉴定。

17日，景德镇市第15例造血干细胞捐献志愿者在南昌完成捐献。全年景德镇市共完成3例造血干细胞捐献。

20—22日，2023年全国职业院校技能大赛中职组护理技能赛项在黑龙江省林业卫生学校落幕。景德镇市卫生学校的娄诗琴、林诗曼两位同学，代表江西省获2023年全国职业院校技能大赛中职组护理技能一等奖；龚燕芬、余美珍两位老师获优秀指导教师称号。此次全国一等奖成绩的取得，在景德镇市卫校建校史上属首次。

31日，省政府办公厅向省发展和改革委员会下发《江西省人民政府办公厅关于同意设立昌江产业园和景德镇陶瓷工业园调区的函》。同意景德镇陶瓷工业园调区，同意在景德镇市昌江区设立省级产业园，定名为昌江产业园，实行省级开发区政策。昌江产业园批准面积为266.53公顷；景德镇陶瓷工业园区批准面积由646.41公顷调整为636.78公顷，其中，调入面积125.98公顷，调出面积135.61公顷。

8月，景德镇经贸代表团访日期间，市侨联联合日本大阪华侨总会和方成株式会社在日本樱泉会馆设立景德镇侨联陶瓷文化日本体验中心和浮梁茶日本体验中心。两个中心的设立，为市侨联和浮梁县在日本举办瓷茶研学、论坛、冬夏令营、展览、非遗文化传承体验等活动提供场所，为讲好中国瓷茶文化故事提供平台。

9月

1日，由文化和旅游部国际交流与合作局指导，文化和旅游部中外文化交流中心、江西省文化和旅游厅、景德镇市人民政府主办的丝绸之路旅游城市联盟成立仪式在景德镇市举行。包括中国和来自亚洲、欧洲、非洲、美洲等地区26个国家的58个海内外城市作为创始会员加入联盟。出席活动的丝绸之路旅游城市联盟创始会员城市代表共同签署发布《景德镇宣言》。

5日，全市首档手语栏目《最昌南》在景德镇广播电视台一套正式开播。节目邀请市特教学校手语老师同步进行手语翻译，让更多听障人士了解景德镇陶瓷动态、学习陶瓷知识、弘扬陶瓷文化。

6日，江西顺丰首家“快递进村”村委合作点开业仪式在乐平市众埠镇湾头村举行，顺丰无人机首飞湾头村。

7日，省科学技术厅印发《关于公布2023年度省级科技企业孵化器认定、众创空间备案名单的通知》，昌南新区辖区企业景德镇伊人如瓷陶瓷有限公司（景德镇伊人如瓷科技企业孵化器）获年度省级科技企业孵化器认定。

同日，市检察院检察侦查办案中心成立揭牌，办案中心坐落于景德镇第三监狱内。

10日，2023景德镇马拉松训练营在恒大灯光球场开营。为期3个月。

12日，《农业农村部办公厅关于公布2023年中国美丽休闲乡村名单的通知》中，景德镇市浮梁县王港乡港口村入选。

15日，景德镇市学习贯彻习近平新时代中国特色社会主义思想主题教育动员大会召开。

19日，景德镇陶博城首次承办全国科普日江西主场活动。2023年全国科普日期间，景德镇市共开展科普惠民活动688场，参与人数达2.64万余人。

同日，2023年江西省第三届好奇心科普节系列活动首次在景德镇市实验学校举办。

同日，景德镇市总工会“职工疗休养基地”授牌仪式在黑猫集团旗下高岭·中国村田园综合体疗休养基地举行，“高岭·中国村”被授予景德镇市首个职工疗休养基地称号。

20日，“2023中国制造业企业500强”榜单发布。景德镇黑猫集团有限责任公司以2022年全年营业收入逾174亿元的业绩上榜。景德镇黑猫集团连续12年荣登该榜单。

同日，景德镇高新区在昌江区高级职业学校多功能报告厅举行南昌航空大学航空制造产业学院揭牌仪式。

21日，市文旅局、市传媒集团评选出景德镇“千馆之城”标识(Logo)中选奖1名、入围奖4名。

21—23日，景德镇瓷乐队再赴埃及，参加在开罗歌剧院举办的埃及第七届艺术与民俗节，以及在开罗中国文化中心举办的中秋晚会演出。

22日，市长胡雪梅专题调度应对旅游高峰暨旅游安全督查工作。

26日，2023江西“百县百日、百城百夜、百企百创”文化和旅游消费季景德镇分会场暨乐平文化和旅游消费季活动启动仪式在“夜珠山”点位之一——乐平老北街举行。

同日，省社联发布《江西省社会科学界联合会关于开展2023年全省社联工作创新案例征集活动的通知》，景德镇市社联提供的《助力试验区建设 争当出彩社科人》和浮梁县社联的《念好“三字诀”做到“三突出”——浮梁县理论宣传普及方法路径创新》获评2023年全省社联工作创新案例。

同日，在第19届杭州亚运会女子100米自由泳比赛中，景德镇市输送的运动员程玉洁以53秒91的成绩，夺取该项目铜牌。28日，在女子50米自由泳决赛中，程玉洁以24秒60的成绩，夺取该项目铜牌。

27日，市委书记刘锋到陶阳里御窑景区，就景区“创5A”工作展开调研并主持召开调度会。

28日，工业和信息化部发布《关于公布第五批专精特新“小巨人”企业和通过复核的第二批专精特新“小巨人”企业名单的通告》。明兴航空、江西吉翔医药化工有限公司获评第五批专精特新“小巨人”企业，成为此次景德镇地区总共申报的5家企业中唯一上榜企业。

28日和10月7—10日（5个工作日），《2023年度中小企业特色产业集群公示名单》公示，共计100个。昌南新区申报的“陶瓷产业集群”获评工业和信息化部“2023年度中小企业特色产业集群”，实现景德镇市国家级产业集群零的突破。

同日，在杭州亚运会女子4×200米自由泳接力赛中，由柳雅欣、程玉洁、李冰洁和李家萍组成的中国队以7分49秒34的成绩夺冠。

9月，“远方的气息—从东到东”——中国景德镇与保加利亚特罗阳陶瓷艺术文化交流展在保加利亚奥雷沙克国立工艺美术展览中心举办。

同月，国务院国资委发布《关于创建世界一流专业领军示范企业实施方案评估情况的通报》，黑猫股份实施方案获评“A+”最高等级。

10月

8—11日，由景德镇市教体局、景德镇市体育总会指导，景德镇市街舞协会主办的景德镇市“景舞门”首届高校街舞联赛预选赛在昌南里举行。

10日，第十二届“艺汇丝路”——阿拉伯知名艺术家访华采风团到乐平，参观乐平市博物馆，观赏赣剧表演，体验中国传统戏剧艺术。

11日，习近平总书记到景德镇陶阳里历史文化街区、昌河飞机工业(集团)有限公司考察调研。

13—15日，景德镇组织企业参加在广西桂林新国际会展中心举办的2023中国—东盟博览会旅游展，文化和旅游部副部长卢映川在景德镇陶瓷企业展位参观。

14日，全市最大的商业综合体宝龙广场开业，开业首日客流量突破26.5万人次，销售额达2100万元。

16日，“昌南之窗”正式开馆。

17日，《工业和信息化部关于公布2023年度中小企业特色产业集群名单的通告》发布，“浮梁县陶瓷产业集群”上榜，实现景德镇市国家级产业集群零的突破。

同日，全球最大陶瓷文化贸易综合体——景德镇国际陶博城正式开业，全国20余个产瓷区600余家企业，以及11个国家32个国际品牌入驻，其中昌南新区成功引进90余家企业。

同日，高新区、昌江区电子陶瓷产业创新发展论坛开幕式在昌江区长天酒店举行。

同日，“瓷的旅程——2023景德镇国际陶瓷艺术双年展”特别展在景德镇陶瓷大学开幕，省文旅厅党组书记、厅长梅亦参加开幕式。

同日，农业农村部、中央宣

传部、司法部共同公布《第三批全国乡村治理示范村镇名单及前两批全国乡村治理示范村镇复核结果》，景德镇市昌江区丽阳镇被评为第三批全国乡村治理示范村镇。乐平市涌山镇涌山村被评为第三批全国乡村治理示范村。

18日，省文化和旅游厅发布《关于公布第三批省级夜间文旅消费集聚区名单的通知》。其中，瑶里古镇、景德镇记忆景区入选。

同日，2023中国景德镇国际陶瓷博览会在景德镇国际陶博城会展中心序厅开幕。十四届全国政协副主席、党组成员陈武宣布2023中国景德镇国际陶瓷博览会开幕，并与中共江西省委副书记、江西省人民政府省长叶建春，景德镇市委书记刘锋等共同启动开幕式。

同日，2023年全国残疾人陶瓷工艺美术作品展开幕式在景德镇陶博城交易中心东厅会场举行。此次展览作为瓷博会配套活动，于10月18—22日在陶博城展出，活动征集全国各地残疾人艺术家工艺美术作品150余件。

同日，国际瓷器研究联盟成立大会在江西景德镇御窑博物院举行，国家文物局副局长陆进出席并致辞，省文旅厅党组书记、厅长梅亦出席，市委书记刘锋、省文旅厅副厅长丁新权出席并致辞。

同日，“艺汇丝路——中阿艺术家采风作品展”在景德镇陶博城国际会展中心开幕。

同日，以“文化传承发展 文明交流互鉴”为主题的2023景德镇国家陶瓷文化传承创新实验区发展论坛在景德镇陶瓷大学举行。中共江西省委常委、宣传部部长庄兆林出席并致辞。

18—25日，“成就与梦想”——中国国际精品陶瓷全国巡展在景德镇市昌南新区名坊园福美术馆展出。

19日，作为2023景德镇文化创新发展论坛平行分论坛，版权助推城市高质量发展论坛举行。

同日，由文化和旅游部主办的“多彩中国 佳节好物”文化和旅游贸易促进活动（陶瓷文旅文创专题）在陶博城会展中心序厅举办。

同日，国家对外文化贸易基地建设推进会在景德镇市举办。经文化和旅游部会同商务部组织评审考察，确定景德镇市为12家新一批国家对外文化贸易基地之一。

同日，景德镇历代瓷窑活态传承纪实馆在景德镇古窑民俗博览区揭牌开馆。

20日，市融媒体中心推出《把“千年瓷都”这张靓丽的名片擦得更亮—深入学习贯彻习近平总书记考察江西重要讲话精神》专栏，持续刊发省委、市委学习习近平总书记重要讲话精神相关报道。

同日，高新区新都荟购物中心举行揭牌及签约仪式。该项目的开放，有助于景德镇陶瓷文化传承与创新发展，对挖掘新都文旅潜力，未来打造“新都1314制瓷小镇”有重要意义。

同日，景德镇市委办公室、市政府办公室印发《关于推进基本养老服务体系建设的实施意见》的通知。

21日，景德镇市第四届国际陶瓷工艺健身大赛在浮梁县举行，比赛包括“装坯”“满窑”3人配合赛、匣钵10米移动赛、挑坯4人接力技艺赛等项目。

23日，2023中国国际滑翔伞公开赛（景德镇·浮梁站）在高岭·中国村开幕。来自25个国家80余名选手参赛。

24日，中国残疾人特殊艺术指导中心（艺术团）“共享芬芳·共铸美好”公益演出在景德镇群众文化活动中心举办，是中国残疾人艺术团首次到景德镇公益演出。

同日，最高人民检察院决定为105个先进集体和132名先进个人记一等功，浮梁县检察院被荣记集体一等功。

26日（墨西哥科阿维拉州拉莫斯市当地时间），长虹华意加西贝拉墨西哥有限责任公司生产线投产暨首台压缩机下线仪式举行，当地时间10点38分，首台TT1114HY型号压缩机成功诞生，标志加西贝拉公司实现与北美高端市场无缝对接。

28日，南昌市人民政府与景德镇市人民政府战略合作框架协议签约仪式举行。

28—29日，2023中国航空产业大会在景德镇召开。28日，2023中国航空产业大会“直升机与无人机飞行演示”在景德镇浮梁机场举行。大会聚焦通用航空及无人机产业在警务工作中创新发展和场景应用，推动无人机交易中心建设，搭建低空空域生态链，让低空空域改革助力景德镇市航空产业强起来、通航飞机“飞起来”。29日，交银投资、琨山资本和景德镇市高新区在会上签订江西省航空产业发展投资基金项目三方合作协议，交通银行景德镇分行见证签约仪式。

30日，市民政局等14个部门印发《景德镇市基本养老服务清单（2023年版）》，明确基本养老服务对象、项目、内容、标准等。

31日，景德镇陶瓷文物司法保护基地揭牌仪式在中国高岭国家矿山遗址公园举行。

同日，市政法委在全省首创建立乡镇（街道）政法特派员制度，举行全市首届乡镇（街道）政法特派员聘任仪式。

10月，时隔四年，以“民族的 世界的”为主题的春秋大集秋集再次重启，50余个国家和地区的200余名外国艺术家、国内八大美院120名师生，以及从2800名线上报名艺术家、手艺人、独立设计师中选拔235人共同参与，整个春秋大集累计吸引游客5万人次。

同月，市下发《关于继续做好市直机关模范机关创建和“四强”党支部选树工作的通知》，开展“四强”党支部选树活动，经过推荐选拔，126个市直机关党支部被评为市直机关“四强”党支部。

11月

3日，2023第二届全国高腔优秀剧目展演在江西抚州开幕。由乐平市赣剧演艺公司表演的赣剧高腔《江边会友》作为入选优秀剧目之一，于4日在抚州临川大剧院演出，获现场观众及专家好评。

同日，景德镇艺术职业大学与华为技术有限公司合作签约仪式举行。

7日，景德镇市防汛抗旱指挥部印发《关于推进城市气象保障服务高质量发展的实施方案》，明确发展目标：到2025年，优化综合气象观测站网布局，实现重点易灾区和人口主要分布区气象观测站网全覆盖，建立城市分区域、分时段、分强度气象预报预警业务，健全气象防灾减灾体系，提升城市气象灾害防御能力。

12—14日，景德镇美术馆作为支持单位的“茶·香雅集——中国当代生活美学体验活动”在中国驻埃及大使馆和开罗文化中心举办。

13日，学习习近平新时代社会主义思想主题教育省委第三督导组临时党支部参观黑猫集团所属紫晶国际会议中心“紫晶红馆”，并举行主题党日活动。展馆展出红色书刊、报纸1万余份，其中有20世纪50年代出版的刊物，十分珍贵。展品收藏者吴农科现场进行讲解。

14日，市直机关学习贯彻习近平总书记考察江西重要讲话精神市委宣讲团报告会召开。市直机关工委连续下发3期工作提示，要求市直各单位把习近平总书记考察江西重要讲话精神纳入党组（党委）理论学习中心组“第一议题”学习。

15日，由景德镇人民政府主办，景德镇高新区管委会、景德镇市发改委、昌江区人民政府承办的“全景江西·景德镇专场”应用场景发布会在昌南里举行。

16日，工业和信息化部中小企业发展促进中心批复建设的“陶瓷工艺设计方向”校企协同就业创业创新示范实践基地揭牌仪式在景德镇艺术职业大学举行。

21日，《江西省工业和信息化厅关于公布2023年江西省制造业单项冠军企业名单的通知》发布，江西景航航空锻铸有限公司为景德镇市唯一入选企业（全省27家）。

22日，国家文物局在上海召开国家文物保护利用示范区创建工作现场会，景德镇成功入选第二批国家文物保护利用示范区创建名单。

23日，第九届中国国际版权博览会暨2023国际版权论坛在成都举行，景德镇市文广新旅局（版权局）获得2022年中国版权金奖（管理奖）。

同日，市十六届人大常委会第十五次会议表决通过《“景德镇制”陶瓷管理条例》，并于12月4日报省人大常委会审批。

24日，市法院依据最高人民法院《关于综合治理类司法建议工作若干问题的规定》，向景德镇市民政局发出首份综合治理类司法建议。

同日，景德镇中国陶瓷博物馆和三星堆博物馆签订战略合作协议，标志两个国家级一级博物馆之间的合作正式开始。

同日，促进全市旅游住宿行业规范经营工作部署会召开。

28日，市文旅局公布2023年度市级非物质文化遗产研究、传承、传播基地名单。共确定45家市级非物质文化遗产研究、传承、传播基地，其中研究基地2家、传承基地29家、传播基地14家。

30日，“畅享高铁 乐游浮梁”2023浮梁精品旅游线路（南昌）推介会在沃尔顿ACA酒店南昌红谷滩万象城店举行。

12月

1日，《人力资源社会保障部办公厅　财政部办公厅关于公布2022年国家级高技能人才培训基地和技能大师工作室项目单位备案名单的通知》发布，景德镇市高技能人才王景东技能大师工作室（生产制造类）入选。

同日，以“小游记·大世界”为主题的2023年小红书文旅峰会在景德镇陶溪川大剧院举办。

3日，上午8时，由中国田径协会认证、景德镇市政府主办，景德镇市教育体育局等承办的陶溪川·2023景德镇马拉松赛开赛。来自埃塞俄比亚的ZELEKEFYALEW FAYE以2小时16分57秒的成绩获全程男子组冠军，来自肯尼亚的Cecilia Wayua Michael以2小时42分56秒的成绩夺得全程女子组冠军。

8日，江西千墨文化创意有限公司正式签约入驻陶博城国际陶瓷交易中心，设立“QOMO全球日用陶瓷器具平价超市景德镇店”。

同日，由江西省文化和旅游厅主办，江西省文化馆、景德镇市文化广电新闻出版旅游局承办，景德镇市文化馆执行承办“百馆千万场 服务来共享”——2023年“永不落幕”的百姓大舞台优秀文艺作品展演景德镇专场在景德镇市群众文化活动中心举行。

9日，2023景德镇飞行嘉年华活动开幕仪式在景德镇浮梁机场举行，活动集轻型运动直升机飞行、各类无线电遥控航空模型特技飞行表演于一体。

12日，景德镇市政府与江西省机场集团有限公司机场建设合作框架协议签约仪式在市发展中心举行。

同日，第五批拟认定国家文化和科技融合示范基地名单公布，陶溪川文创街区成功入选。

15日，西班牙中国商会第十一次会员大会暨中国—西班牙经贸投资交流奖颁奖仪式在西班牙马德里举行，长虹华意巴塞罗那公司（简称长虹华意HCB）获“中西经贸交流奖”，并作为获奖公司应邀参加颁奖仪式。

16日，景德镇市老年人体育活动中心正式启用。

同日，景德镇艺术职业大学与阿里巴巴网络技术有限公司合作签约仪式举行。

16—20日，景德镇市气温显著下降，出现持续阴雨雪天气，最高气温从14日的27.2℃（创下景德镇有气象记录以来12月份最高气温的记录，往年历史最高26.3℃，出现在1968年12月3日）降至16日的4℃，最高气温在48小时之内下降23.3℃，平均气温从17.6℃降至2.1℃，下降15.5℃。

18日，文化和旅游部、自然资源部、住房和城乡建设部联合发布通知，公布国家文化产业和旅游产业融合发展示范区建设单位名单，全国50个单位入选。其中，景德镇市珠山区入选。

22日，《景德镇市融媒体中心职能配置、内设机构和人员编制规定》经市委机构编制委员会办公室审核，市委批准后正式印发。

23日，中央精神文明建设办公室印发《关于公布2022年全国文明城市（区）年度测评结果的通知》，景德镇市测评成绩在95分以上，被评为“优秀”等次。

26日，“千馆之城”发布仪式在景德镇市群众文化活动中心举行，同时“千馆之城”数字化平台正式上线。此次发布会揭晓首批场馆330家，其中陶瓷历史文化类场馆类37家、陶瓷传承类85家、陶瓷工艺类60家、文化传播类148家。

27日，2023年江西省工程研究中心认定名单发布，依托景德镇邑山瓷业有限公司的江西省陶瓷数字智造工程研究中心（邑山瓷业）被认定为2023年度江西省工程研究中心（全省42家）。

同日，文化和旅游部公共服务司公布2023旅游公共服务十佳案例和优秀案例，景德镇市“浮梁县程家山村打造红色旅游公共服务新模式”入选优秀案例。

同日，杭昌高铁黄山至南昌段（即昌景黄高铁）建成通车。昌景黄高铁全长288千米，列车最高时速将按350千米运营，南昌东至景德镇北最快49分钟可达，新建的景德镇北站房也同步启用。

28日，江西龙盛汽车有限公司（上海龙创公司和景德镇市高新区和盛公司各控股50%在高新区新设立的公司）焊装车间主线首台通线车下线。

12月底，景德镇艺术职业大学“七彩港湾”志愿服务队获评2023年江西省大中专学生志愿者暑期“三下乡”社会实践活动优秀团队，指导老师元源获评优秀个人。

12月，景德镇市陶瓷非遗传承培训基地项目竣工。

同月，景德镇数字经济产业园标准化厂房建设项目竣工。

同月，景德镇市天翊转贷服务有限公司经景德镇市政府金融办批准设立，为隶属市国资委的国有转贷服务机构，专注于为中小微企业、个体工商户等提供资金周转服务。

（部分资料由市委办公室和市政府办公室提供）

市情概览

自然地理

【区域位置】 景德镇市位于江西省东北部，坐落于黄山、怀玉山余脉与鄱阳湖平原过渡地带，是典型的江南红壤丘陵区。地理坐标为北纬 28° 44′~ 29° 56′，东经 116° 57′~ 117° 42′。西北与安徽省东至县交界，南与万年县为邻，西同鄱阳县接壤，东北倚安徽省祁门县，东南和婺源县毗连。全市境域东西长约 65 千米，南北长约 132 千米。全市面积 5256 平方千米，其中市区 422 平方千米，乐平市 1983 平方千米，浮梁县 2851 平方千米；市区建成区面积 101 平方千米。

【地势地貌】 景德镇市以中低山和低山丘陵为主，地势为北东高、南西低，地形起伏变化较大。昌江、南河及东河流域有零星分布的山间盆地，地势较为平缓。地貌类型以山地为主，次为岗阜和流水侵蚀堆积小平原。（汪毅）

【山脉】 景德镇市山脉属黄山余脉，总体走向为北东—南西向。东部与安徽省祁门县、江西省婺源县交界处群山林立、峰峦起伏，海拔 1000 米以上高峰有 10 余处，峰高谷深，山势挺拔。主峰五股尖海拔 1618.4 米，为市境第一高峰。北部和西部也是群峰林立、绵延起伏，海拔多在 1000 米以下。（汪毅）

【河流】 景德镇市河流属鄱阳湖流域的饶河水系，浮梁、昌江域内的干流为昌江，全长约 210 千米，发源于安徽祁门，其支流有东河、南河、西河、北河、明溪河、建溪河等。乐平域内的干流为乐安江，全长约 240 千米，发源于婺源，支流有洎水、官庄水、长乐水、建节水、车溪水、安殷水、磻溪水。两河自东北向西南分布进入鄱阳县姚公渡交汇，注入鄱阳湖。（汪毅）

【自然资源】 景德镇市森林覆盖率达 70%，植被类型以亚热带常绿阔叶树为主，主要树种有杉木、马尾松、湿地松、苦槠、甜槠、栲树、栎类、枫香、樟树、木荷、毛竹等。分布着许多国家重点保护树种，如南方红豆杉、银杏、闽楠、红楠、三尖杉、七叶一枝花等，现已登记挂牌保护的古树名木有 3.9 万余株，其中古树名木群 80 余个，3 万余株。景德镇有国家Ⅰ级、Ⅱ级保护动物 20 余种，其中国家Ⅰ级保护动物 7 种，有云豹、金钱豹、黑麂、白颈长尾雉、穿山甲、大灵猫、小灵猫；国家Ⅱ级保护动物有猕猴、短尾猴、黑熊、白鹇、鸳鸯、红腹锦鸡等。景德镇的主要矿产资源有瓷石、高岭土、煤矿、钨矿、砂金、铜矿、萤石、硫黄、石灰石、大理石等，特别是瓷石、高岭土和煤炭蕴藏最具特色。景德镇的高岭土在国际陶瓷界都具有影响，来源于景德镇北部山区鹅湖镇高岭村边的高岭山。景德镇煤炭资源也十分丰富，是江西省的三大产煤区之一，主要分布在乐平市。

【水文特征】 2023 年，景德镇市行政区域平均降水量 1718.7 毫米，比上年同期偏多 63.7 毫米，比多年同期均值偏少 5.3%。汛期（4—9 月）降水量整体较常年基本持平，主汛期（4—6月）降水量较常年略偏少10.1%；后汛期（7—9月）较多年同期均值偏多23.3%，枯期（10月至次年3月）降水量较多年同期均值偏多12.5%。2023年，昌江控制站渡峰坑水文站于6月25日18时20分出现年最高水位27.54米，低于警戒水位0.96米；乐安河出现1次编号洪水，控制站虎山坑水文站于6月24日22时出现年最高水位26.17米，超警戒水位0.17米。

（吴美芳）

【气候特征】景德镇属亚热带季风气候，境内光照充足，雨量充沛，温和湿润，四季分明。根据1981—2020年最新气象数据，景德镇城区历年平均气温18.1℃，年平均降水量1848.9毫米。有气象记录以来极端最高气温41.8℃（1967年8月29日），极端最低气温-10.9℃（1963年1月13日）。景德镇春季气候多变，时冷时暖，春夏之交常有冷暖气流交汇于境内，阴雨连绵；前夏梅雨期间，降雨集中，大、暴雨频繁，5—7月的常年平均降水量有200~350毫米，极易导致洪涝灾害发生；出梅后多受副热带高压控制，天气炎热，且湿度较高，会使人感到闷热难耐；秋季气温较为温和且雨水少；冬季常受西伯利亚冷高压影响，盛行偏北风，天气寒冷。（李燕玲）

人文历史

【历史沿革】春秋战国属楚国东南境。秦代属九江郡番县。汉代属豫章郡鄱阳县。三国为吴地。东晋设镇，始称“昌南”，汉易名“新平”，辖于江州。唐武德四年（621年），置新平县，新平镇属之，以在昌江之南，又称昌南镇；武德八年（625年），撤县；开元四年（716年），复置，治所在新昌江口，故称新昌县；天宝元年（742年），改名浮梁。镇先后隶于新昌县、浮梁县。北宋真宗景德元年（1004年），因镇产青白瓷质地优良，遂以皇帝年号为名置景德镇，辖于浮梁县。沿用至今。元代浮梁县一度升为州，镇属州。明代，州改称为县，此后景德镇在行政上一直属县辖区。

民国5年（1916年），浮梁县治从旧城（今浮梁县）迁至景德镇。民国16—18年（1927—1929年），景德镇曾一度建市，称景德市。民国19—23年（1930—1934年）中国共产党曾在景德镇建立苏维埃政权和组织。民国24年（1935年），江西省第五行政区督察专员公署从鄱阳县迁至景德镇，景德镇成为赣东北的政治、经济、文化、军事中心。抗日战争全面爆发后，国民党和共产党重新合作，于民国27年（1938年）在景德镇设立中国共产党的新四军办事处，北部山区的瑶里设有留守处。1949年4月29日，景德镇和浮梁县解放，景德镇与县划开建市。同年5月4日成立中国共产党景德镇市委员会和景德镇市人民政府，先后隶属赣东北行署、上饶专区、乐平专区、浮梁专区。1953年6月，经中华人民共和国国务院批准，景德镇市为江西省辖市。1960年，浮梁县建制撤销，其行政区域划入市境。1983年，中华人民共和国国务院批准将乐平县划属市辖，并将鄱阳县属的鱼山、荷塘两个行政区域划归景德镇市辖。1985年，市辖乐平县和珠山、昌江、鹅湖、蛟潭四个区。1988年，经国务院批准，恢复浮梁县建制，撤销鹅湖、蛟潭两区。1992年9月，乐平县撤县建市（县级市）。

【行政区划】2023年，景德镇市下辖乐平市、浮梁县、昌江区、珠山区，全市有15个街道、37个乡镇，194个居委会、472个村委会。乐平市所辖街道及乡（镇）有洎阳街道、塔山街道、镇桥镇、乐港镇、涌山镇、众埠镇、接渡镇、洪岩镇、礼林镇、后港镇、塔前镇、双田镇、临港镇、高家镇、名口镇、浯口镇、鸬鹚乡、十里岗镇，有2个街道、16个乡镇，71个居委会、266个村委会。浮梁县所辖乡（镇）有浮梁镇、鹅湖镇、经公桥镇、蛟潭镇、湘湖镇、瑶里镇、洪源镇、寿安镇、三龙镇、峙滩镇、王港乡、庄湾乡、黄坛乡、兴田乡、勒功乡、西湖乡、江村乡、罗家桥乡，有18个乡镇，28个居委会、158个村委会。昌江区所辖街道及乡（镇）有西郊街道、新枫街道、吕蒙街道、鲇鱼山镇、丽阳镇、荷塘乡，有3个街道、3个乡镇，39个居委会、35个村委会。珠山区所辖街道有太白园街道、珠山街道、周路口街道、昌江街道、新厂街道、石狮埠街道、里村街道、新村街道、昌河街道、竟成街道，有10个街道，56个居委会、13个村委会。

（冯　茜）

【人口】2023年末，全市常住人口161.67万人，比上年末减少5148人。其中，男性83.73万人，占51.79%，总人口性别比为107.42（以女性为100，男性对女性的比例）。城镇常住人口为109.15万人，城镇化率67.51%，比上年末提高1.03个百分点。户籍人口171.26万人，其中乐平94.18万人、浮梁28.60万人；户籍人口城镇化率50.04%，比上年末提高0.47个百分点。全年出生人口9980人，出生率为6.16‰；死亡人口11560人，死亡率7.14‰；自然增长率-0.98‰。

（解怡芳）

【乐平文化遗产——戏台群落】

乐平处于赣东北山地向鄱阳湖平原的过渡地带，素有“赣剧之乡”之称。458座造型优美、风格各异的传统戏台，散布于全市各乡村，因其数量众多、风格独特而被建筑专家誉为“中华一绝”和“江西最具特色的文化遗产”，乐平也因之被称为“中国古戏台博物馆”，2019年被中国民间文艺家协会授予“中国古戏台之乡”称号。著名的“乐平腔”又称“高腔”，是历史上赣剧的主要支派，2021年被文旅部命名为“中国民间文化艺术之乡”（赣剧）。随着赣剧在乐平的形成和发展，乐平古戏台也相继出现和增多，逐渐成为与赣剧血肉相连且并驾齐驱的独特建筑艺术。

乐平戏台遍布城乡，建筑时间始于明清，跨越500余年，多为砖木建筑，分为宅院台、庙宇台、会馆台、祠堂台和万年台五大类。其中明代1座，清代70余座，民国时期60余座。现存最早的是涌山昭穆堂戏台，建于明崇祯年间，距今已有400多年的历史。

乐平古戏台是融建筑、工艺、雕塑、美术和文学于一炉的珍贵的民族文化遗产，具有很高的历史、艺术、科学和观赏价值，其造型之雄伟，气势之恢宏，工艺之精湛，无不令人叹为观止。2013年，以“建筑奇巧复杂，装饰豪华艳丽”著称的浒崦名分堂戏台被公布为全国重点文物保护单位，是乐平古戏台的经典和代表。

【浮梁古建筑——五品县衙】浮梁古县衙，建于清朝道光年间，近年来经过维修，占地64495平方米，规模宏大。县衙严格按照清代县级衙署的规制设计建造，主体建筑在一条南北向的中轴线上，整体方位坐北朝南。前有中门，一条长石砌路面直通门内，门内有大院，极为宽敞。中以石板铺路，旁植古柏数株，有古井一口。大堂为5开间，檐柱开面，3开间，两厢以板壁装修成房，堂呈开敞式，面向大院。大堂空间大，前有拱形廊轩，除月梁、斗拱施以雕刻外，余皆无甚装饰，高大、轩昂、庄重，略显官衙的威严。大堂后壁，左右各置园门。内衙以三天井为中心组成两进，与大堂相比，显得极为低矮简陋，构架无任何雕花装饰。二天井中均设雨篷走廊，两侧各置厢房，正面是3开间，头进中间为过道，后进中开间为厅堂，大抵前进为公署，后进为内宅。衙内衙外，占地广，范围大，显得空旷肃静。县衙内存有一块乾隆三十三年（1768年）的“奉旨碑”，上有“特调浮梁正堂加五级”字样，故知浮梁县为钦加五品，县衙规模非同一般。浮梁古县衙是中国江南唯一保存完好的县级衙署，素有“江南第一衙”之称。

【景德镇陶阳里历史文化街区】

陶阳里历史文化街区位于景德镇的城市中心地带，北起瓷都大桥、昌江大道，南至昌江大桥，西至沿江西路，东至莲社路、胜利路。自宋代以来，景德镇先民“沿河建窑，因窑成市”，渐呈“码头—民窑—老街—里弄—御窑”聚落的历史空间和瓷业肌理，形成了世界建筑史上绝无仅有的以陶瓷生产、贸易为特点的老城格局。

街区涵盖108条历经千年的老城里弄、650余年的御窑厂、400余年的明清窑作群落和70余年的现代陶瓷工业遗产。埋藏于地下出土的御窑瓷片，与故宫馆藏御瓷同源，向世人揭示景德镇闻名天下的“密码”，故宫95%的藏瓷烧制于此。景德镇御窑考古遗址公园、景德镇陶瓷博物馆

全国重点文物保护单位——浒崦名分堂戏台（徐天泽／摄）

坐落在街区内。

2015年，景德镇市陶文旅集团实施陶阳里街区维修工程，在留住历史文脉和城市记忆的同时，景区融合现代生活、艺术元素，打造集文化体验、研学旅行、休闲购物、餐饮住宿功能于一体的文化旅游消费主题街区，再现当年“陶阳十三里，烟火十万家”的繁华景象。2021年，街区内的彭家弄获得联合国教科文组织亚太地区文化遗产保护奖的杰出奖。2022年8月，陶阳里历史文化旅游区获选第二批国家级夜间文化和旅游消费集聚区名单。2023年10月11日，习近平总书记到景德镇市考察，在陶阳里观看手工制瓷时指出，陶瓷是中华瑰宝，是中华文明的重要名片，要把“千年瓷都”这张靓丽的名片擦得更亮。

经济社会发展

【生产总值】 2023年，全年地区生产总值1201.10亿元，比上年增长3.5%。其中，第一产业增加值76.64亿元，增长3.9%；第二产业增加值517.36亿元，增长5.1%；第三产业增加值607.10亿元，增长2.1%。人均地区生产总值74176元，增长3.6%，按年平均汇率计算，折合10530美元。

【农业】 2023年，全年全市农林牧渔业总产值131.67亿元，比上年增长4.0%。全年粮食产量561933吨，比上年增加15868吨，增产2.9%。全年棉花产量878吨，比上年减产0.1%。油料产量44022吨，增产5.9%。糖料产量52826吨，增产2.5%。茶叶产量13990吨，增产1.6%。

全年肉类总产量60899吨，比上年增长8.9%。全年水产品产量31745吨，比上年增长3.4%。

【工业】 2023年，全年全市工业增加值比上年增长4.7%，规模以上工业增加值增长5.4%。在规模以上优势产业中，电子信息产业增加值增长24.3%，精细化工及生物医药产业增加值增长5.2%，制冷压缩机及家电产业增加值增长25.6%，直升机及通航产业增加值增长42.6%，汽车及零部件产业增加值增长4.6%。全年规模以上工业产品销售率92.3%。实现营业收入1279.83亿元，比上年下降0.1%。利税总额68.93亿元，下降22.2%。利润总额46.46亿元，下降26.3%。

【服务业】 2023年，全年全市服务业实现增加值607.10亿元，比上年增长2.1%。其中批发和零售业增加值145.46亿元，比上年增长7.2%；交通运输、仓储和邮政业增加值47.27亿元，增长6.5%；住宿和餐饮业增加值30.57亿元，增长6.9%；金融业增加值67.48亿元，增长10.0%；房地产业增加值61.80亿元，下降11.0%；信息传输、软件和信息技术服务业增加值15.74亿元，增长8.4%；租赁和商务服务业增加值26.16亿元，下降0.8%。

【固定资产投资】2023年，全年全市完成固定资产投资比上年下降8.0%。分产业看，第一产业投资下降6.1%，第二产业投资下降19.5%，第三产业投资增长2.3%。民间投资下降11.4%，占固定资产投资的比例为58.2%。商品房销售面积114.75万平方米，比上年下降38.7%。全年全市施工项目768个，比上年减少218个。

【国内贸易】2023年，全年全市社会消费品零售总额606.11亿元，比上年增长5.8%。按经营地统计，城镇消费品零售额516.35亿元，比上年增长5.9%；乡村消费品零售额89.76亿元，增长5.3%。按消费类型统计，商品零售额519.98亿元，增长6.8%；餐饮收入额71.98亿元，增长11.6%。

【对外经济】2023年，全年全市货物进出口总额130.46亿元，比上年下降45.8%。全年新签合同外资项目24个，合同外资金额2.19亿美元，比上年下降86.0%；实际利用外资0.34亿美元，下降62.0%。

【财政收支】 2023年，全年全市一般公共预算收入90.30亿元，比上年下降3.9%。在一般公共预算收入中，税收收入54.38亿元，比上年增长15.3%，税收收入占比60.2%。一般公共预算支出239.95亿元，比上年下降3.1%。民生方面支出181.25亿元，占一般公共预算支出比例为75.5%。

【居民收入消费】 2023年，全年全市城镇居民人均可支配收入49528元，比上年增长3.8%；农村居民人均可支配收入23863元，增长6.9%。城乡居民人均可支配收入比值为2.08，比上年缩小0.06。城镇居民人均消费支出29840元，增长6.3%；农村居民人均消费支出19503元，增长8.0%。（解怡芳）

中国共产党景德镇市委员会

综　述

2023年，是景德镇历史上具有里程碑意义的一年，是三年新冠疫情防控转段后经济恢复发展的一年，也是鼓舞人心、载入史册的一年。继习近平总书记先后四次对景德镇作出重要批示、重要嘱托、重要贺信之后，10月习近平总书记首次亲临景德镇考察调研，对景德镇的工作充分肯定，对景德镇的发展充满期待，特别强调“把‘千年瓷都’这张靓丽的名片擦得更亮”，这是景德镇这座城市的无上荣光，在景德镇发展史上具有重要里程碑意义。总书记赋予景德镇面向世界、面向未来的高标定位、时代课题、光荣使命，进一步提振全市上下干事创业的精气神，给景德镇发展带来重大历史机遇。

政策叠加、红利释放。用足用好国家试验区建设先行先试权，成功争取国家对外文化贸易基地、国家节水型城市、国家级知识产权保护中心、国家文化和科技融合示范基地等12项国家级试点示范，景德镇市近年来叠加的国家级试点示范已达70余项，迎来政策红利加速释放期。“手工制瓷减按3%征收增值税”政策，使352家陶瓷企业一般纳税人享受手工制瓷税收优惠；跨境电商综试区实现出口4.5亿元，市场采购贸易方式试点出口超1亿美元。争取项目资金30.3亿元，其中中央预算内资金8.87亿元、同比增长29.9%。

守正创新、文旅出圈。坚持以文化城、以旅彰文，全力推动陶瓷文化创造性转化、创新性发展。举全市之力申报世界文化遗产，进一步明确申遗策略、确定申遗格局，成功入选第二批国家文物保护利用示范区创建名单，御窑博物院获评“全国最具创新力博物馆”，古陶瓷基因库列入全国首批文物事业高质量发展案例。承办“丝绸之路旅游城市联盟成立仪式”，发布首批330家“千馆之城”创建场馆，陶阳里、陶溪川、陶源谷、陶科园、陶博城“五陶”特色更加鲜明、品牌更加响亮，“夜珠山”、无语菩萨等文旅IP火爆出圈。全年接待游客同比增长32%、旅游综合收入同比增长95.4%，旅游行业热搜在诸多新媒体平台跻身全国前列。景德镇正在成为一座亲切、精致、自由的人文之城、艺术之城、青年之城、创新之城。

强攻工业、砥砺前行。全力推进工业倍增三年行动计划，坚持大抓工业、强攻项目，在全省工业高质量发展考核中一年一进位，实现从“剖析发言”到“经验介绍”的华丽转身。陶瓷产业总产值达到861亿元、实现三年翻番，陶瓷税收达到10.1亿元、三年增长1.73倍，陶瓷外贸突破10亿元、三年增长三倍，规上陶瓷企业236家、三年接近翻番，先进陶瓷产值达到260亿元、连续三年翻番。航空产业营收突破400亿元，初步明确高附加值航空配套、直升机及通航、无人机及eVTOL三大赛道。精细化工和医药产业形成五大优势链条，营收超600亿元。在前两年入统332个亿元以上项目、46个优强项目的基础上，又新签约198个亿元以上项目、申报24个优强项目。在全省开放型经济考评中，景德镇市本级和乐平市、浮梁县均获综合先进单位，昌江区、珠山区获外贸进出口先进单位。

瓷行天下、友城扩容。坚持以瓷为媒、以瓷会友，不断提升景德镇陶瓷文化对外影响力。陶博城交易中心满铺开业，全国20余个产瓷区以及11个国家600余家企业32个国际品牌入驻。举办第二十届瓷博会，4000余家国内外采购商团、592名外宾参会。对外文化交流丰富多彩，成功承办2023战略传播论坛、景德镇文化创新发展论坛、国际陶瓷艺术双年展、中阿知名艺术家采风作品展等国际文化交流活动，20余批次、100余个国家、1000余名国际友人到景德镇交流，外宾层次、规模都创历年之最。积极走出去参加中阿、中法、中德、中荷、中埃等国家外事交流活动，友好关系意向城市增至30个，国际“朋友圈”加速扩容。

民生改善、治理升级。昌景黄高铁建成通车，景德镇迈入“高铁时代”。全市309项重点工程完成投资668亿元，超额5%完成年度计划，重点谋划乐平水利枢纽、机场扩建、电厂二期及风电光伏、浮梁抽水蓄能四大项目，取得良好进展，为景德镇长远发展打下基础。坚持教育优先发展，建成5所中小学校、8所公办幼儿园，新增中小学位1.45万个、幼儿园位2340个；筹建景德镇卫生健康职业学院，全市在校大学生增至8.45万人、比2020年翻了一番；“景漂”超6万人。推进健康景德镇行动，市第一人民医院、市皮肤病医院整体搬迁等项目加快推进，在三年健康江西行动综合考核中获评全省优秀。补齐内涝短板，黄泥头防洪排涝主体工程完工，4个内涝片区、30余个内涝点全面消除，“不设防的城市”成为历史。

（市委办公室综合一科）

重要会议

【市委常委会会议】 1月19日，召开市委第37次常委会会议。审定《关于成立市级媒体深度融合发展工作领导小组名单》《市融媒体中心揭牌暨学习强国景德镇分平台上线仪式方案》。

2月3日，召开市委第38次常委会会议。审定《中共景德镇市委关于大力激励干部敢为、地方敢闯、企业敢干、群众敢首创的意见（送审稿）》；审定《市政协2023年度协商工作计划（送审稿）》；审定《关于举办全市县处级主要领导干部学习贯彻党的二十大精神专题研讨班有关事项的请示》；审定市委常委班子2022年度民主生活会暨省委巡视整改专题民主生活会的有关材料。

3月15日，召开市委第40次常委会会议。审定市人大常委会党组《市人大常委会2023年监督工作计划（送审稿）》；审定《关于核定高新区、昌南新区领导职数等事项的请示（送审稿）》。

3月30日，召开市委第41次常委会会议。审定《关于召开景德镇市残疾人联合会第七次代表大会的请示》。

4月14日，召开市委第42次常委会会议。审定《关于做好2023年全面推进乡村振兴重点工作的实施意见（送审稿）》；审定《市属国有企业领导人员管理办法（送审稿）》。

5月18日，召开市委第45次常委会会议。审定市政府党组《关于景德镇市贸易兴市行动计划（2023—2026年）（送审稿）的请示》。

6月29日，召开市委第48次常委会会议。审定《关于核定市委国安办专职副主任职数等事项的请示》。

7月25日，召开市委第50次常委会会议。审定中共景德镇市委十二届四次全体（扩大）会议有关事项。

8月21日，召开市委第51次常委会会议。审定市政府党组《关于优化“洋景漂”发展环境工作方案（审议稿）的请示》；审定市政府党组《关于2022年及时奖励建议名单（审议稿）的请示》。

8月31日，召开市委第52次常委会会议。审定市政府党组《关于景德镇市庆祝第39个教师节大会工作方案（审议稿）》《2023—2024年度加快全市教育体育发展的十条举措（审议稿）》《全市“模范学校”“模范书记校长”“模范教师”表扬名单（审议稿）的请示》；审定市政府党组《关于景德镇市知识产权强市建设行动方案（2023—2035年）（审议稿）的请示》。

9月12日，召开市委第53次常委会会议。审定《关于在全市深入开展第二批学习贯彻习近平新时代中国特色社会主义思想主题教育的实施方案（审议稿）》《市委主题教育领导小组组成人员建议名单（审议稿）》。

9月15日，召开市委第54次常委会会议。审定市政府党组《关于推进基本养老服务体系建设的实施意见（审议稿）的请示》；审定市人大常委会党组《关于调整〈景德镇市人大常委会2022—2026年立法规划和2023年立法计划〉的请示》。

10月14日，召开市委第55次常委会会议。审定《关于学习宣传贯彻习近平总书记考察江西重要讲话精神总体安排（审议稿）》《关于全市领导干部会议方案（审议稿）》。

10月24日，召开市委第56次常委会会议。审定市政府党组《关于景德镇市测绘设计院有限公司组建方案（审议稿）的请示》；审定市政府党组《关于景德镇市贯彻落实省生态环境保护督察报告整改方案（审议稿）的请示》；审定市政府党组《关于2023年市重点工程建设项目安排调整计划（审议稿）的请示》；审定市政府党组《关于景德镇市2022年市本级财政决算的报告（审议稿）的请示》；审定市人大常委会党组《关于实施民生实事项目人大代表票决制工作的意见（审议稿）》《景德镇市民生实事项目人大代表票决制实施工作方案（审议稿）》。

10月31日，召开市委第57次常委会会议。审定《关于当前我市意识形态领域有关情况的通报（审议稿）》。

11月16日，召开市委第58次常委会会议。审定市人大常委会党组《关于2024年度立法计划（审议稿）》《"景德镇制"陶瓷保护条例（草案）（审议稿）的请示》。

11月30日，召开市委第59次常委会会议。审定《中共景德镇市委常委会及其委员耕地保护和粮食安全职责清单》；审定《2024年江西省文化强省推进大会系列活动景德镇市筹备组名单及职责分工》；审定市政府党组《关于2023年度市本级财政预算调整方案的请示》。

12月12日，召开市委第60次常委会会议。审定市信访工作联席会议办公室《全面推进信访工作法治化的工作方案的请示》；听取市长胡雪梅关于领衔推动陶瓷文化"走出去"调查研究和推动落实工作情况的汇报；审定《关于召开景德镇市第十六届人民代表大会第四次会议有关事项的请示》和《关于召开政协景德镇市第十四届委员会第四次会议有关事项的请示》；审定市政协党组《关于促进政协调研协商成果有效转化工作的意见的请示》；审定市委编办《关于市强制隔离戒毒所改革等事项的请示》。12月27日，召开市委第62次常委会会议。审定市政府党组《关于景德镇市强制隔离戒毒所改革方案的请示》；审定市政府党组《关于2024年民生实事候选项目的请示》；审定市政府党组《关于进一步加强非物质文化遗产保护工作的实施意见》《景德镇市建设"千馆之城"实施方案的请示》；审定中共景德镇市委十二届五次全体（扩大）会议暨市委经济工作会议相关材料。

【其他会议】 2月6日，省、市、县三级重大项目协同联动开工暨2023年"项目大会战"动员大会召开。高新区新经济产业园项目现场设分会场。省主会场动员大会结束后，市委书记刘锋在景德镇市分会场下达全市2023年项目协同联动开工启动令。

2月28日，全市工业倍增三年行动暨招商引资决战大会召开，市委书记刘锋出席会议并讲话。他强调，这次大会既是一次总结表彰会，也是一次年度部署会，更是一次决战誓师会。工业倍增三年行动到了收官之年，全市上下要进一步统一思想、形成共识，坚定信心、坚定决心，再鼓干劲、再创佳绩，以决战的姿态、决胜的干劲，向着圆满完成工业倍增三年行动目标再出发、再拼搏。市委副书记、市长胡雪梅主持大会。俞小平、孙安敏、廖良生、吴财锋、林卫春、胡春平等市四套班子领导出席会议。会上，通报全市高质量发展现场会考评结果和2022年全市工业倍增及招商引资工作情况，宣读《关于表彰2022年度工业企业纳税二十强和外贸出口十强企业的决定》《关于表彰2022年度工业倍增及招商引资工作先进集体和先进个人的决定》。

5月30日，全市贸易兴市工作推进会召开。市委书记刘锋出席会议并讲话。会议强调，要深入贯彻落实习近平总书记关于加快建设贸易强国的重要论述，深刻领会市委、市政府推进贸易兴市的战略意图，吹响"冲锋号"、明确"路线图"、立下"军令状"，全力开创贸易兴市工作新局面，为推进景德镇国家陶瓷文化传承创新试验区建设、全面展现中国式现代化的景德镇图景提供坚实贸易支撑。

6月18日，2023战略传播论坛在景德镇开幕。此届战略传播论坛以源远流长的景德镇历史文脉为切入点，通过一场主论坛、一次圆桌对话、五场平行分论坛以及同步启动的景德镇陶瓷文化国际传播合作计划，共同推动构建全球文明对话合作网络，推动落实全球文明倡议、联合国2030年可持续发展议程，推进国际人文交流合作，为深化文明交流互鉴、构建人类文明新形态谱写新篇。

9月13日，全市学习贯彻习近平新时代中国特色社会主义思想主题教育动员会召开。市委书记、市委主题教育领导小组组长刘锋主持会议并作动员讲话。会议强调，学习贯彻习近平新时代中国特色社会主义思想主题教育是一件事关全局的重大政治任务，要以高度的政治责任感和扎实的工作作风，高标准高质量开展好主题教育，为深化落实“五新”战略行动，建好国家陶瓷文化传承创新试验区，打造国家文化交流客厅、国际文化交流名城，全面建设社会主义现代化国际瓷都注入强劲动力。

10月18日，2023景德镇文化创新发展论坛举行。市委书记刘锋在欢迎辞中表示，在习近平文化思想首次提出之际，在学习贯彻习近平总书记在江西考察重要讲话精神的热潮之中，来自国内外的300余名文化专家学者齐聚景德镇，举办首届景德镇文化创新发展论坛，共话“文化传承发展，文明交流互鉴”。景德镇将牢记习近平总书记的殷殷嘱托，坚持以国家试验区建设为统领，坚持文化立市、工业强市、贸易兴市三手发力，保护好千年窑址、传承好千年技艺、呵护好千年匠心、讲述好千年故事、发展好千年产业，打造国家文化交流客厅、国际文化交流名城，努力走出一条具有世界意义、中国价值、江西元素、新时代特征、景德镇特点的优秀传统文化传承创新发展的新路子，奋力把“千年瓷都”这张靓丽的名片擦得更亮。

10月28日，2023中国航空产业大会在景德镇市召开。中国航空学会名誉理事长刘高倬，中国航空工业集团有限公司副总经理洪蛟，中国交通运输协会副会长张春枝，南昌航空大学党委副书记、校长卢超，市委副书记、市长胡雪梅出席启动仪式并致辞。中国科学院院士，北京航空航天大学教授、博士生导师闫楚良出席并作主旨演讲。市委书记刘锋宣布大会正式启动。

12月18日，市四套班子务虚会召开。会上学习贯彻党的二十大精神和习近平总书记考察江西重要讲话精神，围绕“今年工作怎么看、明年工作怎么干”，群策群力、集思广益，共同回顾2023年工作、谋划2024年乃至未来发展。市委书记刘锋主持会议并讲话。会议强调，要把贯彻落实习近平总书记考察江西重要讲话精神作为2024年的工作主线，进一步增强做好明年各项工作的责任感和使命感，抢抓机遇、久久为功、狠抓落实，奋力把“千年瓷都”这张靓丽的名片擦得更亮。

12月19日，全市领导干部警示教育大会召开。市委书记刘锋出席并讲话。刘锋强调，要深刻汲取教训，以案为鉴、高度警醒；要坚持从严律己，以案示警、筑牢防线；要严格压实责任，以案促治、担当作为。

（市委办会议科）

重要决策和部署

【《关于大力激励干部敢为、地方敢闯、企业敢干、群众敢首创的意见》印发】 2月6日，中共景德镇市委印发该文件。文件从大力激励干部敢为、大力激励地方敢闯、大力激励企业敢干、大力激励群众敢首创4个方面，提出20条具体举措，释放“敢”的强烈信号、营造“敢”的良好环境、形成“敢”的强大合力，营造比学赶超的浓厚氛围。

【《关于加强文物保护利用改革的实施意见》印发】 4月7日，经中共景德镇市委、景德镇市人民政府同意，市委办公室、市政府办公室印发该文件。文件从总体要求、主要任务、保障措施3个方面提出27条具体要求，通过加强文物保护利用和文化遗产保护传承，提高文物研究阐释和展示传播水平，以文物事业的新成就，为建好景德镇国家陶瓷文化传承创新试验区，打造对外文化交流新平台贡献力量。

【《关于做好2023年全面推进乡村振兴重点工作的实施意见》印发】 4月14日，中共景德镇市委、景德镇市人民政府印发该文件。文件从确保粮食安全，坚决扛起重要农产品稳产保供责任；深化有效衔接，巩固拓展脱贫攻坚成果；聚焦乡村发展，强化夯实现代农业基础支撑；坚持多管齐下，拓宽农民增收致富渠道；聚焦城乡融合，着力推进宜居宜业和美乡村建设；加强全面领导，加大乡村振兴政策保障力度6个方面提出具体要求，推动乡村产业、人才、文化、生态、组织振兴，努力建设农业强、农村美、农民富的新时代农业农村现代化。

【《关于在全市大兴调查研究的实施方案》印发】 4月20日，经中共景德镇市委同意，市委办公室印发该文件。文件明确在全市大兴调查研究的重要意义、总体要求、调研内容、方法步骤、工作要求，并提出调查研究选题参考，以高质量调查研究推动高质量发展，为建好国家陶瓷文化传承创新试验区、全力实施“五新”战略行动、全面建设社会主义现代化国际瓷都提供有力支撑。

【《景德镇市市属国有企业领导人员管理办法》印发】 4月26日，经中共景德镇市委、景德镇市人民政府同意，市委办公室、市政府办公室印发该文件。文件共有10章56条，分为总则、职位设置、任职条件、选拔任用、考核评价、薪酬与激励、管理监督、培养锻炼、退出、附则10个方面内容，旨在建设对党忠诚、勇于创新、治企有方、兴企有为、清正廉洁的高素质专业化国有企业领导人员队伍，促进市属国有企业做强做优做大、实现高质量跨越式发展。

【《景德镇市贸易兴市行动计划（2023—2026年）》印发】 5月29日，经中共景德镇市委、景德镇市人民政府同意，市委办公室、市政府办公室印发该文件。文件明确实施贸易兴市行动计划的总体目标、工作措施、保障措施，提出实施“强平台”“畅物流”“育主体”“促消费”四大行动，成立市贸易兴市工作领导小组，用四年时间大力推进贸易兴市，力争实现一年“千百十”（到2023年底，全市内外贸总额力争达千亿元，陶溪川、陶博城两大贸易平台总成交额达百亿元，全市陶瓷出口总额达10亿元），四年翻一番（到2026年底，全市内外贸总额达1600亿元；陶溪川、陶博城两大贸易平台总成交额达300亿元；全市陶瓷出口总额达50亿元），有力支撑全面建设社会主义现代化国际瓷都。

【《景德镇市义务教育学校教师“县管校聘”管理体制改革的实施意见》印发】 7月13日，经中共景德镇市委、景德镇市人民政府同意，市委办公室、市政府办公室印发该文件。文件明确景德镇市义务教育教师“县管校聘”管理体制改革的指导思想、总体目标、实施范围、改革内容、工作要求，强化教育部门对义务教育学校教师队伍统筹管理的职能，落实学校用人自主权，打破教师交流轮岗的管理体制障碍，促进师资均衡配置和有效利用，推进教育公平，努力办好人民满意的教育。

【《关于优化“洋景漂”发展环境工作方案》印发】 8月31日，经中共景德镇市委、景德镇市人民政府同意，市委办公室、市政府办公室印发该文件。文件从总体要求、工作举措、组织实施3个方面提出18条具体要求，明确《关于优化“洋景漂”发展环境工作方案》责任分工，为“洋景漂”营造“近悦远来”的发展环境，向世界更好地展示中华陶瓷文化，推动与世界各国文明交流互鉴，努力开启全面建设社会主义现代化国际瓷都新征程。

【《关于在全市深入开展学习贯彻习近平新时代中国特色社会主义思想主题教育的实施方案》印发】 9月12日，中共景德镇市委印发该文件。文件明确开展第二批主题教育总体要求、目标任务、方法措施、组织领导等内容，从突出抓好县处级以上领导班子和领导干部主题教育、抓好基层党组织主题教育两个层面，部署理论学习、调查研究、推动发展、检视整改、建章立制等重点措施，确保实现凝心铸魂筑牢根本、锤炼品格强化忠诚、实干担当促进发展、践行宗旨为民造福、廉洁奉公树立新风的目标。

【《景德镇市知识产权强市建设行动方案（2023—2035年）》印发】 9月14日，中共景德镇市委、景德镇市人民政府印发该文件。文件明确知识产权强市建设的总体要求、重点任务、组织保障，全面提升知识产权创造、运用、保护、管理和服务水平，建设体系完备、保护严格、运行高效、服务便捷、文化自觉、开放共赢的知识产权强市，为全面建设社会主义现代化国际瓷都提供坚实保障。

【《学习宣传贯彻习近平总书记考察江西重要讲话精神总体安排》印发】 10月19日，中共景德镇市委印发该文件。文件从传达学习、宣传宣讲、研究阐释、贯彻落实4个方面提出29条具体落实举措，确保习近平总书记考察江西重要讲话精神在景德镇落地生根、开花结果，高水平展现中国式现代化的景德镇图景。

【《关于实施民生实事项目人大代表票决制工作的意见》印发】 11月1日，经中共景德镇市委同意，市委办公室印发该文件。文件明确景德镇市实施民生实事项目人大代表票决制工作的指导思想、基本内容、工作原则、程序方法、工作要求，充分发挥人民代表大会制度优势和人大代表主体作用，促进民生实事项目与群众需求精准对接，推动政府兴办民生实事更加科学、更富成效，不断解决人民群众最关心、最直接、最现实的利益问题，持续保障改善民生、增进人民福祉。

【《景德镇市相对集中行政许可权改革实施方案》印发】 12月25

日，经中共景德镇市委、景德镇市人民政府同意，市委办公室、市政府办公室印发该文件。文件明确开展相对集中行政许可权改革的指导思想、基本原则、改革任务、工作机制、方法步骤、组织保障，提出91项景德镇市相对集中行政许可权改革划转事项目录，着力创新行政审批体制，不断优化投资创业环境，激发经营主体活力和社会创造力，推进政府治理体系和治理能力现代化，为加快推动全市高质量跨越式发展创造新优势、拓展新空间。

【《全面推进信访工作法治化工作方案》印发】 12月27日，经中共景德镇市委、景德镇市人民政府同意，市委办公室、市政府办公室印发该文件。文件明确景德镇市全面推进信访工作法治化的指导思想、工作目标、组织保障、工作机制、方法步骤、工作要求等，进一步提高各级干部依法办事的法治理念和广大群众依法理性表达利益诉求的法律意识，树立办事依法、遇事找法、解决问题用法、化解矛盾靠法的良好法治导向，增强群众依法信访的意识，推动景德镇市信访工作法治化在全国做示范。

（市委办秘书科）

督查工作

【概况】 2023年，市委督查室围绕中心、服务大局，发挥党委督查利剑作用。全年向省级报送有关材料25件，上稿省级以上媒体刊物5篇；呈送督查专报39期，获市委领导批示5件次；督办市委常委会会议议定事项71项、政协委员提案（来信）27件；审改招商通报12期；印发督办通知（督办函）18个，有序推动党中央和省委、市委各项决策部署落地落实。

【中心工作督查整改】 2023年，把推动习近平总书记重要讲话精神、重要指示批示精神和党中央重大决策部署落实作为首要政治任务，定期开展调度推进，并对有关情况进行“回头看”，确保各项任务落地落实。围绕总书记到景德镇考察调研各项工作抓好督促落实，特别是聚焦沿线环境提升和氛围营造，集全市督查战线合力，对城区主干道沿线存在的“空中飞线”“私开菜地”“绿化荒废”等问题，开展环境整治专项督查20余次，为专项工作贡献督查力量。围绕省委十五届四次全会确定目标任务落实工作总体方案，第一时间对涉及景德镇市的14个方面125项任务进行细化分解，明确责任单位和责任领导，确保落实任务有“方向”、督促检查有“抓手”。推进省委省政府综合督查发现问题整改和省委办公厅蹲点调研发现基层治理方面问题整改，在抓好个性问题整改的同时，做到举一反三，确保问题整治到位。

【重点目标任务跟踪督办】 2023年，对市委中心工作以及市委主要领导指示批示跟踪督办，坚持每季度围绕市委常委会会议议定事项落实情况开展跟踪督办。特别是，围绕国家试验区建设“一个统领”和文化立市、工业强市、贸易兴市三手发力等重点目标任务，多次深入陶博城、景德镇北站、雕塑瓷厂、陶阳里街区等开展实地督查，推动督查工作以“督”促“战”，以“战”提“效”。市委主要领导在常委会会议上对督查室给出三个“不错”的点名表扬。围绕助力陶博城做强做旺目标要求，调度各地各单位，推动形成支持服务陶博城发展的浓厚氛围，形成系列专报10期。坚持每月编发《各县（市、区）党政主要领导外出招商引资情况的通报》，持续推动招大引强。牵头推动民主法治领域改革落实，完成涉及的9项改革任务。推动政协提案有序落实，转交办理政协委员提案（来信）27件，同时持续保持跟踪问效，确保办理进度和实效。

【基层减负整治】 2023年，发挥市委专项工作机制牵头抓总和统筹协调作用，召开专项会议，出台《“三严五整”攻坚行动工作清单》，开展专项整治。破解指尖困扰，全面摸排梳理手机APP、公众号、工作群等政务新媒体，整治强制注册、签到打卡、积分排名、转发点赞等情况。规范督查检查，坚持“精简、务实、高效”原则，实行清单化管理，全市督检考事项由过去的41项减至26项，减少36.5%。严格发文计划管理，注重精简文件数量，提高文件质量，全年全市文件同比减少3.9%。严格执行周三、周五“无会日”制度，对可开可不开的会一律不开，全年市级层面会议数量同比减少2.8%。向《人民日报》、新华社、“学习强国”学习平台等各大新闻媒体客户端投送为基层减负稿件，相关报道阅读量总计近50万，在全市大力整治形式主义，为基层减负营造良好的氛围。 （市委督查室）

组织工作

【概况】 2023年，全市组织系统学习贯彻习近平总书记关于党的建设的重要思想和习近平总书记考察江西重要讲话精神，牢记嘱托、感恩奋进，推动组织工作全面提标、提质、提速、提效。年内，全市发展中共党员1422人，其中女党员592人，占41.63%；35岁以下1059人，占74.47%；大专以上学历956人，占67.23%。全市有中共党员9.12万人，其中，35岁以下1.82万人，36—60岁4.43万人，61岁以上2.87万人；农村党员2.36万人，城市社区党员1.5万人，机关事业单位党员2.37万人，国有企业党员6089人。全市各级党组织共4557个，其中党（工）委354个，党总支284个，党支部3919个。市管干部1011人，其中，县（市、区）班子成员135人。全市共有公务员8461人（公务员7321人，参照管理的群团单位工作人员189人，参照管理的事业单位工作人员891人），其中女性公务员2338人。

【主题教育】 2023年，作为此次全市主题教育的牵头单位，市委组织部牢牢把握“学思想”这个第一位的要求和贯穿始终的主线，第一时间组织学习贯彻落实习近平总书记考察江西重要讲话精神，带动全市114个县处级以上领导班子、4200余个基层党组织、8万多名党员以学铸魂、以学增智、以学正风、以学促干。中央主题教育办简报7次刊发景德镇市有关经验做法，中央第八巡回指导组两次到景德镇市调研，充分肯定景德镇市主题教育工作。省委书记尹弘在全省主题教育总结会上指出“景德镇市深入推进国家陶瓷文化传承创新试验区建设，持续擦亮‘千年瓷都’靓丽名片”。

【理论武装】 2023年，组织党的二十大精神培训，分期分批举办5期专题研讨班、集中轮训班，培训918人，实现全市县处级领导干部学习培训全覆盖。指导各地各单位按管理权限分级分类对科级及以下干部开展全覆盖培训，举办培训班99期，共培训1.53万人。全市各级党组织举办各类党员培训班800多期，培训8万余人次，实现党组织和党员全覆盖。完善流动党员党组织体系，新组建流动党员北京党委和上海党委，将“景漂”党支部升格为党委。积极探索流出地与流入地双向共管，市、区两级组织部与深圳签订共建协议。中组部和省委组织部先后到景德镇市流动党员深圳党委调研指导工作，景德镇市在全省基层党建重点任务推进会上就流动党员教育管理作交流发言。

【干部队伍建设】 2023年，坚持党管干部原则，全面落实新时代好干部标准。注重专业型干部的选拔使用，结合国家试验区建设需要，对接推动国家文旅部、文物局各派1名司局级领导干部到市挂职任市党政班子成员；在市教体局、市卫健委、市农业农村局等专业性较强的单位新配备具有专业背景的干部。组织开展县（市、区）领导班子换届后运行情况及年轻干部现状和使用情况调研。紧扣全市发展所需，新招录公务员253人。实施“雏鹰计划”，组织开展新录用公务员初任培训，落实选调生“2+1”帮带机制，持续分批次选派优秀年轻干部到国家试验区建设、招商引资等重点工作岗位培养锻炼。

【公务员管理】 2023年，健全完善公务员日常管理监督措施，建立规范公务员辞去公职后从业行为协调合作机制，开展在职公务员违规经商办企业行为清查，推进重点领域政商“旋转门”“逃逸式辞职”问题整治。统筹开展综合考核，强化考核结果运用。落实“三个区分开来”，全年累计为5名干部和2个单位澄清正名，对2人及1个单位实施容错纠错。调整不适宜担任现职领导干部，释放庸者下、劣者汰的信号。

【党建引领基层治理】 2023年，打基础、固基本、强基层，推动高质量发展。制定下发《关于建设新型农村集体经济发展党建赋能中心的实施方案（试行）》，建设5个县级赋能中心、46个乡镇（街道）赋能中心，98个行政村抱团发展，培育“昌江好物”等17个特色农业品牌，村集体经济组织开发物业租赁项目49个，465个村实现村级集体经济经营性收入15万元以上。推进“精网微格”基层治理机制，在中心城区组建治理网格763个。下发《关于在全市在职党员中开展“窑火红”党员志愿服务的通知》，推动87个机关企事业单位党组织与社区党组织结对共建，8113名党员参与到社区网格治理，服务群众2.40万人次，受理解决群众关心关注各类问题1.1万余件。实施“红色物业”双覆盖攻坚行动，实现全市640个小区物业服务全覆盖，协商解决各类矛盾问题1450余个，全市物业矛盾问题投诉率同期下降28.6%。市委书记刘锋领题陶瓷产业链党建项目，推进党建工作与陶瓷产业融合发展，该案例入选中组部副部长徐启方领题的调研课题，并被点名到中组部作专题汇报。探索新兴领域党建工作新思路，打造111个“景快跑”暖“新”红色驿站，精准对应建立“畅快跑”“畅快行”“畅快速”3类服务平台，提供各类服务1700余次。发挥新业态新就业群体“流动探头”作用，上报各类网格问题事件280余件，“党建引领快递小哥参与社会治理新模式”入选全国社会治理创新案例。

【人才队伍建设】2023年，坚持党管人才原则，在人才引育用留上持续发力，推动高质量发展的智力支撑更加坚实。出台《党委（党组）定期研究人才工作会议制度》，推动党委（党组）研究人才工作制度化规范化常态化。通过“人才飞地”“研发飞地”“科创飞地”等方式引进高层次人才55人、人才项目9个，新增院士工作站1家。打造全国性无人机检验检测中心，共建南昌航空大学现代产业学院，首批培养120名航空相关专业人才。高新区成功获批中国科协海智工作基地，新增海智计划工作站、博士后科研流动站各1家。“景漂”群体突破6万人，《支持“景漂”人才创新创业工作新模式》获评全国人才工作优秀案例。“瓷都人才”APP上线服务项目近80项，累计线上认定并备案“3+1+X”产业人才2102人次，处理人才服务申请200余次。落实人才政策“三项机制”，全年统筹落实人才子女入学、保障人才住房、就医申请等各类服务事项3000余次，“景漂”贷扶持139人次，人才贷扶持333人次，优化人才服务环境，激发人才创新创业创造活力。

【全市基层党建述职评议会议召开】1月17日，全市2022年度党委（党组）书记抓基层党建述职评议会议召开。市委书记刘锋主持会议并讲话。市领导胡雪梅、吴隽、林蓉、吴财锋、邓永翔、林卫春、胡春平等出席会议。省委组织部组织三处二级调研员司咏梅到会指导并作点评。各有关党委（工委、党组）主要负责人就抓基层党建工作向市委述职。刘锋对各区和有关部门党委（工委、党组）书记的述职发言进行点评。与会人员进行了评议。

【全市人才工作专项述职会】2月21日，全市人才工作专项述职会召开。市委组织部常务副部长汤武辉出席会议并讲话。会上，各县（市、区）、高新区、昌南新区及市委人才工作领导小组成员单位就2022年度人才工作进行述职。与会人员对述职情况进行现场测评。

【全市组织部长会议】3月31日，全市组织部长会议召开，市委书记刘锋对全市组织工作提出要求。会议强调，要聚焦选贤任能，坚持新时代好干部标准，选优配强全市各级领导班子，在服务保障高质量发展中锻造过硬队伍。要聚焦强基固本，牢固树立大抓基层鲜明导向，持续抓基层、固根本、补短板、强弱项，统筹推动各领域基层党建提质增效，不断增强基层党组织政治功能和组织功能。要聚焦育才聚才，围绕国家试验区建设和全市经济社会发展需要，在改革创新、政策集成、平台打造、服务提升等方面持续发力，创造天下英才聚瓷都、万类霜天竞自由的良好局面。要聚焦自身建设，恪守最讲政治的忠诚度，强化最具效能的执行力，涵养最有正气的价值观，严明最守规矩的纪律性，建设模范部门、过硬队伍，推动组织工作在新起点上不断巩固优化提升，为全面建设社会主义现代化国际瓷都做出贡献。

【全市组织工作会议】10月11日，全市组织工作会议召开。市委书记刘锋出席会议并讲话。市委副书记吴隽，市委常委、市纪委书记、市监委主任廖良生，市委常委、乐平市委书记林卫春，副市长、高新区党工委书记罗文军，高新区管委会主任、昌江区委书记倪卫春出席会议。市委常委、市委组织部部长、市委宣传部部长林蓉主持会议并作总结讲话。会上，部分单位作交流发言。

（叶翔　张贵生）

宣传思想工作

【概况】2023年，全市宣传思想文化战线坚持以习近平新时代中国特色社会主义思想为指导，学习贯彻习近平文化思想和习近平总书记考察江西重要讲话精神，把牢方向导向，坚持守正创新，主动担当作为，勇担新的文化使命，为全面建设社会主义现代化国际瓷都提供坚强思想保证、强大精神力量、有利文化条件。

2023年，景德镇获得中央主流媒体高频关注，全年累计在“四报两台”刊播重要稿件350余篇，《江西日报》发稿500余篇，江西广播电视台电视新闻栏目播发468条，在人民网、新华网、凤凰网等九大中央新闻网站和五大商业门户网站推送重要稿件1445篇。全市规模以上文化及相关产业企业数量为161家，实现营业收入102.27亿元。2022年文化及相关产业增加值为101.82亿元，占地区生产总值的比重为8.73%，高于全省平均水平4.27个百分点。

【理论学习研究】 2023年，坚持不懈用习近平新时代中国特色社会主义思想凝心铸魂。发挥市委理论学习中心组引领作用，采取实地调研、专题辅导、集中研讨等形式，组织开展市委理论学习中心组集体学习12次。全市各级共开展中心组列席旁听活动近300次。持续加强基层理论宣讲工作，依托“古戏台讲堂”“小巷讲堂”“老方说党史”等国字号宣讲品牌、各类基层理论宣讲平台以及新时代文明实践中心（所、站），开展基层理论宣讲3670余场，线上线下覆盖人数达51.7万余人次。举办“宣讲二十大 建功新时代”景德镇市基层理论宣讲大赛。推荐选手参加全省首届基层理论微宣讲大赛，宣讲作品《红色情怀》获三等奖，《特教普惠绘蓝图》等2个作品获优秀奖。发挥景德镇中国陶瓷发展研究院智库作用，围绕景德镇陶瓷文化、国家试验区建设等主题，申报国家社科基金项目1项，省级项目12项。

【习近平总书记考察江西重要讲话精神学习宣传贯彻】 2023年，市委理论学习中心组带头，组织全市各单位各部门采取党委（党组）会议、理论学习中心组学习、专题研讨、辅导报告、座谈交流、“三会一课”等多种形式开展大学习、大研讨，做好大宣传、大宣讲，推进大调研、大落实，第一时间组建由市委有关部门、市直有关单位主要负责人组成的学习贯彻习近平总书记考察江西重要讲话精神市委宣讲团，集中赴各县（市、区）以及部分市直单位开展集中宣讲，直接覆盖人数达5000余人次。各县（市、区）、市直单位部门广泛开展各类宣传宣讲1630余场，覆盖人数达19.8万余人次。

【主流思想宣传】 2023年，聚焦国家试验区建设、双“一号工程”、工业倍增三年行动、陶博城市外招商等重大主题、重点工作，开展正面宣传报道，中央主要媒体上稿情况列全省第7，位列四小地市第1位。习近平总书记在江西景德镇考察相关报道在中央和省、市各级各类主流媒体、网络及新媒体相关稿件累计阅读量达10.2亿余人次。新华网总网开展的“点赞中国城”景德镇点赞活动收获260万浏览量、90万点赞量。加快媒体融合步伐，市融媒体中心正式挂牌，被列入第二批全国试点。“学习强国”景德镇学习平台上线。在江西省市、县融媒体优秀原创作品双月赛中，《复活沉睡千年的陶瓷基因》《有朋远方来》《翁山红：抗美援朝老战士 宣讲战线上的新兵》3件作品获一等奖。

【社会主义核心价值观培育和践行】 2023年，全国文明城市2022年度测评结果获“优秀”等次，进入全国第一方阵。2022年全省精神文明建设指数测评综合成绩景德镇市列第1位。1人入选第九届全国道德模范候选人，3人入选第八届江西省道德模范，4人入选“中国好人榜”，10人被评为“江西好人”，1人被评为2023年江西省“新时代好少年”。在全国学雷锋志愿服务“四个100”活动中，乐平市1人获评最美志愿者，浮梁县城西社区获评最佳志愿服务社区。承办全省道德模范与“身边好人”（景德镇）现场交流活动暨2022年第四季度“江西好人”发布仪式、皖浙赣边区红军游击队瑶里改编暨新四军驻景德镇办事处成立85周年纪念活动等。结合主题教育，探索试点“便民快递进文明实践站”创新模式。

【文化事业和文化产业】 2023年，景德镇瓷业文化景观申遗预评估申报书提交联合国教科文组织世界遗产中心预审，景德镇市入选第二批国家文物保护利用示范区创建名单。发布首批330家“千馆之城”创建场馆，御窑博物院获评“全国最具创新力博物馆”，古陶瓷基因库列入全国首批文物事业高质量发展案例。依托东方演艺集团重点打造舞剧《唯我青白》。编纂出版《景德镇陶瓷简史》《景德镇陶瓷史话》《我的城，我的镇——景漂的故事》等陶瓷文化主题书籍。陶文旅集团获得全国文化企业30强提名。

【国际传播效能持续提升】 2023年，成功承办2023战略传播论坛、2023景德镇文化创新发展论坛、丝绸之路旅游城市联盟成立仪式等交流活动。成功举办“瓷的精神”——景德镇国际陶瓷艺术双年展、丝路瓷行——中日陶瓷与文化交流活动等活动。2023瓷博会期间，首次启用新闻中心，以7种语言播发的相关稿件在800余家海外媒体落地。“景德镇向世界讲述瓷都故事”入选中国城市国际传播示范案例。《看见景德镇》和《凝土为器 共绘光彩》系列视频被境外多家媒体采用。《有朋远方来——法国艺术家爱玛》在由中国外文局主办的《第三只眼看中国》国际短视频大赛中获优秀作品奖。选报的《缠之恋》MV作品成功入选“中国好故事”网络国际传播精品案例。由北京师范大学新媒体传播研究中心、中国日报网、光明网和北京师范大学教育新闻与传媒研究中心联合发布的2023中国城市海外网络传播力全国337个地级市排名中，景德镇排在第17位。

【意识形态工作】 2023年，制定出台《景德镇市意识形态工作追责问责操作办法》《景德镇市校地意识形态工作联席会议制度》，健全意识形态工作有关制度机制。联合公安等部门成立网络信息安全联合创新实验基地，相关经验做法文章被中央网信办《网信动态》予以推介。指导景德镇传媒集团完成“区块链+版权”国家特色创新应用试点终期评估验收，针对陶博城陶瓷电商海外直播，组织技术专家提供技术指导和网络安全服务保障。在全省率先建成网络安全协调指挥平台，将140余个重点域名和信息系统纳入常态化实时检测保护范围，发现并督促修复各类中高危网络安全漏洞613个。

【全省道德模范与“身边好人”（景德镇）现场交流活动暨2022年第四季度“江西好人”发布仪式】 1月16日，承办的全省道德模范与“身边好人”（景德镇）现场交流活动暨2022年第四季度“江西好人”发布仪式在景德镇市举行。现场表演《你笑起来真好看》《礼赞中国好人》《真情永恒》《好人越来越多》等节目，并通过播放短片、访谈交流、致敬礼赞、发布好人名单等形式，展示先进事迹，歌颂道德之美，诠释好人价值。

【景德镇市融媒体中心揭牌】 1月20日，景德镇市融媒体中心揭牌。市融媒体中心由景德镇日报社、景德镇市广播电视台整合组建，是集报纸、广播、电视、网站和各类新媒体于一体的综合性市级主流新闻单位，为市直属正处级的公益二类事业单位。通过整合各类宣传文化传媒资源，坚持传统媒体和新兴媒体一体化发展，建立以内容生产供给侧结构性改革为重点、先进技术为引领、创新管理为保障的全媒体传播体系，实现信息内容、技术应用、平台终端、管理手段共融互通。

【“学习强国”景德镇学习平台上线】 1月20日，“学习强国”景德镇学习平台正式上线。平台由中共景德镇市委宣传部主办，景德镇市融媒体中心运维，按照政治性、思想性、新闻性、综合性、服务性相统一的原则，集纳丰富权威的学习资源和资讯，开设“牢记嘱托”“景德镇头条”“大美瓷都”“china印象”“县区融媒”等13个具有景德镇特色的栏目，旨在打造成主流权威、内容丰富、特色鲜明、广受欢迎的思想文化聚合平台，多维度展示景德镇学习贯彻习近平新时代中国特色社会主义思想进程中的特色亮点和经验做法，展示广大党员干部在新时代全面建设社会主义现代化国际瓷都中的担当作为。

【“景德镇向世界讲述瓷都故事”入选中国城市国际传播示范案例】 2月17日，在海口举办的第二届中国城市国际传播论坛上，“景德镇向世界讲述瓷都故事”入选“中国城市（区）国际传播示范案例”，编入《中国城市海外影响力分析报告（2022）》。报告认为，景德镇发挥“国际瓷都”优势，向世界展现“陶瓷文化”，打造国际传播新平台的探索值得借鉴。近年来，以景德镇国家陶瓷文化传承创新试验区建设为契机，多维度打造对外传播和对外交流体系，建立立体化的陶瓷文化城市海外形象。

【舞剧《唯我青白》】《唯我青白》由中国东方演艺集团、景德镇陶文旅集团、人民网股份有限公司联合打造。2月，舞剧《唯我青白》正式立项，4月21日与中国东方演艺集团进行合作签约。8月中旬、10月中旬，主创团队先后两次到景德镇采风，并提交剧本大纲。11月29日在北京举办主创建组发布会。舞剧考据北宋时期的审美特质与青白瓷的造型风格，通过舞者肢体语言，展现瓷器之美及其背后所承载的中国文化的气韵与精髓。

【《缠之恋》MV入选“中国好故事”网络国际传播精品案例】 5月，由中央网信办网络传播局指导，中国互联网发展基金会支持，新华网承办的“中国好故事”网络国际传播精品案例评选结果发布，市委宣传部报送的《缠之恋》MV入选。该片立足于“后现代”国际生活潮流背景，用旅游风光片的独特方式，诠释“景派陶艺生活”故事，以此表现瓷都作为“世界手工艺和民间艺术之都”的波希米亚情调。

【梅院军获中国戏剧梅花奖】 5月，景德镇市引进的一级演员、景德镇瑶里天韵黄梅戏有限公司艺术顾问梅院军，凭借在黄梅戏《汤显祖》中的表演，获得第九届中国戏剧奖·梅花表演奖（第31届中国戏剧梅花奖），为江西摘到第八朵“梅花”，是江西省民营剧团演员首次获得梅花奖，也是江西省第一位获梅花奖的黄梅戏演员。

【2023战略传播论坛】 6月18—19日，承办的2023战略传播论坛在景德镇举行。论坛由中国外文出版发行事业局、江西省委宣传部共同主办，主题为“深化文明交流互鉴，推动中华文化（景德镇陶瓷文化）更好走向世界”。在此期间还举办驻华使节对话景德镇、“Z世代”国际青年瓷都行等系列活动，以及“景德镇陶瓷文化艺术国际传播”“国际青年与‘洋景漂’文化交流”“国际传播高质量发展”“数字文化国际传播”“深化文明交流互鉴”等平行分论坛。

【景德镇市基层理论宣讲大赛首次举办】 8月4日，由市委宣传部、市文明办主办的“宣讲二十大 建功新时代”景德镇市基层理论宣讲大赛决赛举办。决赛评选出一等奖1名、二等奖3名、三等奖6名、最具人气奖3名、优秀奖5名。决赛前期举办全市基层理论宣讲大赛选拔赛，34名宣讲员参加选拔，其中15名晋级决赛。

【2023景德镇文化创新发展论坛】 10月18日，承办的2023景德镇文化创新发展论坛在景德镇举办。论坛由文化和旅游部、国家版权局、国家文物局指导，江西省委宣传部（省版权局）、江西省文化和旅游厅（省文物局）、景德镇市委、景德镇市人民政府主办。论坛以“文化传承发展文明交流互鉴”为主题，围绕传统文化保护、文化创新发展、全球文化共同繁荣等重大文化课题深入交流探讨。其间，还举办版权助推城市高质量发展论坛、国家对外文化贸易基地建设推进会（论坛）、“瓷器起源、传播与全球化”学术研讨会3个平行分论坛。

【《景德镇陶瓷简史》《景德镇陶瓷史话》首发】 10月18日，《景德镇陶瓷简史》《景德镇陶瓷史话》首发式暨新书研讨会在景德镇召开。《景德镇陶瓷简史》系统总结景德镇陶瓷发展史和突出特点，讲述景德镇瓷器从唐代产生以后的发展历史，涵括景德镇瓷窑的分布、产品类型与特点、工艺特色与成就、瓷器贸易与文化交流等方面的内容。《景德镇陶瓷史话》围绕景德镇瓷业发展、瓷都成就、瓷器之美以及对外交流等情况，梳理景德镇瓷器发展壮大的历程。两部书作为普及陶瓷知识、传播陶瓷文化的规范读本，用通俗易懂的方式进行解读和传播，把陶瓷研究的最新成果传递给社会各界，填补半个多世纪以来景德镇官修陶瓷历史的空白。

【《我的城，我的镇——景漂的故事》新书发布】 10月20日，《我的城，我的镇——景漂的故事》新书发布。该书由江西教育出版社与三环出版社联合出版，采取非虚构书写方式，对20余位中外“景漂”典型人物的生活方式、艺术追求与人生理想进行全方位记录，群像式展现“景漂”们的人生理想、艺术追求和生活方式，彰显中华优秀传统文化在传承发展中焕发新的时代光彩。

【全国文明城市2022年测评结果获评“优秀”等次】 12月23日，中央精神文明建设办公室印发《关于公布2022年全国文明城市（区）年度测评结果的通知》（文明办〔2023〕5号），对2022年测评结果为“优秀”等次的79个全国文明城市（区）予以通报表扬。景德镇市测评成绩在95分以上，被评为“优秀”等次。

（缪羿平　熊希伦）

统战工作

【概况】 2023年，景德镇市成立全国首个自由职业工艺美术师协会，成立全省第三个景德镇市留学人员联谊会；自由职业工艺美术师统战工作和对台交流交往工作经验做法在中央统战部《每日汇报》刊登3次；景德镇创新推进自由职业工艺美术师统战等工作受到省委常委、统战部部长黄喜忠2次批示肯定；对香港地区专项工作和同乡社团建设的支持收到江西省委统战部感谢信；自由职业工艺美术师统战工作获市作风建设专项行动领导小组“骏马奖”。11月，新的社会阶层人士联谊组织建设推进会暨自由职业人员统战工作座谈会相关工作完成，景德镇市作为现场观摩点并作交流发言，收到中央统战部、省委统战部的感谢信并获高度赞誉。在2023年全省统战工作综合考核中，景德镇市委统战部被评为先进设区市委统战部，珠山区委统战部被评为先进县（市、区）委统战部。“自由职业人员”实践工作获评全国统战工作实践创新成果（全国30项），《陶瓷文化融入铸牢中华民族共同体意识的路径探索》获全省统战理论政策研究创新成果三等奖，《景德镇以瓷聚侨 积极推进打造对外文化交流新平台》获全省统战工作实践创新成果奖。

【政治建设】2023年，召开全市统战部长会议、全市民族宗教工作会议等10余次。制定《关于在全市统战部门大兴调查研究的实施方案》，确定11个调研课题；制定《2023年市委统战部理论学习中心组学习计划》，召开部务会24次、理论学习中心组学习会19次。印发《中共景德镇市委统战部关于深入开展学习贯彻习近平新时代中国特色社会主义思想主题教育的实施方案》，在“瓷都统战”微信公众号开设“主题教育”特色专栏，举办主题教育专题读书班，其间共开展专题研讨3次，观看警示教育片1次，开展专题辅导4次，并邀请市委党校专家结合“同心大讲堂”开展现场辅导2次。印发《全市统战系统开展学习周活动的实施方案》，召开全市统战系统集体学习交流座谈会，收到学习习近平总书记考察江西重要讲话精神心得体会30余篇。市委常委、统战部部长吴财锋为市新联会、市自由职业工艺美术师协会理事和“景漂”创客100余人上“凝心铸魂强根基、团结奋进新征程”主题教育专题党课2次，举办“同心大讲堂”“青春同心勇向党 砥砺奋进新征程”全市统一战线青年理论大学习和教育培训等活动4次；在党外知识分子、无党派人士中开展党的二十大精神宣讲10余次。落实意识形态工作责任制，开展市委统战部新媒体信息规范排查整改工作，严格落实网络安全责任，开展国家安全日的网络主题宣传，聚焦全市统一战线重点领域，协调联动防范处置，守住不发生系统性风险的底线。

【全市统一战线助力中心工作】2023年，支持各民主党派市委会、市知联会聚焦党的二十大确定的目标任务和全市中心工作，开展调查研究并建言献策。鼓励引导各民主党派市委会、市知联会发挥自身优势，提交提案、议案123次，社情民意518篇，其中被中共江西省委采用5篇，各民主党派省委会采用98篇，省政协采用22篇。优化营商环境。发挥好“967788民企服务热线”作用，接到民营经济人士反映问题27个，通过协调相关部门解决18个，回访时企业均表示满意。发挥好非公有制企业维权服务中心作用，持续发挥“967788民企服务热线”作用，全年受理群从事件58件，办结55件，办结率94.8%，帮助解决实际问题。召开景德镇市“入企走访连心”助力营商环境优化提升动员部署会，开展入企走访，收集企业经营发展中的诉求和建议128条，并协调落实。支持各民主党派市委会、市知联会开展企业走访、“入企走访连心”活动60余次，收集企业对全市优化营商环境的意见建议67条。印发《优化营商环境民主监督工作专报》20期，鼓励引导各民主党派市委会、市知联会发挥自身优势，围绕优化营商环境开展民主监督工作302次，发现问题线索103条。推动“双招双引”和贸易兴市。召开全市统一战线助力“双招双引”动员会、贸易兴市推进会、招商恳谈会等4次，支持各民主党派市委会、市知联会“走出去”10余次，“请进来”党派企业家协会，以商招商、以企引企5次。联系福建、上海并签约项目9个，共计金额约150亿元。协助民盟市委会承办在景德镇市举办的第九届民盟中央经济论坛。推进社区统战工作实践创新和新乡贤统战工作。召开全市基层统战工作现场推进会，将新乡贤统战工作融入基层党建和社会治理体系探索和实践，打造同心向党、共建共享社区治理新格局。打造“社区统战之家”示范点8个，成立乐平市镇桥镇新乡贤等3处联谊会；设立新枫街道等社区新乡贤工作站4处；建立新乡贤数据库，摸排出各类新乡贤870名。

【新型政党制度优势发挥】2023年，完善党委、政府、法院、检察院与党外人士工作联系机制，全年召开各类协商座谈会、征求意见座谈会、情况通报会10余次。支持各民主党派市委会、市知联会开展纪念中共中央发布“五一口号”75周年活动，通过微信平台转发“五一口号”相关文章近40余篇，刊登各民主党派成员、无党派人士话心声70余篇，开展“五一口号”各类活动10余次。支持各民主党派、无党派人士开展“凝心铸魂强根基、团结奋进新征程”主题教育动员会、学习座谈会30余次，撰写主题教育学习心得60余篇。举办2023年度民主党派代表人士及新发展成员和党外知识分子代表人士专题培训班。起草《中共景德镇市委2023年度政党协商计划》《市委办公室市政府办公室关于做好各民主党派市委会、市工商联、市知联会、市新联会2022年大调研报告成果转化情况任务分工的通知》，调整《市委统战部领导与党外代表人士联谊交友安排》。推进大调研报告成果转化。组织开展2023年全市统一战线大调研活动，形成调研成果18篇；各民主党派、无党派人士提交提案、议案160余次，社情民意518篇，其中被中共江西省委采用5篇，各民主党派省委会采用98篇，省政协采用22篇，市委办采用4篇，市政协采用119篇。支持各民主党派、无党派人士开展全市优化营商环境民主监督和长江生态环境保护民主监督工作，与市发改委联合印发《关于支持各民主党派、无党派人士实施全市优化营商环境民主监督“三年提升行动”方案（2023—2025年）》《关于支持各民主党派、无党派人士开展全市优化营商环境民主监督的若干机制》。印发《优化营商环境民主监督工作专报》11期，鼓励引导各民主党派市委会、市知联会发挥自身优势，围绕优化营商环境开展民主监督工作169次，发现问题线索44条。支持各民主党派市委会、市知联会充分发挥界别优势，开展各类义诊等活动60余次。

【党外知识分子工作】 2023年，巩固提升“党外知识分子之家”建设水平和成效，搭建平台载体，拓宽党外知识分子和无党派代表人士履职新渠道，探索党外知识分子和无党派代表人士在专业引领示范和辐射带动作用的工作新路径，创新发展“行业职能+统战职能”模式，出台《景德镇市无党派人士工作室建设实施办法》，成立2个无党派人士工作室，并发挥载体作用，按照工作室宗旨，以工作室为窗口，发挥党外知识分子优势作用，在服务教育事业高质量发展、景德镇国家陶瓷文化传承创新试验区建设等方面发挥示范引领作用。至2023年底，无党派人士工作室受众面达1000余人次。

【党外代表人士队伍建设】 2023年，发挥《景德镇市党外干部培养选拔工作联席会议制度》效能，召开市委组织部、统战部联席会议，确定民主党派市级层面代表人士93人，其中骨干代表人士10人，梳理全市党外干部配备现状、缺配情况，主动向市委推荐符合提任条件的党外干部，推动党外干部配备使用。新增5名副县级党外干部，7名县处党外干部职级晋升，属地高校新增1名副厅级党外干部，完成2025年民主党派市级组织、2026年市级领导班子换届党外干部人选储备工作。继续发挥社会主义学院作为党外干部培训的主阵地作用，全市50余名党外县处级干部均赴省社会主义学院参加党外县处级领导干部学习二十大轮训。市社会主义学院先后举办全市民主党派代表人士及新发展成员培训班、全市党外知识分子代表人士培训班、全市新的社会阶层代表人士培训班、全市统战（民宗）干部学习党的二十大精神培训班、全市民族宗教界专题培训班，累计培训600余人次。推荐1名副县级党外干部到省实践锻炼基地（省卫健委）实践锻炼、1名正科级党外干部到乡镇（竟成镇）挂职锻炼。

【民族团结进步创建】 2023年，制定出台《关于以铸牢中华民族共同体意识为主线推进新时代党的民族工作高质量发展的实施方案》。铸牢中华民族共同体意识陶瓷创作基地建设有序推进，该基地主题创作研讨笔会、中小学生研学交流等活动有声有色，获评全省第六批民族团结进步示范单位。发挥学校主阵地作用，景德镇陶瓷大学百名少数民族大学生赴铸牢中华民族共同体意识陶瓷创作基地开展研学实践。景德镇学院“中华民族一家亲，同心共筑中国梦”师生陶瓷书画展、江西陶瓷工艺美院民族团结进步宣传暨铸牢中华民族共同体意识校地共建等活动异彩纷呈。

【宗教中国化方向】 2023年，制定出台《关于做好新时代景德镇宗教工作的实施意见》。集中辅导宗教界人士，增进“五个认同”。建立非法宗教活动联防共治实施方案、打击非法宗教活动抵御渗透蔓延工作沟通协作制度以及校地联席会议制度，持续开展“两个专项”行动，宗教领域违法违规问题治理取得明显成效。推动全市“五好”宗教活动场所建设和“崇俭戒奢”教育活动，成功创建14处全省“五好”宗教活动场所和6处“百所示范”宗教活动场所。宗教中国化实践取得新成效，第二届江西天主教中国化学术研讨会在景德镇举办。推进全市用作宗教活动场所自建房安全隐患排查整治工作，建立2023年度三级网络两级责任制、乡（镇、街道）村（社区）宗教工作责任清单，压实各级责任，全市宗教领域保持和谐稳定。

【民营经济统战工作】 2023年，开展庆祝“七一”主题系列活动，号召商会开展主题系列活动；组织商协会党组织负责人紧紧围绕学习宣传贯彻党的二十大精神、习近平总书记考察江西重要讲话精神开展专题党课共计10余次，覆盖民营经济人士300余名。开展“万企兴万村”暨回报家乡专项行动、“同心·光彩圆梦活动”、民企助“创文”清凉等活动，共帮扶51个村，筹措57.38万余元重点资助品学兼优困难大学生，设立93个免费饮水点，提供饮用水、防暑降温用品累计价值10万余元。召开景德镇市民营经济人士“井冈红”理想信念教育专场报告会，开展景德镇市民营经济人士“井冈红”理想信念教育培训班，挂牌五家“民营经济人士理想信念教育基地”，促进民营经济人士健康成长。制定《民营企业清廉建设的实施方案（试行）》，打造“明如镜、白如玉、薄如纸、声如磬”的瓷都民企清廉建设品牌，设立民营企业清廉教育基地，打造若干清廉示范点，形成民营企业清廉建设工作体系。开展“入企走访连心”“企业服务日”“领导干部走流程”等专项活动，畅通政企沟通联系，构建亲清政商关系。发挥统战工作联络员作用，制定下发《关于健全商会统战工作联络员制度有关事项的通知》。

【港澳台统战工作】 2023年，指导香港景德镇海外联谊会工作，稳步推进港澳台统战工作，参加江西旅港同乡会换届大会，走访香港景德镇海外联谊会，参加联谊活动，拜访在港乡亲，增强社团组织的凝聚力和吸引力。支持配合香港江西社团（联谊）总会，举办嘉年华活动，并为活动提供陶瓷、浮梁茶等景德镇特色产品；邀请全国政协委员、香港选举委员会委员、香港江西社团（联谊）总会主席王再兴，香港美术家协会主席狄少英以及俄罗斯艺术科学院荣誉院士郭晓宾等到景德镇市参加2023首届全国陶瓷非遗版权作品大赛暨瓷上绘画高峰论坛。接待澳门江西青年影视文创学习团到景德镇参观考察；开展景德镇市“乡亲桑梓行 浓浓赣港情”暨港亲瓷源探寻之旅活动，30余名景德镇籍在港乡亲及亲属参加，推动景德镇、香港两地交往交流交融。服务台商台企，以瓷为媒，对台文化交流工作取得新进展。

【侨务和海外统战工作】 2023年，召开“四侨”协调工作机制工作会议，走访、调研全市16家侨资企业，形成《台侨资企业情况调研报告》；联合市外办、市公安局、市侨联开展2023年度国外国内侨情调查工作，摸清全市侨务工作底数。按照市行政审批局的要求，将全市侨务行政审批事项纳入“审管执信服”联动工作机制，办理1项华侨生高考加分事项。成立全省第三个景德镇市留学人员联谊会，邀请留学海外的景德镇籍人士加入，全市摸排留学人员329人，入会人员130余人。推进与其他省、地市的留学人员组织交流联系，接待湖南省留学人员联谊会。启动景德镇海外联谊会换届事宜，推荐入会会员180余人，其中海外华人华侨40余人，港澳台人士40余人，扩大海外联谊交流的广度和深度。

【新的社会阶层人士统战工作】 2023年，市委统战部引导新的社会阶层人士开展“凝心铸魂强根基、团结奋进新征程”主题教育，举办全市新的社会阶层代表人士培训班，开展红色走读活动、专题党课等10余次。市委统战部结合自由职业工艺美术师群体特征、发展趋势，探索“一个格局、两项机制、三张网络、四大工程”的“1234”工作法，提升自由职业人员统战工作质效。开展示范基地、示范工作室创建工作，成立全国首个景德镇市自由职业工艺美术师协会，建成全省首个自由职业工艺美术师社区服务站。举办“凝心铸魂强根基、团结奋进新征程”主题教育“艺心向党”——景德镇市自由职业工艺美术师陶瓷作品汇报展。举办两期“新阶层瓷都夜话”活动。景德镇市作为全国新的社会阶层人士联谊组织建设推进会暨自由职业人员统战工作座谈会现场观摩点并作交流发言，自由职业工艺美术师统战工作相关经验做法在《中国统一战线》、省委办公厅《今日信息汇要》和江西改革《工作简讯》刊登，并于2023年1月获2022年度全省统战工作实践创新成果奖，6月获市作风建设专项行动领导小组“骏马奖”案例通报。

【全省首个自由职业工艺美术师社区服务站】 2023年，景德镇市探索建成全省首个自由职业工艺美术师社区服务站，结合珠山区三宝国际瓷谷是自由职业聚集区这一区域优势，从实施数字化管理、推行一站式服务、促进常态化沟通三方面出发，帮助自由职业人员解决职称申报、知识产权服务等难题。《景德镇市建成全省首个自由职业工艺美术师社区服务站》于7月30日在《江西改革工作简讯》第1231期刊登。

【市促进非公有制经济发展领导小组专题会议召开】 1月，景德镇市促进非公有制经济发展领导小组专题会议召开。市委常委、统战部部长、市促进非公有制经济发展领导小组组长吴财锋出席会议并讲话。市工商联党组书记、市委统战部副部长、市促进非公有制经济发展领导小组办公室主任谭学军主持会议。市促进非公有制经济发展领导小组相关成员参加会议。会议传达学习党的二十大精神、中央经济工作会议、省委经济工作会议精神，全面总结市促进非公有制经济发展领导小组2022年工作并部署2023年工作，审议《市促进非公有制经济发展领导小组2022年工作总结和2023年工作计划》。

【全年经济工作征求意见座谈会召开】 1月3日，全年经济工作征求意见座谈会在市政府常务会议室召开，就全市2023年经济工作有关情况及2024年经济工作打算听取各民主党派、市工商联和无党派代表人士的意见和建议。市委常委、常务副市长邓永翔，副市长、市工商联主席江民强，市政协副主席、市知联会会长史晓莲出席会议。各民主党派市委会、市工商联、市知联会、市新联会负责人参加会议。

【全市优化营商环境民主监督工作汇报会召开】 1月5日，为总结优化营商环境民主监督工作成效，提升民主监督能力和水平，全市优化营商环境民主监督工作汇报会召开。市委常委、统战部部长吴财锋主持会议并讲话。市政协副主席、市知联会会长史晓莲，市政协副主席、民进市委会主委李冬香出席。会上，市发改委汇报全市优化营商环境工作有关情况；各民主党派市委会、市知联会分别就开展优化营商环境民主监督工作进行汇报，对优化营商环境工作提出意见和建议。

【大调研协商座谈会召开】 1月8日，市委书记刘锋主持召开2022大调研协商座谈会。会议听取大调研协商有关情况的汇报，并对2023年大调研工作提出要求。市领导胡雪梅、吴隽、俞小平、孙安敏、廖良生、林蓉、吴财锋、邓永翔、林卫春、胡春平等出席。市政协副主席、市知联会会长史晓莲，市政协副主席、民进市委会主委李冬香代表市知联会、民进市委会作大调研成果汇报。

【全市统战部部长会议召开】 2月23日，全市统战部部长会议召开。会议传达学习全国、全省统战部长会议精神，总结工作，分析形势，安排部署2023年全市统一战线工作。市委书记、市委统战工作领导小组组长刘锋对全市统一战线工作提出要求，市委常委、统战部部长吴财锋出席会议并讲话。

【全市统战系统全面从严治党工作会召开】 2月23日，全市统战系统2023年度全面从严治党工作会召开，市委常委、统战部部长吴财锋出席会议并讲话。市政府副市长、市工商联主席江民强，市政协副主席、市知联会会长史晓莲，市政协副主席、民进市委会主委李冬香出席，市委统战部常务副部长、一级调研员胡巧省主持会议。各民主党派市委会、市工商联、市知联会、市新联会领导班子，市委统战部领导班子及全体机关干部、各县（市、区）委统战部领导班子约100人参加会议。会议开展2023年度第一期全市统一战线“同心大讲堂”，驻市委统战部纪检监察组组长、市侨联党组成员徐发军进行党风廉政建设专题授课。

【首个无党派人士工作室揭牌】 4月26日，无党派人士余华工作室揭牌仪式举行，是景德镇市成立的首个无党派人士工作室。市委常委、市委统战部部长吴财锋，市政协副主席、市知联会会长史晓莲出席并为工作室揭牌，农工党市委会主委、市教体局局长方静，市委统战部副部长、三级调研员、市侨联党组成员徐文生，市教体局党组成员、副局长陈洁，市第十九中学书记范裕廷，市第十九中学校长程少武出席。吴财锋向工作室的成立表示祝贺，希望无党派人士余华工作室全体成员充分利用自身优势，发挥无党派人士在专业领域的示范、辐射和带动作用，强化“工作室”引领示范作用，吸引更多的人才融入其中。

【市委统一战线工作领导小组会议召开】 4月27日，市委统一战线工作领导小组第一次会议召开。会议传达学习有关文件和会议精神，听取相关工作情况汇报。市委书记、市委统一战线工作领导小组组长刘锋主持会议并讲话。12月12日，市委统一战线工作领导小组第二次会议召开。会议传达学习习近平总书记考察江西重要讲话精神、习近平总书记关于宗教工作的重要论述研讨会精神、省委统一战线工作领导小组会议和有关文件精神，传达《江西省宗教工作协调机制》并研究贯彻落实意见。市委统一战线工作领导小组有关成员单位出席。

【铸牢中华民族共同体意识实践活动】 9月24日，景德镇市委统战部联合景德镇陶瓷大学在景德镇市铸牢中华民族共同体意识陶瓷创作基地开展百名少数民族大学生研学体验活动，通过参观唐宋元明清古瓷作坊和皇窑陶瓷艺术博物馆，了解景德镇手工制瓷工艺的发展史以及唐宋元明清各代的藏品陈列展示，通过现场制瓷体验，铸牢中华民族共同体意识。

【景德镇市港澳台与“景漂”青年文化交流座谈会召开】 9月8日，市委统战部、市青联召开景德镇市港澳台青年与“景漂”青年文化交流座谈会。在景德镇的港澳台青年代表以及“景漂”青年代表，市委统战部、市青联相关负责人等10余人参加座谈会，旨在增强港澳台青年的国家认同、民族认同和文化认同，增进港澳台青年与“景漂”青年之间的交往、交流和深度交融。

【铸牢中华民族共同体意识陶瓷创作基地首批艺术家签约暨研讨创作笔会】 12月7日，景德镇市首批艺术家签约暨研讨创作笔会在市皇窑陶瓷艺术博物馆铸牢中华民族共同体意识陶瓷创作基地举行。来自景德镇陶瓷大学、景德镇学院、景德镇自由职业工艺美术师协会20余名陶瓷艺术界代表受聘为基地签约艺术家。艺术家们围绕铸牢中华民族共同体意识主题进行现场创作。

【为全面建设社会主义现代化国际瓷都贡献统战力量新闻发布会召开】 12月28日，市委统战部召开“贯彻落实省委十五届四次全会、市委十二届四次全会精神”系列新闻发布会：为全面建设社会主义现代化国际瓷都贡献统战力量新闻发布会。发布会介绍全市统一战线贯彻落实省委十五届四次全会、市委十二届四次全会精神有关情况，有关科室负责人回答记者提问。参加新闻发布会相关人员分别就发挥民主党派、无党派人士优势助力经济社会发展、促进民族宗教领域和谐稳定、助力民营经济高质量发展等方面回答记者提问。

【部领导调研、座谈、走访、宣讲】 年内，市委常委、统战部部长吴财锋开展一系列调研、座谈、走访、宣讲等活动。1月5日，赴市佛教协会、市伊斯兰教协会、市天主教爱国会、市基督教“两会”等市级宗教团体走访并调研宗教工作。1月中旬，到抚州商会会长企业景德镇和实文化发展有限公司、余干商会会长企业景德镇聚龙酒店开展企业服务日活动，了解企业遇到的痛点难点，为企业排忧解难。1月29日，到各民主党派市委会、市知联会、市新联会开展新春走访。2月12—13日，赴香港走访香港景德镇海外联谊会，参加新春联谊活动，看望慰问在港乡亲，走访会员企业，并应邀参加江西省旅港同乡会成立70周年庆典暨第十六届董事会就职典礼，推进景港交流合作。2月，赴各县（市、区）调研乡镇宗教、营商环境、数字乡村、重点企业等情况。3月15—16日，走访慰问全市党外全国人大代表张婧婧、刘文斌、于集华、王安维。3月20日，到会指导丽阳镇洪家村党支部2022年度组织生活会。4月，深入乐平市、浮梁县、景德镇陶瓷大学等调研民族宗教工作、双“一号工程”统战工作。4月6日，赴浮梁县开展“企业服务日”活动。4月12日，深入乐平市对长乐水开展巡河督导。4月28日，主持召开全市统一战线纪念中共中央发布“五一口号”75周年座谈会。5月8日，深入企业开展“企业服务日”走访调研活动；同月23日，赴市教体局、市卫健委开展党外干部队伍建设专题调研。6月13日，赴国资委调研全市国有企业党外干部工作，在陶溪川自由职业工艺美术师创新创业示范基地为市新联会、市自由职业工艺美术师协会理事和“景漂”创客上主题教育专题党课。6月15日主持召开招商恳谈会，6月19日组织召开全市统一战线贸易兴市暨“双招双引”工作推进会，就进一步做好“双招双引”工作提要求、作部署。7月12日，到挂点联系学校市第五中学调研学校建设发展情况和常态长效创建全国文明城市校园周边专项整治工作。7月13日，率队赴厦门市考察数字经济工作和调研营商环境工作。7月21日，以“深入学习贯彻习近平新时代中国特色社会主义思想”为主题，为机关支部党员干部上党课。7月30日，赴上海参加江西（上海）经贸合作推介会，此次推介会景德镇市签约投资项目5个，协议投资金额约127.05亿元，涉及数字经济、电子信息、新能源、装备制造等产业，现场签约投资项目1个，协议投资金额约102.5亿元；出口订单1个，订单金额0.2亿元。8月23日，深入高新区走访江西景源电器公司、江西昌柘伟业航空装备技术公司、江西兆盈新材科技公司，宣讲政策和形势。10月28日，主持召开全市统战系统集体学习交流座谈会并对全市统战系统学习宣传贯彻习近平总书记考察江西重要讲话精神进行全面部署。（李雪芹　胡佳凤）

政策研究

【概况】 2023年，市委政研室全年起草市委领导讲话材料和市委综合文稿300余篇，多次得到市委主要领导肯定和勉励；撰写调研报告20余篇，调研成果获省委省政府、市委市政府领导批示7件次，其中获省政府主要领导批示2件次；全年在《江西改革动态》刊登改革典型经验5篇，在《江西改革工作简讯》刊登改革简讯及动态84篇，排名全省设区市前列；编发《景德镇党刊》12期，编排稿件250余篇90多万字，赠阅交流近1.2万册。年内，市委政研室获评全市2023年度综合第一等次、优秀等次市管领导班子、全市第九批“学雷锋示范点”等集体表彰16项；获评江西社会科学学术年会优秀论文奖二等奖、江西社会科学学术年会景德镇分会专题征文一等奖、市直机关党务技能大比武三等奖等个人荣誉11项。

【综合文稿撰写】 2023年，履行以文辅政职责，提升文稿服务质效，撰写市委综合文稿保障。1月，起草《中共景德镇市委关于大力激励干部敢为、地方敢闯、企业敢干、群众敢首创的意见》。2—3月，起草《2022年度景德镇市委领导班子工作总结》《中共景德镇市委常委会2023年工作要点》《关于景德镇陶博城有限责任公司筹建方案》和市委主要领导在全市营商环境优化升级“一号改革工程”指挥部第一次调度会上的讲话。4—5月，起草《景德镇市贸易兴市行动计划》和市委主要领导在全市贸易兴市工作推进会、市委落实全面从严治党主体责任培训班及全市营商环境优化升级“一号改革工程”指挥部第二次、第三次调度会上的讲话。6—7月，起草市委十二届四次全会系列材料和市委主要领导在全市重点产业项目招商工作调度会及全市营商环境优化升级“一号改革工程”指挥部第四次、第五次调度会上的讲话。8—9月，起草市委主要领导在全市营商环境优化升级“一号改革工程”指挥部第六次调度会上的讲话、与省委主题教育巡回督导组见面会上的主持讲话、向省委主题教育巡回督导组的全市工作情况汇报。10月，起草市委主要领导在全市营商环境优化升级“一号改革工程”指挥部第七次调度会、陶阳里御窑景区创AAAAA现场调度会、城市招商推介会上的讲话和在全市学习贯彻习近平总书记考察江西重要讲话精神宣讲提纲、在陶瓷大学学习贯彻习近平总书记考察江西重要讲话精神宣讲提纲。11—12月，起草市委常委会班子主题教育系列材料、《中共景德镇市委关于深入学习贯彻习近平总书记考察江西重要讲话精神、奋力把“千年瓷都”这张靓丽的名片擦得更亮的决定》、市委十二届五次全会暨市委经济工作会议系列材料和市委主要领导在市四套班子务虚会上的讲话。

【调查研究】 2023年，贯彻党中央大兴调查研究部署，深入开展调查研究，服务市委科学决策。1月，围绕落实中共中央政治局委员、中宣部部长李书磊对景德镇的有关工作要求，配合省委宣传部调研组开展陶瓷文化精神性原创性课题调研。4月，起草《关于在全市大兴调查研究的实施方案》《市委常委2023年度领衔调查研究和推动落实的具体方案》，部署在全市开展大兴调查研究。5月，围绕文旅产业开展调研，形成《“热”五一的“冷”思考》调研报告，获市政府主要领导批示肯定。7月，赴佛山、潮州、泉州开展“壮大陶瓷产业、兴盛陶瓷贸易”专题调研，形成《粤闽之行的六点建议——佛山、潮州、泉州考察调研启示》。8月，围绕演艺经济开展调研，形成《为一场演出赴一座城——关于景德镇大力抢抓“演唱会+旅游”新路径的思考》调研报告，获市委主要领导及有关市领导批示肯定。10月，围绕习近平总书记考察江西时提出的“积极部署未来产业”重要指示，开展深入调研，形成《关于加快抢滩eVTOL新赛道的建议》调研报告，获省政府主要领导批示肯定。11月，起草市委常委班子主题教育正面案例《关于推进景德镇国家陶瓷文化传承创新试验区建设的调研报告》、反面案例《关于深刻汲取蔡某某案教训的调研报告》。12月，赴昆明、大理开展“推动旅游高质量发展、规范民宿和酒店价格管理”专题调研，形成《关于全市酒店住宿业发展情况调研报告》。

【深化改革工作】 2023年，对标对表中央深改委和省委深改委部署，突出系统集成，推进改革攻坚。1—2月，组织召开市委深改委第十三次会议，审议通过《景德镇市市级媒体深度融合发展改革方案》；组织召开深化国防动员体制改革工作专班联络员会议。3月，组织召开市委深改委第十四次会议，审议通过《关于景德镇陶博城有限责任公司的筹建方案》。4月，组织召开市委深改委第十五次会议，审议通过《市委深改委2022年度工作总结报告》《2022年度景德镇市全面深化改革优秀案例评选结果》《市委深改委2023年工作要点》《市委深改委八个专项小组2023年工作计划》《2023年度景德镇市十大系统集成改革项目》《2023年度县（市、区）十大示范改革项目》。5月，组织召开市委改革办主任办公会暨专项小组联络员会议，调度八个改革专项小组、各县（市、区）、高新区、昌南新区改革工作情况和拟探索推广的改革经验。6—7月，组织召开市委深改委第十六次会议，审议通过《景德镇市相对集中行政许可权改革实施方案》；组织召开市委深改委专项小组及县（市、区）、园区改革办联络员座谈会；赴市国动办开展国防体制改革督导调研、市政数局开展优化营商环境改革督导调研、昌江区开展“一区多园”融合发展改革督导调研、陶博城开展国资国企改革创新攻坚行动督导调研。9—12月，组织召开市委深改委第十七次会议，审议通过《景德镇市测绘设计院有限公司组建方案》，调度城市更新试点系统集成改革、贸易兴市系统集成改革推进；组织召开市委深改委第十八次会议，审议通过《中共景德镇市委全面深化改革委员会工作规则》《中共景德镇市委全面深化改革委员会专项小组工作规则》《中共景德镇市委全面深化改革委员会办公室工作细则》《景德镇市国有企业改革深化提升行动实施方案（2023—2025年）》；对接开展全省全面深化改革工作考评，完善“省改革综合管理平台”内容填报，起草自评报告，全面梳理整理全年成效亮点材料，调度完善改革台账，汇编考核材料。

【市委党刊编印】 2023年，坚持“贯彻市委意图、服务领导决策、交流典型经验、指导基层工作”的办刊宗旨，持续办好《景德镇党刊》。1月，策划“奋进新征程、建功新时代”专栏，推出《景德镇党刊》2022年十大新闻和全市两会专稿。2月，围绕深入学习贯彻党的二十大精神，刊发全市发扬“四敢”精神，推动景德镇高质量发展的生动实践。3月，锚定工业倍增三年行动目标，展现工业经济发展成果，吹响决战工业倍增三年行动和招商引资“冲锋号”。4月，围绕大兴调查研究，开展调查研究主题征文，营造全市大兴调查研究活动氛围。5月，聚焦习近平总书记殷殷嘱托，展现国家试验区建设4年来的深刻变化。6月，突出贸易兴市，刊登《景德镇市贸易兴市行动计划》，发出全力推进贸易兴市工作动员令。7月，聚焦市委十二届四次全会，开设“全会访谈”栏目，反映各地贯彻落实全会精神的具体举措。8月，围绕“双拥”工作，设置“八一专栏”，展现全市军爱民、民拥军的生动局面。9月，围绕主题教育和第20届瓷博会，挖掘推广主题教育经验做法，全方位展现全年不落幕瓷博会的盛景。10月，聚焦学习宣传贯彻习近平总书记考察江西重要讲话精神，编印专刊，刊发市厅级领导学习体会文章。11月，围绕学习宣传贯彻习近平总书记考察江西重要讲话精神，刊登全市各单位体会文章，展现全市上下牢记习近平总书记殷殷嘱托、推动高质量发展的良好态势。12月，聚焦昌景黄高铁开通，宣传展示景德镇正式迈入高铁时代。

【《关于加快抢滩eVTOL（电动垂直起降飞行器）新赛道的建议》调研报告】 2023年，在习近平总书记亲临江西景德镇考察后，市委政研室围绕习近平总书记考察讲话提出的“积极部署未来产业”重要指示，迅速开展调研，形成《关于加快抢滩eVTOL（电动垂直起降飞行器）新赛道的建议》调研报告，被省委政研室《决策参考》刊登，得到省政府主要领导批示，“加快布局eVTOL”被纳入全省未来产业发展规划，推动习近平总书记重要指示落地落实。

【“全市十大系统集成改革项目”】 2023年，市委深改委第15次会议审议通过《2023年度景德镇市十大系统集成改革项目》，围绕推动改革由局部探索、破冰突围到改革攻坚、系统集成转变，部署推进“景德镇国家陶瓷文化传承创新试验区系统集成改革”“贯通‘工业强市、招商引资、营商环境’三位一体系统集成改革”“推进贸易兴市系统集成改革”等十大系统集成改革项目，作为引领全市经济社会发展的“主抓手”。

【2 个案例获评“2022 年度江西省全面深化改革优秀案例”】 4 月，省委深改委印发文件通报“2022 年度全省全面深化改革工作考核结果”“2022 年度江西省全面深化改革优秀案例”，景德镇市获“2022 年度江西省全面深化改革先进单位”，《景德镇市探索深化景德镇国家陶瓷文化传承创新试验区改革》《景德镇市珠山区探索“夜珠山”国家级夜间文旅消费集聚区模式》2 个案例获评“2022 年度江西省全面深化改革优秀案例”。

【在全市综合考核总结暨通报表扬大会上作交流发言】 5 月 4 日，2022 年度全市综合考核总结暨通报表扬大会召开，市委政研室获评全市 2022 年度综合第一等次，领导班子获评优秀等次市管领导班子，并作为获奖单位代表在会上作交流发言。

【学习宣传贯彻习近平总书记考察江西重要讲话精神专刊】 10 月，组织编印《景德镇党刊》（学习宣传贯彻习近平总书记考察江西重要讲话精神专刊），刊发市厅级领导学习体会文章 34 篇，全面、生动、直观展现全市上下用心领会、用情感悟、用力践行习近平总书记考察江西重要讲话精神，统一思想、统一意志、统一行动，坚定不移沿着习近平总书记指引的道路奋勇前进的信心决心。

（邹健东）

机关党建

【概况】 2023 年，市直机关工委按照“走在前、勇争先、善作为”的目标要求，推进市直机关创建“四强”党支部。126 个市直党支部被评为市直机关“四强”党支部；深化模范机关建设，以“机关党建水平提升攻坚年行动”为抓手，全面推进机关党的建设，年内，省委组织部分别在 2023 年 3 期《全省基层组织建设工作情况通报》（打造模范机关专刊）中，7 处通报表扬景德镇市模范机关创建及机关党建融入中心典型做法。4 月 28 日，在 2022 年度全市综合考核大会上，市直机关工委首次获评综合考核第一等次、优秀市管领导班子“双优秀”，并作为表彰代表上台领奖；荣获 2020—2022 年全市市域社会治理现代化试点工作先进集体称号。3 月 6 日及 9 月 7 日，省直机关工委书记叶仁荪分别在景德镇市呈报的机关党建工作思路文件和市直机关党建业务知识实用手册上作出肯定性批示。5 月 23 日，省直机关工委副书记熊育杰来到景德镇市调研模范机关创建，对景德镇市直机关工委派出县级干部带队列席旁听推进“第一议题”落实、深入推进党建工作和中心工作“双融合”、打造“四强”党支部等工作予以肯定。5 月中旬至 6 月中旬，组织 1400 余名机关党员参加中央和国家机关工委旗帜杂志社主办的“学思想 强党性 共奋斗”知识挑战赛，市直机关工委获得全省优秀组织奖，1 名市直机关党员进入全国初赛江西赛区“百强榜”。全年，在“学习强国”学习平台上稿 29 篇。

【干部理论学习】 2023 年，组织开展中心组列席旁听和机关党建“半月大讲坛”工作，派出 27 个工作组，派员列席旁听市直机关党组（党委）中心组学习，对市直 96 家单位中心组学习进行列席旁听和点评，督促落实“第一议题”制度。成立青年干部理论学习小组 500 余个，开展学习 1500 余次。办好机关党建“半月大讲坛”暨青年干部理论学习小组学习平台，全年共举办 27 期，听课人数达 4300 余人次。

【“四强”党支部创建】 2023 年，年初制定下发《关于市直机关创建“四强”党支部深化模范机关建设的实施方案》，明确总体要求、创建标准、主要任务，制定市直单位党组（党委）、机关党委（党总支）和机关纪委、党支部“三级责任清单”。利用赣鄱党建云系统，推动基层党建信息化、数字化管理，做到预警动态清零，7 月 1 日起，联合市融媒体中心在《景德镇日报》开设《创建“四强”党支部　深化模范机关建设》专栏，连续报道市直机关典型做法。10 月，下发《关于继续做好市直机关模范机关创建和“四强”党支部选树工作的通知》开展“四强”党支部选树活动，经过推荐选拔，126 个市直机关党支部被评为市直机关“四强”党支部。

【市直机关党务技能大比武】 2023 年，组织开展市直机关党务技能大比武，推选 22 支队伍参加全市首届党务技能大赛，获微党课项目一、二、三等奖；机关党建项目二等奖；党员教育管理项目二等奖。其中，3 家单位（政法委、中级人民法院、公安局）被市委组织部推荐到江西省参加全省第三届党务技能大赛并获奖。

【“两优一先”评选】 2023年，推选年度“新时代赣鄱先锋”7人，其中入选5人。选树15家市直单位为“打造让党放心、人民满意的模范机关市级示范单位”，在“七一”前夕对在2022—2023年度市直机关的32个先进基层党组织、128名优秀共产党员、29名优秀党务工作者和8名机关党建红旗手予以表彰。年底，表彰75名2023年度市直机关优秀党务工作者。

【机关党建创新案例评选】 2023年，开展全市机关党建创新案例评选活动，收到乐平、浮梁、昌江、珠山4个县区和41家市直单位共报送56个创新案例，评出十佳及优秀案例25个，其中《瓷都“警”色 学“习”先锋》获评全省机关党建优秀案例。

【“两单一函”工作机制创建】 2023年，下发工作提示单12期，工作提醒函3份，工作督办单1份。指导配齐配强基层党组织班子，154个党支部、18个党总支、11个党委进行换届，考察使用10名机关党委和机关纪委专职副书记。“两单一函”，即工作提示单、工作提醒函、工作督办单。

【入党积极分子、党员发展对象“双备案”制度】 2023年，严格落实从入党积极分子环节开始进行审批备案制度，防止突击发展、不按程序发展。主动担当作为，解决部分长期困扰基层、党组织和党员反映较多的遗留问题。举办3期党员发展对象培训班，培训学员301名，发展新党员235名。

【党建督导分片挂点责任制度创建】 2023年，在市直机关工委大兴调查研究之风，制定《关于大兴调查研究之风 建立机关党建工作分片挂点调研督导机制的实施方案》。5月中旬起，以市直机关党建工作调研督导机制为抓手，工委副县级以上领导干部带队，采取“四不两直”方式直接下沉到党支部，对“四强”党支部创建和深化模范机关建设工作进行调研督导，以调研找问题，以问题为导向，以整改促提高。全年，发现90余个问题，并逐一抓好整改。

【《市直机关基层党务工作实用手册》编印】 2023年，细化党建业务和技能的指导，编印1300余册《市直机关党建业务知识实用手册》发放到机关基层党组织，做到党务干部人手一册。手册涵盖组织设置、党员发展、党员教育管理、组织生活、运行机制、经费保障等内容，共计14万余字。

【党内关怀关爱】 2023年，春节前夕调查摸底市直机关困难党员群众情况，确定市直单位605名慰问对象，配套下拨36.86万元慰问金，开展市直机关困难党员群众走访慰问活动；组织市直各级党组织摸排2023年所属党龄50年以上老党员的信息，下拨4.15万元关爱帮扶金，指导和督促市直各级党组织颁发2023年“光荣在党50年”纪念章83枚和纪念品83份，并做好宣传工作。为关心关爱市直机关干部职工心理健康，提升干部职工心理素质，联合景德镇市社会心理健康服务志愿者协会成立市直机关心理健康服务中心。组织开展市直机关未婚青年联谊活动，与市纪委市监委、市委组织部、团市委联合对年轻干部“八小时外”提出倡议。

【“将心比心、终端检验”专项活动】 2023年，以党建水平提升攻坚年行动领导小组名义下发《关于深化开展“将心比心 终端检验”专项活动的通知》，将任务分为调研、体验、讨论、提升四个环节，具体指导开展“市直机关科长办事流程大体验”“项目建设大服务”等活动。推动市直各单位设立3600余个党员先锋岗，列出100余个服务清单、3000余条党员服务事项。督促40余家窗口单位深入一线“走流程”160余次，推动30家市直部门开展项目服务次数182次，解决问题70余个。全年，及时为市场主体解决要素保障、运输通行、招工引才、融资贷款等急难愁盼问题。

【“窑火红”党员志愿服务】 2023年，通过建立基层联系点、干部驻村、结对帮扶、社区共建、志愿服务等多种途径，实现市直机关联系基层、党员干部联系群众全覆盖。在职党员下沉一线，在急难险重任务面前彰显党性和担当。持续组织352支“窑火红”党员志愿服务队，1万余名党员志愿者围绕国家陶瓷文化传承创新试验区建设、常态长效创建全国文明城市、贸易兴市等中心工作，组织开展党员向社区报到、文明交通劝导、防汛抢险等党员志愿活动。

【全市机关党建水平提升攻坚年活动】 4月13日，组织召开2023年全市机关党的工作会议，以市委明电形式下发《全市机关党建水平提升攻坚年实施方案》等“一要点三方案”。全年以全市机关党建水平提升攻坚年行动为指引，机关党建工作分片挂点调研督导机制为抓手，全力抓实“四强”党支部创建和深化模范机关建设工作，最终实现机关党建“七个全面提升”。举办3期“市直机关基层党组织书记学习贯彻党的二十大精神暨机关党务干部技能提升培训班”，400余名基层党支部书记参加集中培训。6月28日，组织市直机关200余名新党员开展市直机关迎“七一”新党员入党宣誓仪式。在微信公众号开设“市直机关党建水平提升攻坚年在行动”专栏，发布合辑24期，工作信息200余篇。

【学习贯彻习近平新时代中国特色社会主义思想主题教育】 9月15日，召开动员大会，9月20—28日举办县级领导干部专题读书班，开展学习研讨交流4次，专题辅导3次，分组交流研讨6次。领导班子带头践行“四下基层”，深入基层党组织宣讲9次，开展课题调研22次，发现问题20个，提出解决措施21条，列出民生项目2个，建章立制2条。同时对市直机关基层党组织开展分类指导，及时布置上下联动等前期六项工作。向市直机关基层党组织书记、委员赠阅学习贯彻习近平新时代中国特色社会主义思想主题教育3种必读书目1.2万余册。

【习近平总书记考察江西重要讲话精神学习宣传】 10月10—13日习近平总书记考察江西后，及时学习传达省委、市委有关会议精神，连续三次组织专题学习讨论。11月14日召开市直机关学习贯彻习近平总书记考察江西重要讲话精神市委宣讲团报告会。市直机关工委连续下发三期工作提示，要求市直各单位把习近平总书记考察江西重要讲话精神纳入党组（党委）中心组“第一议题”学习，并以党支部为单位组织党员专题学习，结合中心组列席旁听和党建调研督查进行跟踪查验，掀起学习热潮，96家市直单位940余个党支部实现学习宣传全覆盖。 （宋玉）

机构编制

【概况】 2023年，办理行政（参公）人员上编338人次（其中公务员考录109人，遴选8人，省委选调生10人，军转干部安置7人，调动136人，组织任命68人），下编455人次；事业人员上编1622人次（其中组织任命49人，招聘1263人，调动163人，政策性安置27人，改革划转120人），下编1264人次，为全市经济社会发展提供机构编制保障。年内，结合机构改革、人编分离等重难点工作，明确县级领导干部专题调研课题6个、正反典型案例解剖式调研课题2个、检视问题3个、民生项目1个；以主题教育为契机，将市强戒所历史遗留问题列入机构编制系统省市联动项目上报，开展分析研判，制定相关改革措施，解决长期困扰市委、市政府的历史问题；针对调研中反映的“昌江产业园尚未设立相应管理机构”“浮梁县公安局未设立看守所”“浮梁县儿童健康服务体系还不够完善”等基层机构编制存在的困难和问题，现场办公、精准服务，第一时间召开室务会研究有关问题，批复设立昌江产业园区管委会、浮梁县公安局看守所，备案相关领导职数，在浮梁县妇幼保健计划生育服务中心加挂浮梁县儿童医院牌子，解决一批困扰基层的体制机制难题。

【机构改革前期准备工作】 2023年，组织全办干部学习机构改革文件，全面领会机构改革的指导思想，准确把握改革方案精髓。配合省委组织部副部长、省委编办主任周训国一行调研景德镇市机构改革工作，听取各地各单位意见建议。围绕“十个方面”重点任务，制定《市委编办关于开展地方机构改革调研工作的方案》，到涉及机构改革的24家部门和基层一线调研，为高质量完成机构改革任务奠定基础。同时，通过多次赴省委编办对接沟通，起草并修改完善形成景德镇市市级改革方案报送至省委。

【落实省委巡视整改工作】 2023年，对照《省委第五巡视组巡视反馈意见整改任务分解表》，市委编办列为整改责任单位的具体任务共2项，细化为4项整改措施。重点针对“28名市管干部人编分离”问题，采取“发现一名整改一名”的方式，于年底完成整改。会同市委组织部、市人社局建立常态长效机制，开展市管干部“人编分离”问题整改工作。联合市委组织部印发《关于全面规范行政事业人员行政关系和编制关系不一致的通知》，在全市机关事业单位范围内开展自查自纠。全年有39家单位报送“人编分离”人员共计115名，以上问题全部纳入自查整改台账逐一制定整改措施。至年底，整改销号71个问题，占整改任务的62%。实现巡视监督、整改、治理有机贯通，推动机构编制工作高质量发展。

【重点领域编制调整】 2023年，全面贯彻落实总体国家安全观，推进全市国家安全工作，核定市委国家安全委员会办公室专职副主任1名；深化乡镇街道改革，统筹核定20个乡镇（街道）34名事业副科领导职数；深化国防动员体制改革，完成国防动员办公室的机构设置及挂牌，有序推进人员编制的划转；落实疾病预防控制体系改革任务，组建市疾病预防控制局，整合市疾控中心和市卫生健康综合监督执法局职责，重新组建市疾控中心；推进开发区管理机构清理规范，精简管理机构1个，核减处级领导职数1名、科级领导职数22名，将承担经济管理、科技创新和营商环境等职责的内设机构比例提升至70%，突出主责主业；推进全市市级媒体深度融合，整合景德镇日报社、景德镇市广播电视台，组建景德镇市融媒体中心。

【教育卫健系统编制配置优化】 2023年，服务教育事业优质均衡发展，组织各县（市、区）完成中小学教职工每2年一次的动态调整，市中小学教职工编制配备全部达到国家标准。优化调整景德镇学院人员编制，撤销市第十五中学和市第二十六小学后，完成在编人员整体划入市第十七中学的相关工作。将市高级技工学校更名为景德镇陶瓷技师学院，为江西省高质量跨越式发展提供人才支撑。贯彻落实中央、省委和市委关于建立中小学校党组织领导的校长负责制部署要求，核定市本级17所中小学校领导职数，备案核定乐平市54所中小学校领导职数、珠山区13所中小学校领导职数。年内，推进公立医院党的建设，核定景德镇市口腔医院党委书记领导职数（正科级）1名，核定市传染病医院（市第五人民医院）纪委书记职数（正科级）1名；落实“切实盘活用好县域编制资源，以县为单位每5年动态调整乡镇卫生院人员编制总量”的要求，根据城乡人口流动情况，按照各乡镇卫生院实际管辖和提供卫生健康服务的人口数量，将县（市、区）乡镇卫生院编制数总量调整为1157名，保障城市社区公共卫生服务能力。

【事业单位公开招聘用编审批】 2023年，按照“总量控制、动态流转、空编置换、循环使用”的原则，发挥市高层次人才专项编制“周转池”作用，持续优化工作流程，提高事业单位公开招聘用编审批效率，畅通特殊人才引进绿色通道，保障急需紧缺人才引进需要。年内，先后分别核准市卫生学校、景德镇陶瓷技师学院加强教师人才队伍建设用编35名、30名，推动职业教育高质量发展；为加强教育卫生领域队伍建设，核准卫健系统招聘计划355名、中小学教师招聘用编计划97名、公费师范生招聘用编计划27名。同时，为进一步推动国家试验区人才聚集高地建设，共计保障景德镇学院引进博士14名，核准博士研究生引进用编计划72名、高技能人才引进用编计划29名。

【机构编制执行情况和使用效益评估】 2023年，落实“三严五整”攻坚行动工作要求，按照“以评估促改革深化、促管理创新”的工作思路，以及“五年内实现评估单位全覆盖”的总体目标，开展4轮44个部门（单位）机构编制评估工作，占市级评估单位48%，为完善全市机构职能体系建设、优化编制资源配置提供支撑。《中国机构编制》2023年第8期全文刊发景德镇市机构编制评估工作经验文章《景德镇市委编办以“三个聚焦”确保“双试点”评估工作实效》。

【机构编制预警机制】 2023年，市委编办紧盯县级领导干部转职级造成的人编分离问题，建立健全部门领导职数台账和定期统计分析报告制度，对市级机关、事业单位的机构编制和在编人员情况定期审核，确保底数清、情况明；对部门编制使用、领导职数配备、班子年龄结构和长期任同一岗位等情况，进行统计分析和预警报告，为领导决策提供依据，发挥机构编制部门参谋助手作用。同时，为解决干部任免信息滞后等问题，加强与组织部门的信息互通，定期将任免县级以上领导干部的有关信息和机构编制变动情况进行共享，提升预警内容的准确性和有效性。

【事业单位登记管理】 2023年，市级事业单位完成变更登记事项140家，法人年度报告公示230家，事业单位年度报告工作完成率达 100%。及时更新中文域名注册管理及网标加挂信息，完成 82 家异常状态域名和网站的清理和规范工作，有效保障党政机关、事业单位在互联网上身份信息的准确性。通过电话、工作群和线下指导等方式，及时受理各单位的中文域名及网站标识业务申请，提供一对一服务，确保中文域名准确无误、网站挂标落实到位。

（陈雨昕）

信访工作

【概况】2023 年，全市信访总量 7815 件，8798 人次，人次同比上升 54%，与 2019 年同期上升 23.19%；网上信访 3563 件，同比上升 36.99%，占全市信访总量的 45.59%。聚焦国家专项工作交办三批重复信访事项，以及信访突出问题，创新工作模式开展信访问题源头治理三年攻坚、初次信访办理提质增效年和全市党政领导干部下访接访等活动，推进信访法治化建设，全市信访秩序明显好转，信访积案存量显著减少，信访工作质效不断提升。

【全面贯彻落实《信访工作条例》】2023 年，开展《信访工作条例》（以下简称《条例》）实施一周年宣传教育活动，全面落实《条例》规定，在全市掀起学习贯彻《条例》新热潮，市、县不同层次，针对不同群体，运用群众喜闻乐见的形式，推动《条例》进党校、进乡村、进社区、进学校、进企业、进单位。5 月《条例》宣传月、宣传日活动中，组织局干部职工在市人民广场通过发放《条例》宣传资料、现场答疑等方式向群众普及信访知识，增强群众法治观念，引导群众依法信访。

【源头治理三年攻坚行动】2023 年，印发《关于开展初次信访办理提质增效年活动的工作方案》，落实“清单 + 闭环”管理机制，进行全程跟踪问效。“全覆盖”畅通线上信访渠道，引导群众用微信公众号、网站、手机客户端等多种网上渠道表达诉求。推进乡镇联席会议实体化运行，定期督查调度，听取汇报，强化指导，推动各乡镇（街道）信访工作联席会议机制实体化正常运行。开展“百姓说事”活动，强化媒体监督和宣传，继续开播“百姓说事”电视专栏，统筹调度推进县（市、区）、乡（镇、街道）、村（组、社区）开展“百姓说事”活动，引导矛盾解决在基层、化解在萌芽状态。

【领导干部下访接访】2023 年，探索学习“浦江经验”，推动领导干部常态化下访接访。印发《学习“浦江经验”景德镇在行动暨全市领导干部下访接访实施方案》，市党政领导每季度，县（市、区）和市直单位党政领导每月到挂点或矛盾问题突出的乡（镇、街道）下访接访信访群众，开展常态接访、定期约访、重点走访和联合大接访，着力化解时间长、跨度大、涉及面广的信访案件。全年，全市 208 名县级及以上党政领导干部共下访接访 1031 次，接待处理信访问题 1602 件，化解 1064 件，化解率 66.42%。

【信访工作大督查大调研】2023 年，市委信访局各班子成员带队到各县（市、区）、市直有关部门进行实地督查调研 80 余次，指导推进信访问题源头治理、信访积案化解等各项重点工作。落实信访工作“四函”机制，对国家信访局交办三批信访积案化解进展缓慢的单位进行提示提醒，形成督查督办与提出改进工作、完善政策、追究责任建议相贯通的工作机制，不断提高督查实效。以“大督查大接访大调研”活动为载体，弘扬“四下基层”优良传统，结合主题教育目标要求，聚焦信访工作重点任务，局各班子成员每人领题，深入情况复杂、矛盾突出的地方调研，形成调研成果，增进群众感情，提高履职本领，在信访工作实践中体现担当。

【信访工作制度改革】2023 年，推进预防法治化。利用“百姓说事”活动平台，发挥乡镇（街道）信访工作联席会议实体化运行功能作用，定期组织协调老党员、老干部、老教师等“五老”德高望重人员、“两代表一委员”，以及律师、心理咨询师参与乡镇（街道）和村（居）“百姓说事”的评事议事活动，综合运用法律、政策、经济、行政等手段，采取协商、调解、疏导、听证、教育、帮扶、救助等多元化方式方法，把问题解决在信访之前、网格之中、辖域之内。推进受理法治化。贯彻落实《涉政法信访事项分流处置工作实施办法》，坚持“法定途径优先”原则，把涉及民事、行政、刑事等诉讼权利救济的信访事项从普通信访体系中分离出来，落实诉访分离，由相关政法部门依法处理。推进办理法治化。采取人民调解、司法调解、行政调解、领导包案、复查复核、帮扶救助等方式方法多元化解信访问题。印发《市信访工作联席会议关于建立信访案件评查机制的通知》，成立信访案件专家评查组，由市委政法委、市委信访局牵头负责，建立评审专家库，对疑难复杂信访积案进行评查，提出评审意见，推动信访积案依法终结退出。推进监督追责法治化。健全非访倒查问责机制，依据《信访工作条例》《景德镇市信访工作责任制实施细则》等规定，针对有关责任单位及其领导干部、工作人员的失职失责行为和情形，与纪检监察、巡察机构对接联动，及时提出问责建议，并追究责任。全年，追责65名有关干部。推进维护秩序法治化。联合市中级人民法院、市检察院、市公安局、市司法局出台《关于依法处置违法信访行为规范信访秩序的通告》，引导群众理性表达诉求，严格实行责任追究，对信访过程中的违法犯罪行为，坚决依法处理。全年，景德镇市依法处理违法信访人员33名。

（袁宇航）

对台工作

【概况】 2023年，帮助台胞子女入学，解答有关居住证办理、婚姻登记、涉台信访等相关问题，走访慰问在景德镇市台胞、台商、台属30余人。全年共为台商台企办实事16件（次），让台胞感受到党和政府的关爱，深化两岸情感交融。年内接待对台交流团组13批301人次，包括台湾中华两岸婚姻协调促进会江西参访团、台北江西同乡会、江西籍在台二三代乡亲参访团等，促进两岸交流交往、厚植情谊。

【全国台企联福建江西工作区会议】 2023年，承办全国台企联福建江西工作区会议，邀请80余名台商赴景德镇市参会，借此机会在紫晶会堂召开景德镇市对台产业推介会，宣传全市经济社会发展情况，推介景德镇市优势资源和投资潜力。江西省台办主任张锋，福建省台办副主任钟志刚，全国台企联常务副会长、福建江西工作区区长、泉州市台协荣誉会长、福建荣祺食品（集团）股份有限公司董事长杨荣辉，全国台企联常务副会长吴家莹出席推介会和相关会议活动。副市长高晓云出席推介会并作招商推介。

【景德镇市涉台审判法官工作室成立】 2月10日，由景德镇市中级人民法院与景德镇市人民政府台湾事务办公室共同成立的景德镇市涉台审判法官工作室在市法院正式启动。市法院党组书记、院长邓建辉，市委副秘书长、市委办公室主任、市台办主任吴水旺出席并共同为景德镇市涉台审判法官工作室揭牌，市委副秘书长徐智勇、市法院副院长黄奕华、市台商协会会长纪金树在启动仪式上致辞。涉台审判法官工作室成立，进一步拓展涉台法律援助和咨询，优化涉台营商环境，保护台胞台企合法权益。

【山海共长——2022两岸陶艺邀请展】 3月16日，由江西省美术家协会、景德镇陶瓷大学与台南艺术大学联合主办，景德镇陶瓷文化传承创新试验区国际交流中心协办的“山海共长——2022两岸陶艺邀请展”开幕式在景德镇陶瓷大学湘湖校区举行。此次展览是景德镇陶瓷大学立足两岸陶艺创作、艺术教育、校际合作与文化交流，为促进当代中国陶艺发展推出的重要活动。90位大陆及台湾地区艺术家的陶艺精品展配套教育论坛、研讨会等学术活动，推动两岸文化艺术交流，延续两岸陶瓷艺术的源流脉络，助推陶瓷艺术创新发展，共同传承、弘扬中国传统文化。

【海峡两岸中华陶瓷工艺美术研学营】 5月27—30日，由全国台联、江西省台联主办，景德镇市台办、景德镇市政协港澳台侨和外事委、景德镇中国陶瓷博物馆协办的“2023年海峡两岸中华陶瓷工艺美术研学营”在景德镇市举行。其间，台湾艺术家们先后到中国陶瓷博物馆、三宝陶艺村、陶溪川文创街区、瑶里古镇、古窑陶瓷博览区等地开展主题研学和红色教育。该次研学营推动两岸陶瓷工艺美术交流互鉴，带动海峡两岸各领域人文交流与合作，增强参会台湾艺术家对祖国的认同感和归属感，进一步促进两岸文化交流融合。

【服务台企走访活动】 10—11月，在全市范围内组织开展2023年服务台企走访活动，省委台办主任张锋走访景德镇市宏柏新材、龙艺陶瓷、柏采窑等台资企业，省台办二级巡视员喻志东走访美粹可思创意有限公司、B+cafe咖啡馆、兴骏豪陶瓷、宝哥池业陶瓷有限公司等台企；市委常委、市委统战部部长吴财锋，市委常委、副市长崔素香先后走访调研多家台资企业，通过实地走访、与台资企业人员交流座谈等方式，了解台资企业生产经营发展情况及存在的困难与需求，听取他们对全市经济社会发展及政府和部门服务工作的意见建议，为景德镇市台企发展提供帮助，助推企业高质量发展。

【第五届海峡两岸青年创意集市】10月26—31日，第五届“海峡两岸（景德镇）青年创意集市”活动在景德镇市举办，共吸引50名两岸青年参加，其中台湾青年20人（部分是“首来族”）；大陆青年主要是景德镇当地陶艺创作者。在景德镇期间，交流团先后参访陶溪川文创街区、景德镇中国陶瓷博物馆、陶阳里御窑景区、三宝国际陶艺村等地，领略景德镇深厚陶瓷文化底蕴以及陶瓷领域文创建设，与在景德镇市台湾陶艺家、创业台商交流，了解台商、台青在景德镇创作、创业和生活情况，用陶瓷文化搭建起心灵沟通的桥梁。

（市委办台湾工作科）

老干部工作

【概况】至2023年底，全市共有离退休干部1.41万人，其中离休干部79人、退休干部1.40万人；有离退休干部基层党组织258个，离退休干部党员1.03万人。

【老干部思想建设】2023年，开展离退休干部党员学习贯彻习近平新时代中国特色社会主义思想主题教育，开办“高岭松讲堂”，召开全市老干部学习贯彻习近平总书记考察江西重要讲话精神专题报告会和全市离退休干部党员主题教育座谈会；编发老干部《学习参考》3期，制作主题教育重点知识小册子、学习笔记本；开展“学思想 话传统 庆重阳”系列活动、“重走习近平总书记考察足迹”主题党日活动等250余场次，通过集体学习、专题辅导、座谈交流、送学上门、现场观摩等形式，组织老同志学习贯彻习近平新时代中国特色社会主义思想和习近平总书记考察江西重要讲话精神，引导老同志坚定拥护“两个确立”、坚决做到“两个维护”。

【老干部党建工作】2023年，推进全省全市离退休干部“示范党支部”创建工作，开展创建工作专题调研，支持创建工作奖励经费，成功创建8个第三批全省离退休干部“示范党支部”、20个第三批全市离退休干部“示范党支部”。召开全市离退休干部党的建设工作推进会，45名老干部党支部书记代表参加。昌江区成立区直机关离退休干部联合党委。

【老干部服务管理】2023年，开展老干部服务工作。政治上尊重：考虑到疫情影响，市委、市政府以书面形式向老同志作全市离退休干部形势报告。市委老干部局制作“学习二十大　奋进新征程”新年台历，开展“学习党的二十大　共话瓷都新发展”系列参观考察活动2场（教育成果专场、经济发展专场），开展暑期老干部“话传统、谈复兴、聚力量”外出参观考察2场（宜春、九江），组织并动员全市老干部参观瓷博会。生活上关心：落实常态化联系服务制度和“六必访”机制，全年走访慰问离退休干部540余人次。推进离休干部“一人一策”精准服务，落实市直企业单位32名离休干部基础绩效奖189万余元；全面推进市本级离休干部居家适老化设施改造，为老同志安装扶手、配备轮椅助行器、进行卫生间防滑处理等。全面走访市卫健委及市一院、二院、三院、中医院等单位，上门给老同志发放“防疫爱心包”，适时举办各类健康公益讲座，探索推进离休干部家庭医生签约服务，为老同志身体健康提供保障。对全市离休干部遗孀进行摸底，为9名特别困难的遗孀给予帮扶救助，为已故离休干部的无固定收入配偶提高生活补助标准。精神上关怀：市委、市政府投资9000万元建设的市老年人活动中心（市老年大学二期工程）正式投入使用，其中市老年人活动中心可容纳1000余人同时开展体育活动，市老年大学二期工程新增教室、录播室、多功能厅等20间、学位3000余个。开展市老年大学成立35周年系列庆祝活动，市委书记刘锋带领四套班子领导现场观看“市老年大学庆祝建校35周年文艺晚会”。开展“留下最美笑脸——为离休干部拍张照”活动，为老同志及其家属拍摄单人照及全家福。

【老干部发挥作用】2023年，刚退出领导岗位、相对年轻的厅级老干部张良华担任市老年大学校长，张景根担任市关工委主任，继续发挥作用。组织开展全市老干部助力陶博城系列活动，3000余名老同志参加，3万余名干部群众现场观看，线上浏览量6万余人次。市老科协组织老专家撰写建言献策文章200余篇，提供农业水利技术指导1000余人次，帮助航空、陶瓷企业实现多项技术创新，荣获全省唯一的“中国老科协先进集体奖”。全市各级关工委组织开展“大手握小

手 圆梦青少年”活动等90场次，帮扶学生1040人，帮扶资金111.7万余元。县（市、区）组建“银耀赣鄱”老干部志愿服务队、防溺水“夕阳红马甲”巡查队等，引导老同志围绕国家试验区建设、双“一号工程”、乡村振兴等中心工作献智出力。

【抗美援朝离休干部抢救性采访】2023年，为纪念抗美援朝战争胜利70周年，开展抗美援朝离休干部抢救性采访活动，形成《致敬最可爱的人——江西景德镇离休干部回顾抗美援朝峥嵘岁月》微视频和文章，通过“学习强国”学习平台、《中国老年报》等平台开展专题宣传，并号召全市中小学生学习。

【全市老干部助力陶博城系列活动】2023年，组织开展厅级老同志参观陶博城活动，全市百个老干部党支部千名老同志参观陶博城活动，“我心中的陶博城”征文比赛、摄影比赛，“我为陶博城代言”抖音短视频比赛，全市老年大学助力陶博城文化艺术周活动，共有3000余名老同志参加，3万余名干部群众现场观看，线上浏览量6万余人次。

【春节走访慰问老干部】1月25日至2月5日，市四套班子领导分成12组，春节入户走访慰问63名厅级老干部。市领导刘锋、胡雪梅、吴隽、韦情、廖良生、林蓉、吴财锋、张龙、邓永翔、林卫春、胡春平、崔素香分别带队走访慰问。

【高岭松讲堂】2月12日，全市老同志学习党的二十大精神宣讲报告会暨高岭松讲堂揭牌仪式在市老年大学举行。市政府一级巡视员、市老年大学负责人张良华出席活动并揭牌。中央党校中共党史教研部教授、博士生导师，毛泽东思想教研室主任祝彦作宣讲报告。厅级老干部代表和县级老干部、老干部党支部书记、老字号组织负责人、老干部工作者、市老年大学学员代表等500余人参加。

【上级关怀】2月23日，省委老干部局局长兼省委组织部副部长王新有一行来景，看望慰问老同志并调研老干部工作，市领导刘锋、罗建国陪同调研。10月24日，省委老干部局局长兼省委组织部副部长郭素芳一行到景德镇市就老干部工作进行调研，并召开座谈会。市领导刘锋、胡雪梅、林蓉，市政协原主席、市非遗协会会长张春萍，市政府原一级巡视员、景德镇老年大学校长张良华，国家试验区管委会专职副主任刘子力分别看望或陪同。

2月12日，全市老同志学习党的二十大精神宣讲报告会在市老年大学举行（中共景德镇市委老干部局/供图）

【参观考察活动】4月7日、5月9日，先后组织开展“学习党的二十大 共话瓷都新发展”参观考察系列活动之教育成果专场、工业经济发展专场，让老干部实地了解全市教育事业和工业高质量发展新成效，每场40余名厅级老干部代表、市直单位县级老干部及老干部党支部书记代表参加。暑期开展老干部“话传统、谈复兴、聚力量”外出参观考察2场，分别考察宜春、九江经济社会发展成果，引导老同志为景德镇高质量发展建言献策。

【全市老干部学习贯彻习近平总书记考察江西重要讲话精神专题报告会】11月22日，全市老干部学习贯彻习近平总书记考察江西重要讲话精神专题报告会召开。市委常委、市委组织部部长、市委宣传部部长林蓉作专题报告。国家试验区管委会专职副主任刘子力结合为习近平总书记讲解的亲身经历，带领大家重温习近平总书记考察景德镇时的场景。厅级老干部代表和县级老干部代表、老干部党支部书记代表、老字号组织负责人、老干部工作者等160余人参加。

（杨玫）

档案工作

【概况】2023年，市档案局履行“为党管档、为国守史、为民服务”

工作职责，推动“办局一体、局馆联动”工作模式延伸至县级档案局馆，相关工作经验获市级“骏马奖”表彰。全年召开4次局馆联席会议，下发工作通知30余份，共完成对市级82家机关事业单位档案“三合一”制度的审核工作，督促49家市直单位成功创评省三级以上规范化档案室，推荐2家单位创建成省级示范数字档案室、省级数字档案室。

【国际档案日宣传】 2023年，举办全市“6·9”国际档案日宣传周暨“档案助力申遗”大讲堂活动，以申遗为主题讲述档案在文物考古中的作用，并在发展中心联合举办“奋进新征程 兰台谱新篇”主题展览，通过聚焦景德镇市产业升级、城市发展、项目建设、民生福祉等，全方位展示新时代景德镇经济社会发展取得的新成就，用档案语言讲好景德镇故事。同时，开展档案走进群众、档案走进社区、档案走进校园、档案走进企业4个专项活动，通过发动“兰台拾贝”读书视频分享、档案主题征文、红色档案征集、中小学档案宣讲、档案专家进高校讲座、档案助企建档服务等档案宣传周活动，扩大档案工作的社会影响，提高全社会的档案意识。

【年度执法检查】 2023年底，市档案局和市档案馆领导带队组成个执法检查队，分赴24家机关、企事业单位开展执法检查，制定的《2023年档案行政执法检查自评表》包括新《档案法》规定要检查的6个方面共25项内容，基本涵盖档案“四个体系”建设工作和档案信息化建设工作，通过先自评自查、再现场检查、后反馈意见、最后发函要求限期整改的流程，共督促23家单位完成档案库房的整改提升，推动全市各单位重视并抓好档案工作。

【规范化档案室、数字档案室建设】 2023年，推进全市档案工作规范化管理，印发《档案室规范化建设三年提升行动实施方案》，制定时间表并上门创建辅导，实现年内49家单位成功创评省三级以上规范化档案室。推动昌飞档案馆、乐平市自然资源规划局成功创建成省级示范数字档案室、省级数字档案室，也成为首批全省唯一创建成功的设区市。

【档案助企“点单式”服务】 2023年，落实全市优化营商环境要求，通过档案服务助力企业档案工作补短板、上水平。市档案局、市档案馆联合制定《档案工作服务企业活动实施方案》，首次成立档案服务企业工作组，选取20家省部属企业、市属企业、民营企业作为服务点，安排业务骨干为企业提供“点单式”服务，发挥档案工作在企业科技研发、产业升级中的服务保障作用，引导企业走上档案规范化管理轨道。

【档案人才队伍建设】 2023年，市档案局坚持以档案专业人才能力建设为核心，突出专业赋能，从储备专家、技能人才、业务骨干3个方面，按照申报、审核、推选、评审等程序，共评选出14名档案专业人才入选全市档案人才库，并在2023年国际档案日启动仪式上宣布。同时，市档案局持续推进人才队伍建设，科学制订人才队伍发展计划，组织市直单位档案员参加省档案知识业务封闭式培训，组织召开全市档案业务培训并向130余名通过结业考试的档案员颁发证书，提升档案工作人员业务水平，激发干部队伍创新活力。

【“瓷都千年”历史文化档案展首次对外开放】 6月2日，市档案局、市档案馆联合举办“瓷都千年”历史文化档案展开展仪式，该展作为市档案馆全新布置的固定陈列展首次对外开放，展陈面积达860平方米，以城市的发展脉络为主线，布设古镇春秋、景德星火、沧桑巨变、大业深基四大主题展区，精选馆藏资料、实物，综合运用图片、油画、多媒体等手段，全景式、立体化讲述千年瓷都过往的繁华与变迁，展示景德镇城市未来的新貌与蓝图。

（市委办公室档案管理科）

党史工作

【概况】 2023年，景德镇市党史和地方志办公室（简称市史志办）征集《抗美援朝战争口述资料》，编印《中国共产党景德镇市委员会大事记》，完成省党史办下达的工作任务。年内，10处革命遗址挂牌“中共党史教育基地”。参与承办红色纪念活动。制定《市史志办政务新媒体信息“三审三校”工作方案》《市史志办新媒体管理制度》和《市史志办新媒体管理人员登记表》，公众号内容发布严格执行“三审三校”；配合市委网信办对微信公众号自查自纠；在“景德镇史志”公众号中开设党史专栏，下设“红色故事”和“红色遗迹”两个分栏，宣传景德镇红色文化。6月，根据中共江西省委党史研究室和江西省人力资源和社会保障厅联合发布的《关于评选表彰江西省党史工作先进集体和先进个人的通知》文件精神，联合景德镇市人社局成立景德镇市党史工作先进集体和先进个人评选推荐工作领导小组，经过自下而上逐级推荐，严格审核层层把关，于10月完成考察工作。

【党史编研】 2023年初，根据省委执政纪事编纂委员会下发的《关于做好〈中国共产党江西省委员会执政纪事2022〉编纂工作的通知》要求，完成景德镇市红色基因传承特色亮点材料的报送，配合市委办完成其他材料的报送工作；8月，由景德镇市委办公室和市史志办联合编印的《中国共产党景德镇市委员会大事记》出版，是贯彻落实中央关于党史工作“一突出两跟进”的一项举措，该书详细地记载2021年3月至2022年12月期间，新一届中共景德镇市委率领全市人民开展社会经济建设的伟大历程。8月，根据省委党史研究室相关通知要求，为继承和弘扬伟大抗美援朝精神，市史志办征集整理出抗美援朝战争口述史相关文字资料1万余字、图片资料11张、口述史视频资料1部。10月，根据省委党史研究室《关于对我省红色资源进行普查的通知》要求，复核审查县（市、区）普查报送的相关红色资源，并按要求上报。

【红色文化纪念活动】 2023年，开展红色文化“七进”活动。市史志办到市纪委市监委驻市市场监管局纪检监察组开展中共景德镇地方史专题讲座；在市地方志馆举办“历史课堂”讲座，邀请景德镇二中师生到馆参观并聆听；分别在珠山区莲花塘社区、昌江区官庄社区开展党史知识进社区活动；赴昌飞公司开展史志文化调研，赠送地方党史书籍；到景德镇军供站开展宣讲及赠送党史类书籍活动。6月，市史志办作为“皖浙赣边区红军游击队瑶里改编暨新四军驻景德镇办事处成立85周年纪念活动”承办单位之一，前期对纪念活动的展陈内容进行审核把关，负责邀请接待中共江西省委党史研究室及其他地市参会人员并陪同省室领导一行调研瑶里改编纪念馆和旧址，重温峥嵘岁月，感怀铁军精神。

【“中共党史教育基地”挂牌】 6月底，市史志办为全市保存、开发、利用较好的10处革命遗址挂牌“中共党史教育基地”；是继2013年后，时隔十年再次加强对全市革命遗址进行保护、开发和利用的重大举措。此次挂牌的分别是浮梁县革命烈士陵园、竟成小学等10处。至此，景德镇市挂牌“中共党史教育基地”革命遗址增至20处，为全市开展主题教育、爱国主义教育、革命传统教育搭建更为广阔的平台。

表1　2023年景德镇市第二批中共党史教育基地名单

主管单位	党史教育基地全称	单位地址
乐平市	礼林镇红色教育基地	乐平市礼林镇白土峰林木良种场
	共产主义水库纪念馆	乐平市共库管理局坝首村
	鸣山暴动旧址	乐港镇工人社区
浮梁县	江式训革命烈士展陈馆	浮梁县江村乡诰峰村
	中共浮梁县委旧址	浮梁县湘湖镇西安村桃红组
	浮梁县革命烈士陵园	浮梁县红塔路（毗邻景德镇学院）
	清溪八县大会纪念广场	浮梁县峙滩镇清溪村
珠山区	马列主义思想在景德镇初始传播地——平民夜校	珠山街道胜利路78号
	“赤色大本营”——竟成小学	方家山竟成小学
昌江区	昌江区殊源坞党史教育基地	昌江区荷塘乡童坊村

（钟慧琦）

党校工作

【概况】 2023年，中共景德镇市委党校内设4个教研科室、1个教研辅助科室和6个行政后勤处室等11个科级机构，有在职在编教职工51人，其中教授2人、副教授5人。全年开展各类培训共计2742人次。学校创建于1958年，景德镇市行政学院创建于1999年，实施“一套人马、两块牌子”的办学模式。年内，市委常委、组织部部长林蓉任市委党校校长，市委常委、常务副市长邓永翔任市行政学院院长（任期至2024年3月），范明光任常务副校（院）长并主持日常工作，田建红、郑建峰、王芳任副校长，王新华任一级调研员，傅得球任二级调研员。全年开展主题教育调研13次，检视出问题20个，完成调研成果转化数21个，形成调研报告6篇，正反典型调研报告2篇，制定完善制度18条。推进乡村振兴、社区共建工作，先后5次实地察看、座谈调研昌江区洪家村乡村振兴发展情况，拨付资金4万元支持帮扶村工作，组织党员干部广泛开展志愿服务活动200余人次，拨付资金4.6万元支持共建社区珠山区黄泥头和昌江区公园路社区工作。

【干部培训】 2023年，开展各类培训共计2742人次。其中，主体班4期（第58、59期县干班，第31期乡镇班，第20期中青班），培训学员213人；专题班22期，培训学员2529人（全市县处级领导干部学习贯彻党的二十大精神5期，915人；统战部联合办班5期，484人；组织部联合办班短班7期，554人；全国社区党组织书记和居委会主任视频培训班1期，149人；市级领导干部主题教育读书班1期，30人；全国新录用公务员初任培训班1期，206人；深入学习贯彻习近平总书记考察江西重要讲话精神市级重点培训班2期，191人）。

【教学工作】 2023年，坚持把习近平新时代中国特色社会主义思想作为中心内容，实现党的理论教育和党性教育课程占主体班总课时的78%，党性教育课时量占比为25%；开展集体备课、集中试讲，开展新课试讲3轮，累计通过31门新课程。举办全市党校系统第五届精品课比赛，《学习贯彻习近平法治思想，在法治轨道上全面建设社会主义现代化国家》课程获评全省党校系统第五届精品课、全省党校系统第一届教学管理优秀奖。坚持把“领导干部上讲台”机制作为丰富培训内容、提升培训实效的抓手，全年邀请10余位市领导、市级部门领导到校围绕全市工作实际开展专题授课。开发陶阳里历史文化街区现场教学精品课程，获市委、市政府有关领导肯定，《陶阳里历史文化街区千年瓷都焕发新生》现场宣讲报告获省委宣传部表彰。

【科研资政】 2023年，全年获得9项省市课题立项，其中全省党校（行政学院）一般课题4项、协作课题1项，市社会科学规划项目重点课题3项、一般课题1项。《中国共产党的领导推进中国式现代化的逻辑分析》获全省党校（行政学院）系统学习贯彻党的二十大精神征文二等奖；《深刻把握“为党育才、为党献策”的内涵要义》获江西社会科学学术年会“为党育才　为党献策　干部教育培训高质量发展”征文二等奖，《全面优化营商环境推进中国式现代化江西民营企业高质量发展——基于景德镇民营企业调查研究》《发挥统一战线在中国式现代化进程中的优势与作用研究》入选江西省社会主义学院“统一战线与中国式现代化”学术研讨会，撰写理论研究文章82篇，《聚焦延链补链强链　擦亮“千年瓷都”名片》资政报告获江西省省长叶建春的肯定性批示，3篇资政报告获市委常委有关领导的肯定性批示。

【学员管理】 2023年，制定完善《景德镇市委党校主体班学员管理规定》《景德镇市委党校学员异地培训管理规定》《景德镇市委党校专职教师外出学习管理办法》。严格执行学员管理“七要”制度，出台主体班学员红黑榜管理规定，成立学风学纪督查组，建立“班委抽查+校委督查+纪检组巡查”三查制度，市委党校创新采取“1+1”结对模式，带领学员开展“学+研+践”一体化调研，获得市委主要领导肯定。

【教师队伍建设】 2023年，3人职级晋升，其中，一级调研员1人，二级主任科员、四级主任科员各1人；推荐选派12名年轻人到市直部门重点岗位锻炼，建立教研人员外出学习心得体会分享制度。持续优化教师队伍年龄、学历、专业结构，全校专职教师人数达到17名，提拔教辅机构人员2名，研究生以上学历人员占比达84%，安置1名随军家属，1名教师获评教授资格，全校高级职称教师平均年龄降至40岁以下。

（邱辉）

景德镇市人民代表大会

综　述

2023年，景德镇市人民代表大会常务委员会（简称市人大常委会）在理论学习、调查研究、推动发展、检视整改全程全面发力，精心组织实施，有力有序推进第二批主题教育。聚焦国家试验区建设、乡村振兴、民生热点、生态环境和公平正义开展正确监督、有效监督、依法监督。专项调研企业国有资产管理情况，完善国有资产监督机制，有效防范化解重大风险。《“景德镇制”陶瓷保护条例》作为全年重点立法项目。就《景德镇市国土空间总体规划（2021—2035年）》和《景德镇市“十四五”规划中期评估》进行研究，扎实做好专题调研、会议审议和跟踪问效，全方位监督国土空间总体规划蓝图和“十四五”规划高质高效落地落实。对民族工作、宗教场所管理情况进行执法检查，着力铸牢中华民族共同体意识。围绕行政执法监督、家事审判、控告申诉开展监督，组织警务辅助人员条例执法检查，推动法治景德镇建设。出台《景德镇市重大民生实事项目人大代表票决制工作实施方案》，全面开启为民办实事新模式。建立完善全市72个线下代表联络站（室），重点建设16个代表联络工作示范站，其中6个获省级示范站称号。常态化开展全市五级代表进站活动，全市各联络站累计开展活动507次，各级人大代表参与3348次，收集群众意见建议118件。全市基层立法联系点12个，共接到征求法律、法规草案7部，群众参与867人次，上报立法意见建议96条，20条被已出台的法律采纳。全市共清理法规规章规范性文件2件；清理行政规范性文件781件，入库783件。集中清理涉及行政复议的地方性法规及有关决议决定10件。全年规范性文件备案审查32件。积极适应媒体融合发展态势，全年共刊发网站信息90余篇、公众号信息300余篇。

重要会议

【概况】 2023年，景德镇市人大常委会召开7次市人大常委会会议、15次市人大常委会主任会议，围绕事关全市经济社会发展大局的重大问题深入调研，作出国民经济计划调整、预算调整等重大事项决议决定4项。围绕全市中心工作，听取和审议“工业三年倍增”工作情况、“夜珠山”高品质生活、行政执法监督工作情况、道路交通事故预防“减量控大”工作情况等专项工作报告36项。

【市十六届常委会会议】 2023年，市十六届人大常委会在市发展中心南苑会议中心第三会议厅召开常委会会议7次，即市十六届人大常委会第九次会议至市十六届人大常委会第十五次会议，听取和审议专项工作报告36项，作出决议决定4项。

表 2　2023 年景德镇市人大十六届常委会会议一览表

时间	会议名称	参加人员	会议内容
1月31日	第九次常委会会议	市人大常委会主任，副主任及委员 38 人出席会议，市委常委、市政府常务副市长，市法院院长，市监察委员会、市法院、市检察院负责人，市人大及其常委会副县级以上干部列席会议	会议听取市中级人民法院《关于落实市人大常委会关于视察调研全市法院知识产权司法保护工作情况的审议意见的工作报告》；开展 2021 年度审计查出问题整改满意度测评；会议还通过人事事项
3月28日	第十次常委会会议	市人大常委会主任，副主任，秘书长、二级巡视员及委员 37 人出席会议。市政府副市长，市法院院长，市监察委员会、市检察院负责人，市人大及其常委会副县级以上干部列席会议	会议听取市政府《关于行政执法监督工作情况的报告》《关于我市 2022 年环境状况和环境目标保护情况的报告》；听取和审议通过市人大常委会代表资格审查委员会《关于个别市代表的代表资格的审查报告》；分组审议《“景德镇制”管理条例（草案）》；会议还通过人事事项
5月5日	第十一次常委会会议	市人大常委会主任，副主任，秘书长、二级巡视员及委员 41 人出席会议。市委常委、市政府常务副市长，市法院院长，市检察院检察长，市监察委员会负责人，市人大及其常委会副县级以上干部列席会议	会议听取和审议市政府《关于〈中华人民共和国安全生产法〉和〈江西省安全生产条例〉实施情况的报告》以及市人大常委会执法检查组《关于检查安全生产“一法一条例”实施情况的报告》；会议听取市政府《关于开展道路交通事故预防“减量控大”工作情况的报告》《关于落实市人大常委会关于我市文化企业国有资产管理情况的审议意见的工作报告》《关于我市供销综合农事服务试点工作情况的报告》；会议还通过人事事项
6月29日	第十二次常委会会议	市人大常委会主任，副主任，秘书长、二级巡视员及委员 35 人出席会议。市政府副市长，市法院院长，市监察委员会、市检察院负责人，市人大及其常委会副县级以上干部列席会议	会议听取和审议市政府《关于〈景德镇市国土空间总体规划（2021—2035 年）（审议稿）〉有关情况的报告》和市人大环资委关于对该审议稿的审议意见；会议听取市政府《关于市人大常委会〈中华人民共和国文物保护法〉和〈江西省文物保护条例〉执法检查报告审议意见研究处理情况的报告》；会议听取、审议并表决通过市人大常委会代表资格审查委员会《关于部分市人大代表的代表资格审查报告》；会议还通过人事事项
7月12日	第十三次常委会会议	市人大常委会主任副主任，秘书长、二级巡视员及委员 39 人出席会议。市委常委、市政府常务副市长，市法院院长，市检察院检察长，市监察委员会负责人，市人大及其常委会副县级以上干部列席会议	会议听取和审议市政府《关于景德镇市 2023 年上半年预算执行情况和 2023 年市级财政预算调整方案（草案）的报告》及市人大财经委《关于景德镇市 2023 年上半年预算执行情况和 2023 年市级财政预算调整方案（草案）的审查报告》；会议听取市法院《关于家事审判工作情况的报告》；会议书面听取市政府《关于我市信教群众基本情况的报告》；会议分组审议《“景德镇制”保护管理条例（草案二次审议稿）》；会议还通过人事事项

续表 2

时间	会议名称	参加人员	会议内容
9月12日	第十四次常委会会议	市人大常委会主任，副主任，秘书长、二级巡视员及委员40人出席会议。市政府副市长，市法院代理院长，市政府秘书长，市监察委员会负责人，市人大及其常委会副县级以上干部列席会议	会议听取和审议市政府《关于景德镇市2023年上半年国民经济和社会发展计划执行情况的报告》，市人大财经委《关于景德镇市2023年上半年国民经济和社会发展计划执行情况的审查报告》《关于景德镇市2022年市本级财政决算（草案）的报告》《关于景德镇市2022年市本级预算执行和其他财政收支情况审计工作报告》《关于景德镇市2022年市本级财政决算（草案）的审查报告》《关于我市贯彻实施〈景德镇市高岭—瑶里风景名胜区条例〉情况的报告》，市人大常委会执法检查组《关于〈景德镇市高岭—瑶里风景名胜区条例〉贯彻落实情况的执法检查报告》；会议书面听取市政府《关于景德镇市物业管理工作情况的报告》和市人大财经委《关于景德镇市2023年“物业社区行”活动情况的调研报告》；会议听取市检察院《关于控告申诉检察工作情况的报告》；会议还通过人事事项
11月23日	第十五次常委会会议	市人大常委会主任，副主任，秘书长、二级巡视员及委员35人出席会议。市委常委、市政府常务副市长，市法院代理院长，市监察委员会、市检察院负责人，市人大及其常委会副县级以上干部列席会议	会议听取和审议市政府《关于全市国民经济和社会发展第十四个五年规划纲要实施中期评估情况报告》，市人大财经委《关于全市国民经济和社会发展第十四个五年规划纲要实施中期评估情况的调研报告》《关于企业国有资产管理情况的专项报告》《关于企业国有资产管理情况的调研报告》《关于我市乡村公共文化服务保障情况的专项工作报告》，市人大教科文卫委《关于我市乡村公共文化服务保障情况的调研报告》《关于落实〈乡村振兴责任制实施办法〉工作情况的报告》，市人大农委《关于我市落实〈乡村振兴责任制实施办法〉工作情况的调研报告》《关于我市医疗保障工作情况的报告》，市人大社会委《关于我市医疗保障工作情况的调研报告》；会议听取和审议市检察院《开展“保障粮食安全”公益诉讼专项监督报告》，书面听取市人大监察司法委《关于开展2023年“公益诉讼江西行”活动情况的报告》；听取和审议市人大常委会法工委《关于规范性文件备案审查工作情况的报告》；会议听取市政府《关于市第十六届人大第三次会议代表建议办理情况的报告》《关于我市政府债务情况的专项报告》《关于全市财政预算绩效管理工作情况的报告》《关于我市国有资产管理情况的综合报告》《关于我市“工业三年倍增”工作情况的报告》《关于市人大常委会2023年“物业社区行”活动调研报告及审议意见的研究处理和整改情况汇报》《关于我市农业面源污染防治工作情况的报告》《关于我市推进“夜珠山”高品质发展情况的报告》；会议表决通过《“景德镇制”陶瓷保护条例（草案）》；会议分组审议《景德镇市市容和环境卫生管理条例（修订草案）》和《景德镇市城市山体保护条例（草案）》；会议还通过人事事项

【决议决定】 2023 年 6 月 29 日，景德镇市第十六届人民代表大会常务委员会第十二次会议通过《景德镇市人民代表大会常务委员会关于接受刘海辞去景德镇市第十六届人民代表大会常务委员会委员职务的请求的决定》。2023 年 7 月 12 日，景德镇市十六届人大常委会第十三次会议通过《关于批准景德镇市 2023 年市级财政预算调整方案的决议》。2023 年 9 月 12 日，景德镇市十六届人大常委会第十四次会议通过《关于批准景德镇市 2022 年市本级财政决算的决议》。同日日，景德镇市第十六届人民代表大会常务委员会第十四次会议通过《景德镇市人民代表大会常务委员会关于接受邓建辉辞去景德镇市中级人民法院院长职务的请求的决定》和《景德镇市人民代表大会常务委员会关于汤媛媛代理景德镇市中级人民法院院长职务的决定》。

人事任免

【概况】 2023 年，市人大常委会共依法任免国家机关工作人员 96 人次，其中任命人大常委会机关工作人员和专委会委员 7 人次，免职 0 人次；任命政府组成人员 12 人次，免职 11 人次；任命监察委员会委员 5 人次，免职 5 人次；任命法院审判人员 19 人次，免职 22 人次；任命检察院检察人员 5 人次，免职 10 人次。

【市第十六届人大常委会第九次会议人事任免事项】 2023 年 1 月 31 日，景德镇市第十六届人民代表大会常务委员会第九次会议通过，任命李丰来为景德镇市人大常委会外事华侨民族宗教工作委员会主任；免去严培的景德镇市监察委员会副主任职务；任命匡宁为景德镇市人民检察院副检察长、检察委员会委员、检察员；免去操会刚的景德镇市人民检察院检察员职务，陈清的景德镇市人民检察院检察员职务。

【市第十六届人大常委会第十次会议人事任免事项】 2023 年 3 月 28 日，景德镇市第十六届人民代表大会常务委员会第十次会议通过，决定任命聂寅为景德镇市人大常委会选举任免联络工作委员会副主任，符晓剑为景德镇市人大法制委员会副主任委员；决定任命方静为景德镇市教育体育局局长，洪国强为景德镇市交通运输局局长，胡平华为景德镇市农业农村局局长，严培为景德镇市人民政府外事办公室主任，李传昆为景德镇国家陶瓷文化传承创新试验区管理委员会办公室（景德镇市瓷局）主任（局长）；任命吴鲲为景德镇市监察委员会委员；免去程坚的景德镇市监察委员会委员职务；决定免去方静的景德镇市司法局局长职务，胡平华的景德镇市人民政府外事办公室主任职务，冯国平的景德镇市教育体育局局长职务，陈振中的景德镇市交通运输局局长职务，黎廷相的景德镇市农业农村局局长职务，方霞云的景德镇国家陶瓷文化传承创新试验区管理委员会办公室（景德镇市瓷局）主任（局长）职务。任命刘哲甫为景德镇市中级人民法院刑事审判第一庭庭长，欧阳国为景德镇市中级人民法院民事审判第一庭庭长，戴瑞为景德镇市中级人民法院民事审判第三庭庭长，方莉为景德镇市中级人民法院民事审判第四庭庭长，程丽君为景德镇市中级人民法院行政审判庭庭长，罗明华为景德镇市中级人民法院审判监督庭庭长，唐东勇为景德镇市中级人民法院刑事审判第二庭副庭长，李晶莹为景德镇市中级人民法院刑事审判第二庭副庭长，姚云平为景德镇市中级人民法院民事审判第一庭副庭长，涂国鹏为景德镇市中级人民法院民事审判第二庭副庭长，徐骥为景德镇市中级人民法院民事审判第三庭副庭长，胡志勇为景德镇知识产权法庭副庭长，林伟为景德镇知识产权法庭副庭长，叶心华为景德镇市中级人民法院民事审判第四副庭长，章汝秀为景德镇市中级人民法院行政审判庭副庭长；免去许育斌的景德镇市中级人民法院立案庭庭长职务，耿丽萍的景德镇市中级人民法院刑事审判第一庭庭长职务，彭联红的景德镇市中级人民法院民事审判第一庭庭长职务，刘进华的景德镇市中级人民法院民事审判第四庭庭长职务，方莉的景德镇市中级人民法院行政审判庭庭长职务，刘哲甫的景德镇市中级人民法院审判监督庭庭长职务，刘俊炜的景德镇市中级人民法院刑事审判第二庭副庭长职务，周宗祥的景德镇市中级人民法院刑事审判第二庭副庭长职务，戴瑞的景德镇市中级人民法院民事审判第一庭副庭长职务，周寿林的景德镇市中级人民法院民事审判第二庭副庭长职务，胡志勇的景德镇市中级人民法院民事审判第三庭副庭长职务，欧阳国的景德镇市中级人民法院民事审判第四庭副庭长职务，程丽君的景德镇市中级人民法院行政审判庭副庭长职务，张敏的景德镇市中级人民法院审判委员会委员、审判员职务，杨丹霞的景德镇市中级人民法院审判员职务，高金炼的景德镇市中级人民法院审判员职务，张琪的景德镇市中级人民法院审判员职务；批准免去匡宁的浮梁县人民检察院检察长职务；批准任命程超为浮梁县人民检察院检察长；任命陈抚娟为景德镇市浮南地区人民检察院检察员，王晓波为景德镇市浮南地区人民检察院检察员；免去程超的景德镇市人民检察院检察员职务，焦武清的景德镇市人民检察院检察员职务，鲍鹏俊的景德镇市人民检察院检察员职务。

【市第十六届人大常委会第十一次会议人事任免事项】 2023 年 5 月 5 日，景德镇市第十六届人民代表大会常务委员会第十一次会议通过，任命郑民庆、吴振华、涂茂文为景德镇市监察委员会委员；免去刘志军、张少锋、石军雄的景德镇市监察委员会委员职务；免去方清的景德镇市人民检察院检察员职务。

【市第十六届人大常委会第十二次会议人事任免事项】 2023 年 6 月 29 日，景德镇市第十六届人民代表大会常务委员会第十二次会议通过，任命肖岚、陈菊明为景德镇市第十六届人民代表大会法制委员会委员，杨日生为景德镇市人大财政经济委员会副主任委员，温丽华为景德镇市人大监察和司法委员会副主任委员，彭庆鉴为景德镇市国防动员办公室主任；任命叶质柱为景德镇市监察委员会副主任；任命曹谨超为景德镇市中级人民法院立案庭庭长；免去曹谨超的景德镇市中级人民法院立案庭副庭长职务。

【市第十六届人大常委会第十三次会议人事任免事项】 2023 年 7 月 12 日，景德镇市第十六届人民代表大会常务委员会第十三次会议通过，决定任命崔素香、肖莉为景德镇市人民政府副市长；决定任命张金水为景德镇市城市管理局局长；决定免去杨志奇的景德镇市人力资源和社会保障局局长职务，汪春艳的景德镇市城市管理局局长职务；免去朱丽清的景德镇市人民检察院检察员职务，曹谌的景德镇市人民检察院检察员职务。

【市第十六届人大常委会第十四次会议人事任免事项】 2023 年 9 月 12 日，景德镇市第十六届人民代表大会常务委员会第十四次会议通过，任命王晓波为景德镇市浮南地区人民检察院副检察长；免去罗晓敏的景德镇市浮南地区人民检察院检察员职务；任命李南新为景德镇市中级人民法院审判员，汪至美为景德镇市中级人民法院审判员；决定任命黄建平为景德镇市人民政府秘书长，罗莉为景德镇市人力资源和社会保障局局长；决定免去黄建平的景德镇市工业和信息化局局长职务，罗莉的景德镇市乡村振兴局局长职务，江华的景德镇市人民政府秘书长职务；任命汤媛媛为景德镇市中级人民法院副院长、审判委员会委员、审判员、代理院长；接受邓建辉辞去景德镇市中级人民法院院长职务的请求，并报景德镇市第十六届人大常委会第十四次会议备案。

【市第十六届人大常委会第十五次会议人事任免事项】 2023 年 11 月 23 日，景德镇市第十六届人民代表大会常务委员会第十五次会议通过，免去石平莲的景德镇市中级人民法院审判委员会委员职务，何明才的景德镇市中级人民法院审判员职务，李红的景德镇市中级人民法院审判员职务；决定任命邹国良为景德镇市工业和信息化局局长。

执法检查

【《江西省公安机关警务辅助人员条例》执法检查】 3—4 月，受省人大常委会委托，市人大常委会成立由市人大常委会副主任为组长，市人大监察司法委主任委员为副组长，部分市人大常委会委员和市人大监察司法委委员为成员的执法检查组。开展《江西省公安机关警务辅助人员条例》实施情况执法检查。检查组实地察看乐平市公安局、浮梁县公安局、珠山公安分局、昌南新区公安分局以及重点派出所等 14 家机关单位，检查条例相关配套制度、台账和资料，查看辅警后勤保障情况，观摩辅警警务技能训练和综合实战演练；召开 6 场汇报座谈会，分别听取市县两级公安、编办、财政、人社、退役军人事务部门和市交警支队的相关情况汇报并座谈。针对用人额度数不够、经费保障力度不够、管理配套制度不够健全、部分辅警学历有待提高等问题，提出建立健全机制、加强协同配合、加强学习宣传、拓宽职业发展路径等意见建议。

【安全生产“一法一条例”执法检查】 4 月 11—17 日，市人大常委会组成由部分市人大常委会组成人员和市人大代表的执法检查组，对全市贯彻实施《中华人民共和国安全生产法》和《江西省安全生产条例》情况开展执法检查。执法检查组先后到浯阳街道、同瑞物流有限公司、洪源镇政府、深燃公司、华润万家、开门子酒店、景华特种陶瓷有限公司等地，采取明察与暗访相结合的方式进行综合执法检查，通过实地检查、台账审查、集中座谈和现场询问等形式，详细了解安全生产“一法一条例”贯彻实施情况，查找各领域可能存在的安全生产薄弱环节。检查组还分别在景德镇市市区、乐平市、浮梁县召开座谈会，听取政府及相关部门的工作情况汇报。提出相关部门要强化政治意识，把安全理念抓在第一环；要强化责任意识，把知责履责落在第一步；要强化法治意识，把守法用法学法放在第一课；要强化底线意识，坚决遏制重大安全事故发生，确保全市安全生产形势持续平稳等要求。

【《中华人民共和国种子法》贯彻实施情况执法检查】 6—7月，为深入了解全市《中华人民共和国种子法》（以下简称《种子法》）贯彻实施情况，研究分析并推动解决影响法律贯彻实施的主要问题。市人大常委会以暗访形式深入乐平市、浮梁县、昌江区6个乡镇的水稻制种企业、农业种子经营户、苗木基地、种粮大户、水稻新品种推广基地、蔬菜传统品种保护基地进行暗访检查并召开座谈会。通过查现场、问情况、听汇报，了解掌握全市学习贯彻《种子法》的基本情况和存在的问题，针对宣传普及不够深入、人才队伍不够强大、种业工作高质量发展有待加强等问题，提出加大宣传力度、强化监管检查、加强优良种子推广示范三个方面9条具体建议，并将执法检查过程中发现的优良品种示范推广力度不够等8个问题整理制定《种子法》执法检查问题整改清单，明确市农业农村局、市林业局、市市场监督管理局等部门责任和12月底整改时限，跟踪督办。

【《景德镇市高岭—瑶里风景名胜区条例》执法检查】 7月11日，为全面了解条例实施情况，推动条例更好地贯彻落实，市人大常委会组成执法检查组，采取实地查看、查阅资料、听取汇报、座谈交流等方式，对《条例》贯彻落实情况开展执法检查。通过检查了解到，自《景德镇市高岭—瑶里风景名胜区条例》（以下简称《条例》）实施以来，在保护瑶里风景名胜区的自然生态和人文遗产、提升风景区管理水平等方面做了大量工作。同时针对检查中发现的相关财政支持不足、专业人才储备不足、重工程项目打造、轻文化项目建设等问题提出建设性意见建议。

【《江西省养老服务条例》执法检查】 9月22日，市人大社会建设委员会及部分市人大常委会委员开展《江西省养老服务条例》执法检查，并召开座谈会。检查组先后到国信康华综合体社区、市社会福利中心和蛟潭镇敬老院。全面了解养老机构日常服务管理、基础设施建设、养老政策落实、孤寡老人安置等情况，听取养老机构在经营发展中存在的困难、问题和建议，并与各养老机构入住老人交谈，了解日常生活和护理情况。提出要强化日常监管，加大养老服务监管力度；要加强养老服务队伍建设，加大养老护理相关专业人才的培养等建议。

监督调研

【概况】 2023年，市人大常委会聚焦国家试验区建设、乡村振兴、民生热点、生态环境和公平正义开展正确监督、有效监督、依法监督。支持预算联网监督系统发挥作用，持续深入推进人大预算审查监督重点拓展改革，专项听取财政绩效管理工作报告，推动财政资金分配监督向财政资金使用绩效监督转变。强化计划和预算、决算审查监督，听取审议全口径政府债务管理情况和“工业三年倍增”工作情况、“夜珠山”高品质生活等专项报告，为全市经济高质量发展保驾护航。持续开展“物业社区行”“环保瓷都行”“公益诉讼行”主题活动。

年内，常委会带头深入基层全面掌握情况，扎实开展调查研究，就基层民主、乡村振兴、环境保护等工作提出审议意见，形成调研文章11篇，切实做好调研成果转化。专题调研视察16次，专项调研企业国有资产管理情况，完善国有资产监督机制，有效防范化解重大风险。对全市医疗保障情况、道路交通事故预防“减量控大”、乡村公共文化服务保障工作情况开展调研。

【“公益诉讼江西行”专项行动】 4—11月，成立由市法院、市检察院、市公安局、市司法局、市自然资源规划局、市生态环境局、市农业农村局、市林业局组成的协调小组。围绕“守住耕地红线，保障粮食安全”主题，在全市范围内继续开展“公益诉讼江西行”专项行动。调研期间，先后组织协调小组成员单位召开启动会、调度会和总结交流会3次大会；先后组织监察司法委全体成员和部分代表实地察看浮梁县王港乡大岭村、昌江区丽阳镇余家村和乐平市后港镇程家村3个重点耕地保护整改区域，深入田间地头，了解耕地保护情况；联合市检察院赴市自然资源规划局、市生态环境局、市农业农村局、市林业局4家重点单位实地走访，深入了解工作开展情况和存在的难点、堵点。常委会听取和审议市检察院关于开展“守住耕地红线　保障粮食安全”公益诉讼专项监督报告，针对工作合力有待进一步提升、办案质效有待进一步提高、配套机制有待进一步完善和宣传效果有待进一步强化的问题，提出提高认识、严格落实耕地保护责任，担当作为、提高公益诉讼办案质效，协同贯通、充分发挥监督合力，强化宣传，引导社会广泛参与的意见建议。会后，梳理常委会的审议意见印发相关单位研究处理。

【第二季度食品安全“两个责任”包保督导】 6月6日，景德镇市人大常委会前往昌江区中心幼儿园开展第二季度食品安全“两个责任”包保督导。市人大监察和司法委员会、市市场监管局、昌江区人大常委会、昌江区人民政府相关负责人陪同。督导组一行按照包保任务清单，仔细检查学校食堂食品安全主体责任和“日管控、周排查、月调度”制度落实情况，督促学校在有关部门的监督指导下，有效发挥食品安全总监和食品安全管理员作用，制定并落实运行食品安全管理机制，切实履行进货查验记录义务，确保食品安全供应，杜绝食品安全事故发生。

【景德镇窑址申遗工作专题视察调研】 6月13日，市人大教科文卫委组成人员，就景德镇窑址申遗工作开展专题视察调研。市文广新旅局、市申遗办、浮梁县和珠山区人大常委会负责人等陪同。调研组先后对落马桥窑址、湖田古瓷窑址、南市街窑址、兰田古瓷窑址进行视察，详细了解景德镇窑址申遗历程、遗产位置与面积、遗产构成要素等情况。调研组一致认为，各地各部门坚决贯彻落实市委、市政府关于景德镇窑址申遗的决策部署，牢固树立一盘棋思想，同心同德、共识共为，思路清晰、方向明确，申遗工作取得新成效，同时也面临不少困难。委员们还围绕窑址保护、研究阐释、文化交流、产业发展等工作，提出宝贵的意见建议。

【2023年上半年预算执行情况的监督】 7月，市人大财经委第七次全体会议召开，听取和审议市财政局《关于景德镇市2023年上半年预算执行情况和2023年市级财政预算调整方案（草案）的报告》，从发展壮大实体经济、落实过紧日子要求、提升债券资金使用效益、防范化解政府性债务风险4个方面提出建议意见，形成审查报告于市人大常委会第十三次会议听取、审议通过。

【“物业社区行”活动】 7—8月，根据省人大常委会的统一部署和市人大常委会2023年监督工作计划，市人大常委会在2023年继续开展“物业社区行”专题监督活动。市人大财经委组成专题调研组，对全市物业管理情况进行系列调研，将调研报告提请市人大常委会第十四次会议听取和审议，汇总整理常委会的审议意见，由市人大常委会办公室转请市政府研究处理。市政府已向市人大常委会第十五次会议报告研究处理情况。

【听取和审议国有资产专项报告】 7月12日，市人大常委会制定《关于听取市人民政府关于国有资产管理综合报告与听取和审议市人民政府关于企业国有资产管理专项报告的方案》，切实摸清国有资产底数，促进企业国有资产保值增值，使企业国有资产更好服务全市经济高质量发展、造福人民，认真查找企业国有资产管理过程中存在的困难和问题，从提高国资监管水平、完善现代企业制度、推动企业提质增效、强化债务风险防范4个方面提出进一步完善全市企业国有资产管理的意见和建议，形成《关于我市企业国有资产管理情况的调研报告》，为市人大常委会第十五次会议审议提供参考。

【“环保瓷都行活动”活动】 8—11月，市人大常委会围绕“大力推进昌江河流域总磷污染治理”主题，开展2023年“环保瓷都行”活动。活动围绕控制和削减昌江河流域总磷污染治理，与省人大“环保赣江行”活动相结合，深入开展检查，促进政府及有关部门和单位依法履职尽责，推动昌江河水环境质量持续改善。

【2022年市本级财政决算的审查】 9月，市人大财经委第八次全体会议召开，听取和审议市

财政局《关于景德镇市 2022 年市本级财政决算（草案）的报告》，从强化预算执行约束、加强政府债务管理、深化财政改革创新、严肃财经纪律 4 个方面提出建议意见，形成审查报告并提请市人大常委会第十四次会议审议通过。

【医疗保障工作专题调研】 10 月，市人大常委会对全市医疗保障工作进行专题调研，调研采取座谈会和实地调研相结合的方式进行。会后，调研组赴市第二人民医院、浮梁县臧湾乡便民服务中心、浮梁县臧湾乡马家村卫生室等地进行实地调研，全面了解全市医疗保障政策落实、基金管理使用、保障体系建设的主要做法和工作成效，以及全市医疗保障工作存在的困难和问题等。提出要强化协同，持续深入推进全民参保计划；要聚焦发展，持续深入推进医疗保障改革；要防范风险，持续深入推进医保基金监管；要创新举措，持续深入推进医保经办能力建设等要求。

【公共文化服务保障“一法一条例”贯彻实施情况专题调研】 10 月 13 日，市人大常委会专题调研组，就《中华人民共和国公共文化服务保障法》《江西省公共文化服务保障条例》（简称公共文化服务保障“一法一条例”）在乡村的贯彻实施情况进行调研，并召开座谈会。市人大常委会部分委员和市人大教科文卫委部分组成人员及市文旅局、市教体局、浮梁县人大常委会和县政府负责人等陪同。专题调研组赴浮梁县王港乡港口村和臧湾乡臧湾中学、寒溪村实地调研，深入了解乡村公共文化服务保障情况，并召开座谈会，广泛听取各方面的意见建议，形成专题调研报告。组织委员认真审核市政府书面报告，归纳整理审议意见 4 条，并将审议意见转请市政府研究处理，跟踪督办。

【“夜珠山”高品质发展推进情况专项调研】 10 月 25 日，市人大常委会调研组到九集小镇等“夜珠山”部分打卡地开展调研活动。调研组一行实地查看配套设施、业态布局、管理服务、街区人流等情况，听取相关负责人的情况介绍，详细询问夜市运行过程中存在的困难和问题，并与商户和群众交谈了解经营消费情况。提出要以打造服务型政府为抓手，完善配套保障；要发挥年轻消费群体创新带动作用等要求。

【落实《乡村振兴责任制实施办法》工作情况】 11 月，市人大常委会赴乐平市、浮梁县 4 个乡镇的企业车间、种植基地、田间地头，与乡村干部、农业龙头企业主、农技人员讨论交流并召开座谈会，听取各县（市、区）、有关职能部门汇报和人民代表意见建议，了解景德镇市落实《乡村振兴责任制实施办法》工作情况和存在的问题，针对认识有差距、协同有间隙、考核运用有脱节等问题，提出加强学习宣传，牢固责任意识；加强统筹协调，汇聚工作合力；加强考核运用，发挥好指挥棒作用等具体建议。

议案建议办理

【概况】 2023 年，市第十六届人大常委会三次会议期间，收到大会议案 15 件，代表建议意见 72 件，经研究，确定 12 件大会建议由市政府领导领衔办理和市人大领导分工督办，并下发督办工作方案。

【建议评价办理结果】 2023 年，市第十六届人大常委会三次会议期间，由市政府及有关部门办理的建议数为 78 件，重点建议数 11 件，为精准评价办理结果，评价等级由原来的 3 类细分为 7 类。办理结果为 A 类 54 件、B 类 13 件、C 类 6 件，A 类占比较上一届平均数提升 9.7%。代表反馈建议办理满意率和基本满意率达到 97%。

【建议领办督办机制】 6 月底，87 件代表建议办理工作取得较好成效，代表对 87 件建议办理答复情况表示满意的 86 件，表示基本满意的 1 件，满意率 100%。所提建议已解决 59 件，列入计划逐步解决 13 件，需要创造条件解决 5 件，受条件限制留作参考 1 件。市人大常委会对建议办理常态化督导，多次协调承办单位与代表充分沟通；市政府主要领导高度重视，确定具体的市政府牵头领导、牵头单位、责任部门；各承办单位采取召开座谈会、上门征求意见、微信和电话联系等方式，及时向代表报告办理情况、交换落实意见；市政府督查室积极与市人大常委会选任联工委沟通对接，加强信息共享，有效避免出现因办理期间代表调整，影响相关建议办理连续性等问题。增加重点督办建议的占比，87 件代表议案建议已办理完成，代表建议办复率 100%，代表反馈建议满意率和基本满意率达 95% 以上。

（万程梦珊　余燕）

景德镇市人民政府

综　述

【试验区建设走深走实】 2023年，景德镇市60个试验区重点项目进展顺利，争取到国家发改委在景德镇召开部省恳谈会、现场交流会，省政府2次召开省领导小组会，获批国家对外文化贸易基地等12项国家级试点示范。申遗工作扎实推进，遗址保护利用水平显著提升，入选第二批国家文物保护利用示范区，古陶瓷基因库列入全国首批文物事业高质量发展案例。文化保护持续深化，获批创建国家级知识产权保护中心，发布陶瓷艺术品电子身份证、陶瓷酒瓶及玲珑瓷标准。“千馆之城”建设卓有成效，上线数字化应用服务平台，首批330家精品场馆精彩亮相。文旅融合势头强劲，陶然集等一批文旅品牌火热出圈，景德镇市旅游人次同比增长50%，较2019年增长11.7%。全力推进陶阳里历史文化街区创建国家AAAAA级旅游景区工作，对部分AAA级、AA级旅游景区开展现场复核检查，评定14家单位为省级AAA级乡村旅游点。陶溪川获评国家旅游科技示范园区。“夜珠山”入选《世界旅游休闲城市发展报告》典型案例。

【对外交流打开新局】 2023年，景德镇市深度融入共建“一带一路”，赴欧洲、阿拉伯国家开展文化交流，举办中埃陶瓷文化交融讲座等重点活动18项。积极推动国际友城“扩容”，与保加利亚特罗阳市、尼泊尔廓尔喀市、塞浦路斯帕罗迪亚区、俄罗斯戈罗杰茨市4个城市签署建立友好城市意向书，开展系列友城交流活动。承办丝绸之路旅游城市联盟成立仪式、2023战略传播论坛等10余场高规格品牌活动，102名驻华使节、近千名国际友人到景德镇交流，外宾层次和规模都创历年之最。

【项目建设提速提质】 2023年，景德镇市成功申报省重点工程建设项目33个，总投资900亿元，年度计划投资260亿元；1—12月，项目累计完成投资293亿元，超额12.6%完成年度计划。安排市重点工程建设项目309个（其中产业项目231个、民生项目41个、城建项目20个、基础设施项目17个），总投资3206亿元，年度计划投资637亿元；1—12月，项目累计完成投资689.7亿元，超额8.3%完成年度计划。

【产业发展稳步提升】 2023年，纵深推进工业倍增三年行动，在全省工业高质量发展考评中连续三年实现位次前移，工业对GDP增长贡献率达50.2%，较2020年提高近10个百分点；工业增值税达24.5亿元，实现三年翻番。招大引强成果丰硕，举办粤港澳大湾区重点客商恳谈会等重点活动70余场，新签约亿元以上项目198个，总投资92亿元。扶优扶强成效明显，建立重点培育企业（项目）清单，常态化开展“企业服务日”，解决企业融资需求近70亿元，推动73个扶优扶强项目增资扩产，投产后可新增营收768.6亿元。昌河汽车“乘转商”快速推进，整车生产突破3万辆、增长50%。转型升级步伐加快，规上工业企业增至641家，战略性新兴产业占比达 34.5%、较 2020 年提升 7.1 个百分点，2 家企业获评国家专精特新“小巨人”企业、49 家中小企业获评省专精特新企业，创历年最好成绩。

【商贸经济蓬勃发展】 2023 年，陶瓷官方旗舰店先后布局北京、珠海等城市，海外首站布局迪拜，线上线下网点达 19 家，营收超 7000 万元；建成“买全球、卖全球”的陶博城，签约入驻 600 余家企业，覆盖 20 多个产瓷区、32 个国际品牌；陶瓷外贸出口连续两年翻番、突破 10 亿元。两家企业建成俄罗斯、新加坡海外仓。国家文化和旅游消费示范城市建设稳步推进，开展春节商贸消费促进月、“五一”商贸文旅消费节等商贸文旅活动 100 余场。

【改革开放纵深推进】 2023 年，营商环境不断优化，“知识产权陶瓷技术调查官制度”等改革全国首创，“工程建设项目全生命周期数字化管理”入选全国改革试点。重点改革不断深化，扎实推进国资国企改革，组建景德镇资本投资集团、测绘设计院有限公司，经营性国有资产实现集中统一监管。“高新区剥离社会事务，一区多园融合发展”获评全省开发区改革创新优秀案例。昌江产业园获批省级产业园。开放通道不断拓宽，鱼山码头基本建成。昌江航道提升工程、机场扩建前期工作进展顺利，航班旅客吞吐量 53.8 万人次，超 2019 年水平。昌景黄高铁正式通车，标志景德镇迈入“高铁时代”。

【城乡环境不断改善】 2023 年，城市品质稳步提升，入选全国深化城市体检工作制度机制试点城市，成为全省首个国家节水型城市、首个县城节水型社会达标全覆盖地市。持续优化生态环境，全市 $PM_{2.5}$ 平均浓度 25 微克 / 立方米；空气优良天数比率 98.9%。全市地表水断面水质优良比例 100%，集中式饮用水水源水质达标率 100%，稳定保持高水平。全面推进乡村振兴，2023 年全市粮食作物播种面积 143.4 万亩、总产 11.2 亿斤，引进农业产业化项目 19 个，其中 10 亿元以上项目 1 个。深入推进美丽乡村建设，完成 419 个省市新农村点整治建设任务。大力实施“头雁引航 雏鹰振飞”行动，“江南菜乡”优质蔬菜和“浮梁茶”区域公用品牌市场知名度不断提高，全省第二个、全市首个“盒马村”正式挂牌，建设京东平台景德镇农特产馆，高岭·中国村入选 2023 年全省春季美丽乡村休闲游精品线路。

【民生福祉更加殷实】 2023 年，民生保障持续加强，新增城镇就业 1.76 万人，零就业家庭安置率 100%。连续 22 次提高城市居民最低生活保障标准，16 次提高农村居民最低生活保障标准，城乡低保标准位居全省第二。社会事业协调发展，改扩建学校 5 所、新建公办幼儿园 8 所，新增中小学学位 1.45 万个，普惠性幼儿园覆盖率达 94%；医疗保障改革持续深入，住院平均医疗费用下降 11%；城市形成“15 分钟老年助餐服务圈”，农村互助养老服务设施覆盖率 92.4%。风险隐患有效控制，政府性债务、金融风险稳定可控，“保交楼”有序推进，安全生产基础不断夯实，连续 21 年未发生重大及以上事故。

（李悦欣）

重要会议

【市政府党组会议、常务会议】 1 月 18 日，市委副书记、市长胡雪梅主持召开市政府党组第 23 次会议暨市政府第 21 次常务会议。会议传达学习近期习近平总书记重要讲话、重要指示精神和国务院有关重要会议精神，听取有关汇报，研究部署巡视整改有关工作。

2 月 13 日，市委副书记、市长胡雪梅主持召开市政府党组第 24 次会议暨市政府第 22 次常务会议。会议传达学习习近平总书记重要讲话、重要指示精神，研究部署国家试验区工作，分析一季度经济形势，审议有关事项。

3 月 16 日，市委副书记、市长胡雪梅主持召开市政府党组第 25 次会议暨市政府第 23 次常务会议。会议传达学习习近平总书记重要讲话、重要指示精神，审议有关事项，研究部署有关工作。

3 月 31 日，市委副书记、市长胡雪梅主持召开市政府党组第 26 次会议暨市政府第 24 次常务会议。会议传达学习习近平总书记重要讲话、重要指示精神，以及省相关会议精神和省领导近期讲话精神，听取有关汇报，审议有关事项，部署有关工作。

4 月 25 日，市委副书记、市长胡雪梅主持召开市政府党组第 27 次会议暨市政府第 25 次常务会议。会议传达学习习近平总书记重要讲话、重要指示精神和国务院有关重要会议精神，以及省相关会议精神和省领导近期讲话精神，听取有关汇报，审议有关事项，部署有关工作。

5 月 18 日，市委副书记、市长胡雪梅主持召开市政府党组第

28次会议暨市政府第26次常务会议。会议传达学习习近平总书记重要讲话、重要指示精神和中央有关会议精神，以及省委副书记、省长叶建春来景德镇市调研期间的讲话精神，分析1—4月全市经济形势，部署有关工作，审议有关事项。

6月20日，市委副书记、市长胡雪梅主持召开市政府党组第29次会议暨市政府第27次常务会议。会议传达学习习近平总书记重要讲话、重要指示精神和中央有关重要会议精神，以及省委、省政府相关会议精神和省领导近期讲话精神，听取有关汇报，审议有关事项，部署有关工作。

7月25日，市委副书记、市长胡雪梅主持召开市政府党组第30次会议暨市政府第28次常务会议。会议传达学习习近平总书记重要讲话、重要指示批示精神和中央有关重要会议精神，分析2023年上半年全市经济形势，部署有关工作，审议有关事项。

8月24日，市委副书记、市长胡雪梅主持召开市政府党组第31次会议暨市政府第29次常务会议。会议传达学习习近平总书记重要讲话、重要指示精神和国务院有关重要会议精神，以及省相关会议精神和省领导近期讲话精神，组织开展专题学习和法规文件学习，听取有关汇报，审议有关事项，研究部署有关工作。

9月15日，市委副书记、市政府党组书记、市长胡雪梅主持召开市政府党组第32次会议，深入学习贯彻习近平总书记关于主题教育重要讲话和重要指示批示精神，认真落实党中央、省委、市委部署要求，研究部署市政府党组主题教育工作。市政府党组成员出席会议，非党员副市长列席。会议审议并原则通过《中共景德镇市人民政府党组学习贯彻习近平新时代中国特色社会主义思想主题教育实施方案（送审稿）》。

9月25日，市委副书记、市长胡雪梅主持召开市政府党组第33次会议暨市政府第30次常务会议。会议传达学习习近平总书记重要讲话、重要指示精神和国务院有关重要会议精神，以及省相关会议精神和省领导近期讲话精神，组织开展专题学习和法规文件学习，听取有关汇报，审议有关事项，部署有关工作。

10月15日，市委副书记、市长胡雪梅主持召开市政府党组第34次会议暨市政府第31次常务会议。会议传达学习习近平总书记考察江西重要讲话精神及在进一步推动长江经济带高质量发展座谈会上的重要讲话精神，听取全市经济运行情况汇报、2023年民生十件实事进展情况和2024年谋划情况汇报，研究部署下一步工作。

10月30日，市委副书记、市长胡雪梅主持召开市政府党组第35次会议暨市政府第32次常务会议。会议传达学习习近平总书记重要讲话、重要指示精神和国务院有关重要会议精神，以及省相关会议精神和省领导近期讲话精神，组织开展专题学习和法规文件学习，听取有关汇报，审议有关事项，部署有关工作。

11月29日，市委副书记、市长胡雪梅主持召开市政府党组第36次会议暨市政府第33次常务会议。会议传达学习习近平总书记重要讲话、重要指示精神和国务院有关重要会议精神，以及省相关会议精神和省领导近期讲话精神，组织开展专题学习和法规文件学习，听取有关汇报，审议有关事项，研究部署有关工作。

12月20日，市委副书记、市长胡雪梅主持召开市政府党组第37次会议暨市政府第34次常务会议。会议传达学习习近平总书记重要讲话、重要指示精神和国务院有关重要会议精神，以及省相关会议精神和省领导近期讲话精神，组织开展专题学习和法规文件学习，听取有关汇报，审议有关事项，研究部署有关工作。

【其他会议】 2月13日，市委副书记、市长胡雪梅主持召开市工业强市建设工作领导小组会议。会议要求全面贯彻落实党的二十大精神，按照党中央、国务院决策部署以及省委和省政府工作要求，坚定信心、锚定目标，围绕“三年翻番”和“三个千亿”，凝心聚力、全力攻坚，挺起全面建设社会主义现代化国际瓷都的产业脊梁，为推动景德镇市高质量发展提供坚强支撑。

4月12日，国家陶瓷文化传承创新试验区现场交流会在景德镇国际陶瓷博览交易中心召开。会议的主要任务是：深入贯彻落实党的二十大精神和习近平总书记关于景德镇国家陶瓷文化传承创新试验区建设的重要指示精神，全面总结国家试验区三年多来的建设情况，进一步弘扬传统文化、激发创新精神、促进交流互鉴，研究部署下一步工作。

4月18日，全市重点产业项目招商工作调度会召开。市委书记刘锋出席会议并讲话。会议强调，招商引资是“拼经济、拼发展”的先手棋，招商引资抓好了，才能为经济发展提供强劲动力。全市上下要进一步认清形势、抢抓机遇、强化措施、攻坚克难，迅速掀起新一轮招商引资热潮，为决战决胜工业倍增三年行动、实现“三个千亿”的目标而不懈奋斗。市委副书记、市长胡雪梅主持会议并讲话。市领导吴隽、曹雄泰、俞小平、孙安敏、林卫春、罗建国、罗文军、高晓云，高新区管委会主任，昌江区委书记倪卫春，市政府党组成员、昌南新区党工委书记余立新出席会议。

5月30日，全市贸易兴市工作推进会召开。市委书记刘锋出席会议并讲话。会议强调，要深入贯彻落实习近平总书记关于加快建设贸易强国的重要论述，深刻领会市委、市政府推进贸易兴市的战略意图，吹响“冲锋号”、明确“路线图”、立下“军令状”，全力开创贸易兴市工作新局面，为推进景德镇国家陶瓷文化传承创新试验区建设、全面展现中国式现代化的景德镇图景提供坚实贸易支撑。市委副书记、市长胡雪梅主持会议并讲话。市领导曹雄泰、俞小平、孙安敏、廖良生、林蓉、吴财锋、林卫春、胡春平等出席会议。

7月20日，全市重点产业项目招商工作调度会召开。市委书记刘锋出席会议并讲话。会议强调，招商引资是经济发展的“生命线”。各地各部门要深刻认识招商引资工作的极端重要性、现实紧迫性和任务艰巨性，把招商引资作为推动经济社会发展的主抓手、建功立业的主战场，坚定信心、保持恒心、提升水平，奋力开创招商引资工作新局面，为全市经济高质量发展提供更加有力支撑。市委副书记、市长胡雪梅主持会议并讲话。市领导吴隽、俞小平、吴财锋、林卫春、胡春平、崔素香、罗建国、邹永胜、罗文军、徐辉、高晓云，国家试验区管委会专职副主任刘子力、高翔，高新区管委会主任、昌江区委书记倪卫春出席会议。会上，刘锋为2020—2022年全省开放型经济先进单位授牌，吴隽、吴财锋对全市重点产业项目招商工作提出具体要求，高晓云通报全市招商引资优秀案例。

7月24日，市推进机场建设前期工作领导小组第二次调度会议召开。市委书记、市推进机场建设前期工作领导小组组长刘锋出席会议并讲话。他强调，景德镇机场改扩建项目，事关高质量发展成色、事关可持续发展后劲。各级各部门要统一思想、统一意志、统一行动，按照任务清单、责任清单、时间清单抓好落实，努力以高水平建设服务景德镇高质量发展，为全面建设社会主义现代化国际瓷都提供坚实交通保障。市委常委、副市长崔素香，市人大常委会副主任孙艳峰、朱仕木出席会议。会上，崔素香、孙艳峰、朱仕木就进一步做好机场建设前期工作提出具体要求。

7月25日，全市招商引资项目要素保障工作调度会召开。市委副书记、市长胡雪梅主持会议并讲话。会议强调，要进一步增强责任感、紧迫感，常态长效开展工作，真心实意服务项目，合力形成“众人拾柴火焰高”的良好氛围，努力用干部的辛苦指数换来景德镇的发展指数。市委常委、常务副市长邓永翔，市委常委、副市长崔素香，副市长罗文军、徐辉、高晓云、肖莉，国家试验区管委会专职副主任高翔出席会议。邓永翔、高晓云分别就做好招商引资项目要素保障工作提出具体要求。会议通报全市重点招商引资项目要素保障方面存在的困难问题，相关部门紧扣实际问题分别作发言。

8月24日，全市食品安全委员会全体（扩大）会议召开。市委副书记、市长胡雪梅主持会议并讲话。她强调，要深入学习贯彻习近平总书记关于食品安全工作的重要指示精神，按照“四个最严”要求，把食品安全工作摆到更加突出的位置，积极回应群众期盼，推动隐患排查和问题整改，坚决守好食品安全底线。市委常委、常务副市长邓永翔，市委常委、副市长崔素香，副市长江民强、邹永胜、罗文军、徐辉、高晓云，国家试验区管委会专职副主任高翔，高新区管委会主任、昌江区委书记倪卫春出席会议。

9月25日，景德镇市召开数字政府建设专题会，研究部署全市数字政府建设工作。市委副书记、市长胡雪梅主持会议并讲话。会议强调，要深入学习习近平总书记关于数字政府建设重要论述精神，全面贯彻落实省委、省政府关于数字政府建设的工作要求，持续发力、久久为功，推动景德镇市数字政府建设走稳走深走实。市委常委、副市长崔素香，副市长江民强、邹永胜、肖莉，国家试验区管委会专职副主任高翔，市政府秘书长黄建平出席会议。

10月17日，景德镇市城市招商推介会召开。市委书记刘锋致辞，市委副书记、市长胡雪梅主持。江西省金融监管局党组成员、副局长万良顺，江西银行党委委员、副行长俞健，中国建筑一局（集团）有限公司副总经理廖钢林，中国电建集团江西省水电工程局有限公司党委书记、董事长胡国清，中大集团党委委员、企管中心负责人、中大地产常务副总裁石云祥，中铁四局集团有限公司副总经理许耀亮等嘉宾出席推介会。市领导邓永翔、罗建国、高晓云及市政府秘书长黄建平参加会议。会上，与会嘉宾共同观看景德镇城市宣传片；邓永翔作景德镇市推介发言，介绍景德镇的市情、产业发展和投资发展环境，诚邀企业家们选择景德镇、投资景德镇、深耕景德镇。部分金融机构和企业代表作交流发言。会议还举行项目签约仪式。

11月9日，打造“景德镇菜”品牌座谈会召开。市委书记刘锋出席会议并讲话。会议强调，民以食为天，餐饮业与百姓生活息息相关，是促消费、惠民生、稳就业的重点领域。要把打造“景德镇菜”作为市委、市政府文化立市、工业强市、贸易兴市“三手同向”发力战略的具体抓手，全力补齐短板、变弱项为强项，把“景德镇菜”打造成文旅精品品牌，为景德镇经济社会高质量发展注入澎湃活力。市委副书记、市长胡雪梅讲话。市人大常委会副主任、市委秘书长罗建国，市政府秘书长黄建平出席会议。副市长高晓云主持会议。会上，市餐饮协会汇报开发“景德镇菜”基本情况，市商务局汇报了《打造“景德镇菜”品牌工作实施方案（征求意见稿）》，相关餐饮行业代表先后作发言。

11月8日，景德镇国家陶瓷文化传承创新试验区调研座谈会召开。国家发展改革委党组成员、副主任丛亮讲话，省委常委、常务副省长任珠峰致辞。国家发展改革委社会发展司司长刘明主持会议。中宣部、文化和旅游部、工业和信息化部、国家文物局、海关总署等11个部委和单位派员参加活动。省政府副秘书长、办公厅主任刘晓艺，省发展改革委主任王前虎等出席会议。市委书记刘锋代表景德镇市发言。市领导胡雪梅、林蓉、邓永翔、崔素香、肖莉，国家试验区管委会专职副主任刘子力、高翔参加会议。会上，景德镇国家陶瓷文化传承创新试验区建设领导小组办公室介绍试验区建设进展情况，汇报提请国家部委协调解决事项，国家有关部委现场予以逐项回应。

11月24日，促进全市旅游住宿行业规范经营工作部署会召开。市委副书记、市长胡雪梅出席会议并讲话。会议强调，要深入学习贯彻习近平总书记关于文化和旅游工作的重要论述，进一步凝聚共识、强化举措、精准发力，用心用情做好旅游住宿行业规范经营工作，推动旅游环境大提升、大改善，实现景德镇市文化旅游事业可持续发展。市委常委、副市长崔素香，市政府秘书长黄建平出席，副市长高晓云主持会议。崔素香、高晓云就贯彻落实此次会议精神提出具体要求。会议审议并原则通过《关于促进全市旅游住宿行业规范经营的实施方案（送审稿）》，有关单位作发言。

11月29日，在收看收听全省安全生产电视电话会议后，景德镇市立即召开全市安全生产暨冬春消防安全防范工作动员部署电视电话会议，对安全生产工作进行再部署再强调。市委副书记、市长胡雪梅出席会议并讲话。会议强调，要深入学习贯彻习近平总书记关于安全生产和防灾减灾救灾的重要论述，全面落实省委、省政府工作要求，统筹好发展和安全，用心守护群众健康平安的幸福线，为今年经济社会发展圆满收官、明年实现良好开局提供坚强有力的安全保障。市委常委、常务副市长邓永翔主持会议。副市长邹永胜、罗文军、徐辉、肖莉，市政府秘书长黄建平出席会议。会上，邓永翔就贯彻落实此次会议精神提出具体要求。

12月9日，景德镇申遗及考古工作座谈会召开。国家文物局副局长关强，市委书记刘锋出席会议并讲话。市委副书记、市长胡雪梅主持。国家文物局考古司司长闫亚林，省文旅厅副厅长、省文物局局长丁新权，副市长肖莉，市政府秘书长黄建平出席会议。会上，闫亚林就进一步做好申遗工作作交流发言，丁新权介绍景德镇市申遗及江西省考古工作情况，肖莉汇报景德镇市申遗工作情况及未来两年考古工作计划。市文旅局、市申遗办作工作汇报。

（李悦欣）

重要决策

【《关于推进大院大所合作增强科技创新驱动力的实施意见》印发】 2月7日，景德镇市人民政府印发该文件。文件明确指导思想、主要目标、重点任务和保障措施，围绕加快实施创新驱动发展战略总体目标，以国家试验区建设为统领，聚焦产业转型升级、企业自主创新等重大需求，推动景德镇市与国内外大院大所开展长效合作，着力集聚高端创新要素，不断增强科技创新驱动力。

【《景德镇市卫生健康服务能力全面提升三年行动计划（2023—2025年）》印发】 5月9日，景德镇市人民政府办公室印发该文件。文件明确总体要求、重点任务和保障措施，以一年补齐短板、两年强化弱项、三年提质扩容为目标，从公共卫生、医疗服务、基层卫生服务、中医药服务、全生命周期健康服务、人才培养和医教研协同创新、“智慧卫健”七个方面明确重点任务。提出具体保障措施，强化组织领导、投入保障、统筹推进、督导考核，加大宣传引导，推动卫生健康事业高质量发展。

【《景德镇市“十四五”节能减排综合工作实施方案》印发】 5月26日，景德镇市人民政府印发该文件。文件明确总体要求、主要目标以及各项工作责任单位。从实施节能减排重点工程、完善节能减排控制制度、健全节能减排政策机制、加强组织实施等方面提出具体策略措施，加快建立健全绿色低碳循环发展经济体系，推进景德镇市经济社会全面绿色转型，助力实现碳达峰、碳中和目标。

【《景德镇市贯彻落实江西省气象高质量发展纲要（2023—2035年）实施方案》印发】 6月29日，景德镇市人民政府印发该文件。文件提出总体要求，明确指导思想和发展目标，从加快构建现代气象业务体系；筑牢气象防灾减灾第一道防线，保障生命安全；提高气象服务经济高质量发展水平，保障生产发展；提升人民美好生活气象服务保障，保障生活富裕；强化生态文明建设气象支撑，保障生态良好；加强气象人才队伍建设；提高气象科技创新能力；强化组织实施等方面提出具体措施，并明确各项工作责任单位。

【《景德镇市推进养老服务提质升级三年行动方案（2023—2025年）》印发】 9月14日，景德镇市人民政府办公室印发该文件。文件深入贯彻落实党的二十大精神，实施积极应对人口老龄化国家战略，加快推进景德镇市养老服务提质升级，更好满足老年人多层次、高质量养老服务需求。从提升居家社区养老服务品质、强化公办养老机构兜底保障能力、支持社会力量扩大养老服务供给、提升养老服务专业化水平、加强养老服务要素支撑等方面提出具体策略措施，并明确各项工作责任单位。

【《景德镇市医疗机构设置规划（2021—2025年）》印发】 12月14日，景德镇市人民政府办公室印发该文件。文件详细阐述规划背景，介绍景德镇基本概况、医疗资源现状和问题与挑战。明确总体要求，从综合医院（含中医医院）、妇幼保健机构、精神卫生机构、专科医疗机构、院前急救机构、采供血机构、基层医疗卫生机构、其他医疗机构八个方面阐明规划内容。明确床位资源、人力资源、技术资源三个方面主要医疗资源配置情况。并提出强化部门协作，保障规划落实；加强准入管理，严格设置审批；加强行业监管，提升服务质量等保障措施。

（李悦欣）

督　查

【概况】 2023年，抓好《政府工作报告》分解立项，明确责任领导、责任单位、责任人，并按照“年初建账、年中查账、年底交账”的思路开展督查，定期对95项重点工作进行调度，推动相关工作任务严格按照计划推进。按照突出“快细实合”，狠抓市政府领导批示事项的办理落实，进一步规范工作程序，加大工作力度，有效提高领导批示件的办理质量。重点做好国务院推动高质量发展综合督查、国务院督查激励、省委第五巡视组巡视反馈意见涉及政府职能方面问题整改、省委省政府综合督查等相关工作的推进落实，建立定期交流机制、完善信息交流平台，确保领导批示工作落实取得实效。

【民生实事督查】 2023年，紧盯《政府工作报告》年度“十件民生实事”和国务院“互联网+督查”等平台群众反映问题线索，采取实地督查、重点督办等方式跟踪督办落实，推动年度民生实事项目年底兑现，有效解决异地就医结算、昌江区行政服务中心内定刻章企业、优化营商环境等老百姓关心关注的热点、难点问题。

（李悦欣）

建议、提案办理

【概况】 2023年，按照及时受理分办、严格答复期限、规范答复格式等要求，推动6件全国人大代表建议、12件省级议案，251件市级议案全面办理落实到位。

【人大建议办理】 2023年，市政府系统共办理人大建议78件，均在规定时间办复，办复率100%，代表反馈满意和基本满意率稳定在95%以上。人大建议办理结果为A1类54件，占承办总数的69.2%；办理结果为A2类1件，占承办总数的1.2%；办理结果为A3类4件，占承办总数的5.2%；办理结果为B1类10件，占承办总数的 13%；办理结果为 B2 类 3 件，占承办总数的 3.8%；办理结果为 C1 类 5 件，占承办总数的 6.4%；办理结果为 C2 类 1 件，占承办总数的 1.2%。

【政协提案办理】 2023 年，市政府系统共办理政协提案 173 件，均在规定时间办复，办复率 100%。政协提案办理结果为 A1 类 103 件，占承办总数的 59.6%；办理结果为 A2 类 7 件，占承办总数的 4%；办理结果为 A3 类 8 件，占承办总数的 4.6%；办理结果为 B1 类 42 件，占承办总数的 24.3%；办理结果为 B2 类 5 件，占承办总数的 2.9%；办理结果为 C1 类 7 件，占承办总数的 4%；办理结果为 C2 类 1 件，占承办总数的 0.6%。

（李悦欣）

人事人才

【概况】 2023 年，开展“才聚瓷都 对话世界”等引才聚才系列招聘活动 177 场次，达成就业意向 1.3 万余人，创造性开展“人才夜市”招聘，收到良好的社会反响。全年刚性引进人才 1713 人，其中硕士以上人才 387 人。3 人获国务院政府特殊津贴人选，2 人获省“赣鄱工匠”荣誉称号、4 人获省“能工巧匠”荣誉称号，3 人入选“赣鄱俊才·双高计划”。选拔市级“双高”人才工程 80 人。全面完成职称评审和考核认定工作，评审通过 979 人，考核认定通过 363 人。按时保量完成 2023 年考试工作任务，全年共成功组织 10 场大型的人事考试，共设置考场数 1211 个，参加考试总人数 3 万余人。

【“三支一扶”人员招募工作】 2023 年，共招募 33 名政治素质好、专业知识扎实、富有奉献精神的“三支一扶”人员到农村基层服务，其中支教 5 人、支农 10 人、支医 11 人、水利 2 人、林业 1 人、帮扶乡村振兴 4 人，2021 年招募 48 人，其中离岗 1 人，服务期满 47 人。经考核，期满合格 47 人。全年共派遣 17 名人员参加两期全省统一组织的“三支一扶”人员能力提升专项计划示范培训班，在拓宽高校毕业生就业渠道、培养青年人才、促进新农村建设等方面发挥积极作用。

【事业单位招聘工作】 2023 年，开展机关事业单位招聘工作，挖掘政府事业单位编制存量。全年完成中小学老师招聘 303 人（应届高校毕业生 55 人、公费师范生 27 人）；事业单位招聘 503 人（应届高校毕业生 155 人）。

【职业技能竞赛】 2023 年，围绕全市重点产业布局、重点领域职业（工种）、技能岗位用人需求等方面，开展包含陶瓷、电子商务、烹饪、茶艺等 11 个行业 27 个职业（工种）市级二类赛竞赛项目。9 月，举办 2023 年江西省“振兴杯”陶瓷行业职业技能竞赛暨“高岭杯”第九届全国陶瓷职业技能竞赛、2023 年全国轻工陶瓷行业职业技能竞赛江西赛区选拔赛，大赛吸引 353 位选手报名，参赛人数创新高。通过以赛促训、以赛促培养，培育一批陶瓷行业的优秀技能人才，在全社会营造出技能成才、技能报国的浓厚氛围。

【高层次高技能人才平台建设】 2023 年，景德镇市建成博士后科研创新平台 9 个；建设创业孵化示范基地 10 家，在孵经济实体 2077 个，带动就业 4439 人；新增技能大师工作室 33 家（其中国家级 2 家、省级 1 家、市级 30 家）；成立高技能人才协会，集聚全市 800 余名高技能人才，成为推动技能人才队伍建设的重要抓手和发展平台；争取到 2000 万元就业资金补助，打造浮梁茶开发（集团）有限公司省级高技能人才培训共建共享基地。

（付帅）

政务信息

【概况】 2023 年，向国务院办公厅报送信息 140 多条，向省政府办公厅报送信息近 200 条，其中 9 篇被国务院办公厅采用，3 篇获国务院领导批示（截至 9 月），在国务院办公厅全国信息工作会议上，景德镇市作为江西省政务信息工作优秀代表参会并作书面经验交流。

【政务公开】 2023 年，制定政务公开年度工作要点，分解任务、责任到人制定任务台账，为全年的政务公开工作提供指引。坚持政府网站和政务新媒体并重、线上线下相结合，全方位、多层次推进政务公开，落实责任部门做好内容保障，做好“景德镇市人民政府发布”微信公众号的更新。优化政府网站栏目设置，重大项目建设信息公开实现图表式展示，做到各个重大项目建设信息归集发布；“走进瓷都”栏目进一步优化，完善投资景德镇、旅游景德镇栏目，把“国际瓷都”名片擦得更亮；梳理公布 4 条 2023 年度重大行政决策事项目录，同时要求各相关部门认真落实公众参与、专家论证、风险评估、合法性审查、集体讨论决定等程序，确保程序正当、过程公开，每个季度对年度重大行政决策事项进行跟踪调度。

（李悦欣）

外　事

【概况】2023年，根据国际友城发展方针政策以及《景德镇市国民经济和社会发展第十四个五年规划和二〇三五年远景目标纲要》的总体部署，拟定并实施《景德镇市国际友城发展“十四五”规划》。传达省委外事工作委员会第六次会议精神，结合景德镇实际，拟制《关于高质量推进新时代全市国际友城工作的实施意见》并提交市委外事工作委员会审议。先后举办及配合保障中日韩友好城市联合摄影展、2023战略传播论坛、丝绸之路旅游城市联盟成立系列活动、2023中国景德镇国际陶瓷博览会、国际友好城市交流论坛等大型涉外活动，还承接“国际友城青年领袖对话江西”等外事接待活动，2023年共接待来自106个国家和地区的外宾1141人。与保加利亚特罗阳、尼泊尔廓尔喀市、塞浦路斯帕罗迪亚区、俄罗斯戈罗杰茨市4个城市签署建立友好城市意向书。推动景德镇市政府代表团赴埃及、沙特阿拉伯、阿联酋等阿拉伯国家开展文化经贸交流活动。出访中，代表团以瓷为媒，先后与埃及、沙特阿拉伯、阿联酋三国四城的政府、院校、社团、企业对接洽谈共计18场次。配合推动“美丽江西秀天下——景德镇陶瓷的故事”图片展在保加利亚首都索非亚市情人桥展出及“远方的气息—从东到东”——中国景德镇与保加利亚特罗阳陶瓷艺术文化交流展在特罗阳市奥雷沙克国立工艺美术展览中心举办。

【日韩友好城市联合摄影展】6月6—11日，景德镇市、日本濑户市、韩国利川市共同倡议在景德镇陶瓷博览交易中心举行中日韩友好城市联合摄影展，此次展览共展出120幅作品，其中日本濑户市和韩国利川市各30幅，景德镇市60幅。作品从城市风貌、人文及自然景观以及陶瓷艺术等角度，全方位展示城市建设的新面貌、新景象。通过光与影的变换组合，记录景德镇市与日本濑户市和韩国利川市三座城市的美好瞬间，进一步深化三地友谊。

【文化经贸交流活动】7月30日至8月6日，景德镇市代表团一行，先后赴埃及、沙特阿拉伯、阿联酋等阿拉伯国家开展文化经贸交流活动，携手弘扬丝路精神，促进文明互鉴互融，推动第五届“阿拉伯艺术节”成果转化，展示国家试验区建设成就，搭建文化交流平台，促进经贸深度合作，密切友好城市往来。在“埃及人眼中的中国”讲座活动上，市长胡雪梅用英文向与会者详细介绍景德镇的文化底蕴和独特魅力。《人民日报》、新华社、中央广播电视总台、凤凰新闻等国内外媒体进行报道和专访，累计转载600余篇，点击量高达1200万+。代表团与埃及、沙特阿拉伯、阿联酋三国四城的政府、院校、社团、企业对接洽谈共计18场次，达成合作意向12个。其中文化交流项目6个、高校合作2个、经贸项目4个。

【参与“美丽江西秀天下”图片展】8月22日，由中国驻保加利亚大使馆和江西省人民政府外事办公室共同主办的“美丽江西秀天下——景德镇陶瓷的故事”图片展在保加利亚索非亚市情人桥开幕。为期半个月的展览，让保加利亚人民对“千年瓷都”景德镇和其多彩的陶瓷文化有一个全面、直观的了解。图片展自开幕以来，也引起了中外媒体的广泛关注，《人民日报》、新华社、中央广电总台、《中国日报》、中国网、凤凰网、《欧洲时报》、保加利亚《大地报》、马来西亚《星报》等数十家海内外媒体以及江西发布、大江网、景德镇发布、景德镇广播电视等省内媒体纷纷进行报道或转载。此外，中国驻保加利亚大使馆官网、微信公众号和脸书（Facebook）账号及时推出更新图片展的各类信息，保加利亚多位自媒体人在脸书（Facebook）和推特（X）上推介图片展。

【与保加利亚特罗阳市签署友好关系意向书】9月19日，景德镇市与保加利亚特罗阳市签署建立友好关系意向书仪式在特罗阳市政府举行。双方通过建立友好关系意向书的签署，将进一步增进中国与保加利亚两国人民的了解和友谊，巩固并发展两地友好合作，并积极推动景德镇市和特罗阳市缔结友好城市关系。根据互利的原则，双方将在经济、贸易、陶瓷、旅游等方面开展多种形式的交流与合作。

【中国景德镇与保加利亚特罗阳陶瓷艺术文化交流展】9月19日至10月18日，在保加利亚特罗阳市奥雷沙克国立工艺美术展览中心举办“远方的气息—从东到东”——中国景德镇与保加利亚特罗阳陶瓷艺术文化交流展。展览用景德镇手工文化与特罗扬文化的碰撞，串联亚洲东部的景德镇与欧洲东部的特罗阳，以突出展现通过丝绸之路中国与保加利亚之间的文化关联。本次展出的作品，均来自景德镇陶文旅控股集团有限公司陶溪川艺术中心的甄选藏品，旨在串联亚洲东部的景德镇与欧洲东部的特罗阳，让陶瓷文化成为景德镇和特罗阳之间的桥梁，让人们沿着艺术的足迹汇聚在一起。

【驻华使节参加2023中国景德镇国际陶瓷博览会】 10月18日，市委书记刘锋会见到景德镇参加2023中国景德镇国际陶瓷博览会的美国驻武汉总领事蓝如瑾，法国驻武汉总领事胡建谊，韩国驻武汉总领事河成柱，德国驻华大使馆经济和金融参赞、德国中央银行驻华代表付严思，新加坡驻厦门总领事馆副领事李佩菁等外国驻华使领馆官员，就进一步深化友好合作、推动共同发展等话题进行深入交流。市领导崔素香、罗建国参加会见。刘锋简要介绍景德镇市经济社会发展情况，并表示，真诚希望各位外国驻华使领馆官员能以此次参会为契机，多在景德镇走一走、看一看，亲身体验千年陶瓷文化，充分发挥桥梁纽带作用，推动文化交流互鉴。

【国际友好城市交流论坛】 10月18日，国际友好城市交流论坛在景德镇市举行，论坛邀请泰国南邦府、尼泊尔廓尔喀市以及来自法国、韩国、土耳其等国的城市嘉宾，就交流合作进行深度探讨。交流论坛上，景德镇市采取“线上＋线下”的形式分别与尼泊尔廓尔喀市、塞浦路斯帕罗迪亚区签署建立友好城市关系意向书。

【日本经济、文化交流团一行访问景德镇】 10月19日，市委书记刘锋会见由日中书法协会会长、日本江西同乡联谊会会长、江西省文化使者熊峰，全日本华侨华人社团联合会会长何德伦，横滨市教育委员会教育长职务代理委员、横滨市教育委员会原教育局局长、横滨市原中区长中上直率领的日本经济、文化交流团一行。双方就深化中日文化交流和合作交换意见。市人大常委会副主任、市委秘书长罗建国参加会见。刘锋介绍景德镇陶瓷文化发展历程，并表示，希望双方能进一步加强交流学习，深化文明互鉴，不断扩展艺术陶瓷、精细陶瓷等领域的合作，实现优势互补、共赢发展。

【与俄罗斯戈罗杰茨市签署合作意向书】 11月10日，景德镇市与俄罗斯戈罗杰茨市以“金砖＋”国际城市论坛为平台，线上签署合作意向书，开展友好对话，正式开启两市友好交往。

【日本驻上海总领事访问景德镇】 11月16日，市委书记刘锋会见日本驻上海总领事赤松秀一一行，双方就进一步深化交流合作达成共识。市委常委、副市长崔素香参加会见。刘锋简要介绍景德镇市情和经济社会发展情况，并表示，希望景德镇与日本能进一步深化交流交往，扩大合作领域，深化在文化保护、文旅融合、青少年研学游、陶瓷产业发展等领域的交流合作，不断推动双方友谊再上新台阶。

【日本岐阜县副知事大森康宏访问景德镇】 11月29日，市委书记刘锋会见日本岐阜县副知事大森康宏一行，就深化双方合作、促进共赢发展等进行深入交流。岐阜县议会副议长田中胜士，市人大常委会副主任、市委秘书长罗建国参加会见。刘锋简要介绍景德镇陶瓷发展史，并表示，景德镇和岐阜县都为传统陶瓷产区，希望大森康宏一行更好地发挥桥梁纽带作用，进一步促进两地深化交流、加强合作，就陶瓷文化、陶瓷博览会、陶瓷烧造技艺、青少年研学游等方面互学互鉴，创造更多机会让两地人民特别是青少年友好交往，推动双方友谊再上新台阶。

【第八届中国·南亚友好组织论坛外宾访问景德镇】 12月14—15日，南中组织及南亚国家对华友好组织负责人、南亚国家驻华使节等第八届中国·南亚友好组织论坛外宾一行访问景德镇。代表团参访陶阳里御窑景区、景德镇中国陶瓷博物馆、三宝瓷谷等地，从陶瓷历史演变、陶瓷文化传承发展、当代陶瓷技艺创新等角度领略景德镇陶瓷文化独特魅力。南亚中国友好合作组织主席，尼泊尔—中国经济贸易协会会长阿努伯·巴塔拉伊表示，中国和南亚国家互为友好邻邦和发展伙伴，有着深厚的友谊和交往历史。本次景德镇之行，南亚很多国家都与景德镇有着相通的陶瓷文化，希望以此为契机，不断推动多领域合作。

（游世群）

巩固拓展脱贫攻坚成果及乡村振兴

【概况】2023年，市级巩固拓展脱贫攻坚成果和乡村振兴项目库入库项目1155个，入库项目投资概算70244.46万元；纳入年度计划项目717个，纳入年度计划项目投资概算27799.63万元；项目开工662个，开工率92.33%。2023年各级已安排资金25054.99万元，衔接资金支出19157.46万元，支出率76.46%。严格落实“三线预警”机制，做到应纳尽纳、应扶尽扶，全市累计动态识别监测对象891户2414人，其中消除风险620户1603人，牢牢守住不发生规模性返贫的底线任务。对脱贫户和监测对象的“两不愁三保障”情况定期排查监测，义务教育、基本医疗、住房和饮水安全得到保障。其中排查出74户脱贫户和监测对象需要进行危房改造，已经完成62户。其余三项没有出现问题。加强劳务输出服务，完善园区企业、产业基地、帮扶车间、专业合作社、公益岗位等就近就业平台，进一步拓渠道、稳岗位、促增收。年底，全市就业外出务工12111人，就业人数占脱贫劳动力总人数81.68%。

【产业帮扶】2023年，全市有巩固拓展脱贫攻坚成果任务的村建有扶持产业基地的比例超过90%，全市已建扶持产业基地的“十四五”重点帮扶村比例也在90%以上，高于全省平均水平。浮梁县蛟潭镇依托盒马蔬菜订单，采取“龙头企业+基地+合作社+农户”形式进行生产种植，建立有机绿色蔬菜全产业链“可追溯+真有机”生产模式，成为全省第二个、全市首个“盒马村”。

【帮扶保障】2023年，市直单位共选派107名干部（含第一书记）驻村帮扶。选定“十四五”省定乡村振兴重点帮扶村32个，市定乡村振兴重点帮扶村34个（含18个“十三五”脱贫村），省市红色名村8个，全部选派驻村第一书记和工作队。大力开展“光彩教育”“烛光行动”“1%工程”“99公益日”“健康瓷都行”等品牌活动，持续推进“万企兴万村”行动，推进帮扶产品定向直供直销机关、学校、医院、企业等单位食堂和社区、交易市场活动，打造稳定的帮扶产品销售平台。

【督查保障】2023年，市乡村振兴局根据《景德镇市巩固拓展脱贫攻坚成果督导工作方案》，每个月由一名县级领导带队开展常态化督导，采取“四不两直”“明查+暗访+回头看”等多种方式，督导各地各部门巩固拓展脱贫攻坚成果同乡村振兴有效衔接各项政策举措落地生根。

【推动政策举措落地】3月28日，出台《景德镇市2023年巩固拓展脱贫攻坚成果同乡村振兴有效衔接工作要点》，对全市有效衔接的政策和举措作出总体部署，搭建“四梁八柱”。对照梳理中央、省衔接政策，加强与市级有关部门的统筹对接，推动制定出台配套政策，联合相关行业部门对现有健康、教育等30余项政策逐项分类优化调整，完善政策“工具箱”，确保政策不留空白、工作不留空当。

【景德镇市“盒马村”正式授牌】9月20日，盒马（中国）有限公司与景德镇陆一生态农业发展有限公司签订合作协议，蛟潭镇勤坑村包家坞被正式授牌为“盒马村”，成为全省第二个、全市首个“盒马村”。“盒马村”根据订单种植蔬菜，采收后由陆一公司统一包装配送至城市，形成“产—供—销”良性循环。为实现与盒马的合作，蛟潭镇调研科学对比拟选种植基地的地形地貌、气候光照、水流汛情、土壤pH酸碱度、农残等因素，结合景德镇学院生环学院专家教授实地指导，选定勤坑村包家坞、王家店作为有机蔬菜种植基地，并精心选育适合本地土壤气候的优质蔬菜品种。“盒马村”的创建为传统农业提供新的销售渠道，为村级特色农业发展注入强劲动力。

（石磊华）

政务服务

【概况】2023年，市政务服务数据管理局办理市本级办理政务服务事项159.72万件，其中线上办理75.97万件，占比47.5%；延时错时办理7469件，“一次不跑”办件量90.72万件，“只跑一次”办件量68.87万件。市政务服务中心全年共服务企业群众27.72万人次，同比增加32.1%；办结各类公众服务事项27.09万件，同比增加32.8%。市公共资源交易中心完成交易271项，实现交易全流程电子化占比100%，“不见面开标”占比100%，投标保证金退付率100%。市12345政务服务便民热线管理中心受理各类企业群众诉求24.5万件，办结率100%，满意率98.27%，满意率位居全省第一方阵。"赣服通"应用平台注册用户总数30600人，用户累计激活率达99.42%，用户月平均日活跃度超75%。设立"惠企政策兑现专窗"，至12月，"惠企通"平台全年梳理上线惠企事项513项。全市纳税企业在平台注册率达66%、累计兑现金额5.84亿元、累计兑现企业865家，分别同比增长15%、116.4%、36.43%。先后获2023年度江西省"振兴杯"政务服务技能大赛集体二等奖、个人二等奖，全省政务数据共享应用观摩最佳创新案例，2022年度全市综合考核第一等次、市域社会治理现代化试点工作先进集体、全市平安建设先进单位、全市政务公开工作先进单位、全市定点（对口）帮扶先进单位等荣誉。在省级以上媒体发稿176篇，同比增长25.7%。

【"云证照"应用】2023年，全市签发电子证照种类共计218种，较2022年增加111种。做好5000余个电子证照在事项管理系统中的关联工作，已同步关联事项4339个，使用（调用）事项4039个，电子证照用证率为93.09%。

【智慧城市项目建设】2023年，市政务服务数据管理局成立项目工作专班，倒排工期、挂图作战，完成赣服通、赣政通、大数据资源中心平台、天地图·景德镇、12345政务服务便民热线5个项目的建设及验收工作。建成全国首个陶瓷行业工业互联网综合服务平台和工业互联网标识解析二级节点（陶瓷制品制造），汇聚1.5万条陶瓷资源数据，吸引1万余家产业服务商，300多位陶瓷大师和3000多家全国陶瓷企业入驻平台。协调推进雪亮工程的建设，完成前端点和后端平台的初验工作，对御窑厂景区周边雪亮工程空中飞线点位进行摸排，确定整改定位54个。正式启用云计算中心机房，完成18家单位42个业务系统从原政务外网机房的迁移。验收统一指挥中心，17个业务系统已入驻，可进行演示调度。

【"瓷都小赣事"帮代办品牌】2023年，市政务服务数据管理局立足市县全域"两横一纵"帮代办网络，通过市县乡村（社区）四级帮代办服务体系，深度结合市内通办、跨域通办服务，组建多支特色帮代办队伍，实现市、县两级帮代办服务无缝衔接。至12月，平台共上线帮代办事项345项，覆盖34个部门，登记在册的骨干"小赣事"190名，遍布市、县两级，累计完成线上帮代办服务9648次，同比增加96.17%。

【"市县同权"改革】2023年，市政务服务数据管理局确定"市县同权"改革事项215项，其中依法下放80项，审核环节下沉4项，受审分离131项。至12月，涉改事项通过县区"市县同权"专窗产生办件达510余件。

【现场勘验"四个一批"改革】2023年，市政务服务数据管理局推出"取消一批、承诺一批、合并一批、上云一批"四个现场勘验事项清单，确定取消勘验事项113项，采取告知承诺制事项19项，合并勘验事项8项，上云勘验事项4项，保留勘验事项84项，进一步减少办事企业群众跑腿次数，节约行政审批成本，缩短办结时限，提高审批效率。至12月，已办理取消勘验事项3000余件、告知承诺代替勘验事项30余件，合并勘验事项60余件，为企业群众办事共精简环节3000余个，压缩审批时限6000余天。

【"一网通办"改革】2023年，市政务服务数据管理局从政务服务事项标准化、材料电子化、服务便利化、申报集成化四个方面，持续优化线上政务服务网、赣服通，线下实体政务大厅、自助服务终端等多元互补的服务渠道，打造"四级一体化政务服务平台"，让数据多跑路、群众少跑腿，推进企业群众办事从"能办"到"好办""愿办"转变。

【"放管服"改革】2023年，市政务服务数据管理局全面承接落实国家和省部署的22件"一件事一次办"，通过统一办理标准、强化数据支撑、线上线下深度融合，推动省级统建平台19件"事"和景德镇市自建平台3件"事"在市、县两级全面完成上线。全面开展"国家和省里部署22件一件事办件量不多"问题整改，通过查找堵点难点问题、多渠道宣传推广、积极引导办事群众办理等举措。至11月22日，产生办件4.7万余件，较整改前增加2万余件。推行本地特色"车检一件事"，通过整合部门和企业的车辆检测、车辆保养、滴滴代驾（或其他代驾服务）、车主信息变更、车辆保险续费等关联事项，依托"赣服通"景德镇分厅实现线上"一件事一次办"，8月正式上线运行，已产生办件1000余件。对接"异地通办"改革。督促市、县两级有关部门通过事项管理系统精准认领本级本部门

"省内通办"通用事项；组织市、县两级有关部门依托"一窗式"综合服务平台"省内通办"模块完成申报地、受理地互位推送全流程测试；线下政务服务中心设立"异地通办"专窗，线上政务服务网建设"省内通办"专区，依托全省"一窗式"综合服务平台"省内通办"模块互动推送功能，推动600余项政务服务事项实现"省内通办"。至12月，全市申报地受理办件1226件、受理地办理办件1267件，办结率100%。推进涉企经营许可事项改革。对照《江西省涉企经营许可事项改革清单（2022年版）》，通过事项管理系统全面核查各部门涉企经营许可事项改革落实情况，督促未落实到位的8家部门16项事项全面完成整改。

【协调推进"两区"赋权】 2023年，市政务服务数据管理局组织市直相关赋权部门、高新区和昌南新区召开工作推进会议4次，上门调研指导5次，书面收集汇报材料5批次，协调解决问题6个。结合高新区、昌南新区体制机制运行模式和"三定"职责实际，通过组织协调相关12家部门，分别采取直接赋权、委托行使、服务前移、审批直报四种赋权方式，大力支持两区经济社会发展。针对市政府赋予高新区的21项市级经济管理权限和昌南新区24项市（县）级经济管理权限，高新区、昌南新区按照"三集中三到位"的政务服务运行规范要求，将所有依申请类政务服务赋权事项进驻本级政务服务中心办理，编制办事指南，统一公布受理要件和办事流程。组织市直相关赋权单位、高新区和昌南新区召开2次赋权工作推进会，就6个月的过渡期，和《赋权协议书》内容等开展协商交流。至12月，市直相关涉改部门与两区《赋权协议书》签订工作已完成，两区赋权承接事宜已落实到位。

【"12345"热线】 2023年，景德镇市创立"12345+N"治理模式，增强社会治理能力。通过共享"12345"热线的固有办理机制和办理功能，走节约集约、融合发展之路。统筹推进省热线交派工单，以及"赣问""问政江西""人才江西""人民网领导留言板""瓷都政务服务"抖音平台等诉求办理。至12月，各类群众诉求及时签收率、按期办结率均达到100%。加强与110报警服务台联动，全年受理非警务类诉求3万余件。搭建数据共享平台赋能公益诉讼检察工作，至12月，发现相关线索11件，立案8件，发出诉前检察建议8件。全年办理"问政江西"帖文902件，按期办结率99.89%，满意率位居全省前列；撰写《市"12345"热线分析报告》12期，提供建议15条。

【满意率提升"三大行动"】 2023年，开展"拧干水分"行动，通过热线回访，对办理单位重答复、轻办理和"被满意"进行核实，对核实出的不满意诉求再办理，确保每件工单办得扎实、办得有效、办得彻底。同时，加大对"水分"单位的问责，至12月，"拧水分"188件，问责2起。开展"清仓见底"行动，加大对"12345"热线遗留问题办理，将遗留问题按照行业、地区、主管部门等进行分类建档、销号管理、跟踪督办。至12月，遗留问题38件得到全部清理。开展"破冰化雪"行动，对社会高度关注的热点、难点、堵点问题，集中资源、集中人力、高位推动、限时办结。至12月，先后召开工单办理会商会8次，实地走访、核实情况26次，办理疑难复杂诉求7件。

【"周三说政事"政务直播栏目】 6月28日，瓷都政务服务抖音平台开启首场"周三说政事"政务直播，每场直播从预告到正式开播、常见问题答疑及直播回放进行全流程公开。至12月，累计直播24期，曝光量43.29万，观看人次14.97万，吸引粉丝关注4813人，向"12345"政务服务热线转交问题线索89条。

【行政许可权改革】 7月7日，景德镇市委、市政府向省委、省政府呈报《关于恳请批复景德镇市及四个县区、昌南新区（陶瓷工业园区）相对集中行政许可权改革方案的请示》，于11月26日获省委、省政府批复。12月20日，市政务服务数据管理局提请市委、市政府审议《景德镇市相对集中行政许可权改革实施方案》，12月25日，市委办、市政府办正式印发《关于景德镇市相对集中行政许可权改革实施方案的通知》。市本级相对集中行政许可权改革涉及13个部门91个事项195个子事项，相关改革前期准备工作已完成。

【开通"云印章"功能】 7月11日，市政务服务数据管理局在政务服务网景德镇分厅和赣服通景德镇分厅上线开通"云印章"功能。至12月，全市已申领电子印章市场主体6.76万家，申领率达86%，已使用电子印章市场主体1.75万家。上线"景e签"专区，对接电子印章特色场景3个，累计签署电子文件2980份。上线电子印章微应用9个，累计签署电子文件2.2万余份。

【"无感办理"服务】 8月9日，市政务服务数据管理局创新推出无感审批、无感兑现、无感监管三种无感办理服务模式，确定"无感办理"服务改革事项共58项，推进政务服务由"要我服务"向"我要服务"转变。自改革推行以来，"无感审批"办理103件，占比62.42%；"无感兑现"累计兑现资金笔数2067户次，累计兑现金额9580.41万元；"无感监管"实施无感监管户次7000余次。

【"一码通办"服务】 10月7日，市政务服务数据管理局率先推出"一码通办"服务，实现"赣通码+不动产""赣通码+住建""赣通码+公积金""赣通码+文旅""赣通码+政务取号"5个场景。申报的《景德镇市"一码通办"服务——数字赋能营商环境，创新推出"码上办好"》入围省政务数据共享应用观摩会观摩案例宣传。"赣通码+不动产"做法得到省自然资源厅的高度认可，并作为典型案例全省推广。

（徐锋）

机关事务管理

【概况】 2023年，市机关事务管理中心印发《关于试行免费错时对外开放全市机关事业单位内部停车泊位的通告》，整合全市293处党政机关、企事业单位提供6994个车位，免费错时向社会开放，有效缓解社会停车位不足。打造智慧餐位，守护舌尖安全，以打造"景德镇菜"品牌、反食品浪费等为抓手，依托集中办公区载体，全面推进机关食堂数字化、标准化、科学化进程。印发《全市常态化开展公共机构反食品浪费工作督查的通知》，部分餐厅采用智能计量称重的方式进行计价结算，有效减少机关食堂餐厨垃圾，引领节约粮食新风尚。整合幼教学位，创建凤凰品牌，市凤凰幼儿园率先开设2至3周岁幼儿托幼班，解决机关干部无暇照顾子女的困难。积极对接特警、交警、市场监管等部门，高标准做好"护学行动"，建设安全、健康、文明校园，获得全市首届托育技能大赛第一名，代表景德镇市参加全省比赛并获得荣誉。

【公共机构节能】 2023年，全面实施绿色低碳引领行动，全市建成节约型机关279家，创建率88%，推动景德镇中国陶瓷博物馆申报国家水效领跑者，景德镇市民中心获批国管局绿色低碳优秀案例，景德镇市税务局获评国家绿色数据中心称号，景德镇市获评全省首个节水型城市称号。顺利实施景德镇市民中心托管型合同能源管理项目，年节能率达17.58%，搭建政企合作路径，推动将智慧机关监管平台和"绿宝碳汇"APP列入全市数字经济机会清单，利用社会和市场资源助力公共机构节能。景德镇"绿宝碳汇"项目建设，积累绿币602万个，光盘打卡10万次，累计减排量576吨。在全省公共机构节能工作考核中，景德镇市再次评为优秀等次，位列二类设区市第一。

【公务用车管理】 2023年，市本级更新16辆公务用车，其中：更新购置新能源汽车9辆，占比56%；更新购置省产汽车5辆，占比31%。2023年市本级共处置公务用车66辆，其中，拍卖处置车辆43辆，拍卖成交金额为43.7万元；报废处置车辆23辆，报废金额2万元。在省管局公车处开展的公务用车信息化平台资料完善统计核查中，景德镇市单位信息录入率100%，排名全省第一，车辆信息录入率排名全省第七。

【办公用房管理】 2023年，积极打造市、县两级公物仓，主动运用仓内物资为中央领导到景德镇考察等重要保障、重要会议活动提供各类办公设备214台次，节约财政资金约70万元。举办全市党政机关办公用房、公务用车管理政策解读暨业务培训会，进一步提升全市党政机关办公用房、公务用车管理规范化水平，推进党政机关办公用房集中统一管理及全省公务用车信息化平台建设工作。集中统一管理的聚合效应进一步显现，对比2022年，全市党政机关办公用房总建筑面积下降4.97%，基本办公用房使用面积下降12.61%。

【智慧餐厅投入使用】 2月13日，市发展中心南苑食堂第五餐厅升级改造完成，成为江西省党政机关集中办公区首个智慧称重餐厅。用餐人员可通过刷脸、刷卡、刷码三种方式绑定餐盘，通过已绑定的餐盘自助取餐，当所选菜品盛放在智能称重结算设备中，用餐人员可通过电子显示屏幕直观地看到菜品的单价、重量及价格，其准确率高达100%。智慧称重不仅提供了按需取餐、按量计费、无感支付的智能化、数字化就餐体验，还能从源头上减少餐饮浪费现象。根据计算，智慧称重对比该餐厅原先传统自助餐用餐模式，餐厨垃圾同比下降35%，人均餐费下降约20%。

【消防安全知识培训及消防演练】 5月28日，市机关事务管理中心在市发展中心开展2023年度“排查重大隐患开展应急演练”消防安全知识培训及消防演练活动。培训及活动邀请昌江区消防救援大队工程师王翔开展授课，组织近300名机关干部职工和服务保障人员、各县市区机关事务管理中心代表共同参加本次培训及演练。通过消防安全知识培训和实操演练两个阶段，结合市直集中办公区的特点，开展疏散逃生、现场灭火、高空楼宇被困人员施救等项目。从源头上消除火灾事故隐患，让干部职工进一步熟悉消防安全知识，提高防火意识和遇险自救能力。

【节能宣传】 7月11日，市机关事务管理中心、市发改委、市政数局联合在市民中心开展以“节能降碳，你我同行”为主题的节能宣传活动。市直各单位、各县（市、区）共计200余名人员参加。活动现场设置工作成效、法律法规、示范案例、现场教学点、生活垃圾分类、节约用水、反食品浪费等节能主题宣传展区，邀请11家省内外节能节水先进企业展示新技术、新产品，并通过发放宣传手册、现场讲解等方式，向干部职工及市民普及节能知识，宣传节能理念与节能政策。节能宣传周期间，中心还组织全市各级公共机构围绕宣传主题，结合工作实际，运用线上和线下多种宣传手段，开展“绿宝碳汇”碳积分达人赛、现场积分兑换、绿色回收等节能宣传系列活动，努力营造“节能降碳，你我同行”的浓厚氛围。

（汪玉婷）

地方志工作

【概况】 2023年，市史志办完成《景德镇年鉴（2023）》公开出版，《景德镇扶贫志》《景德镇全面小康志》编纂工作成效明显。市地方志馆与全国各地开展志鉴交流活动，搜集族谱、手稿、照片、文章、党史书籍等资料，并与全国各地方志机构交换各类书籍200余本。

【馆藏资料搜集】 2023年，市地方志馆向社会征集和搜集有历史价值的图片、书籍、历史文献、家谱等馆藏资料，加强与全国各地方志机构的志鉴交流，丰富馆藏，充分发挥地方志馆的“存史”作用。搜集到《李氏总谱》，向法宜史志资料手稿、照片及文章，历代市委书记石少培照片和刘莹照片等珍贵地情资料和党史资料，交换志鉴等各类书籍200本，使地方志馆成为地情资料中心。

【“两志”编纂】 2023年，景德镇市史志办采取多种形式全力推进“两志”（扶贫志、全面小康志）编纂工作。组织市、县两级方志人员及编纂人员学习先进经验，提升编纂人员能力。加强组织协调，与牵头单位和重点单位就“两志”编纂开展座谈、督促指导30余次。通过政府公文平台下发进度通报，调动各责任单位的积极性。请市长胡雪梅作批示，全面推动全市“两志”编纂工作的进程。至12月底，《景德镇市扶贫志》80万字初稿已完成，《景德镇市全面小康志》编纂100万字稿件，“两志”编纂工作成效明显。

【“景德镇学院实习实践基地”挂牌】 3月25日，景德镇学院人文学院“景德镇学院实习实践基地”在市地方志馆挂牌。为更好地实现校地合作，构建校地双方全方位的产学研合作关系，双方签署校地合作协议，双方就地情资源挖掘、续志编修、年鉴编写、地情资料搜集等方面加强校地合作，促进地方志事业科学发展。

【《景德镇年鉴（2023）》出版发行】 11月，中共景德镇市委、景德镇市人民政府主办，景德镇市党史和地方志工作办公室编纂的《景德镇年鉴（2023）》由方志出版社出版，计纯纯主编。该卷年鉴设37个类目，下设223个分目、1912个条目，正文收录146幅图片、10张表格。卷首专题图片56张。首次采用图随文彩色印刷方式，全面提升版面效果，图文并茂地反映2022年景德镇市经济社会发展取得的重大成果、重要变化。全书103万字。

【《景德镇史志》期刊】 11月，由景德镇市党史和地方志工作办公室主办的《景德镇史志》出刊1期，刊发稿件20篇，9万余字。计纯纯主编。该刊设本期特载、史志要览、党史集萃、陶瓷史话、方志撷英、史志论坛、文化古村、历史人物、工作动态9个专栏。每期发行200册。

（谢婉钰）

中国人民政治协商会议景德镇市委员会

综　述

2023 年，中国人民政治协商会议景德镇市委员会（简称市政协常委会）组织政协委员和机关干部开展各类专题学习 30 次；报送建议案、专项报告、调研视察报告、社情民意信息专报等 249 余件；收到提案 189 件，立案 189 件，办复率 100%；协助全国政协、省政协到景德镇调研 52 次，许多意见建议进入党政决策程序。

聚焦重大部署建真言。根据市委审定批准的 8 个协商课题全部由市党政领导领衔，全年共开展调研 54 次，反映各类问题 42 个，向市委、市政府报送建议案 2 篇、专题报告 6 篇，提出意见建议 102 条，获市委、市政府主要领导批示 9 件。围绕“加快旅游集散体系建设，助力夜经济高质量发展”“充分发挥我市资源优势，积极争取国家政策项目支持”两个课题开展书记、市长与委员“面对面”专题协商，得到省政协充分肯定。

聚焦重点领域献良策。聚焦后疫情时期基层社会治理、基层医疗卫生服务体系建设、教育改革成果巩固提升等形成一批高质量课题报告和意见建议。围绕“进一步整合资源，加快国有企业转型升级”，组织 8 个调研组深入全市国有企业，发放调查问卷 114 份，收到意见建议 55 条，报告中的建议已部分得到落实。

聚焦重要问题出实招。围绕“加强‘景德镇制’品牌保护，助力国家陶瓷文化传承创新试验区建设”，课题组专访著名陶瓷专家，组织陶瓷专业人士开展研讨，深入知识产权保护中心、陶瓷协会及几十家陶瓷企业调研，形成专题调研报告，提出有针对性的问题建议供市委、市政府决策参考。

重要会议

【概况】 2023 年，市政协全年共召开 12 次党组理论学习中心组学习会、4 次常委会会议、14 次党组会议、12 次主席会议，开展各类读书会、专题研讨 30 余次。围绕民主监督专题协商活动、社情民意信息工作、协商议事平台、调研报告、实施方案等进行审议。

【政协十四届常务委员会会议】 2023 年，市政协在市发展中心会议中心 13 号楼第五会议厅召开常务委员会会议 4 次，即十四届第九次常务委员会会议至十四届第十二次常务委员会会议，听取和审议专项工作报告。

表 3　2023 年景德镇市政协常务委员会会议一览表

时间	会议名称	参加人员	会议内容
3 月 23 日	十四届第九次常委会会议	市政协主席、副主席、秘书长、市政协常委共 45 人出席会议	会议学习中共二十届二中全会精神，习近平总书记在中共中央民主协商会上的讲话、习近平总书记在十四届全国人大一次会议上的讲话等重要讲话精神；传达学习全国政协十四届一次会议、省政协十三届一次会议精神；审议通过《市政协常委会 2023 年工作要点》《关于进一步加强和改进反映社情民意信息工作的意见》《十四届市政协委员履职考核评价实施办法（试行）》；通报市政协委员 2022 年度履职情况；部分市政协常委进行述职
7 月 27 日	十四届第十次常委会会议	市政协主席、副主席、秘书长、市政协常委共 47 人出席会议	会议学习习近平总书记在全国生态环境保护大会上的重要讲话精神、7 月 24 日中共中央政治局会议精神、中共中央党外人士座谈会精神等；传达学习全国政协新任委员学习研讨班、全国政协机关工作座谈会精神；传达学习省委十五届四次全体（扩大）会议、市委十二届四次全体（扩大）会议精神；传达学习全省政协主席读书会精神；听取市政协十四届一次、二次会议提案办理情况汇报；书面听取了市政协各委办上半年工作情况汇报；通报市政协委员 2023 年上半年履职情况；部分市政协常委进行述职
11 月 7 日	十四届第十一次常委会会议	市政协主席、副主席、秘书长、市政协常委共 47 人出席会议	会议传达学习习近平总书记在江西考察时的重要讲话精神；学习习近平总书记同团中央、中华全国总工会、全国妇联新一届领导班子成员集体谈话时的重要讲话精神，习近平总书记致信祝贺中华全国工商业联合会成立 70 周年精神，中央金融工作会议精神等近期重要讲话和近期中央有关重要会议精神；传达学习全国政协副主席杨震、陈武在景视察调研期间的讲话精神；审议并原则通过《关于建立委员联系界别群众制度机制的实施办法（试行）》；通报市政协委员 2023 年 1—3 季度履职情况；部分市政协常委进行述职
12 月 25 日	十四届第十二次常委会会议	市政协主席、副主席、秘书长、市政协常委共 47 人出席会议	会议学习习近平总书记在深入推进长三角一体化发展座谈会、在中共中央召开党外人士座谈会上的重要讲话精神，传达学习中央经济工作会议精神；听取市委办公室、市政府办公室关于市政协十四届三次会议以来提案办理情况的通报；审议通过《关于召开政协景德镇市第十四届委员会第四次会议的决定》《政协景德镇市第十四届委员会常委会工作报告》《政协景德镇市第十四届委员会常务委员会关于市政协十四届三次会议以来提案工作情况的报告》及政协景德镇市第十四届委员会第四次会议议程（草案）、日程安排、执行主席名单、各讨论组设置及召集人名单等；通报 2023 年度市政协委员履职情况；部分市政协常委进行述职

【政协党组会议、主席会议】2023年，召开第二十一次至第三十四次党组会议14次，十四届第十七次至十四届第二十八次主席会议12次。会议通过制定出台《十四届市政协委员履职考核评价实施办法（试行）》《关于加强和改进反映社情民意信息工作的意见》《关于建立委员联系界别群众制度机制的实施办法（试行）》《市政协机关日常工作规程》等系列文件。

表4　　2023年景德镇市政协党组会议、主席会议一览表

时间	会议名称	参加人员	会议内容
1月19日	第二十一次党组（扩大）会议暨十四届第十七次主席会议	市政协主席、副主席24人出席会议	会议传达学习习近平总书记在中共中央政治局民主生活会上的重要讲话、全国政协新年茶话会上的讲话、习近平总书记二〇二三年新年贺词等近期重要讲话、重要文章精神；传达学习二十届中央纪委第二次全体会议、省政协十三届一次会议、省纪委十五届三次全会等会议精神；审议并原则通过《市政协关于开展“持续优化营商环境 助力‘工业倍增三年行动’”民主监督专题协商活动的调研报告（草案）》《2023年度市政协协商工作计划（草案）》；布置春节期间有关工作
2月9日	第二十二次党组（扩大）会议暨十四届第十八次主席会议	市政协主席、副主席、秘书长28人出席会议	会议集中学习习近平总书记在二〇二三年春节团拜会上的重要讲话、习近平总书记在《求是》杂志发表重要文章《全面从严治党探索出依靠党的自我革命跳出历史周期率的成功路径》等近期重要讲话、重要文章精神；传达省政协党组（扩大）会议、市纪委十二届三次全会精神；审议并原则通过《2022年度市政协党组民主生活会方案（草案）》《2022年度市政协党组领导班子对照检查材料》和《市政协党组2021年党史学习教育专题民主生活会整改措施落实情况》
3月16日	第二十三次党组（扩大）会议暨十四届第十九次主席会议	市政协主席、副主席32人出席会议	会议集中学习习近平总书记在学习贯彻党的二十大精神研讨班开班式上的重要讲话精神、习近平总书记在中共中央民主协商会上的重要讲话精神、习近平总书记在《求是》杂志发表重要文章《当前经济工作的几个重大问题》《新时代党和人民奋进的必由之路》等近期重要讲话、重要文章以及中央近期有关重要会议精神；传达全国两会及全省领导干部会议精神、省委巡视反馈意见整改工作动员部署会精神；审议并原则通过《市政协常委会2023年工作要点（草案）》《十四届市政协委员履职考核评价实施办法（试行）》和《关于进一步加强和改进反映社情民意信息工作的意见（草案）》，协商确定政协景德镇市第十四届委员会第九次常委会会议有关事项
4月27日	第二十四次党组（扩大）会议暨十四届第二十次主席会议	市政协主席、副主席、秘书长27人出席会议	会议集中学习3月30日中共中央政治局会议精神、习近平总书记在中共中央政治局第四次集体学习时的重要讲话精神、习近平总书记在广东考察时的重要讲话精神、习近平总书记在《求是》杂志发表的重要文章等近期重要讲话、重要文章以及中央近期有关重要会议精神；传达全省学习贯彻习近平新时代中国特色社会主义思想主题教育动员大会精神、省政协新任委员培训班精神及省政协有关会议精神等全省近期有关重要会议精神；审议并原则通过《市政协关于实施“赣事好商量·镇聚力”协商议事平台“品牌提升工程”的方案（草案）》《市政协党组2023年党建工作要点（草案）》《市政协党组2023年全面从严治党工作要点（草案）》《市政协党组2023年意识形态工作要点（草案）》《市政协党组2023年理论学习计划（草案）》

续表 4

时间	会议名称	参加人员	会议内容
5月30日	第二十五次党组（扩大）会议暨十四届第二十一次主席会议	市政协主席、副主席、秘书长25人出席会议	会议传达学习4月28日中共中央政治局会议精神及习近平总书记向全国广大劳动群众致以节日的祝贺和诚挚的慰问，习近平总书记在河北雄安新区考察、在河北考察并主持召开的高标准高质量推进雄安新区建设座谈会、深入推进京津冀协同发展座谈会精神等近期重要讲话、重要文章和近期中央有关重要会议精神；传达学习省政协提案办理工作现场交流会精神；审议并原则通过《市政协关于“进一步加强对幼儿园的监督和管理，巩固提升改革成果”的调研报告（草案）》《关于开展“书香政协—微讲堂”活动的实施方案（草案）》《关于加强社情民意信息办理工作的意见（草案）》
6月29日	第二十六次党组（扩大）会议暨十四届第二十二次主席会议	市政协主席、副主席、秘书长31人出席会议	会议学习习近平总书记在中共中央政治局第五次集体学习时的重要讲话、习近平总书记在文化传承发展座谈会上的重要讲话、习近平总书记在内蒙古考察时的重要讲话、习近平总书记同团中央新一届领导班子成员集体谈话发表的重要讲话等近期重要讲话、重要文章和中央有关会议精神；传达学习省委书记尹弘在景德镇市调研期间的讲话精神、《领导干部报告个人有关事项规定》等；审议并原则通过《市政协机关关于开展干部作风突出问题专项治理的实施办法》《市政协党组关于大兴调查研究的实施方案》；听取市政协十四届一次、二次会议提案办理情况的汇报
7月20日	第二十七次党组（扩大）会议暨十四届第二十三次主席会议	市政协主席、副主席、秘书长31人出席会议	会议学习习近平总书记在中共中央政治局第六次集体学习时的重要讲话、在江苏考察时的重要讲话、在全国生态环境保护大会上的重要讲话等近期重要讲话、重要文章、重要指示和近期中央有关重要会议精神；传达省政协十三届常委会第二次会议、省委整治形式主义为基层减负专项工作机制暨全省形式主义加重基层组织负担问题专项整治会议精神；审议并原则通过《市政协关于“进一步整合资源，加快国有企业转型升级”专题民主监督的调研报告（草案）》《市政协关于“加强基层网格员队伍建设，提升基层社会治理现代化水平”的建议案（草案）》；通报了上半年各单位反映社情民意信息来稿及采用情况；听取了各委办上半年工作情况汇报；协商确定召开政协景德镇市第十四届委员会第十次常委会会议有关事项
8月17日	第二十八次党组（扩大）会议	市政协主席、副主席、秘书长26人出席会议	会议学习习近平总书记在中共中央政治局第七次集体学习时的重要讲话、“八一”前夕视察西部战区空军时的重要讲话、在四川考察时的重要讲话等近期重要讲话、重要文章、重要指示和近期中央有关重要会议精神

续表 4

时间	会议名称	参加人员	会议内容
9月14日	第二十九次党组（扩大）会议暨十四届第二十四次主席会议	市政协主席、副主席、秘书长31人出席会议	会议学习习近平总书记在听取新疆维吾尔自治区党委和政府、新疆生产建设兵团工作汇报时的重要讲话，在黑龙江考察及在新时代推动东北全面振兴座谈会上的重要讲话精神，习近平总书记致全国优秀教师代表的信等近期重要讲话、重要指示和近期中央有关重要会议精神；传达全省、全市学习贯彻习近平新时代中国特色社会主义思想主题教育有关会议精神，审议并原则通过市政协党组主题教育方案、领导小组成员名单和主题教育动员会方案；传达省政协副主席陈兴超来景德镇市调研时的讲话精神
10月10日	第三十次党组（扩大）会议暨十四届第二十五次主席会议	市政协主席、副主席、秘书长27人出席会议	会议学习习近平总书记对新时代办公厅工作、推进新型工业化、深入推进自由贸易试验区建设作出的重要指示精神，习近平总书记在浙江、山东考察时的重要讲话、在中共中央政治局第八次集体学习时的重要讲话精神，9月27日中共中央政治局会议精神等近期重要讲话、重要指示和近期中央有关重要会议精神；传达全市学习贯彻习近平新时代中国特色社会主义思想主题教育有关会议精神；传达省政协反映社情民意信息工作座谈会精神；听取市政协及机关党组开展主题教育有关情况汇报，并安排部署下一阶段工作；审议市政协及机关主题教育理论学习计划、专题调研安排
10月16日	第三十一次党组（扩大）会	市政协主席、副主席、秘书长29人出席会议	专题传达学习习近平总书记在江西考察时的重要讲话精神、在进一步推动长江经济带高质量发展座谈会上的重要讲话精神和省委常委会（扩大）会议、市委常委会（扩大）会议精神，结合政协工作实际，研究部署学习贯彻工作。专题传达学习习近平总书记在江西考察时的重要讲话精神、在进一步推动长江经济带高质量发展座谈会上的重要讲话精神和省委常委会（扩大）会议、市委常委会（扩大）会议精神，结合政协工作实际，研究部署学习贯彻工作
11月2日	第三十二次党组（扩大）会议暨十四届第二十六次主席会议	市政协主席、副主席、秘书长26人出席会议	会议学习习近平总书记对宣传思想文化工作作出的重要指示精神、习近平总书记同中华全国总工会、全国妇联新一届领导班子成员集体谈话时的重要讲话精神等近期重要讲话、重要指示、贺信及中央近期有关重要会议精神；传达学习全国政协副主席杨震、全国政协副主席陈武在景德镇市视察调研期间的讲话精神；审议并原则通过《关于建立委员联系界别群众制度机制的实施办法（试行）》；协商确定召开政协景德镇市第十四届委员会第十一次常委会会议有关事项；审议有关人事事项
11月30日	第三十三次党组（扩大）会议暨十四届第二十七次主席会议	市政协主席、副主席、秘书长29人出席会议	会议集中学习习近平总书记在中央全面深化改革委员会第三次会议上的重要讲话、在北京和河北考察灾后恢复重建工作时的重要讲话、在中共中央政治局会议及第十次集体学习时的重要讲话等近期重要讲话、重要文章、重要指示和中央近期有关重要会议精神；审议并原则通过《关于依托港澳台侨资企业拓宽招商引资平台的调研报告（草案）》《关于加快旅游集散体系建设助力夜经济高质量发展的调研报告（草案）》《关于促进政协调研协商成果有效转化工作的意见（草案）》，研究《市政协十四届四次会议筹备工作方案（草案）》及2023年度市、县（市、区）政协综合考核情况

续表 4

时间	会议名称	参加人员	会议内容
12月25日	第三十四次党组（扩大）会议暨十四届第二十八次主席会议	市政协主席、副主席、秘书长28人出席会议	会议集中学习习近平总书记在上海和江苏考察时的重要讲话、在深入推进长三角一体化发展座谈会上的重要讲话、在中共中央召开党外人士座谈会上的重要讲话、在广西考察时的重要讲话等近期重要讲话精神及12月8日中共中央政治局会议、中央经济工作会议等中央有关会议精神；传达全省设区市政协主席座谈会精神、省政协理论研究会理事会议暨专题理论研讨会精神、全市机关干部作风突出问题专项治理工作推进会议主要精神、全市领导干部警示教育大会和全省政协暨统战系统全面从严治党推进会精神；审议并原则通过《市政协关于“加强景德镇制品牌保护，助力国家陶瓷文化传承创新试验区建设”的调研报告（草案）》《市政协关于“充分发挥我市资源优势，积极争取国家政策项目支持”的建议案（草案）》；研究市政协十四届四次会议有关事项等；听取各委办2023年工作总结和2024年工作初步安排，审议有关人事事项

协商议政

【概况】 2023年，经过市委书记直接点题、市委常委会会议审定、市委、市政府12位党政领导领衔，常委会围绕党政中心工作，谋划实施8项重点协商履职课题。其中，专题议政性常委会会议协商2项，对口协商、界别协商2项，专题协商2项、民主监督2项，围绕“加快旅游集散体系建设，助力夜经济高质量发展”“充分发挥我市资源优势，积极争取国家政策项目支持”两个课题开展书记、市长与委员“面对面”专题协商，得到省政协充分肯定。

【助力“工业倍增三年行动”民主监督专题协商】 1月9日，市政协召开“持续优化营商环境，助力‘工业倍增三年行动’”民主监督专题协商会议，市政协主席、副主席，市政府副市长，市政协经济委，市直有关单位及部分市政协委员等24人参加会议。会上市政协经济委作专题协商情况汇报，市直有关单位及部分市政协委员进行交流讨论。市政协主席、副主席就“持续优化营商环境，助力‘工业倍增三年行动’”提出12条具体要求和意见。

【加强对幼儿园的监督和管理专题民主监督】 3月9日，市政协召开“进一步加强对幼儿园的监督和管理，巩固提升改革成果”专题民主监督部署会。3月29日至5月28日，组织市政协委员和市直相关部门，开展“加强对幼儿园的监督和管理，巩固提升改革成果”课题的民主监督协商调研，其间深入城区和农村、公办和民办、普惠和非普惠、新建和改扩建25所幼儿园，了解景德镇市学前教育的现状，经过多方协商、综合分析，并听取和吸收各方建设性的意见和建议，形成《关于“进一步加强对幼儿园监督和管理，巩固提升改革成果”的调研报告》。5月29日，市政协召开“进一步加强对幼儿园的监督和管理，巩固提升改革成果”专题民主监督协商会议。市政协主席、副主席、秘书长，市政府副市长，市政协提案委，市直相关部门及部分市政协委员、行业代表等21人参加会议。会上市政协提案委就《关于“进一步加强对幼儿园的监督和管理，巩固提升改革成果”的调研报告》起草情况作出说明，市直相关部门及部分市政协委员、行业代表围绕课题内容进行协商交流。

【基层医疗卫生服务体系界别协商】 3月14日，市政协召开“推进我市基层医疗卫生服务体系高质量发展”界别协商会。市政协主席、副主席、秘书长，市政协教科卫体委，市直相关单位及部分市政协委员等6人参加会议。会上听取市政协教科卫体委作调研报告情况说明，市直相关单位及部分市政协委员协商发言。提出12条具体要求和意见。

【加快国有企业转型升级专题民主监督】 5月11日，市政协召开“进一步整合资源，加快国有企业转型升级”专题民主监督部署会。市政协人资环委、市国资委等相关负责人及部分市政协委员、专家参加会议。会议研究民主监督实施方案，明确任务要求和工作职责，对调研内容、方式、步骤、人员和时间安排进行部署。各相关单位作表态发言，与会人员围绕国企改革中的重点难点问题和如何搞好本次民主监督活动开展交流探讨，提出许多好的意见和建议。7月11日，市政协召开“进一步整合资源，加快国有企业转型升级”专题协商会议。市政协主席、副主席、秘书长，市政府副市长，市政协人资环委，市直相关单位及部分市政协委员、专家、国有企业代表等22人参加会议。会上，市政协人资环委介绍开展本次专题民主监督的相关情况，市直相关单位及部分市政协委员、专家、国有企业代表围绕课题内容进行协商交流，并就进一步整合资源，加快国有企业转型升级提出具体意见。

【加强基层网格员队伍建设专题议政协商】 7月27日，市政协召开“加强基层网格员队伍建设提升基层社会治理现代化水平”专题议政协商常委会。市政协主席、市委政法委书记、市公安局局长、市政协副主席、市政协秘书长等80人参加会议。会议听取《市政协关于“加强基层网格员队伍建设，提升基层社会治理现代化水平”的建议案（草案）》起草情况说明，原则通过《市政协关于“加强基层网格员队伍建设，提升基层社会治理现代化水平”的建议案》。市委政法委、市民政局负责人和部分市政协常委、委员围绕加强基层网格员队伍建设工作发言，提出8条意见建议。

【协商议事平台建设暨界别工作推进会】 8月1日，市政协召开“赣事好商量·镇聚力”协商议事平台建设暨界别工作推进会。市政协主席、副主席、秘书长，各县（市、区）政协主席，市政协办公室、各专门委员会主任等42人参加会议。会议通报市政协“赣事好商量·镇聚力”协商议事平台建设情况；各县（市、区）政协主席，市政协办公室、各专门委员会主任，界别小组组长分别发言。

【重点提案办理面对面协商】 8月31日，市政协提案委在民建界别“赣事好商量·镇聚力”工作室召开重点提案办理协商座谈会，就市政协十四届三次会议第039号提案《关于我市发展无人机产业的建议》办理工作进行面对面协商交流。市委军民融合办、市政协提案委、民建市委会负责人及部分市政协委员等12人参加会议。会上，提案承办单位详细介绍提案办理情况及下一步工作打算，针对提案各项建议给予专业性答复。

【社会治理类提案办理工作面对面协商】 9月6日，市政协提案委为充分发挥人民政协专门协商机构作用，用好“赣事好商量”协商议事平台，组织部分委员就社会治理类提案办理工作赴珠山区开展面对面协商。市政协提案委结合市政协十四届三次会议提案办理情况，以社会治理类提案为专题，组织部分与提案相关委员等20人，在珠山区政协“赣事好商量·珠事顺利”委员工作站召开协商座谈会，就居民自治、发挥业委会作用、小区管理、社区服务、党建＋物业、“五社联动”等共建共治共享社会治理建议，与珠山区各承办单位、街道进行深入协商交流。

【重点提案办理协商座谈会】 9月18日，市政协提案委就《关于抓住数字赋能新机遇，打造文旅融合新模式的建议》重点提案办理工作在民盟界别政协委员工作站召开协商座谈会。市政协提案委、民盟市委会、市文旅局负责人及部分市政协委员等9人参加会议。会上，提案承办单位详细介绍提案办理情况、相关政策解读及下一步工作打算，并针对提案各项建议给予专业性答复。

【“加强‘景德镇制’品牌保护，助力国家陶瓷文化传承创新试验区建设”专题会】 11月12日，市政协召开“加强‘景德镇制’品牌保护，助力国家陶瓷文化传承创新试验区建设”专题协商活动启动会暨开展“微讲堂”活动。市政协副主席，市政协经济委负责人，市直相关单位分管领导，市政协工商联界别、经济界别全体委员等37人参加会议。11月23日，召开专题研讨会，市政协副主席、经济委负责人，市直相关单位专业人士以及部分市陶瓷企业代表18人参加会议。研讨会上，与会人员围绕“加强‘景德镇制’品牌保护”主题进行交流发言，提出意见建议18条。12月21日，召开专题协商会议。市委副书记，市政协主席，副市长，市政协副主席，市政协秘书长，市市场监管局、市中级人民法院、国家试验区管委会办公室及市政协委员代表等29人参加会议。

会上，就下一步工作作具体部署，就贯彻落实此次会议精神提出要求。市市场监管局、市中级人民法院、国家试验区管委会办公室及市政协委员代表紧扣协商主题作发言。

【拓宽招商引资平台专题协商】11月16日，市政协召开“依托港澳台侨资企业，拓宽招商引资平台”专题协商会。市政协主席、副主席、秘书长，市政府副市长，高新区、昌南新区、市直有关单位及部分市政协委员、企业代表等30人参加会议。会上，市政协港澳台侨和外事委员会作专题协商情况汇报，高新区、昌南新区、市直有关单位及部分市政协委员、企业代表进行交流讨论。

【加快旅游集散体系建设专题协商】12月17日，市政协“加快旅游集散体系建设　助力夜经济高质量发展”专题协商会议召开。市委书记、市政协主席、市政府副市长、市政协副主席、市政协秘书长、市文旅局、市交通局、市公安局、陶文旅集团、江南旅游发展集团、紫晶国际旅行社及市政协常委、委员代表等40人参加会议。会上，就下一步工作作具体部署，就调研报告起草情况作说明。市文旅局、市交通局、市公安局、陶文旅集团、江南旅游发展集团、紫晶国际旅行社及市政协常委、委员代表紧扣协商主题作发言。

【积极争取国家政策项目支持专题议政协商】12月25日，市政协召开“充分发挥我市资源优势积极争取国家政策项目支持”专题议政协商常委会会议。市长，市政协主席、副主席、秘书长，有关单位和市政协常委、委员代表等78人参加会议。会议就《市政协关于“充分发挥我市资源优势　积极争取国家政策项目支持”的建议案（草案）》作起草情况说明，有关单位和市政协常委、委员代表作发言。审议并原则通过《市政协关于“充分发挥我市资源优势　积极争取国家政策项目支持”的建议案》。

调研与视察

【概况】2023年，市政协委员会共开展调研54次，反映各类问题42个，向市委、市政府报送提案2篇、专题报告6篇，提出意见建议共计102条，助力党政科学决策、有效施政，获得市委、市政府主要领导肯定性批示9条。

【社区医疗卫生服务协商视察活动】2月8日，市政协组织医卫界别8人委员，就“推进我市社区医疗卫生服务体系高质量发展”开展界别视察活动。视察组先后来到新村街道社区卫生服务中心、石狮埠街道社区卫生服务中心、西郊北片社区卫生服务中心、鲇鱼山镇卫生院等地，实地考察社区医疗卫生服务体系建设，了解基层医疗卫生机构基本运营、医疗人才队伍建设、突发公共卫生事件的应急处理和配套保障能力、中医药产业发展等方面情况。2月21日，市政协组织医卫界别7人委员，开展界别视察活动。调研组深入洪源镇中心卫生院、湘湖镇中心卫生院、寿安镇卫生院开展视察调研，实地考察基层医疗卫生机构基本运营、医疗人才队伍建设、突发公共卫生事件的应急处理和配套保障能力建设情况，提出6条具体要求和意见。

【助推全市艺术产业全链条大发展调研】3月24日，市政协调研组到昌南新区艺术名校创联基地开展“借力艺术名校创联基地大平台助推我市艺术产业全链条大发展”调研。调研组到广州美院、四川美院、鲁迅美院、湖北美院、景德镇学院创研中心进行实地调研，同属地和院校代表深入交流，详细了解创联基地配套设施建设和各美院景德镇创研中心活动开展情况。

【加强对幼儿园的监督和管理专题调研】3月29日，市政协调研组开展“进一步加强对幼儿园的监督和管理，巩固提升改革成果”专题民主监督实地调研。调研组先后来到昌南湖伟才幼儿园、昌江区中心幼儿园、美乐迪幼教乐园、新安路幼儿园，实地查看幼儿教学场所、活动室、休息室等，详细了解办园规模、班级班额、教师配备、安全管理、后勤保障等方面情况，要求各幼儿园加强安全隐患排查，强化教师和保育员的教育和管理。4月12日，市政协提案委及部分市政协委员9人，赴乐平市乡镇中心幼儿园和小区配套幼儿园开展实地专题民主监督调研。调研组实地调研后港中心幼儿园、洎安小区幼儿园、民电路快乐幼儿园等地，详细了解学前教育规划布局、师资队伍建设、收费标准、去“小学化”等情况，并进行座谈交流。提出健全管理机制，进一步强化幼儿园安全监管工作；加大师资培训力度，不断提高幼儿园教师队伍建设与管理水平；遵循教育规律和幼儿年龄特征，坚持科学保教方法；加强食品安全主体责任落实，严把幼儿园的食品安全关等13条具体要求和意见。

【反映社情民意信息工作座谈会】 5月8日，市政协召开全市政协系统反映社情民意信息工作座谈会。市政协主席、秘书长、办公室有关负责人及市县政协社情民意信息员参加会议。会议通报2023年以来市政协和县（市、区）政协报送社情民意信息和采纳情况，社情民意信息员先后作交流发言，围绕进一步提高反映社情民意信息工作质量和水平提出意见建议。

【基层网格员队伍建设专题调研】 5月23日，市政协调研组赴乐平市开展“加强基层网格员队伍建设，提升后疫情时期基层社会治理现代化水平”协商课题专题调研。调研组前往后港镇大田村综治中心、洎阳街道综治中心、东湖名都社区党群服务中心和乐平市综治中心，通过实地察看、听取汇报、翻阅台账，详细了解矛盾纠纷排查化解、网格化服务管理等工作情况，并就发现的问题和薄弱环节共商改进举措。5月31日，市政协调研组赴昌江区开展协商课题专题调研。6月5日，调研组赴珠山区协商课题专题调研。

【加快国有企业转型升级专题民主监督调研】 6月8日，市政协开展“进一步整合资源，加快国有企业转型升级”专题民主监督调研。市政协主席、副主席、秘书长、人口资源环境委，市直有关单位负责人及部分市政协委员等34人参加。调研组一行先来到陶溪川二期，参观玻璃工作室、球磨美术馆等，详细了解经营业态、游客人数等情况。随后，前往陶溪川三期项目建设工地，实地查看项目建设进度，听取相关负责人情况汇报，了解项目进度进展、经营布局等情况。在景陶集团，调研组一行进车间、看产品，详细了解企业产能、产品销售、人才引进等方面情况，鼓励企业紧盯市场需求，苦练内功、强化创新，不断抢占行业制高点。座谈会上，调研组就整合资源，加快国有企业转型升级提出具体意见和要求。

【重点提案办理工作调研】 7月4日，市政协开展“农工党市委会关于推动我市跨境电商产业发展”重点提案办理工作调研。调研组先后来到景德镇市场采购贸易监管中心、珠山区陶瓷跨境电商数字产业园等地，与跨境电商相关企业负责人深入交流，并召开座谈会，详细了解全市跨境电商综合服务平台建设、园区运营、企业孵化、人才培养、仓储物流等具体情况。提出牢牢抓住获批跨境电商综试区、陶瓷市场采购贸易方式试点、国家文化出口基地、国家外贸转型升级基地等政策机遇，在创新发展、攻坚克难、贴心服务上下功夫，不断优化营商环境，聚力打造国际范的陶瓷贸易中心；坚定信心，不断完善跨境电商服务体系，助力景德镇跨境电商综试区高质量发展，推动景德镇实现“买全球、卖全球”等11条具体意见。

【提案承办情况调研】 7月18—26日，市政协提案委员会组织部分提案审查委员会委员和与提案相关的委员14名，对市政协十四届三次会议提案承办单位开展走访调研。调研组来到国家试验区管委会办公室、景德镇陶瓷人才服务中心等提案承办单位，通过实地察看、翻阅台账、座谈交流等方式，详细了解提案办理工作制度、机制创新、责任落实、沟通协商、办理实效和续办续复等情况，交流提案办理工作中的好思路、好经验、好做法，督促重点提案、重要提案、党派团体专委会集体提案、人民群众普遍关注的民生提案的办理落实。

【助力夜经济高质量发展专题调研】 7月19日，市政协开展“加快旅游集散体系建设，助力夜经济高质量发展”专题调研。市政协主席、副主席、秘书长等9人参加调研。调研组先后来到昌江区旅游集散中心、昌北机场景德镇城市候机楼、景德镇市智慧停车管理中心、景德镇北站、三宝国际瓷谷、九集小镇、陶溪川文创街区能源中心等处，详细了解景德镇市旅游集散体系助力“夜经济”高质量发展方面的基本情况、遇到的困难与问题以及提升方式与优化建议。

【拓宽招商引资平台专题协商调研】 9月6—13日，市政协港澳台侨和外事委员会专题协商调研组围绕“依托港澳台侨资企业，拓宽招商引资平台”年度协商课题，赴乐平市、浮梁县、昌江区、珠山区及高新区、昌南新区开展调研。调研组围绕调研课题访谈各县（市、区）、园区有关负责人，召开调研座谈会6场次，详细了解招商引资工作，探讨依托港澳台侨资企业和平台资源，以商招商，采取的方法和途径，取得的经验和成果，剖析存在的问题。同时，实地视察走访港澳台侨资企业20家，发放调查问卷表80份，听取企业负责人在助力港澳台侨资企业发展方面的意见建议。提出发挥优势特色效应，搭建合作共赢平台，深耕联络连心桥梁，聚焦安商扶商施策等50条具体意见。10月27日，市政协到高新区、昌南新区和珠山区，开展“依托港澳台侨资企业，拓宽招商引资平台”专题调研。协商成果呈报市委、市政府提供决策参考。12月29日，市委书记刘锋在报告中批示。

【“道路安全与交通秩序”专题协商调研】 11月30日，市政协开展“道路安全与交通秩序”专题协商调研，并召开面对面协商座谈会。市公安局、市城管局、市教体局、市自然资源和规划局等单位负责人及部分市县政协委员16人参加调研。调研组一行先后来到非机动车集中执法停放点、湖田十字路口、市交警支队指挥中心等处和三宝国际陶艺村、三宝蓬等网红打卡点，详细了解景德镇市非机动车违法行为整治、停车点位规划、部分拥堵路段问题症结等情况，并与相关部门共同探讨解决方案。

【助力景德镇国家陶瓷文化传承创新试验区建设专题视察】 12月8日，市政协主席率队，组织住景省政协委员12名，围绕助力景德镇国家陶瓷文化传承创新试验区建设开展专题视察。视察景德镇国家陶瓷酒文化产业园、景德镇艺术职业大学、景德镇古陶瓷基因库，现场听取相关负责人情况介绍，详细了解产业园建设招商、学校招生及职业教育、古陶瓷基因库建设等情况。

【“景德镇制”品牌保护专题视察】 12月13日，市政协主席率队，组织11名委员就“加强‘景德镇制’品牌保护，助力国家陶瓷文化传承创新试验区建设”开展专题视察。

提案工作

【概况】 2023年，市政协十四届三次会议共收到委员提案189件。经提案委员会审查，立案189件。在立案的提案中，委员个人提案103件，联名提案42件，各民主党派市委会、市工商联、市有关人民团体等单位集体提案44件，提出提案的委员共计316人次。按照“分级负责、归口办理”的原则，会同市委办公室、市政府办公室，将以上提案分别送请各县（市、区）和相关部门、单位研究办理。至12月31日，已立案提案全部办理并答复。

【促进经济发展】 2023年，促进经济发展提案内容涉及优化营商环境、民营经济发展、乡村振兴、城乡融合、招商引资、军民融合、电子商务等方面。此类提案共56件，占立案总数的29.63%。《关于推进我市油茶产业发展的建议》提案，市林业局从国家二级、省、市级公益林中调整出2.45万亩面积用于发展油茶，并建立专项资金扶持油茶产业高质量发展。《关于加大对景德镇私营经济体支持力度的建议》提案，市工信局下属景德镇市中小企业融资担保有限公司已累计为全市中小微企业提供125.44亿元的金融服务，其中私营企业占比90%以上；市政数局推动“惠企通”平台高效利用，开通“专线+12345”政务服务便民热线24小时电话，提供惠企政策兑现365天不打烊暖心爽心服务。《关于推动改革创新，加强我市陶瓷市场的网络营销监督管理的建议》提案，市市场监管局成立网络经营执法稽查大队，多次开展网络陶瓷电商专项整治，2023年已公布四批“铁拳”行动典型案例。

【推进民主法治】 2023年，提案内容涉及区域融合发展、“两新”组建工会、社区共建共治共享、政协委员联系群众等方面。此类提案共8件，占立案总数的4.23%。《关于加快我市昌江区、高新区两区融合发展的建议》提案，高新区、昌江区联合出台《“一区多园”融合发展实施方案》，成立由两区主要负责人担任双组长的领导小组，建立招商引资、项目建设、产业发展联席会议制度，组建两区融合发展工作办公室，并已列入“全省开发区体制机制改革创新试点”，两区融合发展迈出新步伐。《关于推进社区共建共治共享治理的建议》提案，各县（市、区）扎实推进社区（村）党群服务中心建设，着力打造党建特色品牌，建立健全“五社联动”服务机制和社区物业党建联建机制，不断提高群众的满意度和获得感。《关于开展政协委员邮箱进社区活动的建议》提案，市政协办公室以新厂街道林荫路社区为活动试点，采取“线上+线下”运行模式，建立微信公众号，在社区党群服务中心门口设置传统信箱，并对收到群众反映问题后处理、转交、落实等程序进行规范和明确。

【助力文化建设】 2023年，提案

内容涉及国家试验区建设、文旅融合、知识产权保护等方面。此类提案共42件，占立案总数的22.22%。《关于构筑试验区创新型人才梯队的建议》提案，市人社局向全市企事业单位征集高层次及急需紧缺人才岗位需求，制定引才计划目录，组织市重点企事业单位参加省、市各类线上线下引才招聘活动引进各类人才，组织事业单位工作人员公开招聘考试。《关于抓住数字赋能新机遇，打造文旅融合新模式的建议》提案，市文旅局制定《景德镇市数字文旅融合发展创新实施方案》，积极与腾讯、哔哩哔哩、阿里巴巴等网络平台合作，搭建数字文创平台，打造爆款文创产品，推动数字文创和智慧旅游融合发展，推动文旅数字经济又好又快发展。《关于筹建三闾庙古街区历史文化展示馆的建议》提案，昌江区于2023年6月开始筹建三闾庙历史文化馆，10月三闾庙历史文化馆正式揭牌，展示三闾庙区域千年历史变迁。《关于打造版权强市和知识产权高地的建议》提案，市中级人民法院、市人民检察院、市市场监管局等七家单位签订《强化知识产权协同保护合作备忘录》形成常态化联络机制，建立知识产权重大案件通报机制，加大案件办理协作力度，共同打击知识产权侵权行为。12月，景德镇市获批开展国家级知识产权保护中心建设。

【增进民生福祉】 2023年，提案内容涉及老旧小区改造、物业管理、就业、社保、养老、教育、卫生、食品安全等方面。此类提案共78件，占立案总数的41.27%。《关于在本市义务教育阶段落实“双减”措施的建议》提案，市教体局印发《景德镇市关于落实“五项管理”工作的实施方案》，积极引导学校走个性化、特色化的内涵式发展之路，将校园特色文化有机融入学校教育教学活动中，开展丰富多彩的特色教育品牌建设活动，如九中的合唱、昌河实验小学的游泳和器乐合奏、市实验学校的鼓号队等。《关于大力发展“养老+”新业态的建议》提案，市民政局积极发展社区嵌入式养老服务，全市建成20所社区嵌入式养老院，实现市辖区街道和县（市）城关镇全覆盖，为社区周边老人提供全托、日托、生活照料、康复护理、居家上门等养老服务。《关于对适龄女性接种HPV疫苗给予政府补贴的建议》提案，市卫健委制定《景德镇市“为适龄女生免费接种人乳头瘤病毒疫苗”的实施方案》，于2023年9月开始对适龄女生免费接种HPV疫苗。

【推动生态文明】 2023年，提案内容涉及提升防洪减灾水平、农村生活污水处理、河道治理、外来物种入侵防控等方面。此类提案共5件，占立案总数的2.65%。《关于推进乐平水利枢纽工程建设的建议》提案，市委、市政府迅速部署，成立景德镇市服务乐平水利枢纽工程建设工作小组，积极破解项目立项、申报、审批等各种难题，项目建设推进进入了快车道。《关于治理三宝国际瓷谷洪涝灾害的建议》提案，珠山区已完成重点内涝点治理工作前期概念治理方案和疏浚方案，新建小型水库工作已经完成前期立项和初步设计工作。《关于加大农村生活污水治理力度的建议》提案，市住建局、市农业农村局等部门制定工作方案，明确2023年度农村生活污水治理任务，积极申报中央农村环境整治资金，强化因地制宜、分类施策、建管结合，持续推进农村生活污水治理，努力打造“河畅、水清、岸绿、景美”的农村水生态文明画卷。《关于认真清除水葫芦等外来有害物种的建议》提案，市生态环境局牵头制定《景德镇市关于进一步加强生物多样性保护的实施方案》，建立景德镇市生物多样性保护联席会议制度，开展外来入侵物种普查、监测、预警、控制、评估、清除、生态修复等工作。

专门委员会工作

【社会法制和民族宗教委员会】 3月7日，市政协社会法制和民族宗教委员会召开第三次全体会议。会上，对2022年市政协社法民宗委开展的《以社区为依托，构建多层次养老照护服务体系》专题协商进行总结，并部署2023年专题常委会会议协商课题《加强基层网格员队伍建设，提升后疫情时期基层社会治理现代化水平》。各委员围绕2023年市社法民宗委工作计划及2022年履职情况进行交流发言。

【港澳台侨和外事委员会】 3月30日，市政协港澳台侨和外事委全体委员会议暨县（市、区）政协港澳台侨和外事委工作座谈会在浮梁县江村乡召开。会议传达学习习近平总书记在全国两会期间的重要讲话精神和全国两会精神。7月5日，市政协港澳台侨和外事委员会组织市、区政协委员3名走进昌江区丽阳镇山田村访民情、集民意、办实事，调研收集基层社情民意信息5条，并与丽阳镇山田村干部群众进行协商议政座谈交流。7月25日，召开专家人才组座谈会暨专家人才聘任仪式，会议为受聘的20位专家人才颁发聘书。12月28日，开展“汉字联接世界”书香政协微讲堂暨委员联系界别群众活动。港澳台侨委对口界别委员、部分侨胞侨属代表和无党派代表人士22人参加活动。活动要求依托熊峰文字联接馆暨东亚文化交流中心平台，做好港澳台侨这篇大文章；加强与对口界别人士的联系和交流；政协委员要借鉴这个平台，推动陶瓷文化交流。

【文化文史和学习委员会】 4月3日，市政协文化文史和学习委员会全体会议暨全市政协文化文史和学习工作座谈会召开。市政协文化文史和学习委主任、副主任、对口联系界别委员，各县（市、区）政协分管副主席、文化文史和学习委主任25人参加会议。会上，委员们围绕文化文史和学习工作及履职情况进行座谈交流，并提出意见建议。11月3日，在民建界别委员工作站开展委员界别活动，文化文史和学习委负责人，部分对口联系委员14人参加活动。会上围绕“赣事好商量·镇聚力”和功能型党支部工作与委员互动交流；就《关于“加快旅游集散体系建设 助力夜经济高质量发展”对口协商的调研报告（初稿）》听取委员意见建议。提出加大监管力度，全行业联动发展、丰富产品供给，促进产业融合、借助科技手段，实现智慧旅游等9条意见建议。12月21日，联合社法民宗委在市政协机关开展以“景德镇的文化品格”为主题的“书香政协——微讲堂”活动。活动邀请原景德镇学院陶瓷文化艺术研究中心主任魏望来做专题讲座。

【人口资源环境委员会】 4月4日，市政协人口资源环境委员会召开全体委员会议。人资环委负责人和九三学社、共青团、青联界别委员18人参加会议。委员们围绕市政协人资环委2023年度工作计划，就“充分发挥政协人资环委作用，服务市委市政府工作大局、工作重点”开展交流发言。4月20日，全市政协人资环委工作会议暨十四届市政协人资环委第二次专家组会议召开。各县（市、区）政协分管领导及人资环委负责人、十四届市政协人资环委专家组成员21人参加会议。市政协人资环委与各县（市、区）政协人资环委交流2022年工作总结暨2023年工作要点。与会人员围绕“充分发挥政协人资环委作用，服务我市经济社会发展”进行专题研讨，提出意见建议。7月21日，在九三学社界别市政协委员工作室开展以“口腔健康　全身健康”为主题的“书香政协——微讲堂”活动。活动邀请中华口腔医学会常务理事、江西口腔医学会委员、昌江区政协委员陈瑞玲作专题讲座。市政协人资环委、教科卫体委对口界别委员、人资环委专家组成员、九三学社社员及所在社区群众等共计40余人参加。

【经济委员会】 4月18日，市政协经济委召开十四届市政协经济委员会第二次全体委员会议暨全市经济委员会工作座谈会。市政协经济委负责人等28人参加会议。会议传达省政协经济委全体委员会议暨设区市政协经济委员会工作座谈会精神，集中学习《中国共产党政治协商工作条例》、全国两会精神、学习贯彻习近平新时代中国特色社会主义思想主题教育工作会议精神。6月13日，市政协经济委召开专家组专家座谈会暨专家聘任仪式。会上，宣读《关于成立景德镇市政协经济委专家组的决定》《景德镇市政协经济委专家组协商议政细则》，并为专家组成员颁发聘书，专家组成员作履职发言。经济委专家组由全市经济和文化领域的12位专家人才组成。

【教科卫体委员会】 6月21日，市政协教科卫体委员会组织部分医卫、科技界别委员到乐平市塔前镇开展“送科技送健康下乡”活动。活动中，市政协委员开展营养健康医疗知识、老龄人预防疾病基本的医疗知识等宣传、咨询和现场义诊；开展“书香政协——微讲堂”活动，现场为群众进行“平衡膳食，健康生活”讲座；并开展农业科技宣传及咨询活动。

【农业和农村委员会】 7月7日，市政协农业和农村委员会在浮梁县开展委员界别活动，各县（市、区）政协分管领导及农业和农村委员会负责人，市政协农业界别及民革界别全体委员28人参加活动。

（徐绮雯）

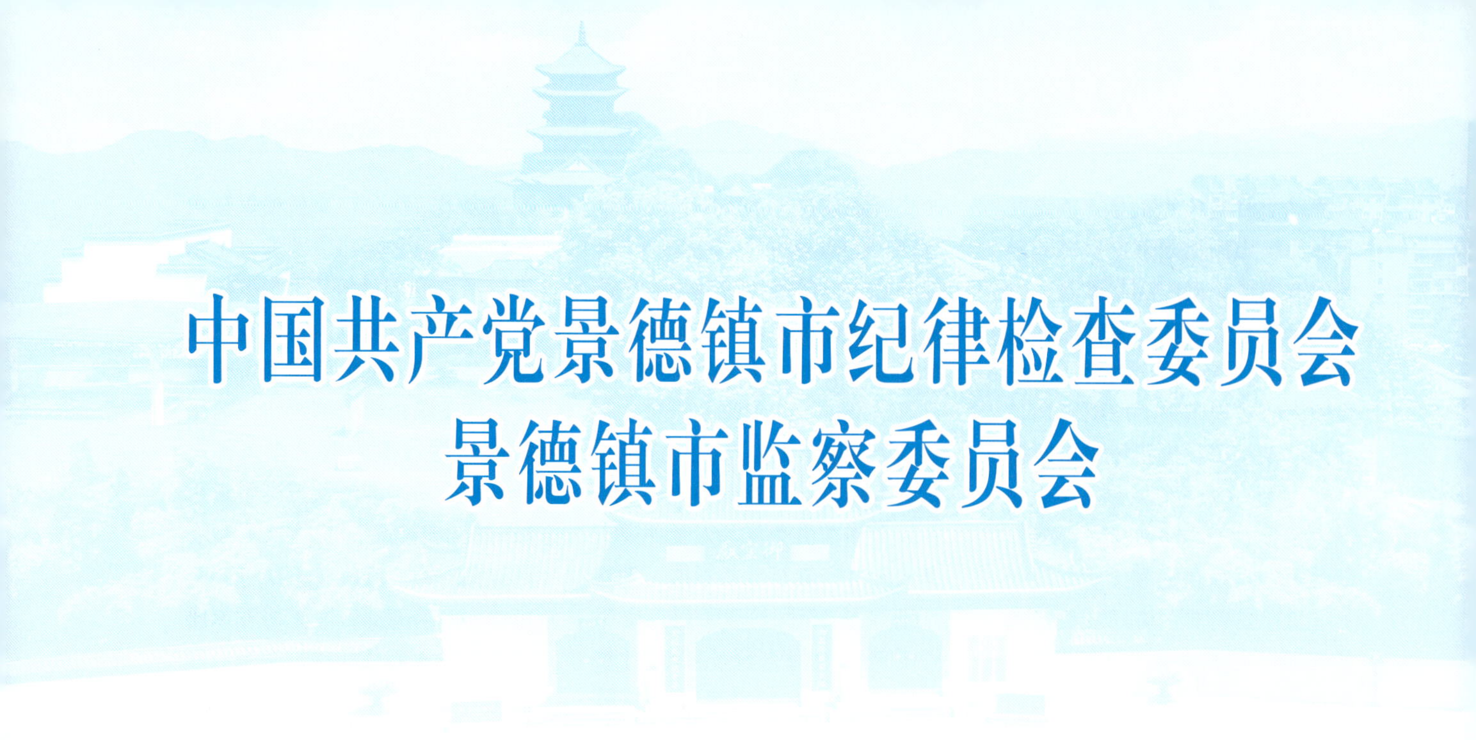

中国共产党景德镇市纪律检查委员会 景德镇市监察委员会

综　述

2023年，中国共产党景德镇市纪律检查委员会景德镇市监察委员会（简称市纪委市监委）扎实开展主题教育和教育整顿，深入推进党风廉政建设和反腐败斗争，全市纪检监察工作高质量发展取得新成效。全市受理检举控告类信访举报、初次举报数量连续3年下降，政治生态持续向上向好。坚持办案、整改、治理一体谋划推进，完善查办案件“后半篇文章”工作流程，制定相关配套制度和操作指南。针对查办案件暴露问题，制发纪检监察建议48份，督促建立健全制度65项，形成工作机制6项。警示教育从“大水漫灌”转变为“精准滴灌”，分领域分系统开展各类警示教育讲座260余场次，1.6万余人次接受教育；精心摄制《永远在路上》等警示教育片，编印严重违纪违法典型案例，分层分类开展警示教育。监督推动优化营商环境、城管系统专项治理、查处新型隐性腐败、廉洁文化建设、开展回访教育的经验做法在中央纪委国家监委媒体刊载，查办有关案件、深化派驻监督、推进巡察工作的成效得到省纪委省监委主要领导批示肯定或在中央纪委重点内刊刊载。

2023年，市纪委市监委实施业务人才一体化培养工程。培养干部达534人，同比增长219.76%。全面推进审调人才“123”培养计划，进一步加强审调“尖刀”团队建设，全市组建“尖刀”团队16支，共计143人。持续深化全员培训，举办各类业务培训班，轮训纪检监察干部1480余人次。实施青年铁军培养计划，通过每周学习、每月测试、每季研讨、年终比武等方式，提升年轻纪检监察干部的政治素养和业务水平。6月28日，市纪委市监委举行“铸忠诚　强本领”主题演讲比赛，于7月分两批，在井冈山举办党性教育培训班，不断增进对党的创新理论的政治认同、思想认同、理论认同和情感认同。

重要会议

【中国共产党景德镇市第十二届纪律检查委员会第三次全体会议】 1月30日，中国共产党景德镇市第十二届纪律检查委员会第三次全体会议召开。出席全会的市纪委委员27人，列席267人。全会的主要任务是：以习近平新时代中国特色社会主义思想为指导，深入学习贯彻党的二十大精神，深化落实习近平总书记视察江西重要讲话精神和对景德镇工作的重要指示批示精神，按照二十届中央纪委二次全会、省纪委十五届三次全会和市委十二届三次全会部署，总结2022年纪检监察工作，部署2023年工作任务。审议通过廖良生代表市纪委常委会所作的《全面贯彻落实党的二十大精神，在新征程上坚定不移推进全面从严治党，为加快全面建设社会主义现代化国际瓷都提供坚强保障》工作报告。市委常委，市人大常委会、市政府、市政协领导，市法院、市检察院主要负责人出席会议。会议以视频的形式召开，在各县（市、区）设分会场。

【专项治理警示教育大会召开】5月30日，全市城管系统作风及腐败问题专项治理警示教育大会召开。会议现场播放警示教育片，市城管局、昌南新区、高新区城管执法局、市场监管执法稽查局4家单位相关负责人分别作表态发言。会议以视频形式召开至各县（市、区），来自城市管理、公安交警、自然资源、生态环保等相关执法部门的800余名党员干部参加会议。

【全市领导干部警示教育大会】12月19日，全市领导干部警示教育大会召开。省纪委常委、省监委委员王谷，市委书记刘锋出席并讲话。胡雪梅、俞小平、韦情、林蓉、邓永翔、林卫春、胡春平等在职市厅级领导干部出席会议。廖良生主持会议，会议通报全市全面从严治党工作情况，与会人员集中观看警示教育片。会议以视频形式召开到各县（市、区），全市3100余名党员干部参加会议。

监督执纪

【“三新一高”“三重一大”监督】2023年，市纪委市监委制定专项监督工作方案，明确“三新一高”重点监督内容、负面清单。梳理“三新一高”重点监督内容18项、负面清单17项，“三重一大”监督内容11项。以“室组地”联动形式全覆盖开展三轮督导，制发纪检监察建议推动问题整改到位。大力推进“三重一大”信息化监督平台建设，录入相关数据4300多条，发现问题33个。

【国家试验区建设监督】2023年，市纪委市监委对照景德镇国家陶瓷文化传承创新试验区建设四年行动计划，细化监督工作方案，健全完善联席会议、调研督导、线索移送、信息共享等工作机制，督促主管部门制定年度工作考评办法，联动开展监督检查，问责失职失责人员28人。

【生态环境领域监督】2023年，市纪委市监委强化生态环境领域环评审批、监管执法、项目资金“三个专项”的治理，制定省生态环保督察移交问题问责工作方案，跟进监督废弃矿山修复治理工作，压紧压实整改责任。配合开展统计造假屡禁难绝专项治理，坚定稳妥追责问责。扎实履行巡视整改日常监督责任，推动各项整改任务按时完成。

【乡村振兴领域不正之风和腐败问题专项整治】2023年，市纪委市监委深入推进乡村振兴领域不正之风和腐败问题专项整治。制定专项整治实施方案，全年查处乡村振兴领域违纪违法问题854起1154人。排查全市乡村振兴项目、乡村“门墙亭廊栏”项目，着力发现“面子工程”“形象工程”及盲目“造景”问题。加强中央纪委重点关注件、省纪委重点督办件跟踪督导，建立提级审核机制，立案58人，已处理处分50人。

【医药领域腐败问题和不正之风集中整治】2023年，市纪委市监委制定配合集中整治实施方案，协调审计部门开展专项审计。全面起底党的十八大以来存量问题线索37件，立案5件，留置3人。推动开展医护人员“拒收红包”、医疗乱象专项治理等行动，查处医疗乱象相关问题151起；督促卫健部门开展“看病难看病贵”问题专项整治，推动市医保局全面梳理医保收支、负债情况，防范风险隐患。

【营商环境领域腐败和作风问题专项整治】2023年，市纪委市监委开展营商环境领域腐败和作风问题专项整治，查处相关问题582起800人，其中党纪政务处分381人。巩固拓展城管系统作风及腐败问题专项治理成效，立案查处9件13人。向城管系统制发纪检监察建议10份，推动建立完善制度40项。召开专项治理警示教育大会，城管、自然资源等九大执法系统800余名党员干部参加，举一反三全面规范执法行为。

【纠治民生领域损害群众利益问题】2023年，市纪委市监委聚焦部分宾馆酒店价格管理不规范、恶犬伤人等问题，推动发改、市监、公安等相关职能部门完善制度机制、强化监管执法，切实保障消费者合法权益、守护群众生命安全。跟进监督乐平校园欺凌事件，推动平稳解决，督促教体、公安等部门建立健全校园欺凌防范处置等工作。

党风廉政建设与反腐败

【概况】2023年，市纪委市监委常态化开展节日廉洁提醒，发送廉洁过节提醒函1.5万余份，查处违反中央八项规定精神问题312起，处理422人，其中党纪政务处分361人。协助市委开展干部作风突出问题专项治理，查处干部作风突出问题566起，处理902人，其中党纪政务处分383人。对1起顶风违规吃喝问题抓现行，立案2人。督促乐平市重点整治“下午不上班、下雨不上班”等违反工作纪律问题，部署开展“违规发放津补贴”专项治理。联合相关部门，向全市年轻干部发出“八小时外”行为规范倡议书，引导系好廉洁从政“第一粒扣子”。

【“风腐”同查同治】 2023年，市纪委市监委把挖掘风腐一体问题贯穿监督检查、审查调查全过程，在陶某、江某等案件办理过程中，不仅查面上的违规吃喝收礼问题，还深挖彻查背后的团团伙伙、请托办事、利益勾兑等问题。查处党员干部、公职人员酒驾醉驾38人，并深查背后的风腐一体问题。

【落实“四敢”要求】 2023年，市纪委市监委制定开展容错纠错激励干部敢为实施办法、澄清失实检举控告和查处诬告陷害行为实施细则，为6名干部和2个单位澄清正名，对3人及1个单位实施容错纠错。全市各级纪检监察机关共开展回访教育205人次，为77名处分影响期满、表现较好的党员干部出具了不影响提拔使用的党风廉政回复意见。

【深挖细查恶势力犯罪集团】 2023年，市纪委市监委对一则网络舆情深挖细查，挖掘出以浮梁县寿安镇戴松寿为首的非法盗采矿产资源、侵害群众切身利益的恶势力犯罪集团，查处背后的“保护伞”和失职失责人员55名，其中留置5人，督促属地党委政府和职能部门以案促改、以案促治，基层政治生态得到净化修复。

【违纪案件查办】 2023年，市纪委市监委聚焦国有企业、征地拆迁、工程建设、行政执法、医药、高标准农田建设等系统、领域，加大惩治力度，立案1011件、处分985人，严肃查办江某、蔡某某、潘某某、舒某等严重违纪违法案件，共留置42人，其中县处级及以上干部8人，办案挽回直接经济损失3.1亿余元，留置人数、涉案金额均创历史新高。

【警示教育】 2023年，市纪委市监委综合运用组织旁听庭审，召开全面从严治党会议、处分决定宣布会议等方式，做实以案为鉴、以案示警工作。摄制《永远在路上》等警示教育片，编印严重违纪违法典型案例，分层分类开展警示教育。协助市委召开全市领导干部警示教育大会，以江某等人为镜鉴，3100余人同上警示教育课。深入挖掘本地红色文化、陶瓷文化、衙署楹联文化、茶文化中蕴含的清廉元素，着力打造一批独具特色的廉洁文化示范基地。

制度建设

【概况】 2023年，市纪委市监委聚焦纪检监察权力运行关键环节、关键岗位，制定或修订相关制度规定30余项，切实用制度管人、管权、管事。制定《景德镇市纪检监察干部队伍建设规划（2022—2026年）》，对干部队伍长远发展作出谋划。印发《市纪委市监委关心关爱一线干部若干举措》，落实政治家访和走访慰问措施，增强干部的归属感和队伍的凝聚力。

【整改落实与完善制度机制】 2023年，市纪委市监委针对查办案件暴露问题，制发纪检监察建议48份，督促建立健全制度65项，形成工作机制6项。在自然资源储备利用领域，督促市自规局制定土地收储工作规定等制度7项；在工程建设领域，推动开展全市工程建设领域监管及廉政风险防控工作，细化国有资金400万元以下的小额工程项目管理规定，着力解决围标串标、违法转包、违规插手干预工程等问题。

【巡察整改和成果运用】 2023年，市纪委市监委全面推行分管市领导参加巡察反馈会议制度，召开2次巡察整改工作座谈会，印发《巡察监督与纪检监察监督统筹衔接操作规程（试行）》《市委巡察整改和成果运用操作规程（试行）》等工作制度，推动巡察整改、抓好“五方联审”等做法得到省委巡视办充分肯定。

（占晓缘）

巡察工作

【概况】 2023年，市委巡察机构贯彻落实中央巡视工作方针，始终坚守政治巡察定位，推进巡察全覆盖，各项工作取得较好成效。《守正创新勇毅前行走好新时代巡察人的赶考路》《扛牢压实政治责任推动巡察整改走深走实》等理论文章和经验做法先后在《中央巡视巡察参考》、省纪委省监委内网刊载推广。全年，先后派出13个巡察组进行2轮政治巡察。

【十二届市委第五轮巡察】 4月11日至7月15日，开展十二届市委第五轮巡察，市委派出7个巡察组对市委政研室、市委军民融合办、市委老干部局、市公安局、市农业农村局、市卫健委、市审计局、市林业局、市文联、市委党校、市陶瓷研究院、市供销社、市第一人民医院、市第二人民医院14个单位党组织开展常规巡察，派出3个巡察组对乐平市公安局、洎阳街道办和浮梁县公安局、浮梁镇开展提级巡察。派出市委第二巡察组对市第三人民医院、市第四人民医院、市第五人民医院、市第六人民医院、市中医院、市妇幼保健院，市委第三巡察组对市枫树山林场，市委第四巡察组对珠山公安分局、昌江公安分局、高新公安分局、昌南公安分局、南河公安分局、机场公安分局、食药环知水森分局有关单位党组织巡察。在市委第一巡察组内组建专项巡察组到4个县（市、区）开展乡村振兴和高标准农田建设专项巡察和监督检查。同步指导乐平市组建巡察队伍融入市委第六巡察组对洎阳街道所辖村（社区）开展巡察，指导浮梁县组建巡察组与市委第七巡察组联动对浮梁镇所辖村（社区）开展巡察。6月2日，召开巡察工作领导小组第11次会议听取巡察中期情况汇报；7月28日，召开巡察工作领导小组第12次会议听取巡察情况汇报；8月14日，召开书记专题会议听取巡察综合情况汇报。发现并反馈普遍性、倾向性问题494个。

【干部队伍建设巡察】 9月6日，召开巡察机构作风纪律建设专题会议，加强巡察干部日常教育监管。9月21—27日，举办学习贯彻习近平新时代中国特色社会主义思想主题教育专题读书班，制订支部学习计划和个人学习计划，开展集中学习研讨3次，撰写心得体会25篇。制订专题调研工作计划，形成调研材料14个。制定检视问题清单，完成整改措施3项。开展纪检监察干部队伍教育整顿，研究制定《市委巡察干部作风纪律要求》，明确十项具体要求。开展检视整治，共检视问题9个，制定整改措施9条。锻炼和培养巡察干部能力素质，组织1名干部参加中巡办学习贯彻《中央巡视工作规划（2023—2027年）》专题培训班；3名县（市、区）委巡察办主任参加全国县级巡察办主任提级培训班；11名干部参加全省巡察干部业务培训班；6名青年干部参加市纪委市监委机关青年铁军培养；7名干部参加省委巡视锻炼。

【巡察整改】 9月14日，召开巡察整改工作座谈会，接受市委第四轮、第五轮巡察的39家党组织负责人参会，其中6家单位党组织主要负责人分别发言，梳理总结第四轮巡察整改经验，分析存在问题，落实第五轮巡察整改任务，压实各方责任，推动巡察整改落地见效。出台《市委巡察整改和成果运用操作规程（试行）》，规范巡察整改日常监督和强化成果运用，明确由纪委监委机关牵头，会同组织部、巡察办、巡察组对巡察整改方案进行审核把关并反馈联审意见，并由对口监督检查室全面监督被巡察党组织落实巡察整改任务，建立整改监督台账。9月28日，印发《十二届市委第五轮巡察发现普遍性问题的通报》，要求全市各级党组织针对巡察发现的普遍性问题，举一反三进行对照自查，达到“巡察一批、带动一片”效果。

【十二届市委第六轮巡察】 10月27日至12月31日，开展十二届市委第六轮巡察，市委派出6个巡察组，对昌南新区、市委宣传部、市委统战部、市直机关工委、市中级人民法院、市商务局、市文广新旅局、市交通运输局、市医保局、市公路事业发展中心10个单位党组织开展常规巡察。派出3个巡察组对各县（市、区）人民法院、昌江区丽阳镇、珠山区竟成街道开展提级巡察，派出市委第一巡察组对昌南新区所辖洪源镇、罗家桥乡及所辖村（社区）开展延伸巡察。同步指导昌江区、珠山区组建巡察队伍与市委第二、第六巡察组联动对丽阳镇、竟成街道所辖村（社区）开展巡察，推动巡察向深拓展、向下延伸。全市658个村（社区）党组织，巡察408个，全覆盖完成率62%，其中市本级完成率100%。 （徐梦珊）

民主党派和工商联

中国国民党革命委员会景德镇市委员会

【概况】 2023年，中国国民党革命委员会景德镇市委员会（简称民革景德镇市委会）下设17个民革基层组织，其中总支部1个，支部16个，共有党员348人，全年发展党员16人。担任各级人大代表、政协委员的党员共有84人次，其中全国人大代表1人，全国政协常委会委员1人；省人大代表1人，省政协常委会委员1人，政协委员2人；市人大常委会委员1人，人大代表11人；市政协常委会委员5人，政协委员14人。向政党协商活动提交《强链延链补链，推进国内一流先进陶瓷材料氧化铝中心建设》《打造县域综合贸易物流集配中心，以现代物流支持双循环》2篇书面发言材料。支持市政协开展“加强基层社区网格员队伍建设，提升后疫情时期基层社会治理现代化水平”专题调研，报送口头发言材料1篇，书面发言材料2篇，组织访谈材料1篇。向市政协协商活动报送发言材料11篇，3篇被列为口头发言。《关于加强地方种质资源保护利用的建议》《关于加强我市丘陵山区农机化发展的建议》《关于加强我市“秋收、秋种、秋管”工作的建议》等多篇涉农调研报告，被省政协、市政协采纳。其中《加强地方种质资源保护利用，推进“赣种强芯”建设》参加省政协联组发言并受到省长的高度肯定。向市政协十四届四次会议提交大会口头发言材料1篇、书面发言材料1篇、集体提案6件。《关于加强全域旅游的建议》被市政协列为重点提案。党员中的市政协委员提交个人提案15件。市人大代表向十六届市人大四次会议提交建议7件。党员中的全国人大代表向十四届全国人大一次会议提交建议4件。至12月，上报信息32篇，中央统战部《零讯》采用1篇，省政协采用转报全国政协4篇，省政协采用转报省委1篇，省委会采用转报省政协15篇，省委会采用转报省委3篇，市政协采用转报省政协7篇。其中，《加强校园“断卡”行动宣传》被中央统战部内参《零讯》采纳；《进一步做好农村地区新冠病毒感染重症者转运的建议》被省政协选作联组发言材料。全年开展招商考察活动6次，开展招商服务活动11次，报送项目签约信息2条。年内，获评“民革全省组织工作先进单位”“民革全省高层次人才发展工作先进单位”。

【主题教育】 2023年，民革景德镇市委会印发“凝心铸魂强根基、团结奋进新征程”主题教育方案，召开动员部署会、全委（扩大）会议推进主题教育。组织开展4次集中专题学习，赴浙江嘉兴、广州孙中山纪念馆等红色教育基地开展主题教育，追寻伟人足迹，重温革命历史，铭记合作初心。领导班子成员调研20余次，其中主题教育督导调研8次。制定完善制度13项，推动检视整改落地落实，深化巩固主题教育长效机制。全市各级组织开展政治学习30余次，实践教育12次，教学培训、辅导报告6场。城建支部、财经支部获“全省主题教育日活动先进基层组织”称号。

全市已建成11个各具特色民革党员之家，2个“优秀民革党员之家”在团结网、团结报阅报屏等多媒体平台巡礼展播。承办“凝心铸魂强根基、团结奋进新征程”主题教育暨纪念江西民革成立70周年书画·瓷画·摄影作品展。收集整理“纪念江西民革成立70周年成果汇编（景德镇篇）”。开展全市民革教育基地资源书面调查、全市民革成员基本情况问卷调查，收集整理“高校和科研院所成员思想政治工作开展情况报告”，加强党员思想态势分析研判，进一步增强思想政治工作的针对性和实效性。积极开展统战理论研究、政协理论研究，收集3篇理论研究文章，选送1篇报中共市委统战部。

【基层组织基础】 2023年，民革景德镇市委会调研全市6个基层党支部示范支部创建情况，推荐1个支部参评第三批省示范支部。至12月底，全市有民革示范支部2个、民革江西省示范支部3个。浮梁支部、昌江支部建立“共建共学、互学共进”工作思路，陶瓷总支部、景德镇陶瓷大学支部、景德镇学院支部建立“瓷慈联动”工作模式，高新区创客支部强化支部与工会共建，有效激发组织活力。各基层党支部发挥人才资源等方面优势，融入市委会参政议政、社会服务等各项工作，成绩显著。

【联合开展调研】 2023年，民革景德镇市委会与市先陶办保持常态化联系，多次与市先陶办科学技术组开展联合调研，在先进陶瓷领域形成新的特色，其中《以高性能粉体为突破口，构建我省先进陶瓷产业生态链的建议》得到省商务厅的高度重视，将先进陶瓷产业项目编入江西省重点产业招商册，加大招商引资宣传力度。在市内得到市政府主要领导的批示，推出多项推动先进陶瓷产业发展的举措。

【法律服务】 2023年，民革景德镇市委会推荐戴敏、江逸群、朱靖3名人员为民革江西省委会法律援助工作站成员，举办景德镇民革法治大讲堂。民革景德镇市法律援助工作站全年办理各类法援案件30余件，景德镇市调解委员会民革调解工作室全年调解各类案件20余件，全市各级组织开展法律咨询和普法活动12次。以法律咨询、普法活动、送医送药下乡、捐资助学等形式开展“博爱·牵手”活动20余次，捐款捐物总价值20余万元，受益党员群众1500余人次。

【祖国统一工作】 2023年，民革景德镇市委会支持民革江西省委会办好《台情与研究》，征集两岸书信1封，统计并建立党员中的黄埔后代名册，不断提升祖统工作能力。深入分析台海形势和两岸关系新发展，引导全市民革党员密切关注两岸热点问题，走访调研江西“冶陶村”文博产业园、江西兴勤电子有限公司、台达陶瓷原料有限公司等台资企业，支持民革杭州市委会两岸联谊祖统委员会到景德镇开展“服务台商台企，助力台企发展”专题调研。不断深化拓展两岸交流交往领域，开展多种形式对台交流交往，促进两岸民众心灵契合，参加2023海峡两岸（景德镇）旅行商大会活动，共叙友情，促进融合。

【助推纳雍县乡村振兴】 2023年，民革景德镇市委会支持民革江西省委会推进纳雍县帮扶工作。2月9日，召开共助纳雍县乡村文化振兴发展座谈会，推动景德镇陶瓷艺术文化在纳雍落地、转化。民革景德镇市委会主要领导班子成员先后赴纳雍调研，狠抓工作任务落实。3月23—26日，纳雍县委书记到景德镇市考察学习乡村振兴、陶瓷产业发展，为纳雍县县域经济发展和乡村振兴建设拓展发展思路。3月29日至4月1日，纳雍县组织乡村振兴局、投资促进局及部分乡镇再次到景德镇市考察学习。打造文化帮扶项目，支持纳雍县库东关乡陶营村、寨乐镇新寨社区办好“陶瓷文化传承建设”项目，年底已建立3个陶瓷制作体验中心。4月24—27日，民革景德镇市委会主委再次带队到纳雍考察调研，深入羊场乡开展结对帮扶活动。帮助纳雍县羊场乡完善乡村振兴实施方案。开展“我为帮扶下一单”活动，推动全市各级组织和党员常态化消费帮扶纳雍县农产品。

【优化营商环境民主监督】 3—9月，开展优化营商环境民主监督工作。探索省市联动调研机制，邀请省委会领导组织相关领域党员专家成立专题调研组，开展实地调研。注重与中共乐平市委、市政府的对接沟通，建立健全日常联系、信息通报、交流反馈等工作机制。坚持深入一线，务求实效，聚焦政务环境、政策兑现等重点方向，紧盯乡村振兴、县域物流、产业发展等重点领域，开展监督调研3次，发现主要问题11个，总结有效工作经验8条，提出意见建议8条，形成一批有影响力的社情民意信息，均被民革省委会采用。乐平支部常态化承担乐平市专项民主监督任务。

（苏欣）

中国民主同盟景德镇市委员会

【概况】2023年，中国民主同盟景德镇市委员会（简称民盟景德镇市委会）共有盟员485人，主要分布在文化教育、陶瓷美术、科技卫生等部门。其中大学以上文化程度335人，占总数69.28%；中上层人士450人，占总数92.78%；平均年龄56.12岁。担任全国人大代表1人，省政协委员2人，市人大代表8人，市政协委员16人。全年发展盟员26人，其中获得全国级奖项代表1人。新建盟员之家4个，拥有8个盟员之家，通过多元建家模式，形成"一家一品、百花齐放"的活动品牌特点。向民盟中央经济论坛报送论文2篇，其中1篇获评"优秀论文"，5项课题被民盟省委立项并顺利结题。向民盟省委会申报参政党理论研究课题2项，顺利立项并结题。2位盟员被聘任为民盟江西省委会第三届参政党理论研究会理事，实现历史新突破。提交的社情民意信息被民盟中央采用3篇，省政协、省委办采用5篇，民盟省委采用40篇。省两会上，2篇调研报告被单独采用为大会书面发言材料。向景德镇市委提交的直通车信息《以数字经济赋能我市陶瓷酒瓶产业高质量发展》获市委主要领导批示。在市政协十四届三次会议上提交的提案《关于抓住数字赋能新机遇，打造文旅融合新模式的建议》，被列为市政府领导领衔督办重点提案，11月，市政府主要领导进行现场督办。在市政协十四届四次会议上提交的提案被选为大会口头发言，并被市政府主要领导批示。主委谢景玉获民盟中央"民盟思想政治和宣传工作先进个人"荣誉称号，盟员熊军获"全国技术能手"荣誉称号，盟员王安维、徐江云、徐岚3人被评为拟认定国家级高层次人才（B类），陶国宝被评为拟认定省级高层次人才（C类），盟员邱水胜被江西省人民政府给予记大功奖励，盟员吴春妮获"2023年度省城管执法行业协会先进个人"称号等。市民盟组织建设工作做法在《中央盟讯》2023年第一季度刊发。民盟景德镇市委会被民盟中央和司法部联合授予"'黄丝带帮教'工作先进集体"称号，被民盟中央授予"组织建设工作先进集体""社会服务工作先进集体"称号，被民盟省委会授予"盟务工作先进集体"称号，全省考核排名第二。

【主题教育】2023年，民盟景德镇市委会组织各基层组织召开主题教育专题学习30余次，组织开展"支部盟史支部讲"活动5次，组织盟员赴多地开展实地教学10余次，通过参观红色教育基地，引导盟员持续增强政治意识、激发奋进动力。召开学习会38场（次），开展主题观影、主题观展、社区服务、登山、书香润盟等形式多样的学习活动16次。

【农村教育烛光行动】2023年，民盟景德镇市委会为传承和弘扬中华传统文化，持续开展"农村教育烛光行动——书法进校园"主题公益活动，每周送公益书法课进校园。全年开展各类烛光公益课堂活动50余次。

【黄丝带帮教】2023年，民盟景德镇市委会结合民盟界别委员工作站，建立"黄丝带帮教"工作室。推动"黄丝带帮教"工作从监狱到社区到矫正学校，构建"监狱—社区—矫正学校"三位一体的帮教工作新格局。至年底，陆续开展"以爱为盟 点亮新生"主题黄丝带帮教系列活动16次。

【民盟中央参政议政（江西景德镇）调研基地揭牌】6月14日，民盟中央参政议政（江西景德镇）调研基地在景德镇市陶溪川揭牌。民盟中央参政议政（江西景德镇）调研基地是全省第一家。设立参政议政调研基地，是民盟中央根据新时代新要求，创新参政议政工作机制的有益探索和尝试，将调研基地打造成为产生高质量调研成果的重要场所；打造成为发现人才、培养人才的重要场所；打造成为加强上下联动、构建大议政格局的重要场所。

【第九届民盟经济论坛】6月15日，由民盟中央经济委员会、民盟江西省委会联合主办，民盟景德镇市委会承办的第九届民盟经济论坛在景德镇市举行。论坛以"加快建设现代化产业体系、促进经济高质量发展"为主题。民盟中央、民盟省级组织负责人、经济领域专家学者和优秀论文作者代表等来自全国30个省（直辖市、自治区）近200人出席本次论坛。论坛上，民盟中央经济委员会主任，北京大学经济学院教授、国民经济研究中心主任苏剑，中国人民大学经济学院特聘教授、北京外国经济学说研究会名誉会长方福前，江西省政府文史研究馆馆员、江西师范大学教授王东林分别作《从劳动力结构

6月15日，第九届民盟经济论坛在景德镇举行（民盟景德镇市委会/供图）

的变化看建设现代化产业体系》《提高政府与市场的适配性，促进高质量发展》《文化IP与城市形象》的主旨报告。分论坛上，盟内外专家学者围绕“中国制造再崛起：人工智能、新能源与半导体”“完善金融创新 推动产融融合”“文化IP助推产业发展”3个专题，进行广泛而深入的交流讨论。民盟云南省经济委员会主任刘川在第二分论坛就“加快推进政府性融资担保体系建设”作交流发言。论坛共收到30个省级民盟组织和民盟中央经济委员会提交的论文228篇，46篇论文被评为优秀论文。（吴康利）

中国民主建国会景德镇市委员会

【概况】2023年，中国民主建国会景德镇市委员会（简称民建景德镇市委会）设有16个基层党支部，共有会员306人，年内新发展会员12名，主要由工商、经济界人士组成。民建景德镇市委会委员19人（其中主委1人、副主委3人），有正副支部主委32人。民建会员担任全国人大代表1人、省政协委员1人、市人大代表5人、市政协委员13人（政协常委3人）。年内，1名会员获“赣鄱工匠”称号，1名会员获“全国技术能手”称号，1名会员获“江西省能工巧匠”称号，1名会员被授予“江西省五一劳动奖章”，4名会员被认定为“景德镇市‘3+1+X’产业”高层次人才，3名会员通过正高级工艺美术师资格评定，3名会员通过高级工艺美术师资格评定，5名会员被评为“全省优秀会员”。报送统战大调研报告3篇，社情民意信息56条，其中1篇被民建中央采用，2篇被省政协采用，1篇被市长批示，实现量、质双提升。

【全国政协委员、民建福建省委员会一行到景德镇市调研】2月11—13日，全国政协委员、民建福建省委员会主委吴志明一行11人到景德镇市，就“景德镇市文化产业数字化发展”开展调研，并召开专题座谈会。先后来到中国陶瓷博物馆、景德镇御窑博物院、陶溪川陶瓷文化创意园、景德镇邑山陶瓷智造工坊、三宝瓷源境·容美术馆、浮茶集团、精益斋陶瓷博物馆、高岭·中国村等地，通过听取介绍、实地参观、开展座谈等方式，详细了解景德镇市文旅融合、文化产业创新和数字化发展等方面的经验做法，并就文化产业数字化发展新举措进行交流研讨。

【民建江西省委员会主题教育艺术作品展在景德镇市开幕】5月31日，由民建江西省委员会主办，民建景德镇市委会、民建江西书画院、民建中央画院景德镇分院承办的“凝心铸魂强根基、团结奋进新征程”主题教育艺术作品展在景德镇市三宝瓷源境·容美术馆开幕。展览以艺术为纽带，广泛凝聚共识，以陶瓷、摄影、书法、绘画等多种形式展现100余件艺术作品，再现75年来在中国共产党领导下多党合作的光辉历程。

【民建景德镇市陶美二支部赴苏州考察交流】6月2—3日，民建景德镇市陶美二支部一行7人赴苏州考察交流。民建苏州市委会专职副主委，民建苏州市委会副主委、虎丘区人大常委会副主任，民建平江总支主委，民建平江二支部主委分别陪同。座谈会上，两地支部简要介绍在参政议政、主题教育、参观交流、社会服务等方面的工作情况，并就传统技艺与现代文化创新传承开展深入交流。

【民建中央组织部一行到景德镇调研走访】6月7日，民建中央组织部副部长何民一行到景德镇市调研走访。民建江西省委员会副主委杨峰、秘书长刘立新参加调研。座谈会上，听取民建景德镇市委会所作的基层组织建设工作情况汇报，并就基层组织现状、面临的困难和问题进行交流，总结经验做法，提出意见建议。

【赴长沙开展专题调研】 8月13—15日，民建景德镇市委会调研组赴长沙就统一战线大调研课题“如何做大做强景德镇特色小吃”考察调研。调研组先后考察太平老街、黄兴南路步行街、湖南米粉博物馆等地，通过实地调研、参观，并与长沙多家“老字号”门店相关负责人和工作人员进行沟通交流，详细了解长沙市在推动本土特色小吃做大做强方面的主要做法以期借鉴，为景德镇释放消费活力提供切实可行的意见建议，助力景德镇经济高质量发展。

【主题教育】 11月17—18日，民建景德镇市委会赴重庆开展“凝心铸魂强根基、团结奋进新征程”主题教育寻根研学活动。先后来到周公馆、桂园和西南实业大厦等红色教育基地实地参观学习，并瞻仰中国民主建国会成立纪念碑，实现寻根之愿。

（程雯清）

中国民主促进会景德镇市委员会

【概况】 2023年，中国民主促进会景德镇市委员会（简称民进景德镇市委）设有16个基层组织，共有会员375人，新发展会员15名。民进市委会委员21人，其中主委1人，副主委4人，秘书长1人。省政协委员1人，市人大代表3人，市政协委员20人，县区人大代表、政协委员43人。年内，在市两会上提交人大建议4件，政协提案30件，其中调研报告《把“非遗＋民宿”打造成瓷都文旅融合新亮点》被选为市政协十四届四次会议口头发言并获得市领导批示；调研报告《推进社会共治缩小短板提振消费的建议》《深化体教融合培育体育后备人才》《让金字招牌成为瓷都经济可持续发展之源》被选为大会书面发言。全年报送社情民意信息29篇，其中6篇被《江西民进信息》采用，2篇被省政协采用。会员冯绍华、钟福洪被授予“全国五一劳动奖章”；夏瑛享受2023年国务院政府特殊津贴；谢克锋获“全国轻工技术能手”荣誉称号。

【开展主题教育】 3—11月，民进景德镇市委会分别同衢州民进、东莞民进、顺德民进开展主题教育交流；4—12月，机关一支部等5个支部赴天宝红军纪念广场等地开展主题教育4次；6月18日，陶大支部赴赵朴初故居开展“学习会史会章、弘扬优良传统”学习教育活动，在学习交流中强化信仰信念，凝聚政治共识，强化政治担当；7月7日，景德镇开明陶瓷书画院在开明柴窑创作基地开展主题教育交流笔会。8月21日，民进景德镇市委会召开“凝心铸魂强根基、团结奋进新征程”主题教育座谈会暨参政议政工作推进会。

【纪念中共中央发布“五一口号”75周年】 4月，民进景德镇市委会组织班子成员、支部主委撰写“五一口号”学习心得；组织机关干部开展“重温红色经典赓续‘五一口号’精神”主题观影活动；转发推送相关文章14篇，营造浓厚学习氛围。

【“党的二十大精神暖人心”志愿服务】 2023年，民进景德镇市委会开展“党的二十大精神暖人心”志愿服务。4月21日，配合民进省委会完成“1%工程”芒果青年助学金发放，考察推荐陶瓷大学10名困难学生接受资助。4—5月，持续开展“1%工程”关爱农村学子放飞足球梦想公益活动、六一儿童节爱心捐赠活动，共向天保学校、丽阳镇八一小学、臧湾乡午项小学、西湖乡柘坪小学捐赠足球50个，羽毛球套装40副，乒乓球套装20副，跳绳、毽子各60余份，书包33份、文具50份、牛奶150份、面包190份，课外书籍若干。

【长江生态环境保护民主监督】 4月23—25日，民进景德镇市委会配合民进中央对口江西省开展长江生态环境保护民主监督工作，陪同调研组先后赴乐平市、浮梁县、市区实地走访有关工业园区污水处理厂和城市生活污水处理厂，将调研组采集数据及时反馈给市有关部门，并对存在的问题进行督促整改。7月12日，主委带队，先后前往三宝双坑村、三宝分散式污水处理站、黑猫集团生化污水处理站进行实地走访调研，并就民进中央随机调研发现问题的整改情况进行检查。

【调查研究】 4—9月，民进景德镇市委会领导班子围绕体教融合、文旅融合、乡村振兴等课题进行调研；理论研究课题《江西省生物医药及化工产业可持续高速发展与环境保护博弈矩阵分析和策略调研报告》获民进省委会立项；调研报告《推进社会共治缩小短板提振消费的建议》《栽好梧桐树 引得凤凰来》报统战大调研，以高质量调研成果助推经济社会高质量发展。

【助力“招大引强”】 6月，民进景德镇市委会牢牢盯住先进陶瓷、新能源生物医药、文旅融合项目，突出产业链招商，以商招商、要素招商，充分发挥民进界别优势，联合浮梁县共同对接服务签约招商引资项目2个：卫生用品智能生产项目、芯片封测及智慧储能与制造项目。

【“赣事好商量·镇聚力”民进界别政协委员工作室建成】 8月，民进景德镇市委会建成“赣事好商量·镇聚力”民进界别政协委员工作室，先后开展4次协商议事活动，围绕市委、市政府中心工作和民生热点交流座谈，建立工作台账，形成相应考评机制，激励委员们参政履职，持续推动参政议政工作。

【优化营商环境民主监督】 9月12日，民进景德镇市委会深入民营企业开展优化营商环境民主监督调研、“入企走访连心”活动，调研走访8家民营企业，收集企业诉求、建议6条，及时向市委统战部反馈监督工作进展情况。

（江彩珍）

中国农工民主党景德镇市委员会

【概况】 2023年，中国农工民主党景德镇市委员会（简称农工党景德镇市委会）有15个基层党支部，党员263人，市委会委员20人。省人大代表1人，省政协委员1人；市人大代表5人（其中市人大常委会委员1人），市政协委员20人（其中市政协副主席1人、常委会委员3人）；县（市、区）人大代表6人（其中常委会委员3人），县（市、区）政协委员28人［其中县（市、区）政协副主席1人、常委会委员5人］。组织完成调研报告20余篇，向各级两会提交议案、提案10余件，社情民意信息137篇，《以数字经济赋能，擦亮千年瓷都靓丽名片》被选作为江西省政协十三届二次会议口头发言材料，《以数字经济赋能景德镇陶瓷产业高质量发展》被农工党省委会评为优秀课题并获三等奖，《“躲猫猫”弹窗广告何时休？》《建立“医联体＋家庭医生”双签约模式促进提升我省老年健康服务能力》等社情民意信息被省政协采用，28篇被省委会采用、46篇被市政协采用。

【优化营商环境民主监督】 2023年，农工党景德镇市委会结合“企业服务日”“入企走访连心”活动，先后深入12家企业，宣讲惠企助企政策，收集意见建议9条，通过与高新区对接跟进协调，线索均得到有效解决。先后多次开展“回头看”活动，查看工作进度，助力落实解决。组织开展“AI赋能跨境电商”知识讲座、“关爱老年人健康”义诊咨询、“终结结核流行”科普宣传等活动，助力市营商环境优化升级“一号改革工程”，相关工作被农工党中央《前进论坛》和市政协微信公众号《政协视窗》栏目刊登报道。

【助力“双招双引”】 1月19日，农工党景德镇市委会召开招商引资工作部署会，发出《农工党景德镇市委会关于春节期间做好招商引资工作的倡议书》，动员党员助力招商引资工作。2月20日，开展“我为招商引资（招才引智）献一策”活动，收集招商引资工作相关的好建议、好点子以及好项目、好企业等信息，为“双招双引”工作献计出力。并建立“双招双引”重点联系党员信息库，常态化开展谈心沟通，梳理信息，进一步深挖招商线索，拓展招商渠道。以农工党九江市委会、农工党韶关市委会、农工党济南市委会来景调研为契机，积极宣传推介景德镇，吸引企业家入景投资兴业。

【组织建设】 2月9日，指导农工党市第一人民医院支部完成届中调整，支部结构得到有效优化。年内，农工党景德镇市委会建成3所“农工党党员之家”，以党员之家为活动主阵地，常态化组织开展“主委接待日”活动，市委会主委与党员面对面交流，聆听意见建议。各基层组织与共建的中共党支部联合开展“携手贡献力量义诊走进荷塘”“暖心三月学雷锋志愿服务进乡村”“环境与健康宣传周——义诊入企助力优化营商环境”等系列活动，持续深化“同心携手，结对共建”活动。

【社会服务】 3月29日至11月14日，农工党景德镇市委会建成3个农工党社会服务基地，并结合“瓷都健康路农工伴你行”“前进文化讲堂”社会服务品牌，开展“老年人口腔疾病预防护理”“浅谈美声唱法的发声方法和在说话中的运用”线上线下知识讲座以及义诊咨询、上门送诊、急救培训、暖心慰问、书画下乡、环境清扫等社会服务活动40余次，服务群众1500余名。

【参政议政队伍建设】 4月25日，农工党景德镇市八届九次全

5月7日，农工党景德镇市委会在社会服务基地——乐平市涌山镇涌山村开展“瓷都健康路 农工伴你行”乡村振兴社会服务活动。（农工党景德镇市委会／供图）

体（扩大）会议上，聘任10名骨干党员为市委会新一期特邀社情民意信息员，参政议政队伍建设进一步加强。创新开展“携手议政”活动，与省、市各专业领域的专家，就重点课题开展联合调研、联动撰写调研报告和社情民意信息。

【主题教育】 2023年，农工党景德镇市委会深入开展“凝心铸魂强根基团结奋进新征程”主题教育活动，6月15日，成立领导小组，召开动员部署会，制定下发工作方案，同步在微信公众号开辟专栏，发布日常学习内容。主题教育开展以来，结合纪念中共中央发布“五一口号”75周年，先后开展主题教育红色观影、红色参观、红色经典云诵读以及“翰墨绘同心书画颂华章”线上艺术作品展等多样化活动，11月4—5日，组织36名党员前往鹰潭开展以党务工作交流、专题学习研讨、联合创作笔会、爱国主义教育基地现场教学等为内容的主题教育，在实践中让主题教育入脑入心。

（程璐璐）

九三学社景德镇市委会

【概况】 2023年，九三学社景德镇市委会设有7个基层支社，共有社员199人，新发展社员8人。各级人大代表、政协委员46名。年内，申报九三学社江西省委会联合课题，完成立项课题《变生态资源优势为产业优势赋能县域经济做强做大》；开展统战大调研活动，提交调研报告《加强统筹协调促进全市通用航空产业快速发展》《强化旅游市场管理促进瓷都旅游产业快速健康发展》。向九三学社江西省委会提交社情民意信息60篇，其中被省委会采用18篇、《高等学校的发明专利不能因“费”而“废”》被全国政协和省政协采用，并被省政协评为2023年度优秀社情民意信息，《关于提高边远乡镇乡村医生待遇的建议》被省政协采用。向市政协提交社情民意信息50篇，其中《关于编纂〈中考报考指南〉的建议》《关于缓解高校师生“精神内耗”的建议》《全面推行气象巨灾保险，为种田农民系好“安全带”的建议》《要尽快为“银龄打工族”织好工伤“防护网”》《关于在电视天气预报栏目嵌入疾病预防和科普知识的建议》被省政协采用。向各级政协会议提交集体提案37件，大会发言2篇。担任各级人大代表和政协委员的社员认真履职，其中提案《关于加大农村生活污水治理力度的建议》被列为2023年市政府领导领衔督办的重点建议提案。

【主题教育】 2023年，九三学社景德镇市委会开展“凝心铸魂强根基，团结奋进新征程”主题教育活动，3月8日，赴许德珩生平事迹馆缅怀先贤的崇高风范和卓著功绩；3月23日，赴浮梁古县衙廉政教育基地开展“弘扬廉洁文化，传承红色基因”警示教育活动，加强思想政治引领，强化凝心铸魂。7月1日至11月30日，大兴调查研究，围绕市委、市政府中心工作和重点任务，开展促进景德镇市旅游产业发展和通用航空产业发展的调研。9月2日，举办庆祝九三学社创建78周年暨主题教育诗歌朗诵会，打牢奋进新征程、建功新时代的思想政治根基。

【社会服务品牌活动】 3月3日至11月8日，九三学社景德镇市委会先后在众埠镇众埠村委会叶水桥自然村、乐平市后港镇官将村王家，开展“同心·光明行”走近空巢老人爱心送医活动。举办《老年高血压防治》《如何防范老年人跌倒》《三减三健》《冠心病防治及如何尽快识别心肌梗死及抢救》《老年人中医养生知识》等“九三杏林”健康科普讲座。

【社会服务】 5月31日，九三学社景德镇市委会赴浮梁县文化宫开展社会公益慰问活动，为孩子们送上红色儿童爱心读物近300册；7月11日，前往浮梁县庄湾学校开展快乐瓷娃公益活动；9月23日，在乐平市举办地方文化传承发展座谈会暨“高雅文化进校园”爱心赠书活动；12月2日，在御窑厂联合举办“体验陶瓷文化感受科技魅力”快乐瓷娃乡村儿童公益研学活动；7月28日至9月10日，开展老年健康宣传周、中医健身公益课活动；在湘湖校区学生活动中心广场开展口腔义诊进校园活动；前往鄱阳县金盘岭社区开展“康复公益行·助力大健康”学雷锋走基层活动，为群众答疑解惑，发放200余份健康宣传材料。

【建立首个“社会服务基地”】 6月1日，九三学社景德镇市委会在昌华玉牙口腔门诊部建立首个“社会服务基地”，通过社会服务基地常态化开展医疗卫生和社会公益等活动，服务民生，推进社会进步。在“社会服务基地”为汪王庙、昌南湖社区老年人举办《骨质疏松症》和《口腔知识普及》两场讲座，不断提升老年人的健康意识。

【实地调研】 6月30日，九三学社景德镇市委会到昌南新区开展调研，实地调研景浮宫、博大精工艺术陶瓷有限公司、宝瓷林瓷业有限公司、富玉青花玲珑陶瓷有限公司等企业，收集企业反映的关于企业发展、政策落实等方面存在问题和意见建议5条。

【“金秋助学成就梦想”捐资助学活动】 8月27日，九三学社景德镇市委会社员吴佳俊，在兴田乡党委政府举办的“金秋助学 成就梦想”捐资助学活动中，为贫困学子捐款5000元。

【“入企走访连心”活动】 9月19日，九三学社景德镇市委会开展“入企走访连心”活动，走访调研江西佳霖炭业科技有限公司等社员企业和招商引资企业，与企业负责人进行面对面交流，宣讲中共二十大精神，解读最新的惠企政策，发放《企业诉求、建议收集表》，收集诉求、建议情况6条。

【招商引资】 11月20日，在江西（福州）经贸合作推介会的签约仪式上，由九三学社景德镇市委会引荐的重点项目，稻壳先生（厦门）生物科技有限公司投资20亿元的生物基可降解材料产业园项目签约落户景德镇浮梁县。九三学社景德镇市委会全年引进项目2个，签约项目投资总额20.2亿元。其中以投资0.2亿元的江西景江安全环保技术有限公司为代表中小企业技术服务平台项目1个。 （刘萍）

景德镇市工商联合会

【概况】 2023年，景德镇市工商联合会（简称市工商联）有直属商协会23个，其中异地商会13个，行业商会7个，综合性商会3个。另有民办非企业1个，园区分会2个，团体会员4个，外埠商会10个。全年共发展会员632人。年内，成立景德镇市收藏家协会、景德镇市女企业家商会、景德镇市上饶商会；筹备组建景德镇市客家商会、景德镇市衢州商会、景德镇吉安商会、景德镇川渝商会；指导鄱阳商会、抚州商会成立“妇委会”和召开妇女代表大会并与宜春市工商联开展“互学互促”活动。通过组织民营企业家赴省第三监狱开展警示教育主题党日活动、召开全市民营经济人士“井冈红”理想信念教育专场报告会、举行“井冈红”理想信念教育培训班以及各县（市、区）、市直商协会组织的教育培训活动，共教育培训2000余人次，持续推进民营经济人士理想信念教育常态化建设。景德镇都昌商会、景德镇市抚州商会、景德镇陶瓷商会获2023年度全国“四好”商会称号。乐平市、昌江区、浮梁县获2022—2023年度全国“五好”县级工商联称号。

【民企清廉建设】 2023年，市工商联制定《民营企业清廉建设实施方案（试行）》，以打造“明如镜、白如玉、薄如纸、声如磬”的瓷都民企清廉建设品牌为抓手，通过建立亲清工作室等平台，设立红十军建军旧址等清廉教育场所，打造都昌商会等若干清廉示范点，推进“九个一”清廉建设，初步形成民营企业清廉建设工作体系。

【商会建设】 2023年，全面推开乡镇（街道）商会建设，半年内超额完成全市乡镇（街道）商会覆盖率80%的目标。至12月，建设乡镇（街道）商会41个，是历年乡镇（街道）商会建设力度最大、发动最广泛、组建最多的一年。为加强直属商协会组织建设，市工商联制定印发《景德镇市工商联直属商会考评办法（试行）》《景德镇市工商联直属商会“优秀会长”“优秀秘书长”评选办法（试行）》。

【企业家执委队伍建设】 2023年，市工商联制定《景德镇市工商联执委履职情况考核办法》，加强企业家执委队伍建设，激发企业家潜能，增加履职责任感。制定《景德镇市工商联常执委关怀制度》，每年为兼职副主席、副会长提供一次VIP体检，为常委安排生日送蛋糕，向执委赠送开业花篮，开展新春走访慰问活动等，增强市工商联的向心力和凝聚力。

【入企开展走访】 2023年，市工商联制定《"入企走访连心"助力营商环境优化提升工作方案》，召开动员部署会，市工商联领导班子成员带队分四组深入会员企业开展走访，共走访民营企业62家，共收集企业诉求、建议128条，已办结101条，其余正在办理中。协助市营商环境指挥部做好"万千入万企 党建促发展"助企纾困工作，全年共收集市场主体问题740个，已解决落实729个。

【非公维权服务】 2023年，开展送法入企业活动，深入商会开展《中华人民共和国民法典》主题宣讲，通过网络、电子显示屏等途径加大宣传力度，营造出"人人参与、共享共治"普法氛围。完成涉案企业合规第三方机制专业人才库名录征集工作。召开全市非公维权工作联席会和维权业务培训会，广泛凝聚工作合力、提升工作能力，市、县两级维权中心收到维权诉求58件，受理58件，办结55件，办结率94.8%。

【助力民营企业】 2023年，市工商联、市税务局联合印发《景德镇市2023年支持民营经济健康发展专项行动方案》，召开专题新闻发布会，采取执委小组活动等形式举办助力非公经济发展座谈会，开展"助力民营经济企业发展"专题走访调研；举办政企"直通车"商会部门对接会，推动税务局同多家商会建立营商环境常态联系服务机制，为民营企业破解税务难题。

【引导民企履行社会责任】 2023年，市工商联、市教体局、市人社局等部门联合举办"百城万企"民企高校携手促就业景德镇学院专场招聘会，全年推动各高校共举行10余场现场招聘会，参与民企700多家，提供7000多个岗位。切实加强教育引导，动员广大常执委、市直商协会、乡镇商会参与"万企兴万村"行动，累计有53家企业、商协会，帮扶51个村，投入金额10.3亿元，为全市乡村振兴做出积极贡献。深入推进"民企助创文·清凉行动"特色工作品牌，各爱心商会、民营企业踊跃参与，设立免费饮水点93个，向环卫工人、社区工作者、交通警察以及奉献在一线的工作人员提供饮用水、防暑降温用品。持续开展2023年"同心·光彩圆梦行动"，动员商会、企业为困难学子捐资助学，本市级15家商会、42家企业为100名困难学子共捐赠57.38万元。

【商会企业助力"双招双引"】 2023年，景德镇市南昌商会组织招商20余批次，为高新区引资近20亿元资金，发放美元债2亿元，引资近10亿元。投资2.6亿元，实施"西园一号"酒店餐饮项目。景德镇市安徽商会成功引进投资数百亿元的"风光火储"多能互补一体化项目和投资额20亿元的年产1亿件半导体战略原材料项目。深圳市景德镇商会引进的元宇宙、版权中心等项目已签约；北京市景德镇商会企业引进了坛栖生态体验谷、浮梁驿民宿项目；市工商联组织招商小队赶赴宜兴、南京等地开展陶博城招商，签约入驻商户43户。

【建言资政】 2023年，市工商联围绕非公经济重大战略和现实问题开展调研，形成调研成果5篇。其中《关于以数字经济赋能景德镇陶瓷产业高质量发展的几点思考》在《景德镇日报》刊登，《以"自己人"思维的入脑入心入行将亲清政商关系落到实处》在《景德镇党刊》上刊登。着力加强社情民意工作，上报省工商联社情民意32篇，市政协社情民意12篇，被省政协采用2篇，全国工商联采用3篇。开展参政议政课题调研，共形成9篇调研报告上报省工商联，其中《倾听民企所需 纾解民企所忧》调研报告获得省委常委、常务副省长批示。认真申报政协提案，通过调研报告、社情民意等材料共转化成提案5篇。民企大走访调研成果被市营商环境指挥部采纳，推动解决相关领域涉企服务得到大提升大优化。多篇理论研究、实践研究、参政议政成果获得省工商联表扬。

【举办陶瓷书画艺术作品展】 10月26日至11月26日，为庆祝全国工商联成立70周年，市工商联在昌南里艺术中心举办"同心奋进七十载携手建功新时代"陶瓷书画艺术作品展，展出全市各商协会的工商界艺术家以及社会各界艺术人士创作的150余件作品，参观近1000人次，向社会宣传民营经济人士为促进高质量跨越式发展做出的贡献。

（汪淑琴）

群众团体

景德镇市总工会

【概况】 2023年，全市工会组织共计3415个，新增74个；全市实名制会员总数22.70万人，新增9474人。推进基层工会组织建设“6226”工程，全年共打造完成22个乡镇（街道）、村（社区）示范性职工活动场所；新建省市两级“六有”基层工会示范点17家，“六规范”工会示范点19家。计拨审计基层工会23家，查出漏欠工会经费企（事）业单位5家，漏欠工会经费46万元，全部补解到账。

【职工助困帮扶】 2023年，制定下发《景德镇市工会困难职工家庭认定和档案管理办法》《景德镇市工会送温暖资金使用管理实施细则（试行）》等文件，健全困难职工家庭生活状况监测预警机制，巩固拓展困难职工解困脱困成果，实现建档困难职工帮扶全覆盖。举办“困难职工家庭高校毕业生阳光就业暖心行动”就业招聘会，提供家政物业、养老护理、大学生方向及其他非服务类岗位220余个。至年底，全市困难职工建档数568户。全年发放困难职工帮扶资金569.336万元，其中生活救助436.836万元，助学救助50.5万元，医疗救助82万元。实现建档困难职工帮扶全覆盖。

【职工关爱服务】 2023年，以服务新就业群体、户外劳动者为重点，打造248个覆盖全市中心城区15分钟服务圈的工会户外劳动者服务站点，完成赋码标星上图，向社会公布并投入使用。开展提升职工生活品质“六化”赋能“六型”创建活动，举办“携手小康·职业技能提升促就业行动”技能培训班，为600余名新就业群体和未就业困难职工提供免费培训。开展“新就业形态劳动者温暖服务季”专项行动，为2000余名新就业群体提供“四送活动”、青工联谊、“两癌”筛查、疗休养活动和健康体检等服务。开展关爱农民工子女主题活动，优质高效完成关爱乡村教师三年健康行动，为1142名乡村教师提供免费体检。

【职工互助保障】 2023年，实施以《在职职工住院补充医疗保障互助计划》为重点的各项保障计划，为职工抵御意外伤害和疾病风险提供保障，至12月底，全市实现保障计划会费总收入1233.83万元，会员规模达15.45万人次；赔付金额818.62万元，受益会员2493人次。向新就业群体赠送大病意外综合保障计划1.1万份。

【职工教育引领】 2023年，开展“中国梦·劳动美——凝心铸魂跟党走、团结奋斗新征程”主题宣传教育活动，全年举办学习贯彻党的二十大精神劳模宣讲、“劳动创造幸福”职工主题阅读交流活动等13大类职工文体活动，覆盖职工人数达1万余人。10月29日，组织工会干部、劳模先进、职工代表三类人员赴陶阳里历史文化街区开展“重温场景、牢记嘱托、感恩奋进”活动，领悟习近平总书记视察江西时重要讲话精神。打造《致敬劳模》访谈节目，做好劳模先进人物的宣传工作，在全社会营造劳动最光荣、劳动最崇高、劳动最伟大、劳动最美丽的氛围。举办2023年“景工杯”全市职工球类比赛，来自全市各单位的近千名选手参加篮球、羽毛球和乒乓球三个赛事项目，获得良好的社会效应。

【职工技能竞赛】 2023年，重点围绕“3+1+X”特色产业体系，开展“建功‘十四五’、奋进新征程”主题劳动和技能竞赛，组织5项数字经济技能竞赛，带动2万余名职工岗位练兵。10月19—20日，承办2023年江西省“天工杯”陶瓷行业职工职业技能竞赛（省级一类赛事），全省11个设区市的参赛选手,通过“理论考试”和“实际操作”相结合的竞赛，展现景德镇市陶瓷行业产业工人的专业技能和精神面貌，比赛评选出一等奖3人、二等奖6人、三等奖8人。

【先进典型评选】 2023年，完成全国、省、市五一劳动奖章评选工作。全市有2人被授予全国五一劳动奖章，1个单位班组被授予全国工人先锋号；2个单位被授予江西省五一劳动奖状，9人被授予江西省五一劳动奖章，5个单位班组被评为江西省工人先锋号；10个单位被授予景德镇市五一劳动奖状，50人被授予景德镇市五一劳动奖章，10个单位班组被评为景德镇工人先锋号。完成首家景德镇市“工匠学院 ”推荐评选。“邑启创——陶溪川创客工会创业孵化服务站”被省总工会被评为“江西省职工创新创业服务站”。

【产业工人队伍建设改革】 2023年，开展“助力‘1269’建功新时代”专项行动，推出“职工创新工程”，组织开展群众性技术创新活动。开展全市“五小”（小发明、小创造、小革新、小设计、小建议）优秀成果推荐评选活动，利用各级各类劳模和工匠人才创新工作室开展技术创新专题培训百场以上，劳模和工匠人才带徒3000人次以上。

1月13日，全省新就业形态劳动者“党建带工建”暨“六有六规范”建设工作现场会在景德镇召开 （市总工会/供图）

【全省新就业形态劳动者“党建带工建”暨“六有六规范”建设工作现场会】 1月13—14日，承办全省新就业形态劳动者“党建带工建”暨“六有六规范”建设工作现场会，省人大常委会党组副书记、省总工会主席刘强出席并讲话。景德镇市委书记刘锋出席并致辞。省总工会党组书记、常务副主席邹绍辉主持并讲话。省委组织部副部长、省委“两新”工委书记王小林出席。全国总工会基层工作部二级巡视员马华出席并讲话。省总工会一级巡视员吴海平，省总工会党组成员、副主席吴家杰等出席会议。参会人员先后到景德镇市珠山区新就业形态劳动者职工之家、万顺叫车暖心加油站、景德镇乐华陶瓷公司职工之家、陶溪川创客工会、直播工会5个示范点观摩，观看景德镇市新就业形态劳动者“党建带工建”和“六有六规范”建设工作宣传片，参加“学习贯彻中国工会十八大精神”专题辅导报告会。景德镇市总工会等单位在会上作交流发言。

【景德镇市工会第十五次代表大会】 6月20—21日，景德镇市工会第十五次代表大会召开。大

6月20日,景德镇市工会第十五次代表大会在紫晶大会堂召开 （市总工会/供图）

会审议并通过景德镇市总工会第十四届委员会工作报告、财务工作报告、经费审查委员会工作报告；选举产生景德镇市总工会第十五届委员会，孙艳峰当选为景德镇市总工会第十五届委员会主席，伍恒明当选为分管日常工作的副主席，于萍萍、陶群、余平、叶刚、吴大河当选为市总工会副主席，艾克发、占文军、冯国盛、刘建平、刘喜初、李志勇、汪涛、张北海、陈思远、邵永明、胡森立当选为常务委员，刘建平当选为经审会主任。

【劳模技艺展示交流互动活动】 10月18—22日瓷博会期间，开展陶瓷行业历届劳动模范现场技艺展示交流互动活动，呈现出“场馆靓、展品精、活动多、人气旺”等诸多特点，得到中央和省级媒体的关注报道，成为瓷博会配套活动中的亮点。4月27日，开展“百名劳模看变化”活动，展示近年来全市经济社会高质量发展成效，营造劳动光荣的社会风尚和精益求精的敬业风气。

（杜静洁）

中国共青团景德镇市委员会

【概况】 2023年，景德镇市有团组织5151个，其中，团领导机关5个，团委161个，团工委34个，团总支98个，团支部4204个。有团员7.12万余人，其中，汉族占99.3%，本科及以上学历占28.5%；学校领域团员2.99万余个，机关事业单位领域团员6680，国有企业领域团员827，“两新”领域团员1.02万，村（社区）领域团员2.36万余。年内，中国共青团景德镇市委员会（简称团市委）团结带领全市各级团组织和广大青年深学细悟党的创新理论，开展团员和青年主题教育，推动青少年政治引领、组织动员青年建功立业、服务青年高质量发展、持续深化改革和全面从严治团等各项工作取得新进展新成效。景德镇共青团工作年度综合评议排名升至全省第七，总体呈现出品牌项目有特色、在全省全市有影响的工作态势。12月22—23日，第七届江西省学校共青团“微团课”展示交流活动在上饶市举行。团市委推荐的2名参赛选手张澜珊（小学组）和江恬敏（中学中职组）均获特等奖，团市委获优秀组织奖。12月25日，全国少工委发布首批全国31条传统文化实践打卡路线，景德镇市少工委报送的“传唱千年的泥与火之歌”作为江西省报送的唯一一条路线入选，浏览量超6万。

【“青春暖瓷都”春节走访慰问】 1月下旬，时值农历新年来临之际，为让困难群众度过一个欢乐祥和的农历新年，团市委在全市组织开展2023年度“青春暖瓷都”春节慰问困难家庭活动。来自景德镇市各行各业的39个市级青年文明号（创建）单位响应活动号召，把党和政府的关怀以及团组织的关心送到基层。此次活动共走访慰问困难家庭80余户，赠送物资与慰问金总计4万余元。

【全市共青团工作述职评议会暨2023年工作务虚会召开】 2月9日，团市委召开2022年全市共青团工作述职评议会暨2023年工作务虚会，全面回顾总结上年工作情况，谋划2023年全市共青团工作。团市委书记徐新颖，副书记魏若然、雷晨出席会议；团市委各部室负责人，各县（市、区、园区）团（工）委书记、市直及驻景各有关单位、部分乡镇（街道）团（工）委书记共计60余人参加会议。会议采取“工作汇报+现场点评”方式进行，各县（市、区）团委、部分市直及基层团组织负责人以PPT形式，围绕“三力一度两保障”等共青团重点工作完成情况，述职上年工作，并就2023年工作思路和推进举措谋划交流。团市委班子成员针对述职情况和全市共青团各领域工作进行会议点评。

【1名团干、2名团员荣登全国“两红两优”光荣榜】 4月17日，共青团中央作出表彰决定，授予296个团组织全国五四红旗团委称号；授予389个团组织全国五四红旗团支部称号；授予481人（含追授1名）全国优秀共青团员称号；授予342人全国优秀共青团干部称号。其中，景德镇艺术职业大学旅游商贸学院2021级国际经济与贸易专业学生潘蔡单、景德镇二中2020级学生高亦乐获全国优秀共青团员称号；昌江区团区委兼职副书记周启辰获全国优秀共青团干部称号。

【首届“瓷都青年五四奖章”评选揭晓】 4月23日，首届“瓷都青年五四奖章”评选揭晓。夏振东、方桂凤、袁坚、喻志强、田田、戴旺、吴琳、张伊、程远润、孙德娜10人被授予首届“瓷都青年五四奖章”；景德镇市第一人民医院呼吸与危重症医学科、航空工业昌飞AC313A直升机研制团队、景德镇市中级人民法院司法警察支队、江西陶瓷工艺美术职业技术学院陶瓷设计与工艺高职高专创新型教育人才团队、“乐赣轻骑兵”文艺志愿服务队、陶溪川邑空间创业孵化基地、景德镇陶瓷大学智能机器技术创新中心、景德镇市社会治理中心、景德镇学院陶瓷艺术类专业群创新创业团队、昌华玉牙口腔门诊10个集体被授予首届“瓷都青年五四奖章集体”称号；王韧、李剑云、江海宇、刘钰旻、崔迪、喻国瑞、袁伟、蒋晓萍、李毛毛、徐胜谷10人被授予首届“瓷都青年五四奖章”提名奖。

【市青联九届三次常委（扩大）会议召开】5月19日，景德镇市青联九届三次常委（扩大）会议暨学习贯彻党的二十大精神专题培训班举办。市青联主席、副主席、常委出席会议，市青联副秘书长、各界别副主任列席会议。会议学习习近平总书记系列重要讲话精神，并传达学习全国青联十三届三次常委扩大会议精神和省青联第十一届委员会全体会议精神；增选黄城为九届市青联主席，雷晨为九届市青联副主席，并审议通过有关人事事项。黄城发表就职讲话，会议由雷晨主持。会议第二阶段，市青联举办2023年度第一期学习贯彻党的二十大精神专题培训班，中共景德镇市委办公室副主任余红有作专题辅导报告。

【“瓷都先锋少年”评选揭晓】6月7日，“瓷都先锋少年”评选揭晓。王子玉、王浠蓓、冯云璐、陈紫灵、罗一言、金弈舟、钟欣霖、徐宸希、梅朵儿、蔡雨玥儿获2023年“瓷都先锋少年”称号。

【市青联界别工作会议召开】6月20日，景德镇市青联界别工作会议在市发展中心召开。团市委副书记、市青联主席黄城出席会议并讲话，市青联副主席欧阳琦、钟振华、王丽玲、汪凯、林志威出席会议，市青联各界别、市青联秘书处相关负责人以及县（市、区）青联负责人参加会议。会上，通报2022年青联工作开展情况，部署安排2023年青联工作及近期重点工作。市青联副主席分享青联工作的经验和体会，各界别主任汇报界别工作开展情况以及下一步工作打算。与会人员围绕市青联2023年工作安排交流讨论，提出意见建议。

【省委调研组评估调研县域共青团基层组织改革】6月28—29日，团省委第四评估调研组对景德镇市昌江区、珠山区和浮梁县3个县区开展评估调研。8月31日，团省委召开书记办公会专题听取中期评估调研情况汇报，研究推进县域共青团基层组织改革工作。根据团省委书记办公会有关精神，经综合评估，团市委中期评估等次为“较好”；山区团珠区委改革成效较好。

【“走进千年瓷都”第八届红领巾书画作品创作大赛举行】7月19—21日，由共青团江西省委、江西省少工委主办，共青团景德镇市委、景德镇市少工委承办的“走进千年瓷都”第八届红领巾书画作品创作大赛暨“红领巾动感假日”夏令营在瓷都景德镇举行。全省130余名少先队员和辅导员老师到千年瓷都进行创作和寻访，团省委、团市委相关领导出席并参加活动。

【“金秋助学·圆梦行动”希望工程系列助学活动】8月下旬起，团市委组织开展2023年“金秋助学·圆梦行动”希望工程资助助学活动。助学活动共筹得助学金40万元，其中，争取团省委助学项目资金20万元，自筹资金20万元。此次助学活动共资助困难家庭大学新生63名、义务教育阶段学生100名。

【共青团景德镇市第十六次代表大会】8月28—30日，共青团景德镇市第十六次代表大会召开。市委书记刘锋出席开幕式并讲话。他勉励全市各级团组织和广大青年，要坚持以习近平新时代中国特色社会主义思想为指导，大力弘扬“爱国、进步、民主、科学”的五四精神，以“作示范、勇争先”的昂扬斗志和拼搏劲头，为推动景德镇高质量发展挺膺担当，用奋斗奏响无愧于时代、无愧于人民、无愧于社会的青春之歌。团省委书记邱凌到会指导并讲话。市领导胡雪梅、吴隽、曹雄泰、韦情、廖良生、林蓉、吴财锋、林卫春、胡春平、崔素香、况小军、钟良贵出席会议。会议选出共青团景德镇市第十六届委员会委员45名、候补委员14名，常务委员会委员13名；黄城当选共青团景德镇市第十六届委员会书记，雷晨、叶晨露、周仪、徐熠、施德太当选共青团景德镇市第十六届委员会副书记。

【青年志愿者服务2023“丝绸之路”系列活动】9月1—4日，团市委整体承接2023“丝绸之路旅游城市联盟成立”系列活动志愿服务工作，共组织50余名青年志愿者赴陶溪川文创园区内各点位开展志愿服务工作，志愿者发扬“奉献、友爱、互助、进步”精神，服务大局、服务社会，展示青春风采，倡导新时代风貌，全面完成“丝绸之路旅游城市联盟成立”系列活动交办的各项青年志愿者工作任务。

【“瓷上丝路”青年陶瓷文化艺术节举办】 10月18日，由中国国际青年交流中心指导，共青团江西省委、江西省青年联合会联合中央广播电视总台江西总站、央视网、景德镇市人民政府共同主办的2023“瓷上丝路”青年陶瓷文化艺术节在江西省景德镇市珠山区陶源谷·三宝举行。全国政协委员、中国国际青年交流中心党委书记刘爱平，中央广播电视总台江西总站党委书记宋大珩，共青团江西省委副书记、江西省青年联合会主席胡振燕，景德镇市委副书记吴隽，景德镇市政协副主席钟良贵出席开幕式。

【青年志愿者服务“2023中国景德镇国际陶瓷博览会”】 10月18—22日，团市委组织600余名青年志愿者赴陶博城开展“2023中国景德镇国际陶瓷博览会”志愿服务工作。会展中心分为“文化传承”“文化交流”“文化创新”3个展馆，志愿者们在各展馆开展引导、讲解等志愿服务，共同助力弘扬陶瓷文化，点亮志愿服务光彩。

【全市青年发展工作联席会议第五次全体会议召开】 11月2日，全市青年发展工作联席会议第五次全体会议召开。市委副书记、联席会召集人吴隽出席会议并讲话，副市长、联席会召集人肖莉主持会议。会议书面传达学习中长期青年发展规划实施工作部际联席会议第五次全体会议、江西省青年发展工作领导小组第一次全体会议精神，报告全市2023年《贯彻落实〈江西省中长期青年发展规划（2018—2025年）〉实施意见》贯彻落实情况，审议通过《全市青年发展工作2024年重点工作任务及年度实事清单》，联席会相关成员单位作交流发言。

【全市“12355”青少年服务台业务培训】 11月15日，团市委组织举办全市“12355”青少年服务台业务培训暨童心港湾、专门学校工作团队培训班。团市委挂职副书记周仪出席并讲话，省心理咨询师协会常务理事、省高校心研会常务理事井凯博士授课。各县（市、区）、园区“12355”服务团队，童心港湾管理员及童伴妈妈和市专门学校教职员工约60人参加。

【“共青团与人大代表、政协委员面对面”活动举办】 11月22日，团市委、市青联举办景德镇市“共青团与人大代表、政协委员面对面”活动。活动邀请相关市人大代表、政协委员以及高校师生代表等参加。此次活动旨在深入学习贯彻习近平总书记在同团中央新一届领导班子集体谈话时的重要讲话精神，用好党赋予的资源和渠道，结合实施《中长期青年发展规划（2016—2025年）》，通过人大、政协等制度化平台传递青年心声、反映青年愿望、促进青年发展、引领青年建功。参加活动的景德镇市人大代表、政协委员以及高校师生代表围绕“大力帮扶1~2年未就业高校毕业生就业”主题展开交流和讨论。

【青年志愿者服务“景马”赛事】 12月3日，团市委全面承接2023景德镇国际马拉松赛事志愿服务工作，共组织2100余名瓷都青年志愿者热情服务“景马”赛事，用青春特有的蓬勃朝气为“景马”赛事的精彩运动增光添彩。江西省青年志愿者协会对团市委组织青年志愿者服务“景马”赛事工作给予肯定，并在其官方微信公众号转载相关报道。

【团市委承办2023年江西省“新时代赣鄱乡村好青年”示范培训班】 12月5—8日，2023年江西省“新时代赣鄱乡村好青年”示范培训班在景德镇市浮梁县举行。此次培训班由江西省委组织部和共青团江西省委联合主办，景德镇市委组织部和共青团景德镇市委联合承办，来自全省各地的110名“新时代赣鄱乡村好青年”参加培训。培训班围绕党的创新理论武装、提高经营能力、发展特色产业等安排专题授课，聚焦学习贯彻习近平总书记考察江西重要讲话精神开展专题研讨，并邀请2名“新时代赣鄱乡村好青年”典型分享事迹，同时，到乡村振兴示范点开展现场教学，取得较好的效果。

【预防青少年违法犯罪专项组全体会议召开】 12月11日，2023年平安景德镇建设领导小组预防青少年违法犯罪专项组全体会议召开。市委常委、市委政法委书记胡春平出席并讲话，市委政法委常务副书记童勇主持。会议书面传达中共中央政治局委员、中央政法委书记陈文清在江西省调研指示精神。专项组组长、团市委书记黄城就2023年预防青少年违法犯罪工作情况作汇报。市检察院、市教体局、市公安局、乐平市、市未成年人专门学校作交流发言。专项组成员和各县（市、区）委政法委书记，高新区、昌南新区党工委分管领导、各县（市、区、园区）团委负责人以及成员单位联络员参加会议。

（胡文涛）

景德镇市妇女联合会

【概况】2023年，景德镇市妇女联合会（简称市妇联）开展寻找并推荐一批全国、全省巾帼建功先进。选树市“三八红旗手”100名，市“三八红旗集体”20个。授予63名“景德镇市巾帼建功标兵”荣誉称号，授予20个岗位“景德镇市巾帼文明岗”荣誉称号，授予10个集体“景德镇市巾帼建功先进集体”荣誉称号，揭晓“景德镇市最美家庭”60户。年内，市妇联成功入选2023年度《中国妇女报》宣传舆论阵地建设先进榜。荣获2023年度全省妇联系统宣传舆论阵地建设先进单位、2023年江西省家庭亲子阅读活动优秀组织奖、2023年江西省家政服务行业职业技能大赛优秀组织奖、2022年度全市平安建设先进单位等荣誉；景德镇市昌江区妇联“嫂子帮”帮团被评为江西省首批“龚全珍式”巾帼志愿服务队。

【巾帼“双创”十大基地选树】2023年，市妇联开展巾帼“双创”基地选树活动，采取组织寻访、社会推荐、择优选树等形式，推选出江西省玉风瓷业有限公司、景德镇市华达实业集团有限公司、乐平市锦鸿家政有限公司、乐平市艳平果蔬种植专业合作社、景德镇市锦泰文化有限公司、景德镇德昌艺术陶瓷有限公司、景德镇市四季果业农民专业合作社、景德镇易成达艺术陶瓷有限公司、昌江区千睿产后护理中心、景德镇邵慧琴健康服务有限公司10个巾帼“双创基地”。其中向省妇联推选的浮梁县建衡生态家庭农场荣获2023年度“全国巾帼现代农业科技示范”基地称号，引领农村女性在发展实践中展现巾帼风采。

【“推进双‘一号工程’打造瓷都巾帼红”行动】2023年，联合市女企协开展“推进双‘一号工程’打造瓷都巾帼红”行动，推出“线上评议＋线下体验”营商环境、开展“姐妹营商下午茶”“女企业家招商引资”“女企业家走进重要商圈、重点企业”、景德镇市巾帼先进个人（集体）选树和宣传活动7大行动14条措施推进双“一号工程”落地、落实、落细。

【“赣鄱红色娘子军”宣讲】2023年，组织全市各级“赣鄱红色娘子军”宣讲团围绕习近平总书记系列重要讲话精神和全国、省、市妇代会精神等中心工作，深入基层开展主题宣讲。全市各级妇联共开展主题宣讲145场，参与妇女群众达13.4万余人次。其中“瓷都巾帼心向党五新战略她力量”赣鄱红色娘子军主题宣讲活动通过“景德云媒”进行全程直播，通过手机、电脑线上收看的各级妇联干部、妇女群众12.6万余人次，共同学习瓷都妇女在“五新”战略行动中建功立业的巾帼风采，汲取奋进力量。

【人物专题系列宣传片《她和景德镇》】2023年景德镇市妇联特别打造24期人物专题系列宣传片《她和景德镇》，选取为景德镇发展做出贡献的优秀女性典型为采访拍摄对象，讲述瓷都女性为社会主义现代化国际瓷都建设贡献巾帼力量的事迹，全年推出16期，阅读量1.54万余人次。其中邓希平和蔡玲玲的视频被“学习强国”学习平台转发推送。

【“两癌”救助计划】2023年，完成低收入妇女“两癌”救助资金（中央专项彩票公益金）发放工作，救助32名家庭困难“两癌”妇女；每人1万元，共计32万元。发放2023年度江西省省级专项彩票公益金支持城乡困难家庭妇女“两癌”救助项目资金，救助8名家庭困难“两癌”妇女。每人1万元，共计8万元。

【巾帼志愿服务活动】2023年，持续打造快乐瓷娃巾帼志愿品牌，成立快乐瓷娃巾帼吟诵班，快乐瓷娃周末班，通过给乡村的孩子送去精神食粮，不断提升他们的获得感幸福感，以实际行动助力乡村振兴。关爱困境儿童，为孤儿发放拾穗行动资助金4.2万元，持续帮扶孩子改善生活状况，保障他们安心学习，让爱、温暖和希望伴随孩子成长。联合“两新”妇联组织、三八红旗手开展“六一”儿童节慰问活动。

【“把爱带回家　暖童心护成长”2023年寒假儿童关爱服务活动】1月18日，由市妇联、景德镇市妇女儿童活动中心和乐平市妇女联合会共同举办的“把爱带回家——‘暖童心护成长’2023景德镇市寒假儿童关爱服务活动在乐平市临港镇举行。景德镇市妇联党组书记、主席郑伟秀及市妇联领导班子成员，市妇联干部和爱心妈妈代表约50人参加此次活动。活动现场，由孩子们表演手势舞《抗疫加油》，妇联干部、爱心妈妈们与孩子们一起动手制作萌兔新年福桶。景德镇市妇联党组书记、主席郑伟秀一行给孩子们送上爱心温暖包，鼓励孩子们努力学习、阳光乐观、快乐成长。

【春风行动系列活动】 1—3月，开展“2023年春风行动暨就业援助月”为主题的春风行动系列活动30场，发放宣传资料2万余份，全市共有约200家企业提供就业岗位1万余个，达成就业意向约2300人。

【“巾帼风采·翰墨飘香”女子书法展】 3月8日，“巾帼风采·翰墨飘香”——2023年景德镇市“三八”妇女节女子书法展开幕式在景德镇市美术馆举办。此次展览由景德镇市妇联主办，市文联联合主办，市书协担任艺术指导，市女书法家协会和市美术馆承办，在来自全市女性书法爱好者的来稿中精选出优秀书法作品105件，展示景德镇市女子书法创作的最新成果，参观人数共1000余人次。

【全市各界妇女纪念“三八”国际妇女节113周年大会召开】 3月7日，全市各界妇女纪念“三八”国际妇女节113周年大会召开。市委书记刘锋向大会发来贺信。市委副书记吴隽出席会议并讲话。市委常委、市委宣传部部长林蓉，市人大常委会副主任占剑，市政协副主席史晓莲出席会议。会上，举办“瓷都巾帼心向党五新战略她力量”赣鄱红色娘子军主题宣讲活动。市妇联从各条战线遴选出15位代表性人物作为宣讲员，分为“新型人文城市新范例”“特色产业发展新高地”“全域融合发展新格局”“共同富裕实践新样本”“对外文化交流新平台”五个篇章，以现场演绎的方式宣讲瓷都巾帼在“五新”战略行动中的引领示范作用。

【“三八”维权周系列活动】 “三八”国际妇女节期间，市妇联制定《2023年市妇联“三八”维权周普法宣传通知》，在全市范围内动员赣鄱红色娘子军、基层法律明白人、巾帼志愿者学习习近平法治思想、《中华人民共和国民法典》《中华人民共和国宪法》《中华人民共和国反家庭暴力法》《中华人民共和国妇女权益保障法》等与妇女儿童和家庭相关的法律法规知识，通过学习宣传，使民法典走进群众家庭，提高妇女群众法治思维意识。“三八”维权周期间，全市各级妇联共计开展活动20余场，发放资料1万余份，活动受众1万余人次，提供一对一现场法律咨询200余次。

【“婚姻和家庭咨询服务站”挂牌成立】 3月8日，为探索婚姻家庭服务新载体，创新妇联组织参与市域社会治理现代化工作形式、提升家庭公共服务质量、深化“平安家庭”创建的新举措，市妇联引入第三方专业服务机构——景德镇教育学院心理教育中心加入家事案件调解，并在市妇联挂牌成立景德镇市妇联“婚姻和家庭咨询服务站”。挂牌仪式上，景德镇教育学院副校长方漫致辞，市妇联党组书记、主席郑伟秀讲话，二级调研员徐和平参加会议，党组成员、四级调研员周海凤主持。

【为知识产权保护注入“她”力量活动】 4月24日，是世界知识产权日，景德镇市妇联联合市中级人民法院在景德镇陶瓷大学开展“为知识产权保护贡献‘她’力量”主题活动。活动现场，景德镇市中院、景德镇市妇联签订《关于共同推进女性知识产权保护的合作协议》，并邀请杰出女性工作者、女性法官授课，讲述创新发展与知识产权保护的重要性并普及《知识产权的取得和保护》，景德镇市中级人民法院知识产权法庭庭长张春红致辞，景德镇市妇联党组书记、主席郑伟秀讲话，景德镇陶瓷大学法学系主任、教授黎平主持。

活动现场，各行业女性优秀代表、景德镇陶瓷大学学生共计100余人参与。

【全国妇联系统港澳执委和特邀代表考察团到景德镇市考察】 4月26日，妇联系统港澳执委和特邀代表考察团一行70余人到景德镇市参观考察。省妇女联合会党组书记钱昀随同。市委书记刘锋，市委副书记、市长胡雪梅看望考察团一行。市委副书记吴隽，副市长江民强，市政协副主席史晓莲，市政府党组成员、昌南新区党工委书记余立新分别陪同。考察团先后走访陶阳里御窑景区、古窑民俗博览区、景德镇中国陶瓷博物馆、景德镇陶瓷博览交易中心、颜色釉陶瓷艺术博物馆、国瓷馆等地。

【庆祝“六一”国际儿童节走访活动】 5月26日，在“六一”国际儿童节来临之际，景德镇市妇联党组书记、主席郑伟秀率队到浮梁县寿安镇中心小学开展“少年儿童心向党争做‘四个自信’好孩子——庆祝“六一”国际儿童节走访活动。活动现场，郑伟秀赠送留守儿童慰问品，并与孩子们交谈，了解孩子们的日常生活和学习情况，勉励孩子们团结进取、努力拼搏，争做新时代好少年。

【家风家教宣讲暨科普进万家活动】 7—8月，由江西省妇联主办，景德镇市妇联、各县（市、区）妇联承办的“少年儿童心向党关爱守护伴成长”2023年家风家教宣讲暨科普进万家活动在全市开展，共计8场。活动首先分享各最美家庭故事，随后国家二级心理咨询师、家庭教育指导师、省家庭教育公益讲师熊铿以“读懂孩子助力孩子快乐成长”为主题，结合孩子的发展特点，为大家讲述家庭教育的概念、常见误区、重要意义等内容，最后国家二级心理咨询师、省妇联家庭教育公益讲师、儿童安全专职讲师朱玉玲结合近期各地发生的青少年儿童溺水事故案例，开展防溺水安全知识宣讲，并与小朋友们进行“防溺水”知识问答趣味互动，邀请大家上台学习抛掷救生圈、穿戴救生衣、心肺复苏等自救和救援措施的要点。

【全市基层妇联组织领头雁示范培训班】 7月20日，全市基层妇联组织领头雁示范培训班在市发展中心三号楼三楼会议室举行。培训班邀请景德镇市委党校人文法学教研室主任、副教授，景德镇市新四军研究会会员肖静就党的二十大精神作解读，邀请市网信中心主任、市委宣传部三级调研员倪凯以“贯彻习近平总书记关于网络强国的重要思想 推动网信事业健康发展”为主题作培训，邀请市委统战部副部长、市民族宗教事务管理局局长黄涛分享“关于新时代做好民族宗教工作的若干思考”专题。市妇联党组书记、主席郑伟秀作开班动员，市妇联党组成员、副主席陈淑红主持，市妇联班子成员参加开班式,各县（市、区）妇联主席、各级妇联干部、“两新”组织妇联负责人、网评网宣员近100人参加培训。

【“书香飘万家”家庭亲子阅读比赛专家评审会】 8月3日，景德镇市妇联联合市文明办和市妇女儿童活动中心评委们对53份家庭亲子阅读视频逐一观看，在评审中反复比对、协商评分，在保证评审公平公正的前提下，对作品的主题内涵、拍摄技术、创意剪辑和视频音效四个方面打分，评出一等奖6名，二等奖10名，三等奖18名，优秀奖19名，优秀指导老师16名。

【赣新两地“最美家庭”交往交流交融活动】 8月12—13日，2023赣新两地“最美家庭”交往交流交融活动走进景德镇。新疆阿克陶县“最美家庭”一行20人到景德镇市昌江区、珠山区、昌南新区调研家庭文明及家风家教工作，探索民族交往、交流、交融新模式。

【“春蕾绽放 圆梦启航”金秋助学】 8月31日，由市妇联、市消防支队、市女企协联合主办“春蕾绽放 圆梦启航”2023年金秋助学女大学生专场活动。此次助学活动共资助困难女大学生30名，金额15万元，活动旨在传达市委、市政府和社会各界对困难学生的关心爱护，帮助困难学子实现梦想，弘扬中华民族助人为乐的传统美德。

【“99公益日”活动】 9月7—9日，开展“99公益日”活动，募集99春蕾款5.83万元（含配捐），用于资助全市困难家庭女童学杂费，共计21人受益（小学生5名、初中生7人、高中生6人、大学生3人）；募集母亲邮包款3.97万元（含配捐），用于慰问全市困难家庭妇女199人，为每人提供200元的爱心包。

【景德镇市妇女第十四次代表大会举办】 9月27日，景德镇市妇女第十四次代表大会开幕，市委书记刘锋出席并讲话，省妇联党组书记、主席钱昀出席并讲话。市委副书记、市长胡雪梅，市委副书记吴隽，市政协主席俞小平，市政协原主席、景德镇非物质文化遗产保护协会会长张春萍，市委常委、市委组织部部长、市委宣传部部长林蓉，副市长肖莉，市政协副主席史晓莲出席会议。大会选举推荐产生市妇女代表313名，执委47名，常委15名。

【儿童安全书包套餐发放仪式】 10月26日，由江西省妇女儿童发展基金会主办，景德镇市妇联、浮梁县妇女联合会承办，省政府驻广东（深圳）妇女联合会大力支持举办的“爱的传递——儿童安全书包套餐”发放仪式，在浮梁县三龙镇中心小学拉开帷幕。此次活动共发放安全书包100个，内含文具、水杯、交通安全读本等学习生活用品和书籍，且具有全反光、防物体坠落砸伤、救生浮具、求生口哨四大功能，对保护儿童，降低意外伤害具有重要的保驾护航作用。

【“重走总书记考察路线、重温总书记殷切嘱托”考察交流活动】11月7日，市妇联党组书记、主席郑伟秀，市妇联二级调研员徐和平，市妇联兼职副主席、市女企业家协会会长李冬娇一行10余人赴九江与当地女企业家共同循着习近平总书记走过的足迹，开展“重走总书记考察路线、重温总书记殷切嘱托”考察交流活动，九江市妇联党组书记、主席、一级调研员林显莲，市妇联兼职副主席、市女企业家协会会长陶璐璐等陪同。两地女企业家沿着习近平总书记在九江考察足迹，先后来到中国石化九江分公司和长江国家文化公园九江城区段，参观石化企业生产管控中心控制大厅和检验计量中心实验室，考察共青城市上海风情街及服装小镇。

【景德镇市清洁（绿色）家庭深化行动现场会召开】11月22日，常态化推进家庭家教家风建设暨2023年景德镇市清洁（绿色）家庭深化行动现场会在乐平市洪岩镇召开。现场会以“弘扬传统文化 涵养家国情怀”为主题，由景德镇市妇联主办，乐平市妇联和乐平市洪岩镇党委承办，乐平市文化馆协办。景德镇市妇联党组书记、主席郑伟秀，乐平市委常委、市委副书记谢秋华，市妇联领导班子成员，景德镇市各县（市、区）妇联、乐平市各乡镇（街道）妇联及景德镇市2023年清洁（绿色）家庭示范户代表150余人参加活动。

【市妇联组织选手参加江西省家政服务行业职业技能竞赛】12月11—12日，市妇联精心组织全市6名选手参加江西省家政服务行业职业技能竞赛，与来自全省其他地市百名“高手”同台竞技。经过角逐，在3个竞赛项目的9个单人奖中，景德镇市社会福利中心的郝玉婷获养老护理三等奖，景德镇市妇联荣获优秀组织奖。

【向甘肃地震灾区捐款】12月22日，景德镇市妇联联合景德镇市女企协向全市发出《关于甘肃抗震救灾捐赠的倡议书》，全市各级妇联组织、妇联干部、巾帼志愿者、妇女姐妹参与捐款。截至12月27日11点，接收社会各界捐款8.45万元，捐款全部汇入江西省妇女儿童发展基金会账户。

【浮梁诗词妈妈公益课堂活动】至12月底，浮梁诗词妈妈工作坊共开展晨练公益课堂活动52次，2200余人参与现场学习。发布公众号和视频号近100个，互动近1.5万人次，参与家庭的自媒体发布近1000人次。该活动有助于少年儿童，尤其城乡留守儿童、困境儿童学习中华优秀传统文化。（余晓雯）

景德镇市科学技术协会

【概况】2023年，景德镇市科学技术协会（简称市科协）围绕“四服务”职责，发挥“科普、创新”两翼组织优势，各项工作取得成效。年内，社团党委建设取得新突破，首次承办2023年全国科普日江西主场活动和江西省第三届好奇心科普节系列活动，完成2023中国航空产业大会（景德镇会场）筹备和相关活动举办；推动高层次人才服务创新发展，新建院士工作站1个、专家工作站3个、海智（基地）工作站3个；市科协获评中国科协2023年全国科普日优秀组织单位，高新技术产业开发区被中国科协认定为中国科协海智计划工作基地。

【市科技馆发挥作用】2023年，市科技馆加大展教活动及科普资源开发力度，开展“穿越古今趣游科技馆”等3项主题活动、“大数据”科普展、“零下8℃冰雪馆”等临时展览，接待游客8万余人次，并在“学习强国”等7家平台宣传，馆内自运营媒体宣发浏览量超10万以上，浏览量累计超280万以上，在抖音景德镇展览展馆收藏榜位居第一，在全国科普日等重要活动节点，与70余所中小学校开展合作研学，并研发科学秀、科学小课堂等10余种互动课程，服务研学师生代表近2万名；五大科普展厅展品完好率保持97%以上。至11月底，累计开馆252日，到馆客流约16.5万人次。

【科技志愿服务】2023年，市科协持续开展好“科普之春”“科技活动周”等系列主题科普活动。开展五类重点科普宣传活动60余场次，专家义诊20余次，举办各类科普讲座7期，投入经费近13万元；现场免费发放各种科普宣传手册近1700套，展出各种科普展板20多个，接受科技宣传教育人数近1万人次；持续开展“安全生产月”“防灾减灾周”系列活动。“安全生产月”活动现场设置政策法规宣传区4个展区，40余家安委会成员单位发放宣传手册8000余份；开展安全生产和防灾减灾宣传“五进”活动，发放各类防灾减灾知识宣传资料22万余份，惠及群众19万余人次；“防灾减灾日”活动现场共设置宣传专栏90个，发放防灾减灾知识宣传册等4.1万余份，参与群众1万余人次。全年开展科普大篷车活动共计46次，行驶1226.7千米，服务群众7600人次，有力推动全市公民科学素质提升。

5月31日，全市科技工作者会议在紫晶大会堂召开（市科协／供图）

【科普阵地建设】 2023年，江西辉立宝生态农业开发有限公司、江西省百绿农业发展有限公司、乐平市乐以科农业开发有限公司3家单位获批“中国农技协科技小院”称号，市级科技小院新增6家；省级科普教育基地新增3家、市级科普教育基地新增11家；组建乡村大学创新创业协会3个，吸纳会员700余人，累计设立实践基地18个、绿色生态农业科技示范基地11个；组织24家博物馆（其中国有博物馆6家、非国有博物馆16家、行业博物馆2家）开展“三点半博物馆”课后服务，相关专题教育活动269场次，惠及人数8.3万余人次。

【高层次人才服务】 2023年，新建院士工作站1个：景德镇先进陶瓷研究有限公司与中国工程院院士周玉合作新建院士工作站。新建专家工作站3个：北航研究院景德镇分院、景德镇智合新材科技有限公司与景德镇市第三人民院分别建立市级专家工作站。支持黑猫集团与中国工程院院士、华南理工大学校长张立群合作建设院士（专家）工作站。新建海智（基地）工作站3个：建立高新区中国科协海智工作基地、新建江西富祥药业股份有限公司海智站、乐平市乐以科农业开发有限公司海智站。

【建言献策活动】 3月13日，印发《关于开展2023年建言献策活动的通知》，向全市老科技工作者征集72篇反映景德镇市社会经济发展的难点热点文章。市长胡雪梅分别在《关于我市粮食生产情况调研报告》《关于加强我市农业农村工作的几点建议》《市老科协年度工作总结》上作批示，鼓励老科技工作者再接再厉、再作贡献；组织开展国家试验区科创课题评选与建言工作。

【社团党委建设】 4月27日，中共景德镇市科学技术协会科技社团委员会第一次党员代表大会召开，选举产生第一届景德镇市科技社团党委班子，以规范社团党组织建设为抓手，排查摸底学会党员1661名，引导所属学会成立党支部11个。

【全市科技工作者会议】 5月31日，全市科技工作者会议在紫晶大会堂召开，中共景德镇市委书记刘锋为全市科技工作者致贺信，中共景德镇市委副书记吴隽出席会议并讲话。会上，表彰2023年景德镇市“最美科技工作者”，为全国科普教育基地、全国科普示范县、科创瓷都示范基地以及省市级专家工作站、海智工作站授牌。

【2023年全国科普日江西主场活动】 9月19日，由景德镇市人民政府、江西省科协会同20家省市单位联合举办，市科协承办的2023年全国科普日江西主场活动启动仪式在景德镇陶博城举行，江西省副省长夏文勇出席开幕式并宣布活动启动，市长胡雪梅出席活动并致辞。开幕式上为2023年“江西省最美科普志愿者”、江西省“科普小镇”和高新区中国科协海智工作基地授牌；活动现场布置先进陶瓷、航空产业、科普惠民主题、智慧生活互动体验、人工智能机器人互动体验、智能AI心理测试互动体验等六大科普体验展区，场外同步开展江西省科普轻骑兵大行动，组织全省10多辆科普大篷车到全市20余所偏远山区中小学校及社区开展科普教育巡展。全国科普日期间，景德镇市共开展科普惠民活动688场，参与人数达2.64万余人。

9 月 19 日，江西省第三届好奇心科普节启动（市科协 / 供图）

【江西省第三届好奇心科普节系列活动】 9 月 19 日，首次承办的 2023 年江西省第三届好奇心科普节系列活动在景德镇市实验学校启动，副市长罗文军出席活动并致辞，市科协负责开幕式活动及配套活动，联合市教体局、市科技局等 10 家单位共同举办 20 余场科普宣传进校园活动，科技志愿者们围绕人体导电科学实验、航空知识、气象知识、应急救护等多项主题给同学们带来科普盛宴。

【景德镇市科协第八次代表大会】 10 月 12—13 日，景德镇市科学技术协会第八次代表大会召开，完成各项会议议程，市委、市人大、市政府、市政协以及相关部门领导出席开闭幕会议，325 名代表参会，选举产生新一届委员会委员 67 名、常委 21 名、主席 1 名、副主席 10 名（专职 2 名、挂职 1 名、兼职 7 名）。

【2023 中国航空产业大会（景德镇会场）筹备和相关活动】 10 月 27—29 日，第五届 2023 中国航空产业大会首次以“一会两址”的形式在南昌、景德镇举行。中国航空学会名誉理事长刘高倬、中国科学院院士闫楚良、江西省副省长夏文勇、中国航空工业集团副总经理洪蛟、中国交通运输协会副会长张春枝、公安部装备财务局二级巡视员、警用航空管理办公室副主任王革等领导出席景德镇会场开幕式及有关活动。举办“4+2”项活动，活动捐赠颁发航空知识书籍、航模、奖品 2000 余份，惠及师生 1200 余人次。在合作大会上共签约 25 个项目，总金额 189.6 亿元，其中产业项目签约 20 个，投资额 98.7 亿元；基金项目签约 3 个，总投资 53.8 亿元；采购订单签约 37.1 亿元；技术合作项目签约 2 个。签约规模创历届航空大会之最。

（英亮）

10 月 27 日，2023 中国航空产业大会（景德镇会场）（市科协 / 供图）

景德镇市归国华侨联合会

【概况】 2023 年景德镇市归国华侨联合会（简称市侨联）发挥海外资源优势、服务全市经济建设，通过迪拜江西总商会的协助，帮助完成景德镇市在迪拜龙城广深智慧广场设立首家海外陶瓷官方旗舰店的选址和建设，主题教育期间，为全市 10 家企业牵线搭桥，组织企业到迪拜广深智慧广场考察国际陶瓷产品竞争，助力企业参与国际竞争。发挥国内平台优势，服务“双招双引”工作大局。2 月，景德镇市浮茶集团“侨胞之家”获评全国侨联系统“侨胞之家”典型选树单位。6 月，与市政府招商团到珠海开展“双招双引工作”及考察陶瓷官方旗舰店珠海店的建设进度。帮助景德镇市侨资企业景德老窖酒业公司走出经营困境，市侨联联系青山湖侨联侨商会到景德镇市实地考察该企业，帮助解决企业运营难题。年内，景德镇国际陶瓷文化博览会期间，市侨联邀请来自世界各地的 20 位侨商参加瓷博会及经贸大会，并组织他们考察景德镇投资环境，展示景德镇发展变化。

【侨界资源开发利用】 2023年，市侨联发挥海外资源优势，通过中欧文联中国办事处牵线搭桥。5月，邀请《中国之极》拍摄团队到景德镇，为景德镇瓷、茶行业的10位非遗传承人拍摄相关纪录片。助力擦亮“陶瓷文化”名片。通过海外华侨组织阿联酋江西商会牵线搭桥，促成陶博城公司与迪拜硅谷经济产业园中国厅围绕跨境贸易、研学、产业合作、人才交流等方面加强合作。市侨联邀请苏州市侨联文促会到景德镇市考察交流，并推荐景德镇市优秀的侨界非遗陶瓷文化传承人参与此次活动。中秋节期间，市侨联邀请侨胞侨属留学生联谊会等单位代表，归国留学人员和景德镇学院特邀人员参加联谊会，与会嘉宾们在浮茶集团侨胞之家，就新形势下的侨务工作展开交流探讨，为助力乡村振兴，推动全市经济社会高质量发展献计献策、引荐人才。市侨联推荐郑铁、蔡玲玲2人入选市政协侨界专家人才库。10月，在市政协的组织下，市侨联参与“依托港澳台侨资企业拓展招商引资平台”，与其他单位一同对景德镇市侨资企业走访调研并邀请侨资企业代表召开对口协商座谈会，就发挥侨资企业优势，拓展招商引资平台建言献策。

【景德镇侨联陶瓷文化日本体验中心和浮梁茶日本体验中心设立】 8月，景德镇经贸代表团访日期间，市侨联联合日本大阪华侨总会和方成株式会社在日本樱泉会馆设立景德镇侨联陶瓷文化日本体验中心和浮梁茶日本体验中心。两个中心的设立，为市侨联和浮梁县在日本举办瓷茶研学、论坛、冬夏令营、展览、非遗文化传承体验等活动提供场所，为讲好中国瓷茶文化故事提供平台。访日期间，通过蔡玲玲艺术博物馆侨胞之家和浮茶集团侨胞之家，分别向日方展示陶瓷和茶叶的非遗传承技艺及具有代表性的瓷、茶样品。

【瓷茶招商贸易活动】 8月10—14日，受日本大阪华侨总会邀请，由市侨联组团，浮梁县委、县侨联、县茶产业发展中心参加，到日本开展为期5天的瓷茶招商贸易活动。推介城市、陶博城以及瓷器文化、浮梁县的茶业发展、陶博城的招商政策等；访日期间，举办景德镇城市推介会和瓷茶贸易洽谈使日本客商和旅日华侨了解景德镇丰厚的瓷茶文化底蕴；促成浮梁茶产业中心与日本方成株式会社签订浮梁茶大阪贸易总代理框架协议书，使浮梁茶进入日本大阪市场。

（高闪闪）

景德镇市文学艺术界联合会

【概况】 2023年，景德镇市文学艺术界联合会（简称市文联）完善系统自身建设，开展文艺主题活动；推进文艺惠民工程和开展“深入生活、扎根人民”主题实践活动。先后举办学习宣传贯彻党的二十大精神——迎新春送春联活动近10场，“宣传二十大奋进新征程——强国复兴有我”文艺惠民演出活动4场。扶持文艺创作，推荐文艺人才。年内，推荐市“文艺两新”工作者马俊入选赣鄱俊人才支持计划文化领军人才；市美协副主席冯绍华、会员钟福洪被授予全国五一劳动奖章；在新文艺群体职称评定中，景德镇市文联推荐5人通过艺术系列（新文艺群体）职称评定，获得副高级职称以上人数占到全省人数的1/3；市文联获“2023年度全省‘文艺两新’工作类优秀单位”荣誉称号。

【文艺创作】 2023年，全市文艺创作出作品、出人才，多次在比赛中获奖。5月，景德镇市新文艺群体优秀代表、青年演员梅院军凭借在原创大型黄梅戏《汤显祖》中的精彩表演，获第九届中国戏剧梅花表演奖，是江西省时隔8年再获梅花奖。同月，市音协组织选送的优秀选手在第七届江西省音乐“映山红奖”声乐比赛暨第十四届中国音乐金钟奖声乐比赛江西选拔赛中获一等奖、二等奖、三等奖各1项，是景德镇市在江西省音乐“映山红奖”举办以来取得的最好成绩，实现“映山红奖”一等奖零的突破。5月，市舞协组织创作的原创舞蹈《古窑瓷娃》获第七届“小白鹭”江西省少儿舞蹈展演暨第十二届“小荷风采”全国少儿舞蹈展演“白鹭之星”荣誉称号，并被推选参加第十二届“小荷风采”全国少儿舞蹈展演。同月，市曲艺家协会原创作品景德镇大鼓《唐英督陶先学陶》节目参加江西省曲协主题创作优秀节目展演。7月，在“第十六届中国民间文艺山花奖·优秀民间工艺美术作品”评选中，由景德镇市作者苏元阳、苏歆悦创作的《花团锦秀》作品入围山花奖终评。8月，由中国文联“文艺两新”集聚区（景德镇）实践基地推荐申报的民间文艺项目《“同心共圆·盛世之歌”——陶瓷洒蓝“福娃”瓷板画设计创作》（申报人：章晨）入选中国文联年度青年文艺创作扶持计划立项项目。10月，景德镇大鼓《开窑》节目参加“2023畅游盐都金秋行”暨第五届中国盐城·盐都全国乡村优秀曲艺节目交流展演。

【文艺人才培训】 2023年，市文联先后邀请中国民间文艺家协会副主席、中国工艺美术大师、首批国家级非遗传承人吴元新，中国摄影家协会会员、江西省摄影协会原副主席迟晓红，青年词作家、著名音乐制作人、中国音乐家协会会员周兵（其代表作《你笑起来真好看》获中宣部第十六届精神文明建设“五个一工程”奖），中国文艺评论家协会主席夏潮等国内著名专家学者到景德镇开展市文联文艺公益大讲堂等培训活动。争取组织协调上级部门在景德镇举办各类文艺培训班，江西省民间文艺人才高级研修班、中国书法家协会景德镇综合材料书法创作研讨会、全国文联系统年轻干部培养计划——提升写作能力和调研能力培训班、中国剧协2023年新入会会员一线骨干培训班、江西省文艺评论骨干研修班等一批国家级、省级培训班落户景德镇，同时利用以上国家级、省级培训平台，推荐全市艺术家参加培训，为文艺工作者提供培训服务。

【文艺惠民工程】 2023年，市文联开展“送文艺送欢乐”“文艺六进”等经常性群众文艺实践和文艺志愿服务，开展文艺惠民活动近50场，捐赠书籍近千本，送出春联、书法、美术作品近万幅，惠及群众近万人次。其中开展“我们的中国梦——文化进万家”文艺志愿服务活动5场；开展“戏曲进校园”活动近10场，开展“强基工程”系列活动，并结合景德镇市文明城市创建，围绕传统节日、重要节庆日、“3·5”学雷锋纪念日、“5·23”中国文艺志愿者服务日等节点，在全市组织开展礼赞道德模范、“倡导移风易俗弘扬时代新风”美术作品巡展、文艺志愿服务巡演等形式多样的文艺志愿服务活动20余场，瓷乐说唱《移风易俗树新风》节目入选省文明办、省文联“新时代新风尚”——文艺志愿服务全省巡演活动。

【文联系统自身建设】 3月12日，在正式纳入市文联下属直属管理后，市诗词楹联协会召开第五次会员代表大会，市文联系统进一步完善，下属直属协会增加到12个。3月27日，召开2023年社会组织工作会议，针对以市文联为主管部门的92个社会组织，制定发布《市文联关于加强文艺社会组织举办文艺活动管理和优化服务的通知》提升对社会组织文艺活动的监管。11月21日，市文联第七次代表大会在紫晶大会堂召开。市委书记刘锋向大会发来贺信。大会选举产生市文联新一届领导机构，审议通过市文联第六届委员会工作报告和新修订的市文联章程。

【文艺主题活动】 3月15日，由中国文联国内联络部、中国美协、江西省文联、景德镇市委、景德镇市人民政府主办的2022新文艺群体陶瓷绘画作品展览在中国文联“文艺两新”集聚区景德镇实践基地开幕。10月19日，由中国外文局、中国文联国际联络部、江西省文联主办，中国外文局西欧与非洲传播中心、法国造型艺术家协会（AFAP）、景德镇市文联、景德镇市文广新旅局、景德镇陶文旅集团承办的“陶@未来——中法艺术家陶艺作品展”在景德镇中国陶瓷博物馆开幕。年内，先后主办2023年景德镇市谷雨诗会，“巾帼风采 翰墨飘香”——景德镇市2023年庆“三八”妇女节女子书法展，“遇见大美瑶里”全国摄影大展征稿，2023年景德镇市文学创作学习研讨班，全国首届综合材料书法刻字培训班，首届“京彩未来——京东大学生电商创业大赛”，“一起向未来”景德镇市少儿声乐展演，“我们的节日——七夕诗会”等文艺活动。

【文艺创作扶持】 5月，延续对第二批新获得中国文联各协会国家级会员的景德镇市5位文艺工作者每人一次性发放1万元创作补助。9月5日，市委办公室、市政府办公室下发《市委办公室 市政府办公室关于“第七届景德镇市文学艺术奖”获奖情况的通报》文件，经过参评申报、资格审查、专家评审、组织委员会审议、公示，并经市委、市政府同意，共评选出各文艺门类奖项36个，有关奖项在11月21日市文联第七次代表大会上进行表彰。10月，市文联印发并实施《景德镇市文联文艺繁荣工程专项资金管理办法》，进一步加大对文艺创作的扶持。（方倩倩）

景德镇市社会科学界联合会

【概况】 2023年，景德镇市社会科学界联合会（简称市社联）开展学习宣传贯彻党的二十大精神征文活动，引导干部群众将党的二十大提出的新思想新论断切实转化为促进经济社会发展的具体举措和实际行动。年内，经市委书记刘锋点题，省社科青创团队承接的“推动景德镇陶瓷贸易兴市，促进经济社会高质量发展”课题成果获市委、市政府主要领导肯定批示；作为全省唯一一家地市级社联组织，承办第二届江西社科学术年会景德镇分会；3项活动获2023年江西省社科普及创新项目资助；2个项目成果入选2023年江西省社科基金科普专项课题；2项工作获评2023年全省社联工作创新案例；编辑出版《决策内参》8期(总90期)，其中3期获市领导肯定批示；举办“社科大讲堂”活动22期，让党的创新理论走进生产生活一线；策应“千馆之城”的打造，认定31家单位为2023年景德镇市社会科学普及基地；首次开设市级社科普及专项课题，创作40余个科普作品，立项7项。

【“社科大讲堂”活动】 2023年，挖掘地域资源，开展“社科大讲堂”活动22期，摒弃传统的“我讲你听”“大水漫灌”的粗放式宣讲，采取形式多样、生动活泼的宣传方式，变“传统授课”为“与群众面对面交流”，以“群众点单、社联派单、专家接单”的模式，打造“牢牢把握习近平新时代中国特色社会主义思想理论体系”“以中国式现代化全面推进中华民族伟大复兴”“瓷韵幽幽‘遗’脉相承”“做智慧父母伴孩子健康成长”等精品课程。

【《决策内参》发挥参谋助手功能】 2023年，以《决策内参》为平台，为领导决策提供科学依据和建议，选择优秀课题成果在《决策内参》发表，送至市四套班子领导和市直各单位。全年，编辑出版8期(总90期)，其中1篇课题成果获市领导肯定批示，2篇课题成果获市委主要领导肯定批示。

【学习宣传贯彻党的二十大精神征文】 2022年12月，发布《关于开展学习宣传贯彻党的二十大精神征文活动的通知》，引导全市广大社科工作者加强党的二十大精神的研究宣传阐释，推出一批有分量、有影响的研究成果。活动共收到文章108篇。2023年5月，经专家组评审、市社联党组审定，共确定获奖论文47篇。包括理论文章类获奖27篇，其中一等奖3项、二等奖6项、三等奖12项、优秀奖6项；学习体会类文章获奖20篇,其中一等奖2项、二等奖4项、三等奖10项、优秀奖4项，并向社会公布。

【市社联与省社联对接青年创新团队项目】 4月,省社联推出“社科青年团队下基层”活动，采取“设区市党政主要领导点题、青年创新团队答题”模式，为地方高质量跨越式发展送智献策。市社联积极与省社联对接，市委书记刘锋点题，江西财经大学社科青年团队承接，经多次座谈交流、调查研究，形成题为《推动景德镇陶瓷贸易兴市，促进经济社会高质量发展》的课题成果，获市委、市政府主要领导肯定批示。

【2023年省社科基金地区项目暨景德镇经济社会发展重大研究课题招标评审工作】 4月12日，发布《2023年省社科基金地区项目暨景德镇经济社会发展重大研究课题招标公告》，对照3个选题(《大力推动贸易兴市 促进陶瓷优先发展》《关于景德镇打造“半小时经济圈”推进全域融合发展的研究》《加强文化遗产保护利用助推景德镇经济社会高质量发展》)面向全市社科工作者公开招标。经专家组评审，分别由景德镇市委政研室课题组、景德镇市政府办公室课题组、景德镇学院课题组中标。

【江西首届“最美社科人”推选工作】 4月13日，江西省社联发布《江西省社会科学界联合会关于开展江西首届“最美社科人”学习宣传活动的通知》(赣社联发〔2023〕9号)。市社联经广泛动员、组织推荐、研究公示，从各县(市、区)社联、市属各社科类学会(协会、研究会)及各大中专院校、党校科研处推选出3名具有代表性的“最美社科人”候选人。9月，江西省社联发布《江西省社会科学界联合会关于公布江西首届“最美社科人”名单的通知》，景德镇市浮梁县社联主席汪茂良成功获评江西首届“最美社科人”。

【省社科普及项目申报】 5月，申报2023年江西省社科基金科普专项课题和省社科普及创新项目，市社联选送的社科普及读物《走进中国陶瓷鉴赏与制作》和社科普及网络视听作品《提升江西省陶瓷文化旅游的交互式展示：工艺与体验的完美结合》2个项目成果入选2023年江西省社科基金科普专项课题；景德镇社科大讲堂、景德镇市档案馆“瓷都千年——景德镇市历史文化档案纪实”展和“以文化人、以文养廉”多元廉政文化教育宣传3项活动获2023年江西省社科普及创新项目资助。

【市社联组织参加江西优秀传统文化讲解比赛】 5月8日，江西省社联发布《江西省社会科学界联合会、江西日报社关于举办江西优秀传统文化讲解比赛的通知》。市社联积极响应，通过前期摸底、专业指导、技能培训等方式，精选2名参赛选手，分别以《席卷欧洲的“中国瓷器热”》和《品古衙署楹联文化》为题，代表景德镇市参加比赛，最终获得最佳视频奖和入围奖。

【优质化社会科学普及基地品牌创建】 5月28日，市社联策应国家试验区建设和“千馆之城”打造，面向全市发布《关于申报景德镇市社会科学普及基地（第五批）和调查已命名市社会科学普及基地运行情况的通知》（景社字〔2023〕10号）。经申报推荐、单位审核、现场抽查和党组研究，认定景德镇市档案馆“瓷都千年”纪实展等31家单位为2023年景德镇市社会科学普及基地，并向社会公布。

【“百名会员下基层”调研活动】 5月31日，市社联向社会发布《关于组织开展“百名会员下基层”调研活动的通知》（景社字〔2023〕9号），将调研内容细分为12个方面32项，引导各县（市、区）社联和各市属社科类学会（协会、研究会）社科工作者结合主题教育活动，大兴调查研究之风，精准发现问题、解决问题。收到文章75篇，经评审，确定28篇优秀文章，其中一等奖2名、二等奖7名、三等奖14名、优秀奖5名，并向社会公布。

【社会科学规划项目】 5月31日，市社联发布《关于开展景德镇市2023年度社会科学规划项目申报工作的通知》（景社字〔2023〕8号），围绕全市经济社会发展等方面拟定课题指南，引导社科工作者围绕指南开展理论研究，共收到申报书111份。经专家组匿名评审，立项60项，其中重点项目14项、一般项目42项、县（市、区）项目4项，并向社会公布。

【首届社科普及专项课题申报工作】 7月3日，市社联向社会发布《关于申报2023年景德镇市社科普及专项课题的通知》（景社字〔2023〕15号），引导广大社科工作者围绕习近平新时代中国特色社会主义思想、党的二十大精神及其在景德镇的生动实践的创新普及，千年瓷都地方历史文化和瓷都红色文化、绿色文化创新普及等方面的内容创作科普作品。共收到短视频成果40余个，经申报推荐、单位审核、党组研究，2023年景德镇市社科普及专项课题立项7项，并向社会公布。

【市社联承办第二届江西社会科学学术年会景德镇分会】 9月26日，作为全省唯一一家地市级社联组织，承办2023（第二届）江西社会科学学术年会景德镇分会，活动以“深入挖掘陶瓷的文化性和精神性，打造对外文化交流新平台”为主题，邀请国内知名学者、地方社科专家围绕挖掘陶瓷的文化性和精神性开展交流研讨，多位名师大家作主旨演讲，今视频、《景德镇日报》等省、市媒体报道此次活动。6月15日，向社会发布《关于开展2023江西社会科学学术年会景德镇分会场专题征文活动的通知》，收到符合参评条件论文86篇，经专家组评审，确定获奖论文26篇（一等奖4篇、二等奖7篇、三等奖15篇），其中7篇获评2023（第二届）江西社会科学学术年会优秀论文。

【推荐案例入选全省社联工作创新案例】 9月26日，省社联发布《江西省社会科学界联合会关于开展2023年全省社联工作创新案例征集活动的通知》（赣社联发〔2023〕32号），市社联积极部署，按分配数量择优推荐改革创新优秀案例。经省社联集中评审和会议审定，景德镇市社联提供的“助力试验区建设争当出彩社科人”和浮梁县社联的“念好‘三字诀’做到‘三突出’——浮梁县理论宣传普及方法路径创新”获评2023年全省社联工作创新案例。

【社会科学普及宣传周活动】 9月27日，市社联发布《中共景德镇市委宣传部 景德镇市社联关于举办2023年景德镇市社会科学普及宣传周活动的通知》（景社字〔2023〕22号），活动以“学思践悟新思想 砥砺奋进谱新篇”为主题，通过“线上＋线下”的方式进行宣传，精心谋划和组织展览展演、讲座讲演、咨询服务、征文比赛、发放资料、媒体宣传、图书赠阅、知识竞赛、志愿服务等形式，共举办活动60余场次，线上线下受众近10万人次。

【研究阐释习近平总书记考察江西重要讲话精神专项课题招标工作】 12月18日，市社联发布《关于研究阐释习近平总书记考察江西重要讲话精神专项课题的招标公告》，确定6个课题研究方向（景德镇加快战略性新兴产业发展壮大策略研究；景德镇全面对接融入长三角一体化高质量发展研究；景德镇融入长江经济带打造产业备份基地研究；景德镇进一步做大做强陶瓷产业策略研究；习近平文化思想在景德镇的生动实践研究；景德镇打造网红打卡地发展流量经济研究），面向全市社科工作者公开招标，审定后按照《景德镇市社会科学规划课题管理办法（试行）》进行管理。

（刘凡）

景德镇市残疾人联合会

【概况】 2023年，全市约有残疾人10.3万人，其中持有二代残疾人证的有4.04万人。景德镇市残疾人联合会（简称市残联）持续巩固拓展脱贫攻坚成果,做好“三类人员”监测工作，探视寻访329名困难重度失能残疾人1585人次。发挥农村阳光助残就业基地作用，审核通过3个省级农村阳光助残就业基地，辐射带动30余名残疾人或其直系亲属就近就便就业。为1.79万人发放困难残疾人生活补贴，为1.75万人发放重度残疾人护理补贴，落实“两项补贴”调标工作，“两项补贴”均提高至100元/人·月。开展“阳光家园计划”，为全市310名残疾人提供托养服务。配合住建部门做好城乡残疾人家庭基本住房保障工作，为75户农村困难残疾人家庭实施危房改造。

【残疾人就业创业】 2023年，实施政策兜底，通过公益性岗位安置104名残疾人，通过农家书屋管理员安置392名残疾人，确保零就业残疾人家庭至少一人就业。加强残疾人就业服务机构建设，分别命名1家市级残疾人就业创业孵化基地和1家残疾人辅助性就业机构。提升残疾人就业能力，举办全市盲人按摩培训班，组织开展城乡残疾人职业技能培训和农村实用技术培训，共为296名残疾人提供技能培训。举办2023年“实赣有位来”江西省残疾人高校毕业生就业能力夏令营活动，开展高校残疾人毕业生等重点群体就业服务工作，全市44名残疾人大学应届毕业生全部实现就业。主动为残疾人与用人单位牵线搭桥，举办残疾人专场招聘会12场，筹集岗位242个，143名残疾人通过招聘会找到工作。

【残疾人康复】 2023年，实施残疾人精准康复行动，为3026名有康复需求的残疾人提供康复服务，精准康复服务率、辅助器具适配率均达到100%。开展儿童康复救助，为191名残疾儿童提供康复服务训练补贴，实现0~6岁儿童应救尽救；开展孤独症儿童关爱服务工作，建立早期筛查干预制度，将孤独症康复训练纳入医保报销范畴。推动儿童康复机构业务规范化建设，开展机构评估工作，及时反馈评估结果，加强残疾儿童康复服务机构规范化管理。结合“残疾预防日”“全国助残日”等时间节点，开展残疾预防宣传教育，增强全人群、全生命周期的残疾预防意识。

【残疾人教育】 2023年，巩固提高残疾儿童少年义务教育普及水平，落实适龄残疾儿童少年“一人一案”科学教育安置，年内全市适龄残疾儿童义务阶段入学率达到96.48%。提升融合教育质量，继续支持和资助特教学校加强在校学生思想文化教育，开展残疾学生劳动技能教育和培训项目。落实从学前到研究生教育全覆盖的残疾学生资助政策，为45名学龄前残疾儿童提供学前教育资助；配合教育部门开展残疾学生及残疾人子女认定工作，帮助40名残疾学生减免学杂费；一次性奖励和资助22名家庭困难的残疾高校新生和109名家庭困难的残疾人子女高校新生。推广国家通用手语和国家通用盲文，开展残联系统残疾人工作者国家通用手语培训。

【残疾人文体活动】 2023年，提升残疾人公共文化服务,承办“共享芬芳·共铸美好”2023中国残疾人艺术团公益演出江西行景德镇专场活动，开展8场残疾人文艺小分队进乡村（社区）演出活动及“残疾人文化周”“五个一”文化进家庭进社区项目，不断满足残疾人文化需求。发展特殊艺术，支持残疾人参与文化艺术创作、非物质文化遗产传承，结合瓷博会平台承办全国残疾人陶瓷工艺美术作品展。开展残疾人体育活动，组织残疾人参加各类体育活动及比赛6场，景德镇市3名选手在2023年第13届残疾人健身周活动暨江西省残疾人飞镖、围棋、拔河比赛中取得优异成绩。

【残疾人合法权益维护】 2023年，畅通残疾人诉求渠道，全年共接待残疾人来电、来信、来访600余件次，加强对重点人群的监测，实现全年残疾人重大群体上访零纪录。组织开展无障碍环境建设督导体验活动2次，推动重点场所无障碍设施配置不断优化。为568户困难重度残疾家庭进行无障碍改造，为 385 名残疾人发放机动轮椅车燃油补贴，为 170 名残疾人发放残疾评定补贴。推进信息无障碍建设，增强信息无障碍终端产品供给，推广"畅听王卡"、读屏软件等无障碍解决方案，在景德镇广播电视台开设每周一期的《最昌南》手语栏目，拓宽残疾人参与信息社会的渠道，让残疾人共享美好数字生活。

【景德镇市残疾人联合会第七次代表大会召开】 4 月 16—17 日，景德镇市残疾人联合会第七次代表大会在紫晶宾馆召开。市委书记刘锋发来贺信，市委副书记吴隽，省残联党组成员、副理事长邹凯出席开幕式并讲话，副市长江民强出席闭幕式并讲话，市残联党组书记、理事长李群芳代表市残联第六届主席团作题为《守正创新 团结奋进 谱写残疾人事业高质量全面发展新篇章》的报告。出席大会代表共计 122 人，残疾人代表占代表总数的 50% 以上。大会选举产生第七次代表大会主席团委员 33 人，主席为市政府副市长江民强；推举李群芳任市残联执行理事会理事长，方剑、郭卫华为副理事长。

【市残疾人文艺小分队进乡村（社区）演出】 5 月 19 日至 6 月 28 日，景德镇市残疾人文艺小分队以"宣传二十大唱响新时代"为主题，在全市各县（市、区）组织开展 8 场文艺演出活动，表演者们通过唱歌、口技表演、书法、舞蹈、川剧表演等群众喜闻乐见的活动形式，在丰富基层残疾人文化生活的同时宣传党的二十大精神、弘扬社会主义核心价值观。演出在群众中引发热烈反响，他们从演出中感受到祖国十年内发生的巨大变化，感受到残疾人自强不息顽强拼搏的精神风貌。

【第三十三次"全国助残日"系列活动】 5 月 21 日是第三十三次全国助残日，主题为"完善残疾人社会保障和关爱服务体系，促进残疾人事业全面发展"。5 月 21 日上午在市人民广场举办第三十三次"全国助残日"集中开展线下活动，市委副书记吴隽出席并宣布活动启动，副市长江民强致辞。现场活动包括残疾人专场招聘会、惠残政策咨询和宣传、残疾人法律法规宣传及咨询、联合联通公司开展"数字助残"活动、现场志愿活动（免费理发），并在现场进行残疾人事业成果展，通过宣传展板、残疾人艺术作品展、残疾人种植养殖成绩展，向全社会尤其是残疾人展示残疾人的文艺才能和自强自立的精神。同时市残联联合市融媒体中心对残疾人正能量典型和助残典型进行宣传，鼓励和引导残疾人向上向善、自立自强。

【中央媒体记者团到景德镇市采访调研残疾人工作】 5 月 29 日，中国残疾人联合会组织《光明日报》、新华网、央广网、中国网、华夏时报等中央媒体记者团到景德镇市采访调研残疾人工作。记者团一行在景德镇市博爱陶瓷文化交流中心了解博爱陶瓷文化交流中心的发展历程、人才培养、公司经营现状等情况，在景德镇市善童孤独症康复训练中心现场了解训练中心的康复环境设施、师资力量、业务能力、科研成果、康复成效、帮扶机制、社会影响等情况，在江西峰盛科技集团有限公司详细了解该公司带动残疾人就业创业、技能培训、参与岗位、政策扶持等有关情况。

【"实赣有位来"江西省残疾人高校毕业生就业能力提升夏令营（景德镇片区）活动】 8 月 15—18 日，2023 年"实赣有位来"江西省残疾人高校大学生就业能力提升夏令营活动在景德镇市举办。共有来自全市各县（市、区）的 30 名残疾人高校大学生参加活动。省残联党组成员、副理事长邹凯出席开营仪式并为夏令营授旗。此次夏令营设置职业规划、求职技巧、就业创业政策解读、模拟招聘等课程，并组织学员们

4 月 16 日，景德镇市残疾人联合会第七次代表大会召开（市残联／供图）

参观红色教育基地等。活动最后一天，市残联为参加活动的残疾人大学生组织专场招聘会，9名残疾人大学生现场与用人单位达成就业意向。

【景德镇市全国第七次残疾预防日系列宣传活动】 8月25日，是全国第七次残疾预防日，主题为“预防先天残疾，守护美好未来”。8月23日，市残联联合市卫健委，在市第二人民医院开展两场讲座：为40余名残疾人及家属开展《残疾预防与康复促进》健康知识讲座；以《产前检查与孕妇保健》为题，为30余名育龄妇女、孕产妇开展孕期筛查健康知识讲座，倡导婚前、孕前健康检查，从生命源头做好残疾预防工作。8月25日，市残联、市卫健委在汪王庙社区广场开展全国第七次残疾预防日宣传教育活动，邀请市第一人民医院专家医生对参加的居民进行义诊，景德镇市的四家孤独症儿童康复协议机构的老师提供咨询服务。活动现场吸引200余名残疾人及家属和众多社区居民到场咨询，市残联干部职工为居民就残疾预防、康复知识进行解答，同时向参加活动的群众发放残疾预防知识手册等宣传资料。

【景德镇市首档手语栏目《最昌南》正式开播】 9月5日，全市首档手语栏目《最昌南》在景德镇广播电视台一套正式开播。该节目每周一期，于每周二20时在景德镇广播电视台一套首播，每天6时和13时在景德镇广播电视台一套、每天23时在景德镇广播电视台二套重播。节目邀请市特教学校手语老师同步进行手语翻译，让更多听障人士了解景德镇陶瓷动态、学习陶瓷知识、弘扬陶瓷文化。

10月24日，2023中国残疾人艺术团公益演出江西行（景德镇专场）
（市残联／供图）

【全国残疾人陶瓷工艺美术作品展在景德镇市开幕】 10月18日，2023年全国残疾人陶瓷工艺美术作品展开幕式在景德镇陶博城交易中心东厅会场举行。作品展由中国聋人协会、中国肢残人协会、省残联主办，省聋人协会、省肢残人协会、市残联承办，主题为“自强不息赋丹青拼搏人生如‘瓷’美”。此次展览作为瓷博会配套活动，于10月18—22日在陶博城展出，活动征集全国各地残疾人艺术家工艺美术作品150余件，邀请残疾人艺术家现场展示陶瓷绘画拉坯等技艺，为广大残疾人艺术家搭建一个展现特殊艺术才华、弘扬自强奋斗精神的平台。

【中国残疾人艺术团首次到景德镇公益演出】 10月24日，中国残疾人特殊艺术指导中心（艺术团）“共享芬芳·共铸美好”公益演出在景德镇群众文化活动中心举办。整台演出由15个节目组成，残疾人演员运用多元化的艺术形式生动展现残障人士自强不息的精神面貌和追求完美的艺术品格，景德镇市选送的《青花瓷》节目也同台表演。中国残联党组成员、副理事长钟秀明，省残联、市人大、市政协领导与市直单位干部职工、爱心人士、残疾人工作者、残疾人代表及亲属共计900余人到现场观赏，2.4万人通过网络直播互动，此次演出活动提高社会对特殊艺术的认知度和欣赏度，营造扶残助残的良好氛围。

（胡恺宁）

景德镇市红十字会

【概况】 2023年，市红十字会开展救灾、救护、救助，无偿献血、造血干细胞捐献和遗体器官捐献宣传动员等工作，共募集捐款物资达1089.25万元，培训救护员4581人次，普及培训3.3万人次。开展昌江河水域救援值守活动，筹集社会资金7.6万元，发放救生圈设备711套、《防溺水宝典》711本。全市共完成造血干细胞采集样例154例，3名志愿者成功捐献造血干细胞；发展遗体器官捐献志愿者837人，完成遗体器官捐献6例。全市新增红十字会基层组织4个，发展红十字会团体会员5个，个人会员1611人，发展红十字志愿者537人。1月11—20日，市红十字会在全市各县（市、区）深入开展送困难家庭“温暖包”等系列“博爱送万家”活动，共筹集物资13.0076万元，受益人数达1762人次。

【应急救护培训】2023年，为提高全市社会公众的应急救护基本知识和自救互救能力，保护人民群众生命安全，市红十字会组织师资开展应急救护培训进学校、进企业、进社区、进农村、进社区“五进”活动，为全市各大机关单位、大中小学校、企业开展应急救护培训，全年培训救护员4581余人，开展应急救护普及培训和应急演练3.3万余人次。

【造血干细胞捐献】3月17日，景德镇市第十三例造血干细胞捐献志愿者龚城志在南昌完成捐献。4月14日，景德镇市第十四例造血干细胞捐献志愿者杨子怡在南昌完成捐献。8月17日，景德镇市第十五例造血干细胞捐献志愿者刘玟辰在南昌完成捐献。全年景德镇市共完成3例造血干细胞捐献。

【“生命·遇见”——致敬遗体器官捐献者2023年清明缅怀活动】4月4日，市红十字会在景德镇市遗体器官捐献者纪念园举办以“生命·遇见”为主题的遗体器官捐献者清明追思缅怀活动。活动现场，全体人员在纪念碑前鞠躬、默哀，向遗体和人体器官捐献者表达哀思，对捐献者及其家属致以崇高的敬意，人体器官捐献登记志愿者代表集体宣誓，表达对遗体和器官捐献这一大爱事业的支持，并依次向捐献者纪念碑敬献鲜花，表达对捐献者的崇敬与缅怀。

【主题宣传活动】5月12日，在西郊街道中渡口码头景观广场，市红十字会参与市减灾委组织的防灾减灾主题宣传活动。活动现场，市红十字会工作人员及红十字志愿者通过发放宣传册、展示心肺复苏和AED使用方法、开展水域救援演练等方式向公众科普防灾减灾、应急救护、应急救援、老年介护、无偿捐献方面的知识，提高全民防灾减灾安全意识，提升自救互救能力，宣传“人道、博爱、奉献”的红十字精神。5月8日是第76个“世界红十字日”，市红十字会开展一系列宣传、筹资活动。5月4日，景德镇市红十字会、景德镇市南丁格尔志愿服务队、昌江区南丁格尔志愿服务队联合在国信康华社区开展摄影志愿、科普助力、护老佑民、健康义诊等志愿服务活动。5月8日，市文明办、市卫健委、市红十字会在景德镇市第二人民医院举办“红五月·博爱行”公益健步走活动，市委宣传部、市卫健委、市教体局、市红十字会、市第二人民医院等部门相关领导以及景德镇市部分路长制责任单位和志愿服务组织的志愿者近百人参加活动。同日，在红十字会工作人员的指导下，江西墨塔科技股份有限公司通过腾讯公益平台将7万元善款，分批捐赠给江西省红十字基金会“一家一个救生圈”项目，助力全市防溺水工作。6月14日，由市政府、市委宣传部、市卫健委、市红十字会主办，市中心血站承办的2020—2021年度全国（景德镇地区）无偿献血奉献奖表彰暨献血活动在金鼎商业广场举行。当日，全市成功献血399人次，其中13人留取造血干细胞血样，加入中华骨髓库。

【志愿服务】6月28日，由市红十字会联合市教体局、市公安局、市消防救援支队开展的“全民防溺水·救在身边”暨“昌江水域值守”志愿活动启动仪式在中渡口码头景观广场举行。7月7日，在景德镇市发展中心南苑13号楼一楼，由景德镇市文明办、市红十字会、市卫健委牵头开展的“为生命接力、共创文明城”“三献”志愿服务活动举办。此次活动成功献血260人次，献血总量8.93万毫升，另有15人登记加入中华骨髓库。

（程婷婷）

军　事

景德镇军分区

【概况】 2023年，景德镇军分区严格落实党委议战议训制度，常态组织方案领学领训，参加战区组织的危急状态指挥演练。严密组织国防动员演练和抢险救灾课题训练。结合战备值班专项整治，组织参谋人员进行作战值班要素培训和资格认证。常态开展形势战备教育，严密组织节日战备，严格落实战备值班制度。联合市政府印发《2023年度景德镇市民兵组织整顿实施方案》，突出人员潜力等7类14项重点，组织市相关单位开展潜力调查工作。优化调整辖区民兵编组布局结构，对各单位整组工作开展情况进行督导推动。有序组织“战训法、整组法”集训、战斗体能课目试训、首长机关军事训练和军事职业教育学习，年度完成率100%。组织参加省军区保障处（科）长集训取得团体第二名、5个优胜奖成绩，组织全市新任职专武干部培训和资格认证，参加全省新任职基层武装部长业务培训和考核，总评均位列前三，7人获评先进。组织中国直升机设计研究所和江西直升机公司参加江西省特色潜力推介会并进行实装展示，作为江西省唯一代表，进行经验交流，并与江西直升机公司签订《重点潜力转化运用合作意向书》，协调江西直升机公司派员参加军委国防动员部专题座谈会。积极以新“五率”量化考评为抓手，完成全年征集任务，无责任退兵。全省年度征兵工作“五率”排名浮梁县在小任务量组第一，已连续三年获评先进单位。

【上饶干休所景德镇服务站移交】 1月5日，景德镇军分区组织开展上饶干休所景德镇服务站领导管理关系调整交接仪式。上饶军分区、景德镇军分区主要领导参加会议。交接仪式后，景德镇军分区派专人部署工作，了解服务站人员情况，遇有情况能及时联动处理。军分区政治工作处逐户逐人向老干部和家属遗孀进行广泛深入宣讲，讲清属地化管理保障的优势所在，耐心细致做好一人一事工作，帮助解决实际困难。（陈琛）

【“大反思、大讨论、大排查、大整治”教育整顿活动】 2月上旬，景德镇军分区集中开展“大反思、大讨论、大排查、大整治”教育整顿活动。组织成立教育整顿领导小组，第一时间动员部署教育整顿活动。师团两级扎实开展自查自纠，召开专题会议，明确整顿内容、活动安排和有关要求，各单位结合本级实际，细化活动安排。活动将学训相结合，重点抓好“八个一”活动，将活动成果落实到日常工作中，着力提升创新工作能力和质效，为进一步纵深推进正风肃纪，推动政治监督具体化、精准化、常态化打下坚实基础。（洪浩玮）

【军分区第八次党员大会】 3月9日，景德镇军分区组织召开第八次党员大会。传达学习省军区党委全会精神，总结回顾过去五年工作，深入分析当前形势，全面部署未来五年工作任务。审议并通过军分区第七届党的委员会

工作报告和纪律检查委员会工作报告，选举产生军分区第八届党的委员会和新一届党的纪律检查委员会。（王健）

【驻军单位军事需求落实对接会】3月22日，景德镇军分区协调召开驻军单位军事需求落实对接会，研究解决辖区驻军单位军事需求。军分区、驻军单位，市委军民融合办，地方电信、超市、驾校等单位代表共20余人参加。帮助驻军单位落实信息技术、车辆维修、特种车辆驾驶等人才培养，以及专业训练教员、电力保障、涉法维权、医疗服务等13项需求，初步解决物资采购平台共享、交通基础设施建设保障等4项需求落实方面技术操作难题，相关做法被省《军民融合工作信息》刊用推广。（吴赤刚）

【全国国防教育示范学校授牌仪式】4月27日，为进一步增强青少年学生国防观念，景德镇军分区于昌河实验小学举办全国国防教育示范学校授牌仪式。仪式上，昌河实验小学汇报学校国防教育情况，军分区副司令刘其能和市委宣传部副部长徐耿忠共同为昌河实验小学授牌。刘其能副司令要求昌河实验小学要珍惜荣誉，主动作为，不断增强全体学生对新时代国防教育的认知，高标准推动学校国防教育工作，发挥示范引领作用，全力打造国防教育示范学校新标杆。（江训笋）

【军地联合开展防汛勘察】5月10日，景德镇军分区与地方联合组织对乐平市、浮梁县、珠山区和昌江区等地进行防汛要地勘察。此次勘察采取实地看、现场问等形式，重点对昌江水系和乐安河水域进行现地察看，对全市水文水系特点、可能出现的洪汛灾情、有关应对措施和军地准备工作情况等进行详细了解并研究地质灾害点出现险情灾情后的应对措施。（王萌）

【民兵干部强化训练】5月上中旬，景德镇军分区组织75名民兵干部开展为期12天的基地化训练。集训依据《民兵军事训练大纲》要求，围绕军事理论、基本技能、业务工作、组织指挥等方面内容，紧贴辖区担负任务实际，采取“系统讲解示范、灵活组织练习、逐项考核评比”的方法，严密施训、夯实组训能力，补齐短板、提升带兵素质，着力培养指挥管理“排头兵”和组训施教“明白人”。（郑世杰）

【组织开展“热血兵心”宣传活动】8月1—5日，景德镇军分区、市委宣传部、市退役军人事务局联合开展“热血兵心·瓷都儿女建功在军营”宣传活动，重点宣传景德镇籍优秀现役官兵的先进事迹，在景德镇电视台、《景德镇日报》及市、县（市、区）两级网络媒体开设专栏，在黄金时间、重要版面播放及刊登。通过活动，进一步增强军人家庭的荣誉感、获得感和幸福感，加强全民国防意识，营造浓厚拥军优属氛围。（陈路）

【召开随军家属安置协调会】10月下旬，景德镇军分区召开随军家属安置协调会，协同市委组织部、市委编办、市人社局、市退役军人事务局对辖区内的随军家属就业安置工作进行部署。会上，由军分区政治工作处主任汇报近期待安置对象情况，随后各单位对安置过程中存在的矛盾问题进行深入交流，提出意见建议，并一致表示坚决落实安置任务，全力配合军分区和退役军人事务局的各项工作。（陈路）

【军事设施保护军地协商会】11月8日，在军分区会议室组织市县两级国动办和辖区驻军单位有关人员，召开军事设施保护军地协商会，传达学习《中华人民共和国军事设施保护法》和省军区《关于加强军事设施保护工作的通知》，对前期各单位梳理上报的军事设施保护单位进行现场核定，常态做好军事设施保护工作建立联系机制，组织各级依法依规积极做好军事设施保护工作，对接市国动办抓好相关工作。（江训笋）

国防动员

【概况】2023年1月1日，市国防动员办公室（简称市国动办）正式启用人防基本指挥所。6月21日，正式印发《市国动办职能配置、内设机构和人员编制规定》。通过国防动员系统务虚会、国动大讲堂及业务培训班，并邀请专家进行国防动员工作系统培训，使全市国防动员干部快速适应新情况、履行新使命新任务的综合能力。组建国动工作专班，集中力量学习研究国防动员各项工作，承办市国动委会议，建立制度，明确任务，落实责任，全面开展国防动员工作。突出重要经济目标防护工作，推进重要经济目标防护预警体系可研、立项和建设，提升国防潜力保护水平。全力优化国动（人防）营商环境，提高人防审批及质量监督政务服务水平和效率。加大人防工程建设力度，做到应建尽建。同时开建人防工程，优化工程布局；开展老旧人防工程综合治理，消除安全隐患；做好人防工程标识标牌基础上用好科技新手段，提升人防车位信息化管理水平，把人防车位弹性空位释放出来，缓解社会停车难问题。在全省国动工作和人防事业高质量发展综合考核排名小地市第一，全省第二。

【联演联训】 9月18日，市国动办开展“九一八”防空袭指挥体系、通信系统联演练训活动。11月27日至12月1日，依托市县两级机动指挥平台，在景德镇启动赣北片区人防机动指挥通信系统联演联训活动，江西省国防动员指挥保障中心联合南昌、九江、景德镇市国防动员指挥保障中心，以及乐平市、浮梁县、昌江区国动办等单位，共同开展联演联训活动。除理论授课强化基础知识外，还展开卫星指挥车、4G指挥车、电台、便携卫星地面站等设备的实战演练，以及跨区机动和综合演练。在跨区机动保障演练中，参训人员跨越数百公里，快速展开装备和信息采集传输，并探索跨区机动互联互通、长途驰援等保障通信畅通的新路径。在综合演练中，各单位临机受领任务，快速采集信息并上传指挥中心，实现信息的互联互通。联演联训中，设置一些突发情况和应急任务，考验参赛人员的应变能力和决策能力。这次联演联训，为推动全省人防指挥通信建设，打造一支“召之即来、来之能战、战之必胜”的人防信息化队伍奠定基础。

【智慧人防建设】 12月底，市国动办与市古镇投资管理有限公司合作建成人防工程信息管理系统，提升人防工程智慧管理水平，在国动办专业数据矢量化、空间化的基础上，结合“景德镇易停车”系统平台APP，方便市民朋友通过人防工程信息管理系统导航到身边最近的人防车位就近停车，从而起到缓解城市停车难的作用。同时，可以通过该系统了解人防工程相关的具体功能，战时一旦发生空袭能够快速找到离自己身边最近的人防工程隐蔽。还可以方便物业公司、群众上传人防工程保有情况，便于日常状态使用。 （梅端发）

退役军人事务

【概况】 2023年，市退役军人事务局组织退役军人开展学习习近平总书记关于退役军人工作的重要论述和考察江西重要讲话精神，教育引导全市退役军人发扬人民军队的优良传统，积极投身新时代中国特色社会主义伟大事业。遴选浮梁县程家山烈士陵园等4处烈士纪念设施，作为市级退役军人思想政治实践教育基地。组织20位优秀退役军人组成景德镇老兵宣讲团，结合学习贯彻习近平新时代中国特色社会主义思想主题教育、红色基因传承等开展老兵宣讲活动，提升“老兵永远跟党走”影响力。持续开展先进典型评选工作，评选出万国平等10名“景德镇最美退役军人”，方永红获评“江西最美退役军人”；评选吴保华等5名景德镇市“退役军人优秀创业者”，陈贵保获评江西省“退役军人优秀创业者”。通过在全市范围内选树一批品德高尚、事迹突出，群众认可度高、示范引领作用大的先进典型退役军人，充分利用官网、官微等新媒体平台，加强先进典型退役军人宣传力度，引导广大退役军人永葆军人本色。市退役军人工作在全省退役军人事务综合考核中获得满分。在全市范围内开展走访和帮扶活动，2023年全市走访慰问困难退役军人7140人次，提供物资、就业、医疗、教育、养老等帮扶6800人次，投入各类帮扶资金460余万元。

【移交安置】 2023年，景德镇市为计划安置的转业军官提供多个党政机关行政岗位供选岗，全市为符合安排工作退役士兵提供公益一类事业岗位和央企岗位供选岗。在安置过程中，各级退役军人事务局注重加强与军分区、组织部、编办、人社、纪检等部门的协商沟通，推动安置工作有序开展。在选岗前，利用微信公众号、网站等媒体平台加强政策宣传辅导，及时让转业干部和士官了解安置政策、掌握安置进度、知晓重要消息，提前公布可供选择的安置岗位，组织上岗前适应性培训。

【就业创业帮扶】 2023年，市退役军人事务局举办（联合举办）召开“戎归赣鄱助力启航”“军创英雄汇”等多场退役军人招聘会，90余家各类型企业提供2500余个就业岗位，吸引退役军人前来求职应聘，一批退役军人和企业达成就业意向。开展退役军人企业家走访服务工作，促成9名退役军人企业家达成返乡投资意向。开展退役士兵培训，组织参加退役士兵适应性培训，组织131人参加职业技能培训。全市共依托三个培训机构分批次针对退役士兵政治思想教育、退役军人保障政策、心理调适、职业规划以及就业等进行培训讲解。组织开展2023年退役军人民营企业服务月活动和景德镇市第二届退役军人个体工商户服务月活动，组织市军创企业分别到西安和南昌参加退役军人事务部和省退役军人事务厅组织的军创企业成果交流展，受到好评。

【双拥创建活动】 2023年，市退役军人事务局以纪念延安双拥运动80周年和创建新一轮省级双拥模范城为契机，扎实开展双拥创建活动。春节和八一建军节期间，市、县（市区）四套班子领导带头走访慰问驻市部队，各地普遍开展走访慰问活动，全市共走访慰问军队离退休干部、景德镇籍现役军人家属、重点优抚对象1.1余万人，慰问金（物资）达200余万元，发放年画、慰问信、春联11万余份。持续开展新兵入伍欢送、光荣牌悬挂、退役返乡欢迎等工作，全市为现役军人军属送立功受奖喜报，为符合条件的随军家属对口安置工作单位，为军人子女入学（入托）提供全市优质学校优先挑选政策。举办军地青年联谊活动，协助部队为官兵解决婚姻难问题，广泛开展“满怀忠诚讲尊崇、千行百业共拥军”活动，形成80余项优待优惠项目。在全市主要交通要道、高速出口处设立永久性大型双拥宣传牌22块，市本级依托如意湖公园打造市双拥主题公园，各县（市、区）分别打造双拥一条街及功臣荣誉墙。推动国防教育进市县党校、进大中校园，昌河实验小学被评为“全国少年军校示范校”。全年完成部队演习、调防、抢险救灾和新老兵运输等保障任务。军政军民关系更加团结和谐，拥军氛围更加浓厚。

【优抚褒扬政策全面落实】 2023年，市退役军人事务局完成2023年度全市享受国家定期抚恤补助的优抚对象年度确认工作。各县（市、区）严格按照江西省优抚对象抚恤和生活补助标准，及时、准确、足额将抚恤补助发放到优抚对象手中，并做好优抚资金自查工作。持续做好退役军人和其他优抚对象建立完善建档立卡信息和申领优待证、悬挂光荣牌等工作，严格贯彻落实《江西省享受国家定期抚恤补助优抚对象医疗保障实施办法》等系列文件，符合条件的优抚对象住院就医政策目录范围内报销比例不低于80%，实行“一站式”费用结算。全市为重点优抚对象报销门诊费用、医疗救助资金、医保资金共计190余万元。为多名退役军人办理伤残军人落户手续，组织31名重点优抚对象进行疗养。

8月1日，昌江区退役军人事务局“八一”走访慰问退役军人和军属
（市退役军人事务局 供图）

【服务保障体系建设】 2023年，全市退役军人服务保障体系“五有”要求全面落实，扎实推进退役军人服务保障体系建设从“有”到“优”。督促各县（市、区）分别将退役军人服务专干经费列入政府财政预算，经费保障基本到位。组织开展全市村（社区）退役军人服务专干“练兵比武强技能尊崇服务做表率”业务技能大比武活动，全面提升服务专干业务能力。组织开展服务中心（站）管理服务系统、建档立卡系统、优待证管理系统填报工作，共完成四级服务中心机构填报726个，建档立卡维护3.7万余次，常态化开展优待证申领。组织市“新长征”退役军人志愿服务队开展志愿活动，2023年全市各级“新长征”退役军人志愿服务队累计走访慰问烈士家属348户，发放慰问金（物品）合计20万余元，参加文明交通、环境整治、环保宣讲等各类志愿服务活动超4000人次。联合市各级医疗部门，深入基层社区、村开展健康咨询和义诊活动，合计开展义诊、献血等活动20余次。配合省退役军人关爱基金会开展“荣耀赣鄱·百福助学”活动、联合市关爱退役军人协会开展“金秋助学”活动，共计为17名烈士子女及困难退役军人子女开展助学活动，提供助学金8.5万余元。军人退役“一件事一次办”工作全面推进落实。 （孙静）

法　治

人大立法

【概况】 2023年，景德镇市制定（修订）地方性法规3件：《“景德镇制”陶瓷保护条例》，作为全年重点立法项目，已过三审报请省人大常委会审批；《景德镇市城市山体保护条例》《景德镇市市容和环境卫生管理条例（修订）》，已过初审。

【《“景德镇制”陶瓷管理条例》制定】 3月28日，市十六届人大常委会第十次会议对《“景德镇制”陶瓷管理条例（草案）》进行第一次审议。11月23日，市十六届人大常委会第十五次会议表决通过。12月4日，报省人大常委会审批。《“景德镇制”陶瓷管理条例》是为加强“景德镇制”保护管理，统一和规范“景德镇制”使用，保证景德镇陶瓷产品的独特品质，维护景德镇陶瓷的声誉，促进陶瓷产业传承、创新和可持续发展，结合景德镇市实际制定。

【《景德镇市城市山体保护条例》制定】 11月23日，市十六届人大常委会第十五次会议对《景德镇市城市山体保护条例（草案）》进行第一次审议。《景德镇市城市山体保护条例》是为加强城市山体保护，建设人与自然和谐、彰显瓷都山水人文特色的山水园林城市，促进生态文明建设和经济社会可持续发展，结合景德镇市实际制定。

【《景德镇市市容和环境卫生管理条例（草案）》修订】 11月23日，市十六届人大常委会第十五次会议对《景德镇市市容和环境卫生管理条例（草案）》修订进行第一次审议。《景德镇市市容和环境卫生管理条例（草案）》是为加强城市市容和环境卫生管理，创造整洁、优美、文明、有序、宜居的生活和工作环境，结合景德镇市实际制定。　（万程梦珊）

政法委及综治

【概况】 2023年，全市调解各类矛盾纠纷1.42万件，协调化解涉稳矛盾760起，对122个重大项目开展稳评。全市建成42个专项调处中心，市本级、6个县（市、区、园区）、55个乡镇（街道）、662个村（社区）综治中心。建成县（市、区）“一站式”调解中心4个，打造市政法系统教育培训基地1个，在陶阳里打造陶阳里国家安全教育基地，大力开展反间谍安全防范宣传教育，增强全民国家安全意识，筑牢国家安全人民防线。全面贯彻落实《中国共产党政法工作条例》和省委实施细则，开展政治督察和纪律作风督查巡查1次。创成首批全国市域社会治理现代化试点合格城市。

【市委政法委员会全体会议召开】 2月2日，市委政法委员会全体会议召开。市委常委、市委政法委书记主持会议，副市长、市公安局局长，市中级人民法院院长、市人民检察院检察长等出席会议。会议开展市委政法委委员述职，听取履行意识形态工作责任制等情况汇报，通报2022年公众安全感群众满意度提升有关情况。7月10日，市委政法委员会全体（扩大）会议召开，通报上半年全市政治安全和社会稳定形势、平安建设等相关情况，审议有关文件。12 月 12 日，市委政法委员会全体（扩大）会议召开，听取市政法各单位学习贯彻落实习近平总书记考察江西重要讲话精神情况汇报，听取市政法各单位、各县（市、区）党委政法委开展主题教育工作情况以及政法队伍建设情况汇报；通报落实《中国共产党政法工作条例》中央督察反馈问题整改工作“回头看”等相关情况；研究推进信访工作法治化、迎接 2023 年度全省平安建设考核、政法队伍建设等工作。

【市委政法工作会议】 2 月 9 日，市委政法工作会议召开。会议传达学习习近平总书记对政法工作的重要指示精神和中央、省委政法工作会议精神，全面总结 2022 年政法工作，分析当前形势任务，安排部署 2023 年政法工作。市委书记对做好全市政法工作提出要求。

【全市市域社会治理现代化试点工作领导小组会召开】 3 月 15 日，全市市域社会治理现代化试点工作领导小组会召开。会议传达学习全国市域社会治理现代化试点验收工作部署会议精神，听取关于配合做好全国市域社会治理现代化试点验收工作的汇报。

【法治化营商环境】 3 月 23 日，由市委政法委牵头成立的市营商环境优化升级“一号改革工程”法治环境组召开第一次全体会议。会议制订《景德镇市政法机关打造一流法治化营商环境具体措施》《全市政法机关打造一流法治化营商环境提升年活动实施方案》等文件，建立每周调度、每月通报、重点问题专题协调等工作机制和法治环境组全体会议、优化营商法治环境特邀监督员、重点指标数据评估报告等制度机制，采用专项督导与综合督导相结合的方式。年内，专项督导 3 次；综合督导 8 次。

【景德镇市“霁红”政法宣讲团成立】 4 月 20 日，由 60 名来自市政法各单位的宣传骨干力量组成的景德镇市“霁红”政法宣讲团成立。景德镇市“霁红”政法宣讲团是集成政法部门职能优势、整合政法机关宣讲资源、打造政法“全领域”的宣讲队伍。宣讲团在全市政法机关和平安法治建设战线开展深入学习贯彻党的二十大精神巡讲活动，并走进机关、走进学校、走进城乡社区和企业一线，大力宣传习近平法治思想，传播社会主义法治文化，更好地服务平安景德镇、法治景德镇建设。

【平安建设集中宣传日活动暨景德镇市“霁红”政法宣讲团授旗仪式举行】 4 月 20 日，由市委政法委、市平安办、市法学会主办，市委信访局、市中级人民法院、市检察院、市公安局、市司法局、市民政局等平安建设责任单位协办的“平安建设集中宣传日活动暨景德镇市‘霁红’政法宣讲团授旗仪式”在市人民广场举行。市委常委、市委政法委书记为景德镇市“霁红”政法宣讲团授旗。本次集中宣传日活动中 50 余家市直平安建设责任单位共摆放宣传板 140 余块，悬挂宣传横幅 50 余条，发放宣传资料 1 万余份。

【景德镇市社区矫正委员会第二次会议召开】 4 月 24 日，景德镇市社区矫正委员会第二次会议召开。市社区矫正委员会成员参加会议。会议听取全市社区矫正工作情况汇报，研究分析当前制约社区矫正高质量发展的问题和短板，并对开展社区矫正“十百千万”专项行动等重点工作任务进行安排部署。

【景德镇首届政法技能大赛】 7 月 9 日，由市委政法委、市总工会联合主办的景德镇首届政法技能大赛启动仪式暨党务技能决赛开赛，选手们围绕机关党建、党建故事和微党课等项目进行比赛。8 月 27 日上午，首届政法技能大赛条例运用技能决赛迎来最后的比拼。此次条例运用技能大赛是首届政法技能大赛的第二场技能比拼。旨在以赛促学、以学促用、学思践悟，以丰富的形式激励各级政法机关和广大政法干警深入学习贯彻习近平法治思想，推动《中国共产党政法工作条例》贯彻落实向纵深发展。

【景德镇市见义勇为基金会成立暨 2022 年度见义勇为先进个人表彰会召开】 9 月 26 日，景德镇市见义勇为基金会成立暨 2022 年度见义勇为先进个人表彰会召开。会议介绍《景德镇市见义勇为救助责任保险方案》基本情况，通报履行平安建设工作情况，见义勇为人员代表、县（市、区）代表依次进行发言。

【率先出台面向专职网格员定向招聘事业单位工作人员机制】 10 月 23 日，景德镇市委政法委、市人社局联合出台《关于在景德镇市事业单位公开招考中定向招聘网格员的指导意见》，进一步拓宽网格员上升通道，激发干事创业热情。

【首创乡镇（街道）政法特派员制度】 10月31日，市委政法委在全省首创建立乡镇（街道）政法特派员制度。举行全市首届乡镇（街道）政法特派员聘任仪式。仪式上宣读《关于聘任聂晨鸣等53人为全市首届乡镇（街道）政法特派员的通知》，并为5名政法特派员代表颁发聘书，2名政法特派员代表进行发言。

【全市乡镇（街道）政法委员暨政法特派员培训示范班开班】 12月13日，全市乡镇（街道）政法委员暨政法特派员培训示范班在市人民警察学校开班。培训为期3天，内容包含专题辅导、业务辅导、研讨交流等。全市各乡镇（街道）政法委员、政法特派员共100余人参加培训班。

【全市扫黑除恶斗争领导小组组长会议召开】 12月28日，全市扫黑除恶斗争领导小组组长会议召开。市委常委、市委政法委书记、市扫黑除恶斗争领导小组组长出席会议并讲话。会议传达学习全国扫黑办第一次主任会议精神，听取侦查打击组、执纪监察组和市中级人民法院、市检察院关于2023以来扫黑除恶斗争工作情况汇报，审议通过《关于省常态化扫黑除恶督导反馈问题整改工作方案》等事项。

（戴锦平）

法治政府建设

【概况】 2023年，全市行政复议机关收到行政复议申请372件，其中案前调解106件，受理216件，不予受理50件。在受理的案件中，经复议维持35件，因双方和解或申请人主动撤回申请而作出终止决定的31件，驳回41件，确认违法14件，撤销20件，责令限期履行15件，正在审理中60件；行政应诉案件9件，市政府胜诉5件（含上年转结），正在审理中5件，全市行政机关负责人出庭率达100%。全市各级行政执法机关开展涉企执法检查4624次，其中安静期外检查3957次，占比85.6%；同时，安静期外联合检查774次，占比19.6%。对市政府行政规范性文件、重大决策议题和协议开展合法性审核，出具合法性审核意见书83份、提出修改意见110条。浮梁县“践行‘两山’生态理念，法治守护绿水青山”获评全省法治政府建设示范项目。

【依法治市】 2023年，市委全面依法治市委员会办公室组织召开市委全面依法治市委员会第五次会议，各县（市、区）党委、政府和市中级人民法院等单位主要负责人就2022年度履行推进法治建设第一责任人职责情况进行现场述职，推动实现县乡两级党政主要负责人现场述法全覆盖。印发《景德镇市贯彻落实〈关于进一步加强市县法治建设的意见〉重点任务分工方案》，明确4个方面80项具体工作任务，推动全市54个乡镇（街道）法治建设领导体制和工作机制全面建立，实现市县乡法治建设全贯通。

【《关于共同推进行政争议实质性化解的实施办法（试行）》出台】 4月18日，市司法局、市检察院联合出台《关于共同推进行政争议实质性化解的实施办法（试行）》。实施办法的出台进一步完善了行政复议、行政检察工作的衔接，构建由司法机关和执法机关共同参与的行政争议调处工作格局。

【道路交通安全和运输执法领域突出问题专项整治】 4—10月，市司法局深入开展道路交通安全和运输执法领域突出问题专项整治工作。全市共收到反映问题线索112条，已整改和处理完结112条，整改办结率100%。立案调查违法违纪案件1起，追责问责4人。排查出2022年以来道路交通安全和运输执法领域突出问题28个，完成整改28个，整改率100%。

【法治化营商环境】 6月5日，市司法局出台《关于进一步优化“企业安静期”工作的若干措施》，将“企业安静期”由原先的每月1—25日调整为1—20日。全年各级行政执法机关共开展涉企执法检查4624次，其中安静期外检查3957次，占比85.6%；安静期外联合检查774次，占比19.6%。协调督促各级执法部门推行包容审慎监管，共计对898家市场主体适用首违免罚，对4万余人次机动车驾驶人适用首违警告、轻微免罚，累计免除罚款970余万元。

【《景德镇市行政机关负责人行政诉讼出庭应诉工作办法》出台】 6月21日，市委全面依法治市委员会起草《景德镇市行政机关负责人行政诉讼出庭应诉工作办法》，于7月17日出台。落实行政机关负责人出庭应诉制度，对强化“关键少数”责任意识和担当意识，培养领导干部善于运用法治思维和法治方式提升依法行政水平有重要意义，为纵深推进法治政府建设健全制度保障。

【掌上执法监督】 9月24日，市司法局完成打造“掌上执法监督”程序2.0，拓展完善“安静期”执法计划报批流程、执法检查数据采集和实时集中公开、在线“谁执法、谁普法”工作模块以及违反“安静期”制度执法检查“红橙黄蓝”四色预警功能执法检查数据采集和实时集中公开等功能。该程序获第六届“绽放杯”5G应用征集大赛江西区域赛优秀奖。

【全面依法治市重点工作及法治政府建设专项督察】 9—10月，市委依法治市办组织实施2023年度全面依法治市重点工作及法治政府建设专项督察；成立两个专项督察组，对4个县（市、区）、高新区、昌南新区和10家全面依法治市重点任务牵头单位开展实地督察；发现履行法治建设“第一责任”职责还需要进一步加强、贯彻落实法治建设部署上存在薄弱环节、“八五”普法工作推动落实力度有待加大等突出问题。市委依法治市办于11月20日印发《关于开展全面依法治市重点工作及法治政府建设专项督察情况通报》，就反馈问题整改落实提出明确工作要求，压实法治建设责任。

【行政复议一体化办案中心对外开展工作】 10月，市司法局行政复议一体化办案中心正式对外开展工作。按照便民、快捷“一站式”服务要求，独立设置立案接待室、听证室、调解室、审理室、阅卷室、资料室和档案室，还打造了特色心理咨询室，配备专人进行心理疏导，为有减压、解忧需求的群众提供相关服务。

（殷锦超）

公 安

【概况】 2023年，景德镇市公安机关刑事警情、治安警情、命案发案、道路交通事故亡人数实现“四个明显下降”，先后完成习近平总书记考察景德镇市、“陶溪川·2023景德镇马拉松赛”等67场重大安保任务和9批次重要警卫勤务。全市刑事警情同比下降15.6%，治安警情同比下降22.9%；破获各类刑事案件2860起，抓获犯罪嫌疑人1611人，同比上升12.4%。破获文物犯罪案件8起，缴获二级文物4件、三级文物43件、一般文物359件，排名全省前列。建立“小案快破”工作机制，破获传统侵财案件728起，追赃挽损754.43万元，同比上升118.9%；通过以打促防，传统类侵财案件数同比下降23.3%。破获聚众斗殴罪、强迫交易罪、寻衅滋事罪、敲诈勒索罪、非法拘禁罪、组织卖淫罪、强迫卖淫罪、开设赌场罪、故意毁坏财物罪九类案件100起，打掉涉恶犯罪团伙、集团3个，破获案件34起，抓获犯罪嫌疑人263人。以命案逃犯为牵引，抓获涉黑涉恶等各类网上逃犯667人，同比上升88%；先后成功抓获潜逃32年、23年、19年等命案逃犯5人，破获命案积案5起，超额完成目标任务，破获命案绝对数位列全省第二，同时连续10年现行命案全破。全市涉黄、涉赌案件警情同比分别下降6.59%和26.75%，受案率分别为63.4%、66.66%，分别位列全省第一和第二。根据国家列管政策和全市毒情形势变化，打击咪酯“上头电子烟”违法犯罪活动，共刑拘28人，行政处罚65人，缴获电子烟烟弹122个。摸排各类矛盾纠纷10479起，化解10220起，化解率达97.52%；年内未发生个人极端暴力、一杀多人“民转刑”案事件，全市命案发案同比下降50%，下降幅度位居各设区市第一，为全省唯一连续10年命案全破的设区市。查处各类道路交通违法行为28.59万起，发生一般道路交通事故357起，同比下降3.57%；全市道路交通致人死亡事故起数和死亡人数同比2019年分别下降21.6%、24.05%，治理道路交通隐患463处，未整改到位路段设置临时性防护措施达到100%。年内，珠山派出所被公安部命名为全国第三批“枫桥式公安派出所”。

2023年，全市公安机关持续推进优化营商环境各项措施落地落实，服务全市企业发展，共为新办企业免费刻章20946套（57780枚），为企业减负231万余元；出台《景德镇市公安机关乡村民宿服务管理工作规范》，进一步规范乡村民宿管理；大力开展“千警助千企”活动，在全市设立18个驻企警务室，安排民警挂点企业、重点工程项目600余个，携带“一表一册一信”深入企业，打通警企服务“最后一公里”。搭建市、县两级“民意感知中心”，主动收集、跟进和解决企业群众急难愁盼诉求，推动企业群众安全感和满意度“双提升”。在全省率先推出“车检一件事”集成服务，打造了“线上预约、到站检车”的车检新模式；创新推出“电动自行车带牌销售”集成一站式服务，获得省公安厅认可并在全省宣传推广；探索推进派出所综合服务改革、统一证照库一窗通拍全域使用、居住证告知承诺制办理、“景漂”商友卡“一卡通办”等一系列“放管服”改革举措，让更多改革惠及人民群众。推出涵盖交通出行、房屋出租、网络安全、治安保卫、娱乐场所管理、外国人入境居留等多个生产生活领域的 34 个免罚事项。5 月，景德镇市公安局被评为“江西省优化营商环境先进集体”。

【推出“车检一件事”便民集成服务】 2023 年，市公安局从“减环节、减时间、减材料、减费用”入手，在全省率先推出“车检一件事”集成服务，打造车辆检验“交钥匙工程”，提升全市机动车检验机构管理服务水平，降低群众车检费用，让企业群众共享改革红利。同时，建立健全车检服务群众监督评价机制，引导社会化检测服务机构推出费用减免、承诺时限办结、第三方无忧代办等服务，让服务好、评价优的车检企业优先获取更多订单，形成拼服务、拼管理、拼体验的良好市场氛围，同步推出免申即享免费帮代办服务，直接释放改革红利，让车检更便捷更高效，让车主更安心更暖心。景德镇全市推广后，日均注册使用数据达到线下办件量的一半以上，为群众节省费用数百万元，以改革创新“小切口”助力营商环境“大优化”。

【建立高风险运输企业“三上门一检测”模式】 2023 年，市公安局交警支队按照全省道路交通安全“三个一律”风险隐患排查治理专项行动要求，落实高风险运输企业“三上门一检测”模式，会同交通运输部门对风险运输企业一律落实责任领导，组织开展“三上门一检测”（上门约见约谈、上门宣传教育、上门检查督促，检测酒驾毒驾）。采取交通运输、公安交管、住建（城市管理）、应急管理部门联合开展“三上门一检测”；对道路运输企业负责人未履行安全生产管理职责的，责令限期整改，并依法进行处罚；实施“三个一律”高风险运输企业一律落实支队、大队责任领导，责任捆绑，责任追究，限期整改到位等主要措施。全市高风险运输企业从 2023 年 1 月的 19 家、占比 7.39%，减少至 12 月的 5 家、占比 1.84%。

【成功抓获潜逃 32 年命犯】 2 月，景德镇市公安局、浮梁县公安局两级公安机关组成命案攻坚联合专班，利用现有的资料，加大对历年命案逃犯的研判分析，发现居住在安徽省安庆市太湖县的男子“汪某某”与 1991 年 5 月发生在浮梁县一起命案逃犯程某根十分相似，但因网上追逃照片为老照片，且时间跨度 32 年，嫌疑人年龄、容貌变化较大，辨别难度极大。办案民警根据这条疑似线索迅速出击，前往安徽省安庆市太湖县展开核查，经缜密布控，并在太湖县公安局的大力协助下，民警确定“汪某某”就是藏匿于太湖县的命案逃犯程某根，并一举将其抓获归案。

【“春雷 1—3 号”治安巡查宣防集中统一行动】 3 月，为严厉打击和严密防范各类违法犯罪活动，根据全省公安机关治安巡查宣防集中统一行动安排，景德镇市公安局举行 3 次“春雷”治安巡查宣防集中统一行动，向违法犯罪和治安乱点发起集中打击整治攻势。景德镇公安加大巡查清查、临查临检的频次和力度，对社会面进行突击有力的“清扫”，严厉打击查处现行违法犯罪活动，有效防范清除面上安全风险隐患，切实提升人民群众安全感、满意度。全市共立刑事案件 569 起，同比下降 20.08%；破获现行案件 465 起，同比上升 27.05%。全市治安案件受理数 717 起，同

3 月 13 日，在“春雷—2 号”行动中，景德镇市公安局骑行队在公安大楼院内集结，整装待发
（刘静 / 摄）

比下降31.8%，其中赌博案件受理59起，同比下降14.5%，寻衅滋事案件受理1起，同比下降66.7%。

【假冒钢铁企业商标案】 4月，景德镇市公安局食药环分局破获一起萍钢公司“博升”牌钢筋被假冒注册商标案件，抓获犯罪嫌疑人3名，查实涉案钢材1000余吨，涉案金额达1000余万元。该案已被列为省督案件，并且得到副省长充分肯定并评价该案为省厅落实25条的好案例。

【校园周边社会治安综合治理】 4月28日，景德镇市“校警志”护学岗工作机制暨防溺水共治专项行动在景德镇二中昌南新区校园正式启动。市公安局、市教体局联合建立“校警志”护学岗工作机制，在全市校园设立“警+N”护学岗105个，开展校园及周边安全治理390余次，整改问题隐患1618处，有效处治涉校警情300余条，预防各类案事件56起。开展防溺水共治专项行动，全市修缮“四个一”设施165处、新建设施51处，实现全市中小学幼儿园重点区域视频监控及校园安防“一键报警”全覆盖。开展防溺水宣传教育活动1000余场次，巡回宣传和上门走访6200余次。全年未发生一起学生溺亡事故。

【销售假冒“大锅菜”牌化肥案】 5月4日，市食药环分局破获一起以犯罪嫌疑人李某等人为首的“化肥忽悠团”，明知购买的河北隆昌生物肥料有限公司生产、销售的“大锅菜”牌复合功能肥属于不合格的单一肥料（不属于复合肥）的情况下，并以低于市场价的价格购进，然后通过开化肥推销会的形式，由犯罪嫌疑人闫某冒充农业专家，夸大对“大锅菜”牌复合功能肥功效进行宣传，之后陆续在江西等四省高价销售给种粮大户，涉案金额200余万元。该案同年被列为省督案件，并获省厅贺电表扬。

【社会安全隐患治理】 5月22日，成立市公安局安全生产领导委员会，开展安全生产重大风险隐患专项整治工作，加强重点物品安全监管，检查重点物品生产经营单位1100余家，发现整改安全隐患300余处。

【涉黄涉赌专项行动】 6月1日至9月30日，市公安局开展涉黄涉赌专项行动，收缴涉黄卡片2万余张，查扣赌资100余万元；破获“秦某组织卖淫案”，抓获10余人，涉案金额300余万元，该案是近年来景德镇市经营时间最长、涉案人员最多、涉案资金最大的涉黄类刑事案件。

【打击整治枪爆违法犯罪专项行动】 6月8日，市公安局制定《景德镇市深化打击整治枪爆违法犯罪专项行动工作方案（2023—2025年）》，启动新一轮打击整治枪爆违法犯罪专项行动，收缴各类枪支52支、各类子弹602发，销毁雷管7960枚、炮（炸）弹4枚。

【举行国际禁毒日宣传活动启动仪式】 6月26日，“探访禁毒古遗址，骑行禁毒新征途”暨“6·26”国际禁毒日宣传活动启动仪式举行。启动仪式上通报全市禁毒工作、介绍活动情况，市骑行协会代表作发言。随后，参加活动的领导及人员参观市禁毒主题公园；50名骑行队员列车队从市禁毒主题公园出发向浮梁县湘湖镇前程村永禁广场骑行，并在目的地举行宣誓仪式。

【“冰墩墩”侵权案】 7月，市公安局食药环分局移送起诉一起侵犯2022冬奥会吉祥物“冰墩墩、雪容融”著作权案件，抓获犯罪嫌疑人5名，查扣涉案“冰墩墩、雪容融”陶瓷酒瓶3985个，涉案金额达50余万元。该案件被公安部、中宣部等五部门联合列为督办案件。

【全省公安机关会议在景德镇市召开】 7月7日，全省公安机关加强派出所主防工作暨“三大专项行动”推进会议在景德镇市召开，会议以深入开展“夏季治安打击整治行动”和“三大专项行动”为依托，全面加强派出所主防工作，加快推进公安工作现代化。景德镇市公安局在会上就推动派出所“主防”提质增效，作典型经验发言。

【特大电信诈骗案】 9月25日，经周密部署和市县联动打处，成功破获一起特大电信诈骗案，抓获涉诈犯罪嫌疑人38人，捣毁涉诈窝点3个，涉案金额高达300余万元。

（刘建涛）

检 察

【概况】 2023年，全市检察机关受理审查逮捕1553人、审查起诉2943人，批准逮捕908人、提起公诉1543人。其中，严惩故意杀人、抢劫、强奸等严重暴力犯罪61人；批捕涉黑恶犯罪12人，起诉28人；起诉电信网络诈骗、帮助信息网络犯罪182人；起诉破坏市场经济秩序、企业内部职务侵占等犯罪85人；打击破坏环境资源保护犯罪，批捕11人，起诉43人；起诉侵犯知识产权犯罪13人；依法起诉“盗抢骗”“黄赌毒”等多发性侵犯群众人身财产犯罪286人；快速批捕起诉养老诈骗犯罪13人。加强刑事审判监督，提出刑事抗诉10件，采纳率100%；准确把握宽严相济刑事政策，依法不批捕623人、不起诉616人；适用认罪认罚从宽制度审结1556人，适用率91.13%；提出确定刑量刑建议1358人，法院采纳率99.12%。提前介入监察机关调查案件21件，决定逮捕16人，起诉24人，其中原县处级干部3人；立案侦查司法工作人员相关职务犯罪5人，法院作出有罪判决5人（其中2人为2022年立案侦查，2023年判决）。纠正提请减刑、假释、暂予监外执行不当97件，监督收押收监7人；核查纠正社区矫正和剥夺政治权利人员脱管、漏管188件。受理民事行政检察案件379件，审结368件；对认为确有错误的民事行政裁判提出抗诉和再审检察建议8件；对民事行政审判程序违法、执行违法提出检察建议47件，均被采纳；办理涉妇女儿童、农民工等特殊群体支持起诉案件165件。受理公益诉讼线索287条，立案281件，提出检察建议211件，行政机关诉前整改率达到98.1%；依法提起民事、行政公益诉讼22件；办理生态环境领域公益诉讼案件79件，督促清理有害固体废物838吨。制发社会治理类检察建议78份。实质化规范化运行侦查监督与协作配合机制，在全省率先实现检察工作网接入侦协办全覆盖，对重大敏感案件引导侦查86件。全市检察机关46项检察核心业务指标有40项位居全省第一方阵，6件案件入选全国、全省指导性案例或典型案例，行政检察工作经验在全省推广，各项检察工作取得新成效。

5月30日，景德镇市人民检察院举办以“检爱同行，共护花开”为主题的检察开放日活动（市检察院／供图）

【专项司法救助活动】 2023年，市检察院、市妇联、市乡村振兴局联合开展专项司法救助活动，向199名涉案被害人或其近亲属发放救助金271.8万元，其中乐平市检察院办理的夏某妹司法救助案入选全省检察机关与妇联组织加强司法救助协作典型案例。

【数字检察战略】 2023年，市检察院推进数字检察战略，自主构建住房公积金提取虚假诉讼、速裁程序审判监督等大数据法律监督模型22个，获江西省人民检察院推广17个，应用模型发现监督线索并办成案件167件，推动建立常态化监督机制3项。其中，自主研发“智慧民行监督平台”，积极办理虚假诉讼案件，发现并移送涉嫌违法犯罪线索6件，11人被立案侦查，5人被追究刑事责任。

【保护陶瓷文化传承发展】 2023年，建立全国首家陶瓷文化遗产和知识产权检察保护中心，出台《加强陶瓷文化遗产和知识产权保护服务国家试验区建设的实施意见》，选聘一批陶瓷知识产权检察技术咨询专家，在御窑厂遗址、国家陶瓷版权交易中心等地设立检察保护联系点，自主研发“陶瓷检察云”小程序，全链条打击破坏陶瓷文化传承的“黑灰产业链”。常态化开展陶瓷历史文化遗存保护公益诉讼监督，办理倒卖文物、盗掘古文化遗址、古瓷窑址管理失职等涉陶瓷文化保护案件33件，督促支持职能部门强化陶瓷历史文化遗址保护12处。

【保护未成年人权益】 2023年，持续擦亮“七色堇”未检品牌，起诉侵害未成年人犯罪93人，对65名未成年被害人实行“一站式”救助。开展罪错未成年人羁押必要性审查39人，不起诉24人，附条件不起诉53人。针对监护人监护失职等问题，制发督促监护令、家庭教育指导令172份，开展家庭教育指导67次。开展娱乐场所违规接纳未成年人专项监督，制发行政公益诉讼诉前检察建议，有效督促210处娱乐场所规范经营。122名检察人员担任法治副校长，携手心理咨询师走进校园“一课双讲”，开展法治宣讲和心理健康课155次。会同教育局、公安局等部门持续落实入职查询，开展教育行业人员入职查询9528人。协同卫健委、教体局等部门推行强制报告制度，发现侵害未成年人犯罪线索34条，经审查成案6件，为未成年人健康成长筑牢法治屏障。

【公益诉讼检察规范与效应】2023年，深化拓展公益诉讼检察新领域，与法院、水利局等部门建立常态化协作机制16项。昌江区检察院对4名侵犯公民个人信息的被告人提起刑事附带民事公益诉讼，获法院裁判支持，4人支付赔偿金并在省级刊物上公开致歉。扎实推进“公益诉讼江西行”活动，立案涉耕地保护行政公益诉讼58件，推动耕地复垦近3000亩，浮梁县检察院办理的“督促整治耕地种植草皮行政公益诉讼案”入选全省检察机关典型案例。将恢复性司法理念贯穿办案始终，在浮梁、昌江等地建立600余亩的生态检察修复示范基地，督促补植各类树木4万余株。深化浮梁“两山”生态检察品牌效应，浮梁县检察院办理全省首例“认购碳汇+劳务代偿”生态修复刑事附带民事公益诉讼案，引导造成山场失火的侵权人适用“劳务代偿”支付固碳损失费，自愿认购213吨碳汇用于替代性修复。

【信访工作法治化】2023年，深化应用“案—访比”管理机制，加强案件反向审视，全市检察机关“案－访比”为0.31%，较上年度下降0.14个百分点，有效降低检察环节的“访”。开展信访、申诉检察听证51件，近80%的信访人当场表示息访息诉。院领导带案下访、带头接访75人次，化解信访49件。市检察院矛盾纠纷源头治理经验入选全省坚持和发展新时代“枫桥经验”典型事例；办理的余某德刑事申诉案入选最高检“每案必评、实质化解”典型案例；控告申诉部门被最高检评为“为民办实事”实践活动优秀团队。

【办理全省首例异地交办司法工作人员职务犯罪侦查案】4月，成功办理转隶以来全省检察机关首例异地交办司法工作人员职务犯罪侦查案件，鄱阳县法院4名原法官民事枉法裁判案，10月检察长在全省检察侦查工作会议上作经验交流。

【《关于对刑事诉讼非羁押人员开展数字监管的意见》出台】4月12日，市检察院、市中级人民法院、市公安局联合制定出台《关于对刑事诉讼非羁押人员开展数字监管的意见》，对非羁押人员开展数字监管的总体要求、范围、适用程序、协作配合机制等方面作出详细规定与指引规范，在推动实现传统监管“人盯人”到现代“系统管人”的转变中迈出了坚实一步。全市各相关政法单位加强协作配合，严格落实《关于对刑事诉讼非羁押人员开展数字监管的意见》，以数字赋能辅助办案，将“非羁码”的全面推广运用与刑事诉讼制度改革结合起来，充分发挥“非羁码”对提高案件质效的促进作用。

【《强化知识产权协同保护合作备忘录》】4月17日，市检察院、市市场监管局、市法院、市文广新旅局、景德镇海关等7家单位共同签订《强化知识产权协同保护合作备忘录》，不断完善健全知识产权行政与司法保护协作机制，形成执法合力，有效遏制侵犯知识产权犯罪的行为。

【行政争议实质性化解工作】4月18日，市检察院、市司法局联合会签《关于共同推进行政争议实质性化解的实施办法（试行）》，从总体要求、工作原则、办案范围、化解机制、组织保障等方面提出15条具体举措，进一步发挥检察监督和司法行政职能优势，共同促进行政争议实质性。同时，为规范和推进全市基层检察院领导一体化包案参与行政争议实质性化解工作，形成上下级院化解一盘棋模式，制定下发《关于规范基层检察院领导一体化包案化解行政争议类案件的工作办法（试行）》，从基层检察院领导一体化包案化解工作原则、案件类型、地域管辖、人员构成、化解程序和化解方法等方面提出15条具体规定，进一步压实基层化解责任。2023年，全市检察机关实质性化解行政争议29件。

【以“检察建议+调研报告”推动陶瓷网络直播行业治理】5月，市检察院在办理督促国家税务总局景德镇市税务局履行对网络直播销售陶瓷企业税务登记征收监管职责行政公益诉讼案过程中，发现陶瓷网络直播行业存在虚报销售收入、骗取增值税简易征收优惠政策、不办理纳税申报等逃避、脱离税务机关监管的问题，遂向市税务局制发督促履职检察建议书。同时，为进一步加强陶瓷网络直播行业管理，促进网络直播产业良性发展，市检察院结合办案，通过实地走访、调阅材料、召开座谈会和公开听证等方式，对陶溪川直播基地等景德镇市陶瓷网络直播行业开展专题调研，形成《关于加强我市陶瓷网络直播行业治理的调研报告》，获得市政府主要领导批示肯定。

【申报课题获最高检检察应用理论研究课题立项】 7月31日，市检察院申报的课题“大数据赋能行政检察监督实证研究——基于最高检典型案例和本地自研软件模型的分析”获得最高检检察应用理论研究课题经费资助课题立项。

【会签《景德镇市知识产权守信激励和失信惩戒对象名单（红黑名单）工作机制》】 8月31日，市检察院、市市场监督管理局、市中级人民法院等4家单位会签《景德镇市知识产权守信激励和失信惩戒对象名单（红黑名单）工作机制》，加快推进全市知识产权领域社会诚信体系建设，健全知识产权领域以信用为基础的分级分类监管机制。

【深化“派驻＋巡回”检察监督】 9月5日，在省检察院指导下，市检察院牵头成立巡回检察组参加对驻赣州监狱检察室履职情况和赣州监狱监管执法情况开展省内跨区域交叉巡回检察，对监狱刑罚执行、罪犯教育改造、监管安全以及驻监狱检察室履职情况等进行全面检察，共发现监狱问题36个，派驻监狱检察问题12个，发现职务犯罪线索3人。

【市人民检察院检察侦查办案中心成立揭牌】 9月7日，市检察院检察侦查办案中心成立揭牌。办案中心位于景德镇第三监狱内，于2023年8月建成并投入使用，占地面积3264平方米，其中办案和技术用房面积约1600平方米，更好推动查办司法工作人员相关职务犯罪工作。

【打造“与民同行”行政检察品牌】 10月13日，持续打造“与民同行”行政检察品牌，珠山区人民检察院在全省率先实现与区26家执法、司法单位行政数据共享，并将配合调查核实、检察建议回复及落实、整改情况纳入区综合考核，被最高人民检察院确定为行政检察工作联系点。

【申报课题获江西省人民检察院检察理论研究课题立项】 10月26日，市检察院申报的课题“检察视野下的‘国家陶瓷文化传承创新试验区’建设的陶瓷知识产权司法保护”及“刑事检察职能一体化视角下司法救助‘横纵向联动’实施困境及完善路径”“新时代‘枫桥经验’背景下民事检察矛盾化解的路径探究——以J市人民检察院的实践经验为切入点”分别获江西省人民检察院重点课题、一般课题立项。

【浮梁县检察院荣记集体一等功】 11月24日，浮梁县检察院被最高检荣记集体一等功。2018年以来，该院获全国检察机关文明接待室、全国打击危险废物环境违法犯罪专项行动表现突出集体、全国两会检察新媒体宣传特殊贡献奖等荣誉。深入开展扫黑除恶专项斗争，严惩重点领域涉黑涉恶犯罪，获评全省扫黑除恶专项斗争先进集体。认真打造“七色堇”未检工作室，建成全市首家青少年法治教育基地，办理的全省首例因未适用从业禁止提请抗诉案件入选最高检《未成年人检察工作白皮书（2020）》。创新开展“两山”生态检察工作，建立全域生态保护工作格局，2023年被省委改革办确定为第一批全省法治政府建设示范项目，办理的全国首例适用《中华人民共和国民法典》提出民事公益诉讼生态环境领域惩罚性赔偿案件，获评全国检察公益诉讼优秀案件，入选最高检第四十批指导性案例，写入最高检工作报告。

【召开陶瓷文化遗产和知识产权检察发布会】 12月29日，市检察院召开陶瓷文化遗产和知识产权保护工作新闻发布会。发布会上，景德镇市人民检察院通报全市检察机关2021年以来陶瓷文化遗产和知识产权保护工作开展情况及相关典型案例。景德镇云媒、《景德镇日报》对发布会进行报道、刊载。 （洪爱兰）

法　院

【概况】 2023年，全市法院受理各类案件40585件、办结39554件，其中市中院受理案件3538件、办结3455件。审结各类合同案件15285件；审结各类金融案件5791件；审结破产案件87件；审结知识产权案件744件，其中调撤结案595件，调撤率79.97%；审结环境资源案件43件；审结刑事案件1780件，其中审结涉黑涉恶案件11件37人，“黑财”执行到位1710.4万元，审结杀人、抢劫、强奸等严重暴力犯罪案件124件，审结养老诈骗案件5件21人，审结电信网络诈骗、网络赌博等案件22件，审结贪污贿赂等职务犯罪案件33件，审结未成年人犯罪案件45件，依法办理减刑、假释案件811件；审结民事案件26533件，其中审结婚姻家庭案件2307件；审结行政案件640件，调解撤诉271件，调撤率42.34%；审结涉教育、就业、医疗、住房等民生案件1081件。受理执行案件8024件，执结7910件，执结率98.58%，执行到位金额12.73亿元。引入55家特邀调解组织、384名特邀调解员，诉前调解成功案件43057件，诉前调解分流率73.69%，诉前调解成功率86.13%。全市法院案－件比1∶1.31、一审裁判被改判发回重审率1.08%、延长审限率0.03%、一审服判息诉率94.12%、民事裁判申请执行率30.75%等指标位列全省第一。知识产权、家事审判、审判监管等四项工作获省高院主要领导批示肯定。营商环境、知识产权、民事审判、行政审判、执行、诉源治理六项工作在全省或全省法院工作会议上作经验介绍。浮梁法院审理的全国首例污染环境惩罚性赔偿案《浙江某化工集团公司环境污染民事公益诉讼案》被写入最高法院环境资源审判工作情况报告，该案修复执行案入选江西法院涉生态环境修复执行典型案例，并入选新时代推动法治进程2022年度十大提名案件。“二方连续纹饰”陶瓷作品案等3起案件入选中国法院、江西法院典型知识产权案例，4篇案例在《中国版权》刊登。全市法院48个集体、103名个人获市级以上表彰。珠山法院竟成法庭获评全国法院先进集体。市中院1名干警获评全国知识产权保护工作成绩突出个人、人民法院知识产权审判工作先进个人，1名干警获评智慧法院年度人物，执行局获评省青年文明号。

【知识产权保护】2023年，市法院布局“一体二纵三横”知识产权保护体系，促进多元解纷方式优势互补，得到中央政法委主要领导充分肯定。10月31日，市法院建立全国首个陶瓷文物司法保护基地，强化可移动文物保护、研究和修复。聘请18位技术调查官，为陶瓷知识产权纠纷“把脉问诊”。创新跨部门知识产权信用监管“红黑名单”机制，加强知识产权违法犯罪源头治理。护航陶瓷文化传承创新工作被最高法院和省委信息专刊刊载。

【未成年人保护】2023年，市法院创新“五心”工作法，建立“栀子花开”未成年人保护工作室，构建“法院＋”协同解纷机制，全年开展法律援助、司法救助、心理干预等延伸帮教活动120余次，相关做法被最高法院信息刊载，以法之名守护少年。

【打造家事审判“明星矩阵”】2023年，全市法院打造“珠联必合”“乐法易家”“梁苑家和”家事审判“明星矩阵”，坚持把非诉讼纠纷解决机制挺在前面，以数字赋能强力推进诉源治理，从源头减少诉讼增量。“珠联必合”自4月27日上线以来解决纠纷406起，做法入选中央政法委上海研讨会经验。

【化解各类行政争议】2023年，市法院创新行政机关负责人出庭应诉监督员制度，向监督员发放行政应诉提醒223次，电话、短信提醒268次，促推“告官能见官、出声出效果”，行政机关负责人出庭应诉率100%。创新巡回审判模式，坚持“六个在一线”，变“坐堂审案”为“上门办案”。加强与市委党校合作，打造“党校＋法院”新模式，通过以案释法、观摩庭审等方式，提升“关键少数”法治思维。

【民生保障】2023年，市法院创新研发减刑假释案件便民缴纳系统，让数据“多跑腿”，当事人“少跑路”。改造升级赣法民意中心景德镇分中心，加大反家暴力度，发出12份人身安全保护令，办理群众诉求工单156件，满意度100%。缓、减、免交诉讼费64.8万元，开展司法救助117人次，发放司法救助金123.27万元。开展法治宣传121次，司法警察女子中队送法进社区、进校园，让法治理念人心。

【诉源治理】2023年，市法院做实“抓前端、治未病”，全市法院一审民事收案同比下降12.62%。认真落实最高法院“一号司法建议”“二号司法建议”工作，针对预售商品房、未成年人犯罪等案件多发现象，发出司法建议56件。织密多元共治解纷网，设置“百万调解基金”，加强人民调解指导力度。选派7

名干警担任政法特派员，当好基层矛盾化解“催化剂”。

【聚焦民生案件执行】 2023年，市法院执结小额标的案件5664件，到位率64.19%；执结涉农民工讨薪案件330件，执行到位金额692.28万元。公开失信被执行人信息2884人次，限制高消费4407人，罚款8.8万元，司法拘留54人。

【创建重点案件监管平台】 2023年，市法院创建“景法e融”重点案件监管平台，着力监管来信来访、纪检监察、审务督察、舆情监测等反映的重点案件，全市法院1638件重点案件被纳入平台监管，形成申诉、信访、举报件件有回复，关键节点环环有把控的监管体系。

【设立首个成长公益林生态修复基地】 4月14日，市法院在浮梁县设立全国首个“环资审判+少年法庭”成长公益林生态修复基地，将有计划组织立志纠偏的青少年，在生态修复基地身体力行地种植“知行树”，勉励青少年在今后的人生道路上恪守正道、知行合一。在促进青少年健康成长的同时，将司法成果转化为修复生态环境的实际行动。

【中央电视台报道景德镇法院一起养老诈骗案件】 6月5日21:30，中央电视台新闻频道（CCTV-13）《新闻调查》栏目播出节目《追问养老诈骗》，该节目根据以投资“养老项目”为名实施非法集资犯罪的典型案件“鲁鹏非法吸收公众存款案”拍摄而成。该案由乐平市人民法院一审、景德镇市中级人民法院二审，曾入选2022年8月最高人民法院公布的六类养老诈骗犯罪典型案例。

【审结全省首例刑事附带民事公益诉讼案】 7月31日，浮梁县法院审结全省首例“认购碳汇+劳务代偿”刑事附带民事公益诉讼案，以失火罪判处被告人全某才有期徒刑八个月，缓刑一年六个月，同时责令其赔偿森林生态系统功能损失共计人民币72810元。被告人全某才对其行为造成的森林固碳损失10666元，自愿通过江西省碳排放权交易中心购买碳汇213.32吨，用于替代性修复。剩余的森林生态系统功能损失，由被告人全某才通过参与防火宣传、育林巡山等工作方式，赔偿，劳务代偿工作时间为345天。

【设立全省首家贸易共享法庭】 8月11日，浮梁法院设立全省首家贸易共享法庭，利用“人民法院在线服务”“云审”等智慧法院建设成果，“不增编、不建房，一根线、一块屏”，打破传统司法服务在时间和空间上的制约，将调解指导、网上立案、在线诉讼、普法宣传、园区治理五大功能延伸至园区企业“家门口”，实现矛盾纠纷“受理—化解”一站式服务、园区企业化解纠纷“足不出园”。

【浮梁法院集中发放景德镇市大瓷庄瓷业有限公司破产清算案职工工资】 8月18日，浮梁县法院召开“景德镇大瓷庄瓷业有限公司破产清算案职工代表座谈会”。景德镇市昌南新区党工委委员、副主任，县法院党组成员、副院长，景德镇市大瓷庄瓷业有限公司职工代表等参加会议。会议通报景德镇市大瓷庄瓷业有限公司破产清算案职工工资清偿情况。与会人员还就后续职工福利待遇、职工再就业等问题进行充分协商。当日下午，在浮梁法院集中发放景德镇市大瓷庄瓷业有限公司破产清算案职工工资，为到场55名公司职工发放款项137万余元，其余216名职工工资421万余元通过银行转账形式发放，至此，景德镇市大瓷庄瓷业有限公司职工被拖欠多年的工资558万余元得到全部清偿。

【举办“赣知·2023陶瓷知识产权司法保护”主题研讨】 10月20日，“赣知·2023陶瓷知识产权司法保护”主题研讨在景德镇市举办。上百位知识产权司法行政界、学术界、产业界代表齐聚瓷都景德镇，为景德镇陶瓷产业的传承和创新搭建理论参考、交流平台，进一步提升陶瓷知识产权保护水平，打造陶瓷知识产权司法保护高地。活动开幕式结束后，还举行《陶瓷知识产权保护战略合作》签约仪式、“江西省贸促会知识产权一站式解纷景德镇工作室”揭牌、以“传承与创新·陶瓷品牌知识产权保护”为主题的征文颁奖仪式、主旨演讲等议程。

【发出首份综合治理类司法建议】 11月24日，市法院依据最高人民法院《关于综合治理类司法建议工作若干问题的规定》，向景德镇市民政局发出首份综合治理类司法建议，充分运用司法建议为社会治理“把脉开方”，做实“抓前端、治未病”，延伸审判职能，从源头上助推婚俗陋习治理，促进乡风文明建设，助力提升社会治理效能。

（余凌霄）

司法行政

【概况】2023年，市司法局在平安建设宣传月、“三八”国际妇女节、“3·15”消费者权益日、“4·15”全民国家安全教育日、民法典宣传月等重要时间节点，在全市组织开展各类法治宣传教育活动850余场次，重点宣传宪法、民法典、未成年人保护法、法律援助法、妇女权益保障法、野生动物保护法和江西省平安建设条例等法律法规，11万余名群众接受法治教育。全市举办习近平法治思想大学堂活动150场次，受众1.2万余人。培养“法律明白人”18.8万人次、骨干3.3万人次，参与法治宣传10.1万人次，化解矛盾纠纷1.9万次，参与社会事务管理9590次，引导法律服务7753次，建立法治讲堂156所、法治宣传栏267个、法律图书室（角）346个。全市10个乡镇公共法律服务工作站全部建成投入使用。各法律援助机构共受理法律援助案件1764件，报送中央公益金法律援助项目案件118件；公共法律服务“三台融合”系统平台完成录入38029件；其中“12348”公共法律服务热线受理热线12385件·人次、实体平台受理36802件·人次、网络平台受理72件次。排查矛盾纠纷21381件，调解纠纷20471件（其中重大疑难纠纷91件），调解成功20210件，调解成功率98.7%。全市累计接收社区矫正对象667人，累计解除514人。浮梁县浮梁镇人民调解委员会获2023年“全国模范人民调解委员会”称号。

【“八五”普法】2023年，“八五”普法工作突出宣传习近平法治思想，在全市组织开展“民法典宣传月”“宪法宣传周”等法治宣传教育活动。全面落实“谁执法谁普法”普法责任制，7月9日印发《景德镇市国家机关“谁执法谁普法”履职报告评议实施办法》，组织召开履职评议会。推动法治文化与传统文化融合发展，原创微动漫《琵琶行》在第七届平安江西“三微”比赛中获优秀微动漫奖。大力推动“法律明白人”培养工程向社区、园区拓展延伸，积极搭建“法律明白人”履职平台，在各乡镇（街道）设立“法律明白人”服务站（岗）54个、行政村设立服务站（岗）672个。

【法律援助农民工】2023年，市司法局开展“法援惠民生助力农民工”主题宣传活动23场次，全市各法律援助机构办理涉及农民工法律援助案件66件（其中农民工讨薪54件），受援农民工94人（其中农民工讨薪84人），为农民工讨薪36.03万元。

【“法援惠民生助力妇女维权”活动】3月8日，市司法局、珠山区司法局、珠山区妇联、景德公证处、瀛畅律师事务所联合在珠山区金鼎广场门口开展“法援惠民生助力妇女维权”主题宣传活动。活动重点围绕《中华人民共和国反家庭暴力法》《中华人民共和国妇女权益保障法》《中华人民共和国法律援助法》《中华人民共和国社区矫正法》等法律法规进行普法宣传，并在活动现场进行咨询解答。活动中向群众派发法治宣传资料300余份，接受群众现场咨询120余人次，解答法律问题10人次。通过普法宣传活动，进一步增强妇女群众依法维权的意识和能力，进一步提升法律援助民生工程的社会影响力。

【全民国家安全教育日宣传活动】4月13日，市司法局、浮梁县司法局、浮梁镇司法所联合在江西陶瓷工艺美术职业技术学院开展2023年全民国家安全教育日进校园法治宣传活动。活动邀请浮梁县委政法委副书记作题为《增强全民国家安全意识，共同维护国家安全稳定》的专题讲座，通过宣传展板，发放《国家安全知识应知应会》《宪法宣传册》等宣传材料开展法治宣传。活动进一步提高广大师生的国家安全意识，营造学习宣传国家安全法律知识、共同维护国家安全的浓厚氛围。

【“送法进企业”暨人民调解进园区活动】4月20日，市司法局走进浮梁县恩达陶瓷有限公司，开展“送法进企业”暨人民调解进园区活动。活动以座谈会的形式展开。市司法局工作人员与企业管理人员和职工代表进行面对面交流，了解企业的生产经营情况，就企业关心的劳动争议调解、合同纠纷化解以及职工们日常遇到的法律问题等进行详细解答，提出相关法律建议6条。现场发放《中华人民共和国人民调解法》《中华人民共和国法律援助法》《民法典学习100问》等普法宣传资料50余份。活动有效地帮助企业管理人员和职工进一步提升遇事找法、办事依法的法治观念，提高企业防范法律风险能力以及对员工权益的保障，为促进企业依法科学管理、积极健康发展提供强有力的法治保障。

【高新区公共法律服务工作站揭牌】5月9日，高新区公共法律服务工作站揭牌仪式在高新区举行，市司法局、高新区管委会负责人共同为公共法律服务工作站揭牌。市司法局相关科室负责人及高新区法律顾问等参加揭牌仪式和座谈。座谈会上，高新区与市公共法律服务中心还签订法律服务协作协议。

【“520”关爱女性社区矫正对象活动】5月17日，市司法局、市妇联联合在昌江区吕蒙街道会议室举办“重‘心’呵护美丽绽放”“520”关爱女性社区矫正对象活动。活动中，为社区矫正对象代表送上活动纪念品，并邀请景德镇心理学会常务理事程锐为在座社区矫正对象授课，对社区矫正对象目前存在的心理和生活上的问题作互动交流。

【市知识产权纠纷人民调解委员会揭牌】6月30日，景德镇市知识产权纠纷人民调解委员会揭牌仪式在景德镇市知识产权保护中心举行。市市场监管局、市中院、市司法局、市文旅局、市知识产权保护中心、市文化市场综合执法支队、珠山法院等单位相关负责人以及人民调解员代表出席揭牌仪式。市知识产权纠纷人民调解委员会将为景德镇市创新主体提供高效的知识产权纠纷调解服务，助力企业知识产权保护和技术创新。

【行政复议服务民营企业经济发展主题活动】7月14日，市司法局、市外办、市普罗米修律师事务所联合在江西昌兴航空装备股份有限公司，开展行政复议服务民营企业经济发展专题活动座谈会。会上，参会人员就江西昌兴航空装备股份有限公司企业管理人员目前存在的法律难题进行法律咨询、讨论，就企业提出的法律问题进行专业解答，并提出有效建议。同时宣传行政复议免费、便捷、高效化解行政争议主渠道的制度优势，引导企业通过行政复议依法维权。活动中，向企业管理人员及企业员工发放行政复议宣传册50余份。并对企业员工普遍关心的日常行政处罚救济、工伤认定理赔、企业规范用工、行政执法等相关法律问题，予以解答。

【“法援进乡村服务暖人心”宣传活动】7月13日，市法律援助中心在乐平市鸬鹚乡开展“法援进乡村服务暖人心”宣传活动。活动发放《中华人民共和国法律援助法》、江西公共法律服务网络平台使用指南、公共法律服务指南、法律援助宣传小扇子等200余份。活动进一步提高人民群众对《中华人民共和国法律援助法》的知晓率，让大家更好地了解法律援助，引导人民群众自觉守法、遇事找法、解决问题靠法，以理性、合法的形式表达利益诉求，学会运用法律武器维护自身的合法权益。

【首个军人·退役军人法律援助站成立】10月9日，珠山区退役军人事务局、江西瀛畅律师事务所联合举行“珠山区军人·退役军人法律援助站”签约揭牌仪式。江西瀛畅律师事务所作为景德镇市首个军人·退役军人法律援助站，将以保障军人·退役军人合法权益为出发点和落脚点，为军人·退役军人及其他优抚对象提供法律援助申请、日常法律援助咨询、解答涉及法律方面问题等服务，以便捷、高效、多元的“一站式”法律服务，合力打造珠山区军人·退役军人法律服务工作新品牌。

【“有法帮你”主题宣传活动】10月20日，市法律援助中心在新厂街道一中路社区开展“法援进社区志愿服务暖人心”主题宣传活动。活动中，志愿者为群众介绍“有法帮你”品牌相关内容，大力推广公共法律服务平台，就法律援助申请条件和申请流程为社区群众答疑解惑，以实际行动化解社区群众的急难愁盼问题，获得大家的一致好评。活动发放《中华人民共和国法律援助法》《江西公共法律服务指南》《江西公共法律服务网络平台使用指南》、“有法帮你”法律服务便民联系牌等宣传资料100余份。

【新提任县级领导干部法律法规知识考试】12月20日，景德镇市举行2023年度新提任县级领导干部法律法规知识考试，全市共80余人参加考试。考试内容涵盖习近平新时代中国特色社会主义思想，以及习近平法治思想、党的二十大精神、《中华人民共和国宪法》、《中华人民共和国民法典》等领导干部应知应会的法律知识。通过以考促学、以学促干，不断提高领导干部的法治思维、法律意识及依法行政能力，更好发挥领导干部示范带头作用，推动全市形成遵法、学法、守法、用法的良好氛围。

（殷锦超）

经济管理及监督

宏观经济管理

【概况】2023年，景德镇市全年GDP同比增长3.5%，一般公共预算收入90.3亿元，规模以上工业增加值增长5.4%，固定资产投资降幅收窄至8%，社会消费品零售总额增长5.8%，居民消费价格指数与上年持平，城乡居民人均可支配收入分别增长3.8%、6.9%。

【经济回稳向好态势巩固】2023年，围绕全市经济社会发展目标任务，充分贯彻落实国家、省稳增长各项举措，积极谋划、主动作为，在对接省有关经济运行分析机制的基础上，建立景德镇市促进经济回稳向好的保障机制，强化各项重点指标监测预警，进一步增强经济发展的前瞻性和预见性。抓好稳定经济发展、助力惠企纾困各项政策文件的制定，出台实施《景德镇市关于进一步巩固提升经济回稳向好态势的若干措施》，推动经济社会平稳有序高质量发展。促进普惠小微企业融资“增量、扩面、降价”，全市普惠小微贷款余额267.20亿元，同比增长21.9%，高于全市各项贷款平均增速6.6个百分点。“惠企通”平台为企业兑现财政奖补资金5.84亿元，同比增长116.4%。延续优化税费优惠政策部署，全市减免各类税费优惠政策31.67亿元，其中新增减税降费8.32亿元，惠及纳税人8.46万户次。

【国家试验区建设有力推进】2023年，以实施年度计划投资208亿元的60个试验区重点项目为抓手,加快建设“两地一中心”，全年完成投资218.1亿元，完成年度计划的104.8%。成功争取在景德镇市召开国家试验区建设部省恳谈会、现场交流会，省政府两次召开省领导小组会。成功争取国家对外文化贸易基地、国家节水型城市等试点示范。积极推进“千馆之城”建设，开展各类文化场馆资源摸底近900家，首批推出330家精品馆。景德镇中国陶瓷博物馆、御窑博物院客流量超百万人次，入围全国人气热点博物馆,御窑博物院被评为“全国最具创新力博物馆”。景德镇古陶瓷基因库被国家文物局列入首批20个“文物事业高质量发展案例”。《御窑天下·青花秘境》获全省博物馆十大展陈精品奖。江西省首个陶瓷与元宇宙结合的科技馆——陶瓷元宇宙馆落地景德镇运营。先后走出去参加中法、中德、中荷、中埃等国家外事交流活动。在深圳文博会单设景德镇版权馆，在国际消博会单设景德镇陶瓷馆。“景德镇向世界讲述瓷都故事”案例入选中国城市国际传播示范案例。丝绸之路旅游城市联盟成立，发布《景德镇宣言》，景德镇市成为首届轮值主席城市。圆满举办2023中国景德镇国际陶瓷博览会，境内外近千家陶瓷企业参展，40多个国家和地区、4000多家国内外采购商（团）前来交易洽谈，线下观展总计48.19万人次，线上线下实现贸易交易额135.26亿元，同比增长12.7%。

【现代化产业体系持续完善】2023年，举办粤港澳大湾区重点客商恳谈会、苏州数字经济招商推介会等活动70余场，新签约项目249个，总投资939.27亿元，利用省外资金项目实际进资485.68亿元，增长4.2%。聚焦“3×30”重点培育企业（项目），常态化开展“企业服务日”活动，解决企业用电、用能等一批“急难愁盼”问题。创新“专精特新贷”“高新技术贷”“信易担”等特色服务产品，增强融资服务能力。全年累计为850家企业提供担保服务，金融服务规模达45.46亿元，同比增长4.5%。持续推进企业特色化发展，明兴航空、吉翔化工获批国家专精特新“小巨人”企业，黑猫炭黑、天新药业获批国家绿色工厂，49家中小企业获评省级专精特新企业，64家企业获评省级创新型企业。昌河汽车“乘转商”战略稳步推进，3款新产品祥菱M、祥菱S1及祥菱W1完成导入并全部实现量产。明兴航空获评省级工业设计中心，昌河航空1项产品获省级优秀新产品一等奖。强化区域文旅合作，与南昌市、九江市签订框架协议，携手构建赣北地区优势产业集群。依托国家级夜间文旅消费集聚区平台，打造“陶然集”等一批品牌，“夜珠山”线上线下收入突破百亿大关，成为高质量发展的新增长极。珠山区获批创建国家文化产业和旅游产业融合发展示范区、江西省“风景独好”旅游名县，瑶里古镇、景德镇记忆获评省级夜间文旅消费集聚区。

【发展动能积蓄效应显现】2023年，全市共推出改革创新举措100余条，其中“无感续证”服务、“以图查房”可视化公开查询服务、创新信用修复机制、“共享法庭”建设等经验做法，获得省营商办充分肯定，编入《2023年全省优化营商环境典型做法》。进一步优化提升超时默许制、“企业安静期”、首违轻微免罚三大改革执行机制和服务水平，扩大改革成果。重点创新推出无感办理服务、市县同权、现场勘验“四个一批”、一网通办、相对集中行政许可权、审管执信服、国庆中秋酒店价格问题及服务质量专项整治行动等“4+3”改革，无感办理服务、市县同权、现场勘验“四个一批”三项改革举措已在市县两级全面铺开。版权治理水平不断提升，景德镇市文旅局（版权局）获“中国版权金奖·管理奖”。谋划建立2023年市数字经济项目库，实施数字经济项目110余个，年度计划投资超200亿元。加快17个省级数字经济重点项目和11个新基建项目建设。全力打造省级数字经济集聚区陶溪川直播基地、昌南新区数字经济集聚区和高新区航空数字经济集聚区。陶溪川直播基地实现线上销售额65.97亿元，昌南新区先进陶瓷产业园产值14.28亿元，高新区航空数字经济产业园营收超70亿元。全力推进陶瓷行业工业互联网标识解析二级节点建设，平台接入企业共1819家。加速推进企业上云，新增企业上云数超6300家。新增市场主体4.19万家，同比增长16.6%，其中，个体工商户新增3.47万家，增长21.8%。新增“五上”入库企业295家，其中贸易160家，工业67家。

【区域融合发展势头良好】2023年，加速推进城乡交通运输一体化，完成新改建农村公路21.6千米，完成危桥改造4座，完成村道安防29千米，浮梁县入选“四好农村路”全国示范县创建单位。紧密型县域医共体建设全面启动，深化乐平市紧密型县域医共体建设试点，启动浮梁县紧密型县域医共体建设，建立三级县域医共体。城乡供水一体化加快建设，推动乐平市城乡供水一体化、浮梁县城乡一体化金岭大道管网延伸工程、昌江区城乡供水一体化管网延伸工程、珠山区城乡供水一体化洋湖水厂供水工程等4处城乡供水一体化项目实施，受益人口5.98万人。推动实施89个城市功能与品质提升项目，确保实现城市功能与品质再提升。推进水环境治理，加快南河国控断面上游生活污水处理站及配套管网建设，开展并完成老南河周边及上游片区排水户调查工作，市中心城区新建污水管网长度约40.75千米，改造污水管网长度34.25千米，全面完成十九中、黄泥头片区内涝整治工程。积极推进粮食稳产扩面，粮食播面143.4万亩，总产11.2亿斤。统筹资金加快推进高标准农田建设，累计建成高标准农田84.28万亩、占全市耕地面积的67.64%，粮食生产基础进一步夯实。推进“头雁引航·雏鹰振飞”行动，引进农业产业化项目19个，其中10亿元以上项目1个。实施商贸兴农行动，促进“一产接二连三”融合发展，全省第二个、全市首个“盒马村”正式挂牌。建设京东平台景德镇农特产馆，拓展景德镇市农产品销售渠道。浮梁县王港乡港口村入选2023年中国美丽休闲乡村。昌江区丽阳镇入选第三批全国乡村治理示范镇、乐平市涌山镇涌山村入选第三批全国乡村治理示范村。高岭·中国村入选2023年全省春季美丽乡村休闲游精品线路，巩固拓展脱贫攻坚成果同乡村振兴有效衔接，确保返贫人口动态清零。

【扩大有效需求提质升级】2023年，启动实施贸易兴市四年行动计划，激发消费活力。实施项目建设“四大攻坚行动”，乐平水利枢纽工程、景德镇机场扩建项目、景德镇电厂二期及风电光伏项目、浮梁抽水蓄能项目等项目前期工作稳步推进。全年309个市重点工程建设项目完成投资689.7亿元，完成全年计划的108.3%，33个省重点项目完成投资292亿元，完成全年计划的112.2%，项目牵引作用更加明显。昌景黄高铁建成通车，景德镇进入“高铁时代”。启动镇生活都市消费街区、三闾庙明清文化街区、锦绣昌南体验消费街区等一批夜经济示范街区建设。宝龙商贸综合体正式开业，首日总客流量达26.5万人次，当日销售额突破2100万元。陶博城获评国家对外文化贸易基地，陶溪川获评国家旅游科技示范园区、国家文化和科技融合发展示范基地。限额以上消费品零售额增长6.5%。陶瓷官方旗舰店分别在北京、珠海等地布局，海外首站布局迪拜。建成跨境电商线上综合服务平台，上线“赣采通”景德镇市场采购贸易综合服务平台，助力企业“出海”抢单，推动订单回归、产能回归、信心回归。

【生态文明建设稳步推进】2023年，景德镇市“贯彻绿色发展理念、助力经济社会绿色转型改革创新做法”获生态环境部通报表扬。能源、工业、科技、农业农村等领域碳达峰实施方案相继出台，为如期实现碳达峰碳中和目标提供制度保障。建设绿色生态碳库，大力推进国家储备林、林业碳汇开发等项目建设，推动104.31万亩市级以上生态公益林、104.7万亩天然阔叶林以及瑶里和黄字号黑麂省级自然保护区等林业生态工程建设。远洋威利灰硅板被认定为国家绿色产品，税务局中心机房被认定为绿色数据中心，实现国家绿色制造零的突破。

【社会民生保障优化改善】2023年，全市一般公共预算支出完成239.95亿元，其中民生支出181.25亿元，占一般公共预算的75.5%，继续保持一定的支出强度。全力改善住房环境，改造老旧小区3506户、完工率100%，保障性租赁住房3686套、开工率100%。景德镇卫生健康职业学院正式揭牌，新改扩建昌江一中、洪源中心学校、昌南新区幼儿园等一批中小学、幼儿园，新增学位1.45万个。落实落细“乙类乙管”各项防控措施，优化医疗卫生资源布局，新冠救治亚定点医院投入使用。扎实做好金融、政府性债务、房地产等重点领域风险防范，深入开展燃气管网、危化品、自建房集中治理，安全生产形势总体向好，事故起数和死亡人数实现“双下降”。严格落实安全生产责任制，连续21年未发生重大及以上事故。

【景德镇市正式命名为国家节水型城市】5月31日，景德镇市通过住房和城乡建设部、国家发改委的联合现场考评，被正式命名为第十一批国家节水型城市，成为江西省首个获此殊荣的设区市，实现零的突破，并入选2023年度江西省生态文明建设十件大事。同时大力推进县域节水型社会达标建设，在水利部公布的第六批节水型社会达标县（区）中，昌江区、乐平市成功入选，景德镇市县域节水型社会达标县（区）实现全覆盖。

【入选2023年中国美丽休闲乡村】9月12日，农业农村部网站发布2023年中国美丽休闲乡村名单，经各地推荐、专家评审和网上公示，推介北京市房山区张坊镇大峪沟村等256个村落为2023年中国美丽休闲乡村。其中，江西省10个乡村入选，其中景德镇市浮梁县王港乡港口村入选。

【国家对外文化贸易基地建设推进会在景德镇举行】10月19日，国家对外文化贸易基地建设推进会在江西省景德镇市举行。推进会上公布新一批国家对外文化贸易基地名单，并举行授牌仪式。确定衡水、哈尔滨、上海、南京、杭州、景德镇、济南、广州、深圳、三亚、自贡、伊犁12家新一批国家对外文化贸易基地。

【入选第三批全国乡村治理示范镇、乡村治理示范村】11月17日，农业农村部、中央宣传部、司法部共同公布《第三批全国乡村治理示范村镇名单及前两批全国乡村治理示范村镇复核结果》，景德镇市昌江区丽阳镇被评为第三批全国乡村治理示范村镇。乐平市涌山镇涌山村被评为第三批全国乡村治理示范村。

【获批创建国家文化产业和旅游产业融合发展示范区】12月18日，文化和旅游部、自然资源部、住房城乡建设部发布《关于公布国家文化产业和旅游产业融合发展示范区建设单位名单的通知》，确定50个国家文化产业和旅游产业融合发展示范区建设单位，江西省景德镇市珠山区、上饶市婺源县、九江市修水县榜上有名。

（李斯宇）

重点工程建设

【概况】 2023年，景德镇市重点工程建设项目309项，计划总投资3206亿元，本年计划投资637亿元。2023年1—12月全市重点工程完成投资689.7亿元，完成全年计划的108.3%；计划新开工项目138个，实际开工107个，开工率77.5%。全年已完工项目87个。其中，产业项目231个，年度计划投资515亿元，1—12月完成584.2亿元，完成年度计划113.5%；民生项目41个，年度计划投资52亿元，1—12月完成45.7亿元，完成年度计划88.7%；城建项目20个，年度计划投资26亿元，1—12月完成26.9亿元，完成年度计划103.2%；基础设施项目17个，年度计划投资44亿元，1—12月完成32.9亿元，完成年度计划74.7%。国家试验区重点项目60个，年度计划投资208亿元，1—12月完成218.1亿元，完成年度计划104.8%。

【国家试验区建设】 2023年，国际陶瓷文化博览交易中心、景德镇艺术职业大学一期建成并投入使用，将景德镇真正打造成为软硬实力兼具的对外文化交流新平台；申遗项目扎实有序，陶阳里历史街区保护更新，乐平市南窑遗址文化旅游建设项目，浮梁县绕南、麻仓、东埠景区改造等一批项目稳步推进。

【产业项目建设】 2023年，大力推动中日陶瓷产业合作园、景龙特陶等陶瓷产业项目；重点建设黑猫新材料、江西德孚碳基新材料、富祥生物科技园等项目助力精细化工和医药产业集群发展；昌河航空技术装备公司搬迁项目建设完成；加快建设龙盛新能源汽车零部件、以晴数字经济产业园等工业强市转型升级项目；推进中国陶瓷产业智联网、中国移动昌南数据中心等功能配套性项目，进一步完善“3+1+X”特色产业体系。

【基础设施项目建设】 2023年，昌景黄铁路、鱼山码头一期、黄泥头防洪排涝工程建成，景德镇机场改扩建工程、西河水环境综合治理等项目有序推进，进一步改善人居生活环境。

【民生项目建设】 2023年，景德镇市住房保障进一步提升，高新区滨江盛景棚改项目、御窑棚改厚德园小区等一批改造安置房建成交付；教育卫生进一步改善，第二职业学校、昌南新区康养服务中心（第一人民医院）等项目正加快建设步伐；配套建设进一步加强，乐平市城乡供水一体化工程、2023年珠山区老旧小区改造等保障性项目基本建成。

（黄晓峰）

国有资产监督管理

【概况】 2023年，景德镇市12户出资监管企业资产总额3077.67亿元，同比增长11.45%；负债总额1917.95亿元，同比增长13.06%；净资产1159.72亿元，同比增长8.87%。全年累计完成营业总收入346.98亿元，实现利润总额13.75亿元，累计上缴税金12.77亿元。黑猫集团高岭·中国村累计接待游客44.8万人次，陶文旅集团陶溪川文创街区孵化创客2.2万余人，孵化创业实体2800余家，带动就业超12万人。国控集团景德镇陶瓷官方旗舰店首站落户迪拜，传媒集团“感知中国·丝路瓷行”陶瓷文化欧洲巡礼展活动成功举办。陶溪川文创街区成功入选第五批国家文化和科技融合示范基地名单。“陶然集”“景德镇记忆旅游休闲街区”“古码头夜市”，已成为景德镇“夜经济”著名品牌和市民及游客的网红打卡地。

2023年，国企改革深入推进，健全公司法人治理结构，完善市场化经营机制，深入推进经理层成员任期制和契约化管理。全面推行新进员工公开招聘、管理人员竞争上岗等制度。全面完成经营性国有资产集中统一监管工作，完成景德镇资本投资集团、市测绘设计院、市国诚粮食产业、市国源粮食储备等公司组建工作。黑猫集团整合重组汽运集团、国控集团建设的国际陶瓷博览交易中心重大工程项目完成，陶文旅集团以陶瓷基板和单晶硅棒及硅片为代表的先进陶瓷项目一期建设完成并实现全面投产，合盛公司龙盛汽车项目自有车型样车开发完成并与多个国家签订销售订单，正业光伏组件项目已正式投产并实现首单出口，有力助推国家试验区建设。

【黑猫集团碳纳米管项目开工】 1月4日，黑猫集团举行碳纳米管项目土建开工建设仪式，该项目是黑猫集团“三年倍增”重点项目之一，是集团向新能源、新材料产业转型的重要一步。

【黑猫新能源材料联合实验室揭牌】 1月7日，江西黑猫炭黑股份有限公司与复旦大学共同设立“复旦大学——黑猫股份新能源碳材料联合实验室”签约揭牌仪式在复旦宝山科创中心举行，双方将围绕锂电级导电炭黑、碳纳米管等新材料、新产品展开重点研究开发，并在产学研应用上开展深度合作。

【江西跃华药业顺利通过俄罗斯药品注册】 1月9日，江西跃华药业公司收到俄罗斯卫生部关于“吡拉西坦原料药”通过注册证书（证书编号ND—000964），为提升公司“吡拉西坦原料药”在俄罗斯的市场份额奠定基础。

【黑猫股份入选创建世界一流专精特新示范企业】 2月28日，国务院国资委发布创建世界一流示范企业和专精特新示范企业名单，江西黑猫炭黑股份有限公司成功入选，成为全国首批200家创建世界一流专精特新示范企业之一，也是江西省本批次唯一入选企业。

【全面战略合作签约仪式】 4月20日，市城投集团与深圳梦网科技集团战略合作签约仪式在深圳举行，双方围绕“景德镇国家陶瓷版权交易中心”项目建设运营开展全面战略合作，打造立足瓷都、辐射全国、面向世界的国家级陶瓷版权交易中心，建成具有全国乃至国际影响力的陶瓷版权公共服务平台、综合交易平台、产业聚集平台。

【陶文旅集团与中国东方演艺集团举行项目签约】 4月21日，中国东方演艺集团与景德镇陶文旅集团项目签约仪式在湖北省武汉市东湖国际会议中心举行。双方签署舞剧《唯我青白》合作协议，签订中国东方演艺集团社会艺术水平考级江西省承办单位合作协议。同时，中国东方演艺集团艺术培训学校与景德镇陶溪川分校也签订合作协议。

【御窑景巷钟书阁获首届江西省年度最美书店】 4月21日，御窑景巷钟书阁获首届江西省全民阅读年度最美书店（城市书房）称号。钟书阁一直致力于推广全民阅读项目，设计全民阅读卡，并开设公益阅读专栏，至12月，共组织100余场文化活动，覆盖人数达10万人。

【产教融合基地揭牌】 5月23日，市建筑设计院有限公司与市艺术职业大学在市艺术职业大学行政楼会议室举行产教融合基地签约暨揭牌仪式。双方围绕校企合作模式进行深入交流和探讨，主要目的在于更好地推动学生高质量就业、企业高质量发展，实现校方人才培养与企业人才需求的“无缝对接”。

【景德镇陶瓷官方旗舰店珠海店开业】 6月18日，景德镇陶瓷官方旗舰店珠海店在珠海市举行开业仪式。该店旨在通过提供高品质的产品、高标准的服务、高水平的文化体验，为大湾区的消费者提供省心、放心、舒心的优质陶瓷产品，并以瓷为媒带领景德镇企业走向全国、走向全球，打造中国陶瓷民族品牌第一IP。

【龙盛汽车举行开业仪式】 6月18日，龙盛汽车开业仪式在高新区航空大道航空孵化园举行。该项目是由景德镇合盛公司和上海龙创汽车公司共同组建，主要业务包括智能车载设备制造、新能源汽车整车销售、新能源汽车生产测试设备销售等，将成为新能源汽车成套装备出口基地，为开拓海外市场持续赋能，实现新能源整车ODM产业链出口。

【入围国家级专精特新“小巨人”企业榜单】 7月14日，江苏省工业和信息化厅、广东省工业和信息化厅官网分别发布第五批专精特新“小巨人”企业公示名单。陶文旅集团旗下上市公司南京音飞储存设备股份公司、合盛投资公司旗下上市公司广东正业科技股份公司双双获国家级专精特新“小巨人”企业称号。

【与迪拜硅谷自由贸易区政府开展合作交流】 迪拜当地时间9月24日，国控集团与迪拜硅谷自由贸易区政府就深化双边合作交流座谈会在迪拜联合国际会议室举行。本次交流旨在搭建沟通桥梁，促进双方对营商环境和政策的了解，实现优势互补，互惠互利。景德镇陶瓷官方旗舰店海外首站将布局中东，集团力争把该旗舰店打造成行走的景德镇城市名片和文化传播的窗口。

【景德镇国际陶博城正式开业】 10月17日，景德镇国际陶博城正式开业，陶博城集合国家文化出口基地、跨境电商综试区、市场采购贸易方式试点等众多“国字号”政策，涵盖会展交流、跨境电商、仓储物流、文化旅游、国际研学等多元化功能，吸引全国20余个产瓷区以及11个国家600余家企业32个国际品牌入驻，并与一大批国内专业电商平台和物流文旅企业建立合作。

【《景德镇市国有企业改革深化提升行动实施方案》印发】 12月27日，市委改革办印发《景德镇市国有企业改革深化提升行动实施方案（2023—2025）》。通过深化改革进一步提升国有企业的价值创造力、核心竞争力、战略支撑力和民生保障力，更大力度打造现代新国企，不断提升国资规模和运营质效。

（丁纯）

财　政

【概况】 2023年，景德镇市一般公共预算收入完成90.3亿元，同比下降3.9%。全市一般公共预算支出完成239.95亿元，比上年下降3.1%。2023年，市本级一般公共预算收入27.58亿元，比上年下降23.9%；市本级一般公共预算支出79.03亿元，支出同比下降8%。

2023年，市财政局用好景德镇市先进科技创新产业基金，撬动社会投资3.6亿元。成功争取将市本级均衡性转移支付、资源枯竭城市转移支付资金等从2021年的8亿元增加至2023年的约12亿元，可用财力直接增加4亿元；成功实现调整市本级财政困难程度系数的预期目的，财政困难程度系数已达全省第二位，为今后分配到更多财力性转移支付争取政策空间。争取中央预算内资金11.5亿元，发行新增地方政府债券106.61亿元。严格落实“过紧日子”要求，压减一般性支出和非刚性非重点项目支出1.66亿元。全市各类税费优惠政策总量减免31.67亿元，其中新增减税降费8.32亿元，惠及纳税人8.46万户次，进一步提振市场主体信心。充分发挥政府采购扶持中小企业发展的政策功能，政府采购项目专门面向中小企业的预留份额由30%提高至40%。落实省、市工业发展、商贸、航班补贴、陶瓷发展等专项资金超2.3亿元，成功申报产业集群和中小企业数字化转型试点，争取上级项目资金1800万元。制定出台《2023年度景德镇市市级银行业金融机构支持地方经济发展评价激励方案》，通过评价与激励相结合的方式，进一步强化政、银、企三方协同，促进金融支持和服务景德镇市地方经济发展。

表5　2023年度景德镇市和市本级一般公共预算收支决算总表　单位：万元

一般公共预算收入（决算数）			一般公共预算支出（决算数）		
预算科目	景德镇市	市本级	预算科目	景德镇市	市本级
一、税收收入	543809	174186	一、一般公共服务支出	272790	56237
增值税	214985	52193	二、外交支出	0	0
企业所得税	34515	11224	三、国防支出	8682	5677
个人所得税	16145	6094	四、公共安全支出	103196	71990
资源税	2760	8	五、教育支出	439095	116320
城市维护建设税	27246	8301	六、科学技术支出	77449	37262
房产税	35102	14926	七、文化旅游体育与传媒支出	41692	22773
印花税	18302	5145	八、社会保障和就业支出	303006	88780
城镇土地使用税	33659	12244	九、卫生健康支出	169961	84957
土地增值税	35270	5122	十、节能环保支出	61012	28925
车船税	11921	3726	十一、城乡社区支出	302228	97343
耕地占用税	12834	0	十二、农林水支出	226565	31329
契税	100514	54874	十三、交通运输支出	84823	53131

续表 5

一般公共预算收入（决算数）			一般公共预算支出（决算数）		
预算科目	景德镇市	市本级	预算科目	景德镇市	市本级
烟叶税	0	0	十四、资源勘探工业信息等支出	107479	9366
环境保护税	554	328	十五、商业服务业等支出	10561	4815
其他税收收入	2	1	十六、金融支出	821	180
二、非税收入	359200	101634	十七、援助其他地区支出	0	0
专项收入	20142	6131	十八、自然资源海洋气象等支出	17246	7833
行政事业性收费收入	31628	17967	十九、住房保障支出	72554	24819
罚没收入	93796	51398	二十、粮油物资储备支出	6262	2609
国有资本经营收入	848		二十一、灾害防治及应急管理支出	25487	5866
国有资源（资产）有偿使用收入	195903	11715	二十二、其他支出	9027	939
其他收入	16883	14423	二十三、债务付息支出	59152	38829
			其中：地方政府一般债券付息支出	57651	37341
			二十四、债务发行费用支出	393	321
本年收入合计	903009	275820	本年支出合计	2399481	790301

【防范财政金融风险】 2023 年，市财政局成功申报财政部建制县隐性债务风险化解试点，发行特殊再融资债券 40.9 亿元置换存量隐性债务，全省占比 26.2%，每年降低债务还本付息支出 2.1 亿元，有效缓释财政刚性支出和政府债务风险；化解存量隐性债务 65.32 亿元，节约用于化债的资源资产，降低全市政府债务率 6%（市本级降低 9.7%）；成功争取发行再融资债券 29.16 亿元，是全省唯一一个覆盖全部到期地方政府专项债务还本付息的设区市。制定《景德镇市平台优化升级土地资源资产盘活试点工作方案》，按照“产权清晰、历史干净、资产效益最大化”的原则，开展资源资产盘活，实现国有资产保值增值，增加地方政府综合财力 6.2 亿元。

【民生保障资金】 2023 年，全市民生领域累计投入 181.25 亿元，占一般公共预算支出的 75.5%。扎实推进乡村振兴战略，巩固拓展脱贫攻坚成果，全市各级财政投入财政扶贫衔接乡村振兴资金 2.54 亿元。增强民生兜底保障力度，发放创业担保贷款 7.19 亿元，统筹安排就业资金 4339 万元。完善社会保障体系建设，全年累计发放低保救助资金 3.95 亿元。全力支持省、市民生实事落地见效，群众幸福指数持续提升，全市累计教育支出 43.91 亿元，落实地下污水管网等建设资金 5033 万元、生态环保资金 8596 万元。

【预算管理】 2023 年，市财政局深化预算管理制度改革，修订《景德镇市市级部门预算管理办法》，进一步规范和加强市级部门预算管理。集中修订印发 28 项专项资金管理办法。完善国有资本经营预算制度，将符合条件的市级国有企业纳入实施范围。强化预算绩效结果运用，逐步扩大财政重点绩效评价范围，选取环卫一体化、航班补贴等 10 个重点民生项目，市教体局、市文旅局等 10 个部门开展财政重点绩效评价，累计压减二类项目支出 8233 万元，推动预算绩效管理提质增效。加强财政预算评审，开展政府投资建设工程项目评审 33 个，审减金额 5749 万元，审减率 10.2%。加强政府采购管理，政府采购预算节约 4339 万元，节约率为 6.9%。

【全市第一个框架协议采购完成】 2023 年 5 月 9 日，由市财政局组织开展的景德镇市第一个框架协议采购项目《景德镇市财政重点评价项目服务机构采购项目》圆满结束，北京麦多管理咨询有限公司、江西优兰德市场研究咨询有限公司等10家公司成功入围市财政重点评价项目服务机构，标志着框架协议这项新的采购方式在景德镇市正式实施。

【第六届老年人门球联赛在景德镇市举行】2023年6月11—13日，江西省财政系统第六届老年人门球联赛在景德镇市举行，省财政厅、省财经职业学院、各设地市财政局和婺源县财政局14支代表队150余名领队、教练员、运动员参加联赛。经过57场比赛，门球联赛组委会评定景德镇市代表队获三等奖和体育道德风尚奖。

【“产业基金助力发展”案例获市首届“骏马奖”案例】2023年7月10日，经层层推选、逐级审核、各界代表投票并报市委、市政府同意，市作风办从全市范围针对团队和干部职工评选出首届30件“骏马奖”案例和30件“标兵奖”事例，市财政局报送的“产业基金助力发展”获得景德镇市首届“骏马奖”案例之致力发展“当先马”。

【获“政府采购先进监管机构”“优化政府采购营商环境先进单位”称号】2023年7月19—21日，第20届全国政府采购监管峰会在内蒙古自治区鄂尔多斯市举行。财政部指定政府采购宣传媒体（政府采购信息报）联合政府采购信息网对全国政府采购相关机构开展专业度评价，景德镇市财政局获“政府采购先进监管机构（2022—2023年度）”和“优化政府采购营商环境先进单位（2022—2023年度）”荣誉称号。

（彭德凤）

税　务

【概况】2023年，景德镇市税务系统共组织各项税费收入376.72亿元。其中，税务系统口径税收110.63亿元，同比增长42.6%；海关代征进口税收967万元，同比增长129.1%。社会保险基金收入50.73亿元，非税收入209.32亿元，其他收入6.05亿元。其中分税种收入，国内增值税收入59.37亿元，同比增长225.1%；国内消费税收入2.70亿元，同比下降1.8%；企业所得税收入12.33亿元，同比下降29.9%；个人所得税收入5.83亿元，同比增长11.5%；车辆购置税收入2.56亿元，同比下降2.6%；资源税收入2760万元，同比下降37.0%；城市维护建设税收入2.73亿元，同比下降3.2%；房产税收入3.51亿元，同比增长81.5%；印花税收入1.83亿元，同比增长65.4%；城镇土地使用税收入3.37亿元，同比增长8.3%；土地增值税收入3.53亿元，同比下降48.6%；车船税收入1.19亿元，同比下降13.3%；耕地占用税收入1.28亿元，同比增长159.0%；契税收入10.05亿元，同比下降22.2%；环境保护税收入791万元，同比下降20.3%。

【组织税费收入】2023年，市税务局突出组织收入量增质稳这条主线，制定组织收入10项攻坚举措，向管理、项目和政策要税收，挖潜5.03亿元，做到“管好存量、挖掘增量、优化质量、确保总量”。全年组织税收110.63亿元，增长42.6%，其中税收一般公共预算收入53.66亿元，增长22.3%；财产行为税由2022年的31.14亿元下降至2023年的27.84亿元，占比由2022年40.1%下降至2023年25.2%，历史包袱得到一定消除。完成社保非税收入266.1亿元，增长0.6%；助力工业倍增三年行动和“映山红行

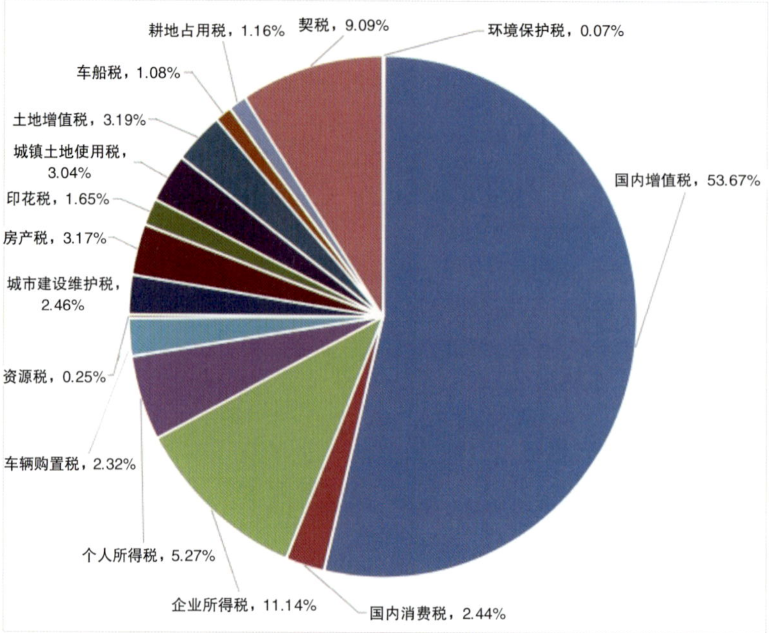

2023年，景德镇市各税种收入占总量比重

动”，入库重点工程税收10.2亿元，增长39.7%。完成工业税收34.31亿元，增幅65%，列全省第一，工业增值税24.53亿元，实现三年翻番，陶瓷税收突破10亿元。制定税收助力陶瓷产业和军工企业高质量发展19条措施，省、市两级税务部门联合支持航空企业科技创新，用好高新技术企业所得税优惠政策和研发费用加计扣除政策。落实军品征收增值税政策，推动拟上市公司“映山红行动”，航空产业同比净增收3.9亿元，其中军工企业税收入库3.8亿元，同比增收3.1亿元。

【落实税费支持政策】 2023年，市税务局构建1个减税办、10个工作组的“1+10”工作机制，制定支持民营经济26条、房地产健康发展13条的税收服务措施，实现政策找人、机器补漏，保障税费红利直达市场主体，新增减税降费8.6亿元，惠及11万户次。

【办税缴费服务】 2023年，全市税务局系统打造4个省级新时代“枫桥式”税务分局，1个省级示范点，实行“一所一品牌”，推行“一员式”服务、“一网式”调解、“一站式”办结立体多元税费矛盾调解机制，解决5836名职工社保医保问题，化解矛盾30件；推行涉税专业服务机构税收集中管理，推进党建与业务深度融合，与注税协会联合开展“六进”志愿和专业服务，服务小微企业、大学生、退伍军人及家属等就业群体，1人获评“赣鄱先锋”，注税行业党总支被评为“全省税务师行业基层党建示范点”；立足解决纳税人急难愁盼问题，积极推动加速建成智慧办税服务厅并顺利运转，5分钟办税服务圈延伸到中心商圈、中介机构、邮政，深化集中审核审批，推行二手房交易告知承诺制办理4500户次，数据核查准确率99.99%，“小件速办”做法被江西省税务局作为创新项目向税务总局推荐。

【征收管理】 2023年，市税务局加强风险闭环管理，常态化开展征管5C指标预警，全年排名列全省税务系统第四；连续12个月执法过错为零；用好税收大数据平台等“三台CT机”，审慎包容陶瓷电商等新经济、新业态合规发展。落细70项重点任务，推出6项创新项目，在税务总局外部数据获取“揭榜挂帅”工作中位居全省前列。制定《陶瓷名家个人所得税征收管理办法》，对275名省级以上大师建立管理信息台账。在全省率先试点自然人股权转让“先税后证”，入库个人所得税同比增长354%。

【推动税收科研调研】 3月2日，为充分发挥理论研究推动税收实践创新、服务税收中心工作的作用，进一步加强科研调研基地的建设和管理，江西省税务局在景德镇市召开2022年全省税务系统群众性课题调研成果（景德镇片区）交流会暨总局税收科研调研基地（江西）研讨会。江西省税务局相关处室领导，片区成员单位、科研调研基地分管领导、办公室主任、论文执笔人等40余人参加会议。

【开具首张全电发票】 4月26日，市税务局金鱼山办税服务厅，为江西国信新能源有限公司开出景德镇市首张全面数字化电子发票，标志着景德镇市金税四期系统正式上线。

【召开陶瓷名家税法辅导暨座谈会】 10月31日，市税务局召开陶瓷名家税法辅导暨座谈会，陶瓷艺术大师、高校专家学者、非遗传承人、手工制瓷平台负责人等25位陶瓷名家代表及市税务局相关部门参加会议。座谈会围绕“落实税费支持政策、助推景德镇陶瓷文化传承创新和陶瓷产业发展”主题，从强化税收政策宣传、优化纳税服务举措、规范陶瓷税收管理等方面开展讨论。

【支持民营经济健康发展专项行动】 12月12日，市税务局、市工商联联合召开新闻发布会，向社会各界通报景德镇市税务局与景德镇市工商联联合开展2023年支持民营经济健康发展专项行动开展的相关情况。市税务局从精宣辅、优体验、解难题、助发展四个方面进一步优化营商环境，让各项税费支持政策和创新服务举措及时惠及民营企业。

（林瑶）

统计管理

【概况】 2023年，景德镇市统计局印发《统计分析报告》40期，《统计分析报告——专报》2期，撰写“观点明确、建议可行”的《统计分析》共35篇。按月编印《统计月报》、编印《景德镇统计年鉴（2023）》《景德镇市情提要（2023）》《景德镇市2023年国民经济和社会发展统计公报》等统计资料。有力有序推进第五次全国经济普查，成功承办第五次全国经济普查暨统计法治宣传月启动仪式。完成160多种统计年报和80多种统计定期报表审核和上报任务。

【“统计法”进党校】 5月6日，市统计局受邀到景德镇市委党校向全市2023年乡科级干部学习贯彻党的二十大精神专题轮训班，以“依法统计，依法治统”为题的《统计法》专题知识讲座。授课结合工作实际认真分析当前统计工作中存在的具体问题，详细解读中央精神，深刻阐述统计监督的重要意义和健全发挥统计监督作用的制度体制，简单介绍2022年全年及2023年第1季度景德镇经济社会发展情况，对近年来发生的多起典型统计违法案件和情况进行通报。活动进一步加强党校各级领导干部统计法律法规及统计业务知识，进一步提升各级领导干部统计法治水平和能力，为深入开展统计造假屡禁难绝专项治理行动奠定坚实的思想基础。

【第五次全国经济普查】 5月26日，成立景德镇市第五次全国经济普查领导小组。领导小组由市委常委、常务副市长任组长，市政府副秘书长、市统计局局长、市委宣传部副部长任副组长，市委政法委、市发改委、市工信局等14个成员单位的分管领导任领导小组成员。6月14日，市统计局在浮梁县三龙镇召开第五次全国经济普查市级综合试点动员暨业务培训会议。各县（市、区）、高新区及昌南新区的经普办主任、业务骨干，三龙镇相关人员及参与试点的普查指导员、普查员70余人参加会议。会上，市统计局业务骨干就《景德镇市第五次全国经济普查综合试点实施方案》内容，对试点乡分专业进行授课。10月7日，召开第五次经济普查（以下简称“五经普”）工作部署会，会上，通报全市“五经普”清查进度及编码改错情况，各县（市、区）、园区汇报“五经普”工作情况，作表态发言并制定相关举措落实“五经普”工作。12月12日，启动第五经济普查工作。

【第十四届“中国统计开放日”宣传活动】 9月21日，市统计局、昌江区统计局联合在豪德贸易广场开展以“经济大普查数说新时代”为主题的第十四届“中国统计开放日”活动。活动现场布置主题宣传板，摆放海报，设置咨询台，工作人员通过向市民发放宣传资料、宣传物品等形式，讲解“五经普”的普查内容、普查方式和普查特点，对统计法律法规和“五经普”知识进行宣传，让市民了解统计知识，感受统计工作，展现经济普查服务国家发展的重要作用，提高“五经普”的知晓度、支持度和配合度，为经济普查工作顺利开展营造良好氛围。

【江西省第五次全国经济普查暨统计法治宣传月启动仪式举行】 12月12日，江西省第五次全国经济普查暨统计法治宣传月启动仪式在景德镇市举行。活动由江西省人民政府主办，江西省统计局、景德镇市人民政府承办。以“经济大普查数说新时代”为主题，宣传介绍第五次全国经济普查及统计法治工作，进一步提高普查对象和社会公众的统计法治意识，促进社会各阶层理解、重视、支持经济普查。江西省第五次全国经济普查（以下简称“五经普”）领导小组成员，各设区市政府、赣江新区、各国家级开发区管委会分管负责人参加。启动仪式上，“五经普”普查员代表进行庄严宣誓，企业代表签署依法统计倡议书。情境瓷乐表演《采茶迎客》、快板剧《“五经普”关系你我他》、歌舞《我在牡丹亭等你》、高安采茶戏《攻关》、音舞诗画《红色统计薪火传》等节目，通过统计知识与艺术欣赏的有机结合，广泛宣传“五经普”清查工作、统计调查工作以及统计法律法规。现场通过宣传展板、现场咨询、发放宣传折页及宣传物品等形式向市民普及相关知识，进一步提高社会公众对“五经普”的知晓度、支持度和配合度。

（解怡芬）

审计监督

【概况】 2023年，市审计局共完成审计项目（调查）49个，查出主要问题金额152.35亿元，收缴入库财政资金超1059万元，移送处理事项55项，涉及人员145余人，提出审计建议216余条，向市委市政府报告审计专报8篇，其中5篇得到市委、市政府领导的肯定性批示。经市委审计委员会研究通过的《景德镇市2022—2026年市管领导干部经济责任审计项目五年规划》，进一步规范领导干部任中审计和计划管理。召开纪检监察监督与审计监督贯通协同工作座谈会，健全完善两类监督在信息共享、线索移交、处理反馈等方面的协同配合机制，及时向纪检监察、巡视巡察部门提供案件线索及有关审计资料26次，派出审计业务骨干16人次参加巡视巡察、纪委监委办案。全年共制定修订《中共景德镇市审计局党组议事规则》《景德镇市审计局财务管理办法》《景德镇市审计局差旅费管理办法》《景德镇市审计局公务接待管理办法》《景德镇市审计局年度项目计划实施进展情况通报制度》《景德镇市审计局机关档案管理办法》《景德镇市审计局临聘人员管理办法》等16项规章制度。

【财政审计】 2023年，通过审计上缴各级财政非税收入7392万元，避免或挽回资金损失1.02亿元，审计结果报告和审计工作报告受到市委、市人大、市政府的高度评价。

【民生资金审计】 2023年，市审计局加大对民生资金和民生项目的审计监督力度，组织开展就业补助资金和失业保险基金审计、乡村振兴政策落实等审计，确保民生资金落实到位、阳光运行、惠及民生。在全市就业补助资金专项审计调查中发现，市就创服务中心在创业孵化基地运行费补贴发放中存在内部审核把关不严、风险防控不当的问题，造成资金损失重大，相关涉案人员已被双开。以经责审计为着力点，对全市4家重点公立医院进行审计，发现存在医保欠款严重、内控管理混乱、收费不合理等问题，形成审计专报1篇，呈报市政府主要及分管领导，并督促相关医院立行立改。

【专项审计】 2023年，市审计局先后组织40人次组成6个审计组，赴赣州市、新余市进行税收审计和融资平台专项审计调查。审计查出违规金额上亿元，揭示大量违纪违规问题，提出审计意见和建议，社会反响强烈。

【国有企业审计】 2023年初，市审计局完成国控集团资产负债损益情况审计，实现对景德镇市3家国有重点融资平台公司审计全覆盖，先后指出市融资平台公司存在法人治理结构不合理，出借资金回收难、存在重大损失风险等问题。此外，开展黑猫集团资产、负债及损益情况审计，推动国有企业及其领导人员落实宏观政策，转变发展方式，加强经营管理，防控重大风险。

【审计整改】 2023年，市审计局配合市整改办抓好景德镇市党政主要领导经济责任审计整改工作，提供业务咨询，对整改资料进行审核把关，至12月底，36个问题已完成整改28个，整改中8个，整改完成率78%，已上缴财政12.11亿元，建立健全规章制度3项，追责问责8人。牵头全省地方政府融资平台公司审计整改中涉及景德镇市市本级和县（市、区）13家融资平台公司的自查自纠工作，抽调审计骨干对各平台公司的整改台账和佐证材料进行审核完善，代市政府草拟《景德镇市地方政府融资平台关于开展审计整改自查自纠的报告》，至12月底，80个问题已全部完成整改，整改完成率100%。审核、督促有关单位落实2022年省级预算执行和其他财政收支审计涉及景德镇市9个方面共40个问题的整改工作，至12月底，已整改39项，部分整改1项，整改完成率97.5%，建立健全规章制度18项，共计追责问责18人。持续抓好市本级审计查出问题整改工作，召开审计整改督办会，督促被审计单位举一反三、规章建制、联动整改，着力推动整改工作提质增效，2022年市本级预算执行和其他财政收支审计工作报告反映的245个问题中，立行立改217个，已整改209个，整改完成率96.31%，避免或挽回资金损失1.02亿元，建立健全制度57项，问责10人，采取司法手段3个。

【经济责任审计】 至12月底，市审计局完成43名县级领导干部的经济责任审计。完成1名县级领导干部的自然资源资产离任审计，重点关注土地利用、耕地占有、林地保护等方面，相关审计成果形成审计专报1篇，获市政府主要领导批示，有关林地侵占破坏问题线索已移送市林业局。

【投资审计】 至12月底，市审计局组织实施景德镇市中心城区停车场项目（一期、二期）建设管理情况审计、景德镇学院搬迁工程项目决算审计、市社会公共事务服务中心项目建设管理情况审计、新城大厦项目建设管理情况审计等8个重点建设项目审计，审计查出问题金额8.22亿元，纠正工程造价不实金额（多计工程款）9188.84万元，进一步保障政府公共资金使用的安全高效。

（邱诚伟）

国家调查

【概况】 2023年，景德镇国家调查队采取独立调查、直接调查方式，完成城乡居民生活调查、居民消费价格调查、工业生产者价格调查、采购经理调查、劳动力调查、农业农村调查等各项常规调查任务。组织各专业开展基层基础检查工作，对各专业基层基础工作进行全面检查整改。加强对辅调员的管理和激励考核，强化业务培训，规范调查程序，组织开展优秀辅调员评选，选树优秀辅调员。强化统计法治宣传，组织开展“嵌入式”普法，送《统计法》入户、入企，引导调查对象支持、配合统计调查工作。组织开展“双随机”执法监督检查，建立统计监督与各类监督贯通协同机制，严肃查处统计违纪违法行为，营造良好的统计调查生态环境。全年共参与完成江西调查总队各类调研50次，景德镇市政府办公室约稿13次，形成调研报告63篇。《技术创新立潮头 产业发展筑高地——中国瓷都先进陶瓷产业发展研究报告》经《江西调查》2023年增刊第40期刊登后，获省长、副省长肯定批示，10篇获市主要领导肯定批示，其中《向“新”而行谋发展以“瓷”为媒续新篇——新型工业化背景下景德镇陶瓷产业发展路径探讨》获市长肯定批示。

【居民人均可支配收入突破4万元】2023年，景德镇市委、市政府坚持民生导向，各项惠民政策落地落实，居民人均可支配收入突破4万元。住户调查数据显示，2023年，景德镇市全体居民人均可支配收入40357元，同比增长4.9%。其中，城镇居民人均可支配收入49528元，同比增长3.8%；农村居民人均可支配收入23863元，同比增长6.9%。

【粮食总产实现恢复性增产】2023年，农业农村调查数据显示，景德镇市2023年粮食总产量为11.2亿斤，比上年增加0.3亿斤，增长2.91%。粮食作物平均单产391.76公斤/亩，每亩产量比上年增加11.1公斤，增长2.92%。主要因素一方面受利好天气影响，特别是今年气象条件总体有利于粮食作物生长，为全年粮食生产丰收提供一定的保障；另一方面全市不断强化农业技术服务，进一步稳定农业生产，全年实现恢复性增产。

【粮食播面持续稳定】2023年，全市通过调整优化种植结构，积极推进间套复种、整改复耕，进一步稳定粮食种植面积。农业农村调查数据显示，景德镇市2023年全年播种面积143.44万亩，粮食播种面积连续四年达到143万亩，粮食播面持续稳定。

【畜禽出栏呈现“三增一减”态势】2023年，景德镇市统筹抓好畜禽养殖指导与产销对接，多措并举、多点发力，保障市场稳定供应。农业农村调查数据显示，2023年全市生猪出栏586730头，同比增长7.22%；牛出栏18367头，同比下降8.34%；羊出栏57534只，同比增长15.22%；家禽出栏5730286只，同比增长3.3%。畜禽出栏呈现出“三增一减”态势。

【物价运行总体稳定】2023年，景德镇市随着防疫措施优化调整之后，各项保供稳价政策持续显效，供应快速回暖，需求持续恢复，物价运行保持总体稳定。居民消费价格调查数据显示，2023年居民消费价格总指数（CPI）为100%，低于全国平均水平0.2个百分点、低于全省平均水平0.3个百分点。

【课题分析双获全省一等奖】2023年，市国家调查队以调查数据开发为基础，紧密围绕时政热点、民生焦点问题，开展课题调研分析。江西调查总队《关于2023年度全省调查队系统中标课题、优秀分析评比结果的通报》中，市国家调查队报送的A类课题《技术创新立潮头 产业发展筑高地——中国瓷都先进陶瓷产业发展研究报告》和分析文章《老旧小区换新颜改造工作仍有“三难”——景德镇市老旧小区改造调研报告》双双获全省一等奖。

（焦伟亮）

自然资源和规划管理

【概况】2023年，自然资源和规划局共梳理出重大项目25个，并跟踪服务好项目土地征收、用地报批、供地等手续，共组织报批用地2427亩。共完成消化批而未用土地14540亩，消化周期从5年降为4.2年，批而未供土地11353.2亩，处置闲置土地7973.85亩，全面完成省厅下达处置任务。全年共征收市本级土地46宗2257亩；出让市土地92宗，总面积6336.64亩；划拨土地17宗979.86亩。全面推行“双随机、一公开”监管，建立测绘和矿山领域行政检查对象名录库，生成双随机行政检查工作任务。在全省率先实现“一码通办”，率先实行承诺制核税缴税，率先实现抵押登记“无纸化、智能办”，率先实现登记信息及地籍图三维可视化查询，率先推出不动产“带押过户”。建立健全市地质灾害群测群防体系，共梳理全市地质灾害隐患点2961处，发布地灾气象预警17次、信息3918条。稳步推进历史遗留问题处理，完成55个项目16107户居民办证问题。

【国土空间规划】2023年，自然资源和规划局推动市级国土空间规划编制成果通过省政府批复，乐平市、浮梁县正同步开展。同时，完成村庄规划编制155个。聚焦国家试验区建设，共争取省厅调整用地规模59.91公顷，有效保障景德镇机场扩建、昌江航道提升等重大项目用地需求。全年共组织编制18个项目控规、动态维护与研究论证工作，涉及土地范围1.5万亩。至年底，浮梁县西湖乡荻湾片区、乐平市土地征收成片开发方案已通过省专家认证，并获省政府批复。牵头制定《景德镇市城市山体保护条例》，已经江西省第十四届人民代表大会常务委员会第十次会议通过。

【土地资源保护】2023年，景德镇市耕地保护面积122.15万亩，较上一年度增加1.86万亩，实现耕地保护数量稳中有增目标。组织项目竣工验收1900亩，报备入库耕地212亩；完成增减挂钩项目验收面积102.1亩。通过报批、拆除、复耕复录以及“清单管理”和督办机制等方式，完成2023年卫片图斑整改137.84亩、历年来违法图斑整改3705.52亩、2020—2023年例行督察反馈问题整改348个，实现“零约谈、零问责”目标。立案查处违法案件63宗，查处面积854.17亩，收缴罚没款1208万元，处理责任人21人。

【矿产资源保护】2023年，开展矿业权管理，全年办理采矿权、探矿权业务登记2宗；启动探矿权出让4宗；下达特定钨矿开采控制指标300吨。排查自然资源领域企业339家，责令停产6家，排查矿坑39个。加大废弃矿山生态修复，扎实推进规范矿产资源保护开发利用专项行动和开展全市矿产资源领域非法开采行为专项整治三年行动。共排查采矿权问题649个、探矿权问题117个、无证盗采点问题5个，均已完成销号；修复完成“十四五”期间矿山29座，修复面积1851亩；完成年度矿山生态环境问题整改74个。

【矿山安全生产和生态修复工作督导】9月27日下午，市自然资源和规划局党组书记、局长王晨带队赴乐平对持证矿山（乐平市张家坞采石场）安全生产和废弃矿山（乐平市华紫峰废弃矿山）生态修复工作进行实地督导。针对乐平市废弃矿山修复压力大、任务重的情况，督促指导乐平市自规局要进一步强化使命担当、创新工作举措、拓展资金来源，按时保质完成治理任务。经全力推进，至12月底，全市“十四五”期间87座废弃矿山治理任务已完成49座。

【省专项行动督导检查】10月17—18日，省深入整治规范矿产资源保护开发利用专项行动督导检查组赴浮梁县蛟潭镇杨家采石场和乐平市晶诚碳酸钙有限公司了解矿山开发利用相关问题整改情况。现场调研后，市自然资源和规划局局长作工作汇报，各市级专项行动专班成员单位有关领导，各县（市、区）政府分管领导及县级专班参加会议并进行交流讨论。针对省纪委、省监委矿山领域暗访指出景德镇市4个矿山存在6个生态环境方面问题，市生态环境局认真督促企业整改，至12月底所有问题均已整改到位。

【全市矿产资源领域非法开采整治三年行动动员部署会】11月9日，全市矿产资源领域非法开采整治三年行动动员部署会在市自然资源和规划局召开。市政府常务副市长，市政府副秘书长，市纪委市监委驻市自然资源和规划局纪检监察组组长，各县市区政府、管委会分管负责人，市自然资源和规划部门副县级以上干部及有关科室负责人，乐平市、浮梁县重点涉矿乡镇政府主要负责人，各县市区自然资源和规划主管部门负责人及执法大队负责人，全市持证矿山企业的法人代表参加会议。会上宣读《全市矿产资源领域非法开采整治三年行动工作方案》；乡镇政府主要负责人和市政矿山企业的法人代表作表态发言。会议要求以高站位强认识，以严标准抓落实，以强担当保发展，坚决防止“边整治边新增”，形成数量适当、规模集中、结构合理的矿山生产布局。

【《景德镇市国土空间总体规划（2021—2035年）》获批复】12月18日，江西省人民政府印发关于《景德镇市国土空间总体规划（2021—2035年）》的批复，原则同意《景德镇市国土空间总体规划（2021—2035年）》（以下简称《规划》）。《规划》以“三调”为“底盘”，优先划定耕地和永久基本农田保护红线，坚守粮食安全底线。全市耕地保护任务120.29万亩，划定永久基本农田保护任务106.51万亩。严划严守生态保护红线。全市生态保护红线优化后面积1796.41平方千米，占景德镇全域国土面积的34.14%。高效划定城镇开发边界。划定全市城镇开发边界243.08平方千米，全市开发边界增量为32.05平方千米。增量空间70%以上用于保障重点产业项目，30%用于保护利用好现有山水脉络、历史文化和工业遗产资源，彰显“名城”独特魅力。

【协调解决土地利用和不动产登记管理的问题】 12月24日，景德镇市自然资源和规划局工作人员到昌飞公司进行现场办公，就昌飞相关的建设用地供给、土地换证及历史欠款清欠等问题逐一给出解决方案，解决了昌飞历史遗留问题。　（章武　张诗晨）

市场监督管理

【概况】 2023年，市市场监督管理局制定完成“‘景德镇制’陶瓷品牌评价通用要求”地方标准、“陶瓷酒瓶”等3项日用瓷团体标准以及“陶瓷艺术品数字身份编码规则”等6项艺术瓷团体标准。市陶瓷检测分析中心已取得CMA检测资质，并全面投入运行。码上溯源逐步优化，搭建智能化的数字监管平台网站，初步建成产品全程追溯系统，实现“一品一码”。多次组织“景德镇制”产品参加国际陶瓷精品展会，面向近千家陶瓷企业组织开展6场“景德镇制”集中宣贯会。集中查处一批陶瓷产品侵犯商标专用权、虚假宣传、商业混淆等类型违法案件，立案20余起。成功引进8家规模企业落户景德镇市，陶博城签约面积超12000平方米。同时在陶博城设立市场监管“一站式”服务，实现办事不出“城”。面向全市经营主体开展“送政策、送温暖、送服务”活动，印发《致经营主体的一封信》和《旅游住宿行业政策汇编》，完成全市944家酒店民宿的情况摸底。发送290万多条温馨提示短信，设置50个价格监测点，核发《特种行业许可证》497家，发布12期《促进全市旅游住宿行业规范经营工作信息动态》和1批违规经营典型案例。在全省率先推出“无感续证”“先税后证”“证照并销”改革，探索实施“无感注销”服务。一日办结率高达99.89%，保持在全省优秀梯队。深入推进政务服务“一网、一门、一次”改革，“一照通办”事项覆盖率新增30%。探索延伸“信用+N”服务，推进经营主体信用风险分类管理。设立6个市场监管信用服务联络站，为3417户经营主体办理信用修复，新增风险归集数据228739条，归集指标覆盖率达74.01%，信用数据质量位列全省第一。全年共发布对标达标结果614个，标准实施与监督工作位列全省第二；共有30个国家级标准化试点示范项目，标准化试点示范项目位列全省第三；市级地方标准累计发布数量位居全省第一方阵。3家企业的3个产品被评为第三届“赣出精品”，10家企业的11个产品被认定为江西名牌产品，陶瓷行业质量基础设施“一站式”服务案例被苏浙皖赣沪“四省一市”市场监管系统评为优秀案例，2家企业的首席质量官质量变革创新案例和先进质量管理方法被全省市场监管系统评为典型案例，并在质量月活动中予以推广宣传。全市2056名包保干部对食品经营主体督导覆盖率100%。扎实开展校园食品安全提升治理专项行动，学校食堂和校外供餐单位食品安全员、食品安全总监配备率100%。常态化开展食品安全“守查保”深化行动，“5G+明厨亮灶智慧监管”项目正式上线启用。“智慧监管”建设平台入驻企业465家，入驻率达98%。为全市所有镇村配备药品协管员和安全信息员。扎实开展电梯检验和维保质量监督抽查、杂物电梯安全隐患专项治理，推进气瓶质量安全溯源以及城镇燃气专项整治。共检查单位209家、设备575台（套），发现隐患并整改214起。持续开展农用物资、电动车、儿童玩具用品、学生考试用品等产品质量安全检查及抽检，完成抽查107批次。

2023年，开展理论和实践相结合的“市监大讲堂”12期，“局长服务日”共接待企业群众740人次，解决各类问题286个，采纳意见建议50多条。深入基层群众和市场主体开展实地调研和现场座谈30余次，发现并解决问题17个，建章立制20项。开展全市市场监管系统行风建设三年攻坚专项行动，排查整治并整改行风突出问题21条。围绕教育收费、计量作弊等23类民生领域开展“铁拳”行动，查办案件77起，入选全省市场监管系统典型案例6起。江少军、葛建云、肖佳3名执法人员获国家市场监管总局通报表扬。景德镇市第一强制隔离戒毒所被评为“2022年度全国药物滥用监测基层优秀报告单位”，是景德镇市药物滥用监测基层单位首次获此国家级殊荣。

【首违轻微免罚】 2023年，景德镇市行政执法部门共计对908家市场主体、4万余人次机动车驾驶人适用“首违轻微免罚”制度，累计免除罚款970余万元，其中市场监管系统免罚案件数量86件，免罚金额达230万元。

【食品快速检测平台建设完成】 2023年，市县两级市场监管局共同发力，先后筹集资金110万元支持基层示范实验室和实施型实验室建设，同时组织基层快检人员集中培训等方式，高质量完成全市六个县（市、区）局基层实施型食品快检室建设。

【“械械平安”医疗器械经营安全示范点】 2023年，市市场监督管理局在全省率先开展“械械平安”医疗器械经营安全示范点创建工作，遴选江西黄庆仁栈华氏大药房有限公司景德镇种德堂总店、江西益丰健民大药房连锁有限公司景德镇瓷都大道分公司、江西祥和大药房医药连锁有限公司景德镇新厂分公司、景德镇市景客隆康达药品有限公司等12家医疗器械经营安全示范点进行重点培育，并颁发“2023年度‘械械平安’医疗器械经营安全示范点”牌匾。

【首批新能源出租汽车计价器完成检定】 1月13日，景德镇市市场监督管理综合检验检测中心按照《出租汽车计价器检定规程》对新装计价器的外观结构、计价功能、计程误差等项目进行检定，顺利完成首批次31台纯电动出租汽车计价器的检定工作。

【首张个体工商户变更经营者营业执照】 2月1日，高新区政务服务中心市场监管窗口协助段某某办理经营者变更手续，成功领取新的营业执照，这是个体工商户经营者变更政策发布后高新区发出的首张营业执照。

【建立行政处罚信息信用修复主动告知制度】 2月3日，景德镇市市场监督管理局创新建立行政处罚信息信用修复主动告知制度，全面推行行政处罚决定书与信用修复告知书“两书同送”工作机制。通过强化信用修复即时告知和提前指导，引导市场主体及时纠正失信行为，助力企业主动修复不良信息。2月7日，景德镇市市场监督管理执法稽查局在对一家企业送达行政处罚决定书的同时，送达《信用修复告知书》。这是市市场监管部门率全省之先，在建立市场监督管理行政处罚信息信用修复主动告知制度后主动作为下发的首份《信用修复告知书》。

【开通“两区通办”业务】 2月13日，景德镇市高新区、昌江区市场监督管理局推出首批15项营业执照通办清单，企业和群众能在异地“马上办、就近办、便利办”，实现跨区域“无差别受理、同标准办理”，切实解决办事“多地跑”“折返跑”等堵点难点问题。

【“3·15”集中销毁假冒伪劣商品活动】 3月10日，市市场监督管理局、市烟草专卖局、市公安局、市消保委联合开展“3·15”集中销毁假冒伪劣商品活动，现场销毁4778.5条假冒伪劣香烟及6吨烟丝，总价值170万余元。

【景德镇市消费者权益保护委员会成立大会】 3月13日，召开景德镇市消费者权益保护委员会成立大会。会议选举市人大常委会副主任为市消费者权益保护委员会主任。会议选举产生第一届景德镇市消费者权益保护委员会组成人员，并通过《景德镇市消费者权益保护委员会章程》。

【“3·15”大型宣传咨询服务活动】 3月15日，市市场监督管理局联合市消费者权益保护联席成员单位围绕2023年度“提振消费信心”的消费维权年主题，在市人民广场开展“3·15”大型宣传咨询服务活动。活动中，全市14家诚信经营示范企业（店）举行守信承诺集体签名活动。此次活动共计受理消费者投诉28件，发放法律法规等各种宣传资料1000余份，为消费者提供服务、咨询200余人次。

【推出“无感续证”新服务】 3月15日，市市场监督管理局推出“无感续证”服务，主动联系景德镇江南之星商务宾馆有限公司万客缘酒楼法人办理食品经营许可延续手续，收到该公司申请后，立即为其办理新证并送证上门。

【招商推介会】 3月20日，市市监督管理局在广东省潮州市威尼斯大酒店召开景德镇国际陶瓷博览交易中心招商推介会，86家潮州从事陶瓷行业的企业代表参加会议。会上，介绍景德镇国际陶瓷博览交易中心（陶博城）对外招商的基本情况和优惠政策。会后与66家陶瓷企业签订合作意向协议。

【签订价格诚信承诺书】 4月22日，市市场监督管理局、市发改委、市文旅局联合召开宾馆酒店行业价格行为提醒告诫会。会上，城区42家酒店经营者现场签订价格诚信承诺书，向社会作出公开承诺，包括遵守法律法规和相关政策规定，明码标价、诚信经营，理性合理定价，不盲目跟风涨价，不超标收费，坚持依法依规经营，自觉接受社会监督等。

【打击和防范传销宣传活动】5月15日，市市场监督管理局、景德镇市打击传销工作领导小组办公室联合县（市、区）市场监管局利用“5·15”打击和防范经济犯罪宣传日在市人民广场开展打击传销宣传活动。活动共发放防传销宣传手册200余份，解答群众咨询48人次，强化市民知法、敬法、守法、护法意识。

【“5·20”世界计量日宣传活动】5月19日，市市场监督管理局、市市场监督管理综合检验检测中心、中国石化江西景德镇分公司联合开展“计量助力中国式现代化‘5·20’世界计量日”宣传活动。活动现场演示加油机检定过程，解答消费者提出的有关加油站计量、油品质量方面的问题，组织加油站工作人员现场学习计量相关法律法规。

【推出“证照并销”改革】5月22日，市市场监督管理局联合推出“证照并销”改革，在同一登记机关取得营业执照且核发食品经营许可证的市场主体，申请办理证照注销时，在材料齐全、符合法定受理条件的前提下，通过前台窗口无差别受理、后台同步审核，实现营业执照、许可证件同时注销的审批模式。有效破解“跑多次、进多窗”痼疾，通过一窗受理、一表申请、一套材料、部门流转，实现一次性“无感注销”。

【诚信文化宣传月活动】7月13日，景德镇市市场监督管理局、景德镇市文明办、景德镇市发改委、浮梁县市场监管局、浮梁县发改委共同承办的2023年景德镇首届“弘扬诚信文化建设诚信瓷都”诚信文化宣传月启动仪式在浮梁县举行。市、县有关单位负责人，部分受邀企业代表共计30余人出席仪式。浮梁茶开发（集团）有限公司企业代表受邀发言，受邀企业共同签署诚信经营信用承诺书并集体作诚信宣誓。

【全省电梯安全工作会在景德镇召开】9月7—8日，全省电梯安全工作会议在景德镇市召开。江西省市场监督管理局相关领导、各地市（省直管县）市场监督管理局分管领导、相关科（股）室负责人，全省电梯制造、安装、修理单位负责人、省特种设备安全技术协会相关人员参加会议。会议邀请相关专家进行专业授课。会议讨论研究《江西省电梯维保行业自律公约》（征求意见稿）和《电梯维保履职承诺书》（征求意见稿）等电梯维保行业自律行为相关文件。会上，就电梯安全监管改革进行交流座谈，对近期电梯安全工作进行部署。

【“质量月”群众咨询服务活动】9月18日，围绕“增强质量意识，推进高质量发展”主题，景德镇市质量强市相关成员单位联合举办景德镇市2023年“质量月”群众咨询服务活动。活动现场共设置咨询服务台10余个，安放展板20余块，发放宣传资料1500余份，现场接待群众咨询120余人次，切实提高全市广大群众的质量认识，增强全市广大群众的质量意识。

【推进“市县同权”改革工作】11月27日，市市场监督管理局在全市市场监管系统范围内，聚焦企业群众办事创业“多头跑、来回跑”等堵点痛点问题，按照重心下移、减少层级、权责一致、提升效能原则，积极推进“市县同权”改革工作，真正做到让群众少跑腿、少跑路。采取“依法下放”“受审分离”等形式完成“市县同权”改革事项54件，取消现场勘验许可事项83件。

（张龙雨）

知识产权保护

【概况】2023年，景德镇市获批建设国家级知识产权保护中心和第二批全国知识产权纠纷快速处理试点，全省首创大学生陶瓷外观设计专利大赛，3件专利获得第24届中国专利奖优秀奖，获奖数全省第一。全国首创知识产权陶瓷技术调查官制度，办理知识产权行政案件809件，排名全省第一。创新实施专利“先使用后付费”模式，推动52件陶瓷外观设计专利成功转化。江西改革公众号刊发《景德镇市创新陶瓷领域知识产权保护机制》一文，收录于2022年度江西改革案例之一。景德镇知识产权行政保护工作绩效在江西省排名第一，跻身全国中等以上行列。

在2022年度全国知识产权快速协同保护工作绩效考核中，景德镇市知识产权保护中心综合考核成绩92.37分，获国家知识产权局通报表扬。

【景德镇、唐山两市开启跨地区知识产权合作模式】3月23日，景德镇市知识产权局与唐山市知识产权局在景德镇市知识产权保护中心签订《知识产权行政保护协作协议》。该协议为加强知识产权保护、优化知识产权营商环境、推动两市协同发展起到积极的推动作用。8月28日，景德镇市珠山区、昌江区、高新区、昌南新区市场监管局与唐山市迁安市、遵化市、路北区、丰南区、曹妃甸区、玉田县签订《跨区域知识产权保护合作协议》，此次合作协议是在3月份景德镇与唐山两地级市签订知识产权行政保护合作协议的基础上，再次加强沟通协作促进两地十个县（市）区签订的合作成果和重要举措。协议双方将充分发挥各自优势和特色，共同推动构建知识产权“严保护、大保护、快保护、同保护”工作格局，进一步健全知识产权保护工作体系，形成跨区域知识产权保护强大合力。9月16日，景德镇市市场监督管理局、景德镇市知识产权保护中心入驻第二十四届（唐山）中国陶瓷博览会，联合唐山市场监督管理局开展知识产权保护及维权援助专项行动。此次行动千年瓷都景德镇牵手北方瓷都唐山，共同推动构建知识产权“严、大、快、同”工作格局，促进陶瓷产业以创新驱动，引领高质量发展。

【“景德镇制”新标识启用】 3月29日，“景德镇制”新标识启用仪式在红叶陶瓷股份有限公司国瓷馆一楼展厅举行。市市场监督管理局、市陶瓷协会、市工商联负责人及企业代表出席。“景德镇制”新标识的启用，标志着“景德镇制”区域品牌重塑与保护迈上新台阶，对推动景德镇陶瓷产业高质量发展具有重大意义，对保护好景德镇陶瓷品牌、数字赋能都将起到重要作用。6月7日，首批“景德镇制”官方认证产品在第十九届中国（深圳）国际文化产业博览会上展出。

【2023年知识产权宣传周活动暨景德镇首届大学生陶瓷外观设计专利大赛启动仪式】 4月26日，市市场监督管理局、市法院、市检察院、市公安局等11家单位联合开展以“加强知识产权法治保障，有力支持全面创新”为主题的知识产权宣传周活动。各单位工作人员及企业代表、学生代表、专家代表共计96人参加现场活动。活动现场开展“珠山区陶瓷创客知识产权服务中心”授牌仪式，颁发“景德镇市知识产权专家库”专家证书，发布景德镇市知识产权保护十大典型案例并播放宣传片，宣布启动“弄子里”景德镇首届大学生陶瓷外观设计专利大赛等活动。各参展单位现场发放宣传资料、法律法规资料500余份，接受咨询200余人次。

【知识产权陶瓷技术调查官制度】 5月19日，景德镇市在全省首创知识产权陶瓷技术调查官制度，聘请18名来自高校、科研院所、企事业单位、社会组织等，具备5年以上陶瓷领域工作经验以及副高以上专业职称，熟知陶瓷领域技术现状和发展趋势的专家担任陶瓷技术调查官，针对性解决陶瓷知识产权纠纷认定难题。

【3件专利获中国专利奖】 7月19日，国家知识产权局发布《国家知识产权局第二十四届中国专利奖授奖的决定》，景德镇市3件专利获第24届中国专利奖。中国直升机设计研究所的专利一种机翼内置涵道的垂直起降旋翼飞行器，获中国专利优秀奖；景德镇市玉柏瓷业有限公司的专利“陶瓷茶具套件（心如莲花）”和景德镇诚德轩瓷业有限公司的专利“成套茶具”获得中国外观设计优秀奖。

【四省九市签订政务服务“跨域通办”暨知识产权跨区域保护合作协议】 8月16日，鄂皖赣湘四省九市市场监管部门在黄石市签订《市场监管政务服务“跨域通办”合作协议》和《知识产权跨区域保护合作协议》，构建线上线下深度融合的“跨域通办”机制，进一步提升市场监管部门政务服务的便捷度。鄂皖赣湘四省九市分别是：黄石市、黄冈市、鄂州市、咸宁市、九江市、景德镇市、池州市、安庆市、岳阳市。

【1件专利获江西省专利奖】 8月23日，景德镇市长虹华意压缩机股份有限公司的“一种冰箱压缩机零件加工用多功能设备平台”专利项目获第五届江西省专利转化运用奖。

【首届景德镇大学生陶瓷外观设计专利大赛】 10月16日，“弄子里”首届景德镇大学生陶瓷外观设计专利大赛颁奖大会在市发展中心北苑举办。全市高校学生代表、企业代表、各县（市、区）市场监督管理局主要负责人等近200人参加大会。本届大赛以“创新·创造—镇当时”为主题，面向景德镇市10万大学生，鼓励通过创意与设计，创作出优秀陶瓷作品。自4月启动以来，共收到作品500余件，评选出21件优秀作品，陶瓷壶《唐韵》获一等奖，景德镇陶瓷大学等4所高校获得最佳组织奖，徐滢等11位老师获得优秀指导老师奖。

【2件地理标志品牌获金银奖】 11月30日，中部四省（鄂晋皖赣）地理标志助力高质量发展大会暨

品牌培育创新大赛决赛在武汉举行。景德镇市“景德镇制”地理标志证明商标以总分第一名成绩获大赛金奖，“浮梁茶”地理标志证明商标荣获大赛银奖。（张龙雨）

海 关

【概况】 2023年，景德镇海关指导重点企业获得RCEP经核准出口商资质。指导企业签发RCEP原产地证书144份，同比增长16.1%，签发优惠贸易协定原产地证书2116份、签证金额1.8亿美元，预计企业可享受进口国关税减免约7000万元。针对陶瓷出口发展存在的短板、弱项，赴辖区各县区及重点企业开展专项调研9次，现场指导解决简化申报、物流通关等问题，全年景德镇陶瓷出口10.35亿元，同比增长100.7%。创新乐平医药化工“审验同步、数据跑路”服务模式，每批次可为企业节约1—2天时间，预计每年可减少支出合计120万元。指导天新药业成为AEO高级认证企业和经核准出口商；安排专人对2023年中国景德镇国际陶瓷博览会首次参展企业开展“面对面”全程辅导，来自16个国家和地区的530余件展品参展，相关做法被总署信息及央视网、新华社等平台刊登宣传。“艺术品智慧监管”被纳入署级智慧海关建设业务场景应用试点清单；与北京、上海、沈阳海关开展集中工作，研讨技术规范与作业指导书，就设备和平台的统一性进行论证，为项目成果应用打下坚实基础；结合保税监管、私货管理等业务场景，共验证陶瓷、书画、雕塑等各类样本共计286件，该项技术再次应用于第六届进博会艺术品保税展示交易监管；《鉴证唯“艺”海关守护》介绍片在国际海关专员俱乐部会议和香港海关来南昌海关交流中播放，获得广泛认可；代表中国海关在WCO专题会上推介艺术品智慧监管项目。

【进出口危险品安全监管】 2023年，景德镇海关制定重大事故隐患专项排查整治2023行动方案和“安全生产月”活动任务分工表，动态更新问题隐患和制度措施“两个清单”。常态化开展口岸危险品综合治理等专项行动，推出预约查检、单证优先办理等机制，提升危化品查检效率；与乐平市政府共同签发《关于进一步加强进出口危险品安全监管的通知》，建立安全监管联动工作机制。全年共监管出口危险品及其包装1318批次，检出不合格52批次，不合格率3.95%。提升打私效能，办结寄递渠道涉气枪零部件行政处罚案件1起。

【促进新业态发展取得新突破】 2023年，景德镇海关联合相关部门召开“口岸惠企”宣讲会3场，主动对接景德镇跨境电商企业和市场采购贸易运营单位提供一对一服务40余次，向景德镇市委、市政府报送相关工作专报4篇，获得高度肯定；全力支持景德镇上线“赣采通”“联网监管”市场采购“双平台”，实现商户备案、申报通关等“一站式”办理，助力小微制瓷商户走上国际贸易大舞台；依托市场采购联网监管平台，实现新业态监管闭环。

【景德镇首家RCEP项下经核准出口商获海关认定】 6月30日，江西天新药业股份有限公司顺利通过南昌海关审核认定，成为景德镇首家RCEP（区域全面经济伙伴关系协定）项下经核准出口商。之后，该公司在货物出口时，无须逐票向海关申领原产地证书，可随时自主出具效力等同于原产地证书的原产地声明，获得通关便利。

【景德镇菜肴首获出口】 9月27日，景德镇海关助力景德镇市生产的调味品首次出口海外。为确保出口食品顺利供港，景德镇海关主动指导企业完善HACCP食品安全管理体系，加强对原料采购、储存、生产、运输等环节安全生产质量控制，提升产品质量自检自控能力和质量水平；主动向企业发送技术性贸易措施舆情通报，协助企业开展国外法规、限量标准、通关要求等制度规定信息的搜集，帮助企业及时了解国外法规标准的更新变化，确保出口产品质量符合目的国要求；派出业务专家上门开展出口食品安全法规宣讲、食品危害分析和预防性控制措施培训指导，提前做好出口前的各项工作，帮助企业进一步打开国际市场。

【驻华海关专员俱乐部研讨会在景德镇市举行】 10月27日，“智慧海关知识共享”驻华海关专员俱乐部研讨会在景德镇市举行。来自16个国家和地区的20余位驻华海关专员，海关总署、南昌海关及景德镇市代表共50余人参加会议。通过互学互鉴，共享共进，推动国际海关事业取得新发展、新突破。研讨会将进一步深化海关与景德镇的关地合作，助力景德镇国家试验区建设和贸易兴市行动计划。

（陈正强）

园区经济

景德镇高新区技术产业开发区

【概况】 2023年，景德镇高新区技术产业开发区规划面积34.87平方千米，有规模以上工业企业168家，工业从业人员3.7万人。全区完成工业增加值136.12亿元，工业企业营业收入885亿元；财政总收入16.1亿元，同比增长58.65%；税收收入15.57亿元，同比增长73.92%。在库重大重点产业项目50个，总投资351.35亿元。50个项目开工，25个项目竣工或投产。新签约工业项目49个，总投资额154.66亿元；“一航两新”主导产业签约项目31个，签约金额占比68.02%，包括丕拓无人机项目、eVTOL产业化项目、江直多旋翼无人机销售3个无人机赛道项目。年内，利用省外资金137.67亿元，实际利用外资51万美元；外贸出口12.53亿元人民币。

【开发区产业发展】 2023年，支持园区航空、新材料（先进陶瓷）、新能源三大主导产业发展，出台《景德镇高新区重点产业目标化清单化精准招商工作方案》《景德镇高新区制造业重点产业链现代化建设“3310”行动计划》《高新区2023年产业项目落地投产攻坚年实施方案》等政策措施，航空产业完成营业收入466.20亿元，同比增长24.13%。新材料、新能源产业处于起步阶段，规模以上新材料企业完成营业收入2.52亿元，规模以上新能源企业完成营业收入2.26亿元。印发《高新区2023年产业项目落地投产攻坚年实施方案》，开展“产业项目落地投产攻坚年”行动，23个首批产业项目实现100%开工；龙盛汽车、正业新能源、亚钛航空、奥迪威电子、驼峰陶瓷等17个项目实现投产，投产率70.37%，跑出高新项目落地投产“加速度”。

【开发区科技创新】 2023年，26家企业成功申报国家高新技术企业，全区共有66家国家高新技术企业；133家企业被评为国家科技型中小企业，全区共有133家国家科技型中小企业；15家企业获批省级专精特新中小企业，全区共有31家省级专精特新中小企业；3家企业成功获批专业化“小巨人”企业，全区共有5家专业化“小巨人”企业。成功获批江西省第三批数字经济集聚区、江西省第一批产业集群和中小企业数字化转型试点、江西省绿色园区和国家绿色园区、成功通过江西省先进制造业产业集群竞赛初赛。4月，北航景德镇研究院航空刀具研发与应用测试中心项目、航空复合材料中心建设项目落地。11月，景德镇先进陶瓷研究院周玉院士工作站设立，项目合作期限3年。12月，哈工大特陶所景德镇研究院院士工作站、专家工作站双落地。年内，有6个科研成果项目转化。

表 6　2023 年景德镇高新区获批升级专精特新中小企业一览表

序号	公司名称	主导产品
1	江西九由航空装备有限公司	航空复合材料零部件、航空零部件、地面保障设备以及工装模具
2	江西云杉智能科技有限公司	新能源电池
3	景德镇创牌陶瓷文化发展有限公司	花纸
4	江西瑞鑫盛凯科技有限公司	航空、船舶零件
5	江西昌柘伟业航空装备技术有限公司	航空航天零部件、航空复材件、航电机载产品、地面保障和工装
6	景德镇市柏毅陶瓷有限公司	手工陶瓷茶器及陈设艺术瓷
7	江西神州六合直升机有限责任公司	直升机、无人直升机、航空模拟器
8	江西亚瑞科技有限责任公司	军工产品
9	江西英洛菲特航空设备有限公司	航空零部件、航空液压动力机械及元件、航空综合保障设备、航空应急救援设备
10	景德镇艺廊陶瓷有限公司	艺术陶瓷
11	江西伟航航空设备有限公司	门窗、幕墙
12	江西佳霖炭业科技有限公司	活性炭
13	江西昌兴航空装备股份有限公司	航空设备、航空工装工具、航空零部件
14	江西省信航航空科技有限公司	航空、船舶、汽车、电子行业配套产品零部件
15	江西荣力航空工业有限公司	航空机载交 / 直流配电盒、尾撑、余油收集盒

【开发区营商环境】2023 年，持续开展“企有所呼，我有所应”营商环境品牌创建，构建政商恳谈会工作机制。工业项目办证由 1~2 个月压缩到 5 个工作日以内，实现“拿地即开工”“竣工即投产”。全年办理企业诉求 287 件，按时办结率 100%，企业满意率超 98%。办理财园信贷通贷款 1940 万元，为 71 家企业担保贷款 2.89 亿元；惠企通平台兑现惠企资金 8437.56 万元；指导支持 30 家企业成功申报上级政策资金 3200 万元。妥善破解旧账难题，解决 3 家企业未批先建厂房的产证办理，兑现 12 家企业招商政策资金 4000 余万元。全年共帮助企业招工新增人数 1500 人，发放创业贷款 4699 万元，超额 11% 完成全年创贷任务，全面排查农民工欠薪问题，共调处劳资纠纷 484 起，涉及人数 4614 人，涉及金额 7408 万元。

【开发区体制改革】2023 年，推进高新区内设机构改革，园区直管机构从原来的 19 个减少到 11 个。撤销原社会事业局、人社局，成立行政审批局、综合管理局，实现“一枚印章管审批”“一支队伍管执法”。开展相对集中行政许可权改革，31 项行政许可事项划转至行政审批局集中审批，工业项目实现“拿地即开工”“竣工即投产”。推进高新、昌江两区融合发展，实现规划融合、机制融合、产业融合、城乡融合、党建融合。探索“管委会 + 公司”模式，组建招商公司、融媒文化公司，完成高新区科创中心前期筹建工作。

【多层陶瓷电容器项目开工】1 月 3 日，芯声年产 3600 亿只 MLCC 片式多层陶瓷电容器项目开工。项目由江苏芯声微电子科技有限公司和景德镇市高新创业投资共同投资建设，投资金额 50 亿元，占地面积 11.10 公顷，总建筑面积 20.7 万平方米，分两期建设，一期投资 20 亿元，建设工期预计 15 个月。MLCC（片式多层陶瓷电容器）是先进陶瓷细分领域高科技、高附加值产品，也是国家战略性的基础元器件材料，素有“工业大米”之称，属于国内“卡脖子”产品。

【产学研合作】2 月 2 日，高新

区与南昌航空大学举行校地产学研合作签约仪式，区管委会主任、昌江区委书记倪卫春主持签约仪式并代表高新区致辞。南昌航空大学党委常委、副校长郭正华，南昌航空大学航空制造学院院长陈玉华、经济管理学院院长黄蕾、教务处副处长吴涛，区领导秦烨明、蔡珉、汪智泉、陈钊正、曾志峰及区有关部门负责人和部分企业代表参加签约仪式。在双方领导和嘉宾的见证下，南昌航空大学与高新区管委会、江西昌兴航空、江西信航航空、江西天一航空、江西九由航空、江西东齐航空签订合作共建协议，标志着高新区政校合作、校企合作步入新的篇章。这对于拓宽学生实训就业，创新创业，园区人才储备等方面具有重要意义。

【景德镇航空无人机投资合伙企业（有限合伙）创立】 3月3日，高新区召开景德镇航空无人机投资合伙企业（有限合伙）创立大会暨第一次合伙人会议。副市长、区党工委书记罗文军出席会议并致辞，会议由深圳市和辉信达投资有限公司总裁罗鹏主持。会议现场，三方合伙人代表签约，完成创立大会暨2023年第一次合伙人会议预定事项，并就景德镇航空无人机投资战略规划、发展思路、运作模式等议案展开讨论。区领导余笑兵、蔡珉与曾志峰，市国控、航投公司、合盛公司与深圳市和辉信达投资公司等企业代表参加会议。

【景德镇高新区获批中国科协海智计划基地】 3月23日，中国科学技术协会正式批复，同意认定景德镇高新区为2022年度中国科协海智计划基地。中国科协海智计划基地的设立，旨在建立引进海智人才、聚集高端人才、汇聚优质项目，打造高层次人才联络交流的重要载体、创新创业的重要平台、招才引智的重要窗口和服务发展的重要基地。高新区以创新“大数据＋人才服务”新模式，为海智人才和项目提供全方位服务，为产业腾飞奠定牢固智力基础，促进景德镇产业从中低端向中高端迈进。

【两区融合】 3月29日，高新区、昌江区社会事务移交合作签约仪式在高新区报告厅举行。会议由高新区管委会主任、昌江区委书记倪卫春主持，副市长、高新区党工委书记罗文军出席会议并讲话，两区党政班子有关领导，两区相关责任单位和鲇鱼山镇、丽阳镇、吕蒙街道主要负责人参加会议。高新区教育体育、文化旅游、卫生健康、民政、退役军人、乡村振兴、水利、残联等9项非直接涉企社会事务全面移交。吕蒙街道梧桐社区居委会成立，服务高新区新都民营陶瓷园、名人苑、千年红、梧桐雅苑、滨江盛景等5个居民小区。整体移交吕蒙防洪堤、凤岗排涝站、兰田排涝站、吕蒙排涝站、古城畈排涝站5个水利工程管理工作职能。

【内设机构调整】 6月3日，根据《景德镇高新区内设机构改革实施方案》，高新区多个部门单位举行揭牌仪式，副市长、高新区党工委书记罗文军，高新区管委会主任、昌江区委书记倪卫春共同揭牌。此次有5个新调整部门正式挂牌，分别是区党群工作部、综合管理局、投资促进局、建设管理局、行政审批局，标志着高新区“大部制”改革取得阶段性成果，机构改革进入全面实施阶段，并开始按照新体制运行。

6月3日，高新区新调整内设机构揭牌仪式 （景德镇高新区 供图）

【西北工业大学航空学院产学研用基地揭牌】 6月3日，西北工业大学航空学院产学研用基地正式揭牌。副市长、高新区区党工委书记罗文军出席仪式并致辞。西北工业大学航空学院副书记宣建林，西北工业大学教授蔡晋生、张炜，西北工业大学校友会副秘书长可方玲，区领导汪湖、蔡珉、万军燕，景德镇御风长空智能装备有限公司董事长杜朝阳及西北工业大学在景德镇校友等参加仪式。揭牌仪式由区管委会副主任曾志峰主持。西北工业大学航空学院产学研用基地揭牌，标志高新区与西北工业大学在技术难题攻克、高层次创新人才培养、航空新技术成果培育、优秀科研项目产业化和企业孵化等方面合作开启新篇章。

【龙盛汽车开业】 6月18日，龙盛汽车开业仪式在高新区航空大道航空孵化园举行。副市长、区党工委书记罗文军出席仪式并致辞。区党工委副书记、管委会常务副主任秦烨明，区党工委副书记、市国控集团董事长、合盛公司董事长余笑兵，区党工委委员、管委会副主任蔡珉，景德镇陶瓷集团董事长邓景扬以及龙创公司、合盛公司、合作伙伴代表等出席仪式。江西龙盛汽车有限公司是上海龙创汽车公司与合盛公司共同合作设立的一家从事汽车零部件制造、配件制造、模具制造等业务的公司；公司将以景德镇为产业中心，打造全新的生态合作和全价值链体系，为汽车产业的发展和景德镇经济的繁荣作出贡献。

【南昌航空大学航空制造产业学院揭牌仪式】 9月20日，景德镇高新区在昌江区高级职业学校多功能报告厅举行南昌航空大学航空制造产业学院揭牌仪式。学院旨在打造政校企一体化综合育人平台，为景德镇航空制造产业提供人才支持与科技支撑，首批招收120余名专业技术人才。高新区、昌江区及产业学院师生代表200余人参加仪式。

【高新区、昌江区电子陶瓷产业创新发展论坛举行】 10月17日，高新区、昌江区电子陶瓷产业创新发展论坛开幕式在昌江区长天酒店举行。副市长、高新区党工委书记罗文军，高新区管委会主任、昌江区委书记倪卫春出席仪式并致辞。市委副秘书长徐智勇，高新区、昌江区领导秦烨明、江智峰、蔡珉、彭新建、万军燕、汪维、徐美煜及全国陶瓷行业专家学者、企业家参加仪式。昌江区委副书记、区长伊文斌主持开幕式。论坛邀请多位企业家代表和行业专家教授分别就激光加工装备助力先进陶瓷制造、通信用低温共烧陶瓷（LTCC）材料及其应用、MLCC在新能源汽车领域中的应用、电子陶瓷元器件在5G通信领域的应用、微波介质陶瓷的研究现状与发展趋势等领域发表演讲。秦烨明、江智峰分别为高新区、昌江区作招商推介。

【高新区新都荟商业综合体揭牌】 10月20日，高新区新都荟购物中心举行揭牌及签约仪式。高新区党工委副书记、管委会常务副主任秦烨明出席并致辞。高新区创业投资有限公司、华达超市、中影影院、瓷画楼直播基地、冰雨电竞等嘉宾代表共计40余人参加揭牌签约仪式。15位嘉宾代表现场签约。新都荟项目是高新区全力打造的重点商业综合体项目，是“新都制瓷小镇”系列建设的推进启动点。该项目的开放，有助于景德镇陶瓷文化传承与创新发展，对挖掘新都文旅潜力，未来打造“新都1314制瓷小镇”有重要意义。

【2023中国航空产业大会召开】 10月28—29日，2023中国航空产业大会在景德镇召开。大会聚焦直升机与无人机赛道，邀请业内专家、企业代表等共400余名嘉宾参会，举办高端论坛、静态展示、动态飞行演练、产业合作大会4项主活动。同时，举办“航空智能工艺装备开发与应用”学术交流研讨会、“问天少年”航空科普进校园2项配套活动，推动研发项目、产业项目、基金合作项目、业务订单合同等多类别的合作签约，累计合作签约项目25个，有力推动航空产业链、人才链、技术链、创新链融合，为提升航空产业发展能级注入活力。

10月28日，2023中国航空产业大会启动仪式（景德镇高新区 供图）

【第八届中国创新挑战赛（江西·景德镇）现场赛成功举办】 10月29日，由科学技术部指导、江西省科学技术厅主办、景德镇高新技术产业开发区管理委员会承办的第八届中国创新挑战赛（江西·景德镇）现场赛在景德镇高新区落下帷幕。挑战赛结束后，由景德镇高新区分别与3家大赛需求方及3个优胜团队进行三方项目合作签约，达成签约金额300余万元。

【"全景江西·景德镇专场"应用场景发布会举行】 11月15日，由景德镇人民政府主办，景德镇高新区管委会、景德镇市发改委、昌江区人民政府承办的"全景江西·景德镇专场"应用场景发布会在昌南里举行。会上，发布景德镇市数字技术应用场景"机会清单""产品清单"，并进行景德镇数字技术典型应用场景视频演示，重点展示在生产制造、陶瓷赋能、数字政府等领域中7个具有代表性的数字技术应用场景。年内，高新区推进电子材料、无人机、电子元器件、工业互联网4条产业赛道数字化建设，无人机产业集群成功申报省级数字经济集聚区和首批省级产业集群数字化转型试点，伟航航空、北航研究院、跃华制药3个应用场景成功申报省级示范数字经济应用场景。

【龙盛汽车焊装车间首台通线车成功下线】 12月28日，江西龙盛汽车有限公司（上海龙创汽车设计股份有限公司与景德镇合盛产业投资发展有限公司各控股50%在高新区新设立的公司）焊装车间主线首台通线车顺利下线。12月4日起，龙盛汽车工厂焊装车间建设项目开始侧围小组件的焊接，拉开焊装生产线通线车试生产的序幕。至12月28日，在25天内，焊装车间累计完成236种零部件、74道工序的焊接作业，同时在供应商配合下，进行安装调试、测量焊接，先后完成侧围手工线、侧围总成线、机舱手工线、机舱总成线、前地板手工线、门盖手工线的通线，最终完成焊装主线首台通线车。

景德镇亚钛航空装备有限公司（景德镇高新区2023年12月29日摄）

【产业项目】 至12月底，景德镇高新区产业项目建设：亚钛航空项目。亚钛航空装备有限公司是新研股份航空航天业务板块于2020年7月投资建设的核心生产基地，公司位于景德镇高新区，是一家主要从事钛合金成型、焊接、机械加工及装配于一体的专业化、高技术公司。亚钛航空一期计划投资3亿元，年内完成厂房装修，生产设备陆续到位并进行安装调试，预计2024年第一季度实现投产，建成达产后有望实现产值4亿元。公司是国内航空航天零部件制造行业参与装备型号最多、客户范围最广、涉及工艺链价值链最长、产能规模最大最优的民营企业，处于民营航空航天配套企业领先地位。

正业光伏组件项目。项目规划投资50亿元建设18万平方米生产基地，建成8GW异质结电池及5GW高效光伏组件的生产能力。该项目分为三期建设。一期产教融合C04#厂房建设1GW光伏组件生产线，2023年8月投产，达到满足两条线满负荷运转条件；预计2024年3月高端新材料厂区正式启用，光伏组件产线初期计划产能为1GW组件。

驼峰新经济陶瓷产业园项目。项目占地6.31公顷，建设面积13.6万平方米，计划投资3.2亿元，实际投资2.8亿元。该项目包含智能发货仓库、装饰瓷生产车间、酒瓶生产车间、精品车间、研发中心、品检实验室、茶器餐具生产车间、现代时尚艺术展厅。项目建成后，成为景德镇陶瓷生产规模最大的陶瓷供应链集团。其中最大的一栋6号厂房（近6万平方米制瓷车间）及集团综合大楼于2023年6月投入运营，在职人数达709人，至2023年12月底，集团销售额达1.95亿元。

领导名录

市政府副市长、高新区党工委书记
　　罗文军
党工委副书记、管委会主任，昌江区委书记
　　倪卫春
党工委副书记、管委会副主任
　　秦烨明
党工委副书记 余笑兵（兼职）
党工委委员、管委会副主任
　　汪　湖
　　蔡　珉
　　汪智泉
党工委委员、管委会副主任，昌江区委常委、常务副县长
　　彭新建（2023.7 任）
党工委委员、纪监工委书记
　　余　刚
党工委委员、党群工作部部长
　　万军燕

（程业久）

景德镇市昌南新区

【概况】 2023 年，景德镇市昌南新区突出“瓷业高地、产业新城”发展定位，坚持工业强区、招商引资、优化营商环境一体推进，坚定“大抓招商、大抓项目、大抓产业”不动摇，坚决实施工业倍增三年行动不放松，全力以赴推动经济社会高质量发展。坚持“投资有回报、企业有利润、员工有收入、政府有税收”的招商理念，注重新引进项目的产值、税收等贡献度，促进税收实现新突破。全年新落户陶瓷产业项目 60 个（拓增量 46 个、挖存量 14 个），其中先进陶瓷项目 14 个、日用陶瓷项目 30 个、陶瓷配套项目 2 个、装备制造项目 11 个、其他项目 3 个，陶瓷产业链占比超 75%，至年底开工率达 90%、投产率达 53.33%。全年累计入库税收 9.74 亿元，增收 2.06 亿元，增长 26.7%；工业企业产生税收 4.78 亿元，增收 3.7 亿元，增长 342.6%；完成一般公共预算收入 2.42 亿元，增收 1.01 亿元，增长 70.3%。全年实现规上工业总产值 112.17 亿元，同比增长 2.93%，完成规上工业增加值 28.61 亿元，同比增长 3.6%；完成规上工业营业收入 116.62 亿元，同比增长 9.51%。

【企业帮扶】 2023 年，聚焦扶优扶强，活跃市场主体。树牢“企业说好才是真的好”理念，让企业真切感受到投资昌南新区就是投资未来、拥抱机遇。全年解决企业“出行难”“用工难”“住宿难”“配套难”“增资扩产难”等问题 613 个。至年底，有 88 家企业纳税额增长超 50 万元（其中制造业 34 家），制造业纳税额增长户数中，增长超千万元有 2 家、超 300 万元有 5 家、超 100 万元有 17 家。坚持主攻先进陶瓷发展方向，至年底共有先进陶瓷企业 48 家、实现税收 9860 万元，先进陶瓷产业税收实现三年翻两番。

全年落实各类减税降费 3.67 亿余元；全力帮助企业解决“融资难”问题，进一步优化完善“财园信贷通”和“科贷通”工作细则，帮助 70 家企业获得“财园信贷通”贷款 2.52 亿元，帮助 8 家企业获得“科贷通”贷款 2380 万元，21 家企业成功申报省级创新型中小企业，12 家企业成功获批省级专精特新企业。昌南新区申报的“陶瓷产业集群”获评工信部“2023 年度中小企业特色产业集群”，实现景德镇市国家级产业集群零的突破；景航锻铸荣获 2023 年江西省制造业单项冠军企业称号，是全市唯一一家获此殊荣的企业（全省 27 家）；江西省陶瓷数字智造工程研究中心（邑山瓷业）被认定为 2023 年度江西省工程研究中心（全省 42 家）。

【贸易兴市】 2023 年，主动服务陶博城建设、招商、开业和运营，助力陶博城“买全球、卖全球”。陶博城交易中心于 10 月 17 日满铺开业，全国 20 余个产瓷区 600 余家企业以及 11 个国家 32 个国际品牌入驻，其中昌南新区成功引进 90 余家企业。保障全市最大的商业综合体宝龙 MALL（宝龙广场）于 10 月 14 日如期开业，开业首日客流突破 26.5 万人次，销售额达 2100 万元，至年底，宝龙广场累计客流量逾 350 万人次、销售额约 2 亿元，成为“网红新商圈”，辐射涵盖景德镇城区、浮梁、乐平、鄱阳、婺源等周边客群。支持外贸、电商企业发展壮大，积极服务弄子里等电商企业和千墨跨境电商产业园等外贸出口企业，辖区企业全年网络零售额 38.72 亿元，同比增长 23.65%。全年外贸出口额 10.36 亿元，同比增长 19.37%。精心打造“昌南之窗”，持续扩大昌南新区对外影响力，策划并举办唐风音乐节、多彩非遗、徒步嘉年华等各类文旅特色活动共 53 场，名坊园景区全年吸引游客达 220 余万人次，文旅营收达 3.4 亿元。

【产业升级提质增效】 2023 年，推动“物理空间”加速转化为“发展空间”，使用标准化厂房面积达 61.45 万平方米（先进陶瓷数字经济核心产业园 40 万平方米、南苑文创园 5.7 万平方米均实现“满园”；科创小镇厂房使用面

10 月 17 日，陶博城交易中心开业 （昌南新区 供图）

积达 2.25 万平方米）；新建的先进陶瓷产业园、陶瓷酒器产业园采取边建设边招商方式，使用面积达 13.5 万平方米，宇能、领先等项目入驻先进陶瓷产业园，陶瓷酒器产业园实现“填满”，入驻东莞鑫汇、山西鸿达、江西帮企、瑞牛、蝌蚪文、乾璟、嘉锦 7 个项目。实施陶瓷数字化赋能等“八大行动”，加快促进企业数字化转型升级，编制《昌南新区数字化建设规划（2022—2025 年）》，43 个数字经济重点项目全年完成投资 83.53 亿元，组织企业上云数 1006 家，报送应用场景机会清单 8 个、产品清单 2 个，其中数字乡村领域的“中国电信数字乡村平台解决方案”及产业数字化转型领域的“5G+ 工业互联网在陶瓷智联网的应用”入选省级应用场景清单。申报并通过评定科技型中小企业 71 家，比上年新增 6 家。伊人如瓷被认定为省级科技企业孵化器，景航锻铸申报科技领军入库新增高成长性企业。

【民生福祉持续提升】 2023 年，坚持以人民为中心，做到财力向民生集中、服务向民生覆盖，全年十件民生实事全部完成，实现村村通公交、户户通自来水，区、乡（镇）、村（社区）均实现环卫一体化；新建洪源中心学校，新增学位 1620 个；建成第二职业学校，可容纳 2000 人，均于 2024 年秋季开学；完成区级“5+2 就业之家”建设，举办各类招聘活动 15 场；及时处置欠薪案件 1455 起，为农民工追讨欠薪 2900 余万元；连续 8 个月坚持每周调度保交楼工作，确保阳光城、璟都府、碧桂园等楼盘顺利交付；累计发放各类民生补贴 1232 万元；巩固“脱贫攻坚”成果，累计发放各种国家涉农补贴资金约 1000 万元。多措并举服务企业用工，协助企业招工 1200 余人，累计完成城镇新增就业 1025 人，“4050”人员再就业 97 人，新增转移农村劳动力 229 人，帮助失业人员转岗就业 496 人。发放创业担保贷款 6823 万元。坚持立德树人，实施“五育并举”，春秋季开学共接收 700 余名企业进城务工子女入学，高中录取人数 279 人，录取率高达 66%。推进平安昌南新区建设，扎实做好安全生产工作，提升群众获得感、幸福感、安全感。

【市领导到昌南新区调研】 1 月 1 日，市委副书记、市长胡雪梅深入昌南新区企业、项目现场，调研不停产企业、不停工项目，并开展“企业服务日”活动。2 月 8 日，市委书记刘锋在昌南新区调研产业项目建设情况。5 月 24 日，市委副书记、市长胡雪梅到昌南新区江西赫宸科技有限公司、景德镇欧神诺陶瓷有限公司等部分重点项目、重点企业开展服务周活动。5 月 31 日，市委书记刘锋到宝龙城调研项目建设推进工作；6 月 9 日，市委书记刘锋以“四不两直”方式，到北汽集团昌河公司、“陶博城”配套项目建设现场开展调研督导。6 月 9 日，市委副书记、市长胡雪梅调研昌南新区文化产业、文化贸易情况，并到景德镇博大陶瓷有限公司开展“企业服务日”活动。7 月 5 日，市委书记刘锋赴昌南新区实地察看市第二职业学校项目、数字化装配式项目、透光陶瓷项目、先进陶瓷标准化厂房项目（一期、二期）、日用陶瓷标准化厂房项目（二标段）等施工现场，调研工业项目建设；12 月 3 日，市委书记刘锋到昌南新区景德镇国际陶瓷酒器文化产业园、南苑文创园、千墨陶瓷跨境电商产业园、先进陶瓷数字经济核心产业园等处调研产业项目建设。12 月 8 日，市委副书记、市长胡雪梅先后到昌南新区景航驰骋机械公司及嘉华特陶技改项目、国际陶瓷酒器文化产业园项目、昌南数据中心项目现场，调研重点项目建设情况并进行现场办公。

【第五届粤港澳大湾区学校美术作品展暨第七届广东高校美术作品学院奖双年展走进昌南新区】 3 月 15 日至 4 月 13 日，第五届粤港澳大湾区学校美术作品展暨第七届广东高校美术作品学院奖双年展景德镇分展在名坊园CFAC美院基地广州美术学院景德镇创研中心展出。市委常委、市委宣传部部长林蓉，广东省教育厅二级巡视员邱克楠，广州美术学院党委副书记、纪委书记穆林出席开幕式并致辞。市政协原主席、市非遗协会会长张春萍，景德镇陶瓷大学党委副书记、副校长吕品昌，市政府党组成员、昌南新区党工委书记余立新出席开幕式。第五届粤港澳大湾区学校美术作品展暨第七届广东高校美术作品学院奖双年展于2022年11月9日至12月15日在广州美术学院举行，展出广东高校作品120件、港澳高校作品75件、广东中小学教学项目26个。景德镇分展是该展览继在广州美院开展后首次走出大湾区展览，并从中挑选出百余件作品，在名坊园CFAC美院基地广州美术学院景德镇创研中心展出，是扩大该展览在国内影响力的创新举措和有益实践。

【《瓷韵茶香·景德镇》在昌南新区名坊园开机】 3月29日，由纪录片《中国之极》摄制组团队负责拍摄制作的纪录片《瓷韵茶香·景德镇》在昌南新区名坊园CFAC美院基地景德镇非物质文化遗产馆开机。市委常委、市委宣传部部长林蓉出席仪式。纪录片《中国之极》由国务院新闻办对外推广局评审立项，旨在更好地记录传播中国传统手工艺，宣介中国博大精深的传统文化，展现不朽的艺术造诣和中国人民的伟大智慧，展示极致工艺，弘扬优秀中国文化，增进海内外受众对中华文明的文化认同和情感认同。拍摄纪录片《瓷韵茶香·景德镇》是推动景德镇非遗传承保护事业蓬勃发展、助力景德镇优秀传统文化走向世界的重要体现，对于进一步讲述好景德镇陶瓷非遗故事、展现千年瓷都深厚的历史文化积淀、弘扬景德镇非物质文化遗产的文化传承价值、提高国家文化软实力和中华文化的世界影响力等有着重要而深远的意义。

【"玉柏"玲珑瓷文创产品获中国旅游商品大赛金奖】 3月31日，2023中国旅游商品大赛（传统工艺现代生活主题）在浙江省义乌市国际博览中心落下帷幕。景德镇市选送的《四季安泰》玲珑茶具套组获大赛金奖，为江西省唯一获得金奖的文创产品；景德镇市选送的知·知隐ZHING《醉梦花醒茶具酒具》系列获大赛铜奖。《四季安泰》玲珑茶具套组由景德镇市玉柏瓷业有限公司创意设计和生产，整套设计以玲珑转心、四季安泰为主题，立足于"工艺"，传承景德镇城市基因，将景德镇代表性工艺玲珑瓷、粉彩与景德镇瓷器集大成者"玲珑转心瓶"相结合，重新设计，以光入席，带入生活，可手中把玩，为用户呈现一套精巧、实用且颇具氛围感的茶具礼盒。2023中国旅游商品大赛（传统工艺现代生活主题）共设金奖15个、银奖30个、铜奖60个。

【"'两业'融合发展试点改革"上榜景德镇市全面深化改革十佳优秀案例】 4月28日，市委深改委发布2022年度景德镇市全面深化改革十佳优秀案例，昌南新区"'两业'融合发展试点改革"上榜。昌南新区以获批国家首批"先进制造业和现代服务业融合发展"试点区域为契机，锚定"瓷业高地、产业新城"发展定位，紧紧围绕传承陶瓷文化，采用先进陶瓷装备技术与本土传统技术相结合的模式，建立陶瓷"共享工厂"，推动先进装备"共享服务"，为传统陶瓷产业高质量发展数字赋能；实现陶瓷原材料标准化制备与专业化供给，节约人力成本；建设融合发展新平台，着力打造手工制瓷基地，并将其与非物质文化传承技艺展示体验及工业文化旅游观光融为一体，加快现代服务业和制造业的高效融合。该经验做法被国家发改委向全国推介。

【白明艺术创作中心落成交接仪式举行】 5月7日，白明艺术创作中心落成交接仪式在昌南新区名坊园举行。市政府副市长高晓云，市政府副秘书长乐忠，市委组织部副部长、陶瓷人才服务中心党组书记、主任汪立胜，昌南新区党工委副书记、管委会主任张朝博等领导出席交接仪式。白明艺术创作中心项目由白明教授筹建运营。白明教授是清华大学美术学院陶瓷艺术设计系长聘教授、博导、系主任，中国美术家协会陶瓷艺术委员会主任，是国际知名的中国当代陶艺领域艺术家。该创作中心正式运营后，依托名坊园手工制瓷基地，与园区内的中国艺术名校创联基地、中国美协创作基地、中国文联研修院培训基地形成合力，快速有效地提升名坊园在当代陶瓷艺术界的国际影响力。该项目的落地，是昌南新区立足"瓷业高地，产业新城"定位，紧紧围绕景德镇国家陶瓷文化传承创新试验区建设深入推进的又一显著成果。

【“发展中国家汉语文化研修班”学员参观名坊园】 5月27日，2023年“发展中国家汉语文化研修班”学员到昌南新区，学习中国陶瓷文化。波黑、土耳其、肯尼亚、牙买加、乌干达、委内瑞拉、乌兹别克斯坦等来自欧、亚、美、非全球4大洲9个国家的19位政府官员及其所在国教育机构管理人员和语言教师参加。“发展中国家汉语文化研修班”学员们先后参观访问了赖德全大师工作室、景德镇诚德轩瓷业有限公司等处，详细了解景德镇陶瓷独一无二的制瓷工艺。2023年“发展中国家汉语文化研修班”由中国商务部主办，南昌大学承办，旨在增进中国与广大发展中国家之间的相互了解，密切中国与各发展中国家在文化领域的沟通、联系及合作，加深彼此友谊，助力各国在经济、社会和文化等方面开展广泛深入的合作，共同促进多边文化交流及经济健康发展。

【昌南新区12家企业入选首批“景德镇制”官方认证企】 6月7日，在第十九届中国（深圳）国际文化产业博览会开幕式上，首批20家“景德镇制”官方认证产品品牌的企业名单正式发布。20家企业的产品涵盖青花瓷、玲珑瓷、粉彩瓷、颜色釉瓷四大名瓷系列，代表当代景德镇陶瓷的新高度。昌南新区入选的12家企业均是行业领军企业，占比超“半壁江山”。这12家企业分别是：景德镇红叶陶瓷股份有限公司、景德镇市辰天陶瓷有限公司、景德镇澐知味陶瓷文化有限公司、景德镇市玉柏瓷业有限公司、景德镇诚德轩瓷业有限公司、景德镇市观道堂陶瓷文化艺术有限公司、景德镇饶玉陶瓷文化传播有限公司、景德镇富玉青花玲珑陶瓷有限公司、景德镇市博大精工艺术陶瓷有限公司、景德镇市宝瓷林瓷业有限公司、景德镇市望龙陶瓷有限公司、景德镇善隐陶瓷有限公司，其中前7家为名坊园内企业。

【非物质文化遗产保护协会举办非遗“六个一”系列活动】 6月10日（文化和自然遗产日），由景德镇市非物质文化遗产保护协会策划主办，昌南新区名坊园服务中心、“八美”管理中心协办，以“加强非遗系统性保护，促进可持续发展”为主题的非遗“六个一”（非遗书法展示、非遗故事讲述、非遗剪纸展示、非遗茶艺表演、非遗古戏表演、非遗美食品尝）系列活动在景德镇市非物质文化遗产馆举行。副市长徐辉，市政协原主席、非遗协会会长张春萍，市政府党组成员、昌南新区党工委书记余立新，景德镇陶瓷大学原校长、陶瓷文化高等研究院院长宁钢教授，景德镇陶瓷文化传承创新中心主任王莲花，市城投集团董事长陈鸿云，市委宣传部副部长董臻等出席。出席活动的还有国家级非遗传承人邓希平、朱丹忱，市委组织部、市文旅局、昌南新区、市城投集团领导，以及国家、省、市三级非遗传承人。此次系列活动吸引昌南新区众多文化企业家、市民及外地游客参加。

【景德镇郎酒陶瓷艺术中心项目落户昌南新区】 6月13日，景德镇郎酒陶瓷艺术中心项目在四川泸州郎酒庄园会议中心签约，标志着该项目正式落户昌南新区。景德镇市政府党组成员、昌南新区党工委书记余立新，四川郎酒集团有限责任公司总裁刘毅，昌南新区党工委委员、管委会副主任涂志勇，四川郎酒股份有限公司全资子公司华艺陶瓷制品有限公司总经理肖书明等出席签约仪式，双方代表共同签署项目合作协议。景德镇郎酒陶瓷艺术中心项目由四川郎酒股份有限公司投资建设及运营。作为该公司重点发展的陶瓷文化产业新板块，项目建成后主要用于郎酒产品展示及品鉴、文化宣传推广、陶瓷艺术品展示及销售等。

【驻华使节参访景德镇非物质文化遗产馆】 6月17日，到景德镇参加2023战略传播论坛活动的外国驻华使节团到景德镇非物质文化遗产馆参观访问，了解中国陶瓷历史文化，观看体验非遗展示表演，沉浸式感受中华传统文化的多彩魅力。约旦驻华大使胡萨姆·侯赛尼及夫人阿曼尼·塔迪尔、塞浦路斯驻华大使玛莎·玛夫罗玛蒂、佛得角驻华大使阿林多·多罗萨里奥及夫人阿林多·多罗萨里奥、意大利驻华大使安博思、巴布亚新几内亚驻华使馆临时代办鲁本·伊诺及夫人鲁本·伊诺、泰国驻华公使衔参赞陈金盛及夫人徐静一、津巴布韦驻华公使衔参赞潘迪赛·马耶拉、意大利驻广州总领事德派罗、哈萨克斯坦驻华参赞阿布及夫人阿布、斯里兰卡驻华国防参赞科迪皮利、哈萨克斯坦驻华参赞助理达乌列特等驻华使节参加活动。

【潮州市抚州商会企业首批酒店用瓷项目落户昌南新区】 6月30日，昌南新区在市昌南发展中心举办潮州市抚州商会首批酒店用瓷项目签约仪式，标志着该项目正式落户昌南新区。此次签约酒店用瓷项目的潮州市抚州商会企业共有8家，均是潮州市抚州商会中经济实力雄厚、制造设备先进、工艺技术精湛、技能人才优越、市场营销网络完善的酒店用瓷骨干企业。首批酒店用瓷项目采取在昌南新区设生产工厂、在景德镇国际陶瓷博览交易中心（“陶博城”）设销售实体店的“前店后厂”模式生产经营，主要生产各类中、高档酒店用瓷。

【“春涛杯”包装行业职业技能竞赛举办】 7月4日，由市人事局、市陶瓷产业创新发展中心、市总工会等五部门主办，市陶瓷包装行业协会承办，昌南新区总工会、市春涛陶瓷包装公司协办的2023年景德镇市“春涛杯”包装行业职业技能竞赛在陶瓷包装设计中心、市臻品包装公司收官。此次包装行业职业技能竞赛内容分理论知识考试和实际操作两个阶段进行，旨在激发职工劳动热情、提高从业人员职业技能、增强企业凝聚力。比赛中，来自全市包装行业的约40名职工选手参加竞赛。经过角逐，评选出一等奖1名、二等奖2名、三等奖3名。

【昌南新区企业获第十一届“大地杯”中国陶瓷创新与设计大赛特等奖及金奖】 7月21日，全国陶瓷行业规模最大、品类最全、专业性最强的精品陶瓷综合性展览会——2023中国（北京）国际精品陶瓷展览会在中国国际展览中心拉开序幕。此届展览会以“奋进新征程，建功新时代；精美陶瓷装点美好生活，讲好中国陶瓷故事，彰显中华文明，开启中国陶瓷文化传播之旅新征程”为主题，包括全国20余个主要产瓷区和国际品牌（艺术家）在内的共超过2000家陶瓷企业参展。展览会重要配套活动之一的第十一届“大地杯”中国陶瓷创新与设计大赛各奖项在开幕式上揭晓。景德镇市昌南新区企业河州窑作品《五彩玲珑》获大赛特等奖、善窑厂作品《汝瓷天青釉博山炉》获大赛金奖。

【昌南新区企业在第八届“创客中国”景德镇市中小企业创新创业大赛中获佳绩】 8月14日，由市工业和信息化局、市财政局、市促进非公有制经济发展领导小组办公室主办，市工业和信息化融合推进中心承办的第八届“创客中国”景德镇市中小企业创新创业大赛成功举办。昌南新区选派的3家陶瓷生产企业（景德镇富玉青花玲珑陶瓷有限公司、景德镇中润陶瓷有限公司、景德镇市邦文陶瓷有限公司）和1家陶瓷生产设备制造企业（景德镇百陶会陶艺装备有限公司）分别斩获一等奖、二等奖、三等奖及优胜奖。在参赛过程中，昌南新区各参赛企业充分运用多媒体（PPT）直观清晰、动画展示等技术特点，围绕项目创新引领性、带动就业性、项目团队、发展现状及前景等创新创业内容进行路演及答辩；评审专家从项目创新性、经济效益、社会效益及项目的可推广、可复制性方面进行综合评分。经过角逐，景德镇富玉青花玲珑陶瓷有限公司以93.19分的全场最高分获一等奖并晋级省级赛事。

【景德镇市代表队获江西省公民科学素质大赛三等奖】 8月18日，江西省公民科学素质大赛景德镇市选拔赛举办，由公务员、教师、产业工人、农民共4名队员组成的昌南新区代表队获一等奖，并代表景德镇市出征2023年江西省公民科学素质大赛。11月27—28日，由江西省科学技术协会、江西广播电视台联合主办，江西广播电视台经济生活频道承办的2023年江西省公民科学素质大赛在南昌火爆开赛。全省11个设区市通过海选赛的激烈角逐，选拔出各自的“地表最强”代表队参加全省总决赛，景德镇市代表队（昌南新区选派）进入决赛，荣获大赛三等奖。此次大赛有6支代表队进入决赛，评出一等奖1名、二等奖2名、三等奖3名。

【省政府批复同意景德镇陶瓷工业园调区】 8月31日，省政府办公厅向省发展和改革委员会下发《江西省人民政府办公厅关于同意设立昌江产业园和景德镇陶瓷工业园调区的函》，同意景德镇陶瓷工业园调区，批准面积由646.41公顷调整为636.78公顷，其中调入面积125.98公顷、调出面积135.61公顷，调区后具体的四至范围和界址点坐标由省自然资源厅落实。

【泰国江西总商会代表考察团到昌南新区名坊园考察】 9月7日，由泰国江西总会（总商会）主席、江佑集团（泰国）董事长邹璐潞，泰华中小企业协会会长、泰国佳发集团董事长姚小平率队的泰国江西总会（总商会）代表考察团一行14人到昌南新区名坊园考察。昌南新区党工委委员、管委会副主任涂志勇陪同考察。泰国江西总会（总商会）代表考察团一行先后实地参观考察景德镇滏知味陶瓷文化有限公司、景德镇镇尚陶瓷有限公司、景德镇市玉柏瓷业有限公司、景德镇诚德轩瓷业有限公司、景德镇景浮宫陶瓷文化有限公司及邓希平陶瓷艺术馆、国瓷馆等地。当晚，泰国江西总会（总商会）代表考察团一行还观看《景德镇记忆》大型实景演出。

【景德镇伊人如瓷陶瓷有限公司获评“2023年度省级科技企业孵化器”】 9月7日，省科学技术厅印发《关于公布2023年度省级科技企业孵化器认定、众创空间备案名单的通知》，包括昌南新区辖区企业景德镇伊人如瓷陶瓷有限公司（景德镇伊人如瓷科技企业孵化器）在内的全省5家科技企业（高新产业）孵化器获“2023年度省级科技企业孵化器”认定。是昌南新区自2019年组建成立后，辖区企业首次获得省级科技企业孵化器认定。景德镇伊人如瓷有限公司成立于2016年，是一家专业从事文化创意陶瓷研发制造、推进陶瓷产业与高端资源融合的服务型制造企业。

【景德镇陶瓷大学与景德镇市昌南新区合作共建现代陶瓷材料产业学院揭牌仪式举行】 9月28日，景德镇陶瓷大学与景德镇市昌南新区合作共建现代陶瓷材料产业学院揭牌仪式在景德镇市陶瓷检测分析中心举行。合作双方本着“优势互补、资源共享、互惠双赢，共同发展”原则，达成合作共识，进一步发挥景德镇陶瓷大学在陶瓷材料领域人才培养和服务地方经济社会发展等方面的独特优势，发挥昌南新区在陶瓷产业集群、就业创业等领域示范引领作用，合作共建的现代陶瓷材料产业学院以“1269”行动计划为牵引，大力促进创新链、产业链和教育链有效融合，实现人才培养目标与区域经济建设需求的精准匹配。现代陶瓷材料产业学院以“满足新区企业的岗位需求和提高员工的职业技能”为办学理念，充分发挥学校、地方政府和行业企业等多方办学主体作用，不断深化产教融合机制，共同建设、共同管理、共享资源，推动产业学院可持续创新发展，成为景德镇市融陶瓷人才培养、科技创新、成果转化、社会服务与创新创业等功能于一体的人才培养示范基地。

【景德镇宝龙广场开业】 10月14日，景德镇宝龙广场开业仪式举行。景德镇宝龙广场是落户昌南新区的重点项目，坐落于昌南新区（原昌南拓展区）发展路与如意路交会处，占地面积16.9万平方米，总建筑面积44.7万平方米（宝龙商业综合体商业部分面积约12.7万平方米，住宅建筑面积约32万平方米），总投资20亿元。宝龙广场被定位为“景德镇首座城市级艺术、潮流、生活、购物中心”，紧扣“城市潮时尚引领、家庭生活提质、年轻社交体验、集中休闲娱乐”为主题进行运营，囊括生活超市、时尚影院、品牌餐饮、潮流服饰、儿童亲子乐园、运动健身等高品质业态，不仅能够满足广大瓷都市民更高的人居进阶需求，还会带来同步世界潮流的消费体验。至年底，有200余家国内外知名品牌入驻，其中50余家为首进景德镇的品牌，包括潮LIFE健身、奕辰、古鲁特等，也吸引日新超市、横店影城、星巴克、季季红等标杆级品牌入驻。景德镇宝龙广场作为景德镇市规模最大的城市商业综合体，为景德镇市实施贸易兴市战略产生积极推动作用。

【“昌南之窗”开馆】 10月16日，“昌南之窗”正式开馆。“昌南之窗”坐落于昌南新区名坊园内，定位于昌南新区（含景德镇陶瓷工业园区、原昌南拓展区）发展历史及成就的集中展示馆，其展示中心面积约900平方米，共分视频沙盘展示区、瓷板壁画展示区、旅游查询展示区、茶歇休息区四个区域，在核心内容展示上采取“1+4”模式，即一个序言、四个篇章，四个篇章分别是《景德前身是昌南》《古镇今由昌南展》《只此昌南满目新》《逐梦未来新昌南》，展示内容涵盖昌南新区（含景德镇陶瓷工业园区、原昌南拓展区）

10月14日，景德镇宝龙广场开业　　（昌南新区／供图）

的发展历史、瓷业高地、产业新城、旅游胜境，重点聚焦“五园一城”（先进陶瓷产业园、国际陶瓷酒器文化产业园、中日陶瓷产业园、先进陶瓷数字经济核心产业园、名坊园、陶博城）、宜居宜业宜游等内容和要素。“昌南之窗”全面、立体展示昌南新区建设的生动实践和产城融合的发展硕果，丰富陶瓷购物、文化交流、研学、培训、文旅等功能业态，是景德镇市对外文化交流的重要平台。

【“浮梁县陶瓷产业集群”入选全国2023年度中小企业特色产业集群名单】 10月17日，工业和信息化部发布《工业和信息化部关于公布2023年度中小企业特色产业集群名单的通告》（工信部企业函〔2023〕283号），公布全国100家中小企业特色产业集群名单，昌南新区牵头申报的“浮梁县陶瓷产业集群”上榜，实现景德镇市国家级产业集群零的突破，标志着景德镇市陶瓷产业集群发展迈上新台阶，为景德镇国家陶瓷文化传承创新试验区建设增添助力。

【“成就与梦想——中国国际精品陶瓷全国巡展”在名坊园福美术馆展出】 10月18—25日，“成就与梦想——中国国际精品陶瓷全国巡展”在景德镇市昌南新区名坊园福美术馆展出。中国轻工业联合会党委书记、会长张崇和出席开幕仪式并宣布活动启动。中国轻工业联合会副会长、中国陶瓷工业协会理事长杜同和，景德镇市委副书记吴隽，景德镇市政府副市长江民强，景德镇市政府副市长徐辉，中国轻工业联合会副秘书长、手工艺产业部主任、中国陶瓷工业协会副理事长浦永祥，景德镇市政府党组成员、昌南新区党工委书记余立新等共同为启动仪式剪彩。此次全国巡展，由中国陶瓷工业协会、景德镇市政府联合主办，省陶瓷行业协会、市陶瓷协会、昌南新区、国控集团、福美术馆等单位共同承办，旨在为陶瓷艺术工作者和企业搭建一个创新发展、共享共赢的交流交易平台。作为中国（北京）国际精品陶瓷展览会的一项重要延续活动，中国国际精品陶瓷全国巡展演绎“奋进新征程，建功新时代”“精美陶瓷装点美好生活在行动”“讲好中国陶瓷故事，开启中国陶瓷文化传播之旅”的展会主题，助力景德镇建设国家陶瓷文化传承创新试验区。

【名坊园景德镇记忆景区入选第三批省级夜间文化和旅游消费集聚区】 10月18日，省文化和旅游厅发布《关于公布第三批省级夜间文旅消费集聚区名单的通知》（赣文旅产字〔2023〕8号），包括昌南新区景德镇记忆景区（名坊园内）在内的全省20家景区（街区、园区）入选。景德镇记忆景区总面积4.3万平方米，基础服务设施完备、消费业态多样、产业链发展完善，是景德镇市独具“文化＋旅游”“演艺＋旅游”“活动＋旅游”“第三产业＋旅游”等融合发展特色的综合性文旅场所。昌南新区以大型山水实景演出“china”为龙头，围绕“夜游、夜演、夜宴、夜消费、夜娱、夜宿”六大元素，不断丰富景德镇记忆景区夜间产品和服务供给，形成布局合理、产品服务多样、管理规范的夜间经济发展格局。

【景德镇陶瓷文化产业发展研讨会召开】 10月21日，2023年中国（景德镇）国际陶瓷博览会重要配套活动之一的景德镇陶瓷文化产业发展研讨会在昌南新区名坊园开元名庭大酒店召开。市政协党组书记、主席俞小平，市政协副主席史晓莲，景德镇陶瓷大学党委副书记、副校长（主持工作）吕品昌出席。市城投集团党委书记、董事长陈鸿云，科瑞集团创始人、监事会主席彭中天，景德镇市陶瓷考古研究所所长江建参加研讨会。景德镇市直有关部门、昌南新区、城投集团有关分管领导参与研讨。与会领导、专家学者，中国艺术名校创联基地各美院代表，景德镇市著名陶瓷企业家代表及昌南新区企业代表等，围绕艺美院校如何助力景德镇陶瓷文化产业发展交流讨论，尤其是对如何贯彻落实习近平总书记考察景德镇市重要讲话精神进行热烈讨论。

【原昌南拓展区13条道路更名】 原昌南拓展区（珠山大道以南、紫晶路以西、瓷都大道以北、206国道以东）的13条道路均为经、纬二字命名的道路，容易造成指向性不明和记忆混淆等问题。市地名委员办公室依据国务院《地名管理条例》、民政部《地名管理条例实施细则》及《江西省地名管理办法》《景德镇市地名管理办法》等法律法规要求，通过调研走访、查阅相关资料、广泛征求意见、专家评审等程序，向市政府上报《景德镇市城区部分道路命名和更名方案（送审稿）》。经市政府第29次常务会议审议原则同意，对经一路等25条道路进行命名和更名，其中原昌南拓展区13条道路于11月

1日统一更名如下：原经一路更名为发展路，南北走向，南起龙井路，北至纬一路，全长1240米。原经二路更名为创新路，南北走向，南起纬三路，北至纬一路，全长1690米。原经三路更名为百川路，南北走向，南起新都大道，北至纬一路，全长1580米。原经四路更名为翡翠路，南北走向，南起纬五路，北至光明大道，全长1650米。原经五路更名为利民路，南北走向，南起纬四路，北至纬一路，全长1070米。原经六路更名为珑庭路，南北走向，南起纬四路，北至光明大道，全长770米。原经七路更名为新悦路，南北走向，南起经八路，北至经二路，全长1120米。原经八路更名为幸福大道，道路总体为南北走向，属于半环绕“C”字形道路，南北都连接景兴大道，中部与光明大道交会，全长3160米。原纬一路更名为新城路，东西走向，东起紫晶路，西至景兴大道，全长2080米。原纬二路更名为如意路，东西走向，东起紫晶路，西至经八路，全长2360米。原纬三路更名为文昌路，东西走向，东起经一路，西至经八路，全长1460米。原纬四路更名为文澜路，东西走向，东起经三路，西至经八路，全长1310米。原纬五路更名为弘毅路，东西走向，东起经三路，西至经四路，全长980米。

【江西景航航空锻铸有限公司入选江西省制造业单项冠军企业名单】 11月21日，《江西省工业和信息化厅关于公布2023年江西省制造业单项冠军企业名单的通知》发布，授予江西省兆驰光电有限公司等27家企业“江西省制造业单项冠军企业”称号，江西景航航空锻铸有限公司为景德镇市唯一入选企业。江西景航航空锻铸有限公司成立于2006年10月27日，坐落于昌南新区（景德镇陶瓷科技工业园区）唐英大道，主要从事精密锻造、精密铸造、锻铸造技术及软件开发、技术转让及咨询服务，模具制造、机械加工、维修服务，金属材料及成套机电设备、零部件进出口及销售等。该公司掌握自由锻、闭式模锻、精锻、等温锻等锻铸行业最尖端生产工艺及设备，为国内产品项目最多、数量占比最大的航空锻件供应商，在中航重机股份有限公司的4个锻造企业中，该公司的产品项目数量与年交付零件数量超过50%，成为名副其实的行业龙头。

【王景东技能大师工作室获国家级技能大师工作室项目立项】 12月1日，《人力资源社会保障部办公厅财政部办公厅关于公布2022年国家级高技能人才培训基地和技能大师工作室项目单位备案名单的通知》发布，全国139个技能大师工作室获国家级技能大师工作室项目立项，景德镇市昌南新区高技能人才王景东技能大师工作室（生产制造类）入选，王景东技能大师工作室所在单位景德镇景涵陶瓷文化有限公司被列为国家级技能大师工作室项目单位。国家级技能大师工作室是按照“工学一体、产训结合、引领示范、高质量发展”原则打造，集技能培训、技能评价、技能竞赛、技能交流、工匠精神传播等于一体的综合型高技能人才培养培训服务载体。此次评选是党的二十大后首次评选，江西省仅有5个技能大师工作室入选。

【全市知名跨境电商“千墨陶瓷”入驻陶博城】 12月8日，江西千墨文化创意有限公司正式签约入驻陶博城国际陶瓷交易中心，设立“QOMO全球日用陶瓷器具平价超市景德镇店”。

【“景德镇记忆”景区获2023年度江西省现代服务业集聚区称号】 12月26日，省发展和改革委员会发布《关于授予赣江教育科技文化产业园等22家单位江西省现代服务业集聚区和江西恒信检测集团有限公司等20家企业江西省服务业龙头企业称号的通知》，景德镇市昌南新区内的“景德镇记忆”景区荣获2023年度江西省现代服务业集聚区称号。这是该景区于2021年9月获得“江西省旅游休闲街区”、2022年9月获得“省级特色文化街区”、2023年3月获得“江西省高品质美食街区”、2023年10月获得“省级夜间文旅消费集聚区”后又一省级荣誉。

【景德镇市陶瓷文化传承创新产教联合体成立大会召开】 12月29日，景德镇市陶瓷文化传承创新产教联合体成立揭牌仪式在江西陶瓷工艺美术职业学院举行。景德镇市陶瓷文化传承创新产教联合体是由景德镇市政府搭建平台，以景德镇市昌南新区为依托园区、以景德镇陶瓷大学为牵头高水平院校、以江西陶瓷工艺美术职业学院为牵头高职院校、以景德镇陶瓷集团有限责任公司为牵头企业等多方参与的“政校园企”市域产教融合联合体。景德镇市陶瓷文化传承创新产教联合体秉承协同共建、实体运行，提质培优、增值赋能宗旨，坚持以对接产业、服务地方经济发展为宗旨，以专业建设与学术研究为纽带，以人才培养为核心，以教育培训、科技创新和社会服务为重点，贯彻落实“一体两翼”（即省域现代职业教育体系建设新模式与市域产教联合体和行业产教融合共同体相结合）战略，发挥组合效应和规模效应，促进资源共享，优化资源配置，形成“院校主动联手企事业单位更好服务景德镇国家陶瓷文化传承创新试验区建设、企事业单位主动联手院校积极参与陶瓷人才培养”的产教融合新格局。

【昌南新区开工项目】至12月，昌南新区年内开工项目：1月，景德镇陶瓷工业园区先进陶瓷产业园二期标准化厂房及配套基础设施项目开工。该项目位于陶瓷工业园区纬一路以北、经八路以西，总用地面积118430.40平方米，总建筑面积146928.20平方米，总计容建筑面积188363.08平方米，项目单体建筑包括1–9#标准化厂房，10#倒班房、11#食堂和12#展示中心、13#固废库以及门卫等附属设施，由景德镇市陶新工业投资发展有限公司投资建设，总投资4.861亿元。3月10日，景德镇日用陶瓷标准化厂房（国际陶瓷酒器文化产业园）及配套基础设施项目开工。该项目位于昌南新区罗家桥乡老206国道（西侧）枫林湖段，规划建设总用地面积为93559平方米，总建筑面积123097.19平方米（共14幢建筑），总计容建筑面积144486.28平方米，主要功能为研发、设计、展示及办公；地下车库（兼人防地下室）面积为4418.51平方米，设机动车停车位305个（小车停车位296个、大货车停车位9个）、非机动车停车位1500个。该项目由景德镇市陶汇发展有限责任公司投资建设，总投资3.915亿元。3月27日，总投资达20亿元的中国移动景德镇昌南数据中心项目开工。该项目位于昌南新区（景德镇陶瓷工业园区）唐英大道南侧，总用地面积51908平方米，总建筑面积5.6万平方米，建设内容包括1栋四层机房、1栋二层机房、1栋动力中心、1栋生产调度及维护支撑用房，机电工程、外市电引入工程、室外配套工程等，总投资20亿元（基建投资5亿元、设备投资15亿元），是中国移动算力网络、网络云全国中心节点重要布局之一，是为策应国家新基建、数字经济等战略政策而建设的基础设施，也是江西移动在非省会城市建设的唯一数据中心，建成后可承载4800个标准数据机架，将为景德镇数字经济与实体经济深度融合储备更多势能。4月，陶瓷工业园数字化装配式绿色建筑标准化厂房建设工程（一期）项目开工。该项目位于景德镇市昌南新区铁炉片区，总用地面积约13.8万平方米，总建筑面积约14.5万平方米。该项目由景德镇市兴陶建设开发有限责任公司投资建设，总投资11亿元。5月，景德镇市2021年度洪源片区城中村棚户区改造安置房项目（一期）开工。该项目位于景德镇市昌南新区洪源镇内，总用地面积约43675.5万平方米，总建筑面积约77693.8万平方米，定位为安置房。该项目由市城市建设投资集团公司金岭开发投资有限责任公司投资建设，总投资3.37亿元。6月初，昌南新区洪源镇中心学校新建项目开工。该项目位于G351国道洪源段南侧（洪源街以南、恒大新城以西、迎宾大道以北），总用地面积35044.92平方米，总建筑面积25341.32平方米，为九年一贯制义务教育学校，计划设置学位1620个，建设内容包括教学楼、科技楼、行政楼、综合楼、运动（田径）场、食堂及附属设施等建筑，总投资2亿元。

（李颂欢　赵海波　涂强）

【昌南新区竣工项目】至12月底，昌南新区年内竣工项目：4月，景德镇机场保障能力提升改造工程项目竣工。该项目位于景德镇罗家机场，主要建设内容及规模为：新建站坪机位4个（4C）、隔离机位1个（1C），将现有的1个B类机位改造成一

3月10日，景德镇日用陶瓷标准化厂房开工（昌南新区　供图）

个C类机位；新建一条C类垂直联络滑行道；机场消防等级提升至7级，新建消防站2780平方米，增配5辆消防车辆等消防器材；新建航站楼等级连廊1000平方米；配套建设助航灯光、服务车道、围界安防、供电、给排水等工程及增配特种车辆。该项目由市城市建设投资集团公司金岭开发投资有限责任公司投资建设，总投资1.26亿元。7月，景德镇中日先进陶瓷产业合作园项目（一期）竣工。该项目位于206国道以东、枫林路以北、陶瓷原料基地以南，总用地面积70583.5平方米，总建筑面积48822.24平方米，计容面积约74797.89平方米，建设内容包含2栋标准生产厂房、综合办公楼、宿舍楼和配套道路。该项目由景德镇市兴陶建设开发有限责任公司投资建设，总投资约2亿元。10月，名坊园景区旅游配套设施项目（古村落）竣工。该项目由景德镇市陶汇发展有限责任公司投资建设，总投资4500万元。10月14日，景德镇宝龙广场项目竣工开业。总建筑面积约12.7万平方米，是集购物中心、艺术酒店、澳门街等多元业态于一体的城市商业综合体。12月，市第二职业学校项目完工。该项目位于浮梁县唐英大道（延伸段）北侧、西河西侧，总用地面积6.7万平方米，总建筑面积4.5万平方米，其中地上建筑面积4万平方米、地下建筑面积为5000平方米，机动车车位约160个；项目共建有8个单体建筑，其中包含教学楼2栋、实训楼2栋、宿舍楼2栋、综合楼1栋、食堂及风雨操场1栋。该项目由景德镇市昌南教育文化产业发展有限责任公司投资建设，总投资2.56亿元。12月，景德镇记忆旅游休闲街区基础设施项目（一期）完工。景德镇记忆旅游休闲街区基础设施项目位于陶瓷工业园区唐英大道北侧、杭瑞高速南侧，总用地面积54204.88平方米，总建筑面积112579.24平方米，总计容建筑面积102234.76平方米，不计容（人防地下室、架空连廊）建筑面积31683.97平方米，总停车位773辆；其中一期总用地面积14251.46平方米，总建筑面积28740.81平方米，总计容建筑面积18026.33平方米，不计容建筑面积10717.40平方米，停车位247辆。该项目由景德镇市兴陶建设开发有限责任公司投资建设，总投资2.02亿元。12月，景德镇市陶瓷非遗传承培训基地项目竣工。该项目位于景德镇市昌南新区名坊园内红叶路与名坊西路交叉口处，总用地面积13655.40平方米，总建筑面积20276.06平方米，主要建设内容及规模为：地上7栋多层戊类厂房和一层地下室，由陶瓷拉坯车间、陶瓷模具车间、陶瓷实训车间、陶瓷材料车间、玻璃车间、陶瓷打样车间、员工休息室等区域组成。该项目由景德镇市兴陶建设开发有限责任公司投资建设，总投资1.23亿元。12月，景德镇数字经济产业园标准化厂房建设项目竣工。该项目位于名坊路东侧，其南侧为规划道路，南面临近杭瑞高架与唐英大道，总用地面积约5676.04平方米，总建筑面积约22214.6平方米，主要建设内容为多层标准厂房，项目建成后对景德镇市及名坊园旅游业的发展有极大的促进作用，为景德镇数字经济产业的推动奠定基础。该项目由景德镇市兴陶建设开发有限责任公司投资建设，总投资1.01亿元。

（李颂欢　赵海波　涂强）

领导名录

市政府党组成员、昌南新区党工委书记
　　余立新
党工委副书记、管委会主任
　　张朝博
党工委副书记
　　陈鸿云
　　杨志奇（2023.5任）
　　刘　海（任至2023.5）
党工委委员、纪检监察工委书记
　　张国亮
党工委委员、管委会副主任
　　张　英
　　黄发金
　　胡卫华
　　王俊祥
　　涂志勇
　　沈　钊（挂职）
党工委委员、四级调研员
　　李　炜（2023.3任党工委委员）
　　（2023.8任四级调研员）
党工委委员、公安分局局长
　　叶传红（任至2023.5）
管委会副主任
　　薛海涛（挂职）
二级调研员
　　罗志伟
　　卢志恩
三级调研员
　　余　骏（2023.12任）
　　冯国盛

（除署名外皆由涂强供稿）

农　业

农牧渔业

【概况】 2023年，景德镇市农牧渔业总产值131.67亿元，同比增长3.98%；农民可支配收入23863元，同比增长6.9%。粮食播面95626.4公顷，粮食总产量56.19万吨。2023年度7733.33公顷高标准农田全面建成，全市累计建成高标准农田5.6万公顷。油料作物播面29447公顷、同比增长9.97%，总产4.4万吨，同比增长5.94%。生猪出栏58.67万头，生猪存栏28.09万头，牛出栏1.8万头，羊出栏5.75万头，家禽出栏573万只。乐平市蔬菜产业和浮梁县茶产业2个特色优势产业已纳入省级重点培育134个优势特色产业，全市蔬菜播面37170公顷，产量121.72万吨；全市茶园总面积14053.3公顷，茶叶总产量1.4万吨。全年水产养殖面积稳定在5212.33公顷，水产品产量达31610吨。农业招商引资取得新成效，签订招商引资项目40个，总投资35.9亿元。全市农业农村领域重大项目12个，累计完成投资15亿元，投资完成率达102%。全力推进农产品加工项目和蔬菜产业集群项目建设，争取省级产业项目资金1014.5万元。高岭·中国村入选2023年全省春季美丽乡村休闲游精品线路，全年休闲农业接待总人数超过1079万人次，营业收入20.31亿元。全省第二个、全市首个“盒马村”正式挂牌，京东平台景德镇农特产馆成为全市农产品销售重要渠道。全市农产品电商销售额同比增长95%。完成419个新农村建设点整治建设，改造农村户厕8000个，浮梁县王港乡港口村入选2023年中国美丽休闲乡村。全市培育乡村民宿516家，实现营业额1.56亿元，带动农副产品销售额4050万元，其中5家被认定为全省休闲乡村星级民宿。昌江区丽阳镇入选第三批全国乡村治理示范镇、乐平市涌山镇涌山村入选第三批全国乡村治理示范村。村级集体经济年经营性收入超过15万元的村达到50%以上。推进饶河干流禁捕退捕工作，与上饶市签订《乐平市婺源县共产主义水库交界水域渔政联合执法共管合作协议》，健全交界水域渔政执法联动协作和互助管理机制。

【粮食油料生产】 2023年，景德镇市按时向农民兑现耕地地力保护补贴、耕地轮作补贴、稻谷补贴、实际种粮农民一次性种粮补贴、油菜扩种补贴等强农惠农政策，累计发放补贴资金1.68亿元，有效调动农民种粮种油积极性。在早稻春播、夏粮及油菜夏收、秋粮生产、秋冬种生产等粮食油料作物生长收获关键环节，及时组织农技人员深入生产一线开展巡回指导服务，集成推广粮油绿色高产高效栽培技术，大力实施水稻等粮食作物单产提升行动，全市粮食播面达到95626.4公顷，粮食产量达到56.19万吨，同比增长2.89%。

【油菜扩面】 2023年，景德镇市夏收油菜面积23840公顷，同比增长12%，油菜总产达2.97万吨，同比增长8.1%。浮梁县在全国油菜高产竞赛中，稻油轮作模式亩产达到219.7千克/亩，全国排第 18 位，居全省前列。

【蔬菜产业】 2023 年，景德镇市新增设施蔬菜面积 654.2 公顷，超额完成省厅下达任务。在乐平市打造袁家村—塔瑞村、大路边村—里汪村、龙会洲村、华家村—高埂村、天济村—坎上村 5 个蔬菜高产高效千亩示范区，集成推广一批蔬菜优质高效栽培技术，做好设施蔬菜连作障碍等当前制约设施蔬菜生产难点堵点的强攻关工作。

【重大动物疫情防控】 2023 年，市农业农村局通过春秋两季重大动物疫病集中防疫、非洲猪瘟防控、生猪定点屠宰产地检疫、官方兽医派驻、养殖和屠宰环节“瘦肉精”检测等工作有效开展，全市未发生非洲猪瘟等重大动物疫情。全年共开展非洲猪瘟、禽流感、口蹄疫等各类重大动物疫病检测送样 14055 余份，未检出阳性。

【渔业生态保护】 2023 年，市农业农村局编制《景德镇 2023 年水生生物增殖放流活动实施方案》，在乐安河及昌江河水域开展放流活动，全市放流鲢鱼、鳙鱼、黄尾鲴、刺鲃等苗种共计 1104.7 万尾。与景德镇水利枢纽签订（渔道、放流平台、管理、监控）6 份涉渔生态补偿相关合同，景德镇水利按照生态补偿方案继续开展花䱻、鳜鱼、刺鲃、光唇鱼、黄颡鱼、翘嘴鲌的增殖放流活动，共计放流大于 4 厘米鱼种 21.21 万尾。监督浯溪口水利枢纽继续开展生态补偿的增殖放流活动，共计放流大于 12 厘米的鱼种 33 万尾。

【水产养殖业】 2023 年，景德镇市在浮梁县建立 3 个示范点、乐平市建立 4 个示范点，主要推广建立配合饲料替代幼杂鱼模式、陆基圆桶养殖技术模式、水产用药减量行动技术模式、莲鱼综合种养、稻虾综合种养技术模式及螺菜养殖尾水治理技术模式。新建 3 家工厂化循环水养殖尾水治理示范点，持续推广水产绿色生态健康养殖技术模式。组织开展 3 次水产养殖规范用药科普下乡活动，促进水产养殖绿色高质量发展。

【“五河”干流禁捕退捕】 2023 年，市县两级农业综合执法部门加大对重点水域、非法捕捞高发地、渔业船舶集中地等领域的夜间巡查执法力度，打击非法捕捞行为。全市出动执法人员 959 人次，出动执法车辆 235 辆次，出动执法船艇 26 艇次，水上巡查 519 海里，清理取缔涉渔“三无”船舶 39 艘，清理各类非法网具和废弃网具 595 张，清理违规钓具 8 根，收缴电鱼工具 13 部。此外市农业农村局加强与公安、市监、海事等部门联合执法力度，全年开展联合专项执法行动 14 次。

【农业产业化企业】 2023 年，景德镇市规模以上农业产业化龙头企业 181 家，其中省级及以上龙头企业 39 家（含国家级 1 家）；市级龙头企业 141 家，其中，新申报龙头企业 17 家，监测淘汰 15 家，监测合格 69 家。全市龙头企业销售收入达 100 亿元，培育年销售收入超亿元以上龙头企业 18 家，其中超 10 亿元龙头企业 2 家，省级农业产业化省级联合体 5 个。江西石洓湖现代农业投资有限公司黄平入选第六批全国农村创业优秀带头人典型案例，全省仅 4 个。

【农民专业合作社】 2023 年，全市农民合作社总数 2239 家，较上年末减少 7 家（当年实际新增 37 家、清理“空壳社”44 家），增长 -0.3%，合作社成员总数 8.2 万人，出资总额达 39 亿元。全市共确认市级以上示范社 153 家，其中：国家级示范社 13 家，省级社 43 家，市级社 97 家。安排中央财政支持农业经营主体能力提升资金共计 713 万元，其中：新型经营主体设施建设项目资金 433 万元、粮食单产提升项目资金 280 万元。2032 年共实施项目 105 个，其中：设施建设项目 53 个（含乐平、浮梁 2 个新型经营主体指导服务中心建设项目），粮食单产提升项目 52 个。全市开展国家级示范社、省级示范社的监测工作，其中国家级示范社监测对象 11 家，监测合格 11 家；省级示范社监测对象 21 家，监测合格 17 家，不合格 4 家；新认定市级示范社 26 家。

【农业机械化】 2023 年，全市农机总动力达 103.92 万千瓦，同比增长 8.7%。主要农作物综合机械化率达到 81.16%，提高 0.82 个百分点；水稻耕种收综合机械化率达到 84.99%，提高 1.86 个百分点。中央下达景德镇市全年补贴资金 4327 万元，实际可用资金 2500.89 万元，实际使用补贴资金 3631.97 万元，使用比例 145.23%。其中：完成更新报废补贴资金 213.93 万元，占使用补贴资金 8.56%；结算资金 212.77 万元，结算比例 99.46%；总补贴机具 3177 台套，受益农户 1334 户。经过县级初审、市级评审、公示后报厅农机化处备案登记，2023 年全市共培育建设完成 6 家省级“四有三能”农机维修网点，其中：乐平市5家，分别是乐平市勤兵农业服务有限公司、乐平市马水金农机具修理部、乐平市高家镇火刚农机配件店、乐平市十里岗根小修理店、乐平市临港镇罗务老农机配件店；浮梁县1家，是浮梁县源盛农机维修服务中心。至2023年底，全市现存“四有三能”农机维修网点11家。

【集中育秧中心和综合农事服务中心建设】 2023年，全市各级部门大力推进集中育秧中心和综合农事服务中心建设，新建设3家综合农事服务中心和28家水稻集中育秧中心，现存的32家集中育秧中心可为全市提供单季育秧能力6846.67公顷。现存5家综合农事服务中心可为周边农户提供高效的农业生产一条龙服务，其中包括提供水稻生产全程托管服务。如乐平市高家镇百勤农机综合农事服务中心为周边十余个乡镇提供全程托管服务，仅早稻生产托管服务面积达666.67公顷，帮助小农户解决自身不能克服的生产难题；浮梁县田卫士农机综合农事服务中心，为1000户小农户提供无人机植保“飞防”服务面积达666.67公顷。此外通过综合农事服务中心采取插秧机手“以老带新”“田间课堂”办法开展实地机插秧作业培训，共培训插秧机手200余名。

【农产品质量安全】 2023年，景德镇市完成农产品定量检测2631批次，快速检测11549批次，总合格率98.9%。农产品品质继续提升，全市有效期内的“两品一标”农产品185个，其中：绿色食品51个、有机农产品131个、农产品地理标志产品3个。新增“名特优新”农产品1个。全市392家监管对象纳入大数据智慧监管平台监管，各级监管协管人员开展网格化日常巡查巡检818家次，巡查巡检覆盖率100%。全年入网监管对象共开具承诺达标合格证267027张。

【省级现代农业全产业链标准化基地建设】 2023年，景德镇市新增江西省沃博农业科技发展有限公司、浮梁县瑶里茶叶有限公司、景德镇市陆一生态农业发展有限公司3个省级现代农业全产业链标准化基地。

【粮食仓储物流规划】 2023年，景德镇市采取重点建设市直储备粮库、积极扩建县级中心粮库、维修改造乡镇收纳粮库、撤并淘汰边远库点的整体建设思路，进一步优化全市粮食储备库点功能布局。投资4.17亿元、占地12.87公顷、仓容4000万千克的浮梁县粮食物流产业园项目已全面完工。

【部省共建“个十百千万”行动】 12月初，乐平市、浮梁县在第二批省部共建江西绿色有机农产品基地试点省“个十百千万”行动中获“县级先行标杆”称号，2家县级农产品检测站和5家乡镇检测站获“星级农产品质量安全检测服务机构”称号，陈兢华、吴春胜、金新春、韩紫莹、高国清5名人员获江西省“农安卫士”称号。

（杨方宇）

林　业

【概况】 2023年，景德镇市共完成人工造林29305.5亩，占省下达计划27401亩的106.95%，其中市本级完成2098.7亩，超额完成上年尾欠任务；完成退化林修复15273亩，占省下达计划的106.34%；完成封山育林5177.1亩，占省下达计划的102.60%；完成国有林场场外造林1007.6亩。省林业局下达景德镇市油茶生产任务是4.48万亩，均已完成。浮梁县完成毛竹丰产林基地建设面积7649亩、竹林道路16千米，拨付省级林业专项补助资金248.7万元；利用本级财政资金完成竹林道路20千米，兑现补助资金24万元。全市森林药材累计造林面积4.6万亩，据不完全统计，景德镇市林区拥有中药材资源800余种，其中黄精、岗梅、覆盆子、枳壳、黄栀子、金银花等道地森林药材品质优良，资源优势明显。实现景德镇市森林药材超常规发展，发展森林药材已成为景德镇市实现“两山”转化的重要措施，契合农村乡村振兴中林业产业发展，实现农民增收和农村产业结构的优化。经普查，全市有古树名木多达15464株。其中：国家一级425株，国家二级1000株，国家三级3912株，名木1株。主要树种为南方红豆杉、香榧、闽楠、罗汉松等。乐平市洪岩镇洪罗村等10村入选“景德镇市森林乡村”，浮梁县黄坛乡南溪村等5村入选“景德镇市乡村森林公园”。

【森林防火“平安春季行动”】 1—4月，景德镇市严格按照全省森林防灭火“平安春季行动”要求，制定具体实施方案，开展森林火灾风险隐患排查整治行动、森林防灭火宣传教育行动、野外违规用火行为专项整治行动、扑火安全专项行动和防灭火监督问责专项行动，取得较好成效，有效地防范化解森林火险隐患和遏制森林火灾，保持2023年春季特别是春节、清明和全国两会期间全市森林防灭火安全稳定。景德镇市获评2023年全省森林防灭火“平安春季行动”先进单位；浮梁县、昌江区、珠山区获评全省森林防灭火“平安春季行动”先进县（区）。

【第27个“世界湿地日”】 2月2日，在昌南湖省级湿地公园举办第27个世界湿地日宣传活动，活动主题为“湿地修复”，旨在提高公众对湿地为人类和地球所做贡献的认识，促进全社会采取行动来修复湿地。活动由市林业局主办，市林业资源保护中心承办，采取悬挂条幅、散发宣传单、展板展示等多种形式开展，围绕2022年6月1日起实施的《中华人民共和国湿地保护法》，向群众宣传湿地保护知识及景德镇市近年来湿地生态保护修复成果。通过此次活动，使广大市民认识到湿地修复的重要性，树立尊重自然、顺应自然、保护自然的发展理念，形成全社会关注、关心和支持湿地保护的良好氛围。

【联合执法行动】 3月15日至6月14日，市林业局、市市监局、市公安局森林分局联合开展代号为“2023清风行动”的执法行动，各相关部门联合对农贸市场、餐饮店等野生动物交易、滥食高发区域进行联合检查野生动植物保护专项行动，全市共出动执法车608辆、执法人员2509人，监督检查场所共788处。其中前往野生动物栖息地468次；人工繁育场所3处；经营利用场所36处，长江流域禁捕水域及其周边区域8处；集贸市场等其他场所273处。景德镇市公安局森林分局立刑事案件4起，并破案。浮梁县查办野生动植物案件30起，其中刑案14起，行政案件16起，处理违法人员32人，收缴非法猎具115个，收缴非法所得6.8万元。昌江区查办野生动植物案件9起，其中刑案8起，行政案件1起，缴获非法渔具2艘船、2套捕鱼工具、8个电瓶，收缴非法所得8.59万元。乐平市公安局森林分局办理破坏涉林野生动植物案件中，共立刑事案件3起，处理违法人员25人，收缴非法猎具90余个。

【林业产业学院挂牌】 4月26日，景德镇学院与景德镇市林业局共建林业产业学院挂牌仪式在浮梁县高沙村原市林科所院内举行，标志着景德镇学院与景德镇市林业局合作交流水平迈上一个新台阶。景德镇市林业局与景德镇学院共建的林业产业学院旨在发挥林业科研与教学优势，增进双方的科研合作、人才培养、师资培训、学术交流，通过多层次、多方位的合作交流，将全面加强科技创新和基层林业技术能力培养，推动生物多样性研究，林产品、油茶等重点领域科技攻关，促进科技成果及时转化，科技示范基地建设等方面取得实效，此次合作必将实现优势互补、共建共享、合作共赢。

【打击毁林毁草专项行动】 5月8日至11月30日，市林业局组织开展打击毁林毁草专项行动。共排查毁林毁草线索43个，确认并查处案件35起，其中盗伐林木2起，滥伐林木7起，毁坏林木3起，共计蓄积142.657立方米，擅自改变林地用途12起，毁坏林地9起，共计面积83.09亩；行动结束共进行行政案件处罚人数13人，罚款金额13.692万元，刑事处理人数3人。

【林草生态综合监测样地调查】 6月27日至8月3日，景德镇市全面完成2023年全市45个林草生态综合监测样地外业调查工作，其中森林样地36个、草原样地4个、湿地样地5个。现图斑监测工作稳步推进。

【2023年市级总河湖长和总林长会议】 7月3日，景德镇市召开2023年市级总河湖长和总林长会议。会议深入贯彻落实党的二十大精神和习近平生态文明思想，传达学习省级总河湖长会议和总林长会议精神，总结上年工作，审议有关文件，研究部署今年重点任务。会议听取2022年全市河湖长制和林长制工作情况汇报，审议并原则通过《2022年度全市河湖长制工作考核结果》《2023年度河湖长制工作要点及考核方案》和《2022年度全市林长制工作考核结果》《景德镇市2023年林长制工作要点》《〈江西省林长制条例〉贯彻落实年活动实施方案》。

【古树名木保护】 9月22日，市林业局通过植树节、世界森林日等节日，利用宣传栏、公告、电子屏等宣传载体，微信公众号等网络宣传平台，大力宣传《江西省古树名木保护条例》等法律法规，提高全民对古树名木的认知和主动做好古树保护的意识。在每株古树名木的树牌上印制二维码，通过手机“扫一扫”功能，便可清晰了解每株树木的名称、树种等基本信息，方便广大群众查询。通过对各株古树文化背景的挖掘，了解不同古树的文化内涵，动员更多的社会力量参与到古树名木保护工作中来，从而更好地传承、弘扬古树文化。根据古树生长状态，将濒危株、自然灾害受损古树纳入优先保护范围，科学编制“一树一策”保护方案，明确每株古树名木在保护修复时的总体要求和生长环境改良、有害生物防治、树体防腐填充修补、树体支撑加固、枝条整理、围栏保护的技术要求。适时开展修枝、树皮护理养护、安装古树专用透水透气装置、松土、破处硬化、安装古树名木保护宣传牌等保护措施。

（刘　畅）

水　利

【概况】 2023年，浯溪口水利枢纽工程获中国水利工程优质（大禹）奖，成为全省第二个摘得该荣誉的水利工程。黄泥头防洪排涝工程全面完工，主城区最后一个涝区得到彻底治理。乐平水利枢纽创造景德镇水利建设前期工作最快速度，成为景德镇历史上争取资金投入最大的水利工程。景德镇市成功创建国家节水型城市，成为全省最先摘得该荣誉的设区市。

【乐平水利枢纽】 2023年，乐平水利枢纽项目列入江西省水网重大项目、2023年第一批省重点建设项目，完成项目前期一系列专项审批及备案工作，并成功纳入国家“十四五”中期调规。通过科学安排、统筹谋划、全力以赴，完成规划、可研、初设、开工准备4个阶段、19个方面、61个大项、219个子项的所有工作，创造全国水利的“江西速度”。

【水利投资】 2023年，省级以上财政累计下达景德镇市各项水利资金突破4亿元，同比增长20.15%，全市共落实水利建设投入35.01亿元，同比增长34.08%，下达景德镇市中央大中型水库移民后期扶持项目资金达9284万元，同比增长8.16%。发行专项债券水利项目2个，其中景德镇水利枢纽0.5亿元、黄泥头防洪排涝工程2.6亿元。国家发改委、水利部初步审核通过11项，项目总投资累计达到64.41亿元。

【除险加固项目建设】 2023年，市水利局完成全市9座病险水库、乐平市续湖联圩万亩重要堤防除险加固项目建设，项目建设内容包括土堤加高加固堤长10.494千米，其中迎水坡生态护坡堤段长0.516千米，砼预制块护坡堤段长2.219千米，抛石固脚堤段长1.917千米，新建黏土斜墙防渗长0.608千米，填塘堤段长0.16千米。23座建筑物原址拆除重建；新建28座下河踏步，堤顶铺设C25砼防汛公路10.494千米，建设青石板游步道2.669千米，建设排水沟0.282千米，调概后批复总投资8157.47万元。实施昌江区双溪水山洪沟治理工程，彻底排除山洪风险隐患，直接受益人口近1.6万人，防洪排涝能力进一步提升。

【城乡供水一体化工程】 2023年，城乡供水一体化工程总投资1.8069亿元，项目受益人口9.6万人，全市农村自来水普及率达到93.16%，规模化供水工程覆盖农村人口比例达到89.09%，全省排名双第一。

【灌区改造项目】 2023年，市水利局完成浮梁县鹅湖虎鹅灌区、浮梁县寿安山田坞灌区、乐平市东方红灌区3座重点中型灌区改造项目，浮梁县鹅湖虎鹅灌区续建配套与节水改造工程，拆除重建引水水堰1座，干渠、支渠衬砌防渗长7.787千米，渠道清淤长3千米，新建灌溉管道2.22千米；加固渠系建筑物共41座，批复投资1105.78万元。浮梁县寿安山田坞灌区续建配套与节水改造工程，灌溉干渠加固8.15千米，支渠加固总长1.89千米，DN200PE干管总长1.85千米以及渠系建筑物改造等，批复投资1211.94万元。乐平市东方红灌区续建配套与节水改造工程，渠道疏浚清淤总长18.13千米，西干渠、中干渠、东干渠渠道衬砌，C20砼三面衬砌22.71千米；程家支渠、薛家支渠和中脑支渠节水管道PE波纹管埋设4.33千米，加固改造渠系建筑物15座，增设信息化管理设施等，批复投资2021.03万元。为全面推进乡村振兴提供坚实农村供水饮水保障。

【节水创建】 2023年，景德镇市共创建节水高校1家，省节水型企业8家，其中节水标杆企业1家。有2家公共机构入选省级公共机构水效领跑者，全市所有机关单位全部创建成功市级节水型单位。面向群众积极推广节水型器具，普及节水知识，推广节水型水龙头、节水型便器、节水型水箱等节水器具5000余套。

【DMA分区计量配套管理】2023年，持续开展DMA分区计量配套管理，至12月，已建成7个一级分区，47个二级分区，31个三级分区，171个四级分区，并开展超计划累进加价水费征收，加强对用水行为的监督管理，全市非居民计划用水率达到90%以上。同时拓展再生水利用范围，全年再生水使用量达到2万吨。

【水土保持生态建设】2023年，市水利局完成水土流失综合治理34.2平方千米，重点预防保护面积15.6平方千米。严格执行水土保持生产建设项目水土保持“三同时”制度，加强事前事中事后监管、监督执法及违法案件查处，对124个在建生产建设项目全覆盖开展水土保持监督检查，对64个项目开展水土保持信息化监管。严格执行水土保持方案一稿制审批制度，全市累计审批79个生产建设项目水土保持方案。对昌景黄高铁景德镇段水土保持组织管理、水土保持方案、水土保持工程措施和植物措施进行全过程监管，实现绿水青山与高铁建设双赢局面。

【水库移民】2023年，景德镇市涉及水库移民乡镇共44个，共有大中型水库移民51891人。水库移民主要由“两江”（新安江、富春江）水库移民、三峡水库移民、浯溪口水库移民和其他大中型水库移民组成。景德镇市2023年度共下达中央大中型水库移民后期扶持项目资金9284万元，其中直补资金1795.32万元、项目资金7488.68万元，共实施水库移民后期扶持项目327个，切实推进水库移民美丽家园建设和移民产业转型升级，为实现乡村全面振兴提供坚实水利保障。

【江河保护治理】2023年，全市水利系统累计开展河道非法采砂巡查234次，出动人数828人次，累计巡查河道长度8616公里，查处非法采砂案件9起，行政处罚金额26.155万元，查处非法采砂船舶1艘、非法采砂机具8台，形成依法严惩的高压态势，境内河道非法采砂问题得到有效遏制。在河湖岸线保护方面，充分发挥河长制湖长制平台作用，全方位推进河湖“清四乱”、“清河行动”等整治行动，组织市、县、乡、村四级河（湖）长共巡河（库、湖）36630余次，集中协调解决河湖治理、保护与管理方面的突出问题274个。投入18.29亿元实施西河、南河、东河、官庄水幸福河湖建设，进一步强化系统治理，复苏河湖生态环境。

【黄泥头防洪排涝工程】1月11日，黄泥头防洪排涝泵站主体封顶，6月1日，黄泥头防洪排涝工程泵站机组具备排涝效益，堤防工程全线合围。景德镇市主城区最后一个涝区得到彻底治理，主城区防洪工程顺利形成完整封闭圈，新增保护人口5.8万人，保护范围10.5平方千米。该工程批复总投资4.58亿元，其中主体工程投资约2.76亿元。工程建设内容主要包括：新建南河右岸（湘官公路至何家桥段）防洪墙2.35千米，防洪标准为20年一遇，新建装机5510千瓦泵站一座，改扩建渠道3.46千米。

【水旱灾害防御】3月24日，景德镇市比往年提前8天正式进入汛期，汛期期间全市面雨量1595.7毫米，比上年同期偏多110.7毫米，比常年同期偏多1%。其中昌江渡峰坑站出现接近警戒水位0.96米的洪水、乐安河虎山站出现超警戒水位0.17米的洪水。市水利局迅速启动全员值班，立即进入24小时值班值守状态。通过山洪灾害监测预警平台发布预警207次，向责任人发布预警短信654条，预警发布服务人数达2095人。市本级发布水工程调度令17份，特别是6月19—26日平均降雨量287.1毫米，为历史同期均值2.5倍，列历史同期第4位。在应对强降雨过程中，科学调度浯溪口水库等水利工程，腾库0.12亿立方米，过程拦蓄洪水0.86亿立方米，联合调度昌江和乐安河流域干、支流梯级水库群，充分发挥水利工程防洪减灾效益，水旱灾害防御安全平稳。

【支流治理工程】11月8日，开工建设江西省主要支流治理昌江浮梁县（蛟潭镇段）整治工程项目，12月7日，开工建设江西省主要支流治理昌江浮梁县（浮梁镇段）整治工程项目，河道行洪能力进一步提升。12月30日，完成江西省主要支流治理昌江浮梁县段（兴田乡）河道治理工程，河道综合治理总长8.3千米，疏浚长度为1.03千米，护岸总长4.19千米，拆除重建亲水埠头4座、新建和改造3.14千米防汛道路及巡河道路、镇埠村两岸滩涂治理（拆除重建码头1座，新建码头1座等）、传芳里岸滩治理（拆除重建码头1座等）、城门村岸滩治理（亲水平台、游步道、滩涂治理等）、5处水位尺等，批复投资6483.34万元。

（吴珺璇）

工 业

综 述

2023年，全市规上工业实现营业收入1279.8亿元，比上年下降0.1%，增速列全省第7位；规上工业增加值比上年增长5.4%，增速列全省第6位；工业税收34.4亿元，同比增长65.6%，增速列全省第1；工业增值税24.5亿元，同比增长237.1%，增速列全省第1。

优势产业持续壮大。坚持做大陶瓷产业，做强航空产业，做优精细化工和医药产业，推进延链、补链、强链，产业链集群集聚发展呈现良好态势。陶瓷产业方面，聚焦打造千亿陶瓷产业目标，在发展日用陶瓷、艺术陶瓷的基础上，推动以先进陶瓷为重点的无机非金属新材料产业链发展，全市陶瓷产业保持高速增长，营业收入可达860亿元，先进陶瓷规模达到260亿元。航空产业方面，抢抓国家军民融合发展战略机遇，强化昌飞和602所“厂所”引领优势，紧扣整机制造、零部件配套、通航服务“三位一体”产业发展布局，全力打造航空先进制造业集群，营业收入突破400亿元。精细化工和医药产业方面，依托乐平工业园区和鱼山医药产业园，细分产业赛道，不断补链、延链、优链，形成以煤化工、基础化工、化工新材料、医药中间体、生物医药为主体的产业集群，营业收入可达600亿元。

项目建设持续推进。围绕工业倍增三年行动计划，坚持抓项目建设不放松。2023年全市纳入重大项目管理调度平台的亿元以上工业项目共有354个，位列全省第7名、四小地市第1名，总投资2424.9亿元，同比增长11.6%。组织并指导企业成功申报国家、省级各类专项资金5631万元，较上年增加1070万元。从市级工业发展专项资金中划拨500万元用于贷款贴息，撬动引导社会投资5.19亿元。

扶优扶强持续开展。加大对中小微企业融资担保支持力度，创新“专精特新贷”“高新技术贷”“信易担”等特色服务产品，提升融资服务能力。2023年累计为834家企业提供担保服务，新增金融服务52.8亿元，较上年增加6.4亿元。坚持每月开展企业服务日活动，重点对30个增资扩产重点项目、30家优质发展重点企业、30家升规入统重点企业开展扶优扶强工作。开展中小企业服务月、“一起益企”中小企业服务活动，带动各类优质服务资源为中小企业创新发展赋能。推进标准厂房建设，引导产业集聚发展，2023年以来累计建成标准厂房超100万平方米。浮梁县陶瓷产业集群获评“工信部2023年度中小企业特色产业集群”。高新区获评全市首个国家绿色工业园区。

转型升级持续提速。实施数字经济“一号发展工程”，抢抓数字经济发展机遇。中国陶瓷工业互联网平台上线，至年底，平台汇聚近2万条陶瓷资源数据，300余位陶瓷大师入驻平台，二级节点标识注册数超5826万，标识解析数超1.08亿。宏柏新材料入选国家数字化转型贯标试点，江直公司获评国家级商用密码典型案例。推进企业特色化发展，明兴航空、吉翔化工获评国家专精特新“小巨人”企业，49家企业获评省级“专精特新”企业，117家企业获评省级创新型企业。以智能制造为主攻方向，推动产业技术变革和优化升级，推动制造业产业模式和企业形态进一步转变，昌飞公司获评国家智能制造示范工厂。

【顶层设计】2023年，以市工业强市建设工作领导小组名义印发《景德镇市工业倍增三年行动计划2023年工作要点》（景工强市小组字〔2023〕6号），明确2023年全市工业发展主要目标任务，打造特色产业体系、加快推进项目建设、夯实发展平台建设、培育优质企业梯队。

【企业专精特新发展】2023年，推动优势企业做专做强，崛起为细分产品市场龙头和专业化“小巨人”，提升核心竞争力，逐步走向“小而专、小而优、小而强”发展路子。明兴航空、吉翔化工获评国家级专精特新“小巨人”企业；49家企业获评省级专精特新中小企业，年新增创历史最高；117家企业获评省级创新型中小企业。

【政府性融资担保助企发展】2023年，景德镇市中小企业融资担保有限公司深耕普惠金融主责主业，持续优化企业融资环境，成立乐平、浮梁分公司促进县域普惠金融环境提升，全面实现新增业务银担共控风险，并开展“三进三送”活动与“送策入企、精准帮扶”等活动，一对一地制定融资方案，有效降低融资担保服务门槛，缓解小微企业、“三农”主体融资难题，融资服务规模得到持续增长。全年，景德镇市中小企业融资担保有限公司全年新增金融服务达52.8亿元，在保余额达33.06亿元，同比增长16.33%，放大倍数达6.61倍。

【工业绿色发展】2023年，印发《景德镇工业领域碳达峰实施方案“1+2”》，推动工业领域碳达峰工作有序开展。黑猫炭黑、天新药业被认定为国家绿色工厂，高新区被认定为国家绿色工业园区，远洋威利的低密度灰硅板被认定为国家绿色设计产品，市税务局中心机房被认定为国家绿色数据中心。

【工业文化建设】4月26—27日，成功承办第二届国家工业遗产峰会，活动具有规格高、影响广、规模大、成效实的特点，得到工业文化行业内一致好评。陶瓷机械厂、雕塑瓷厂、九龙山垦殖场制茶厂获批省级工业遗产；雕塑瓷厂获批省级工业遗产旅游基地。

【工业企业研发创新】5月13日，昌河航空、明兴航空2家企业3项新产品获2022年度省级优秀新产品奖，其中一等奖、二等奖、三等奖各1项；6月7日，德孚环保等9家企业被认定为第2批市级企业技术中心；12月20日，景德中药、景光电子、明兴航空3家企业入选第三届“赣出精品”企业名单；12月28日，欧美亚、九由航空、牧森、景德中药4家企业被认定为第26批省级企业技术中心，至年底，全市企业技术中心总数达到38家，其中省级以上企业技术中心25家。

【工业互联网平台建设】至12月底，中国陶瓷工业互联网平台（2022年11月上线）共汇聚1819家企业上平台，景德镇市848家，其他32个产瓷区971家。陶瓷专家365人，技工人才154人，科研资源提供科研成果138个，入驻品牌632个，上架商品数超2.12万个，撮合交易金额达1126万元，成为全行业的“产业云脑”，为全市陶瓷行业数智领航发展提供“景德镇路径”。央视新闻3次专题报道景德镇市陶瓷工业互联网平台建设及应用情况，“江西改革”长篇报道全国首家陶瓷行业工业互联网平台。（陈建文）

航空工业

【概况】2023年，航空产业营收突破400亿元；上半年全市规模以上航空企业主营收入同比增长9.5%、工业增加值同比增长39.6%、税收同比增长327.1%。2023中国航空产业大会在景德镇市举办，现场签约189.6亿元。景德镇拥有全国唯一的研发、生产、销售、培训、通航运营的“全牌照”资质航空工业。年内，全市有航空类企业105家，其中制造企业102家、通航运营企业2家、投融资平台1家。形成以昌飞公司、航空工业直升机所为龙头，以江西直升机公司、江西景航航空锻铸有限公司、昌兴航空、明兴航空、神州六合等企业为骨干，涵盖直升机及无人机研发、制造、通航等完备的航空上下游产业链，具备年产500架整机产能，为昌飞公司提供70%左右的当地配套，还为商飞、沈飞、哈飞、成飞、西飞等外地航空企业提供配套。

【航空工业直升机所】2023年，航空工业直升机所（以下简称直升机所）型号研制实现多维突破。民机方面，AC313A完成首次高原试飞，正式进入验证试飞；AC311A完成温度—高度包线拓展验证试飞；AC352完成AEG评审，开启客户化研制。无人直升机方面，AR-2000、AR-500实现系列化发展，AR-500作为我国首批海事无人直升机列编山东海事局。全面布局航空新能源战略前沿领域，AR-300亮相天津直升机博览会，并实现首飞。科技创新持续提升。直升机所构建高水平科技创新平台，全面布局战略前沿技术，装备技术发展从传统向新质、从平台向体系转变，前沿高新技术领域多个验证项目取得突破性进展。全年获各级科学技术奖15项，其中AC313大型民用直升机获江西省科学技术进步特等奖。申报专利315项，其中发明专利298项，连续两年获中国专利优秀奖。年内，直升机所制定新时代干部队伍建设实施意见，从导向、能力、活力等方面统筹推进五大体系建设。构建以"双青"（青苗、青蓝学员培养）为驱动的分层分类全过程人才培养体系，打通培养通道。11月7日，直升机所策划制作的《祖国需要处皆是我故乡》视频作品，被国务院国资委宣传工作局、中央企业影视专委会授予"中央企业党的二十大精神基层理论宣讲微视频优秀奖"。11月29日，山东海事局组织AR-500无人直升机入列仪式，标志该型装备正式列编山东威海。当日央视《新闻联播》等媒体平台对该事件进行报道。12月29日，直升机所国家级工业设计中心成功通过复核认定。

（李春至）

【重要飞机制造企业】昌飞公司。2023年，昌飞公司推进重点工作和任务目标落实，制定直升机产业发展专项方案，推进世界一流直升机企业建设，各项经济指标回升向好。年内，推进"211"人才体系建设，完成任职资格认证，实施"长家分离"，为专业技术人员开辟新通道。昌飞公司新时代装备建设质量管理体系通过三级评价，高质量通过首批试点总验收。昌飞公司全面实施国企改革深化提升行动，完成机加中心、运保中心、经济中心整合组建工作。聚焦民用航空发展主责，坚持融入融合发展，逐步做强、做优、做大民机产业，承办集团民机工作会，民机产业开新局。昌飞公司与直升机所、解放军总医院等单位联合研发的"基于AC313型机的空中ICU生命支持系统"项目通过适航验证。昌飞公司多款装备亮相国家"应急使命2023"、集团航空应急救援综合实战演练、第六届天津直博会、2023中国航空产业大会，体系化展示直升机应急救援能力。年内，昌飞公司推动科技创新发展，入选2023年工信部智能制造示范工厂揭榜单位，"玄凤"团队获第八届国际无人飞行器创新大赛一等奖及最受欢迎作品奖，昌飞公司荣获中国工业大奖、2023年度全国实施卓越绩效先进组织、中国改革发展优秀成果奖等多项荣誉。

（李益乐）

江西景航航空锻铸有限公司（以下简称景航公司）。2023年，景航公司实现报表营业收入12.01亿元，全年税收8242万元。新产品开发2374项，同比增加15%，新产品销售收入1.8亿元，同比增加29%，占总营业收入的13%；新产品代表企业的未来，为公司的可持续发展奠定基础；货款回收率连续三年超过100%，确保资金安全。公司经济运行质量总体良好，防范化解重大经营风险，战略转型迈出稳健步伐。年内，江西省企业联合会、企业家协会、企联企业管理现代化委员会联合公布第二十三届江西省企业管理现代化创新成果，景航公司申报的《基于三闭环维保管理理念的设备健康管理体系构建》《基于流程管理理念的团队协助标准的生产管理》两项管理创新成果分别荣获一等奖、二等奖；景航公司获航空工业集团"2022年度优秀供应商"称号；景航公司获2022年度哈飞"金牌供应商"（排名第一）称号；中航重机在2023年度智能制造及管理创新工作会上，授予景航公司"中航重机2022年度网信工作先进单位"和"2022年度AOS管理体系建设先进单位"荣誉。景航公司获2023年景德镇市"五一劳动奖状"荣誉称号，公司党委书记、董事长胡冬生荣获"江西省五一劳动奖章"。省工业和信息化厅发布2023年江西省制造业单项冠军企业名单，景航公司作为景德镇市唯一一家获批单项冠军企业成功入选，实现景德镇市航空产业单项冠军企业零的突破。景航公司通过TUV南德认证检测中心对公司开展的IATF16949汽车标准质量管理体系年度监督审核，继续保持认证资格。

（谢文静）

江西直升机公司。2023年，江西直升机公司围绕整机制造业务，构建以微型无人机、多旋翼、复合翼、大型无人直升机及轻小型有人直升机的产品谱系。全年公司实现204架航空器交付，同比增长 44.7%；有人机和无人机总计飞行 1200 余小时，同比增长 263.6%。江西直升机科技馆累计接待中小学生为主体的各类游客超 70 万人次。年内，江西直升机公司 JH 系列直升机项目获国家发改委 1050 万元中央预算资金支持；无人机密码通信入选工信部典型密码应用案例；JH-1F 小青龙消防型无人直升机入选江西省首台（套）重大技术装备推广应用指导目录。2023 年全国青少年航天创新大赛江西选拔赛于 7 月 8 日在江西直升机科技馆成功举办；直升机科技馆获中国民航科普教育基地、景德镇首批国防科普教育基地，入选景德镇“千馆之城”首批名录。

（余海燕）

【中国民航直升机安全组（CHST）筹备研讨会在昌飞公司召开】 2 月 1 日，中国民航直升机安全组（CHST）筹备研讨会在昌飞公司召开。中国民航局相关单位、有关通用航空公司、直升机所、昌飞公司等单位代表 50 余人参加会议。会上介绍 CHST 建设方案的初步构想，涵盖 CHST 任务、目标与性质等相关内容。与会代表就 CHST 建设方案内容展开讨论，形成指导委员会名单、修订完善 CHST 章程，确定飞行运行组与适航维修组组建工作方案等相关意见。

（李益乐）

【景航公司荣誉】 2 月 8—9 日，由景航公司承办的中航重机 2023 年度工作会（职代会）在景德镇召开。会上，景航公司获多项荣誉。2 月 28 日，景德镇市工业倍增三年行动暨招商引资决战大会召开。景航公司被授予景德镇市“2022 年度工业企业纳税二十强”荣誉称号。7 月 4 日，在“燃气轮机聚焦产业风云榜”发布会上，景航公司荣登“2022 年度燃气轮机行业供应商百强榜”。7 月 19—21 日，第 23 届中国国际金属成型展览会在上海国家会展中心开幕，景航公司参展的履带板获中国锻压协会颁发的“神工奖”优质金属成形零件优质奖。9 月 7 日，航空工业通飞在珠海召开第三届“鲲龙杯”微创新大赛，景航公司凭借《利用垫板组合异形锻模冲头的整体机加方法》项目获铜奖。

（谢文静）

【昌飞公司获第七届中国工业大奖】 3 月 19 日，第七届中国工业大奖发布会在北京召开。昌飞公司获中国工业大奖企业类最高奖。昌飞公司党委书记、董事长周国臣出席发布会并代表昌飞公司上台领奖。中国工业大奖被誉为中国工业“奥斯卡”，是国务院批准设立的中国工业领域最高奖项。

（李益乐）

【航空工业集团领导到景航公司调研】 3 月 23 日，航空工业集团董监办领导到景航公司调研指导工作。调研组一行参观企业展厅，并深入新区、老区锻造生产区，对公司厂区内企业文化元素打造及员工精神面貌表示赞扬和肯定，对景航公司取得的发展成效给予认可。调研组一行就公司产品结构、市场开拓及发展规划等进行研讨交流，指明公司下一步的业务重点及发展方向。3 月 30 日，航空工业通飞总经理杨雷等一行五人到景航公司调研。杨雷在讲话中对景航公司干部职工的良好精神面貌给予赞扬，对公司的市场开拓意识和中长期战略规划表示肯定，针对生产经营、技术引领、降本增效等方面工作提出建议。

（谢文静）

【航空工业民机工作会召开】 3 月 29—30 日，航空工业 2023 年民机工作会在昌飞公司召开。会议主要听取题为《自立自强 惟实创新 以民用航空产业高质量发展支撑中国式现代化建设》的民机工作报告和 6 个专项工作报告，宣读《集团党组关于民用航空产业高质量发展的决定》，会议聚焦高质量发展、重大专项、重点型号、市场拓展等方面，组织各民机业务单位交流发言，进行集中研讨，总结上年集团民机工作，部署 2023 年重点工作。

（李春至 李益乐）

7 月 4 日，2022 年度燃气轮机行业“供应商百强榜单”发布会

（景航公司 供图）

【景航公司获 ASP 航空领域特殊过程符合性认可证书】 4月17—19日，航空领域特殊过程评价中心（ASP）委任专家审核组对景航公司开展锻造、热处理特殊过程现场审核。经过为期三天的审核检查，审核组认为景航公司基本符合特殊过程准则实施监控管理。7月颁发特殊过程符合性评价认可证书。

（谢文静）

【景航公司通过国防科技工业企业最高计量标准复查考核】 5月，江西省国防科工办、东华计量测试研究院联合组成的评审组一行，对景航公司进行计量标准复查现场考核。评审组认为，景航公司重视计量检测工作，各项资质齐全，规章制度健全且运行稳定可靠，满足计量检测工作要求，计量人员技术能力和环境条件满足企业质量保障及工作需要，同意通过资质复查。

（谢文静）

【AR-500 森林浮空通信中继平台国内展示】 5月8日，直升机所研制的 AR-500 浮空通信中继平台参展长三角国际应急减灾和救援博览会（上海）。5月16日，由国务院抗震救灾指挥部办公室、应急管理部和云南省人民政府联合主办的“应急使命 2023”在云南丽江举行，直升机所研制 AR-500 森林浮空通信中继平台首次以全系统状态参与该活动装备展示。

（李春至）

【昌飞公司产品参加“应急使命2023”联合救援演习】 5月16日，国务院抗震救灾指挥部办公室、应急管理部、云南省人民政府在云南丽江等地联合举行“应急使命 2023”高山峡谷地区地震灾害空地一体化联合救援演习。7架昌飞制造的直8系列直升机参加演习，承担起吊水灭火、伤员转运、人员运输、物资投放等任务。

（李益乐）

【昌飞公司 3 项航空应急救援作业标准发布】 6月13日，在江西省政府新闻中心举行的江西省应急救援能力建设工作新闻发布会上，昌飞公司联合江西省应急管理科学研究院等单位共同完成《直升机应急医疗救援转运操作指南》《直升机舱内物资投送操作指南》《直升机目视搜索操作指南》3项标准发布，这3项标准进一步完善航空医疗救援的作业规范，填补物资投送、空中搜寻作业的国内空白。

（李益乐）

5月，航空工业景航计量标准复查现场（航空工业景航　供图）

【省委书记尹弘到昌飞公司调研】 6月17日，江西省委书记尹弘一行到昌飞公司调研航空产业链主企业带动上下游企业协同发展、融通创新工作。尹弘一行详细了解昌飞公司主题教育开展情况及型号科研、试飞交付等方面情况，听取昌飞公司科研生产经营、在赣产业链发展等方面情况汇报。尹弘对昌飞公司在直升机产业发展上的成就给予肯定，并希望昌飞公司要深入贯彻党的二十大精神和习近平总书记视察江西重要讲话精神，继续为国防装备建设和地方经济发展做出新的更大贡献。

（李益乐）

【景航公司通过环境/职业健康安全管理体系再认证审核】 7月23—25日，北京航协认证中心有限责任公司审核组一行7人对景航公司开展为期 2.5 天的环境/职业健康安全管理体系再认证审核工作。通过本次现场审核，审核组一致肯定景航锻造及相关工序过程中的环境因素和危险源控制，以及相关方管理等方面所做的工作，尤其对公司现场环境表示赞赏，一致认为景航公司领导高度重视，双体系工作扎实落地。本次审核结论：继续推荐景航公司保持认证资格。

（谢文静）

【景航公司理化检测中心取得 CNAS 认可证书】 7月28日，景航公司理化检测中心顺利通过中国合格评定委员会（CNAS）的评定审核，获得实验室认可证书（注册号：CNAS L18754）。该证书表明景航理化检测中心具备按照 ISO 17025（CNAS–CL01）体系开展检测的技术服务能力，可在认可范围内使用 CNAS 实验室认可标识和 ILAC–MRA/CNAS 标识，标志航空工业景航理化检测中心具有国家及国际认可的管理水平及检测能力，提升公司产品竞争力和品牌影响力。

（谢文静）

【AC313、C919 项目获江西省科学进步奖】 8 月 1 日，江西省政府办公厅公布 2022 年度江西省科学技术奖励名单。直升机所研制的 AC313 大型民用直升机获江西省科学技术进步特等奖。AC313 先后获中国航空学会科技进步特等奖和江西省科学技术进步特等奖，标志该项目科技创新成果和社会经济效益得到行业内外权威专家的高度认可。项目实现重大科技创新、产业化创新和发展模式创新，体现航空工业坚持“四个面向”、实现高科技自立自强的信心和决心，为国家航空应急救援体系建设贡献重要力量。昌飞公司 C919 客机大型复合材料襟缝翼研制项目获二等奖。

（李春至　李益乐）

【AC352 直升机通过 AEG 评审】 8 月 26 日，AC352 直升机温度包线拓展试飞在景德镇吕蒙机场完成，提升市场竞争力。12 月 15 日，AC352 直升机顺利通过中国民用航空局航空器评审委员会（AEG）评审，为交付用户投入运营奠定基础。

（李春至）

【AC313A 完成首次高原试飞】 9 月 9 日至 11 月 7 日，AC313A 完成首次高原试飞。AC313A 首次高原试飞从 9 月 10 日开始，按照先易后难、先低后高、先轻后重的原则逐步实施，先后在贵州安顺黄果树机场、云南丽江泸沽湖机场开展试验试飞工作，检查直升机的高原飞行性能和飞行品质、发动机、辅助动力装置、起动及控制系统的高原适应性等，为型号适航取证高原试飞进行技术摸底。整个高原试飞期间，发动机起动成功率 100%，直升机高原飞行性能达到预期。

（李益乐）

【昌飞公司参加第六届天津直博会】 9 月 14—17 日，第六届中国天津国际直升机博览会在天津空港经济区举行，博览会期间，昌飞公司以专业能力和技术向观众展示大型宽体运输直升机、大型重载运输直升机、中型多用途攻击直升机、轻型攻击侦察直升机、AC311A 型直升机和 AC313A 直升机等在内的多款先进直升机产品。

（李益乐）

【AR–500BW 武装型无人直升机完成水面移动目标打靶】 9 月 16 日，直升机所研制的 AR–500BW 武装型无人直升机在内蒙古莫力达瓦达斡尔族自治旗（简称莫旗）完成水面移动目标打靶。AR–500BW 武装型无人直升机是直升机所自主研发设计的一款具有侦察和打击能力的武装型无人直升机，该型机是在成熟的 AR–500 无人直升机平台基础上进行减重优化设计、提高平台性能后，通过加装光电侦察装置、火控外挂管理系统、空地导弹等任务系统研制而成，具备昼夜侦察、搜索、瞄准、武装打击的能力。

（李春至）

【昌飞公司档案馆获“江西省示范数字档案室”】 9 月 26 日，江西省档案局组织专家组，依据《江西省数字档案室建设评价办法》，对昌飞公司数字档案室建设情况进行现场测评，专家组听取昌飞公司关于数字档案室建设情况的汇报，实地查看档案组织管理、基础设施建设、应用系统、数字档案资源、安全保密体系等方面的台账和系统演示，专家组认为昌飞公司档案馆达到“江西省示范数字档案室”认定标准。

（李益乐）

【习近平总书记到昌飞公司考察调研】 10 月 11 日，中共中央总书记、国家主席、中央军委主席习近平来到昌飞公司，考察直升机总装车间和试飞站，了解企业推进技术创新和产品迭代升级的情况。习近平总书记指出，航空装备是我国制造业发展的一个重点。要坚持创新驱动，在关键核心技术自主研发上下更大功夫，面向未来需求出新品，努力构建先进制造体系、打造世界一流直升机企业。在总装车间，习近平总书记听取昌飞公司发展情况、科技创新成果、型号科研进程、民机通航发展、劳模创新工作室建设、罗阳青年突击队等相关内容介绍，并对国产直升机在民生领域的广泛应用产生兴趣，向讲解人员询问了技术数据和直升机价格等方面情况。在试飞站，习近平总书记考察直升机生产试飞交付情况，并登上 AC313A 直升机客舱，现场感受该款直升机的构造及性能。

【AC311A 直升机研制项目】 10 月 25 日，直升机所研制的 AC313A 直升机首次高原试飞完成。AC313A 直升机是在 AC313 直升机基础上换装新型发动机、采用宽机体结构、升级相关系统等改进研制的，提升直升机的综合性能。11 月 20 日，AC311A 直升机完成温度—高度包线拓展验证试飞，通过此次验证试飞，展示 AC311A 直升机的高原各项飞行性能和使用性能，提升用户在高原使用 AC311A 直升机的信心，扩大民族直升机市场影响力。11 月 21—22 日，AC311A 直升机研制项目验收评审通过。AC311A 直升机于 2014 年 8 月实现首飞，2016 年 8 月取得中国民用航空局颁发的型号合格证，2016 年 11 月通过中国民用航空局航空器评审委员会（AEG）评审。AC311A 直升机广泛运用于交通管理、医疗救护、观光旅游、搜索营救、教练培训、应急救援等方面。

（李春至）

【AC313、AC311A 参加航空工业多机型应急救援综合实战演练】 10 月 27 日，航空工业在湖北荆门漳河机场组织实施并完成多机型航空应急救援综合实战演练。该次演练设置“航空灭火、航空救援、航空医疗、应急通信”四大救援场景，昌飞公司派出一架 AC313 直升机、一架 AC311A 直升机参加现场演练，同集团其他单位的 7 型 8 架直升机共同执行“灾情侦察、态势监控、中继通信、精准灭火、快速投送、医疗救护、绞车救援、效能评估”等演练科目。

（李益乐）

【浮梁通航机场主办中国航空大会和景德镇首届飞行嘉年华】 10 月 28 日，2023 中国航空产业大会“直升机与无人机飞行演示”在景德镇浮梁机场举行。大会聚焦通用航空及无人机产业在警务工作中的创新发展和场景应用，搭建低空空域生态链，让低空空域改革助力景德镇市航空产业强起来、通航飞机“飞起来”。 12 月 9 日，2023 景德镇飞行嘉年华活动开幕仪式在景德镇浮梁机场举行，活动集轻型运动直升机飞行、各类无线电遥控航空模型特技飞行表演于一体，为广大航空爱好者和市民带来一场飞行表演盛宴。

（余海燕）

【“青苗”学员“壮苗”阶段挂职工作启动会】 11 月 3 日，直升机所召开“青苗”学员“壮苗”阶段挂职工作启动会，首届 79 名“青苗”“青蓝”学员进入“壮苗”“壮才”阶段挂职培养，通过多岗位锻炼，接触不同业务领域、工作流程和团队文化，拓宽视野，激发创新思维，增强创新能力。

（李春至）

【昌飞公司通过新时代装备建设质量管理体系审查】 11 月 7—8 日，装备发展部联合国防科工局组织对华中片区新时代装备建设质量管理体系首批试点示范单位开展总结验收工作。昌飞作为首批试点示范单位参加此次现场验收。专家组通过听取汇报、现场提问、资料审查等方式对昌飞公司新体系建设工作进行审查，同意昌飞公司通过新体系总结验收。

（李益乐）

【江西直升机公司与分宜县人民政府签署战略合作协议】 11 月 9 日，江西直升机公司与分宜县政府签署分宜通航机场建设战略合作协议。公司将借助浮梁机场建设的成功经验，采用“EPC+O”的方式全权负责报分宜通航机场的报批报建、施工建设、取证及后期运营，推动全省通航机场三代业务开展。分宜通航机场项目有助于推动江西直升机公司在全省通用航空产业发展中成为对外运营的 A1 类通用机场的领先企业，成为全省通用机场建设项目合作新模式的开创者、标杆缔造者以及行业此领域服务输出的示范合作单位。

（余海燕）

【昌飞公司“玄凤”团队获第八届国际无人飞行器创新大赛奖】 11 月 25—26 日，第八届国际无人飞行器创新大奖赛暨中国赣州“奇点势能”航空嘉年华在江西省赣州市南康区赣州低空经济产业园举办。昌飞公司“玄凤”团队以最高分获大赛一等奖及最受欢迎作品奖。

（李益乐）

【直升机所获航空工业集团公司首批 AOS 铜牌等级】 12 月，直升机所获授航空工业集团公司首批 AOS（航空工业运营管理体系）铜牌等级。6 月 29 日，直升机所作为集团首批 30 家受评单位之一接受航空工业集团公司 AOS 铜牌评价现场审查。

（李春至）

【昌飞公司获“2023 年度全国实施卓越绩效先进组织”称号】 12 月，昌飞公司被授予“2023 年度全国实施卓越绩效先进组织”荣誉称号，系江西省、航空工业集团唯一一家获奖单位；是昌飞公司推行卓越绩效管理模式后，获得的又一个国家级质量荣誉。同月，工业和信息化部公布《2023年度智能制造示范工厂揭榜单位和优秀场景名单》，昌飞公司入选智能制造示范工厂揭榜单位。

（李益乐）

【昌飞公司产品参展国际应急产业博览会】 12月12日，2023南昌国际应急产业博览会在南昌绿地国际博览中心开幕。此届博览会设立航空救援、应急装备、智慧应急、消防安全、安全防护、森林消防等10个主题展区。昌飞公司AC311A直升机、AC313A模型机及灭火、救援、医疗、应急通信指挥等多项航空应急救援设备参展。

（李益乐）

汽车制造

【概况】 2023年，景德镇市辖区生产汽车3.01万辆，比上年增长45.7%；汽车及零部件产业增长4.6%。汽车及零部件生产企业主要有江西昌河汽车有限责任公司（简称昌河汽车），经营范围是轿车、微型汽车系列产品和汽车零部件的设计、制造；景德镇市航翔汽车配件公司从事汽车电子电器及其他配件的制造加工；海纳川景德镇汽车部件有限公司（汽车零部件制造）；景程汽车部件有限责任公司（汽车电线电缆和线束制造）。年内，江西昌河汽车公司（属于进出口行业）推进“乘转商”转型发展，深化内部改革，推动与北京海纳川在景德镇的零部件合作项目，助力商用车南方市场拓展。

【江西昌河汽车有限责任公司】 2023年，昌河汽车公司生产经营逐步向好，全年整车生产交付3万台，属地产值15亿元，同比增长50%。年内，昌河汽车公司聚焦“乘转商”、聚心谋发展、聚力攻坚战，紧盯重大改革调整任务，推动省政府支持的永续债项目资金投入，保障“乘转商”项目稳步推进；协同福田江西商用车事业部，按节点完成洪源工厂生产线技改及3款新产品导入，推进高端零部件量产及零部件属地化工作，公司改革调整各重点项目取得阶段性成效。

【企业改革】 2023年，昌河汽车持续深化内部改革，盘活土地、房产等各类存量资产，精准分类施策，实现资源高效利用。履行企业责任，化解历史债务，相比上年初，企业资产负债率下降38%，有效缓解各类风险，助力公司战略转型稳步推进。推进昌河汽车员工向新业务转岗推荐工作，累计转入福田江西商用车事业部、福田研发江西商改中心、海纳川星徽等新业务主体460人，并持续激活不在岗人员返岗投身新业务建设。完成“乘转商”利旧资产外的其余资产从新业务生产区域的全面清理退出、存续业务人员办公区域与新业务工作区域的物理区隔，排除历史问题处理对新业务落地的各种干扰、影响，为新业务工作开展创造稳定环境。优化人员及组织架构。结合昌河汽车改革调整的实际情况，调整压减公司组织机构，组建和公司管理相匹配的新运营架构，确保组织精简化、管理精细化。同时，依法合规、稳步推进不在岗人员安置，稳定员工队伍。

【高端零部件落地再创突破】 2023年，昌河汽车推动与北京海纳川在景德镇的零部件合作项目，奔驰VW205、V213、V253项目均实现属地定点，其中VW205项目小批量交付；V253、V213项目均完成设备安装调试，处于生产试制中。奔驰高端零部件项目正式投产，标志昌河汽车在高端零部件业务拓展方面迈上新的台阶，带动景德镇零部件产业走向高端化。

【商用车南方市场开拓】 2023年，昌河汽车配合北汽福田于1月30日在景德镇召开福田供应商及经销商大会，发布南方战略和江西跃升方案，并设立南方市场支持中心，推进南方网络优化、提质。在江西市场，福田微卡销售同比增长78.6%，市场占有率17.3%，同比增长4.8%。同时，昌河汽车协助北汽集团与新钢集团于5月29日签署深度合作协议，助力商用车南方市场拓展。

【“乘转商”改革转型】 4月25日，景德镇市委副书记、市长胡雪梅在市政府主持召开昌河汽车“乘转商”转型发展协调会，北汽集团党委常委、副总经理蒋自力，北汽集团总经理助理、北汽福田党委书记、董事长常瑞及昌河汽车党委书记、董事长、总经理旷光华等参加会议。会议研究确定，昌河汽车研发大楼尾款及土地收储资金调整到下半年支付，并明确给予昌河汽车“乘转商”相关产业扶持政策及福田零部件配套企业落地支持相关事项。4月26日，北汽集团与江西省国控签署《支持昌河汽车业务调整和深化改革之框架协议》，明确在江西省政府、景德镇市政府支持下，以永续债方式向昌河汽车注入资金18亿元，扭转昌河汽车经营困境，并释放产业链价值，促进江西省汽车产业实现高质量发展。9月19日，江西省国资委党委书记夏文勇到昌河汽车开展调研，推动昌河汽车“乘转商”项目。2022年6月，全面启动洪源工厂技改，至2023年底，洪源工厂产线完成技术改造，计划导入的三款产品提前一个月全部实现在洪源投产，其中祥菱M、祥菱S1及祥菱W1产品分别于6月28日、9月30日、11月30日在洪源工厂实现量产。商用车零部件属地化。昌河汽车协同属地政府、协助北汽福田继续扩大属地化成果，累计完成20家供应商的属地化引入，其中15家供应商实现属地量产，洪源工厂300千米范围内供应商属地化率达到21%。

【领导调研】 9月19日，江西省政府党组成员、副省长、省国资委党委书记夏文勇一行到昌河汽车开展调研，了解、推动昌河汽车“乘转商”项目。夏文勇一行在洪源总装车间参观福田祥菱产品生产线，详细了解“乘转商”项目技术改造进展、福田产品导入情况，并观看洪源基地即将投产的产品样车。夏文勇表示，省委、省政府高度重视与北汽集团的深度合作，高度重视昌河汽车的改革发展；企业要坚持目标导向，紧抓机遇，迅速布局，提高生产水平，抢占市场高地，实现高质量发展；对于在改革发展过程中遇到的难题，省市地方政府将会给予积极的支持和帮助，助推实现更快更好的发展。

（李男秀）

煤化工业

【概况】 2023年，全市煤炭加工全年实现工业增加值16.61亿元，同比增长50.9%，产值84.1亿元；主要煤化工业产品炭黑产量92.38万吨；焦炭产量177.10万吨，同比减少3.5万吨，同比下降1.9%。景德镇黑猫集团（简称黑猫集团）是景德镇市煤炭化工业的龙头企业，也是2023中国制造业企业500强企业。年内，黑猫集团炭黑产销量分别增长3%、7%；产销率均超过100%，实现产销两旺。

【景德镇黑猫集团】 2023年，景德镇黑猫集团谋划经营供销两端，稳定经营定力，强化库存管理，全年实现营业收入174.78亿元，利润亏损1.94亿元，同比上年减少2.38亿元。年内集团四大工业板块产能均有不同程度的增长，其中复合肥产销量同比均增加8万余吨，增长率15%以上；吡啶西坦产销量分别增长7%、12%；炭黑产销量分别增长3%、7%。产销率均超过100%，实现产销两旺。5月26日，江西黑猫炭黑股份有限公司正式通过信息化和工业化融合管理体系认证，并获工信部两化融合十家评定单位之一中国船级社质量认证有限公司颁发的景德镇首家“两化融合管理体系AA级评定证书”。7月7日，中国电池工业协会八届五次常务理事会暨八届四次理事会在湖北襄阳召开，会议审议通过《关于审议分支机构调整议案及理事会人员增补议案》。江西黑猫炭黑股份有限公司顺利入选为中国电池工业协会理事单位。9月，国务院国资委发布《关于创建世界一流专业领军示范企业实施方案评估情况的通报》，黑猫股份实施方案获评“A+”最高等级。9月19日，景德镇市总工会“职工疗休养基地”授牌仪式在黑猫集团旗下高岭·中国村田园综合体疗休养基地举行，“高岭·中国村”被授予景德镇市首个职工疗休养基地。

【企业管理】 2023年，黑猫集团持续深化公司治理，推动国有企业改革步伐，提高现代公司治理水平，强化集团核心竞争力。成立黑猫集团改革工作创新工作领导小组，负责推进集团总部机构优化及流程再造工作，聘请第三方机构实施集团总部机构改革与管理优化咨询项目，出台《黑猫集团总部组织机构优化改革方案》。通过对同类型、同区域、同行业标杆企业进行针对性研究分析，结合集团及下属子企业核心管理人员访谈成果，明确集团产业投资管理型总部的定位，整合集团总部管理机构，并以“二部一室五中心”为未来展望目标，优化集团总部机构设置，为集团“先瘦身、再强体、分步走”打造产业投资管理型总部奠定基础。

【2023炭黑世界大会在景德镇召开】 4月12日，由Smithers公司主办、江西黑猫炭黑股份有限公司承办的“2023炭黑世界大会”在紫晶宾馆国际会议中心开幕。中国工程院院士、华南理工大学校长张立群通过视频向大会致辞，中国橡胶工业协会会长徐文英出席会议并讲话。此次大会汇集来自全球的炭黑生产商、设

4 月 12 日，“2023 炭黑世界大会”在紫晶宾馆国际会议中心开幕
（景德镇黑猫集团 / 供图）

备供应商，以及来自全球的轮胎、橡胶、塑料等行业的生产商和终端用户 400 余人。大会以“探索炭黑产业链的创新和可持续发展”为活动主题，从炭黑行业全球展望、炭黑终端应用的机遇和创新、全球法规和标准变化及影响、炭黑生产制造和原材料的绿色发展、产业链中的技术突破及未来机会等方面展开讨论，共同探讨炭黑市场的前景、规范、标准、可持续性、技术和创新等核心话题，搭建中国与世界各国在炭黑行业协作·交流·创新·发展平台，连接全球炭黑价值链的领导者，分享战略见解，为中国和炭黑行业的繁荣发展凝聚共识、贡献智慧。

【“高分散水性炭黑的开发”项目通过中国石油和化学工业联合会科技成果鉴定】 8 月 13 日，中国石油和化学工业联合会在青岛黑猫新材料研究院有限公司组织召开北京化工大学与青岛黑猫研究院共同研发的“高分散水性炭黑的开发”科技成果鉴定会。鉴定委员会认为，该技术达到国际先进水平，同意通过鉴定，并建议加快技术和产品推广应用。“高分散水性炭黑的开发”项目采用普通炭黑原料制成的高分散水性炭黑，生产工艺合理，高黑度且性能稳定；其产品可替代国外高端产品且具备连续化生产能力。“高分散水性炭黑的开发”项目是黑猫集团下属黑猫股份青岛黑猫公司与北京化工大学于 2018 年开始共同合作研发，并于 2022 年 7 月完成建设 300 吨 / 年的中试生产线并投产，其制备的高亲水、高黑度且性能稳定的产品无论从产品制造还是从产品性能及质量稳定性方面都达到国内外领先水平，该产品的开发填补国内空白，打破国外企业的垄断，对开辟全新的炭黑销售市场具有不可替代的优势。

【景德镇黑猫集团荣列 2023 中国制造业企业 500 强】 9 月 20 日，中国企业联合会、中国企业家协会在合肥发布“2023 中国制造业企业 500 强”榜单。榜单显示，景德镇黑猫集团有限责任公司以 2022 年全年营业收入逾 174 亿元的业绩光荣上榜。景德镇黑猫集团连续 12 年荣登该榜单。

【景德镇黑猫集团科学技术协会第二次会员代表大会举行】 9 月 23 日，黑猫集团科学技术协会第二次会员代表大会暨技术委员会成立大会在紫晶宾馆国际会议中心举行，景德镇市人民政府副市长高晓云，中国工程院院士、华南理工大学校长、党委副书记张立群等应邀出席会议。黑猫集团党委书记、董事长汪羽，集团党委委员、行政总召集人盛旺喜以及集团党政班子成员、下属主要板块负责人、208 名科协代表参加会议。会上，集团第一届科协秘书长代表黑猫集团科学技术协会第一届委员会作报告。会议审

9 月 23 日，黑猫集团科学技术协会第二次会员代表大会举行
（景德镇黑猫集团 / 供图）

议通过《黑猫集团科协章程（修正案）》，选举产生集团科协第二届委员会主席、副主席、秘书长、委员。

【知名煤化工企业】 至12月底，景德镇市煤炭化工业知名煤炭化工企业有景焦能源公司、黑猫股份公司等。

景焦能源公司。景德镇市焦化能源有限公司是一家集炼焦、煤气生产和焦油加工、发电等为一体的大型煤化工综合利用企业，是黑猫集团三大支柱产业之一。公司第一座焦炉于1983年开工建设，1986年投产，旗下控股拥有新昌南炼焦化工有限公司。至2023年，公司配套有4.3米焦炉四座126孔，6米焦炉两座110孔。具备年产焦炭210万吨、煤气8.8亿立方米、煤焦油11.2万吨、粗苯2.4万吨、硫铵2.6万吨，年干熄能力204.83万吨，年发电4.05亿千瓦时的生产能力。公司始终秉持“干毛巾拧出水”的景焦奋斗精神，依靠技术进步、产业升级及规模化经营，成为立足江西，辐射江南的最大独立商品焦生产基地。在原料供应端与淮南、淮北、山东能源、翼中能源等多家能源巨头合作，保证优质炼焦煤的稳定供应，在产品销售端同福建三钢集团、新余钢铁、湖南华要集团以及宝武集团等各大钢厂形成战略合作，确保销路畅通。

黑猫股份公司。江西黑猫炭黑股份有限公司是景德镇黑猫集团在相关多元化发展背景下，将炭黑作为资源综合利用产品开发，于2001年7月组建的股份有限公司。2006年9月在深圳证券交易所上市，成为中国第一家由国有资产控股、通过市场运作单一炭黑产品上市的公司。至2023年，公司注册资本为7.41亿元，拥有总资产79.4亿元，净资产31.70亿元，营业收入94.51亿元。黑猫股份先后在江西景德镇、陕西韩城、辽宁朝阳、内蒙古乌海、山西太原、河北邯郸、河北唐山、山东济宁建成八个大型炭黑生产基地，完成中国境内的产业布局；设立两个研究院：内蒙古煤焦化工新材料研究院有限公司、青岛黑猫炭黑科技有限责任公司。成立两个贸易服务公司：江西黑猫进出口有限公司、江西黑猫新加坡有限公司。控股一家环保节能公司：江西永源节能科技股份有限公司。同时向煤化工下游的精细化工产业链延伸，分别参股设立乌海时联环保科技有限责任公司和山东时联黑猫新材料有限公司，2021年与安徽黑钰颜料新材料有限公司合资建立安徽黑猫新材料有限公司，2022年成立江西黑猫高性能材料有限公司。公司炭黑产能从最初的8000吨跃升至现在的百余万吨，至2023年底，公司具备炭黑产能118万吨/年，特种炭黑产能2万吨/年、煤焦油深加工处理能力95万吨/年、沉淀法白炭黑6万吨/年、气相法白炭黑2000吨/年。公司产品广泛应用于橡胶、塑料、油墨、涂料、绝缘材料、饲料等多个领域。

（余泰）

医药工业

【概况】 2023年，全市19户规模以上医药工业企业实现营业收入114.35亿元，同比下降18%；实现利润总额7.14亿元，同比下降34.85%。有序推进凌富生物医药转型升级；天新药业、富祥药业增资扩产项目建成投产；天新药业获评国家级绿色工厂。依托鱼山医药产业园，细分产业赛道，不断补链、延链、优链，形成以医药中间体、生物医药为主体的产业集群。年内，景德中药企业入选第三届“赣出精品”企业名单，并被认定为第26批省级企业技术中心；全年景德中药实现营业收入3.37亿元、利润总额0.16亿元，主导产品炒薏苡仁、红芪市场占有率双双位列全国第一，分别占全国市场份额的100%和23%。

【项目建设】 2023年，全市医药产业亿元以上项目11个，总投资146.38亿元，累计完成投资78.35亿元。其中，天新药业维生素科技园实现试生产，富祥生物医药项目实现部分投产，凌富生物科技创新原料药一期项目基本完工，跃华药业TZ中药综合制剂中心项目完工投产，项目进展成效明显。

【龙头大企业培育】 2023年，天新药业实现营业收入18.84亿元、利润总额5.99亿元，主导产品维生素B6、维生素B1在全球市场占主导地位。富祥药业实现营业收入15.17亿元、利润总额-1.44亿元，主导产品舒巴坦市场占有率全球第一，占全球市场份额65%。瑞盛制药实现营业收入30.69亿元、利润总额1.08亿元，主导产品依氟维伦中间体占全球市场份额第一。

【江西跃华公司与江西迪泰菲药业科技有限公司举行原料药项目签约】 8月11日，江西跃华公司与江西迪泰菲药业科技有限公司举行原料药项目签约仪式。江西迪泰菲公司从事药物及药物中间体的研发生产销售已有20余年，在制剂销售领域取得良好经济效益。此次原料药项目的合作是跃华发展迈出的第一步，是迅速打开国内市场并向世界进军关键一步；标志江西跃华公司原料药新品种进入实质性启动新阶段，以新技术新产品拓展新市场，推动公司原料药产业链延伸、产业化发展，为公司高质量发展集聚新动力。

【知名医药企业】 至12月底，景德镇市知名医药企业有天新药业、富祥药业、跃华药业、景德中药、东风药业5家企业。

江西天新药业股份有限公司：公司成立于2004年9月，是一家致力于单体维生素研发、生产与销售的国家级高新技术企业，是全球领先的维生素产品制造商之一。2022年7月12日在上交所主板成功首发上市。产品有维生素B6、维生素B1、叶酸、维生素D3、生物素和抗坏血酸棕榈酸酯等，主要用于原料药、食品添加剂、饲料添加剂等。其中，维生素B6、维生素B1市场占有率全球领先，叶酸、生物素等产品在市场上同样具有重要地位。2023年，天新药业实现营业收入18.84亿元、利润总额5.99亿元。

江西富祥药业股份有限公司：成立于2002年3月，2009年正式成为药品生产企业，2015年深交所上市，目前在国内设有5家全资子公司和3家控股子公司，其中生产型企业7家，包括3家国家高新技术企业和多家国家知识产权优势企业、省制造业单项冠军企业、省专精特新企业，已经发展成为全球β-内酰胺酶抑制剂类系列产品的主要生产商和供应商、产业链最完整的碳青霉烯类（培南）系列产品的关键生产商和供应商，至2023年底公司总资产50多亿元，总股本5.5亿股。

江西跃华药业有限公司：始建于1968年，是以生产原料药、医药中间体、有机溶剂、化工原料为主的综合性医药、精细化工企业。其前身为景德镇市化肥厂，1985年转产油脂化工，改名为景德镇市第一化工厂，2000年7月更名为景德镇市开门子药用化工有限公司，2014年更名为江西跃华药业有限公司，公司为全资国有单位，隶属于景德镇黑猫集团有限责任公司，一级法人企业。公司主要产品为吡拉西坦（脑复康）、甲醇钠甲醇溶液等，年平均生产能力为2000吨，产品销往中国台湾，以及俄罗斯、印度、越南和欧洲、非洲的多个国家和地区。2023年，公司营业收入达到2.57亿元，主要产品吡拉西坦（脑复康）原料药产销量位居全国第二。

江西景德中药股份有限公司：源自光绪三十三年（1907年）创立的种德堂国药店，是有百年历史的中药企业。属于国家高新技术企业。公司主要生产经营传统古法中药饮片种植、加工、销售，拥有20余项国家专利；挖掘出干馏“鲜竹沥”和唯一可以直接嚼服和泡水喝的薏苡仁——法意仁等，并获得国家发明专利，产品深受各类医疗机构欢迎，销售网络遍布30省的1600余家医院终端，是全国销售网络最广的饮片企业。2023年实现销售收入3.04亿元、税收1364万余元。

江西东风药业股份有限公司：始建于1965年，是中国最早生产抗生素的企业之一，主要生产青霉素类原料药和制剂产品。2009年8月，东风药业完成转制，隶属于沈阳同联集团有限公司，成为集团的抗生素类原料药生产基地之一。2023年实现营业收入2.09亿元，同比增长2.03%；上缴税金1058万元，同比增长8.8%。

（张文康）

电力工业

【概况】 2023年，景德镇市全社会用电量累计74.97亿千瓦时，同比下降4.64%，其中工业电量累计44.28亿千瓦时，同比下降9.23%；制造业电量累计35.29亿千瓦时，同比增长10.66%。全网最大负荷119.93万千瓦，统调最大负荷118.24万千瓦。完成固定资产投资7.9亿元，同比增长15.58%；综合线损率3.49%，同比下降0.06%；台区线损率2.45%，同比下降0.43%。年内，国家电投集团江西电力有限公司景德镇发电厂（简称景德镇电厂）火电发电量62.69亿千瓦时，风电发电量1.67亿千瓦时，光伏发电量644.41万千瓦时。景德镇电厂企业连续多届蝉联“全国文明单位”称号，连续多年获“江西省文明单位”称号，被授予全国、江西省“安全文化建设示范企业”称号。

（方勤　开园淇）

【电网建设】 2023年，完成青塘、后港110千伏送出工程及乐南110千伏输变电工程等10个项目前期工作。组建主配网规划专班，坚持问题导向滚动修编“十四五”电网规划，提前储备

2024年项目179个，储备金额2.32亿元。全年续建及新开工基建项目8个，总投资达5.18亿元，为历史最高水平。完成昌景黄客专配套工程“两站十三线”建设任务，为昌景黄高铁通车运行提供可靠电源保障。新建改造10千伏线路325.39千米、配电台区56个，解决低电压、过载台区1595个，台区平均停电时长降至4.62时·户，同比下降56.17%。

（方勤）

【经营业绩】 2023年，景德镇电厂聚焦火电“零亏损”目标，算好提质增效管理总账。扭住燃料成本控降“牛鼻子”，成立工作专班，科学筹划发运安排，提高长协煤兑现率，全年长协煤兑现率达75.74%，同比提升11.59%。优化机组运行和掺烧工作方案，深化配煤掺烧精细管理，全年掺烧经济煤种232.17万吨、掺烧污泥1.3万吨。发挥科技创新效益，大力实施技术革新，完成#1机组DCS自主可控国产化项目、汽轮机通流改造以及锅炉低温改造等重点技改项目，全年申请发明专利6项，实用新型专利4项、软著1项。

（开园淇）

【经营管理】 2023年，景德镇电厂开展企业合规管理，成立合规管理机构、配齐专业队伍，加大对规章制度、合同内容及执行情况的检查力度，全年检查制度120项、合同903份，督促制定修订制度58项，有效防范降低招标采购、合同执行违规等风险。推行岗位能上能下机制，修订完善《中层干部管理办法》《岗位动态管理办法》，实施中层干部测评3次、一般管理人员动态管理1次，优化调配岗位191人次。建立以价值贡献为基础的薪酬激励机制，重点向核心岗位、骨干人员和生产一线分配倾斜。搭建人才培养平台，深化青年和骨干梯队建设，有计划地安排青年人才参与重点任务、重大项目，帮助青年员工成长，全年选拔中层干部4人，选拔3名优秀青年干部至江西公司工作。

（开园淇）

【设备运维】 2023年，落实防烧变、防烧柜措施，开展电容电流、接地网电阻及GIS特高频局放等带电检测，完成37台主变、17段10千伏母线出线开关柜例试定检，超15年的220千伏老旧保护装置全部完成改造；加强输电线路跳闸管控，完成两轮110千伏及以上线路树障飞巡及清理，常态开展固定外破点及异物易发区段巡视，发送隐患整改通知书89份，处理违章建筑32处，应急处治山火72次，制止危险施工作业116次；迎峰度夏期间，电力员工坚守岗位加强值班调度。年内，开展“两项整治、三项攻坚”行动，整治接地电阻不合格1434处、问题避雷器432处及主线硬T接1306处，提升设备健康运行水平。

（方勤）

【企业绿色发展】 2023年，景德镇电厂聚焦企业发展规划，推进企业绿色发展之路，推动新能源项目落地，富祥生命科技综合智慧能源项目2.5兆瓦光伏部分、江西保太有色金属14.97兆瓦分布式光伏、厂区综合智慧能源项目1.83兆瓦光伏部分开工建设，投产并网容量2.71兆瓦。持续在集中供能上精耕细作，集中供能项目投资决策通过江西公司投协会，用户侧管网（用户自建）凌富药业段开工建设。推动场景落地，与景德镇市昌江区鲇鱼山镇人民政府签订“雪炭N行动”战略合作框架协议。加速推动东至风电项目剩余工作收官，项目水保整改工作取得安徽省水利厅水土保持设施自主验收备案，解决涉及东至县区域生态红线问题，风电场站通过江西公司新能源标准化场站建设验收。

（开园淇）

【科技创新和数智化转型】 2023年，解决电网发展痛点难点问题，对雷击跳闸次数多、变电站10千伏间隔不合理等短板问题开展

迎峰度夏期间，电力员工坚守岗位加强值班调度
（国网景德镇供电公司 供图）

技术攻关，国网景德镇供电公司10千伏间隔资源优化课题入选国网江西省电力有限公司2023年“赣电高层次人才之家”。推进变电专业“两个替代”，完成220千伏青塘变电站、110千伏鲁村变电站等4个变电站一键顺控建设改造。运用“超容用电自动监测”数字化成果，为用户节约用电成本411万元。

（方勤）

【电力供应保障】2023年，坚持“不停电、少停电就是最好的服务”，开展不停电作业1150次，配电网合环操作224次，成功完成旁路不停电作业，填补景德镇地区配网复杂类不停电作业检修的空白。扛牢电力保供首要责任，应对台风“杜苏芮”过境、高温和寒潮等恶劣天气，圆满完成党和国家领导人视察、瓷博会等重大保电任务，获得国网江西省电力公司书面表扬。

（方勤）

【安全生产】2023年，景德镇电厂建设双重预防机制及安健环体系，成为江西公司系统内首家安健环体系建设达“四钻二星”的企业。提高机组运行可靠性，围绕运行管理、检修管理、技术监督等重点方面，制定落实“零非停、零非降”专项工作方案，全年非停1次，同比下降2次。推动隐患排查治理和事故经验反馈，开展电气“五防”、消防安全、新能源场站、承包商安全管理等专项隐患排查，组织事故经验学习41次，开展排查整改26次，整改完成率90%，筑牢安全生产基础。控制进度、安全、质量和成本，完成#1机组A级检修和汽轮机通流改造等重大技改工作。提高承包商等同化管理水平，设置承包商管理专职经理岗。编制承包商作业岗位风险“一人一卡”提示卡，开展专项考问活动，促进作业人员熟悉本岗位现场安全风险和防范措施。

（开园淇）

表7　　2023年景德镇市发电量等指标情况一览表

名　称	计算单位	2023年12月	累　计	上年同期	上年同期累计
1. 发电量	万千瓦小时	63190.6	626876.80	76842.6	670832.8
2. 发电设备平均利用小时	小时	478.72	4749.07	582.14	5082.07
3. 发电设备平均容量	千瓦	1320000	1320000	1320000	1320000
4. 发电最高负荷	千瓦	1320000	1320000	1320000	1320000
5. 电厂生产全部耗用电量	万千瓦小时	1814.89	22289.05	2444.18	23969.94
其中：发电生产用电	万千瓦小时	1565.77	19291.13	2077.93	20827.68
6. 发电全部耗用电率（按销售电量计算）	%	2.87	3.56	3.18	3.57
7. 发电厂用电率（按发电生产用电计算）	%	2.48	3.08	2.70	3.10
8. 厂供电量	万千瓦小时	61624.83	607585.67	74764.67	650005.12
9. 上网电量	万千瓦小时	60272.16	595555.43	73496.43	637571.31
10. 销售电量	万千瓦小时	61375.71	604587.75	74398.42	646862.86
11. 发电耗用标准煤量	吨	178527.69	1777761.86	222988.96	1909782.16
其中：燃油折合	吨	4.63	16.56	0.00	35.49
12. 供电标准煤耗率	克/千瓦小时	289.70	292.59	298.25	293.81
13. 发电标准煤耗率	克/千瓦小时	282.52	283.59	290.19	284.69
14. 发电用原煤量	吨	264448.96	2610732.24	324116.50	2768201.09
15. 发电用燃油量	吨	3.24	11.59	0.00	24.84
16. 发电设备可调小时	小时	744.00	7565.99	744.00	8064.82
17. 发电设备平均可调出力	千瓦	1320000		1320000	

（开园淇）

【营商环境优化】 2023年，联合印发《景德镇市新建房地产项目小区配电工程管理工作方案》，成立景德镇市新建房地产项目小区配电工程管理办公室，规范全市小区配电工程建设标准。实行管理人员挂点“一客户一项目”机制，跟踪服务全市331个大客户和重点项目办电，助力景德镇“工业倍增三年行动”，全年业扩报装增容220.66万千伏安，同比增长32.26%，增加电量2434万千瓦时。全面实施“三零”“三省”，严格落实投资界面延伸服务政策，推行“掌上办、一窗办”及业扩报装“容缺办理”服务，景德镇市高压平均接电时间51.27天，同比缩短11.25天；低压平均接电时间1.34天，较江西省平均值缩短0.56天，累计节省用户办电成本超4500万元。

（方勤）

【争先创优】 2023年，国网景德镇供电公司获评国家电网有限公司台风“杜苏芮”防汛抢险救灾先进集体、2023年度景德镇市工业倍增工作先进单位。国网景德镇市浮梁县供电公司获评2023年度浮梁县优化营商环境工作先进集体、2023年度浮梁县工业倍增先进单位；国网景德镇市浮梁县供电公司罗家供电所获评国网江西省电力有限公司金牌五星供电所。12人获地市级以上荣誉，其中：1人获评2023年第三季度“中国好人”，1人获评“江西省五一劳动奖章”，1人获评国网江西省电力有限公司劳动模范，1人获评国网江西省电力有限公司青年岗位能手，1人获评国网江西省电力有限公司赣电工匠。

（方勤）

【人才队伍建设】 2023年，景德镇电厂深化“学研创落”，运用“四下基层”工作法，建立“三张”清单，承接“穿石”行动任务9项，解决实际问题14项。深化“以案促改以案促治”，制定专项方案措施，落实7个方面18项《纪检工作行动项》和16项《监督检查任务清单》，抓实跟踪问效，实现“5·17”涉案具体问题“清仓见底”。聚焦“零亏损”“零容忍”和燃料管理等重点难点问题，开展“点题整治”，提升监督精准度和实效性。推进“三基”建设,开展“职工小家”和班组共建活动、“我的班组我的家”“每月之星”评比活动，打造景电班组建设特色品牌，2个班组分获评“全国质量信得过班组”“全国优秀质量管理小组”。推进“学习型组织”创建，开展好“挑战者计划”系列活动及“建功‘十四五’奋进新征程”主题劳动竞赛，激发职工学习主动性，1人获全国能源行业燃料化验员职业技能竞赛团体一等奖、个人一等奖。3人获江西省“天工杯”电力职工职业技能竞赛化学专业竞赛团体一等奖，个人一等奖、二等奖、三等奖；3人获江西省“天工杯”电力职工职业技能竞赛600兆瓦等级火电机组集控值班员竞赛团体一等奖，其中1人获个人三等奖。3人获集团公司职工技能大赛电力营销技能竞赛团体三等奖,其中1人获个人三等奖；1人获集团公司职工技能大赛化学技术监督技能竞赛个人三等奖。1人获集团公司第六党建协作区首届党务技能竞赛团体一等奖、个人一等奖。

（开园淇）

煤炭·燃气

【概况】 2023年，全市煤炭加工实现工业增加值16.61亿元，同比增长50.9%，产值84.1亿元；焦炭产量177.10万吨，同比减少3.5万吨,同比下降1.9%。全年“乐矿能源”公司的新鸣煤业鸣西煤矿生产原煤7万吨。年内，景德镇市区华润、深燃、海能3家燃气公司共同出资，由华润燃气主导编制《景德镇市2023—2035专项规划》，至年底完成初稿。景德镇华润燃气有限公司（简称华润燃气公司）全年营业额6.26亿元，等热值销气量1.82亿立方米，居民用户20.8万户，工商业用户1338户。华润燃气公司工程部完成新建民用安装1.05万户，工商业安装175户任务。

【江西乐矿能源集团有限公司】 2023年，江西乐矿能源集团有限公司（简称乐矿能源）落实矿产主业转移、资产盘活助推企业转型、三产培育新业态“三条主线”发展战略，实施“三转”工作举措，产值和利润在上年基础上翻一番；全年新鸣煤业鸣西煤矿生产原煤7万吨，且没有发生环境污染事件；职工收入大幅度增长，公司发展态势良好。年内，乐矿能源落实企业主体责任，压实决策层、管理层、操作层、监督层“四责联动”责任，做到不安全不生产，全集团消灭重伤以上安全事故，实现连续第五个安全年。全年，强化综合治理，推进“平安乐矿”建设，成功化解2件江西信访联系办公室第三批交办的网上重复信访积案，没有发生重大群体性事件、信访极端事件。推进“三减、三清、三进”

改革，职工收入稳中有升。2023年在册职工人数1868人，在岗职工平均人数1456人，年人均工资10.1万元，同比增加1.06万元，增幅11.7%。职工的幸福感、获得感、安全感进一步增强。

（李乐明）

【主业转移取得成效】 2023年，省外煤矿托管业务拓展不松懈，在山西省太原市注册成立江西乐矿能源集团（山西）矿业有限公司，成功签订李家楼煤矿和东兴煤矿托管合同，新增产能210万吨，托管、管理省外煤矿矿井12对，年产能855万吨。有序推进非煤矿山项目。取得江西省应急管理厅颁发的采掘施工作业《安全生产许可证》，具备非煤矿山矿产资源采掘施工作业准入条件，为煤矿产业向非煤转产奠定基础，相关项目正在积极推进中。

（李乐明）

【乐矿能源推进转型项目发展】 2023年，依托景德镇地区生态优势和矿区资产资源优势，运用招商"七引"机制，靠大联强，招大引强，相继建成生鲜超市、养老示范基地和乐矿食府，等服务业转型学习、实践平台，为乐矿转型发展打基础。利用矿区闲置房屋及土地资产发展清洁能源，自主设计、自主施工，完成供应仓库屋顶装机容量204.6千瓦的光伏发电项目，4月中旬并网发电。与江投能链合作，新能源汽车充电桩项目落地。推进总部办公楼盘活项目，按照"央企—省属企业—地方政府"创新模式，与华润健康（江西）集团、珠山区政府签订"乐矿职工医院搬迁"项目战略合作协议。

（李乐明）

9月，华润燃气公司燃气安装施工项目设计与施工人员在现场办公
（景德镇华润燃气公司　供图）

【项目建设】 2023年，华润燃气公司通过持续迭代升级服务体系，不断创优营商举措，实现燃气工程建设全面加速。9月，公司接到陶博城国际物流中心、国际交易中心、商业配套中心三个标段燃气安装施工任务，安排子公司浮梁华润燃气进行对接，并要求设计与施工人员在现场办公、现场定方案，倒排工期。公司气源埋地管和架空钢管同步施工，两台挖掘机同时施工，施工人员二班倒，三名电焊工同步对室内和室外钢管进行焊接，现场施工人员共计20余人，在15天内完成2800米的埋地管施工，10天内完成焊接钢管621米，严格按照要求时间节点完工，保证陶博城用气。

（华润燃气公司）

【燃气安全风险防范】 2023年，景德镇华润燃气公司围绕完善安全管理体系、构建双重预防机制、开展隐患排查治理、落实全员安全责任四大内容，严格落实"12365"安全管理要求，全年实现以"零事故"。年内，排查整治燃气安全隐患，修订并发布《景德镇区域EHS事故事件管理制度》《景德镇区域安全生产投入管理办法》。每月安全例会安排学习集团及区域安全管理制度。同时建立完善的《安全风险分级管控和隐患排查治理双重预防机制》，利用各类安全检查、安全季度绩效考核检验制度执行情况；景德镇华润燃气开展安全宣传"七进"（进社区、进学校、进企业、进农村、进家庭、进机关、进商户）活动。通过主题宣讲普及安全知识，提高燃气用户安全意识。

（华润燃气公司）

压缩机冰箱产业

【概况】 2023年，全市生产冰箱压缩机1641.83万台，比上年增长15.4%；生产家用电冰箱77.49万台，比上年增长109%；制冷压缩机及家电产业增加值增长25.6%。年内，作为压缩机冰箱产业龙头企业，华意压缩机股份有限公司（简称长虹华意）主营业务收入129亿元，制冷压缩机销量7273万台，制冷压缩机产量7368万台，市场份额达到28.99%。2023年，长虹华意登上央视《焦点访谈》栏目，讲述长虹产业冠军背后的故事；获2022年度工业企业纳税20强、2022年度外贸出口十强企业、2022年度国家知识产权优势企业三项荣誉称号；长虹华意公司党委书记、董事长杨秀彪被评为2022江西年度十大经济人物。

【长虹华意召开年度先进表彰总结大会】 1月17日，公司2022年度先进表彰总结大会在培训中心二楼召开，260余人参加会议。会上，党委副书记、纪委书记史强宣读《关于表彰2022年度先进集体和优秀个人的决定》。总工程师何成志宣读《关于表彰2022年度公司技术创新优秀成果和先进个人的决定》。公司领导为受表彰的先进单位和优秀个人颁奖。先进单位、优秀个人代表先后作典型发言。

【长虹控股集团领导到长虹华意调研】 2月11日，长虹控股集团党委书记、董事长赵勇前往景德镇长虹华意调研工作。赵勇了解铸件公司生产经营、人才建设、科技创新等方面工作。指出，铸件公司是华意景德镇落实“商用+关键零部件”战略的重要支柱之一，要发挥资源优势实现做强做大，在后续二期项目建设上需要全面考虑自动化、信息化升级，适应新时代的发展需求，推动公司向高质量发展。2月20日，长虹控股集团总经理柳江到长虹华意加西贝拉公司调研。柳江一行先后考察智能制造生产车间、新能源汽车空调压缩机生产线、技术中心实验室。

【长虹华意参加AWE2023、中国制冷展、国际酒店展三大展会】 4月7—9日，全球暖通制冷空调领域规模最大的专业展会——中国制冷展在上海新国际博览中心盛大举办。长虹华意携Cubigel八大商用产品系列参展。4月27—30日，中国家电及消费电子博览会（AWE）在上海新国际博览中心召开。长虹华意作为家电制造上游核心零配件优秀供应商，展示国际知名的白色家电大牌及零部件。5月29日，HOTELEX上海国际酒店及餐饮业博览会在上海国家会展中心开幕，长虹华意公司旗下Cubigel酷冰压缩机参展，设备采购商驻足展台，竞相洽谈。

【压缩机（荆州）有限公司新增1000万台扩能项目投产】 7月28日，长虹华意压缩机（荆州）有限公司新增1000万台扩能项目（一期）投产暨首台压缩机下线仪式在荆州公司11号厂房举行。该项目是公司实现高质量发展的新起点，项目建成后公司制造能力得到大幅提升，自动化水平、生产效率、工艺布局居于行业前列，项目投产后助力长虹华意荆州公司实现高质量发展，为长虹华意坐稳世界压缩机第一强增添新动力。

【加西贝拉墨西哥工厂投产】 在墨西哥科阿维拉州拉莫斯市当地时间10月26日，长虹华意加西贝拉墨西哥有限责任公司生产线投产暨首台压缩机下线仪式举行，10点38分。首台TT1114HY型号压缩机成功诞生，标志加西贝拉公司实现与北美高端市场无缝对接。加西贝拉墨西哥公司投产，夯实长虹华意通往美洲的航路，企业未来前景更加广阔。

【长虹华意HCB获“中西经贸交流奖”】 12月15日，西班牙中国商会第十一次会员大会暨中国—西班牙经贸投资交流奖颁奖仪式在西班牙马德里举行。长虹华意巴塞罗那公司（简称长虹华意HCB）作为获奖公司应邀参加颁奖仪式。中国驻西班牙大使姚敬、经商处商务参赞常和喜、中国商会各会员单位、西班牙荣誉会员单位、西班牙多个大区投资发展局等近200位嘉宾出席此次盛会。主办方通过企业实绩、政商关系、劳资关系、社会责任等多个维度从近百家驻西班牙商会会员企业中评选出长虹华意HCB等8家公司获得该奖项。

（方硕祺）

景德镇国家陶瓷文化传承创新试验区

综　述

2023年，景德镇市获批创建国家文物保护利用示范区、国家文化产业和旅游产业融合发展示范区，陶溪川入选第五批拟认定国家文化和科技融合示范基地名单并公示完成，陶博城获评新一批国家对外文化贸易基地，获第七批国家级“绿色工厂”、中小企业特色产业集群、绿色工业园区等称号，陶文旅集团入选第十五届“全国文化企业30强”提名企业，获得2022年中国版权金奖管理奖，御窑博物院被评2022年度“全国最具创新力博物馆”，古陶瓷基因库进入全国文物事业高质量发展推介案例名单。此外，还上榜《国家创新型城市创新能力监测报告2022》和《国家创新型城市创新能力评价报告2022》，在深圳发布首批“景德镇制”官方认证产品。

向上对接实现突破性进展。2023年，首次在景德镇召开国家试验区建设现场交流会和调研座谈会两个部省级会议，省级层面两次召开国家试验区建设领导小组会，研究部省级恳请事项17个，省级恳请事项21个，得到有关部委和省直厅局的大力支持，窑址申遗上升到省级层面，协调增加1亿元的专项经费，乐平水利工程项目纳入国家“十四五”规划中期调整项目库。创新“1+2+N”“跑部进京”工作机制，以国家试验区管委会为统领，市发改委和驻京办提供保障，发挥全市有关单位主动性积极性，全面推进政策争取。至12月底，市委宣传部、市发改委、市文旅局等22家单位“跑部进京”落实工作160项，涉及中宣部、国家发改委、文化和旅游部、国际交流与合作局、中外文化交流中心、中国轻工业联合会等20余个国家部委、司局及行业组织。中国民航局同意将景德镇机场迁建调整为改扩建，民航华东局受理景德镇机场总体规划修编申请，批复调整规划建设用地59.91公顷，使用林地111.8972公顷等重点工作支持。

重点项目实现稳步性推进。2023年，安排国家试验区重点项目60个，计划总投资1209亿元，年度计划投资208亿元。至12月完成年度投资224.61亿元，完成年度计划108.06%。其中：陶瓷文化保护传承创新基地项目30个，计划总投资752亿元，年度计划投资119.67亿元，12月完成127.36亿元，完成年度计划106.43%；陶瓷文化旅游目的地项目22个，计划总投资369亿元，年度计划投资64.8亿元，12月完成69.33亿元，完成年度计划106.99%；陶瓷文化交流合作交易中心项目8个，计划总投资88.1亿元，年度计划投资23.4亿元，12月完成27.92亿元，完成年度计划119.32%。

传承保护实现创造性转化。以景德镇瓷业文化景观申遗为龙头，推进大遗址保护工作，完成《景德镇瓷业文化景观》和《景德镇窑址——手工业制瓷“黄金时代”的见证》两套中英文版预评估申报书，并作为国际申遗规则调整后的第一份预评估申遗文本提交国际理事会。研究制定《进一步加强文物保护改革发展实施意见》，出台《景德镇市城市更新专项规划》，优化城市更新空间结构，落马桥遗址二次考古发掘项目获国家文物局批准。国家级项目《景德镇手工制瓷技艺》之青花瓷制作技艺数字化整体性采集工作进展顺利，完成第六批国家级非遗代表性传承人的申报，非遗代表性传承人陈康入选“全国青年非遗传承人扶持计划”2023年度入选名单。线下举办“非遗购物节”暨“江西非遗集市”进景区活动，线上开展“文化和自然遗产日”暨“江西非遗购物节”景德镇直播专场，探索“非遗经济”新模式。编纂出版《景德镇传统瓷艺述论稿》《御窑之下》《景德镇陶瓷简史》《景德镇陶瓷史话》《我的城，我的镇——景漂的故事》《中国历史文化名城读本》景德镇卷，《中国大百科全书》陶瓷文化专题成功上线。歌舞剧《唯我青白》正式立项，景德镇城市宣传片《这里是中国景德镇》亮相阿拉伯国家，签约电视剧《另一种蓝》《此生只有你》。

陶瓷产业实现创新性发展。2023年，陶瓷工业总产值861.25亿元，同比增长29.44%；规模以上陶瓷产值296.93亿元，同比增长1.93%；税收10.06亿元，同比增长31.4%。47亿元以上陶瓷工业项目列入全市重大项目调度，项目总投资566.3亿元，全年预计实现投产项目39个，全面达产达标后将新增营业收入402.9亿元。培育规模以上陶瓷企业，至10月，新增32家规模以上陶瓷企业，推荐25户陶瓷企业申报省级专精特新企业，34户陶瓷企业申报江西省创新型中小企业。全市先进陶瓷产业各项主要指标实现快速增长，呈现蓬勃发展态势。至12月，先进陶瓷产业总产值253.2亿元，同比增长111.16%，新引进锦石光伏建筑一体化项目投资过百亿元。昌南新区成功申报2023年度省级中小企业特色产业集群，加快陶瓷工业互联网平台建设，共汇聚1819家企业上平台（本市848家，其他32个产瓷区971家），陶瓷专家365人，技工人才154人，科研资源提供科研成果138个，入驻品牌632个，上架商品数超21197个，撮合交易金额达1126万元。标识解析二级节点注册企业358家，标识注册数5554万个，标识解析数10320万个。正式启用“景德镇制”新标识，建设完成数字化管理系统框架，正式发布《“景德镇”陶瓷技术要求陶瓷酒瓶》《“景德镇”陶瓷技术要求日用软质瓷》两个团体标准。

文旅融合实现引领性变革。陶溪川一期、二期、三期项目投入运营，创意集市、邑空间蓬勃发展，获评全国文化产业示范园区、国家级双创基地、国家级夜间文化和旅游消费集聚区、国家旅游科技示范园区。陶文旅集团获第十五届“全国文化企业30强”提名企业。大力推进“夜经济”，评选发布“夜珠山”精品线路及十大人气网红、十大特色网红打卡点，“夜珠山”成为全国、全省知名夜经济品牌，获得文化和旅游部全国推广并作典型发言，央视网长达20分钟聚焦本市“夜经济”。陶瓷电商蓬勃发展，直播基地年交易额50余亿元。拉动大众文旅消费，全面推动景德镇陶瓷文旅由“门票经济”向“综合经济”转型升级发展，规划设计41条精品旅游线路，包括陶醉瓷旅、陶瓷研学、非遗、博物馆、河湖文化、特色乡村、红色景点、入境文化主题等。全年接待游客5896万人次、总收入709亿元，同比分别增长32%、95%。

人才建设实现战略性优化。“手工制瓷减按3%征收增值税”，带动陶瓷产业税收同比增长46.2%，增值税同比增长23.3%，净增陶瓷市场主体4726户。在工程技术职称系列下直接设置陶瓷工程专业，授权组建陶瓷工程高级职称评审委员会，负责全省陶瓷材料、陶瓷检测等领域高级职称评审工作。推荐申报国家高层次人才特殊支持计划27人；推荐享受国务院政府特殊津贴人选5人；推荐申报赣鄱俊才支持计划19人，成功入选9人，列全省第一；完成市级“3+1+X”产业人才认定431人次；高新区成功创建中国科协海智计划工作基地，全市创建小微企业双创基地、众创空间、孵化器等双创载体63家；推荐申报国家青年拔尖人才支持计划4人，推荐3位青年人才申报“西部之光”访问学者。推进人才政策优化升级集成，出台“3+1+X”产业人才发展实施办法，涵盖项目产业化支持、支持产业人才质量提升等12个方面，制定人才住房保障、配偶随迁、子女入学、医疗保障等16项实施细则，形成融资担保、公积金7个专项政策，制定促进“景漂”人才创新创业“20条举措”，出台市高层次人才和博士入住宾馆、出行便利等优惠政策，形成较为完备的“1+N”政策体系，在境外“景漂”集聚地设立专门服务站。

交流交易实现国际性提升。举行2023年景德镇市“国际博物馆日”主会场活动暨“中荷博物馆对话”活动，以央视网直播基地为核心，策应省市数字经济

“一号发展工程”，将推动陶瓷数字文化产业作为发展“重头戏”，打造“央视网·瓷”数字文化产业基地，自2022年8月建成以来，合作标品文创公司67家，窑口442家，景漂创客工作室1051家，推出直播1286场，观看总人次1.5亿，带动基地整体产值约2亿元。加快推进跨境电子商务综合试验区，至10月，跨境电商线上公共服务平台注册企业48家，完成跨境电商备案企业26家，平台订单海关放行和结关共计953.99万美元。实施市场贸易试点，至12月，累计试点市场备案各类经营主体37家（不含生产企业），累计出口198票，出口额2117.19万美元。景德镇陶瓷官方旗舰店在天猫、京东、抖音等9个平台开设12家店铺，线下开设珠海店、海外迪拜龙城店、迪拜mall店及景德镇陶博城店。至9月，全市陶瓷网络零售额（测算值）102.37亿元，同比增长12.04%。

（景德镇国家陶瓷文化传承创新试验区办公室）

陶瓷文化保护传承创新

【概况】 2023年，景德镇市以景德镇御窑遗址申报世界文化遗产和景德镇陶瓷文化生态保护实验区建设为抓手，持续加大陶瓷文物保护及非遗研究保护力度，完善陶瓷文化传承保护创新体制机制，推动陶瓷文化创造性转化和创新性发展，向世界展示景德镇陶瓷文化的独特魅力和深厚底蕴。市文旅局公布第二批市级非遗传承、传播、研究基地名单。45家单位获批，其中研究基地2家，传承基地29家，传播基地14家，进一步丰富景德镇非遗基地类别。

【陶瓷文化活化阐释】 1月，以非遗为视角的陶瓷文化研究著作《〈景德镇陶录〉注评》出版。5月，陶瓷文化研究理论著作《中国民俗陶瓷概论》出版。以上两本著作以陶瓷文化挖掘阐释、活化利用为重点，收集整理编纂陶瓷文化典籍文献，加强陶瓷文化基础理论研究，全面科学准确阐释陶瓷文化历史内涵和发展脉络，为进一步讲好“景德镇陶瓷故事”奠定理论基础。

【“5·18”国际博物馆日】 5月18日，国际博物馆日期间，在景德镇陶瓷民俗博物馆内开展“品茶俗文化，赏古建遗风”国际博物馆日主题系列活动。以茶文化为核心、古建筑为依托，依据茶的历史发展脉络，将地域文化、民俗文化相融于幽静雅致的园林自然景观之中，营造一个青翠馥郁、诗情画意、文化底蕴浓厚的人文生活美感空间。同时，景德镇民窑博物馆与大、中、小学建立馆校合作机制，邀请大、中、小学生参与到活动中。

【“6·10”文化和自然遗产日】 6月10日，全国“文化和自然遗产日”，“非遗进社区”系列宣传活动在梨树园社区开展。该活动旨在推动非遗保护成果，惠及更多人民群众，增强文化认同感。同日，“非遗进景区”系列活动在古窑民俗博览区开展，其中最具特色的是童宾广场上的“非遗购物节”暨“江西非遗集市”展演展销活动。活动精选非遗基地和传承人现场进行展示和售卖活动，吸引游人畅享非遗购、探访非遗味。

【景德镇市非物质文化遗产展演】 10月18—22日，瓷博会期间，瓷博会系列活动之“薪火永续——景德镇市非物质文化遗产展演”在陶博城展厅内精彩上演，20余名市级以上相应项目的非遗代表性传承人在瓷博会展馆展示中华非遗之美。

【“数字非遗”建设】 12月，在国家级非遗项目《景德镇手工制瓷技艺》数字化记录的基础上，景德镇陶瓷文化传承创新中心非遗保护中心进一步完成景德镇手工制瓷技艺——青花瓷制作技艺整体性数字化采集工作。该项工作积极助推“数字非遗”建设，有力推进传统青花瓷项目与现代生活的有机整合，进一步推动国家级非遗代表性项目的保护传承，扩大其社会影响力。

【陶瓷考古的理论与方法研讨会】 12月9—10日，中国考古学会陶瓷考古专业委员会成立大会暨陶瓷考古的理论与方法研讨会在景德镇陶瓷大学举行。来自国内40余家文物考古研究机构和高等院校的60余名专家学者出席会议，会议主题是“陶瓷考古的理论与方法”。此次研讨会对于深入挖掘阐释陶瓷历史脉络、技艺体系和文化内涵，更好地传承弘扬中华陶瓷文化具有重要的意义。

【非遗进校园、进社区系列活动】 12月19日，在市第二十六中学、市第十九中学举办“多彩非遗、薪火相传”非遗进校园活动；12月20日，在昌江区西郊街道汪王庙社区、珠山区新村街道昌虹社区举办“品多彩非遗、享美好生活”非遗进社区活动。以上活动均以非遗成果展和非遗代表性项目传承体验活动为主要内容进行别开生面的宣传展示。

陶瓷文化产业创新发展

【概况】 2023年，推动陶瓷产业高质量发展，在传统陶瓷传承和发展方面取得成效。全年，陶瓷产业营收营业收入达860亿元，实现三年翻番；陶瓷税收达到10.1亿元，三年增长173%；先进陶瓷规模达到260亿元，连续两年翻番；陶瓷出口连续两年翻番，突破10亿元。2023年瓷博会规模再创新高，贸易额达135.3亿元、增长12.7%。年内，景德镇陶瓷产业创新发展中心组织景德镇传统陶瓷作品128件参加中国陶瓷协会举办的“中国（北京）国际精品陶瓷展”，得到好评和认可。参展作品22件获大地奖、艺术类金奖，7件获银奖；5件获日用类金奖，其中3件雕塑陶瓷获金奖。推进标准厂房建设，引导产业集聚发展，浮梁县陶瓷产业集群获评工信部2023年度中小企业特色产业集群。推进数字经济发展，至2023年底，中国陶瓷工业互联网平台汇聚2万余条陶瓷资源数据，365位陶瓷专家入驻平台，二级节点标识注册数超5826万条，标识解析数超1.08亿条。（李波）

【包装智慧园建设】 2023年，包装智慧园入驻企业13家，入驻面积已达87.05%。包装智慧园先后引进100余台套国内外先进的印刷包装设备，构成保障产品产能，精益产品品质的现代化生产链条，生产制造水平在全省位列前茅。包装智慧园内配套包装设计中心，不断提高服务和培育相关陶瓷包装企业设计水平和能力。陶瓷包装工业设计中心设计团队开发的“一纸结构”环保型陶瓷包装作品获全国包装创意设计大赛一等奖。年内，设计中心共有4件作品在全国、全省创意设计大赛中获一等奖、二等奖、三等奖和优秀奖。先后与南昌大学、南昌航空大学、陶瓷大学设计艺术学院、陶瓷大学法学系、陶瓷大学科技艺术学院、江西陶瓷工艺美术职业技术学院设计艺术学院、景德镇艺术职业大学8所高校签订校企合作协议并成为高校教学的实践基地，各院校多次邀请包装专业技术人员到院校与师生面对面交流。至年底，各院校近500名师生先后到包装园区交流学习。在2023年瓷博会期间，包装行业协会协同入驻企业开展陶瓷包装新品发布会。发布会上，各企业发布入驻包装园后，通过设计和设备扶持研发的包装新品，取得较好的宣传效果。

（李波）

【景德镇市雕塑精品馆建设】 景德镇市雕塑精品馆位于景德镇市雕塑瓷厂，共3层楼，是一个集合文化交流、学术研讨、品质鉴定、展览销售等为一体的常态化陶瓷文化平台。2023年，通过市场经济和文化创意双重引导和加持，不断注入新鲜血液，保护传统雕塑陶瓷技艺传承，促进传统雕塑陶瓷行业不断创新发展。至年底，景德镇市雕塑精品馆聚集国家级大师7人、省级大师及技能大师20人、非遗传承人10余人。

（李波）

【景德镇陶瓷产业创新发展中心打造粉彩文创点】 2023年，景德镇陶瓷产业创新发展中心在艺术瓷厂红店街内打造粉彩文创点，作为御窑博物院参观后的第二旅游目的地。至年底，该文创点完成一期工程建设，具有浓郁的古镇风采和陶瓷文化氛围，房子和路面均是明清时期风格。通过宣扬里弄文化，利用粉彩艺术博物馆和文化旅游的人气经济，重新激活粉彩传统陶瓷“生命力”，从而达到传承和保护的目的。年内，粉彩文创点集聚大师、高工及非遗传承人10余名。

【景德镇陶瓷集团】 2023年，景德镇陶瓷集团强化市场调研和合作、优化完善对外推介、引流等，探索新的发展模式，新增7家门店，重点对接北京、西藏等地方机构和海尔、中石化、金融系统等企业10余家，建立海外线上平台。实现营业收入1.06亿元，同比增长13.21%，完成纳税947.54万元。重启ISO9000质量管理体系，开展多项专项攻关项目。成立“景德镇国瓷红叶陶瓷文化有限公司”。利用线上和线下资源，积极设计事件营销，国瓷红叶品牌战略成效初显。年内，景德镇陶瓷集团选送的参赛作品《福山寿海》文具（作者江维）、《锦绣山河》文具（作者徐凡）和《观山问水》文具（作者熊明慧）3套作品，在2023中国（北京）国际精品陶瓷展览会第十一届“大地杯”中国陶瓷创新与设计大赛中获“两金一银”。景德镇陶瓷集团获2023年江西省创新型中小企业称号和2023年赣鄱质量技术奖优秀奖；获江西省质量协会首届2023赣鄱质量技术奖优秀奖。景德镇红叶陶瓷股份有限公司与中国轻工业陶瓷研究所等单位联合研究开发的基于

5G 定制网 + A IoT 的国家陶瓷试验区窑炉数智化管控系统获江西省通信管理局第六届“绽放杯”5G 应用征集大赛江西区域赛一等奖、二等奖。

（薛景玉）

【陶瓷原料现状调研】 3—4 月，景德镇陶瓷产业创新发展中心组成调研专班，调研相关的 12 座矿山、20 余家企业，包括主要陶瓷原料生产企业和陶瓷制造企业，初步摸清景德镇市日用陶瓷矿山储量、开采现状、主要原料来源、用量、技术质量标准和检测，以及主要原料在实际原料生产中的大致比例等情况。之后，3 次召开由专家、学者、企业代表等参加的座谈会，形成《景德镇市陶瓷原料现状调研报告》，并探讨原料标准化可行性建议。

（李波）

【陶瓷艺术品电子身份证暨“景德镇制”区域品牌系列新标准发布会】 10 月 19 日，陶瓷艺术品电子身份证暨“景德镇制”区域品牌系列新标准发布会在陶博城国际陶瓷交易中心召开。中国轻工业联合会副会长、中国陶瓷工业协会理事长杜同和出席。市委书记刘锋宣布陶瓷艺术品电子身份证暨“景德镇制”区域品牌系列新标准正式发布。市委副书记、市长胡雪梅，中国陶瓷工业协会常务副理事长吴越申分别致辞。市委副书记吴隽主持发布会。建设“景德镇制”区域品牌、完善系列标准体系，对保护好、传承好、发扬好景德镇优秀陶瓷文化，对陶瓷品牌产业转型升级、数字赋能文化都起到至关重要的作用，更对推进景德镇陶瓷企业高质量发展具有重大意义。“景德镇制”区域品牌系列标准的发布，既是对景德镇优秀制瓷技艺的传承，也是对千年金字招牌的保护，进一步促进“景德镇制”陶瓷市场的形象建设和健康发展。发布会播放陶瓷艺术品电子身份证宣传片、“景德镇制”区域品牌酒瓶及玲珑瓷标准解读宣传片，公布第二批使用“景德镇制”授权企业名单。会后，与会领导和嘉宾观看陶瓷艺术品鉴证流程，欣赏首批获得电子身份证的陶瓷艺术品展品。

陶瓷文化旅游融合发展

【概况】 2023 年，浮梁县瑶里古镇、昌南新区景德镇记忆景区入选江西省文化和旅游厅公布第三批省级夜间文旅消费集聚区名单。在 2023 年度全省旅游宣传推广典型案例中，景德镇古窑民俗博览区《薪火相传——景德镇柴烧瓷窑活态传承宣传推广活动》获评“十佳案例”；景德镇中国陶瓷博物馆《守正创新——景德镇中国陶瓷博物馆文创产品开发助力陶瓷文化发展》获评“优秀案例”。

【“夜珠山”十大人气网红、特色网红打卡点】 4 月 24—27 日，市文广新旅局组织 63 小时线上评选活动，访问量、投票量均达 10 万以上，高峰时段每分钟 230 余人在线访问、投票。综合考量点位线上得票数、线下客流量、国际国内品牌影响力、夜间文旅消费业态丰富度和国家试验区发展战略，并回应网友关注、引导鼓励各点位大力发展夜经济，现推出十大人气网红打卡点、十大特色网红打卡点。

【景德镇商贸文旅消费节】 4 月 28 日至 5 月 3 日，由市政府主办，市商务局、市文旅局、市贸促会、市国控集团承办的 2023 景德镇市商贸文旅消费节在陶博城举行。4 月 28 日，举行开幕式。本次活动以“千品惠瓷都 乐购陶博城”为主题，围绕提振消费、做旺文旅的主线，策划开幕式，商贸消费主题展、中华民俗美食节、户外潮玩音乐节、户外游乐活动、艺术表演等“1+5”的主体活动。其中商贸消费主题展于陶博城 3 号馆设置 210 个展位，中华民族美食节现场汇聚特色小吃和民俗美食企业共 32 家，户外潮玩音乐节通过《国潮风电音趴》《乐曲嗨翻天》《娱乐全方位》《假日嗨不停》等主题内容打造持续火热的音乐氛围。

【国家对外文化贸易基地建设推进会】 10 月 19 日，国家对外文化贸易基地建设推进会在江西景德镇举办。文化和旅游部产业发展司、商务部服贸司负责人参加会议并讲话。新一批国家对外文化贸易基地所在地省级文化和旅游行政部门有关负责人，国家对外文化贸易基地建设、运营主体代表，文化和旅游贸易领域专家、企业代表参加会议。推进会上，为衡水、哈尔滨、上海、南京、杭州、景德镇、济南、广州、深圳、三亚、自贡、伊犁共 12 家新一批国家对外文化贸易基地授牌。景德镇国际陶瓷博览交易中心获评国家对外文化贸易基地。景德镇、济南、广州、自贡 4 家国家对外文化贸易基地代表作交流发言，围绕推进基地建设分享经验、提出建议。

【“千馆之城”发布仪式举行】12月26日晚，“千馆之城”发布仪式在市群众文化活动中心举行。上线大数据平台、小程序、网站、电子地图等数字化平台。发布首批场馆330家，其中陶瓷历史文化类场馆类37家、陶瓷传承类85家、陶瓷工艺类60家、文化传播类148家。发布仪式分为“千年遗存 千年保护”“千年技艺 千年传承”“千年匠心 千年呵护”“千年故事 千年讲述”四个篇章，分别推出陶瓷历史文化、陶瓷传承、陶瓷工艺、文化传播四类代表场馆。

陶瓷人才队伍建设

【概况】2023年，景德镇市以“创意设计人才”开展调研，提出实施创意设计领军人才工程、筹建创意设计人才研究院、举办创意设计领军人才研修班等工作举措10条。探索打造“党建+人才+产业”模式，出台《党委（党组）定期研究人才工作会议制度》，市委专题研究人才工作3次。大力实施党委（党组）书记领衔人才工作项目，注重发挥市委人才办牵头抓总作用，通过制定年度工作要点、重点任务分工等，强化任务分工协同，压实用人单位引才聚才主体责任，凝聚人才工作合力。把人才工作纳入各级党委、政府高质量考核的重要内容，将考核结果与人才项目申报、人才评定及评比表彰等挂钩。

【人才引育】2023年，制定《2023年景德镇市“双招双引”工程实施意见》，建立“双招双引”通报机制。各地通过项目合作、科创飞地等方式引进高层次人才114人，人才项目15个。组织企事业单位参加“才聚江西 智荟赣鄱”系列引才活动，举办国家试验区专场招聘会、在京赣籍博士瓷都行等活动，累计参与企业4992家，全年引进省外本科以上人才1713人，较上年同比增长212%。开展产业链招商、产才融合对接等专题活动，引进急需紧缺人才1027名。1人入选文旅系统青年科研人才扶持计划，1人入选全国青年非遗传承人扶持计划，14人入选赣鄱俊才支持计划。1人获第62届意大利法恩扎奖（35岁以下），是中国艺术家在历届该展览中获得的最高奖项。“中华技能大奖”“全国技术能手”（熊军）入选者各有1人。2人获国家级技能大师工作室领办人殊荣，4人入选省“双高”人才工程。开展岗位练兵和技能竞赛，举办人才技能培训40余场，累计培训近万人次。做好7名省高层次人才服务团成员期满考核工作，完成“3+1+X”产业人才认定707人次。

【平台建设】2023年，策划陶然集、候鸟计划Plus、春秋大集等交流项目，以陶阳里、陶溪川等“五陶”为代表的创意平台人才集聚效应逐渐展现，三宝村吸引近200家文创机构，陶溪川“景漂”创客从8000名增加到2.2万名，带动就业超过12万人。陶溪川双创基地被列入国务院督查激励推荐名单。出台《关于推进大院大所合作增强科技创新驱动力的实施意见》，哈工大特陶所、西工大航空学院等一批成果转化项目先后落地。与南昌航空大学共建航空制造现代产业学院，首批培养120名相关专业人才。“AC313”大型民用直升机项目获省科技进步奖特等奖。综合科技创新水平稳居全省第二位，全社会研发投入和企业研发投入长期保持全省前列。高新区成功获批中国科协海智工作基地，新增省级企业技术中心6家，市级院士工作站、海智计划工作各1家，专家工作站3家，市级企业技术中心9家。

【人才服务】2023年，常态化开展市领导走访慰问专家人才工作，召开青年科技人才“九条”、博士后“九条”、产业导师和产业教授政策宣贯动员会，举办国情研修班10余期，举办弘扬科学家精神宣讲活动，召开人才代表座谈会，在全市强化尊才爱才浓厚氛围。“瓷都人才”APP上线服务项目近80项，处理人才服务申请200余次，接待人才热线服务300余次。设立人才服务专窗，实体化运营“景漂”人才服务中心，全年提供政策咨询等服务738余人次，为境外“景漂”办理停居留证件152人次。出台引进考古发掘项目负责人资金奖励实施细则，制定优化“洋景漂”发展环境工作方案，落实人才购房补贴政策。2023年兑现“3+1+X”产业人才发展奖励115万元，高层次人才医疗保健体检费用90万元。全市统筹人才子女入学295人，保障人才优租使用628人次和优购1209人次。景漂贷扶持142人3851万元；人才贷共扶持383人9976.3万元。

陶瓷文化交流合作

【概况】2023年，重点举办2023战略传播论坛、2023国家试验区发展论坛，正式启动“景德镇陶瓷文化国际传播合作计划”。在柏林开展“景德镇陶瓷文化专题月”系列活动，在开罗举行中国故事之“埃及人眼中的中国：‘一带一路’中埃陶瓷文化交融”讲座，在法国巴黎国际博览会上开幕“遇·鉴中国——中华文化主题展”，举办“瓷的旅程——2023景德镇国际陶瓷艺术双年展”。

【“以圳出发　景色正好”2023国际当代陶艺邀请展】 1月9日，“以圳出发　景色正好”2023深圳国际当代陶艺邀请展在深圳龙岗区红立方艺术馆开幕，展览以当代陶瓷艺术创作交流为核心，组织来自全球22个国家和地区的46位深耕在当代陶艺创作领域艺术家的118件陶瓷艺术精品参展。12月26日，“从圳出发·景色正好”第二届深圳国际当代陶艺展在深圳龙岗区红立方艺术馆开幕。展览汇聚全球五大洲超过30多个国家和地区的90多位陶艺家的200件作品参展，其中既有当代前沿艺术作品，也有传统技术和工艺表现的作品。

【“China Landscape·景色正好”国际当代陶艺展】 6月7日，“China Landscape·景色正好”国际当代陶艺展在第十九届中国（深圳）国际文化产业博览交易会上开幕。展览分为传承、创新、融合三大主题，其中传承主题展示20多位景德镇陶瓷非遗代表性传承人的作品；创新主题展示当今陶瓷艺术领域具有创新创意理念的艺术家作品；融合主题展示世界20多个国家和地区的陶瓷艺术家创作的陶艺作品。

【景德镇版权发展成果展】 6月7—11日，“版权赋能，瓷上中国”版权成果展在第十九届中国（深圳）国际文化产业博览交易会亮相。景德镇版权成果展分为“版权成果简介”和“陶瓷作品展示”两大板块，共展示100余件匠心独运的陶瓷产品，涵盖青花、粉彩、高温釉下彩、颜色釉、玲珑瓷等多个品类。

【“一带一路”中埃陶瓷文化交融讲座】 7月30日，中国故事之“埃及人眼中的中国：‘一带一路’中埃陶瓷文化交融”讲座在埃及开罗中国文化中心举行。活动以瓷为媒友好对话，助推中埃文化交融发展。景德镇瓷乐队带来《青花瓷》《茉莉花》等精彩瓷乐表演，展示陶瓷器物与音乐艺术的完美结合。

【“瓷的故事——中国与阿拉伯伊斯兰世界的世纪交流”文化交流活动】 8月3日，“瓷的故事——中国与阿拉伯伊斯兰世界的世纪交流”文化交流活动在沙特阿拉伯科研与知识交流中心举办。活动以陶瓷文化为抓手，深化中沙双方陶瓷文化交流合作。在交流中，景德镇陶瓷文化国际交流中心、景德镇御窑博物院与沙特阿拉伯研究与知识交流中心签署友好合作备忘录。

【2023景德镇文化创新发展论坛】 10月18日，以“文化传承发展　文明交流互鉴”为主题的2023景德镇文化创新发展论坛在2023中国景德镇国际陶瓷博览会举办。论坛围绕“传统文化保护、文化创新发展、全球文化共同繁荣”等重大文化课题交流探讨。

【2023瓷博会产业招商（招才引智）推介会暨景商合作大会】 10月18日下午，2023瓷博会产业招商（招才引智）推介会暨景商合作大会在紫晶宾馆国际会议中心召开。大会旨在加强企业之间的沟通和对接，凝聚更多合作共识，形成更多合作成果，实现人才和资本汇集，挖掘和放大陶瓷文化优势，推动陶瓷产业做大做强。

【2023中国（景德镇）陶瓷跨国采购对接会】 10月18日，2023中国（景德镇）陶瓷跨国采购对接会在2023中国景德镇国际陶瓷博览会举办。会上，中国巴西商会与景德镇国际商会签订了战略合作协议。大会进行供需采购对接，300余家国际陶瓷行业采购商与百余家景德镇陶瓷企业一对一采购洽谈，累计达成意向成交金额2376万美元，实际成交金额517万美元。

【创意城市网络手工艺与民间艺术之都展】 10月18日，联合国教科文组织创意城市网络手工艺与民间艺术之都展在2023中国景德镇国际陶瓷博览会开幕。展览邀请联合国教科文组织创意城市网络成员，共19个国家和地区的50个城市参展，展示各类特色手工文创产品。

【中国陶瓷艺术品鉴证实验室联盟成立大会】 12月7日，以“科技引领，鉴证溯源”为主题的“中国陶瓷艺术品鉴证实验室联盟成立大会暨第一次代表大会”在景德镇陶瓷大学召开。联盟利用各方资源优势，积极开展科研合作，不断完善陶瓷检测资源、信息业务、人才、科研等服务，推动陶瓷检测鉴证技术产业国际化、融合化、创新化发展。

陶瓷研究

【中国轻工业陶瓷研究所科学研究】2023 年，中国轻工业陶瓷研究所申报各级科研项目共计 42 项（其中：国家自然科学基金项目 1 项、省部级项目 11 项、市厅级项目 30 项）。跟踪管理在研的项目 56 项，在研项目的研究进度基本达到项目合同进度要求。新增立项项目 24 项（其中省重点、03 专项及省人才项目各 1 项，省文化艺术基金项目 2 项，市级项目 19 项）。完成验收各级项目 39 项，项目验收合格率 100%。在江西省科技特派员管理服务平台注册并入驻科技特派员 7 人。10 个入企服务团队与相关企业正式签约。

（邱文豪）

【检测标准服务】2023 年，中国轻工业陶瓷研究所完成日常委托 3925 组样品测试；与全国 29 家企业签订检测和技术服务协议；为全国大、中、小型企业及个人提供 7000 余批次测试项目。向中国标准化研究院提交《“陶瓷餐具”产品质量安全分析报告》；编写《重点食品相关产品消费提示》中关于陶瓷餐具的消费提示。申报 12 项标准制修订项目计划，其中 8 项为国家标准，4 项为行业标准。完成 4 项国家标准的征求意见稿和送审稿编制工作；《日用精陶器》（GB/T 10815—2023）等 3 项国家标准发布实施；完成 2023 年江西省专业标准化技术委员会考核评估及 2023 年全国专业标准化技术委员会考核评估工作；完成国际标准跟踪转化评估工作，有 2 项国际标准待转化；完成 40 项日用陶瓷行业标准复审工作；完成 4 项国际投票工作。

（邱文豪）

【“景德镇制”区域品牌建设】2023 年，中国轻工业陶瓷研究所完成《地理标志产品　景德镇瓷器》地方标准的送审；并配合市政府完成地方标准《“景德镇制”陶瓷技术要求　日用硬质瓷器——玲珑瓷器》《“景德镇制”陶瓷技术要求 陶瓷酒瓶》的制定。参与承担“探索建立陶瓷艺术品电子身份证编码体系”的陶瓷艺术品电子身份证相关工作。

（邱文豪）

【《中国陶瓷》载文】2023 年，中国轻工业陶瓷研究所在中文核心期刊《中国陶瓷》载文 237 篇，其中国家项目论文 47 篇、省部级项目论文 57 篇、基金项目稿件 147 篇；并出版《中国陶瓷》——绝响（增刊），为国家陶瓷文化的传承发展提供参考资料。

（邱文豪）

【景德镇陶瓷研究院课题研究】2023 年，景德镇陶瓷研究院课题项目《以铝粉为铝源 NHSG 法低温合成喷墨打印用铬铝锌色料的研究》通过市科技局审批立项；联合景德镇市帕特耐精密材料有限公司向市科技局申报入企项目《特大型陶瓷耐热锅的研究（直径 80cm）》，科研人员与企业签订《入企服务开展协同创新三方协议书》，促进科技成果转化；对《高温还原焰铁胎瓷的研制》进行铁胎瓷的坯釉配方试制，解决产品开裂的合格率问题；对市科技项目《液相共沉淀法制备高性能青花料的研究》进行工作及技术总结，完成项目验收申请材料撰写；对市科技项目《非水解溶解——凝胶法低温合成尖晶石铬铝锌超细颜料的研究》成果进行总结、理论分析，相应成果已在中文核心期刊《中国陶瓷》2023 年第六期上发表。

（李丹）

【窑炉项目】2023 年，景德镇陶瓷研究院完成宜兴王子制陶有限公司 HT4500 型蓄热式焚烧炉的开发和推广应用；完成宜兴王子制陶有限公司 45 立方米 +14.6 立方米燃气间歇窑炉及 100 米隧道窑的维修改造；完成宜兴王子制陶有限公司 160 立方米烘房余热循环利用提升改造；完成景德镇红叶股份有限公司一分厂和三分厂电窑维修改造。

（李丹）

【艺术陶瓷标准化】2023 年，景德镇陶瓷研究院制定和发布《省艺标委 2024—2025 发展规划实施方案》。组织申报景德镇陶瓷研究院司法鉴定中心，并推荐部分艺标委委员作为司法鉴定人，为陶瓷司法鉴定工作提供技术支持。积极支持“景德镇制”的陶瓷标准化和景德镇陶瓷协会艺术陶瓷鉴证溯源团体标准制修订工作。组织召开中国艺术陶瓷价格鉴证评估标准化研讨会，提出《陶瓷艺术品价格鉴证评估技术规范》和《陶瓷艺术品价格指数技术规范》两项中国价格协会团体标准制订计划。

（李丹）

（除署名外皆由查娜娜供稿）

商 贸

商 务

【概况】2023年，景德镇市新批外资企业数为24个，全省排名第8位；外商直接投资实际使用金额3357万美元，全省排名第10位；其中高技术产业进资1971万美元，全省排名第8位；高技术总额占全市利用外资总额的58.71%，全省排名第3位。利用省外项目资金实际进资658.02亿元，同比增长4.52%，同比全省排名第7位。其中：入统亿元以上项目125个，亿元以上工业项目108个，5亿元以上工业项目41个。外贸进出口总值130.46亿元，同比全省排名第11位。其中，出口总值102.88亿元，进口总值27.59亿元。社会消费品零售总额完成606亿元，同比增长5.8%，同比增长全省排名第10位；全市限额以上商贸流通企业入统企业160家，其中批发零售91家，住宿餐饮69家。网络零售额136.67亿元，全省排名第8位，同比增长9.31%，全省排名第10位。在主要第三方交易平台注册并产生交易的企业4686家，网店33483个。年内，景德镇市重点打造昌南里休闲时尚街区、古窑陶瓷文创街区、三间庙明清文化街区、镇生活都市消费街区、锦绣昌南体验消费街区“五大”特色街区。同时建成宝龙商贸综合体等核心商圈，结束景德镇市西市区没有大型商贸综合体的历史。抢抓假日节庆消费黄金期，整合各级财政资金3000万元，开展春节商贸消费促进月、“五一”商贸文旅消费节、“逛景赶集”贸易兴市金秋消费节等商贸消费活动100余场。开展打造“景德镇菜”品牌活动，发布“景德镇菜”名品，打造餐饮文化“名片”。景德镇逸品天合陶瓷有限公司“昌南”和浮梁县天祥茶号有限公司“天祥号”品牌入围新增“中华老字号”名单。景德镇市太阳升物流有限公司确定为2023年全国商贸物流重点联系企业。培育陶溪川直播基地和景德镇昌南云谷电子商务园2家省级电子商务示范基地（2023—2024年度）。

【招商引资】2023年，景德镇市坚持县（市、区）党政主官每月外出招商不少于7天制度，在原来59支小分队的基础上，新组建32支小分队和1家招商公司。成立景德镇国际商会暨市会展行业协会，编制全市重点产业链“四图五清单”。先后举办“三请三回”、粤港澳大湾区重点客商恳谈会、苏州数字经济招商会等70余场招商推介活动；全年全市新签约项目269个，总投资970亿元；申报优强项目24个。

【外贸新业态】2023年，市商务局建成跨境电商线上综合服务平台和市场采购贸易联网信息平台以及“赣采通”企业端平台，实现“一点接入、一站式服务、一平台汇总”目标。全年全市试点市场备案各类经营主体累计60家，市场采购贸易方式试点累计出口1147票，出口额超1亿美元（1.25亿美元，折合人民币近9亿元）；跨境电商综试区实现出口4.36亿元；全市陶瓷外贸出口连续两年翻番，突破10亿元（10.3亿元）；两家企业建成俄罗斯、新加坡海外仓，实现零的突破。

【“贸易兴市”战略举措落地】5月，市商务局形成并印发《景德镇市贸易兴市行动计划（2023—2026年）》，召开全市贸易兴市千人推进大会。通过“强平台”“畅物流”“育主体”“促消费”四大行动28条措施，全面促进全市内外贸一体化发展，全力开创贸易兴市工作新局面。

【第五届中国—马来西亚（吉隆坡）商品展】9月13—15日第五届中国—马来西亚（吉隆坡）商品展在马来西亚首都吉隆坡世界贸易中心成功举办。景德镇市组织56家企业共计120人赴马来西亚参加展会，企业获得省、市两级补贴金额近400万元。商品展景德镇陶瓷展区共计展出面积1000余平方米，展区全部以青花蓝为主色调进行特装布展，另外在展览中心一楼入口处和三号馆景德镇陶瓷展区入口处，各设立约150平方米的景德镇城市形象展区，全面展示景德镇陶瓷文化所代表的华夏文明和陶瓷产业特色。主展区内，还另设置约200平方米的功能洽谈区，为企业开展供需对接、宣传推介及相关文化交流活动。展会景德镇陶瓷展区现场三天累计成交额180余万吉令（折人民币约300万元）。在56家参展企业中，有20家企业陶瓷展品被抢购一空。另外，有30余家企业接到来自马来西亚、新加坡、印度尼西亚等东盟国家意向性订单，折合人民币5000余万元。其中一家印度尼西亚客商订购一批陶瓷生产设备，订货金额折合人民币1000余万元。

【“逛景赶集”贸易兴市金秋消费节活动】9月29日至10月6日，为贯彻落实党中央决策部署，以及国务院办公厅发布的《关于恢复和扩大消费举措的通知》精神，推进市委、市政府“贸易兴市”战略，提振大宗消费、扩大服务消费、培育新型消费，进一步拉动经济增长，景德镇市举办2023“逛景赶集”贸易兴市金秋消费节活动。全市投入活动经费共计1300万元。其中，省级专项资金300万元，市本级专项资金200万元，县级统筹专项资金800万元，用于大众消费补贴和优惠政策。至12月14日，景德镇市2023“逛景赶集”贸易兴市金秋消费节活动专项资金补贴使用项目，专项资金补贴总支出为1090.035万元，其中房产板块专项资金补贴总支出为65.6万元，家居建材板块专项资金补贴总支出为34.32万元，汽车板块专项资金补贴总支出为823.6万元，美食和家电等综合板块专项资金补贴总支出为166.515万元。

【建成宝龙商贸综合体】10月14日，位于昌南新区的宝龙广场开业，是新区首个购物中心大型商业综合体。地处瓷都新主城——昌南新区发展主轴，体量8万平方米，由宝龙商业统一实施招商运营。

【景德镇美食美器亮相第三届中国米粉节】12月8—11日，第三届中国米粉节在南昌绿地国际博览中心举行。市商务局以“美食美器”为主题，设计并搭建72平方米的景德镇米粉主题展厅和72平方米的景德镇陶瓷特色展厅。组织全市精美陶瓷、特色米粉、预制菜、调味品等11家企业参展，有景德镇冷粉、碱水粑、洄田排粉、罗家排粉、粑太公饺子粑、极味拌面酱、汤粉预制菜及各种精美的餐具茶具等20多种产品，全面展示景德镇陶瓷文化与饮食文化。本次活动，景德镇采用现场烹饪、免费试吃的方式，吸引大批游客前来驻足品尝，同时也得到与会领导的好评。整个活动期间，30余家采购商先后前来洽谈合作，达成交易意向近100万元。

【“景德镇菜”名品认定发布】12月，在瓷都地标大碗举办“景德镇菜”名品认定发布会暨“景德镇菜”昌南里示范基地授牌仪式。活动由市商务局、市委宣传部主办，昌江区政府景德镇市餐饮烹饪行业协会承办。经过严密的程序，公开、公平、公正地认定代表“景德镇菜”品牌的景德瓷泥煨鸡、窑工知士肉、船板肉、佛印豆腐、新平金镶玉、景德酱鸭、昌江鳜鱼煮粉、景德杂烩、三闾庙卤水白鱼、银坑坞芋头、瑶里笋尖三丝、昌南红烧肉、窑巴佬豆冲、瑶里苦槠豆腐、黄齑菜炖冬笋、浮梁干蒸土鸡、浮梁辣椒包肉、浮梁腊肉鸭脚板、兴田乌腌菜烧肉、浮梁清水鱼、西湖土辣椒壳炒肉、浮梁烟熏粉蒸肉、乐平清蒸甲鱼、涌山猪头肉、塔前雾汤、乐平豆皮煮花猪肉、共库小干鱼、乐平烧全鹅、接渡白切狗肉、镇桥灯笼椒30道名菜。景德冷粉、戴家弄饺子粑、昌南牛骨粉、清汤泡糕、麻石弄油墩子、罗家炒粉、东门头炸清汤、新平糍粑、丽阳炒粉皮、油条包麻糍、乐平十八包、乐平萝卜饺、桐子叶饺子、洄田排粉、珠山包子、浮梁清明粿、北安糯米子糕、经公桥铜钱粿、北安碱水粑、鹅湖年糕20道名小吃。

（丁雄飞）

供销合作社联合社

【概况】 2023年，全市供销系统购进总额456899万元，其中从生产者购进农产品149476万元，同比下降57.9%，农业生产资料购进额87275万元，同比下降62.49%，销售总额495666万元，同比下降69.87%，其中农业生产资料销售额92788万元，同比下降49.67%，农副产品销售额290347万元，同比下降71.72%，再生资源销售额74302万元，同比下降65.09%。

【“互联网＋第四方物流”供销集配体系建设】 2023年，全市供销系统大力发展城乡流通服务网络建设，引导物流公司与供销系统内企业、合作社开展市场化合作，整合仓库、网点等资源，保障农产品物流“最先一公里”，拓宽农产品销售渠道，促进农民增产保收。乐平市供销联社以乐平市县域物流配送体系建设试点项目为依托，打造覆盖全市16个乡镇、2个街道办的快递包裹代收点的供销集配网络，通过与物流公司签订协议，将宜牧生态园、百绿农业、艳平果蔬等农合联成员企业的物流成本从单价12元降低到5元，降幅达60%。

【江西供销（乐平）综合农事服务中心项目】 2023年，市县两级供销联社成立江西供销（乐平）综合农事服务中心项目工作专班，全力支持该综合农事服务中心项目开工建设前期有关工作，当年已划拨1000万元项目资金到乐平市财政。

【供销社赋能村集体经济试点】 1—8月，市供销合作社联合社开展供销社赋能村集体经济试点工作。在乐平、浮梁选择6个村作为首批试点村，试点总规模达8000亩（早稻2506亩、再生稻220亩、中稻2713亩、晚稻2506亩）。试点工作中亩平均产量（标准产量）分别为：早稻473.5公斤，再生稻564公斤。其中早稻亩产与全省平均产量379.6公斤（省统计局数据）相比高出24.7%，再生稻和中稻、晚稻普遍高于周边种粮大户10%以上，试点面积总增产达80万斤以上。市供销联社采取“合理收费、保底分红”合同服务方式，为村集体提供“耕、种、管、收”全过程服务，纯收入达60万元，实现“供销服务兜风险、村级经营无风险、保险公司防大险、政策支持降风险”的效果。

【乐平市烟花爆竹仓储中心项目】 8月10日，乐平市烟花爆竹仓储中心项目基本完工，通过安全验收公司的项目安全验收评价，已验收完成后投入使用。乐平市烟花爆竹仓储中心已投入运行。

【景德镇市供销合作社第一次代表大会召开】 12月25—26日，景德镇市供销合作社第一次代表大会在市发展中心会议中心召开，全市供销系统83名代表参加会议。会议主要听取景德镇市供销合作社联合社工作报告并通过该报告、讨论并修改《景德镇市供销合作社联合社章程》、选举景德镇市供销合作社联合社第一届理事会成员及第一届监事会成员。

【浮梁鹅湖供销社升级改造】 12月底，浮梁县供销合作社联合社成功争取省供销社合作发展基金25万元，利用自筹部分资金以及浮梁县财政配套资金，共投入80余万元，完成浮梁鹅湖供销社升级改造工作。

（叶子谦）

烟 草

【概况】 2023年，景德镇市烟草专卖局连续两年优化精简物流线路，万箱终端送货配车指标优化提升5.45%，单车日均送货户数和送货量均提升8%。强化税利、预算和资产管理，2023年荣获A级纳税人称号，《提高资产清查效率》获江西省第四十四次质量管理小组QC二等技术成果，“客户精准数据经营指导模型”课题在省局QC发布会上获二等奖。持续完善硬件设施，完善标准化建设制度，打造两个标准化农村中队和两个标准化农村网点。零售客户毛利率保持在13%左右，客户满意度得分96.46分，排全省第三，继续保持全省第一方阵。常态化抓好终端质量提升，打造形象靓丽街道55条、双包陈列示范城镇20个、示范村14个。全年实现税利67800万元，同比增加1546万元；销售卷烟56410箱，同比增加406箱；共查处违法违规案件525起，其中，假私烟案件86起，同比增长32.31%；5万元以上重案88起，同比增长12.82%。查获国家局打私打假重大三级案件1起，国标案件2起，省督案件1起；查获卷烟980万支，其中，查获假冒、走私卷烟30万支，同比增长31.19%。

【市场监管成效显著】 2023年，破获国标案件2起，省督案件1起；各类案件逮捕10人，拘留18人，判刑11人。全年查获7起电子烟案件，其中3起向未成年人销售电子烟，查获全市第一起涉刑电子烟重案。查获的“7·16”案件被国家局评定为重大案件通报表彰。

【打私打假专项行动】 2023年，景德镇市烟草专卖局组织开展“元春保卫战”“飓风4号”“清明、五一专项行动”“端午”“平安寄递”“中秋、国庆双节整治”“打击真烟非法跨省流入”等专项行动，以快递查处、物流监管、道路运输、重点大户为查案重点。端午期间卷烟市场专项行动成果显著，两个月的专项行动共出动人员1325人次，检查2278户，查处案件103起，查处假私烟案件21起，查处寄递环节案件29起，重案16起；查缴卷烟110.1735万支，其中查缴假冒、走私烟2.438万支；刑拘4人，判刑1人。积极组织开展中秋、国庆两节期间卷烟市场清理整治专项行动，突出涉烟违法案件查处、“假私非”卷烟查缴、重点管控、高价位卷烟监管和电子烟管控，两节共查获涉烟案件87起，其中重案8起，查缴卷烟258.7728万支，逮捕1人，判刑4人。

【涉刑电子烟案件破获】 6月13日，景德镇市烟草专卖城区局、浮梁县烟草专卖局会同公安局部门，成功查获首起本地销售电子烟违法案件，共查获非法烟弹3400余个，烟具30余个，涉案金额13万余元。

（朱恩林）

盐　业

【概况】 2023年，江西省景德镇江盐华康盐业有限公司销售完成小包装盐7574吨，完成计划7146吨的106%，毛利完成933万元，完成计划952.5万元的98%；经营盈利完成273.04万元，完成计划目标300.05万元的91%，大包装销售1797吨完成年计划912吨的197%，非盐销售收入完成206.82万元。年内，通过车销进村进店、社区摆摊等方式，提升终端精品店建设质量，促进江盐产品的知晓度和市场占有率。

【食盐供应保障】 8月24—26日，因受日本福岛核污染水排海影响，江西省景德镇江盐华康盐业有限公司辖区各县区均出现食盐抢购现象。为保障老百姓食盐供应，江西省景德镇江盐华康盐业有限公司全区共出库小包食盐1600余吨，并组织全体干部和员工在朋友圈积极转发江盐集团和景德镇政府平台发布的公告，做好解释说明和舆论宣传工作，引导公众理性购买，科学用盐，做到稳舆论、稳民心、稳市场供应。

【健康用盐走进鄱阳】 8月24日晚，由江盐集团公司主办、景德镇公司鄱阳经营团队、鄱阳县城东社区、激扬桥社区承办，鄱阳县工商联、湖城商会、餐饮美食协会协办的“助民生、优环境、促发展”健康用盐走进鄱阳宣传活动在鄱阳县东湖公园举行。江西省广播电视台移动电视频道对本次活动进行现场直播。 通过本次宣传活动，展示江盐集团一直以来以消除碘缺乏病的社会责任，切实为群众办实事，为全省人民的食盐安全保驾护航。

（陈玲莉）

成品油

【概况】 2023年，中国石化景德镇分公司以HSE体系有效运行为抓手，推行“一书两卡”，将资金用于库站维修、安全隐患治理，全面压实安全生产责任；通过知识竞赛、库站消防演练等理论加实操培训，增强员工处理突发事件能力，提升库站应急管理水平。全年成品油经营总量完成30.63万吨，实现营业收入26.53亿元，其中易捷服务营业收入0.91亿元，上缴利税1907万元。

【主营业务】 2023年，中国石化景德镇分公司在浮梁景九站、乐平大桥站等5座主干道柴油重点站打造“司机之家”，在城区陶玉路站、瓷都站、朝阳站等7座站点打造“爱心驿站”“易小憩”站内爱心平台，为货车司机、环卫工人、执勤人员等送上暖心关怀。

【新能源业务】 2023年，中国石化景德镇分公司完善充电市场网络，加快充电枪的更新迭代，全年新增快充枪144把，大大缓解新能源车主充电难的问题，满足新能源网约车充电的需求，获得网约车司机的广泛好评。陶玉路站打造成为集充电、加油、休闲、汽服于一体的高质量多功能旗舰站；在浮梁金岭、昌江站前、朝阳等站点新装充电枪，提升加能站服务功能。与地方合作，建成婺源篁岭等场外充电站，较好地满足客户需求。

（周丽洁）

金 融

综 述

2023年，中国人民银行景德镇市分行坚持稳中求进工作总基调，紧盯“强基固本保平安，凝心聚力再进位”的目标，推动党建业务深度融合，着力践行履职初心和使命，为建好景德镇国家陶瓷文化传承创新试验区贡献金融力量。

支持地方经济高质量发展。开展“新春走基层 金融暖民心”活动，开展以“进园区、进企业、进工地，送政策、送产品、送服务”为内容的金融专家服务团“三进三送”专项行动；召开辖内部分银行机构信贷投放窗口指导会，对6家贯彻央行信贷政策有差距的银行机构集体谈话；引导辖内银行对接碳减排、科技创新、普惠养老、交通物流再贷款工具，累计投放衔接贷款23.4亿元；策应景德镇市“3+1+X”特色产业体系，推动制造业贷款余额同比增长28.8%；推进普惠小微贷款增量扩面，向银行机构推送全市个体工商户无贷户名单，指导银行机构提升“首贷户”拓户成效，普惠小微贷款余额同比增长24%。支持陶溪川国家级青年“双创”基地建设，引导金融机构创设信贷产品“瓷信青创贷”，助力瓷都陶瓷青年创新创业；推动市政府以文件形式对2022年度金融机构服务地方经济高质量发展6个方面优秀单位进行通报表扬；建立金融工作市县常态化联系机制，利用全市月度经济形势分析会平台，加强政策传导和风险提示；联合印发《金融支持“景德镇制”区域品牌企业稳健发展工作方案（2023—2024年）》，引导银行对首批20户“景德镇制”企业对接服务率达到100%，做大知识产权质押融资业务，办理知识产权质押融资贷款9.67亿元，全省排名第五位。

夯实金融风险防控。通过落实主监测人制度、央行评级与存款保险有序衔接等举措，4家法人银行连续7个季度保持稳中向好态势，获赠“多方协调化风险 鼎力支持促发展”的锦旗，景德镇市成为全省唯一央行金融机构评级结果连续4季度均达5级及以上的设区市；针对涉机构改革的单位银行账户变更不及时、潜在的廉政风险等问题，与市委编办建立常态化信息共享机制；开展地方融资平台债务融资工具存续期风险管理；配合地方政府开展“保交楼”工作，先后3次召开专题座谈会，引导金融机构对辖内“保交楼”项目实施主体新增融资5.05亿元。完善银行机构反电诈长效机制建设，涉案账户数继续保持全省最少。

提升金融服务质效。年内，完成汇率避险“首办户”42家，套保率22.8%，全省排名第一；顺利完成跨境金融服务平台推广应用任务目标，其中出口应收账款融资307万美元，同比增长152%，出口信保保单融资150万美元，同比增长62倍；针对外资企业非主观故意且情节轻微的违规行为，按照“首违轻微不罚”处理，获企业赠送锦旗；开展跨境人民币“破冰”专项行动，出台支持跨境人民币业务发展“十二条”，12月末，全市跨境人民币结算占比为40.5%，位列全省第一；新布设3台企业查询机，实现县域“双自助查询”全覆盖；指导1家银行设立个人信用报告社区普惠金融服务站代理网点，对5家接入机构开展征信合规监管走访，累计发现征信合规风险12条，下发监管提示函3份；开展“征信修复”治理工作，在全省率先实现辖内市场主体违规使用“征信”字样行为的存量“清零”，且保持“零增长”态势；稳妥推进县域发行库撤销，组织12家银行机构就做好零钞供应保障工作进行承诺践诺；建立国库业务流程优化再造体系，推进市、县两级国库业务高效往来和成本节约，将优化营商环境要求贯穿资金支拨、退库和减税降费服务全过程，制作的《无记名国库券真伪鉴别》教学视频在全国国库系统、无记名国债常年兑付点推广；制定实施《关于在景德镇市人民银行系统大兴调查研究的工作方案》，赴市发改委、市商务局、市市场监管局等部门，研商数据信息和调研成果共享机制。

（朱艺玲）

银行保险业监管

【概况】 2023年，国家金融监督管理总局景德镇监管分局持续优化金融服务，坚决防范化解风险，推动辖内银行业保险业高质量发展。年末全市银行业资产总额2381.30亿元，负债总额2323.82亿元；各项存款余额1989.10亿元，各项贷款余额1818.60亿元。全市保险行业资产总额55.53亿元，保险机构实现原保费收入29.88亿元，累计赔付支出11.77亿元。

【机构改革】 7月20日，根据国家金融监督管理总局统一部署，国家金融监督管理总局景德镇监管分局正式挂牌。党委书记、局长刘思华为国家金融监督管理总局景德镇监管分局揭牌，分局领导、副科级以上干部参加挂牌仪式。推进县域机构改革，加强组织领导、建立工作机制、搭建合作平台、严明纪律要求，督促做好岁末年初县域分支机构相关工作。

【金融服务】 2023年，引导机构持续扩大金融供给，年末全市各项贷款余额同比增长15.63%，增速排名全省第二；各项存款余额增长12.89%，增速全省第四。持续助力景德镇国家陶瓷文化传承创新试验区建设，年末试验区重点项目贷款余额110.76亿元。策应工业强市战略，支持陶瓷、航空等特色产业发展。年末全市工业贷款余额286.91亿元，同比增长22.31%；制造业、高技术产业贷款分别增长22.65%和35.19%。联合举办全市金融政策宣讲、金融服务团“三进三送”“走万企 提信心 优服务”等活动，加大提振消费和重大基础设施建设金融支持力度。建立知识产权质押融资授信企业“白名单”制度，组织开展生态文明宣传月活动，推动加快科技创新和绿色转型发展。全市数字经济核心产业贷款、绿色信贷余额分别增长288.26%、38.58%。

【普惠金融】 2023年，制定落实普惠金融行动方案，开展小微企业金融服务监管评价，提升小微企业金融服务质量。年末，全市普惠型小微企业贷款余额、户数较年初分别增长24.26%、4585户，新发放普惠型小微企业贷款利率较年初下降23BP至4.55%；民营企业贷款余额较年初增长20.66%。巩固拓展脱贫攻坚成果，推进“农保贷”项目实施，全面推动乡村振兴发展。年末，全市脱贫人口小额信贷余额较年初增长15.08%、户数增加256户；涉农贷款、普惠型涉农贷款余额分别增长15.55%、15.85%；农业保险保费收入同比增长34.10%。走访“景漂”、青年创客等群体宣传解读金融服务政策，督促机构推进产品创新和金融供给，提升新市民金融服务水平。

【金融风险防控】 2023年，坚持准确分类、提足拨备、做实利润、加快处置，全年累计处置不良贷款13.58亿元，同比多处置3.54亿元。年末，全市不良贷款余额16.64亿元，不良率0.92%，银行业风险整体可控，保险业运行平稳。强化法人机构监管，制定农商行及村镇银行集中取款事件应急处置预案，严密防范流动性风险和声誉风险。督促完善“四会一层”治理架构，常态化开展股权和关联交易整治，不断提升公司治理水平。联合开展房地产业产融对接，指导落实住房信贷政策，保持房地产融资平稳有序。密切监测风险楼盘按揭贷款情况，协助做好保交楼金融服务。开展融资平台债务风险摸排，配合做好地方政府隐性债务风险化解。加强信息科技风险排查，保障辖内金融网络和数据安全。

【保险机构监管】 2023年，严密车险指标监测，开展窗口指导，维护车险市场秩序稳定。通过行政处罚、约谈督促、监管联动省公司纪委、抓紧前五大主体等一系列监管组合拳，打击车险非法利益给付，督促保险公司控制前端费用，增加后端赔付，促进保险业商业可持续发展。全年，辖内车险赔付同比增长 9.89%、实现连续三年正增长；综合费用率低于全省平均水平 1.06 个百分点；承保利润 4765.66 万元、同比增长 323.58%，增幅全省第一。

（杨宏群）

地方金融服务与监管

【概况】 2023 年，景德镇市金融工作办公室（简称市金融办）提升金融服务实体经济质效，守住金融安全底线，为景德镇市经济社会高质量发展提供支撑。年内，开展“三进三送”（进园区、进企业、进工地，送政策、送产品、送服务）活动和金融服务大宣讲活动；推进政银企合作和企业上市；强化金融监管，严防民间金融风险；推进政府融资平台优化升级，优化债务结构、降低融资利率，避免发生债务违约风险。

【金融服务】 2023 年，市金融办会同中国人民银行景德镇市中心支行、景德镇市银保监分局组建金融专家服务团，开展“三进三送”活动，宣讲金融政策和信贷产品，了解企业需求，面对面帮助企业解决实际困难和问题；组织驻市金融机构，举办金融服务实体经济政策宣讲会，邀请邮储银行江西省分行、光大银行南昌分行共同宣介经济政策和金融产品，提高金融政策透明度，扩充金融产品覆盖面；分别与省金融控股集团、工行江西省分行签订战略合作协议，助力“工业倍增行动”，促进普惠小微企业融资“增量、扩面、降价”；推进“映山红行动”，配合上交所组织开展“资本市场助力江西经济高质量发展暨上交所资本市场服务周”活动（景德镇站）；组织召开上市公司董秘培训会、调研座谈会，开展特色陶瓷企业上市调研活动，推进企业上市“映山红行动”升级工程；培育上市后备企业，推动联晟电子申报辅导备案，助推江西赫宸科技公司并购上市，推进吉翔医药、里弄子陶瓷文化股改。

【地方金融监管】 2023 年，严防民间金融风险；联合各县（市、区）金融办现场检查小贷公司、民融登公司，了解企业经营现状，摸清行业风险底数，引导地方金融组织依法合规经营，守住不发生系统性金融风险底线。严控非法集资蔓延，联合景德镇银保监局、市委政法委、市法院、市检察院、市公安局、市民政局等相关部门，组织律师事务所、银行、保险、证券等机构开展“2023 年景德镇市防范和打击非法集资宣传暨投资者保护宣传活动”，通过设置展台、摆放展板、悬挂条幅、发放宣传资料和宣传品、与群众答疑互动等方式，普及防范非法集资和金融理财知识。推进政府融资平台优化升级；贯彻落实“控增量、化存量、防暴雷”要求，盘活有效资产、优化债务结构、降低融资利率，防范发生债务违约风险。

（周芳龙）

银行业

【概况】 2023 年，全市各项贷款余额 1831.4 亿元，当年新增 254.6 亿元，同比增长 21.8 亿元；贷款余额同比增长 16.1%，较全省平均增速高 6.2 个百分点，全省排名第二；全市本外币存款余额 2052.7 亿元，同比增长 13.7%，比上年同期加快 5.1 个百分点，高于同期全省平均增速 4.6 个百分点，全省排名由上年第十一位上升至第二位。

（朱艺玲）

【政策性银行】 2023 年，全市域内有中国农业发展银行景德镇市分行一家政策性银行。一季度期间，中国农业发展银行景德镇市分行各项贷款累计发放 37.81 亿元，6 项考核指标全面完成，获全国一季度开门红管理二等奖；存款日均余额较上年末净增突破 10 亿元，增幅排名全省系统第一；日均增量贷存比为 32%，高于全省平均水平 15 个百分点；余额增量贷存比为 22%，高于全省平均水平 37 个百分点。全年投放绿色贷款 20.88 亿元，余额达 57.15 亿元，较年初增长 18.85 亿元，增幅 49.22%，绿色考核排名较上年进位两名；国际业务总量实现新高。累计营销国际结算业务 8210.62 万美元，较年初增幅 22.92%，其中跨境人民币 15087.46 万元；两项业务结算量均排名全省系统第一。成功获批全省系统内首笔、采取公司自营模式运作的高标准农田建设项目贷款 2.4 亿元。成功发放全省首笔国家储备化肥贷款 1.41 亿元，实现从单一粮油储备到支持粮食产业链上农资等多品种储备，支持粮食储备领域延伸，稳固粮食产业资金供应主渠道优势。成功审批全市首笔农业科技贷款 1000 万元，在全力服务农业现代化国家重点战略上迈上新台阶。取得“三项突破”：存款品类多元化，拓展地方债、企业债、住房公积金保证金定期存款、房屋维修基金存款、承兑保证金等多方增存渠道，优化存款结构；以丰富业务产品为依托，新开具全省首张电子银行承兑汇票，金额400万元，为票据业务与其他业务联动营销提供新交叉点；谋求业务发展新模式，成功办理全省首笔小微企业低风险双优授信1000万元，并实现贷款全部投放。

（王华）

【中国农业发展银行景德镇市分行荣誉】 至2023年末，全行各项贷款余额256.85亿元，对公贷款市场份额及净增额在全市金融同业中均排名第一。先后获“景德镇市平安建设先进单位”“景德镇市反假货币工作先进单位”“景德镇市银行业金融机构金融统计工作优胜单位”“景德镇市银行业金融机构会计核算业务质量竞赛优秀单位”“景德镇市征信业务竞赛团体二等奖”等荣誉。年内，辖区浮梁县支行被浮梁县政府授予“重点纳税企业”称号；直营业务部被省分行通报表彰，授予“省分行级青年文明号”“2023年度先进单位”“2023年度支农履职高质量发展先进支行”等荣誉。

（王华）

【中国工商银行景德镇分行简况】 2023年，中国工商银行景德镇分行实现营业收入8.78亿元，同比增加4907万元，增幅5.91%；拨备前利润6.92亿元，同比增加3969万元，增幅6.0%。各项存款余额209.65亿元，较年初增长14.48亿元。各项贷款余额255.29亿元，较年初增长38.78亿元，增幅17.91%，不良率0.52%，较年初下降0.04个百分点，较全省平均低0.3个百分点，年内，新开对公结算账户2918户，任务完成率排全省第三。日均万元以上公司客户净增649户，完成率全省第一。公司分包管户正增长，客户占比51.4%，全省最高，综合考核全省第三。深化GBC联动协同，成功落地景德镇学院对公账户、教职工代发、校园一卡通等全面合作。昌江区代理财政集中支付实现突破，开立昌江区10户财政预算单位账户，填补区域空白。个人全量客户净增3.31万户，资产5万元以上中高端客户净增8467户，私银客户较年初增长27户，总数186户继续领跑全同业。个人手机银行客户净增2.67万户，三方绑卡净增11万张，完成率全省第一。

（车玉莹）

【中国工商银行普惠金融】 2023年，中国工商银行景德镇分行围绕国家试验区建设重点项目，加大重点领域支持力度，各项贷款余额较年初增幅17.91%。开展普惠金融，全面落实“网点+普惠”机制，常态化到园区、专业市场及乡镇开展营销对接，普惠贷款余额26.47亿元，较年初增长7.71亿元，余额、增量“双第一”。持续推进按揭、经营、消费齐头并进的个贷发展体系，个人贷款71.42亿元，较年初增长7.68亿元，余额、增量同业“双第一”。个人住房贷款、消费经营贷款增量均列全省第三，以实际行动践行国有大行担当。

（车玉莹）

【金融风险防控】 2023年，中国工商银行景德镇分行开展资产质量管理，有序化解珑园房地产、乐平蔬菜农产品批发市场、乐平东方酒店等大户风险，不良率0.52%，较年初下降0.04个百分点，较全省平均低0.3个百分点，从同业第四升至同业第二。开展内控案防、安全生产等工作，保持零监管处罚、零业内案件、零重大风险事件和零重大负面舆情。推进涉诈账户治理，涉案账户数全市金融系统排名第六，四大行最少，分行获“2023年度景德镇市‘断卡’行动银行卡治理先进单位”称号。

（车玉莹）

【中国农业银行景德镇分行简况】 2023年，中国农业银行景德镇分行（简称景德镇农行）各项存款时点余额269.01亿元，较年初增加50.48亿元；核心存款日均余额246.4亿元，较年初净增39.32亿元；各项贷款余额198.38亿元，较年初增加24.67亿元。2023年实现中间业务收入0.89亿元，营业收入8.2亿元，净利润4.4亿元。年内，获评景德镇市人民银行跨境人民币业务先进分行、景德镇市反假货币工作先进单位，连续16年荣获景德镇市“平安建设（综治工作）先进单位”称号。10月19日，向昌河航空工业集团成功投放贷款2亿元，全力支持企业科研及生产，以实际行动深入贯彻落实习近平总书记考察昌河飞机工业（集团）有限公司时的重要讲话精神，为景德镇高新技术企业发展注入强劲金融动能。

（戴淑娟）

【景德镇农行助力乡村振兴】 2023年，全面贯彻落实总行乡村振兴战略，围绕市委市政府工作中心，探索服务乡村振兴新路子，创新信贷产品，推广“e推客”平台、“农户信息建档+惠农e贷”模式，搭建农户贷款县、乡、村三级组织线上推荐通道，让“源头活水”涌入“三农”。针对县域产业和特色，差异化实施“示范引领、整体推进、巩固提升”的区域产业策略，对蔬菜、茶叶等农业主导产业，重点提供资金支持，帮助优势产业建设成为乡村振兴的支柱产业。成立“党员突击队”和“青年突击队”，开展“党建+宣传”活动，深入乡镇为农户解读支农惠农政策，把金融产品送到田间地头，把国家的惠农政策化作支持“三农”发展的实际行动。至12月末，涉农贷款余额53.27亿元，较年初净增9.24亿元。

（戴淑媚）

【景德镇农行普惠金融】 2023年，支持专精特新、高新技术、科技创新等重点客群企业，以“科技e贷”“流水e贷”等产品为抓手，以科技赋能金融服务，为小微企业客户提供自动审批、自助用款的网络融资产品，促进科技创新和推动经济转型升级。核心企业商业信用向全产业链穿透延伸，延长金融服务链条，有效解决链上小微企业天然弱质性导致的融资难、融资贵、担保难痛点问题。结合小微企业信贷需求，多重途径提供贷款支持，不断为小微企业提供金融便利，让普惠金融惠及更多小微企业。至12月末，普惠领域贷款余额24.2亿元，较年初净增6.01亿元。

（戴淑媚）

【绿色金融建设】 2023年，景德镇农行聚焦国家绿色发展战略，履行社会责任担当，把绿色金融建设纳入发展决策与战略中，构建绿色金融业务的配套制度与政策，优化业务流程以及审批管理，提升绿色金融服务质效。同时以产业链上“领航”企业、“链主”型企业、专精特新“小巨人”、制造业“单项冠军”等企业，以及新能源利用、节能环保、工业重点技改升级等项目为主体，建立碳减排重点领域后备企业和项目库，逐户对接提供信贷支持，助力景德镇实体经济绿色低碳转型和高质量发展。至12月末，绿色贷款余额42.45亿元，近三年平均增量为7.98亿元。

（戴淑媚）

【景德镇农行与市政府签署战略合作协议】 12月13日，景德镇农行与市政府签署全面战略合作协议。未来五年内向景德镇市市内各类市场主体提供意向性融资支持额度不低于等值人民币400亿元，其中乡村振兴领域意向性融资支持额度不低于60亿元。重点在乡村振兴、先进制造业、普惠金融、绿色经济、科技创新、政务服务、生态保护和高质量发展等领域开展战略合作，推进双方在经济和社会发展、产业政策、重大改革、重点建设项目等方面的信息交流。战略合作协议的签订，发挥农行综合金融服务优势，打造一流金融生态和营商环境，助力景德镇经济发展跑出“加速度”。

（戴淑媚）

【中国银行景德镇市分行简况】 至2023年末，中国银行景德镇市分行（简称市中行）人民币各项贷款时点四大行市场份额18.97%，较上年末提升0.49个百分点，提升幅度四大行第一。人民币各项存款日均四大行市场份额16.29%，较上年末提升0.33个百分点，提升幅度四大行第二。累计实现净收入4.22亿元，增幅18.80%；拨备前利润3.07亿元，增幅21%。累计实现表内不良清收化解2134.18万元，表外已核销呆账累计收回274.7万元。2023年国际贸易结算量7.69亿美元，市场份额78.83%；跨境人民币结算量发生额18.97亿元，市场份额57.11%；国际贸易和跨境人民币结算量市场份额及客户覆盖率当地同业第一，市场竞争力保持同业和系统内领先地位；成功落地景德镇市2023年首笔出口

12月13日，中国农业银行江西省分行与景德镇市人民政府签署战略合作协议（景德镇农行／供图）

信保融资业务。年内，市中行获市政府年度全市平安建设先进单位荣誉称号，获评年度国家外汇管理局外汇业务合规与审慎经营评定等级A级。

（罗昭霞）

【中国建设银行景德镇分行简况】2023年，中国建设银行景德镇分行（简称景德镇建行）支持景德镇市三年工业倍增计划和国家陶瓷文化传承创新试验区建设，持续加快优质项目营销和储备，全年实现贷款增速16.44%，其中制造业贷款、高新技术企业贷款、民营企业贷款增长率全省建行系统排名靠前，涉农贷款、制造业贷款增速同业领先，承销债券4笔，帮助企业融资15亿元，四行第一。年内，支持“保交楼”，成功落地全国建行首单、当地同业唯一“保交楼”并购重组项目；年度外管考核评价为A类，在全市金融机构中排名第二，是近年来景德镇建行首次获得A类的考核评价。至年底，景德镇建行涉农贷款增速32.55%；农户经营性贷款新增额和贷款户数计划完成率系统排名第一，裕农通综合贡献达标服务点加权数量计划完成率系统排名第二。

（胡超凡）

【运营服务支持能力升级】2023年，景德镇建行全力推动物理渠道服务高质量发展和消费者权益保护能力升级，制定关于印发《景德镇市分行2023年“网点服务提质争优年”活动实施方案》，成立“网点服务提质争优年”活动小组。开展网点环境治理专项行动，持续改善网点服务形象，推进营业秩序及安全管理，着力营造整洁、舒适、便捷、温馨的服务环境。

（胡超凡）

【交通银行景德镇分行简况】2023年，交通银行景德镇分行聚焦制造业、战略性新兴产业、绿色金融等重点领域，实现支持实体经济重点领域资产早投优投；制造业、制造业中长期、战略性新兴产业、绿色信贷增速分别达3.3%、7.72%、37.82%、37.01%。分行各项存款余额116.86亿元，较年初增长16.8亿元，市场份额占比11.52%，较年初提升32个基点。各项贷款余额89.24亿元，较年初增长9.28亿元，增幅11.61%；实质性贷款投放56.9亿元，较年初增长5.31亿元，增幅10.29%。年内，分行实现净经营收入、经营利润、经济利润分别为3.62亿元、2.81亿元、1.68亿元，同比分别增幅16.4%、20.1%、5%。

（吴玉婧）

【金融服务】2023年，交通银行景德镇分行改善个人金融服务供给，持续优化金融产品和服务体系，满足人民美好生活对金融服务的多样化需求。全年个人按揭发放3.21亿元，其中一手房贷款占比83.89%，平均发放利率为4.06%；个人消费类贷款余额20.94亿元，增加1.08亿元，增长5.44%。个人非房消费贷余额1.75亿元，较年初净增0.64亿元，增幅57.96%。提升普惠金融服务覆盖率、可得性、满意度，解决小微企业融资难、融资贵的问题，至年末，“两增”贷款较年初增加1.74亿元，1000~3000万元普惠贷款较年初增加0.69亿元，年度计划完成率246.42%；个人经营贷余额2.91亿元，较年初净增1.55亿元，增幅113.53%。年内，分行走进社区、学校共开展反电信诈骗、存款保险活动、反有组织犯罪法等宣传活动134场，发放宣传资料6000余份，守护广大群众“钱袋子”，筑牢防范电信网络诈骗“防火墙”。

（吴玉婧）

【中国邮政储蓄银行景德镇市分行简况】至2023年12月末，中国邮政储蓄银行景德镇市分行普惠小微企业贷款结存3029户、21.16亿元，净增296户、3.35亿元，完成全年净增计划的118%。贷款增速14.78%，高于各项贷款增速4.03%。小微企业续贷累放金额占比、普惠信用贷款占比、小微企业中长期贷款占比、银税互动贷款等小微企业金融服务监管评价重点指标全面达标。年内，市分行将产业贷作为年度业务发展重点，提前向省分行准入陶瓷行业和景德镇市浙江商城、十八桥、赣东北大市场三大商圈产业贷。至年末，市分行产业贷款余额1.56亿元，年净增1.21亿元，省行计划完成比230.91%。成功为不同行业客户量身定制的“三农”特色贷款产品，用暖心的金融服务助力地方经济发展实现乡村振兴工作稳步发展。

（刘星宇）

【金融“1+N”服务】2023年，中国邮政储蓄银行景德镇市分行推进条线联动服务和综合营销，以客户需求为导向，综合运用各种金融产品和服务，为客户提供个性化的金融解决方案。为企业客户办理代发工资业务，提供综合化金融服务；联动交易银行为客户办理监管现金管理、跨境结算量等。以综合金融服务稳固优质客户，提高客户黏性。年内，市分行成功落地全省首笔可持续发展点心债担保备证3.499亿元。12月末，中国邮政储蓄银行景德镇市分行成功为辖区内企业上游供应商落地首笔U链线上保理业务，为全省首批实现线上供应链业务的地市分行之一，为全市分行打造线上供应链贸易金融业务积累经验。

（刘星宇）

【邮政储蓄银行景德镇市分行金融风险管控】2023年，中国邮政储蓄银行景德镇市分行在乐平市镇桥镇华家村开展"征信知识进乡村戏曲表演活动"、大唐茶市"汉服游园"征信宣传活动、"合规文化下基层"系列活动，向基层员工普及从业规范及职业操守，将合规理念渗透到基层员工开展工作的各个环节。全年，中国邮政储蓄银行景德镇市分行保持高压态势，成功堵截3例涉诈个人账户，为客户挽回资金损失75万元；开展各类集中学习23次，参加人员506人。组织开展案防警示教育培训、合规文化下基层案件警示教育巡回演讲等活动，印制合规文化书签130个，布置3个合规文化长廊，覆盖县支行。全年，中国邮政储蓄银行景德镇市分行在辖区内开展违规处罚活动，进一步提高员工的合规意识。

（刘星宇）

【城市商业银行】2023年，全市域内有江西银行景德镇分行、九江银行景德镇分行、上饶银行景德镇分行3家城市商业银行。

至12月底，江西银行景德镇分行资产总额232.21亿元，较上年末增加29.48亿元，增幅14.54%。存款余额222.27亿元，较上年末增长26.53亿元。贷款余额133.34亿元，较上年末增长21.36亿元。实现净利润7781.25万元。不良贷款率0.40%，较上年末下降0.37个百分点。

（陈丽）

至12月末，九江银行景德镇分行资产总额121.82亿元，各项贷款余额77.71亿元，各项存款余额116.86亿元。6月9日，在中国人民银行景德镇市中心支行举行的2023年金融统计业务知识竞赛活动中，九江银行景德镇分行获团体二等奖。7月18日，九江银行景德镇分行被景德镇市财政局、中国人民银行景德镇市分行授予2022年度市本级财政国库集中支付银行代理业务综合考评"优秀代理银行"荣誉称号。是此次唯一获此殊荣的城商行。

（韩智鑫）

至12月底，上饶银行景德镇分行总体经营持续向好，各项业务稳健发展，浮梁支行、乐平东湖支行的相继开业，实现景德镇市县区域机构全覆盖。至年末，各项存款时点余额63.23亿元，较年初增加16.67亿元；各项贷款余额56.8亿元，较年初增加10.52亿元。年内，提升金融效率、优化金融服务，为地方经济发展注入金融力量。联合景德镇高新区管委会、高新区工商联等开展专场银企对接会，与高新区企业架起沟通桥梁。开展"行长走千企"专项活动，结合景德镇当地陶瓷、航空、文化旅游等重点产业和特色产业，共走访对接119户企业，成功授信19户，金额共计5亿元。落实"1269"行动计划，采取"一企一策"，新增支持航空企业、陶瓷新材料先进制造业企业贷款合计3880万元。新增发放高新技术、科技型、专精特新等20户科技型企业贷6560万元。

（徐敏红）

【公司金融】2023年，江西银行景德镇分行以中标昌江区财政国库集中支付招标为契机，持续加强高价值长尾客户营销维护，开立昌江区医保专户等预算单位账户38户，破产管理人账户4户。与乐平市政府签订战略合作协议、与浮梁县财政签订财政国库集中支付代理协议。成功中标政府专项债发行顾问、乐平市住宅

10月8日，上饶银行景德镇分行联合高新区工商联举办银企对接会
（上饶银行景德镇分行／供图）

专项维修资金存款、烟草资金存款等重点业务，全年对公存款新增11.49亿元，增量占比在全市金融机构中排名第一。围绕重点企业、乡村振兴、城市更新等重点领域，投放花朝科技、浮梁获湾乡村振兴、古镇、佛手湖等项目，全年对公贷款余额较年初新增14.70亿元。贷款结构持续优化，制造业贷款余额11.85亿元，较年初增长2.73亿元；绿色贷款余额16.53亿元，较年初增长1.41亿元；乡村振兴（涉农）贷款余额32.63亿元，较年初增长0.19亿元。全年新增跨境人民币结算量4252.65万元，完成结售汇144.99万美元。新增国内信用证福费廷业务11.89亿元。落地外汇套保首办户1户，完成出口应收账款融资业务1笔。

（陈丽）

【江西银行景德镇分行普惠金融】2023年，江西银行景德镇分行开展“江银进园区 服务万千企”专项行动、“激情仲夏、深耕普惠”等营销活动，深入企业、园区、社区，拓宽基础客群，加大“超抵贷”“新流水贷”“融易贷”“农事服务平台”“农保贷”“二押贷”“政采易贷”“创业担保贷”等重点产品宣传覆盖面和影响力。围绕景德镇市重点产业链及政府、监管机构印发的“白名单”企业精准营销，加大对各类市场主体的信贷支持力度。100万以内的普惠贷款全年共投放668户，金额合计2.32亿元，普惠类“云企链”及福费廷共投放110笔，金额合计6.64亿元。普惠小微企业贷款（不含贴现）余额14 .31亿元，较上年末增长5.04亿元，普惠小微企业贷款户数为1090户，较年初净增255户。在乐平市后港镇菱田村、浮梁县罗家桥乡康乐山村建设两个县域农村普惠金融服务站。

（陈丽）

【个人金融】2023年，江西银行景德镇分行储蓄存款余额186.94亿元，较年初增长15.03亿元。储蓄存款日均181.98亿元，较年初增长17.48亿元。景德镇市内金融机构份额占比12.87%，排名第二。坚持代发工资业务“一把手工程”，强化联动营销和交叉营销，围绕服务城乡居民的生活场景，加大收单商户的营销拓展力度。全年新增有效代发客户6951户，收单商户净增929户。响应江西银行“江银爱老”社区共建活动，通过外拓营销沙龙活动，为老年群体提供暖心金融服务。年内完成辖区17个网点“江银爱老”社区共建活动中心揭牌，参与活动的老年人超千人次。

（陈丽）

【不良管控】2023年，江西银行景德镇分行全年表内外清收完成5851.06万元。其中，表内完成2374.67万元，表外完成3428.48万元，委托清收类完成47.91万元。根据各支行不良情况，制定路线图，细化目标措施，明确责任到人。每周、每月更新路线图。借助“赣鄱立剑”契机，历史遗留积案取得突破。

（陈丽）

【农商银行】至2023年末，景德镇农商银行内设16个机关部门，下辖59个营业网点，在职员工680人。全行资产、负债总额分别达406.48亿元和379.69亿元，存款、贷款总额达583.54亿元，同比增长9.21%，其中：各项存款余额317.86亿元，增加22.46亿元、增幅7.60%；各项贷款余额265.68亿元，增加26.75亿元、增幅11.19%，实体贷款投放增加20.46亿元，居全省农商行第一位。成本收入比29.73%，当年实现净利润2.14亿元，累计向地方缴纳税款1.59亿元、同比增长2.84%。荣获2023年二季度全省金融领域担当作为先进集体；2023年度全省农商银行主要业务经营质效考评优秀单位和党建工作综合考评优胜单位“双第一”。

（项东）

【上饶银行景德镇分行普惠金融】2023年，分行聚焦县域、乡村振兴重点帮扶县和“新市民”群体，优化普惠群体金融服务，促进助企纾困、乡村振兴，推动普惠小微贷款增量扩面。实现财园信贷通业务零的突破，达成辖内机构与地方财园信贷通业务合作全覆盖。依托普惠金融服务站，发挥靠近乡镇的地理位置优势，为周边群众提供多元化、便捷化金融服务。普惠小微贷款较年初增加4.24亿元，加权平均利率较上年降低21BP，持续让利小微企业。

（徐敏红）

【九江银行景德镇分行金融服务活动】1月31日，与景德镇市财政局签署《2023—2025年景德镇市市本级政府债券发行顾问协议》，发挥债券资金扩投资、稳增长、惠民生作用，严格开展债券项目合规性审核和风险把控，促进提高债券资金使用效率。9月，九江银行景德镇分行联合中国人民银行景德镇市分行开展“金融知识进校园”主题宣传活动，为师生宣传反洗钱、反诈知识，提高防骗反诈能力。9月，在中国人民银行江西省分行反洗钱处开展的全省反洗钱征文比赛活动中，九江银行景德镇分行获得2023年全省金融机构反洗钱征文比赛三等奖。12月，九江银行景德镇分行获得景德镇市打击治理电信网络新型违法犯罪工作联席会议办公室颁发的“断卡”行动银行卡治理工作“先进单位”称号。12月，九江银行景德镇分行被中国人民银行景德镇市分行授予“2023年度景德镇市反洗钱信息工作先进集体”荣誉称号。

（韩智鑫）

【消费者权益保护知识普及宣传活动】 3月15日，中国银行景德镇市分行开展消费者权益保护和金融知识宣传工作，引导金融消费者树立理性投资、理性维权的观念。同日，市中行成立金融宣传服务小分队，分批走进社区、农村、企业和校园，通过设立宣传展台、派发宣传折页、知识讲座等方式，向广大金融消费者普及防诈金融知识，提高社会公众对非法集资、电信诈骗等不法行为的识别能力，提升金融风险防范意识，构建和谐的金融消费环境。

（罗昭霞）

【“红五月”存款保险宣传活动】 5月，为响应景德镇市人民银行“贯彻落实二十大　唱响存保赣鄱曲”主题活动要求，全面宣传存款保险政策知识，保护存款人合法权益，中国银行景德镇市分行开展系列存款保险宣传活动。此次活动通过线上循环播放宣传标语和微视频，线下分批次走进企业、街道、小区、乡镇现场宣传等形式，扩大存款保险知识的覆盖面和辐射面，推动存款保险知识走进千家万户，保护金融消费者合法权益。

（罗昭霞）

【征信宣传活动】 6月，中国银行景德镇市分行开展征信宣传“五进”活动，组织员工“进乡村”（赴高岭·中国村）、“进学校”（赴景德镇艺术职业大学）、“进社区”（赴竟成镇里村前街）、“进企业”（赴陶瓷工业园区）、“进机关”（赴市消防支队）开展征信集中宣传。通过古风特色摊位宣传、开展主题动漫形象设计比赛、派发宣传资料、集中开设讲堂并现场答疑解惑等形式宣传征信知识，提升社会公众信用意识，推进征信文化建设。

（罗昭霞）

【市中行与市国控集团签署战略合作协议】 7月19日，中国银行景德镇市分行与市国控集团举办战略合作协议签约仪式暨陶瓷客群银企合作洽谈会。以此次战略合作协议的签署为新起点，双方在支持陶博城项目招商引资、助力当地陶瓷企业发展等方面不断创新合作机制、拓宽合作领域。根据协议内容双方加强在国控集团项目融资和招商引资领域的合作，至年底，市中行为国控集团提供贷款9亿元。

（罗昭霞）

【市中行与市陶瓷协会签署战略合作协议】 7月27日，中国银行景德镇市分行与市陶瓷协会举办战略合作协议签约仪式暨陶瓷客群银企合作洽谈会。双方着力形成金融与行业协会良性互动、互利共赢的局面，不断推动打造资源共享、优势互补的新格局，为千年瓷都高质量发展注入金融“活水”。根据协议内容双方加强在支持当地陶瓷客群发展方面的合作，至年底，市中行为全市418户陶瓷企业提供普惠贷款6.26亿元，为陶瓷客群研发上线“赣采e点通”平台系统提供金融支持，助力陶瓷企业外贸新业态发展。

（罗昭霞）

【选送案例获江西省银行业金融机构反电信网络诈骗优秀案例竞赛三等奖】 8月7日，由中国人民银行南昌中心支行、江西省总工会和江西省公安厅联合组织的“2023年江西省银行业金融机构反电信网络诈骗优秀案例评选竞赛”在南昌举行，景德镇农商银行选送案例《擦亮慧眼识骗局，全员反诈筑防线》获三等奖。案例视频展示日常工作中一线网点积极劝阻拦截受骗群众挽回资金损失的真实场景，彰显景德镇农商银行全面推进电信网络诈骗金融治理的决心和责任担当。

（项东）

【全市首家全功能型社区普惠金融服务站设立】 8月10日，景德镇农商银行在江西省五星“幸福社区”汪王庙社区建立的全功能型普惠金融服务站开业。普惠金融服务站以金融赋能社区便民服务，配置有专职运营工作人员，设有金融角、便民角、宣传角、监督角等功能区，安装智能柜台、多功能制卡、智能POS等机具，可办理银行开户、存取转账、生活缴费、电子银行等服务，同时受理贷款办理、社保卡咨询等业务，让周边社区居民均能享受到“高品质”“家门口”的金融服务。

（项东）

【市中行与陶瓷文化传承创新试验区管委办签署战略合作协议】 8月17日，中国银行景德镇市分行与景德镇国家陶瓷文化传承创新试验区管委办签署战略合作协议。市中行积极参与和组织各类党建共建、经济文化活动，充分发挥全球化、综合化经营优势，为国家试验区建设提供更加专业高效的金融服务。根据协议内容双方加强在试验区项目建设方面的合作，至年底，市中行为市级平台提供贷款38.86亿元。

（罗昭霞）

【中国银协“守护新市民群体安居乐业”专项调研】 8月24日，中国银行业协会“守护新市民群体安居乐业”专项调研走进景德镇农商银行。专项调研由中国银行业协会农村中小银行工作委员会组织，委托江西省联社牵头落实相关工作。中国银行业协会农金部副主任林啸，景德镇农商银行董事长付文萃、行长黄筱琴，浙江农商联合银行、湖北省联社、安徽省联社、湖南省联社、天津农商银行、深圳农商银行6家农村金融系统单位相关部门负责同志参加调研，围绕金融服务新市民的金融之道、农金之术进行共同探讨，深入交流、建言献策。调研组考察了陶溪川文创街区内邑空间创业孵化基地，并走访新市民“景漂”创客，实地了解景德镇农商银行支持新市民群体创业兴业的具体做法及成效。

（项东）

【“启迪智慧 筑梦兴航”管理人员培训班举办】 9月8—11日，景德镇农商银行在浙江农商联合银行教育培训中心举办2023年“启迪智慧 筑梦兴航”管理人员

8月24日，中国银行业协会“守护新市民群体安居乐业”专项调研 （景德镇农商银行/供图）

培训班，景德镇农商银行全体班子成员、部门和支行负责人及浮梁农商村镇银行负责人共80余人参加培训。培训班针对银行管理人员量身定制管理能力提升的高端课程，学习内容丰富、针对性强，开设“民族复兴的逻辑：习近平新时代中国特色社会主义思想精讲”“金融管理人员情绪平衡管理与沟通技巧”“宏观经济金融形势解析”“领导理论与领导艺术”“如何成为一名优秀的管理者”等课程，邀请浙江大学、复旦大学等名校教授和浙江农信教育培训中心内训专家担任。

（项东）

【“汇聚金融力量 共创美好生活”金融消费者权益保护宣传进高校活动】 9月19日，中国银行景德镇市分行开展“汇聚金融力量 共创美好生活”金融消费者权益保护宣传走进高校活动。活动中，市中行成立金融宣传服务小分队走进江西陶瓷工艺美术技术学院，举办“开学第一课”专场活动，通过讲座授课、派发宣传折页和互动游戏等形式，向在校师生普及理性消费理念、反诈反洗钱知识、风险防范方法和非法借贷危害。

（罗昭霞）

9月19日，开展“汇聚金融力量 共创美好生活”金融消费者权益保护宣传走进高校活动 （中国银行景德镇市分行/供图）

10月29日，江西省航空产业发展投资基金项目三方合作协议签订仪式（交通银行景德镇分行/供图）

【江西省航空产业发展投资基金项目三方合作协议】 10月29日，在2023年中国航空产业大会暨景德镇航空产业合作大会上，交银投资、琨山资本和景德镇市高新区签订江西省航空产业发展投资基金项目三方合作协议，交通银行景德镇分行见证签约仪式，作为辖区金融机构，分行坚持把金融服务实体经济作为根本宗旨，服务江西昌兴航空装备股份有限责任公司、江西直升机公司等航空企业，帮助部分企业解决发展中面临资金周转问题，有效缓解企业应收账款回款慢及成本压力大的困境，为景德镇航空建设注入交行动能。

（吴玉婧）

证券业

【概况】 2023年，景德镇市辖区内证券公司有国盛证券、海通证券、中航证券、申万宏源证券、中信证券、国泰君安证券、世纪证券等。其中，海通证券营业部新增客户数2813户，净新增客户资产2.22亿元，营业部资产总值14.29亿元，全年累计交易量141.98亿元。全年，线上线下开展对投资者的金融知识教育活动，在应对市场风险、倡导理性投资和稳定投资者队伍方面取得成效。

【推荐财富管理工作】 2023年，海通证券营业部以客户服务为中心，提升队伍专业能力，扩大财富客群专业服务覆盖面。同时，营业部立足以“重点产品”为抓手，调整财富管理的重点方向，挖掘客户经营潜力。年内，营业部开展亏损客户服务安抚工作；推进固收+、债券基金等产品的营销工作；利用映山红FOF、雪球、丰盈等产品开展私募客户拓展工作，取得突破。全年新开发私募客户6户，为实现财富管理转型工作的综合经营奠定基础。

【两融业务发展】 2023年，两融业务面临挑战，海通证券营业部坚持“调结构”，从多方位拓展高质量客户。客群方面，推进存量客户开发，提升两融临界客户；引进外部新两融客户，利用渠道的资源优势，借力开发两融客户。存量维护方面，面对行情的震荡，两融客户风险的防范和化解尤为重要。在下半年行情极端的情况下，海通证券营业部无平仓客户。

【海通证券营业部】 2023年，营业部新增客户数2813户，任务完成率117.21%；其中新增有效户198户，任务完成率105.32%。净新增客户资产2.22亿元，营业部资产总值14.29亿元，较年初13.26亿元上涨7.76%。累计交易量141.98亿元，其中经纪业务99.42亿元，融资融券22.61亿元。营业部代理买卖证券业务净收入市场份额任务0.0304‰，实际完成情况0.026‰，完成率85.42%。营业部新增两融账户30户，营业部两融余额2.9亿元，2023年，息费收入347.45万元，两融日均规模市场份额0.0213‰。年内，营业部机构业务小组企业共拜访机构40家；新增机构客户昌江国资1户，产品账户1户。全年，多渠道组织各类投教活动，履行社会责任，开展各类对外宣传活动10次，内部宣传5次，覆盖群体约1650人；开展各项反洗钱工作，营业部共开展反洗钱宣传活动21次，培训6次。

【国盛证券江西分公司景德镇营业部】 2023年，营业部参与中航证券有限责任公司联合推进的“景德镇市城市建设投资集团有限责任公司2023年面向专业投资者非公开发行短期公司债券”，债券发行规模为15亿元。制定营业部前台序列月度绩效考核方案，组织参加2023年江西分公司绩效管理细则修订培训会。营业部参加由国家金融监督管理总局景德镇分局、景德镇市金融办等单位联合举办的“景德镇市投资者教育基地揭牌仪式”，扩大营业部在当地金融业的影响力，提高投资者的金融安全意识。组织参加季度合规反洗钱培训，通过培训及考试，提高员工的合规展业意识。

（周芳龙）

保险业

【概况】 2023年，景德镇市有保险公司分支机构23家，其中，财产保险公司14家，人寿保险公司9家。全年实现保费收入29.88亿元，同比增长2.12%。其中，财产险收入13.24亿元，同比增长18.71%；寿险收入16.64亿元，同比下降8.09%。全年累计给付支出11.77亿元，同比增长9.31%，其中，财产险8.61亿元，同比增长18.73%；寿险3.16亿元，同比下降10.12%。

【见义勇为救助保险推广】 2023年，人保财险景德镇市分公司为景德镇市160万人民群众提供累计500万元见义勇为救助风险保障，为见义勇为人员提供人身伤亡及医疗等保险保障。通过宣传见义勇为救助保险在助推社会治理、减轻政府事故处理压力、弘扬社会正气方面的重要意义，践行“人民保险、服务人民”的使命担当。

【水果价格指数保险项目落地】 2023年，人保财险景德镇市分公司结合当地特色农业发展需要，探索开展地方小农户农业保险项目，推动“一县一品”与现代农业发展有机衔接，推动乐平市小农户发展水果价格（收入）保险项目落地，累计为1300余亩葡萄提供2000万元的风险保障。

【人身险服务】 2023年，中国人寿景德镇分公司实现总保费收入4.18亿元，同比增长7.69%。其中，长险首年保费1.02亿元，同比增长42.15%。续期保费2.87亿元，同比增长3.32%。首年期交保费、十年期及以上首年期交保费、标保保费三项核心指标均实现两位数同比正增长，处于近三年同期高点。全年共处理各类案件1.24万件，赔付金额5021.31万元。其中，个人案件6311件，索赔周期1.2天，获赔率99.85 %。全年“重疾一日赔”服务100件，赔付金额462.28万元。

【金融捐赠助力乡村振兴】 7月13日，平安财险景德镇中支在景德镇市浮梁县湘湖镇灵安村开展“乡风文明100行动”，向灵安村捐赠2.5万元基层党建资金，用于村中基础设施和乡风文明建设。通过党建引领，共同打造党建基地、致富基地，用保险能力、科技能力，为乡村振兴贡献力量。并走访慰问村中贫困户，为15家困难户送去大米、食用油及饮品等生活物资，用实际行动践行社会责任。

【“健保通”医疗网络建设】 12月1日，泰康人寿保险景德镇中支与景德镇市第一人民医院签署“健保通”医院合作单位。泰康健保通医疗网络是泰康保险集团与国内优选医疗机构建立的医险合作体系。该网络通过系统直联实现商保客户在医院端一站式理赔结算，提升医院及保险运行效率，打造客户和患者极致医险服务体验；是医疗和保险在健康保险产品创新、健康服务管理、支付能力扩展等方面深度合作的基础。

【金融知识宣传】 2023年，太平人寿景德镇中支到周边社区、县城乡镇等地普及宣传金融知识，开展各类金融知识宣传活动十余次，发放各类宣传彩页近千份。公司工作人员佩戴绶带，悬挂宣传标语横幅，在社区入户人员密集处摆放咨询点、发放反洗钱知识宣传彩页，现场向社区居民普及宣传金融知识，与居民群众互动答疑，警惕日常生活和工作中防范洗钱犯罪风险、防范非法集资诈骗行为，保护好个人身份信息安全，树立反洗钱人人有责的观念。

【“生命微力量”奖学金捐赠及小海豚活动】 2023年，富德生命人寿景德镇中心支公司开展“生命微力量”奖学金捐赠及小海豚活动。该活动为录取复旦大学的小冰同学捐赠四年学费1.6万元、探望方家山及安居苑廉租房内“小海豚计划”，一对一帮扶受助儿童，捐赠温暖包、学习文具、体育用品等，并协助总公司江湾中心小学举行捐赠活动，捐建小海豚宿舍和音乐室，为孩子们捐赠总保额765万元的专属保险。

【住院日额保障服务】 2023年，后疫情时期住院高发。中国人保寿险景德镇中心支公司为广大学生提供住院日额保障服务；在为家庭提供保险保障方面进行探索创新，取得明显成效。学生家长只需凭出院小结、发票就可通过中国人保寿险景德镇中心支公司人保寿险E服务进行理赔，足不出户就能理赔款到账。全年，该项保障共服务8.13万人次，提供保额近300万元；赔付900余人次，赔付金额近70万元。

（杨宏群）

旅　游

综　述

2023年，全市文旅系统扎实推进各项工作发展，高规格承办丝绸之路旅游城市联盟成立系列活动，与26个国家的58座城市联合发布《景德镇宣言》；珠山区入选国家文化产业和旅游产业融合发展示范区建设单位；陶阳里历史文化旅游区创AAAAA级工作取得进展；全年全市接待国内游客5896.35万人次，同比增长32.01%，比2019年增长6.76%，实现旅游综合收入709.14亿元，同比增长95.38%，恢复到2019年的98.69%。

文旅品牌创建。指导陶阳里历史文化旅游区全力开展AAAAA创建，22个文旅项目加快实施。珠山区获评江西“风景独好”旅游名县，浮梁县瑶里村获评“2023风景独好”旅游名村。年内，成功创建3家国家AAA级旅游景区，14家江西省AAA级乡村旅游点，打造41条精品旅游线路。摘获中国最美全域旅游典范县、文旅融合创新典范县、县域旅游高质量发展全国百强等多项国家级、省级重磅品牌。陶阳里、陶溪川、陶源谷、陶科园、陶博城“五陶”各具特色、错位发展。

培育数字文旅。陶溪川入选第五批国家文化和科技融合示范基地名单。江西省首个陶瓷元宇宙馆落地景德镇运营。“畅游景德镇”智慧旅游APP常态化运营，实名注册用户破120万，累计服务1640.33万人次。推进“千馆之城”建设，筛选900余家博物馆、美术馆、工艺馆，发布首批330家场馆，建成数字化应用服务平台，全年全市博物馆接待游客566万人次，同比增长162%，到景德镇“探馆”“打卡”日益成为境内外游客游览的流行风尚。

文旅IP火热出圈。景德镇“陶然集”“无语佛”“进货式旅游”等IP火热出圈，8月在小红书文旅行业热搜词人文景点方面仅次于迪士尼，跃居热搜榜第二，中秋、国庆期间又一次荣登抖音热搜榜第一。景德镇中国陶瓷博物馆、御窑博物院全年客流量超百万人次，入围全国人气热点博物馆，御窑博物院创下江西博物馆单日客流纪录，成为全国最热门的设区市级博物馆之一。

做旺文旅消费。成立“夜珠山”文化和旅游消费促进联盟，举办“千店共庆金秋商贸旅游消费季”“夜珠山·消夏节”“夜珠山SHOW场”等文化和旅游活动300余场，近千家文化和旅游企业、商家参与活动，发放各级文化和旅游消费惠民补贴700余万元，引导企业让利近1.5亿元。承办江西省“三百”文旅消费季景德镇分会场活动、景德镇商贸文旅消费节。推进“十五景三宴三剧”常态化运营，指导举办陶然集、陶源集、川上踏歌行、草莓音乐节等品牌活动，推进乐平老北街、昌南里招商，新增景德镇记忆、瑶里风景区2家省级夜间文化和旅游消费集聚区，全市国家级、省级夜间集聚区分别达2家、6家。

文旅环境向上向好。积极应对旅游高峰，建立应对旅游高峰工作机制，编印工作快报共26期。开展专项提升攻坚行动，印发《关于促进全市旅游住宿行业规范经营实施方案》，规范住宿业市场价格。中秋国庆期间，全市共接待游客851.99万人次、同比增长107.39%，旅游总收入110.76亿元、同比增长145.10%。

行业管理与服务

【概况】2023年，发掘优质文创产品，组织文创企业、个人参加旅游商品大赛，开展景区核查工作，指导景区申报“风景独好”旅游名村、名镇，发展乡村旅游；14家单位被认定为江西省AAA级乡村旅游点。年内，宣传推广“文旅贷”，全市新增入库企业6家；对全市部分AAA级、AA级旅游景区开展现场复核检查，3家景区予以警告并限期整改三个月，1家景区问题严重，复核不达标，予以摘牌。

【文创品牌大赛中获奖】2023年，向省厅选送12套产品参加2023年中国旅游商品大赛，景德镇市玉柏瓷业有限公司——《四季安泰》玲珑茶具套组获中国旅游商品大赛金奖，景德镇隐堂文化发展有限公司——《醉梦花醒茶具酒具系列》获大赛铜奖。遴选18套优质获奖旅游商品参加“519中国旅游日 中国礼物”旅游商品展示活动，6套产品入选。

【乡村旅游品牌评选】2023年，浮梁县瑶里村获评2023“风景独好”旅游名村。认定乐平市洪岩镇历居山生态茶园、浮梁县江村乡严台村、昌江区荷塘乡童坊村荷塘农垦等14家单位为江西省AAA级乡村旅游点。推荐江西瑶里顾村旅游开发典型案例申报江西古村落旅游开发十佳典型案例。推荐浮梁县瑶里镇申报第五批全国乡村旅游重点镇，推荐浮梁县臧湾乡寒溪村申报第五批全国乡村旅游重点村，瑶里镇通过省厅初审，在等待文化和旅游部审核评定。

【文旅金融帮扶企业】2023年，宣传推广“文旅贷”，新增入库企业6家。文旅消费供需两旺，举办江西省“三百”文旅消费季景德镇分会场活动、景德镇商贸文旅消费节，发放文旅消费券600余万元。发展夜间经济，推进“十五景三宴三剧”常态化运营，评选发布“夜珠山”精品线路及十大人气网红、十大特色网红打卡点。

【景区核查工作】2023年，下发《关于开展2023年全市A级旅游景区复核工作的通知》，对全市部分AAA级、AA级旅游景区开展现场复核检查，天宝龙窑、鸿鑫阁·官窑瓷画院产业基地、缘源陶瓷创意园3家景区予以警告并限期整改三个月。瓷源山庄驿站景区问题严重，复核不达标，予以摘牌。印发《关于2023年度全市高等旅游景区暗访复核情况的通报》，要求督促此次暗访复核检查未达标的旅游景区，对照暗访报告中发现的问题开展整改。

市场营销

【概况】2023年，利用小红书、抖音、哔哩哔哩等新媒体平台发布景德镇市文旅相关活动资讯和内容推广，并通过建立话题等方式集中提升文旅市场热度，景德镇在小红书文旅行业8月热搜词人文景点方面，仅次于迪士尼，跃居热搜榜第二，中秋国庆期间，荣登抖音热搜榜第一。“进货式旅游”“没有人能空手离开景德镇”等相关话题多次登上新媒体平台热搜榜。配合省级以上媒体通过新闻报道、专题报道等形式，发稿百余篇。其中，央媒发稿80篇。

【宣传推广】2023年，策划举办双节期间“秋和景德·风华‘镇’茂”2023年“中秋国庆”景德镇市文化旅游系列活动；开展浮梁草莓音乐节、“艺术在浮梁”大地艺术节、创意市集、景区及博物馆打卡互动活动；策划举办“全球学子嘉游赣·畅游景德‘镇’青春”主题研学活动，承办“江西风景独好”系列文旅推介会走进景德镇活动。配合省级以上媒体通过新闻报道、专题报道等形式发稿百余篇。其中央媒体发稿80篇，《人民日报》专题报道《以瓷为媒，中阿文化交融生彩》、中国城市报整版报道景德镇《瓷都耀前年 丝路焕新彩》，不断扩大景德镇旅游品牌的影响力。

【文旅营销活动】2023年，与腾讯互动娱乐品牌与数字生态部签约，景德镇文旅X腾讯互动娱乐数字文创生态计划发布会暨“龙韵瓷华 联盟雅集”英雄联盟跨界艺术展启动仪式在景德镇召开。与华为江西终端业务部共同发起“千年瓷都的中式浪漫”主题影像征集活动，联合30余位微博达人线下拍摄景德镇市人文风光，“在江西遇见千年瓷都的中式浪漫”话题上榜江西全省同城热搜榜第三位，占据榜单26小时。

【景德镇市高岭·瑶里风景名胜区与多所高校开展校地合作】4月21日，与江西财经大学签订博士后创新实践基地合作协议；5月13日，与华东交通大学签订实践教学基地和乡村振兴与可持续发展研究基地合作协议；5 月 19 日，与景德镇学院签订校企合作实习实训基地协议；5 月 27 日，与江西财经大学虚拟现实（VR）现代产业学院签订共建教学实践基地合作协议。（朱晓嵘）

【瑶里景区首届非遗文化艺术节举办】 4 月 29 日至 5 月 3 日，高岭·瑶里风景名胜区举办首届非遗文化艺术节，来自全国各地游客逛古镇、看表演、品美食。游客观看非遗技艺表演，互动魔术、巧顶花坛、口吞宝剑等活动。程氏宗祠里，用瑶里方言演唱的地戏，幽默诙谐，韵味十足。游客欣赏瑶河河面上身穿汉服的姑娘在竹筏上翩翩起舞，伴随古朴的古筝演奏，让人仿佛穿越到古代，感觉如梦如幻。（朱晓嵘）

【“遇见大美瑶里”摄影大展活动】 7 月 10 日，为贯彻落实党的二十大精神，弘扬中华优秀传统文化，同时展示陶瓷之源——江西景德镇东埠、高岭、瑶里一带深厚的陶瓷文化底蕴与自然生态之美，向世界讲好千年瓷都陶瓷文化故事，高岭·瑶里风景名胜区管委会同“学习强国”学习平台、中共景德镇市委宣传部、《大众摄影》杂志社等单位联合开展“遇见大美瑶里”全国摄影大展活动。（朱晓嵘）

景区开发

【概况】 2023 年，全面提升景区基础设施、景观及服务。印发《景德镇市陶阳里御窑景区创 5A 工作方案》，指导瓷海瓷业科技创新园、景德镇陶博城、景德镇国瓷红叶文化馆成功创评为国家 AAA 级旅游景区。

【陶阳里历史文化旅游区创 AAAAA 级景区】 2023 年，推动陶阳里历史文化旅游区创 AAAAA 景区。持续推进陶阳里旅游区国家 AAAAA 级旅游景区创建工作。落实创建责任，印发《景德镇市陶阳里御窑景区创 AAAAA 工作方案》，明确 178 项创建任务和责任单位，制定每月任务清单，并实行销号动态化管理。提升景区品质。自创建以来累计投入 63.32 亿元，重点围绕吃、购、娱、馆、作、居六大板块植入多元业态，全面提升和完善基本要素。编写创 AAAAA 级景区汇报材料。编发 13 期《陶阳里历史文化旅游区创 5A 工作简报》及阶段性工作汇报。

【高岭·瑶里风景名胜区】 2023 年，景德镇市高岭·瑶里风景名胜区（简称瑶里景区）稳步推进古镇整体提升工作，景区基础设施、对外形象、旅游业态、民生工程得到较大改善。年内，瑶里景区以“古色、清色、红色”文化为品牌战略，弘扬瑶里改编精神，坚定革命理想信念，厚植廉洁思想基础，持续运用好全省政府系统红色廉洁教育基地。全年有省、市单位 130 多批次、1.3 万余人次到瑶里开展红色教育活动。6 月 6 日，配合承办皖浙赣边区红军游击队瑶里改编暨新四军驻景德镇办事处 85 周年纪念活动，传承好皖浙赣边区红军游击队瑶里改编精神，赓续红色血脉。9 月 19 日，为发挥国防教育基地在社会主义核心价值观建设中承载的爱国主义和革命传统教育功能，新四军瑶里改编旧址被命名为首批景德镇市国防教育基地。（朱晓嵘）

【品牌创建】 2023 年，摘获中国最美全域旅游典范县、文旅融合创新典范县、县域旅游高质量发展全国百强等多项国家级、省级重磅品牌。12 月，帮助指导瓷海瓷业科技创新园、景德镇陶博城、景德镇国瓷红叶文化馆成功创评为国家 AAA 级旅游景区。指导景德镇市古窑民俗博览区、高岭中国村景区成功创建为“景德镇市平安景区”。向省文旅厅推荐景德镇陶溪川文创街区申报 2023 年国家工业旅游示范基地备选单位，并通过省厅初审。

【古镇旅游基础设施项目】 2023 年，以瑶里古镇旅游基础设施专项债项目续建为抓手，持续推进瑶里旅游与民生的结合工作。提升古镇内部交通，实施古镇游步道延伸工程，建设古镇外围大循环和内部小循环观光、健身游步道；加大狮山改造力度，实施狮山景观工程，建设仿生休闲游步道和观景平台，打造成集休闲、观光、健身为一体的古镇公园，让旅游项目与民生工程相得益彰。（朱晓嵘）

【浮梁县绕南、里窑、麻仓景区改造项目启动】 7 月，陶瓷文化溯源——浮梁县绕南、里窑、麻仓景区改造项目启动。景德镇市高岭·瑶里风景名胜区以陶瓷文化溯源项目为抓手，启动双龙溪景区提质升级建设打造工作，推进徽居门户工程建设，打造景区游玩新点位，全面提升双龙溪开发水平。（朱晓嵘）

（除署名外皆由甘传海、陈怡婷供稿）

交通运输

综　述

2023年，景德镇市重点水运建设项目2个，项目总投资约52亿元。7月省交通运输厅明确昌江航道提升工程建设模式、建设费用、疏浚砂石综合利用、建设进度、港口建设运营等事项，项目总投资约37.4亿元，整治景德镇境内三级航道26千米、新建水利枢纽一座；景德镇市鱼山货运码头项目总投资12.6亿元，项目主体已完成建设。全市重点推进高速公路建设项目2个，为景德镇至上饶高速公路项目和景德镇绕城高速公路项目。其中景德镇至上饶高速公路项目为国家“十四五”规划102项重大工程之一，已完成《景德镇市绕城高速公路、景上高速公路景德镇段路线规划报告》编制，并通过省级专家咨询会。景德镇绕城高速公路项目起于浮梁县湘湖镇接杭瑞高速，终于乐平市塔前镇接济广高速，各项前期工作正在有序推进，将于2025年开工建设。8月，浮梁县成功通过“四好农村路”全国示范县部级专家复评，为示范创建工作提供借鉴。

2023年，市交通运输局聚焦重点企业、重点人群、重点车辆，建立企业负责人、安全管理人员、一线驾驶员约谈和谈心谈话制度，持续开展交通运输“两类人员”考试、“两客一危”企业负责人专题培训，持续推动企业安全生产主体责任落实。明确一级网格长5人、二级网格长15人、三级网格长634人，组织安全培训6次、观看学习《生命重于泰山——学习习近平总书记关于安全生产重要论述》电视专题片20余场次。同时，扎实开展安全隐患排查整改，排查重大风险源37处，排查一般安全隐患162处，完成整改158处，切实堵塞安全漏洞，筑牢安全生产防线。通过“12328”交通运输服务热线高效办理群众各类诉求，全方面提升交通运输企业和群众的满意度、感知度。8月16日，景德镇市交通运输局解决群众物流诉求工作受到市营商环境升级“一号改革工程”指挥部红榜（第34期）通报表扬。

（市交通运输局）

交通基础设施建设

【交通便民服务】 2023年，市交通运输局成立服务工业企业工作专班，定期入企服务并走进瓷都政务直播间“周三说政事”宣传交通运输便民举措，全面推进“一网通办”和电子证照办理。全年办理城市客运企业经营许可、危险品运输企业道路运输、道路运输从业人员从业资格证等电子证件照12950余张，景德镇市交通运输局本级拨付惠企资金1596.65万元。

（市交通运输局）

【农村公路】 至10月，全市农村公路总里程4498千米，其中县道657千米、乡道1290千米，乡镇通三级比例达100%、县道三级及以上等级公路比例达62.8%、建制村通双车道比例达57.8%，均高于全省平均值。全市完成农村公路投资2.8亿元，完成新改建农村公路21.6千米，完成危桥改造4座，完成村道安防29千米，农村公路年度目标均稳步推进。

（市交通运输局）

【公交候车亭综合整治活动】 11月，景德镇乐平市交通运输局开展乐平市公交站台站牌综合整治活动。活动中，对乐平市的公交站台、公交站牌、候车亭板凳、灯箱、雨棚等设备进行清查排摸，全力消除污损、设施不全等问题。同时，对排查发现公交站台设施有破损，全面开展维修工作，并着重对不宜设立公交候车站台的地段，增设简易招呼站牌，重点对公交站牌设置合理性、站台安全隐患、站牌设施及候车亭框体完备性、设备运行、公益广告宣传、环境卫生等情况进行整改，紧抓环境卫生，督促企业按时开展清洁工作，特别是对新老城区主要街道，以及火车站等人群密集区域、牛皮癣小广告张贴频发的路段进行不定期地排查、集中清理，对存在问题逐一进行整治。至12月，累计维修公交站台、站牌等设备59座，增设简易招呼站牌78个，清洁候车亭、公交站牌维护保洁99座。

（乐平市交通运输局）

【景德镇昌江区开通公交专线直达乐平北站】 12月27日，景德镇市昌江区高铁公交线路（昌11）开始同步试运营，实现与高铁站的无缝衔接。此次新增的公交专线始发站为西客站，途经豪德广场、吕蒙大桥、新柳村等地，最终抵达终点站乐平北站，途经17个站点。试运营期间，公交专线采取一票制，票价5元。发车时间根据高铁到站时间而定，在正式通车后，景德镇市公交公司将会根据前期运行客流统计，合理增加车次，调整间隔时间及始末班时间。

（魅力昌江）

运输生产

【概况】 2023年，景德镇市公路货运量完成2286万吨，同比增长14.3%；货物周转量605824万吨千米，同比增长7.6%；客运量397万人，同比增长20.7%；客运周转量26659 万人千米，同比增长22.1%。市交通运输局结合景德镇市城市客运现状，出台《景德镇市城市客运服务质量提升年活动方案》，并组织相关行业部门和出租车行业代表10余人赴淄博市、无锡市就城市客运管理工作进行考察学习。高考期间，组织开展2023年“爱心送考、交通护航”大型公益活动，共组织爱心公交车311台、爱心出租车427台次，免费接送学生及家长3275人次。“景德镇2023爱心送考活动”被各大媒体宣传转发，并登上抖音同城榜热搜第一。组织开展2023城市客运服务质量提升年活动动员部署暨驾驶员文明服务培训会，分两期对全市中心城区1200名出租车、公交车驾驶员进行全覆盖轮训。成功获评省级“公交城市”，“全域公交一体化”改革案例被评为“2022年度景德镇市全面深化改革优秀案例”。

（市交通运输局）

【景德镇网约车】 至2023年底，景德镇市共有7家网约车平台，约900万单，营业额约1.35亿元。较2022年增长34%。至2023年底，共考取网约车从业资格证4253张，比2022年增长44.6%。景德镇第一家网约车平台是江西省江南出行运输服务有限公司，于2018年7月23日办理经营许可。开始进驻景德镇从业人员为6人，2018年订单2389单。

【景德镇市机场公交专线调整】 自2月3日始，根据景德镇机场航班时间安排，对机场公交专线进行调整，方便乘客进出机场的需求。调整后，机场公交专线始发站为景德镇机场，终点站为人民广场，共设17站，具体为景德镇机场—景德镇机场路口—御宝花园—望龙陶瓷—茶叶一队—八〇〇库—神火—迎宾大道—陶瓷城—市交通运输局—人民公园—国信御城—十一小学—七中—陶阳里御窑景区—华达百货—人民广场。发车时间星期一、星期三、星期五、星期日为上午10:00—11:00，15:00—16:30；星期二、星期四、星期六为上午10:30—11:00，16:30—17:00，19:30—20:30，20:30—21:30。

（瓷都公交）

【“爱心送考、交通护航”活动】 6月7—9日，高考期间，市交通运输局继续组织开展“爱心送考、交通护航”活动，多措并举为考生护航。计划投入332台公交车和100台出租车参与“爱心送考”，防止可能发生的突发性运力紧张问题。根据高考期间高峰乘车时段（上午7:30-9:00、下午1:00-3:00），采取缩短发班时间、增加发车频次等措施，确保考场公交线路正班、正点运行。此次“爱心送考、交通护航”活动，共出动交通运输执法车辆29台次、交通运输执法人员120人次，组织公交车332台、巡游出租车427台次，免费安全运送考生和家长3200余人次，圆满完成市区5个高考点位的运输保障任务。

（欧阳慧芳）

【2023年“爱心送考、交通护航”活动总结暨城市客运服务质量提升年活动工作部署会】 6月16日，景德镇市交通运输局召开2023年“爱心送考、交通护航”活动总结暨城市客运服务质量提升年活动工作部署会。会议全面总结2023年“爱心送考、交通护航”活动开展情况，并就进一步开展好城市客运服务质量提升年活动、组织开展城市客运领域驾驶员培训工作进行专题调度。城市客运服务质量提升年活动共分学习调研、宣传发动、教育培训、集中整治、巩固提升、建章立制6个阶段，持续至2023年底。

（赵梦林）

【开通浮梁县城至三龙先进陶瓷产业园公交专线】 7月1日上午，景德镇长运公司开通浮梁县城至三龙先进陶瓷产业园公交专线。该线路由浮梁县公共交通有限公司运营，并确定线路走向、途中站点、班次时间。

（占远程）

【夜间治理超载路面联合执法】 8月15日21点30分，景德镇市交通运输综合行政执法支队治理超限超载大队、乐平市治超大队、市公安交警铁骑中队联勤联动，出动4辆执法车辆，执法人员18名，开展夜间治理超载路面联合执法行动。整个行动持续近6小时，5辆货车因涉嫌非法超限超载运输被全部查扣，执法部门也将根据相关规定做出进一步处理。通过此次行动，有效打击集结冲卡、逃避检查等违法运输行为。

（徐向阳）

【瓷都司机之家揭牌】 10月15日，景德镇市交通运输局在昌南新区陶金岭举行“爱瓷行”志愿服务团授牌暨瓷都司机之家揭牌仪式，共有6支志愿队、150名志愿者参加活动，“爱瓷行”志愿服务团成为行业服务新名片。

（欧阳慧芳）

【“喜迎志愿日，助行艺考路”志愿服务活动】 12月2—3日，景德镇市交通运输局组织“爱瓷行”志愿服务团开展以“喜迎志愿日，助行艺考路”为主题的志愿服务活动。此次活动，“爱瓷行”志愿服务团安全运送艺考学生86人次。

（欧阳慧芳）

交通管理

【概况】 2023年，市交通运输局坚持每季度定期召开安全生产工作形势分析会和局安委会全体会议，常态化推进铁路沿线安全环境治理和燃气运输安全整治。创新性开展“双源头”治超，协调推动五市联合治超专项行动，与万年、鄱阳等县（市、区）完善联合治超机制，先后印发《景德镇市货物运输车辆超限超载专项整治方案》《景德镇市货物运输车辆超限超载治理工作问责办法（试行）》，超限超载治理能力显著提升。

（市交通运输局）

【安全隐患排查整改】 2023年，市交通运输局排查重大风险源37处，排查一般安全隐患162处，完成整改158处，印发检查通报5份，核查注销不合普货要求企业260家、个体户1143家，注销车辆1780辆，逐项建立重大风险基础信息清单、责任分工清单、防控措施清单、监测监控清单和应急处置清单“五项清单”，切实堵塞安全漏洞，筑牢安全生产防线。

（市交通运输局）

【治理车辆超限超载专项整治】 2月15日，景德镇市治理车辆超限超载工作领导小组会暨治超专项整治工作调度会在景德镇市政府召开。会上，市交通运输局就2022年景德镇市超限超载率、重点源头企业接入率、不停车检测点在线率等8个方面进行通报，并对2023年治超工作进行再部署。5月16日，景德镇市治超工作第二次推进会在该市交通运输局召开。会议通报4月全市治超相关监测数据及治超专项整治方案工作开展情况。至12月底，支队共自查出6个问题，已整改到位。

（徐征　谢心怡）

【“平安出行 文明交通”执法和宣传活动】 3月3日，景德镇市交通运输执法支队、市交警支队、市公安珠山分局、景北车站派出所、市城投公司、景德镇北站6家单位联合开展以“手牵手打造平安交通，心连心共创文明城市”为主题的联勤联动执法和宣传活动。活动现场，摆放“手牵手打造平安交通，心连心共创文明城市”“平安出行，文明交通”内容的背景墙和“文明交通从我做起、拒绝黑车平安出行、打击非法营运”等内容的宣传展板，发放“致广大交通参与者的一封信”、拒乘非法营运车辆倡议书宣传彩页；在出站口发放宣传单发放；在出租车上客点维护出租车进站秩序；在景德镇北站及重点区域开展客运车辆联合执法检查，重点对出租车内的文明宣传展示标语、内外环境卫生及加价议价、拒载、未经允许拼客、绕道、不主动出具发票等不规范经营行为进行查纠治理，对从业人员驾驶资质、车辆运营手续、车辆设施安全进行全面检查，严厉打击非法营运行为。此次活动共发放宣传资料1600余份，检查营运车辆370余台次，督促整改车辆16台次。

（欧阳慧芳）

【道路运输执法领域突出问题专项整治】 4月起，景德镇市交通运输局在全市范围组织开展道路运输执法领域突出问题专项整治，重点整治“逐利执法”、执法不规范、执法方式简单僵化、执法粗暴和执法“寻租”问题。7—12月，景德镇市交通运输综合行政执法支队开展城市客运乱象集中整治行动，严厉打击非法营运、道路旅客运输、出租汽车客运等行业违法违规行为，营造安全、畅通、有序的客运市场环境，提升客运从业人员安全意识、文明意识、法治意识和规范运营意识。至行动结束，共计依法查处非法营运车辆（含非法网约车）218辆、网约车违法违规经营110辆、巡游出租车违法违规经营90辆。

（市交通运输局）

【道路运输领域“打非治违”专项行动】 7—8月，景德镇市交通运输综合行政执法支队开展道路运输领域“打非治违”专项行动，严厉打击道路旅客运输、客运出租市场、道路货运等行业的违法违规行为，营造安全、畅通、有序的道路运输环境，不断提升道路运输从业人员安全意识、文明意识、法治意识和规范运营意识。至行动结束，共计依法查处部分重点非法营运车辆2辆、非法网约车4辆、网约车违法违规营运5辆、巡游出租车违法违规营运2辆、普货运输车辆违法违规营运7辆。

（欧阳慧芳）

【景德镇市道路运输协会召开第二届会员大会】 7月19日，景德镇市道路运输协会第二届会员大会在市交通运输局11楼会议室召开。协会第一届理事会会长作工作报告，介绍协会第一届理事会六年以来主要工作所取得的成绩和存在不足。

（市交通运输局）

【客运秩序集中整治夜间“打非治违”行动】 8月9日，景德镇市交通运输综合行政执法支队、市公安交警支队联合开展客运秩序集中整治夜间“打非治违”行动。此次联合执法行动，在景德镇机场、瓷都大桥、陶溪川、浙江路4个区域和路段分4个联合执法小组并设点布控。行动期间，联合执法小组重点查处“黑出租车”“黑网约车”等非法营运行为、出租车不按规定使用计价器、无故拒载、故意绕道、违规拼客甩客、网约车线下揽客等突出违法行为，以及城市客运驾驶员超员载客、酒驾等违法行为。采用“说理式执法”的方式，主动向违法驾驶员解释事由、释法说理和宣传教育。当晚共检查车辆700余辆，查获非法营运车辆3辆，非法网约车8辆，违规经营巡游出租车3辆，酒驾行为23起，纠正不文明行驶行为8起。

（市交通运输综合行政执法支队）

【城镇燃气违规运输专项整治联合行动】 8月24日，景德镇市城镇燃气违规运输专项整治联合行动部署会议在市交通运输局8楼会议室召开，市应急局、市交通运输局、市住建局、市市场监管局、市公安局交警支队、市公安局治安支队和各县（市、区）、高新区、昌南新区燃气违规运输专项整治联合行动领导小组办公室有关人员参加会议。8—10月，市交通运输局会同市公安局、市应急管理局、市市监局、市住建局开展城镇燃气违规运输专项整治联合行动。整治期间，市交通运输综合执法部门加强与市公安交警、市住建局燃气办等部门的联动协作，通过公安集成指挥平台对举报或涉嫌非法运输燃气车辆进行预警和稽查布控，建立案件移交机制，加大精准核实和查处力度。同时，多部门开展路面联合执法行动，紧盯重点区域和路段进行联合执法检查，各部门根据职责分工协作，发现一起，严查一起，切实形成整治严查、严管的高压态势。对非法运输车辆装载的燃气，交由市住建局燃气办进行及时转运处理，全力消除安全隐患形成闭环。执法活动期间，共入气站发放宣传资料300余份，蹲点摸排非法运输车辆信息5台，查获非法运输车辆2台。联合整治行动开展后，经市局交通运输局对辖区内危险品运输企业运营资质摸排，全市共有18家危货企业具有燃气运输资质，实际开展城镇燃气运输业务有2家，其中景德镇市捷安达燃气运输有限公司25辆、高斌危货品运输有限公司5辆。市交通运输局立即组织对辖区内2家合规燃气运输企业许可条件保持情况和日常安全制度落实情况开展专项督查，并对排查出的9处安全隐患下发安全检查情况通报，已全部整改完成。9月16日，市交通运输局在《景德镇日报》刊登《景德镇市交通运输局关于开展全市城镇燃气违规运输专项整治联合行动的通告》，对本次整治行动的整治对象、法律依据、时间安排等相关信息进行公示。

（张丰悦）

【交通运输领域“打非治违”行动】8—9月，景德镇市交通运输综合行政执法支队持续开展交通运输领域“打非治违”行动，聚焦城市客运秩序整治，强化企业源头监管，加强路面巡查执法，深化部门联勤联动，严打道路客运非法营运行为，构建文明、畅通、安全的交通运输环境。至行动结束，依法查处非法营运车辆5辆、非法网约车29辆、网约车违反违规经营11辆、非法巡游出租车1辆和巡游出租车违法违规经营5辆。

（欧阳慧芳）

【集中约谈珠山区4家驾培机构】9月18日，景德镇市交通运输执法支队、珠山区交通运输事业发展中心联合对珠山区内4家机动车驾驶员培训机构开展集中约谈。会议通报部分驾培机构存在安全生产责任落实不到位等问题，并结合相关法律法规进行详细政策解读和普法宣传。会议要求，各驾培机构要严格落实安全生产主体责任，切实加强培训车辆管理和教练员职业道德教育，严禁车辆“带病”上路，严禁教练员出现违法违规行为；针对通报中指出的问题立即开展自查自纠和整改工作，并将整改落实情况及时报送交通运输管理部门。

（景德镇市交通运输局）

【城市客运执法工作新闻发布会】12月18日，由景德镇市政府新闻办、景德镇市交通运输综合行政执法支队主办的景德镇市城市客运执法工作新闻发布会在市政府新闻办新闻发布厅举行。发布会上，该市交通运输综合行政执法支队负责人介绍市交通运输综合执法改革、城市客运执法工作开展等情况。

（景德云媒）

公路建设

【概况】2023年，市公路事业发展中心管养国省道公路里程746.335千米，管养线路15条，其中国道2条，里程175.989千米；省道13条，里程570.346千米。配合市自然资源和规划局完成《景德镇市市域重大交通设施专题研究》，并完成“十四五”普通国省道建设项目库中期调整工作。在建普通国省干线公路建设项目2个，其中，景德镇南至乐平北改扩建项目主体工程已完工。完成国家公路网技术状况监测各项准备工作，并理顺景德镇市穿城国道管养事权，将境内G206国道、G351国道共计14.972千米穿城路段移交属地政府管养。完成养护大中修及预防性养护工程项目17个，其中路面大中修养护项目15个，实施总里程36.8千米；安全防护项目2个，实施里程14.4千米；完成安全示范路项目2个，实施里程13.92千米。完成韩家渡大桥、东流桥等6个危桥重建项目，完成金家坞1号中桥、金家坞2号中桥等5个桥梁安全防护能力提升项目。完成古塘湖道班、杨家山道班等6个服务设施建设。推进公路安全防护工程建设，完成波形护栏18.33千米、路面标线28000平方米、交通警示标志牌780块；开展道路交通安全风险隐患排查治理年专项行动，排查整治公路安全隐患166个。

【省道S411乐镇线韩家渡大桥维修加固工程】省道S411乐镇线韩家渡大桥维修加固工程，全长0.436千米，采用加大截面法对老桥进行维修加固提载沥青混凝土路面。2021年10月1日开工建设，2023年5月6日完工。

【进坑道班拆除重建】进坑道班位于省道S205线K71+500处，2022年9月14日开工建设，项目规划用地面积约5亩，建设内容为道班房、场地硬化、停车场等，2023年12月底完成拆迁重建。

【国道G351线（台州—小金）双凤桥拆除重建工程】双凤桥位于景德镇市浮梁县湘湖镇国道G351线（桥梁中心桩号K604+633）处，新建桥梁为4×10米预应力混凝土梁板桥，桥梁全宽12米，公路等级为二级公路，设计荷载为公路—I级，设计速度60千米每小时，桥梁全长46米。2022年10月15日开工，2023年11月15日完工。

【国道G351线（台州—小金）榔树桥拆除重建工程】榔树桥位于景德镇市浮梁县湘湖镇国道G351线（桥梁中心桩号K603+104）处，新建桥梁为2×16米预应力混凝土梁板桥，桥梁全宽12米，公路等级为二级公路，设计荷载为公路—I级，设计速度60千米每小时，桥梁全长44.06米。2022年10月15

日开工，2023 年 11 月 15 日完工。

【景德镇南至乐平北改扩建项目】景德镇南至乐平北改扩建工程，起于景德镇南丽阳镇，终于乐平市塔前镇桃林附近，路线全长约15.3 千米，实施范围全长 13.587 千米，施工单位为江西景泰路桥工程有限公司。该项目于 2022 年 10 月 15 开工，2023 年 12 月 31 日完成主体工程建设。

【江村驿站建设】江村驿站位于省道S502 江储线桩号 K5+300 处，占地面积 10000 平方米，新建驿站楼、场地平整、场地硬化、园林绿化等，建筑面积 1591.64 平方米，共 2 层，框架结构，2022 年 12 月 18 日开工，2023 年 4 月 26 日完成建设。

【国道 G206 线、G351 线穿城路段移交】3 月 5 日，市公路事业发展中心呈报请求协调地方政府配合办理国省道穿城路段和改线路段管养移交工作的请示至景德镇市人民政府，请求召开会议，协调推进该部分道路管养职责移交。3 月 20 日，景德镇市政府主持召开 2023 年度普通国省道迎“国评”工作推进会，明确国省道穿城路段和改线路段管养职责移交属地政府。随后，市公路事业发展中心启动国省道穿城路段和改线路段管养职责移交工作。3 月 31 日，与乐平市人民政府、昌南新区管委会达成移交协议，移交国道 G206 线共计 13.608 千米路段（大田—大连医院段，桩号 K1543+218~K1552+786；乐平大桥，桩号 K1555+942~K1555+982）给乐平市交通运输局管养，移交国道 G351 线共计 1.364 千米路段（桩号 K629+636~K631+000）给昌南新区社会事业管理局管养，国道 G206 线、G351 线穿城路段移交工作完成。

【国道 G351 线（台州—小金）东流桥拆除重建工程】东流桥位于景德镇市浮梁县湘湖镇东安村国道 G351 线（桥梁中心桩号 K598+903）处，新建桥梁为 1×6 米钢筋混凝土空心板梁桥，桥梁全宽 12 米，公路等级为二级公路，设计荷载为公路—I 级，桥梁全长 7.6 米。2023 年 3 月 15 日开工，2023 年 11 月 15 日完工。

【国道 G206 威汕线段路面中修工程】国道 G206 威汕线（烟竹林至坑畔）段中修工程，全长 7.105 千米，沥青混凝土路面。2023 年 5 月 15 日开工，2023 年 5 月 27 日完工。

【省道 S205 瑶鹅线段预防性养护工程】省道 S205 瑶鹅线（接渡大桥至东津畈）段预防性养护工程，全长 4.4 千米，沥青混凝土路面。2023 年 9 月 18 日开工，2023 年 10 月 20 日完工。

【省道 S306 仙莲线中修工程】省道 S306 仙莲线（太山下至浯口）中修工程，全长 20.855 千米，沥青混凝土路面。2023 年 9 月 23 日开工，2023 年 10 月 24 日完工。

【省道 S205 线安全提升示范路工程】省道 S205（王港至大岭段）安全提升示范路工程，起于浮梁县大桥头附近，终于珠山区何家桥附近，实施里程 8.426 千米。2023 年 10 月 10 日开工，2023 年 12 月 25 日完工。

【省道 S207 蛟洵线安全防护工程】省道 S207 蛟洵线安全防护工程，起于蛟潭镇与国道 G206 线交叉路口处，终于浮梁县北郭头，实施里程 22.5 千米，二级公路，沥青混凝土路面，实施内容为增设安全防护设施，包含标志、道口标柱、振动减速标线、波形护栏、路基防护、路基排水、覆土路肩等安全防护设施。于 2023 年 10 月 26 日开工，2023 年 11 月 25 日完工。

【制定《景德镇市普通国省干线公路路政执法与公路管理联动工作机制》】11 月 1 日，市公路事业发展中心、景德镇市交通运输局联合制定下发《景德镇市普通国省干线公路路政执法与公路管理联动工作机制》，建立由交通运输执法大队牵头，县（市、区）公路部门配合的路政、养护、路产联合巡查机制。

【省道 S507 线安全提升示范路工程】省道 S507 线安全提升示范路工程，实施路段为 S507 竟（成）吕（蒙）线 K0+000~K5+493，路线全长 5.493 千米。2023 年 11 月 10 日开工，2023 年 12 月 29 日完工。

（宋城）

水路建设

【概况】2023 年，景德镇市重点水运建设项目 2 个，项目总投资约 52 亿元。其中，昌江航道提升工程为全省重点水运项目，项目总投资约 37.4 亿元，整治景德镇境内三级航道 26 千米、新建水利枢纽一座。景德镇市鱼山货运码头项目总投资 12.6 亿元，已完成投资 9.3 亿元，项目主体已完成建设。

（市交通运输局）

【昌江航道提升工程】 2023年，昌江航道提升工程完成初步设计批复，2024年实施。昌江航道提升工程起于昌江下游上饶市鄱阳县姚公渡，沿昌江自上而下，经姚公渡大桥、湖城大桥、小渡大桥、古县渡大桥、洋墩洲特大桥、太阳埠大桥、凤凰特大桥、新凰岗大桥、丽阳枢纽（拟建）、景鹰高速桥、沙嘴头大桥、义城特大桥、鱼山大桥（拟建）、飞虹大桥，终于景德镇市昌江区吕蒙大桥下游0.5千米处，航道全长77千米。主要建设内容为航道工程（疏浚工程、清礁工程、护岸工程）、航运枢纽工程（含船闸工程、泄水闸工程、挡水、溢流坝工程、鱼道工程、枢纽配套工程、锚地工程）、桥梁工程、航标工程、配套工程（智慧航道、智慧船闸、管理与维护设施）、专项工程（生态修复工程、缆线改建工程、枢纽拆除工程、库区工程）、环境保护与水土保持等工程组成，航道设计尺度为：设计水深2.5米，航道宽度60米，弯曲半径360米，通航保证率为95%。代表船型为1000吨级货船，船型尺度为总长63.0米，型宽11.0米，吃水2.0米；桥梁通航尺度净高10.0米。

（涂强）

【签订《昌江航道提升工程投资建设协议》】 9月7日，景德镇市政府与省港口集团正式签订《昌江航道提升工程投资建设协议》，项目累计完成投资约1.6亿元，已完成工可报告、初步设计及各项专题报告的编制，初步设计文件已通过专家评审，各项前期工作稳步推进中。

（市交通运输局）

【昌江航道提升项目推进会】 12月4日，景德镇市昌江区召开昌江航道提升丽阳枢纽项目推进会。会上，景德镇市昌江区委就项目具体事项进行安排部署，景德镇市昌江区交通局、丽阳镇分别汇报工作进展情况和存在的问题。

（汪晓轩）

铁路运输

【昌景黄铁路建设暨沿线环境整治调度推进会】 2月2日上午，景德镇市召开昌景黄铁路（景德镇段）建设暨沿线环境整治调度推进会，乐平市、浮梁县、珠山区、昌江区、昌南新区管委会、昌九城际铁路公司及昌景黄铁路指挥部、中国铁设总包项目部等有关负责人参会。会议通报昌景黄铁路景德镇段工程进展情况、站区市政配套工程施工进度状况及铁路沿线环境问题初步排查情况及项目工程进展、铺轨及静态验收计划、联调联试及验收开通计划目标、景德镇段路外环境整治排查情况及总体要求，并就景德镇北站站区一体化中存在的问题进行汇报，并与铁路方人员进行讨论。

（吕金龙）

【景德镇市铁路沿线安全环境治理局际联席会议】 3月7日，景德镇市召开全市铁路沿线安全环境治理局际联席会议第二次全体会议，各县（市、区）人民政府、高新区、昌南新区管委会分管负责人，市铁路沿线安全环境治理局际联席会议全体成员参加会议。会议要求，组织各地、各单位对前期排查出的隐患建立分类别分层级的问题清单，逐个制定对策措施，防患未然。加大铁路安全普法宣传力度，各地要邀请铁路部门业务人员进乡镇、进社区对工作人员和居民开展铁路沿线安全警示教育培训、爱路护路宣传，增强沿线人民群众的爱路护路意识。8月24日，景德镇市交通运输局组织召开2023年下半年全市铁路沿线安全环境治理局际联席会议。上饶车务段、鹰潭工务段、鹰潭供电段及各相关单位参加会议。会议要求，各单位要持续发力，经常性督促调度，阶段性通报奖评，切实压实各级铁路沿线安全环境责任；要早沟通、早协调、早预防，进一步落实双段长巡查制度，对合法道口加强日常管控，与交警建立应急联系渠道，并及时向地方政府反映情况。同时，要对非法道口要采取管控措施，铁路部门要及时汇总公铁并行安全隐患，做好9月份集中解决上跨铁路桥梁移交问题的各项准备工作，合力抓好季节性问题隐患整改，确保铁路沿线安全整治取得实效。

（张丰悦　徐轩）

【昌景黄高铁开始试运行】 10月26日8点44分，随着G55331次列车从黄山北站出发，沿着南昌至景德镇至黄山高铁（简称昌景黄高铁）驶向景德镇市浮梁东站方向进行列车运行图参数测试，标志着昌景黄高铁联调联试工作结束，转入试运行阶段，全线开通运营进入倒计时。试运行主要是按试验大纲要求，进行列车运行图参数测试、故障模拟、应急救援演练、按图行车试验等项目测试，模拟线路正式运营状态，对高铁运输组织、列车接发、开行密度、设备状态等方面进行的一次全面“实战”检测，为正式开通运营提供科学依据。

（魅力昌江）

【昌景黄高铁通过国铁集团组织的初步验收】 12月8—11日，由国铁集团、安徽省、江西省联合成立的初步验收委员会在安徽黄山召开初步验收启动会议，听取各单位有关工程建设、验收情况的汇报，围绕依法安全高质量工作目标明确了初步验收检查工作要求。会议审查通过《新建南昌经景德镇至黄山铁路工程初步验收报告》《新建南昌经景德镇至黄山铁路工程初步验收会议纪要》，形成初步验收意见。国家铁路局上海监管局派员进行现场监督。

（江西发布）

【昌景黄高铁建成通车】 12月27日，杭昌高铁黄山至南昌段（即昌景黄高铁）建成通车。昌景黄高铁全长288千米，通车后，列车最高时速将按350千米/小时运营，南昌东至景德镇北最快49分钟可达，新建的景德镇北站房也同步启用。昌景黄高铁正式通车，景德镇迈入“高铁时代”。

民航建设

【概况】 2023年，市民航建设服务中心全力推进机场改扩建前期工作，景德镇市成立市推进机场建设前期工作领导小组，市委书记任组长，召开两次景德镇机场建设前期工作推进调度会，高效能推进机场建设前期工作。市民航建设服务中心做好航班运营，确保机场运行安全。积极争取争取国航南昌营业部、国航网络运力部的支持，在国庆节前后增加8班早上景德镇至北京往返航班，同时争取到国航网络收益部和国航商委的支持，免除国庆期间景德镇市北京航班加班所需航班补贴资金，减少市财政资金压力。争取到天津航空公司支持，从2023年冬春航季开始，天津—景德镇—海口航线包机成本由每班8.5万元减少为每班8万元，全年可减少航班补贴资金104万元，有效缓解市财政资金压力。

【机场总体规划修编】 2023年，市民航建设服务中心针对民航华东地区管理局提出的机场水患问题、总体规划远期设置一类精密进近灯光系统以及总体规划近远期环境评价（噪声）的具体工作要求，联系专业设计单位开展专项论证工作，在总体规划修编文本中逐条回应民航华东地区管理局提出的涉及安全、运行等各项问题。经多次汇报、沟通，5月30日，民航华东地区管理局受理景德镇机场总体规划修编申请；6月5日，民航华东地区管理局确定第三方评审机构（北京天羿机场设计咨询有限公司）；7月14日，机场总规修编评审会在景德镇市召开；8月28日，民航华东地区管理局召开工作会议，专门研究景德镇机场总规修编方案（特别是跑道延长优化方案），对景德镇机场跑道延长优化方案进行深入研究，指出跑道分别向南、向北延长400米达到3200米在技术上具有可行性；9月20日，结合前期确定的机场飞行区方案抓紧协调对接，设计单位已进一步完善机场航站区近远期规划方案，并上报民航华东地区管理局审定。9月底，中国民航局印发《“十四五”民用运输机场建设专项规划中期调整方案》中同意将景德镇机场迁建调整为机场原址改扩建。

【机场建设合作框架协议】 2023年，市民航建设服务中心为加快推进机场改扩建工程，联合市发改委、市城投集团公司多次与江西省机场集团有限公司就机场改扩建合作事宜进行沟通协商，并达成一致意见。同时，推动项目设计、融资、施工建设等后续工作落实及签订机场建设合作框架协议等事宜上报市政府审议，10月30日，市政府常务会议已原则同意由市民航建设服务中心为项目主体单位，具体组织实施景德镇机场改扩建项目相关工作，并采取市场化运作模式，依法依规确定投、融、建、运主体。12月12日，景德镇市政府与江西省机场集团有限公司正式签署景德镇机场建设合作框架协议，标志着景德镇机场改扩建工作进入一个新的阶段。

【景德镇机场建设前期工作推进调度会】 3月9日，景德镇机场建设前期工作推进调度会召开。市委书记、市推进机场建设前期工作领导小组组长刘锋出席会议。会上，市推进机场建设前期工作领导小组副组长孙艳峰、朱仕木、高晓云就进一步做好机场建设前期工作提出具体意见。项目指挥部综合协调、项目申报、资金筹措、工程技术、项目建设、拆迁维稳六个工作组的组长汇报近期工作进展情况、存在的问题及下一步工作计划。机场建设相关职能部门汇报工作情况及下一步工作建议。7月24日，召开市推进机场建设前期工作领导小组第二次调度会议。市委书记、市推进机场建设前期工作领导小组组长刘锋出席会议。会上，市委常委、副市长崔素香、市人大常委会副主任孙艳峰、朱仕木就进一步做好机场建设前期工作提出具体要求。

【走访民航华东地区管理局】 3月16日，市委书记刘锋率队赴上海，走访民航华东地区管理局，就景德镇机场改扩建有关事宜进行沟通对接。民航华东地区管理局局长姜春水会见刘锋一行。民航华东地区管理局对景德镇市委、市政府关于机场改扩建决策意见表示赞同。在下一步工作中，民航华东地区管理局将全力支持景德镇机场建设，重点在项目审批涉及的各环节及申请民航发展基金等方面，为景德镇提供积极支持，协同推进景德镇机场改扩建项目尽快开工建设。

【景德镇机场飞行区保障能力提升改造工程竣工】 12月26—28日，景德镇机场飞行区保障能力提升改造工程通过竣工验收。此次提升改造工程建设项目有，新建一条长219.5米、宽18米的垂直联络滑行道，新增5个C类机位，贴建登机连廊面积约1000平方米，提升机场消防等级至7级，对助航灯光、供电、供油、消防救援、特种车辆及设备进行改造更新。工程投入使用后，景德镇机场将达到双联络道运行，停机位增至9个，登机廊桥增至4座，消防保障等级升至7级，航班安全保障能力将大幅提升。将成为保障年旅客130万人次、货邮吞吐量1300吨、飞行起降12380架次的赣东北地区重要机场。

（王雅琴）

民航运输

【概况】 2023年，景德镇机场完成航班起降6262架次，其中运输架次6138架次（航通航短途运输40架次），同比增长85.27%，恢复至2019年同期的107.2%，完成年度目标任务的98.37%；旅客吞吐量57.98万人次，同比增长169.91%，恢复至2019年同期的99.44%，完成年度目标任务的97.77%；货邮吞吐量0.0197万吨，同比增长21.06%，恢复至2019年同期的24.84%，完成年度目标任务的98.49%。各项指标完成率在98%左右。至年底，有中国国际航空、深圳航空、山东航空、天津航空、长安航空5家航空公司在景德镇机场运营，开通航线有景德镇至北京、上海、广州、深圳、成都、青岛、天津、厦门、宁波、海口、昆明、西安12个城市8条航线的航班，平均每周航班126架次。

【夏秋航班换季线上直播活动】 3月16日，景德镇机场分公司和同程旅行合作，通过同程旅行直播平台，进行夏秋航班换季线上直播活动。是分公司第一次创新航班换季新模式，首次通过线上平台进行航班换季直播。全国在线观看人数超40万人次，点赞数约15万次，取得较好的推广效果。活动邀请到江西省机场集团有限公司市场营销部、中国国际航空、深圳航空、山东航空、长安航空、江西快线5家航空公司，古窑民俗博览区、中国国际旅行社、陶溪川、三宝蓬艺术聚落4家本地文旅行业的精英代表，11家单位做客直播间。

【一体化平台试运行】 2月24日，景德镇机场开始一体化指挥平台试运行。一体化平台投入使用后，通过"实现调度指令扁平化"管理的模式，加强部门协同配合，做到直插一线，真正地为旅客办实事、办好事。通过一体化平台，明确各保障环节时间节点，借助A-CDM，严格执行航班放行正常率等指标监测机制，根据监测结果按照"早研判、早决策、早调整、早集中、早启动"的"五早"要求，积极与空管部门、航空公司协调航班时刻、监控运行进度，避免航班大范围延误，旅客大面积的滞留。

【景德镇机场迎来首个国际通程航班团队】 4月21日晚，景德镇机场迎来首个景德镇—北京首都—阿联酋迪拜双飞往返团队。22名旅客从景德镇机场进、出港，经北京首都机场中转至阿联酋迪拜，双飞往返四个航班，实现从家门到舱门再到国门，享受一次支付、一次值机、一次安检、行李直挂、无忧中转等一站式服务体验。

【设立早到旅客服务窗口】 7月，景德镇机场为让服务举措落到实处，针对不同时段出发旅客需求，设立早到服务窗口，为旅客提供专业咨询服务。

【创新工作室正式授牌】 11月1日，景德镇机场抓住创新成果及岗位特点，于安全护卫部、航务保障部、机场管理部、地面服务部分别建设"超强光""奥燃""高岭""瓷艺"4个工作室，并正式授牌。

（雷乐其）

邮政·通信

邮　政

【概况】2023年，景德镇市获得快递业务经营许可法人企业、分支机构和末端网点384家，其中法人企业11家，分支机构33家，末端网点340个，网点分布更趋向合理化。景德镇市邮政快递行业业务收入（不包括邮政储蓄银行直接营业收入）完成10.26亿元，同比增长11.74%；邮政行业寄递业务量完成13191.56万件，同比增长16.54%。全市规模以上快递服务企业业务量完成9111.48万件，同比增长18.47%；业务收入完成7.21亿元，同比增长13.26%，快递从业人员共有1805人，同比增长4.03%。

【全市首个现代化快递物流园区】2023年，市邮政管理局大力推动“快递+景德镇陶瓷”聚集区建设，已有5家快递企业入驻陶博城国际物流中心，投入2500万元更新全自动分拣设备14条，其中大货分拣设备4条，小货分拣设备10条，打造全市首个现代化快递物流园区，有力推动邮政快递业高质量发展。

【平安寄递专项行动】2023年，景德镇市邮政管理局联合市委政法委、市委网信办、市检察院、市公安局、市国家安全局、市交通运输局、市应急管理局等14个部门印发《景德镇市平安寄递专项行动方案》，在全市范围内开展平安寄递专项行动。为确保专项行动有效推进，成立专项行动协调小组，明确邮政管理、政法、网信、检察、公安、国安、交通运输、应急、市场监管、海关、林业、烟草、消防、火车站、机场15个部门的管理职责。此次平安寄递专项行动，重点任务包括开展寄递渠道安全隐患排查整治，强化落实实名收寄、收寄验视、过机安检制度，依法查处违法寄递行为，加强寄递信息安全保护，加强寄递渠道维护国家安全工作，加强进出境寄递监管，加强部门联合安全监管，增强安全防护能力，保障寄递渠道安全畅通9个方面。

【菜鸟无人快递车落地应用】3月6日，景德镇市首台菜鸟无人快递车“小蛮驴”在景德镇艺术职业大学落地应用，该快递无人车通过用户在APP预约投递时间及地点，自动计算出最优路线，准时将快件送达目的地，并发送短信通知用户取件，在快递服务旺季期间缓解投递压力。快递无人车“小蛮驴”采用新能源动力，可以有效减少投递环节的碳排放，实现安全、高效、智能、绿色化配送。

【举办首届景德镇市邮政行业职业技能竞赛】5月31日，由景德镇市人社局、景德镇市邮政管理局、景德镇市总工会、共青团景德镇市委、景德镇市妇联主办的2023年景德镇市“亿翔陶瓷杯”邮政行业职业技能竞赛正式开赛，竞赛设职工组一个组别，快递员、快件处理员两个工种，采用理论考试和实操竞赛相结合的方式进行综合考核。其中，实操技能分三个考核模块：快递员组为多物品收寄、派送路线设计、智能快件箱操作，快件处理员组为总包接收处理、快件分拣、快件安检(模拟)。来自EMS、顺丰、韵达等11支代表队的41名选手参加竞赛。经过激烈比拼，分别角逐出两个项目的一等奖各1名、二等奖各2名、三等奖各3名、优秀奖若干。

【景德镇市邮政业安全中心成立】 7月4日，景德镇市邮政业安全中心成立揭牌。邮政业安全中心为市交通运输局所属的公益一类正科级事业单位，经费由财政核拨，由景德镇市邮政管理局管理，主要承担为全市邮政业安全监管提供服务等工作。

【江西顺丰首家“快递进村”村委合作点落户乐平】 9月6日，江西顺丰首家“快递进村”村委合作点开业仪式在乐平市众埠镇湾头村举行，顺丰无人机首飞湾头村。湾头村示范网点建有顺丰无人机起降场地，未来顺丰将利用无人机技术为湾头村村民打造便捷的空中走廊，为有需要的村民开通无人机寄递业务，提供便捷运输生鲜、紧急医药等物品的客制化服务。

【举行“客货邮”融合发展合作签约仪式】 11月29日，景德镇市昌江区举行“客货邮”融合发展合作签约仪式，宣布昌江区“客货邮”合作线路正式开通。仪式现场，浮梁县邮政分公司、韵达、京东与长运公交公司签订鱼山、荷塘两条运输专线，在荷塘、仓下、义城、景航设置四个点位，范围覆盖昌江区鱼山镇、荷塘乡，后续将在线路和运行模式成熟后，将扩展到其他乡镇公交线路。推行“客货邮”融合发展，是落实国家关于全面推进乡村振兴决策部署，聚焦农民群众幸福出行、物流配送、邮件寄递三个“最后一公里”难题的重要举措。

（沈波）

电　信

【概况】 2023年，中国电信景德镇分公司全年完成各项建设投资1.39亿元，全市移动用户56.84万户，宽带用户36.5万户。宽带网络出口带宽为1200G。完成基站及移动网络建设5G投入资金6192.12万元、4G投入资金563.42万元；共规划新建5G室外站675个，其中3.5G室外站31个、2.1G室外站147个、800M室外站497个；规划建设室内分布系统128.49套，其中3.5G无源室分23.2套、2.1G无源室分92套、3.5G有源室分13.29套；共规划新建4G室外站41个，其中4G室外宏站40个、小站1个；规划建设4G室内部分系统111.2套，上述投资包括完成昌景黄高铁覆盖和800M重耕两项重点工程，实现全市无线网络无缝覆盖。投资2937万元用于有线接入网建设，新增FTTH端口3.45万个，新增XGPON端口1576个。至年底，城镇区域光纤覆盖率达到100%，乡镇本埠以上区域千兆覆盖率超过95%。

年内，完成江西省普通高考、乐平市端午龙舟赛、第九届民盟经济论坛、2023战略传播论坛、浮梁草莓音乐节、第20届景德镇国际陶瓷博览会等通信保障任务。中国电信景德镇分公司获江西电信优秀服务单位金奖，并获2023年信息通信行业用户满意企业荣誉称号，为全省唯一获此殊荣通信运营商。

【“数字乡村”建设】 2023年，中国电信景德镇分公司探索数字乡村建设新思路，提高各村在“乡村治理”“惠民服务”等方面的能力，提升村民的幸福感，创新发展特色数字乡村的可持续发展模式，打造可复制的“数字乡村”示范点。先后为山田、龙会洲、韩家渡、沽演村等村安装智慧大屏、天翼大喇叭、天翼云播、天翼云眼监控等设备，打造18个数字乡镇平台，全年完成18个数字乡镇、209个数字乡村建设，安装天翼视联+云广播近10000个。

9月6日，江西顺丰首家“快递进村”村委合作点开业
（市邮政管理局　供图）

【电磁辐射科普志愿活动】4月12日，为逐步消除百姓对基站等无线设备的具有辐射伤害的刻板印象，中国电信景德镇分公司在景德镇恒大名都小区开展“科普电磁辐射知识 增强民众科学认识”宣传活动。通过现场讲解、视频演示的方式，让大家了解电磁辐射的基本概念，提高公众对电磁辐射安全的认识。活动现场，通过电视屏幕循环播放相关知识短片、发放宣传刊物、现场答疑、微博微信宣传与互动等多种方式，向群众讲解电磁辐射相关知识，内容通俗易懂，受到公众一致好评。

【参加江西数字文化产业展】4月25日，中国电信景德镇分公司受邀为2023年江西省文化强省建设推进大会系列活动之一的江西数字文化产业展提供5G现场网络以及转印设备软硬件支持，并协同景德镇御窑博物院，向公众介绍全球首个智慧古陶瓷基因库及基因库成果在文创定制领域的应用，充分展示陶瓷文化与数字化技术相融合的新成果。

【防汛应急演练】5月9日，中国电信景德镇分公司协同景德镇市防汛抗旱指挥部、浯溪口管理中心、景德镇通服公司、景德镇联通公司、江西省建工局、江西省诚科监理公司、浯溪口水利水电中心在浯溪口水库库区联合开展防汛应急演练活动。此次应急演练模拟情景为浯溪口连续强降雨之后，江河水位上涨造成灾情，区域内通信光缆被冲毁、通信中断，与外界失去联系。演练现场，救援队伍围绕孤岛救援（运送通信物资）、冲锋艇的驾驶和队列、翻艇自救、防溺自救、孤岛通信中断应急卫星电话开通、通信机房停电应急发电车救援等环节，开展贴近实战的水域演练。整个演练过程，各单位人员迅速高效、配合默契，充分展现在面对自然灾害和突发事件情况下的应急响应速度、故障应急处理能力、现场指挥和协同配合能力。

【市网络信息安全联合创新实验基地揭牌】7月12日，在中国电信景德镇分公司“景德镇市网络信息安全联合创新实验基地”正式揭牌。“景德镇市网络安全联合创新实验基地”是中国电信景德镇分公司、市网络安全和信息化中心、市公安局、市国安局为筑牢景德镇市网络安全防线，提高网络安全保障水平的有力举措，旨在全面提升景德镇关键信息基础设施的安全性，促进安全技术在5G、IPv6、云网融合等数字新基建场景的应用，助推景德镇数字经济高质量发展，实现发展与安全的有效平衡。

【陶瓷版权交易综合服务平台】8月，中国电信景德镇分公司、昌南里陶瓷版权交易中心联合打造的全国首个集版权登记、确权、保护、交易、金融、IP开发与版权产业化服务等功能于一体的一站式陶瓷版权交易与保护平台，具有陶瓷作品“身份证”、基于AI识别的全网陶瓷侵权检测系统等行业首创特色应用。陶瓷版权交易综合服务平台将所有的陶瓷作品登记的版权信息存放在网上，发生侵权可以进行溯源，跟平台内原有的版权作品进行对比，通过数字化手段及时发现并取证侵权行为，从而解决陶瓷版权问题。该平台带动1.5万余件陶瓷作品的版权登记，3000余名陶瓷艺术家加入平台，营造良好的陶瓷版权保护生态。8月，“景德镇陶瓷版权交易综合服务平台”获“光华杯”千兆光网全国应用创新专业大赛一等奖第一名，保送“光华杯”全国全行业赛道决赛。

【红色电信精神教育基地】10月15日，中国电信景德镇分公司将洪源狗卯西微波站旧址发掘打造为本地首个红色电信精神教育基地——浮梁县狗卯西无人微波站旧址。景德镇市微波无人站位于浮梁县洪源镇狗卯西山顶，海拔高度266米，曾建有4.2千米的

10月27日，中国电信精彩亮相2023中国航空产业大会（中国电信景德镇分公司/供图）

登山公路。该站于1991年8月开通运营，改善景德镇、鹰潭、上饶与省会南昌长途通信紧张的局面，曾为振兴该地区的经济建设和改革开放发挥重要作用。随着光纤通信技术的发展，2002年12月该站关闭。

【参展2023中国航空产业大会】10月27日，中国电信景德镇分公司作为唯一的运营商参展代表，在中国电信应急研究院和无人科技中心的支持下，携中国电信基于5G网络的无人机控制设备天枢终端三代产品、无人机存放、保管、充电和控制能力一体方舱，系留通信无人机和车载式移动方舱，以及无人机使用管理的控制平台等多件展品参展。本次参展的产品主要用于为各级政府打造基于5G网络的无人机巡管共享服务平台，如为警务执勤及城管、环保和水利等各领域无人机使用提供方便快捷的管理和快速响应的能力等。

（冯倩）

移　动

【概况】2023年，中国移动景德镇分公司全年完成各类投资建设1.8亿元（近5年资本开支平均每年1.7亿元），全市移动用户120万户，有线宽带用户45万户。至12月，移动4G基站总数超3000个，实现行政村100%覆盖；5G基站超2000个，实现全市乡镇及以上区域全覆盖，行政村覆盖率超95%。布局建设宽带信息点突破100万个，其中千兆端口超0.8万个，可覆盖家庭超52万户，实现千兆网络乡乡通，全市移动千兆宽带用户达10万户。完成景德镇国际陶瓷博览会、“万达杯”2023年江西乐平端午龙舟赛等各类重大活动通信保障20余次。应急保障共计扩容2000余个小区，开通应急通信车约120辆次，各类活动区域峰值应急保障人员超千人次，保障4G、5G上网流畅感知，圆满实现“零重大故障、零拥塞小区、零超时响应”的目标。

【“空中乱象”整治】2023年，中国移动景德镇分公司推进文明城市创建“空中乱象”整治工作，组织调度专业的施工队伍，完成项目化整治6个，光缆入地迁改割接约50皮长千米。完成60余个小区（村）工程化零星整治，线路绑扎规整近400千米，平移宽带用户约2000户，整理用户入户线近14000户，整治拆除废旧箱体超100个。

【打击电信网络诈骗】2023年，中国移动景德镇分公司成立打击电信网络诈骗专班，深入分析网络诈骗黑灰产业链新特点，结合大数据汇聚分析、AI算法等，开展GOIP诈骗窝点模型研究，建立精准反诈模型，同时，建立“联动协同”的联防联控机制，全力配合、快速打击电信网络诈骗窝点。全年向景德镇市民发送反诈公益短信400余万条；开展进校园、进社区、进商超等反诈宣讲150余场；配合公安部门建立完善反诈预警和研判大数据模型，累计协助破获诈骗窝点近50起，抓获嫌疑人近百人，缴获设备200余套，收缴号卡200余张。

【推进和巩固乡村振兴成果】2023年，中国移动景德镇分公司推动乡村振兴和数字基建深度融合，完成3个帮扶结对村5G基站、972个宽带信息点覆盖，以及100个平安乡村摄像头建设。推动对接帮扶与基层党建深度融合，与2个结对帮扶村委会签订党建和创协议，组织参加国资委消费帮扶迎春行动、消费帮扶兴农周活动，充分利用食堂消费、员工福利、员工购买、合作伙伴等多渠道常态开展农产品展销，并资助帮扶村太阳能路灯、健身休闲活动场所建设改造。推动帮扶机制与日常履职深度融合，统筹做细做实帮扶干部每月走访，并做好节假日资助和日常慰问，及时处理解决脱贫户急愁难盼问题。打通江村乡严台村网上政务、“村村通”医疗和综治接入平台。基于数智物联网，打造塔里“茶·宿”集，线上线下结合，助力茶叶产业销售提升。

【网络基础建设】3月27日，中国移动（景德镇）昌南数据中心项目奠基仪式举行，该项目是景德镇移动对国家“新基建”部署的深入贯彻和创新实践，也是服务瓷都数字经济高质量发展的重要基础设施，是江西移动在非省会城市建设的唯一的数据中心。至2023年底已完成动力中心、核心机房大楼建设，建成后可承载4000个标准数据机架，主要为数字通信、云数据、数字经济等数字化服务提供平台，为地方数字经济与实体经济深度融合储备更多势能，预计能满足景德镇及周边城市未来20年云服务需求。

【信息通信低碳绿色转型】7月，中国移动景德镇分公司实施“风光无线”站点绿色能源建设专项行动，开展绿色能源引入工作，探索打造绿色可持续发展体系。在浮梁分公司办公楼屋顶建成分布式光伏发电系统，发电项目总装机容量为50千峰瓦，预计在项目运营期（25年）内本电站总发电量可达约113.80万千瓦时，光伏电站首年发电量约5.01万千瓦时，年均产生绿电4.54万千瓦时。

【筹办“全国科普日”智慧生活互动展示体验展区】 9月19日，由江西省委宣传部、省科学技术协会和景德镇市人民政府等20家单位共同主办的2023年“全国科普日”江西省主场活动启动仪式在景德镇举行。中国移动景德镇分公司负责筹办其中的智慧生活互动展示体验展区。活动现场，景德镇移动的工作人员为大家互动式科普中国移动家庭教育、养老及娱乐三大智慧生活场景解决方案，参观人员争先体验，智慧家庭产品大获好评。

（华田生）

联 通

【概况】 2023年，中国联通景德镇分公司有移动用户17万户，宽带用户4万户，固定电话用户3000户，营业收入1.6亿元。至年底，4G网络人口覆盖率99.9%；城区5G网络人口覆盖率99.9%。实现全市无线网络完全覆盖，城镇区域宽带覆盖率达到95%，城区千兆网络覆盖率达到100%，全面实现万兆到楼、千兆到户。

【推进乡村振兴】 2023年，中国联通景德镇分公司通过数字乡村平台的应用有效助力乡村生态环境保护，为浮梁佟溪村村民安装“联通看家”产品，帮助村民看家护院，拉近外出务工的年轻人与留守儿童、空巢老人的距离，解除他们的后顾之忧。同时，景德镇分公司还在村内公共建筑、关键路口、危险水域、果园等重点区域不断完善安防监控系统，用于乡村平安治理、环境管控、儿童防溺水等，全方位为乡村站岗放哨，让乡村居民住得安心，出行放心。同时依托佟溪村农业农村特色资源，公司拓展帮扶思路，深化模式创新，帮助佟溪村拓展8月果、茶叶、药菊、西瓜等特色产业。

【网络安全宣传警示教育】 5月12日、6月1日，中国联通景德镇分公司联合浮梁县公安局分别走进景德镇陶瓷职业技术学院、景德镇学院，开展“反诈进校园暨防范电信网络诈骗”主题教育宣讲活动，为全校师生上了一节生动的反诈课。7月25日，中国联通浮梁县分公司联合浮梁县工信局在物资局宿舍小区开展“跨越数字鸿沟，守护银龄钱袋子”主题宣传活动，针对中老年群体对微信使用、就诊挂号、赣服通、手机地图使用、手机打车、反诈骗等应用开展手把手教学。

【数赋瓷都·让未来生长】 7月14日，“数赋瓷都·让未来生长——工业互联网向企业数字化转型赋能”主题论坛暨中国联通（江西）工业互联网研究院景德镇分院揭牌大会在紫晶宾馆国际会议中心举行。中国联通（江西）工业互联网研究院景德镇分院将深入解析景德镇市产业结构及特点，研究企业数字化转型发展的具体着力点，助力景德镇市数字经济高质量发展；同时，加强研究院实训基地建设，着力“引、育、用”，打造人才聚集新高地，实现院地合作的互利共赢。揭牌仪式后，为16名专家颁发聘书。

【环鄱阳湖国际自行车大赛通信保障】 9月9日，中国联通景德镇分公司作为2023“中国体育彩票·萨瓦杯”第十一届环鄱阳湖国际自行车大赛景德镇·浮梁站独家通信保障单位，提前对景德镇·浮梁站111.5千米赛道的网络信号进行多轮次测试优化，完成重保基站故障清零，确保网络覆盖强、质量优、速率快、体验优。比赛当天，景德镇联通出动1辆应急通信车、2辆应急保障车在现场关键点位安排专业人员值守，根据现场需求变化及时调整完善。本次比赛直播全程高清无卡顿，赛事现场网络监控各项指标正常，整体网络运行安全、稳定，圆满完成通信保障工作。

【陶瓷产业数字化转型升级】 11月2日，为进一步加快陶瓷产业数字化转型，助力景德镇陶瓷行业发展，中国联通景德镇分公司以标识解析二级节点（陶瓷制品制造）为基础，以平台为抓手，围绕陶瓷全产业链，搭建“一网六中心”架构的中国陶瓷工业互联网平台。中国陶瓷产业互联网平台助企数字化转型升级公益行动首次线下分享会在陶博城数字贸易产业园培训中心顺利召开，50余家企业，近百人现场参加。中国陶瓷工业互联网平台运营以来，获得金晖奖（全国工业互联网领域生态领航者）、江西省省级工业互联网重点培育平台和第六届“绽放杯”全国赛三等奖。

（曾蕾）

城乡建设与管理

城乡建设

【概况】 2023年，市住房和城乡建设局（简称市住建局）制定促进二手住房交易、房地产市场平稳健康发展等若干措施，组织房地产产融对接活动，开展第三届“红五月”百城千企万店房地产消费季、2023“逛景赶集”贸易兴市金秋消费季等房地产展销活动，促进房地产销售回温。制定《景德镇市促进建筑业高质量发展的若干措施》《关于进一步推进装配式建筑发展的实施意见》，指导全市建筑业转型发展，推动乐平市打造绿色建筑新材料装配式建筑产业园、昌南新区建设城铁数字化装配绿色建筑产业基地（PC结构）。全市资质内建筑业企业入库入统132家，新增入库32家，全年建筑业总产值达到58.27亿元，同比增长12.7%，增速在全省设区市排名第一。加强保障房违规清退工作，对保障对象实行全程动态跟踪管理，彻底排查转租转借转让违规情况，共取消237户的保障资格。全市3686套保障性租赁住房筹集开工率达100%，3506户老旧小区改造开工率达100%，2430户棚改开工率达100%。加快南河国控断面上游生活污水处理站及配套管网建设，市中心城区新建污水管网长度约32.58千米，改造污水管网长度28.45千米，全面完成十九中、黄泥头片区内涝整治工程。制定城市更新专项规划，推动市东三宝、老鸦滩等城市更新项目有序推进；完成2个试点街道和20个试点社区61项指标的城市体检数据采集及分析工作；启动全市传统村落评估工作和中心城区历史建筑的产权产籍认定核实工作，为进一步深化历史街区、历史建筑、传统村落传承保护打好基础。入选全国27个“全生命周期数字化管理改革试点”试点城市之一，并作为全国3个典型代表之一在广州召开的全国工改现场交流会议上作经验交流；参加全国历史文化街区和历史建筑保护利用现场会并作为全国6个典型代表之一作经验交流；城市更新试点典型案例刊登于《中国建设报》；保租房建设、老旧小区改造2项列入市里十大民生实事的工作全面完成。

【创新审批举措】 2023年，市住建局推出工程建设项目审批超时默许2.0，开发工程建设项目审批APP，加快推进全省唯一工程建设项目审批制度改革全流程电子化应用试点工作，实现工程建设项目全流程审批掌上办，工改系统结果件全面电子化。制定《景德镇市工程建设项目分阶段联合验收实施办法》，实现房屋建筑工程竣工验收备案分阶段办理，有效缩短不动产证办理时间。

【安全生产形势稳定】 2023年，市住建局全面完成自建房排查工作，C类、D类自建房得到有效管控，并推动采取工程性措施予以整改。加强全市燃气企业重点领域、重点岗位全面排查，推动完成8000米市政燃气钢制管道改造置换工作。成立市住建局、应急局、公安局等17个单位组成的城镇燃气安全专项整治工作专班，集中攻坚燃气安全专项整治及系统数据录入和企业燃气安全隐患排查。开展混凝土、钢筋及砂浆进场举牌制度、扬尘治理、建筑工地实名制等多个重点岗位的专项检查行动，大力推动智慧工地平台建设，进一步推动建筑工地质量安全监管规范化、信息化水平。

【入选深化城市体检工作制度机制试点城市】 2023年，在住建部深化城市体检工作制度机制试点工作中，景德镇市入选全国十个试点城市之一和全省唯一的试点城市。本次深化城市体检工作制度机制试点工作主要对住房、小区（社区）、街区、城区（城市）4个维度安全耐久、功能完备、绿色智能等61项具体指标开展体检。至12月，完成2个试点街道和20个试点社区61项指标的城市体检数据采集及分析工作。

【农村危房改造】 2023年，市住建局对农村易返贫致贫户、农村低保户、农村分散供养特困人员，以及因病因灾因意外事故等刚性支出较大或收入大幅缩减，导致基本生活出现严重困难家庭等农村低收入群体以及农村低保边缘家庭和未享受过农村住房保障政策支持，且依靠自身力量无法解决住房安全问题的其他脱贫户进行再摸排，共摸排危房户176户，纳入2023年危改计划。至12月底已全部开工，其中已完工144户，完工率81%，拨付资金153.49万元。

【传统村落保护】 2023年，浮梁县西湖乡桃墅村、勒功乡勒功村、涌山镇沿沟村3个村获第六批中国传统村落称号。浮梁镇旧城村、涌山镇涌山村2个村落申报第八批中国历史文化名镇名村。启动景德镇市传统村落评估工作，聘请江西省人居院对景德镇市传统村落及历史文化名镇名村进行整体评估，进一步摸清底数。组织收集完善传统村落和传统建筑相关素材和资料，并开展第三次传统建筑申报、认定工作。

【美丽乡镇建设】 2023年，谋划美丽乡镇建设项目65个，计划投资27.68亿元，至12月底，完成建成示范类乡镇鹅湖镇、瑶里镇验收工作。

【装配式建筑产业基地】 2023年，市住建局牵头协调市发改委、工信局、自规局联合印发《关于进一步推进装配式建筑发展的实施意见》政策文件，协调昌南新区、市城投集团和浮梁县加快推进装配式建筑生产基地建设，至12月，有省级装配式建筑产业基地1家：景德镇市驰骋绿色建筑科技有限公司（钢结构）。市级装配式建筑产业基地3家：浮梁县装配式建筑生产基地（PC结构和钢结构），2022年底已建成投产，2023年准备申报省级评审；乐平市正在杨范工业园重点打造绿色建筑新材料装配式建筑产业园，规划用地400亩，计划投资5亿元，一期项目年底建成投产；昌南新区正在建设城铁数字化装配绿色建筑产业基地（PC结构），景德镇陶瓷工业园区国际陶瓷产业合作标准化厂房及配套基础设施建设项目一期混凝土装配式建筑（PC）获评江西省示范装配式建筑工程。

【绿色建筑认定】 2023年，市住建局制定出台《景德镇市一星级绿色建筑标识认定和管理工作实施细则（试行）》，对绿色建筑标识的申报和审查程序、标识管理等提出相关要求，至12月，已有景德镇艺美产业园项目、景德镇市三宝国际瓷谷瓷源秀带文化旅游建设项目（一、二期）、景德镇物流中心建设项目、景德镇市陶瓷博览交易中心—智慧旅游集散中心建设项目、景德镇佛手湖陶瓷文化旅游景区建设项目（一期）项目5个项目获批绿色建筑预评价星级登记为一星级。

【建筑业审批监管】 2023年，市住建局简化建筑施工企业资质网上审批流程，审批事项由原来审批时限28个工作日减至7个工作日（不含特殊程序），执业注册人员实现“证照分离”“一次不跑”，取消建筑业企业备案制度消除市场壁垒，建筑业企业资质首次申请、增项、升级及二级注册建造师注册（重新注册）、转注、注销等业务实行专网办理；制定印发《关于做好既有建筑补办建设工程消防设计审查工作的通知》，对解决已建成且未办理建设工程消防设计审查手续、需进行竣工验收备案的建筑提供办理途径，制定印发《景德镇市历史街区及周边修缮保护利用建设工作消防设计审查验收工作试点方案》，为破解历史街区消防难题提供政策支持。

【建筑市场环境监管】 2023年，市住建局持续整顿建筑市场乱象，规范市场秩序，打击违规行为，清查注册人员“挂证”问题，加强资质动态核查和建筑市场信用信息管理工作，大力整治建筑市场围标串标、转包挂靠、违法分包、出借资质等违法违规现象，查处一批违法违规行为，共处罚金额168万余元。

【工程质量安全监管】 2023年，制定规范施工监理企业报告、施工原材料举牌验证等14个建筑工地质量安全的规范性文件，开展混凝土、钢筋及砂浆进场举牌制度、扬尘治理、建筑工地实名制等多个专项检查行动，建立完善“专家查隐患、企业抓整改、部门促落实”工作机制，确保各项制度有效落实；组织18个项目申报省级建筑工程质量管理标准化示范工地，16个项目申报2023年江西省优质建设工程奖（含2个杜鹃花奖申报），48个项目申报2023年景德镇市优质建设工程奖（含申报省优），以标准化创建引领全市建筑工地规范发展；全面实施“双随机、一公开”和“互联网+监管”等监督检查方式，推动智慧工地平台建设，进一步推动建筑工地质量安全监管规范化、信息化水平。

【乡村建设工匠培训】 1月12—14日，市住建局进一步加强乡村建设工匠队伍建设，开展“乡村建设带头工匠”培训活动，对30余名乡村建设带头工匠进行业务培训，并组织培训人员参加省级考核，最终有33名工匠通过考核。

【房地产秩序监管】 1—10月，新建商品房预售许可25份，预售面积46.61万平方米，同比增长25%。其中：商业面积2.27万平方米，同比下降3.02%；住宅面积43.84万平方米，同比增长62.74%。严格落实新建商品房预售资金全额全过程监管，至12月，中心城区在库有监管余额房地产项目共42个，监管专户余额9.36亿元。全面落实新建商品房、存量商品房交易合同网签备案制度，督促房地产企业做到房屋交易网签备案信息及时、准确。完善房屋交易网签备案系统，实现商品房全程信息化监管及网签备案实时办理。

【房地产市场】 1—12月，全市累计完成房地产开发投资32.82亿元，同比下降28.1%（其中，商品住宅投资30.31亿元，同比下降23.1%）；新开工面积131.84万平方米，同比下降35%。其中：住宅新开工面积105.27万平方米，同比下降41.1%。1—12月，全市新建商品房网签备案面积126.86万平方米，同比下降36.1%。其中：中心城区面积69.21万平方米，同比下降32.92%；乐平市面积34.69万平方米，同比下降39.31%；浮梁县面积22.96万平方米，同比下降39.88%。12月，全市新建商品房网签备案面积11.22万平方米，同比下降20.26%。环比上升31.84%。1—12月全市商品房销售面积114.75万平方米，同比下降38.7%。1—12月全市商品住宅销售均价6475.2元/平方米，同比上升10.95%。其中，中心城区销售均价7025.46元/平方米，同比上升16.3%；乐平市销售均价5823.44元/平方米，同比上升2.26%；浮梁县销售均价5941.61元/平方米，同比上升7.41%。至12月25日，全市商品住宅库存面积117.4万平方米，去化时间12.87个月。其中：中心城区商品住宅库存面积54.07万平方米，去化时间12.34个月；乐平市商品住宅库存面积39.29万平方米，去化时间11.78个月；浮梁县商品住宅库存面积32.58万平方米，去化时间15.7个月。

【城市更新专项规划】 5月30日，市住建局制定《景德镇市城市更新专项规划》，系统梳理景德镇市中心城区城市更新底账底数，形成资源、问题、意愿三本更新底账，划定约32平方千米的近期重点更新范围，有序推动市东三宝、老鸦滩等城市更新项目。

【房地产政策引导】 8月29日，景德镇市印发《进一步促进中心城区房地产市场平稳健康发展的若干措施》，从6个方面出台26条政策措施，因城施策促进市中心城区房地产业良性循环和健康发展。至12月底，中心城区商品房契税及购房补贴提交2315户，其中首套房1581户，占比68.29%。已发放1926户，金额5536.43万元。二手房补贴已初审1705户，已发放858户，金额1261.22万元。

（张啸寅）

城市管理

【概况】 2023年，市政道路日常维修人行道16750平方米、无障碍通道500平方米、车行道27000平方米，清掏雨水井2200座，修复检查井和雨水井1100座，处理沥青灌缝长度46900米。亮化设施养维排查电缆故障90起、路灯设施故障42处，维修更换灯具1200余盏，更换接触器33台，安装计量器21台。园林绿化日常养护修剪乔灌木修剪10.2万株、绿篱283万平方米、草坪1367万平方米，喷施除草剂约168万平方米；全市主要节点摆放设置花卉约260万盆。打击“两违”全年航拍6期，完成整改4期，2期正在整改中，下发交办单49件，回复46件，回复率94%，其中珠山区交办20件，回复17件，回复率85%；昌江区交办18件，回复18件，回复率100%；昌南新区交办11件，回复11件，回复率100%。共拆除各类违章建筑924处，面积约4.48万平方米。景德镇市垃圾焚烧发电厂、乐平市垃圾焚烧发电厂、市餐厨垃圾处理厂，累计无害化、资源化焚烧处理生活垃圾27.42万吨、餐厨垃圾2.11万吨；督促宋家山垃圾填埋场完成环保销号，全年填埋处置飞灰19345吨。

【“口袋公园”建设】 2023年，市城市管理局先后完成602所航空口袋公园、天宏花园口袋公园、新厂东路口袋公园和南河滨江口袋公园4个“口袋公园”的建设。其中，航空口袋公园面积2300平方米，投资金额150万元；天宏花园口袋公园面积419.3平方米，投资金额12万元；新厂东路口袋公园面积2084.10平方米，投资金额60万元；南河滨江口袋公园面积1200平方米，投资金额20万元，为市民增加6003.4平方米的休闲活动区域。

【为民办实事】 2023年，市《政府工作报告》将城区新改建10座公厕列入2023年为民办实事之一，市城市管理局制定印发《关于建设公共厕所的通知》，对公厕设计、建设标准等进行明确，2座公厕改建、8座新建公厕12月已全部完工。

【智慧城管平台】 2023年，市城市管理局利用视频智能分析功能，准确发现车辆乱停乱放、游摊商贩等问题，实行非接触式管理，提高管理效率；通过视频智能分析、雪亮工程、信息采集、“12345”热线转办、网站投诉等渠道受理城市管理问题64100余件，处理率98.34%，结案率85.47%；各路长制单位注册人数5700余人，使用景德镇城市管家打卡、上报各类城市管理问题30000余件。

【推进生活垃圾分类】 2023年，市城市管理局编制《景德镇市主城区生活垃圾分类设施布局近期规划》，争取地方政府专项债券支持，重启生活垃圾处理费征收，参照省内南昌等地市模式，合并水费收取；推动环卫作业企业按照垃圾分类要求配备两分类运输车辆，对物业小区生活垃圾实施分类运输；在弘文小区和赣铁凤凰城安装2座垃圾分类收集屋，在焚烧发电厂投资约400万元新建垃圾分类科普教育基地，组织开展生活垃圾分类首届宣传周活动和全市城管系统垃圾分类专项行政执法培训班，深入68个小区和12家企业，常态开展《江西省生活垃圾管理条例》巡回宣讲，培训2200余人次，发放知识手册8800余份。

【城管督查执法】 3月24日，市城市管理局印发《景德镇市城市管理行政执法监督办法》《景德镇市城市管理局关于常态化开展督查工作的方案》，规范各级城管部门执法行为，全年派发《城市管理督办通知书》27份和《城市管理建议书》3份，回复率均为100%；开展行政规范性文件清理，其中4件继续有效、20件失效、1件废止；办理各政务服务事项审批117件，同时实行水电气接入外线“简易低风险”项目告知承诺备案制，办理备案9件；开展市容乱象大整治，督促责任单位整改问题986项，整改完成率为99%，印发工作简报8期，发布红黑榜3期。

【生活垃圾分类专项治理】 6月，市城市管理局制定《关于开展生活垃圾分类专项执法的通知》，至12月在居民小区前端分类投放环节，对小区居民下达首违轻微免罚72起，小额处罚43起、处罚金额5850元。对未按照《江西省生活垃圾管理条例》（以下简称《条例》）要求履行管理责任人义务的物业公司下达首违轻微免罚21起，处罚8起、处罚金额8000元。在中端分类运输环节，对违反《条例》的运输企业下达首违轻微免罚22起。

【“炉排炉”项目】 9月16日，“炉排炉”项目点火并网试运行成功，项目投资2亿元，一期日处理量500吨，推动生活垃圾焚烧发电厂提标改造。本次工程改造项目为处理规模500t/d，核心设备采用垃圾焚烧系统采用机械炉排焚烧炉，烟气处理工艺采用“SNCR+半干法（旋转喷雾塔）+干法（熟石灰喷射）+活性炭吸附+布袋除尘”，渗滤液处理新建1套设计处理能力为100m³/d渗滤液系统，采用“格栅池预处理+调节池+UASB厌氧反应器+MBR生化处理系统+DTRO”工艺。同时对现有1#2#流化床锅炉、垃圾预处理生产线、渗滤液处理系统（沉砂池+调节池+水解酸化池+EGSB厌氧反应器+A/O-MBR膜生物反应器+UF超滤+NF纳滤）厌氧罐、垃圾坑臭气治理等项目进行技术修复提级改造。

（王建伟）

城市供水

【概况】 2023年，景德镇市供水量约10367.4万立方米，平均单耗约249.85千瓦时/千吨。全年水质综合合格率为100%。供水服务热线总呼入量102817件，回复受理政府热线1230件，市委民生通道6件，受理市营商环境指挥部督办单1件，回复率、及时率、满意率均为100%。景德镇水务公司完成5个高品质供水试点项目，其中包括莱顿风情小高层，昌飞嘉园，四季雅苑，望陶家园A、B两区四个楼盘项目；公建项目包括自规局、陶博城、长虹金域小区，完成近5000户，覆盖近2万人。为170余家大中型企业老式机械水表更换智能远传水表，真正实现随时无感抄表，智慧赋能企业管理。

【降产销差】 2023年，景德镇水务公司探漏709处，其中DN100以上漏点290处。加大稽查力度和水表复核力度，共查处违章89处。对七中宿舍、信航小区、千禧家园、老厂、三院数码园、技校宿舍等2352户进行"一户一表"改造，其中老厂新铺设DN25–150管道2748米，千禧花园新铺设DN50–150管道2352米；隆基尚城已完成泵房进出水管对接，700余户居民用水环境得到有效改善。沿江东路原每天用水量约2600吨，切除老旧水泥管后为1900余吨，每月节约用水量2万余吨，在降低漏损率的同时节约水资源。

【节能降耗】 2023年，景德镇水务公司制订详细的减压阀安装计划，对产销差率较大的地段安装智能减压阀，对其进行分时段控压。在冷水尖和沿江东路分别安装DN200和DN300智能减压阀，分时段有效控制漏损。经统计，沿江东路原每天供水量3400吨左右，安装智能减压阀后每天约2900吨，每天节约供水量500余吨。洋湖水厂优化V型滤池日常反冲洗自动化控制，调整反冲洗动态过程，实现多个阀门的同步启动，缩短反冲洗过程的同时，减少电动阀门开关时间，通过具体实验观察：反冲洗流程缩短12分钟；滤池液位从1.7米降至1.5米，相比前期运行降低水过程自用水的浪费。

【优化营商环境】 5月17日，景德镇水务公司在市行政服务中心一楼B区14号增设一个供水服务窗口，涉水业务在原来的过户、报装、用水账单查询的基础上，增加报修、低保水费减免、开具电子发票、咨询、建议等服务。除供水窗口"一站式"服务外，用户还可以通过关注"江西水务"微信公众号，办理用水报装、用水账单查询及下载、开具电子发票等业务。公司下属3个营业所及客服中心均无差别受理相关业务，用户可在"一窗办好+在线查询"的基础上，享受"前台综合受理、后台分类审批、线上线下互动"的提速服务。珠山营业所和客服中心设立的"自助业务办理一体机"提供自助缴费、开票、缴费明细查询及打印、用水记录查询及打印等便捷服务，用户可凭用水编号或身份证原件自助办理，进一步缓解窗口办事拥挤、群众等候时间过长等问题。

【农饮物业化管理】 2023年，景德镇水务公司多次对接景德镇市昌江区农村农业水利局，双方就如何保障灌区设施顺利运行、发挥水利工程效益等事项进行多次沟通交流，并签订2023年3月至2024年3月的《昌江区农业水价综合改革渠道物业化管理服务项目》，由景德镇水务对全区有效灌溉面积6万亩的干渠和36座灌区的骨干渠道以及所属渠系建筑物实施物业化管理。

【阀门普查】 5—7月，景德镇水务公司组织开展2023年供水阀门普查工作。普查小组成员分别对景德镇市所有DN100以上口径阀门情况进行摸排核实，通过GIS系统坐标找到阀门位置，将阀门的口径、坐标、完好情况、开关情况、阀门种类等信息上传至"熊猫掌天下"APP上自动入库，已录入闸阀900余个。

【供水环境专项整治】 10月7日至12月31日，景德镇水务公司对昌江区新枫街道三河村开展供水环境专项整治，由班子成员带领营销、管网、工程等部门组成5个专项工作小组，联合城市警察组织巡线、稽查，分时段、分地块开展整治行动。通过供水普法宣传、在村委会设置志愿者岗位等措施，现场指导用户办理立户手续，共整改私自接通新管道用水25起，441户已办理报装手续，431户水表已安装到位。

（吴煜）

生态环境

环境保护

【概况】2023年，景德镇市生态环境质量持续改善，环境空气优良天数比率达98.9%，比全省平均值高2.4个百分点，排名全省第一；$PM_{2.5}$平均浓度为25微克/立方米，排名全省第二，未出现重污染天气。全市地表水断面水质优良比例达到100%，其中达到或好于Ⅱ类水质的断面比例达到81.82%，未出现Ⅴ类及劣Ⅴ类断面，饮用水水源地水质达标率保持100%，地表水环境质量位居前列；重点建设用地安全利用率达到100%，以耕地周边排查整治为契机，全面摸清整治企业环境风险问题。各自然保护地均暂未发现新增违规违法问题，无国家、省下发各级各类自然保护地人类遥感监测问题清单。珠山区三宝国际瓷谷景区成功创建第六批“绿水青山就是金山银山”省级实践创新基地，乐平市名口镇成功创建省级生态乡镇。

【“清单＋通报＋约谈＋考核”制度】2023年，景德镇市大气指挥部实行“清单＋通报＋约谈＋考核”制度，层层压实传导大气污染防治工作压力责任到县（市、区）和部门。形成“发现问题、整改问题、问题销号”的闭环工作管理模式。大气“任务清单”细化至每个街道、乡镇，每个小时工作任务，已印发四版。坚持每周及应急管控时段通报各单位任务完成情况，共通报54次。针对空气质量下滑，单一问题反复出现的县（市、区），开展约谈提醒。强化对各县（市、区）大气污染防治目标任务考核，以考核促提升、促落实，保障大气污染防治工作取得实效。

【环保督察问题整改】1月，市生态环境局组织制定《景德镇市贯彻落实省生态环境保护督察报告整改方案》《景德镇市贯彻落实省生态环境保护督察交办问题整改措施清单》。针对重点问题整改，书面提醒、督办13次，提请市领导会议调度6次。至5月，历次中央、省环保督察及“回头看”反馈和省生态环境警示片披露限期整改问题（不含第二轮省生态环境保护督察）共116个问题，已销号100个，销号率86.2%，交办的419件信访件已全部解决并销号。加强典型案例宣传，浮梁县野生动物保护不力问题整改、昌南新区西河流域水环境治理问题整改成功入选《督察整改见成效典型案例汇编》。

【矿山突出问题整改】4—10月，市生态环境局组织开展生态环境系统深入整治规范矿产资源保护开发利用专项行动，聚焦矿业权环评审批、矿山开采全过程监管、矿山生态修复、绿色矿山建设、产业链供应链安全等方面存在的生态环境问题，市生态环境局积极动员、明确职责分工、严格属地管理、逐级压实责任，部署各派出机构按照《专项行动生态环境部门排查表》开展相关工作的排查，推动专项行动排查的问题、长江经济带高质量发展省委督查指出问题、省纪委省监委矿山管理领域暗访指出问题整改销号。

【饮用水安全保障】 10月，樟树坑（昌江）集中式饮用水水源保护区取得省人民政府批复并同时撤销中心城区黄泥头水厂南河取水口水源保护区。市生态环境局开展县级及以上城市集中式饮用水收到规范化建设，对新批复的樟树坑（昌江）集中式饮用水水源保护区建设隔离防护网，树立明显的地理界标和警示标志。至年底，景德镇市5个县级及以上城市集中式饮用水水源地已全部完成规范化建设，切实巩固提升饮用水安全保障水平。

【整治企业环境风险】 11—12月，景德镇市率先完成省厅下发的3批次企业周边耕地污染问题排查整治清单，市生态环境局结合上门服务企业的“三单一书”（上门服务单、隐患排查表、执法记录表、执法廉洁承诺书），全面排查企业，对企业现场问题进行全方位摸排，对企业现场存在的问题进行分类归纳收集。对在产关停企业排查表中涉及问题，进行汇总上报，统一开展整治整改；对企业存在的其他问题，现场填写上门服务单，指导企业进行整改。切实做到排查领域无死角、无遗漏，全覆盖。同时按照边排查、边整改的要求，对立行立改问题加强督导，确保及时整治完成；对制定方案整治问题强化帮扶指导，保障整治到位，切实做到整改立竿见影、“问题清仓见底”。通过此次企业周边耕地周边排查整治专项行动为契机，全面摸清企业周边耕地污染问题，积极推进企业问题整改工作，同时建立长效机制，压实工作责任，强化工作落实，深化土壤源头管控，有效管控耕地土壤污染风险。充分利用此次排查成果，积极探索乐平市耕地土壤污染成因排查和分析的办法，建立污染源排查整治清单，因地制宜治理污染源头有效切断污染物进入农田的途径，有力保障全市的粮食安全。

【督导帮扶机制】 12月，为应对秋冬季不利气象条件，全市各县（市、区）实行领导分片包干制，市生态环境局班子成员分片区在全市范围开展督导和帮扶。同时，紧盯重点时段、重点区域、重点领域，强化工业源、移动源及城市面源大气污染防治工作督导帮扶，统筹各级各部门分工合作，设立3个督导帮扶组、1个工业帮扶组、1个机动组，定期或不定期开展大气督导帮扶工作，并及时将发现问题反馈至相关职能部门，持续推进空气质量改善。

（汪毅）

环境综合治理

【概况】 2023年，市生态环境局聚焦“八大标志性战役30个专项行动”，扎实推进蓝天、碧水、净土三大保卫战。深入推进工业领域大气污染问题和挥发性有机物专项整治行动，持续提升移动源管控力度；开展机动车环检机构常态化检查，强化社会源管控和扬尘治理督导工作，严格落实常态化秸秆禁烧巡查与管控机制。加强全市地表水国考、省考断面日常监管，对水质不能稳定达标断面开展预警通报和指导帮扶；持续推进饮用水安全保障提升专项行动，组织开展黑臭水体监测工作，持续开展开发区污水收集处理提升专项行动。严控建设用地准入管理，强化土壤污染重点企业环境监管，开展土壤污染隐患排查及整改工作；持续开展耕地涉镉等重金属污染源头防治行动，深入推进农用地安全利用和源头管控。

【城市黑臭水体整治】 2023年，市生态环境局组织开展黑臭水体例行监测工作，对全市已完成整治的黑臭水体老南河按每季度一次的监测频次开展例行监测。根据监测结果显示，老南河水质均非黑臭，实现长治久清，切实做到防止已完成整治的黑臭水体返黑返臭。常态化开展县级城市黑臭水体排查，对排查出的乐平市北内河黑臭水体进行整治，已制定问题清单，明确整治任务、责任主体和时限要求，预计到2024年底完成整治。

【大气环境治理】 2023年，市大气工作指挥部办公室对全市大气污染防治工作机制不断进行完善，针对不同季节、时段的气象条件、大气污染物扩散情况动态调整大气污染任务清单内容，细化管控措施。实行大气管控任务清单制、每日报告制、每周通报制，要求各相关部门按清单内容上报管控措施落实工作动态，每周对各部门大气污染防控工作进行通报，督促落实管控措施。

【移动源管控】 2023年，市生态环境局开展机动车环检机构常态化检查，全年现场检查61家次，约谈、停业整顿5家次。完善移动源监管执法模式，健全生态环境、公安交管等部门联合执法路检路查工作机制，现场对尾气不合格车辆进行处罚，完成862台车辆路检路查及入户抽测，查出不合格车辆41台，处罚金额0.36

万元。全年上传69万辆次遥感检测结果到省级平台。进一步强化非道路移动机械管控，全市申报登记非道路移动机械5328台，深入建筑工地、厂矿企业等检查非道机械1435台，完成监督抽测432台。

【社会源管控】 2023年，市生态环境局对市住建部门建立台账的195个工程项目，抽查次数290次，存在不达标的项目下发整改170份，约谈2次，夜间巡查共76项次，行政处罚6起，共计41万元。与市城管部门共教育规范渣土运输行为126起，立案9起，罚款金额共计2.25万元；开展餐饮油烟排查整治行动134次，全市共排查1234家，安装油烟净化装置1234家，整改率100%。

【秸秆禁烧管控】 2023年，市生态环境局常态化开展秸秆禁烧管控工作，各乡镇利用大喇叭广播、悬挂禁烧横幅，宣传秸秆禁烧工作。严格落实常态化秸秆禁烧巡查与管控机制，紧盯容易焚烧秸秆的重点时段，对重点区域、重点部位进行重点巡查。推进人防和技防相结合，利用高空视频瞭望系统和无人机在乐平市开展多次区域巡查，提高秸秆焚烧火点（黑斑）查处精准度，扎实推进露天秸秆禁烧工作。

【土壤污染源头防控】 2023年，全市土壤污染重点监管单位动态更新为1家，新增1家，现已完成土壤隐患排查及整改工作，完成比例100%。年初计划完成土壤污染重点监管单位隐患排查“回头看”6家，超额完成2家，完成比例133.33%。深入排查废弃矿区遗留固体废物，按照《景德镇市矿区历史遗留固体废物排查工作方案》要求，完成15个矿区历史遗留固体废物排查，通过现场踏勘、资料分析、水质监测等手段，准确查清固体废物存量及埋深。持续开展涉镉等重金属排放行业企业排查整治，完成1家涉镉企业雨污分流改造、原料堆场防腐防渗升级。

【工业领域大气污染问题专项整治】 2—12月，市生态环境局开展工业领域大气污染问题专项整治，市县两级均成立工业领域大气污染问题专项整治专班，市级工作组每月开展一次专项行动调度会，每周由分管领导带队组织一次县区专项行动帮扶，针对重点涉废气排放企业进行现场督查，共开展12次帮扶指导，现场督查企业27家。县级工作专班本着“边帮扶边整改”的工作原则，严格对照时间节点，对全市范围内的171家涉废气排放企业开展专项整治行动，发现问题371个，已整改到位353个，整改率达95.1%。通过专项整治，为企业补齐废气治理短板，促进工业企业废气稳定达标排放。

【农村生活污水治理】 3月，乐平市生态环境局成立市级农村生活污水治理领导小组，形成部门间工作合力，推动污水处理终端用地预留纳入村庄规划编制；创新成立国资公司，负责统筹全市农环项目建设和运维管理，利用项目产生的部分收益反哺设施运维管护。4月，制定农村生活污水治理总体方案，明确工作原则、工作重点、实施主体及治理模式；探索人口集聚村庄污水治理适用模式，建立长效化运行机制。

【入河排污口排查整治】 4月13日，市政府印发《景德镇市加强入河排污口监督管理工作方案的通知》，至年底，已完成乐安河全部入河排污口的排查、溯源工作以及80%的整治工作，完成全市所有国省考断面10千米范围入河排污口排查、溯源工作，以及93.2%的整治工作。

【规模以下畜禽养殖废水整治】 8—12月，开展规模以下畜禽养殖废水直排问题整治，成立规模以下畜禽养殖废水整治工作专班，每月开会调度各县（市、区）排查、整治工作。全市共出动执法人员110余人次，共摸排23家规模以下畜禽养殖场，按照“三提升”要求，针对存在问题的养殖场提出整改意见，制定整改方案，明确整改时间节点、责任单位和责任人。至12月底，已完成23家规模以下畜禽养殖场整治任务。

【开发区污水收集处理】 至12月底，景德镇市国家级开发区高新技术产业开发区污水收集处理提升专项行动发现问题已全部完成整改，并由市水污染防治专业委员会组织生态环境、工信、科技、商务等相关部门对高新区整治工作进行整改验收销号会议，对高新区污水收集处理提升专项行动发现问题整治工作验收，并完成销号。乐平化工园区已完成规范化建设，园区配套专管、明管输送的配套管网，园区内废水做到应纳尽纳、集中处理和达标排放。

（汪毅）

污染减排

【概况】 2023年，景德镇市持

续推动中央水污染防治资金支持项目的建设进度，并继续谋划新的水污染防治项目，争取新的中央水污染防治资金支持。至年底，完成2个中央水污染防治资金支持项目的申报，并通过省、部两级审查，纳入中央生态环境资金管理系统项目储备库；完成2019年之前的所有中央水污染防治资金支持项目的建设；争取2023年中央水污染防治资金共5796万元，分别分配到景德镇市乐平市集中式饮用水水源地保护工程和景德镇市浮梁县小北港河西湖乡段生态缓冲带保护修复工程2个项目上。全年挥发性有机物减排总量300吨，氮氧化物减排总量88.9吨；化学需氧量减排2289吨，氨氮减排353吨。

【工业企业VOCs治理】 2023年，市生态环境局围绕“十大关键环节”开展挥发性有机物（VOCs）专项整治行动，将帮扶指导与减排工作相结合，排查问题及时整改，多领域、深层次抓好重点行业治理和企业管控，助力协同控制和减排措施落地见效，涉及企业109家，累计发现问题76个，已整改到位69个，整改率达90.8%。

（汪毅）

环境监测监察

【概况】 2023年，市生态环境局督促完成农村环境质量、“千吨万人”“百吨千人”、农田灌溉水等农村环境监测工作；督促完成污染源执法监测、农村生活污水处理设施出水监测、土壤污染重点监管单位和工业园区地下水监测、入河排污口监测、尾矿库监测；按照“周巡查、月核查、季帮扶”开展已核发排污许可证企业自行监测帮扶指导工作，全年共参与帮扶企业17家；督促已核发排污许可证企业在省平台上传自行监测合同、监测报告、原始记录。完成排污许可证变更企业自行监测要求审核工作；组织完成全市辖区内20个自动监测站点一次站房内部和四次站房外部运维基础保障检查工作；完成《景德镇市环境质量状况公报（2022年）》《2022年景德镇市生态环境质量报告书》编制工作。

年内，全市行政处罚案件数44件，处罚金额408.24万元（市支队12件，处罚157.11万元；乐平17件，处罚139.17万元；浮梁15件，处罚111.95万元），四个配套办法案件5件（其中查封扣押2件、移送拘留1件、环境污染犯罪2件）；不予行政处罚案件16件，免罚金额563.72万元（市支队5件，免罚金额267.72万元；乐平7件，免罚金额116.40万元；浮梁4件，免罚金额179.60万元）；行政处罚到位金额294.63万元（市支队行政处罚到位金额165.11万元、乐平到位金额73.17万元、浮梁到位金额56.35万元）。

【地下水环境质量监管】 2023年，落实重点污染源地下水环境状况调查评估年度目标任务，完成1个正规垃圾填埋场（乐平垃圾填埋场）地下水环境状况调查。10—11月，针对2023年昌江区装饰材料厂丰水期考核水质下降情况，市生态环境局会同昌江区政府，邀请技术团队现场排查指导，分管领导现场调度相关部门对昌江区装饰材料厂点位调研、现场调度，分析研判，落实各相关部门职责范围，并将责任落实到人，共同推进地下水国考点排查整治工作。同时申报入库了景德镇市重点地区地下水环境调查评估与风险管控方案编制项目，12月已获得中央专项资金930万元项目支持，通过项目的实施，摸清潜在污染源，开展整治工作。

【执法信息化】 2023年，市生态环境局每月完成重点单位自动监控排查，及时督促辖区对自动监控异常进行处理，至12月底，全市重点单位即时数据传输有效率为99.04%，受10月生态环境部调整相关企业联网要求的影响，全市自动监控补全数据传输有效率为93.94%。12月8日，下达《关于做好涉气重点单位用电监控安装准备工作的通知》，后续将按照时序进度开展用电监控工作。

【“双随机、一公开”监管】 2023年，市生态环境局将所有检查对象纳入名录库，实行差异化执法监管，每季度进行一次“双随机”抽查指派。全市开展“双随机”执法538家次，其中重点排污单位122家次，一般排污单位416家次。对于发现的问题现场提出整改意见。牵头开展生态环境领域执法“双随机、一公开”一单两库更新录入工作；根据市场监管领域部门联合随机抽查清单，完成年度与市场监督、卫健委、公安、城市管理、商务、住建等部门联合随机抽查工作。制定出台生态环境领域执法“双随机、一公开”工作细则和工作指引。深化开展“双随机、一公开”监管工作，实现监管“无事不扰”，而是“无处不在”。

【常态化监督执法正面清单监管】2023年，全市现有正面清单企业55家，实行差异化管理。对正面清单企业非现场执法检查198次，指导帮扶104次，有效减少对守法企业的现场检查频次。

【建设用地规范管理】2023年，市生态环境局、市自然资源规划局通过信息共享，联合会议、出台规范文件的方式对全市建设用地进行监管，对于用途变更为“一住两公”地块，在其用地前严格落实土壤污染状况调查制度，严防“毒土地”开发利用事件的发生。至12月，全市建设用地用途变更为“一住地块”地块共73个，均在供地前完成土壤污染状况调查，重点建设用地安全利用任务完成率为100%。

【核与辐射安全隐患排查】11—12月，市生态环境局对全市核技术利用单位开展核与辐射安全隐患排查工作，分别对全市3家涉源单位和13家Ⅲ类射线装置单位进行核与辐射安全隐患排查，重点对放射源的应用现状，放射源安全保卫设施和措施的运行情况，辐射安全与防护及放射源安保相关规章制度的制定和落实是否到位，管理台账、应急预案等制度是否建立完善，闲置、废弃放射源储存处置状况进行全面安全隐患检查；对射线装置的应用现状、安全保卫设施和措施的运行情况，场所和个人剂量监测，应急预案是否更新，管理台账和制度是否健全等进行全面安全隐患排查。同时，对检查中发现问题的核技术利用单位提出整改期限，要求其在规定的时限内提交整改报告。

（汪毅）

水　文

【概况】2023年，信江饶河水文水资源监测中心统筹人员力量，组建技术指导、预警预报、应急通信、后勤保障等多支技术队伍，严格落实24小时值班值守和会商制度，通过部署会、视频、电话、微信等方式和江西省水文监测中心、景德镇市防指保持雨水情会商，其间共参与省中心会商10余次，市防指会商5余次、水库调度会商20余次。完成2022年景德镇市水资源公报及4个县市区水资源公报编制、刊印和报送工作；对用水统计调查直报管理系统中每个季度大中型灌区农业灌溉用水量、重点工业企业、重点公共供水企业和重点服务业填报的用水量进行审核，并整理出问题预警情况。受市水利局委托，完成2022年景德镇市自然资源资产负债表水资源存量及变动表的计算和专题报告的编制。完成江西省水利厅《昌江水体和鱼体中微塑料的分布及来源研究》科技项目课题验收工作。发表《鱼富脂胃肠道中微塑料检测》和《淡水中微塑料研究的热点及趋势》论文两篇。

【水环境监测】2023年，信江饶河水文水资源监测中心持续开展常规水质监测、地下水国家重点水质站监测、大气降水水质站监测和水生态站监测；持续每年2次对珠山区、昌江区、浮梁县和乐平市县级以上5处供水水源地和5处千吨万人供水工程进行水质27项指标分析检测，水质状况均为良好，为饮用水安全管理提供技术支持。实现13个集水面积200平方千米以上水文站水质水量同步监测，为河湖长制考核及抗旱调水提供技术服务。开展景德镇市辖区内8个大中型水库及3个主要景观用水区的水质水生态检测分析工作，加强饮用水水源水质监控，及时分析蓝藻水华对饮用水安全的影响。加强景德镇市重要河流水质监测工作，每月积极开展国划和省划水功能区重要监测断面的水质分析检测工作，监测成果与地方水行政主管部门和生态环境部门共享，为河湖保护和修复、河湖长制有效实施提供技术支撑。

【中小河流预警全覆盖】2023年，信江饶河水文水资源监测中心结合水文（位）站点的功能梳理成果和2020年、2022年、2023年三年开展的洪水调查资料，厘清景德镇市中小河流洪水灾害的河流区域分布，走访调查浮梁县12个乡镇45个村落、乐平市9个乡镇53个村落，收集水文（位）站断面上下游涉水工程及临近河流村庄资料，掌握可能受淹的村落信息，构建洪痕高程与站点高程关联，确定23个水文（位）站预警水位工作，覆盖景德镇市所有的中小河流站点，为中小河流灾害预警防御工作提供技术支撑。

【生态流量核定与保障先行先试】2—11月，根据水利部和省水利厅工作部署，浯溪口水利枢纽和景德镇水利枢纽被列入江西省开展已建水利水电工程生态流量核定和保障先行先试工作名录。按照工作方案，信江饶河水文水资源监测中心收集所需基础资料和相关规划报告，与两个水利枢纽工程单位座谈了解工程生态流量泄放设施、调度保障、监管落实等方面情况，根据昌江流域内生态保护对象及用水需求，分析计算两个水利工程的生态流量，制定工程生态流量保障措施，参与完成《昌江浯溪口水利枢纽、景德镇水利枢纽生态流量核定与保障先行先试报告》的编制与技术审查，为全面推进已建水利水电工程生态流量管理工作提供支撑和保障。

【开展乐平水生态监测】 5—9月，信江饶河水文水资源监测中心完成乐平市1座大型水库、4座中型水库、38座小一型水库和3个内湖水质水生态采样分析，编制乐平市重要湖库水质水生态检测评价表，及时掌握水库基本情况和水生态特性，为河湖长制水生态文明建设提供技术支撑。

【科学调度浯溪口水利枢纽】 6月19—25日，强降雨洪水过程中，水情预报员通过预报、会商等手段，用专业的技术支撑科学调度浯溪口水利枢纽，通过水库调蓄，共拦蓄洪量0.91亿立方米，削峰率39.2%，降低景德镇市城区水位约1.20米，有效减轻了下游防洪压力，为保护人民生命财产安全保驾护航。

【河湖名录梳理复核】 7—12月，信江饶河水文水资源监测中心对第一次全国水利普查名录内50平方千米以上河流，以及50平方千米以下河流、水面面积1平方千米以下湖泊开展河湖名录梳理复核工作。景德镇市50平方千米以上河流46条、50平方千米以下河流127条及水面面积1平方千米以下湖泊5个，复核河长办提交的复核成果，与河长办积极沟通，针对4条水普内河口经纬度不一致的河流、3条水普外河流走向存疑的河流进行现场调查，确认河口位置、河流走向等。配合江西省水文监测中心完成河湖复核报告，并对水利部河湖名录系统数据进行复核把关。

【渡峰坑水文站重建投入使用】 10月，新建渡峰坑水文站正式投入使用，基本实现水文测验、资料整编、水文服务和测站管理智能化、智慧化、规范化，进一步提升水文站监测预警服务能力。渡峰坑水文站建于1941年4月，为国家重点水文站，控制流域面积5013平方千米（昌江流域面积6260平方千米），为江西省五河七口控制站之一。监测项目有水位、流量、沙量、降水量、蒸发、水质、水生态和大气降水等。渡峰坑水文站于2022年10月在原址拆除重建，新建水位计井一座、水尺一组、观测码头一处，新建缆道房、生产生活用房、昌江水文文化馆及附属设施等。

【洪水调查】 10月底，信江饶河水文水资源监测中心开展浯溪口至祁门县奥西电站段洪水调查。调查人员行程43千米，调查村庄及重要交通道路53处、179个桩点，收集浯溪口水利枢纽坝址以上的沿河村落、交通要道、重要设施等重要的详细资料。为及时、准确开展浯溪口水库调度和昌江洪水预报预警一体化工作提供科学的数据支撑。

（吴美芳）

气　象

【概况】 2023年，市气象局发布预警信号246期；与外部门联合发布地质灾害气象风险预警6期，中小河流洪水及山洪灾害气象预警2期，农业生产高影响天气风险2期，森林火险气象风险2期；发布各类专题预报50多期。启动暴雨、寒潮等应急响应6次，响应天数24天。市台24小时晴雨、最低气温全省排名第一。全市雷电及雷雨大风、冰雹等强对流天气预警信号提前量大于45分钟。聚焦粮食安全保障，联合市农业农村局开展专题服务4期，为粮食增产做好保障。在环鄱阳湖国际自行车大赛浮梁站、中秋国庆“双节”旅游气象服务、10月10—13日重大政治任务保障、航空产业大会、陶溪川·2023景德镇马拉松赛的服务保障工作中获地方政府充分认可。气象灾害防御指挥部办公室发文部署气象灾害防御工作12次。

【气候事件】 1月，出现两次寒潮天气过程。受北方强冷空气入侵影响，1月14—16日和1月23—25日气温显著下降，其中14—15日24小时平均气温从13.3℃降至2.0℃，24小时降温11.3℃，15日最低气温达-1.8℃；23—25日最低气温从5.7℃降至-4.6℃，48小时降温幅度10.3℃，先后两次达到寒潮标准。

3月9—10日，受槽后弱高压影响，全市出现连续性大雾天气过程，其中9日凌晨市区最低能见度不足200米，且持续近8个小时，大雾严重影响交通，导致高速公路封闭至上午10—11时。

3月22日，出现区域性暴雨过程，景德镇市提前进入汛期，汛期有相对降水集中期，但全市未出现日雨量200毫米或以上的大暴雨。乐平国家站出现105毫米的大暴雨。2023年汛期共出现6次明显的降水过程，分别出现在3月21—22日、4月3—4日、

5月4日、5月16—17日、6月19—26日,其中6月中下旬(19—26日)为降水集中期,但雨量总体平稳,未出现日雨量200毫米以上的大暴雨点,日最大降水量195.8毫米,出现在8月28日乐平港边气象站。

5月,出现历史罕见的高温过程,5月27—30日连续4天最高气温超过35℃,最高38.1℃,为景德镇有气象记录以来之最。年内38℃以上高温日数仅有1天(历年平均4天),7—8月未出现38℃或以上的高温天气,极端最高气温出现在5月29日,为38.1℃,其次最高气温出现在7月12日,为37.6℃。

7—8月,台风活动频繁,受高空低槽、台风环流或台风外围环流的影响,全市对流性降水过程频繁,出现多次短时强降水,据统计7—8月共出现30毫米/时强降水44站次,50毫米/时强降水14站次,100毫米/3时强降水6站次,其中7月18日18:20—19:20乐平科山小时强降水101.1毫米、8月28日6:25—7:25乐平港边小时强降水102.8毫米。这也是导致今年"凉夏"的主要原因。

7月28—29日,2023年第5号台风"杜苏芮"登陆后正面袭击景德镇市,但受台风"空心结构"的影响,全市未出现大暴雨等极端性强降水,全市平均雨量34.4毫米,有9个区域站出现暴雨,最大乐平市蔡家62.9毫米。由于预报精准,服务主动及时,台风未造成全市明显灾害及社会不利影响,景德镇市气象台评为中国气象局重大气象服务先进集体,这也是1999年以来景德镇市气象部门再获此殊荣。

10月6—11日,受北方较强冷空气影响,气温明显下降,平均气温连续6天在20℃以下,且7—11日连续5天伴有小雨,为显著的重度"寒露风"天气过程,由于出现在10月上旬后期,对水稻生产虽有影响,但程度较轻。

12月16—20日,受北方强冷空气入侵,景德镇市气温显著下降,出现持续阴雨雪天气,最高气温从14日27.2℃(创下景德镇有气象记录以来12月份最高气温的记录,往年历史最高26.3℃,出现在1968年12月3日)降至16日的4℃,最高气温在48小时之内下降23.3℃,平均气温从17.6℃降至2.1℃,下降15.5℃。21日雨雪结束,22日市区最低气温降至-5.2℃。据统计,2000年以来至2022年,零下5℃或以下的极端低温天气仅有7天。浮梁北部的西湖乡22日的最低气温达-9.3℃。

【强降水风险预警应对工作机制】 1月4日,景德镇市及下属县(市、区)防汛抗旱指挥部分别发布修订后的试行"强降水'31'风险预警应对工作机制""强降水'1'风险预警应对工作机制"。"31"是指市级3小时风险通报、县(市、区)级1小时风险响应,目的是提高强降水天气的预警提前量,精准做好乡镇(街道)的气象预警,帮助镇政府做好危险区域群众提前转移避险工作。试行"强降水'31'风险预警应对工作机制""强降水'1'风险预警应对工作机制",以详细、明确的要求规定工作机制的启动标准、服务材料要求,政府各单位(部门)职责及保障措施等内容。

【《景德镇市碳达峰实施方案》出台】 1月8日,景德镇市政府出台《景德镇市碳达峰实施方案》(以下简称《方案》),明确气象部门要在碳达峰与生态文明建设中发挥作用。《方案》中对气象工作明确提出,加强温室气体监测评估,推进区域碳排放统计核算,因地制宜推进"光伏+"项目工程建设。

【《景德镇市气象灾害应急预案》印发】 2月8日,景德镇市政府办公室修订印发《景德镇市气象灾害应急预案》(以下简称《预案》)。《预案》根据景德镇市应急组织体系和职责的变化,进一步明确市气象灾害防御指挥部成员单位及职责分工。明确景德镇市各部门在气象灾害应急处置过程中的职责和组织指挥体系,细化大风、暴雨、高温、雷电等9类15种气象灾害响应的部门职责和责任。同时还对紧急处置、灾害调查与评估、灾后处置、应急支援与保障措施、信息公布等内容作具体规定。

【《关于推进城市气象保障服务高质量发展的实施方案》印发】 11月7日,景德镇市防汛抗旱指挥部印发《关于推进城市气象保障服务高质量发展的实施方案》(以下简称《方案》)。《方案》明确到2025年,优化综合气象观测站网布局,实现重点易灾区和人口主要分布区气象观测站网全覆盖,建立城市分区域、分时段、分强度气象预报预警业务,健全气象防灾减灾体系,提升城市气象灾害防御能力的发展目标。提出筑牢城市防灾减灾第一、打造城市生活"+气象"模式、气象赋能城市精细化治理、提升城市重大活动气象保障能力、提升城市气象服务科技支撑水平五项主要任务。 (李燕玲)

科学技术

科技发展计划

【概况】 2023年，争取省级科技项目，积极组织企业申报各类科技计划项目，全程跟踪指导企业申报材料编撰工作，最终获得省级及以上各类资金支持共计2400余万元。组织实施市级科技计划项目，全年分多批次下达市级各类科技计划项目127个，金额共计950万元。年内，开展景德镇市陶瓷产业技术创新项目征集立项工作，共征集项目41个，立项16个；中国直升机设计研究所设计的“AC313大型民用直升机”项目获江西省科学技术奖特等奖，江西景德镇国家农业科技园通过科技部验收，景德镇陶文旅（陶溪川）获批国家文化和科技融合示范基地；深入开展“科贷通”融资服务工作，全年有效服务53家企业，发放贷款1.28亿元，下发“科贷通”贴息资金60万元，缓解企业融资难、融资贵等问题。2022年，全社会研发投入占GDP比重达1.8%，全省排名第三；全省科技创新监测评价全省第二。

【科技经费投入及管理】 2023年，加大力度落实市级科技经费管理改革相关制度，根据《景德镇市科技奖励与后补助的暂行办法》，对符合条件的相关单位共下达后补助与奖励资金345万元。规范全市陶瓷产业技术创新和研发补助专项资金的使用和管理，根据《景德镇市陶瓷产业技术创新和研发补助专项资金管理暂行办法》，全年共下达该专项资金380万元。制定出台《景德镇市2022年全社会研发投入强攻行动工作方案》，通过后补助经费激励、聘请第三方机构指导等措施，进一步加大研发投入工作力度。2022年全社会研发投入占GDP比重达1.8%，全省排名第三，景德镇市综合科技创新水平连续多年稳居全省第二。

【科技政策法规实施与建设】 2023年，推进大院大所科技合作，市政府出台了《关于推进大院大所合作增强科技创新驱动力的实施意见》（景府发〔2023〕1号）文件。实施意见以国家试验区建设为统领，聚焦产业转型升级、企业自主创新等重大需求，推动全市与国内外大院大所开展长效合作，着力集聚高端创新要素，不断增强科技创新驱动力。实施意见构建景德镇市深入开展大院大所科技交流合作的高位推动机制，提出全市深入开展大院大所科技交流合作的重点任务，进一步明确深入开展大院大所科技交流合作的保障措施。市政府制定出台《景德镇市产业科技创新专家咨询委员会管理办法（试行）》（景府发〔2023〕2号），旨在发挥科技战略咨询作用，对涉及全市产业科技创新的重大事项，组织决策咨询委员会专家开展基础性、前瞻性、战略性决策咨询和论证评估等活动，为产业、企业自主创新把方向，为开放创新聚合力，为高质量发展谋策略。

【科技体制改革】 2023年，贯彻落实市委深改委《景德镇市科技体制改革三年攻坚行动实施方案》，推进实施方案中有关改革创新重大科技项目立项和组织管理方式等14项改革攻坚任务，从科研管理、科研平台、科技人才、成果转化、科技合作、创新治理等各方面齐头并进全方位推进，构建完善科技管理体制机制，抓好协调服务、督促落实、示范推广等工作，推动各项科技体制改革任务落地落实。积极推进景德镇陶瓷大学赋予科研人员职务科技成果所有权或长期使用权试点改革，促进科技成果转移转化。持续提升研发投入强度，激发企业创新主体活力；推行“揭榜挂帅”“赛马制”等科技项目新型组织方式，引导重点企业、重点产业实施关键技术创新；提升各类科技创新平台整体效能，争创国家、省级平台；建立健全景德镇市与国内外开展大院大所科技交流合作的长效机制，推进“科创飞地”建设。

【科技创新平台与载体建设】 2023年，培育市级重点实验室、技术创新中心，批复组建8家市级重点实验室、技术创新中心，下发48万元财政资金。开展创新平台优化提升工作，对验收通过、运行成效较好的平台进行长效支持，为景德镇市生物大数据重点实验室等9家市级平台提供49.5万元资金支持。

高新技术及产业发展

【概况】 2023年，全市国家高新技术企业共172家，423家企业获批科技型中小企业。有国家产业化基地3个：景德镇国家直升机高新技术产业化基地、国家火炬景德镇陶瓷新材料及制品特色产业基地和景德镇国家精细化工高新技术产业化基地。年内景德镇市推荐申报高成长性企业15家，推荐申报高新技术企业122户次。至年底，全市有423家企业获批科技型中小企业。组织全市企业、高校和科研院所申报省级以上科技计划项目，争取科技部项目1个，省级以上经费1254万元。

【产业化基地管理】 景德镇国家直升机高新技术产业化基地主体是景德镇国家高新技术产业开发区，2023年，景德镇高新区实现工业营业收入865亿元，高新技术产业增加值占规模以上工业增加值比重68%（含军工），规模以上工业研发经费支出占营业收入1.8%。全年在壮大特色产业（航空）方面取得了成效。聚焦延链补链招商，重点针对产业链缺失环节开展重点招商，围绕园区航空龙头企业昌飞公司和602所的配套供应商，不断助推厂所配套本地化，完善供应链；聚焦主导产业项目建设，多个重要航空装备项目已经逐步投产；聚焦完善通航产业生态，优化调整《景德镇市全域航空产业发展规划（2022—2025）》，完善航空产业发展重点、发展路径、空间布局、要素保障等顶层设计，着力构建直升机特别是无人机整机研制生产、零部件配套、通航运营、文旅融合、航空科普等全牌照、全周期、全链条的航空产业体系；聚焦数智化转型升级，积极向省工信厅申报航空产业集群数字化转型试点并获得批复，完善论证试点实施方案，拟对48家航空企业进行数字化改造。景德镇国家精细化工高新技术产业化基地主体为江西乐平工业园区。2023年，该园区实现规模以上工业产值450.5亿元，主营业务收入435亿元，实现利润17.2亿元，税收总额8.2亿元；安置就业人员近两万人。其中精细化工及生物医药产业经济总量占乐平工业园区经济总量86%。2023年9月，江西乐平工业园区被认定为江西省绿色工业园区；园区有高新技术企业20家，省级技术平台9个，院士工作站1个，景德镇市级技术中心4个。

【科技人才】 2023年，对接国家和省级重大人才工程，引进培养高端人才。组织动员高校院所和企业积极申报国家和省级人才计划项目，认真做好项目推介、宣传发动、材料审核、择优推荐等各项工作。年内，轻工业陶瓷研究所李涛成功入选赣鄱俊才支持计划——主要学科学术和技术带头人培养项目。人才服务工作：开展“3+1+X”人才认定，兑现“3+1+X”产业人才发展奖励经费115万元，做好外国人来华工作许可审批工作。持续开展党委（党组）书记领衔人才工作项目——人才入企服务工作，选派18位科技人才到江西兴勤电子有限公司等18家企业开展产学研协同创新，并给予84万元资金扶持。参加各级各类招才引智活动。组织全市企事业单位参加第二十一届中国国际人才交流大会、国家级大院大所进江西系列活动、以“科技支撑江西省电子信息产业高质量发展”为主题的“庐山对话”活动、第二十五届中国国际高新技术成果交易会等各类引才活动。

【科技合作与交流】 6月27日，景德镇市推进大院大所合作、增强科技创新驱动力新闻发布会在市发展中心新闻发布厅举行。发布会介绍景德镇市与大院大所开展科技交流合作的工作情况。景德镇市科技局、北京航空航天人学江西研究院景德镇分院的相关负责人就推进大院大所合作文件出台背景、贯彻落实举措以及北京航空航天大学与景德镇市开展校地合作的成效和经验等回答媒体记者的提问。推荐企业申报中央引导地方科技发展专项资金。推荐7家企业申报中央引导地方科技发展资金—区域创新体系建设—跨区域研发合作项目，景德镇市江西九由航空装备有限公司的“航空复合材料液体成型工艺及其构建研发”项目申报成功，获得100万元项目资金。

科技活动

【概况】 2023年，举办全市科普讲解大赛，普及科学知识，弘扬科学精神，倡导科学方法，传播科学思想，提高科普传播者、科普志愿者和讲解人员的科普讲解能力。举办2023年景德镇市科技活动周启动仪式——筑梦科技启航未来系列活动，其中包含“御窑天下·青花秘境”科普体验活动、“童心向党 筑梦启航”景德镇市流动少年宫科技进校园等活动。开展“科技润童心·共筑科技梦”“逐梦蓝天翼动未来”航空科普志愿服务等活动。举办景德镇市2023年全国科普日·江西省第三届好奇心科普节航空知识进校园活动。

【科技监督与科研诚信建设】 2023年，完善科技监督机制，制定出台《景德镇市科技计划项目监督办法（试行）》《2023年度科技监督工作计划》等科技监督管理办法，旨在加强科技项目方案制定、评审遴选、结题验收等现场监督。全年共开展科技人员入企、揭榜挂帅等评审验收项目40次。开展科研诚信建设，核查2022年后立项的科技计划项目履行科研诚信承诺情况，推进全市科研诚信体系建设，规范医学科研行为，引导科研人员提高诚信意识，遵守诚信原则，营造崇尚科研诚信的良好风气。

【全社会研发投入统计强攻行动推进会召开】 1月5日，落实省委、省政府的部署，进一步加大全社会研发投入，景德镇市召开全社会研发投入统计强攻行动推进工作会。市政府副市长罗文军出席会议并讲话，会议由市科技局局长王筱松主持。市政府副秘书长夏锋，市科技局党组书记虞萍，各县（市、区）分管科技工作的领导；市统计局、市工信局、市国资委、市卫健委、市税务局分管领导；各县（市、区）科技局、统计局主要负责人；各高校科技处负责人以及部分企业代表参会。

【科研诚信体系建设宣传活动】 3月17日，为全面推进景德镇市科研诚信体系建设，营造诚实守信科技创新生态环境，市科学技术局在全市科技型企业开展科研诚信宣传教育活动，设立信用知识宣传栏，向科技项目承担单位宣传科研诚信的重要性和必要性。在宣传活动期间，市科技局到企业基层发送《我们所知道的科研诚信》等信用知识小册子，宣讲《江西省科研诚信管理办法》中的信用管理机制、惩戒机制，并讲解科研失信行为、信用评价等内容，通过宣传提高全社会的信用意识。

【景德镇市科普讲解大赛举办】 4月12日，由市科技局、市科协联合主办，景德镇御窑博物院协办，景德镇市科学技术创新发展中心承办的2023年景德镇市科普讲解大赛在御窑博物院举行。此次大赛以“众享科技 逐梦前行”为主题，旨在普及科学知识，弘扬科学精神，倡导科学方法，传播科学思想，为全市科普传播者、科普讲解员和科普志愿者搭建学习交流的平台。在科普讲解大赛现场，来自全市各领域的41名参赛选手同台竞技。比赛评选出市级一等奖4名、二等奖8名、三等奖12名，并推荐部分优秀选手代表景德镇市参加全省科普

4月12日，景德镇市科普讲解大赛在御窑博物院举行（市科技局/供图）

讲解大赛。

【景德镇市科技安全知识竞赛】4月12日，景德镇市科技局在御窑博物院成功举办科技安全知识竞赛。全市相关单位的50余名选手参赛。比赛全员通过，不评奖项，旨在宣传科普知识。此次竞赛激发大家对科技安全知识的学习热情，提升人们维护国家科技安全的观念，对增强全民国家安全意识和素养、筑牢国家安全人民防线、维护全市科技安全起到积极作用。

【景德镇市组团参加第二十一届中国国际人才交流大会】4月15—16日，第二十一届中国国际人才交流大会在深圳成功举办。大会以“促科技创新、谋共同发展、惠全球人才”为主题，采用线下线上会展模式，线下设开幕式、深圳论坛、展览洽谈、人才招聘、主题活动5大板块，线上设虚拟展厅、项目对接、线上招聘等功能服务区，举办各类论坛、活动60场，吸引来自28个国家和地区的948家专业机构和组织，近万名海内外政府代表、专家学者、高端人才现场参与。景德镇市收集整理筛选全市企事业单位的人才和项目需求25项报送组委会编制需求手册，布置40平方米的展位，设计制作9块图文并茂的宣传展板，宣传景德镇市的悠久历史和发展成就，介绍人才政策和引才措施，展现航空、先进陶瓷、化工医药等产业的发展情况和人才需求，在现场屏幕循环播放宣传视频《筑巢引凤展翅瓷都》，昌飞公司提供3架大型直升机模型展出，吸引众多参展观众驻足观看。展会期间，景德镇市现场接待咨询200余人次，采集人才和项目合作意愿27项。

【全民数字素养和技能提升月活动】为贯彻落实《2023年景德镇市全民数字素养与技能提升月工作方案》，营造全民全社会关注并积极参与的浓厚氛围，景德镇市组织开展“数字赋能，全民共享”系列科普活动。外请专家讲座。5月12日，市科技局邀请国内知名密码专家吕述望教授到景德镇陶瓷大学作《信息安全基础与密码本原》学术报告。通过吕教授专业知识讲解和案例展示，强化观众对信息安全防护的认知。开展科普宣传。5月15日起，依托市科技馆布置临展《比你更了解你——大数据主题展》，以互动体验方式生动讲解大数据数字世界的基础知识、历史演进、信息发展，让大数据知识更加贴近生活。

【全市科技活动周启动仪式暨“筑梦科技 启航未来”系列活动】5月22日，由景德镇市科技局、市委宣传部、市科协联合主办，市科学技术创新发展中心、市科技馆、景德镇市第十二中学共同承办的2023年景德镇市科技活动周启动仪式暨“筑梦科技 启航未来”系列活动在景德镇市科技馆拉开帷幕。此次活动以景德镇市科技馆为载体，设有开展科普小课堂、参观体验探索发现、生命健康、守望平安、走向未来等展厅，让青少年们了解生物基础知识、危险自救、科学原理、科技发展，激发青少年的科学兴趣，促进科技知识的宣传普及。

【“御窑天下·青花秘境”科普体验活动】5月22日，由景德镇市科技局、御窑博物院联合主办，市科技创新发展中心、景德镇市第十二中学、市特殊学校共同承办的2023年景德镇市科技活动周主题活动——“御窑天下·青花秘境”展及科普体验活动在御窑博物院成功举办。此次活动以“景德镇古陶瓷基因库”数据为基础，青花瓷为载体，从世界性和当代性的视角展开策展叙事。博物馆主展厅分为四个章节——“瓷的巨变”“微观竞演”“幻花水月”“碎与永恒”，共同呈现以青花为纽带的世界文化交流史。通过活动，同学们深入了解景德镇青花瓷的故事，真切感受到景德镇陶瓷文化的博大精深，拓宽视野，增强创新动手能力。

【“童心向党 筑梦启航”景德镇市流动少年宫科技进校园活动】5月24日，2023年景德镇市科技活动周系列活动——“童心向党 筑梦启航”流动少年宫科技进校园活动在景德镇市航空学校成功举办。此次活动由景德镇市科技局、共青团景德镇市委、景德镇市科协、景德镇市气象局、景德镇市少工委联合主办，景德镇市航空学校全体师生共计560余人参加活动。此次科技进校园实践活动包含党的二十大精神宣讲、北斗知识宣讲、科普大篷车校园行、消防器械展示、气象探测、慧鱼机器人编程、橡皮筋动力航模、乐高机器人展示讲解、电磁迷宫、合力建塔、平衡车体验等。

【科技工作会】5月24日，景德镇市2023年科技工作会召开。景德镇市委书记刘锋和市委副书记、市长胡雪梅专门作出批示，肯定全市科技工作成效，并对做好2023年科技工作提出明确要求。副市长、高新区党工委书记罗文军出席会议并讲话，市政府副秘书长夏锋主持会议，市科技局党组书记虞萍作全市科技工作报告，市科技局局长王筱松宣读《景德镇市贯彻落实〈江西省科技兴赣六大行动实施方案〉的实施方案》。各县（市、区、园区）政府分管领导和科技部门负责人，有关高校、科研院所、金融单位、创新人才（团队）及企业负责人，市科技局中层以上干部共计100余人参加会议。

“AC313大型民用直升机”（市科技局/供图）

【景德镇市组团参加中关村论坛展览(科博会)】 5月25—30日，2023中关村论坛展览（科博会）在北京举办。展会以“创新引领·数字赋能”为主题，总面积达2.7万平方米，共有650余家企业机构参展。此届中关村论坛展览（科博会）设有前沿科技与未来产业、信息科技与智能制造、绿色“双碳”、医药健康、数字经济、区域创新合作6个展区。景德镇市通过前期发动宣传，聚焦数字经济、航天航空、先进制造等领域，筛选全市企事业单位的9个项目报送省科技厅编制江西展团项目汇编，并组织江西直升机有限公司、景德镇猎户星空智能科技有限公司等参展，突出展示景德镇市特色科技成果。展会上，JH-2小朱雀轻型运动类直升机、豹小秘DP版和迷你版亮相江西展馆。

【送科技下乡活动】 6月21日，分别到昌江区新柳村、浮梁县金竹村乐平市塔前镇开展送科技下乡活动，设立科技咨询台，开展农业科技政策、农技推广、畜牧技术、果树栽培等知识的宣传咨询，接受群众咨询150余人次，发放科技宣传资料200余份；群众积极参与，取得良好的效果。年内，开展“助力乡村振兴科技下乡”活动，组织以科技特派员为主体的科技小分队深入田间地头，开展农业科技咨询，田间管理知识宣传、示范和培训；组织开展“科技惠民”“科技扶贫”等活动，助推定点联系帮扶活动。

【AC313直升机获江西省科技进步奖特等奖】 8月1日，省政府发布《江西省人民政府关于2022年度江西省科学技术奖励的决定》，由中国直升机设计研究所，昌河飞机工业（集团）有限责任公司等单位共同研制的“AC313大型民用直升机”成果获科学技术进步奖特等奖。AC313大型直升机重大技术攻关和产业化项目成功入选2022年度江西省十大创新成果。江西昌河航空工业有限公司“C919客机大型复合材料襟缝翼研制”项目获科学技术进步奖二等奖。

【科技人员服务能力培训班】 9月，先后成功举办《全市水稻绿色高产种植技术培训班》《2023年科技特派员服务能力暨现代种植技术培训班》《省“三区”人才支持计划科技人员专项培训班》等，共计培训200余人次。此次培训有助于提升全市科技特派员在产

6月21日，景德镇市科技局开展科技下乡活动 （市科技局/供图）

10 月 23 日，市科技局联合市卫生健康委举办全市卫生系统科研诚信建设培训班 （市科技局 / 供图）

业指导、技术服务、示范引领等方面的能力，发挥科技骨干人才在乡村工作中的示范带动作用。

【景德镇市 2023 年全国科普日·江西省第三届好奇心科普节航空知识进校园活动】 9 月 19 日，景德镇市科学技术局在景德镇市实验学校举办景德镇市 2023 年全国科普日·江西省第三届好奇心科普节航空知识进校园活动，市实验学校三年级二班 40 余名学生参与此次活动。通过此次科普进校园活动，营造讲科学、爱科学、学科学、用科学的氛围，激励同学们的科学和爱国主义精神，教育和引导大家从小树立远大理想，学好知识、增强本领，长大后立志报效国家。

9 月 19 日，景德镇市 2023 年全国科普日·江西省第三届好奇心科普节航空知识进校园活动在市实验学校举办 （市科技局 / 供图）

【市科技局邀请袁春出席开幕式和招商引资（招才引智）推介会】 10 月 18 日，以“瓷行天下、贸连全球”为主题的 2023 中国景德镇国际陶瓷博览会在景德镇国际陶博城拉开帷幕，市科技局邀请清华大学袁春教授出席开幕式和招商引资（招才引智）推介会。袁春教授系清华大学博士生导师，清华大学—香港中文大学媒体科学、技术与系统联合研究中心常委副主任，清华大学深圳研究生院计算机应用技术实验室主任，中国计算机学会高级会员，多媒体专委会委员，IEEE 高级会员。市科技局党组书记虞萍、局长王筱松等领导与袁教授进行交流，介绍景德镇市科技创新工作的开展情况和存在的问题，希望能依托清华大学的人才优势，积极推进景德镇市与大院大所高端人才在数字经济、先进陶瓷等高科技领域的深度合作，助力国家陶瓷文化传承创新试验区建设。

【卫生系统科研诚信建设培训班】 10 月 23 日，市科技局联合市卫生健康委举办全市卫生系统科研诚信建设培训班，全市卫生系统各单位的科研管理人员和项目负责人共计 150 余人参加培训。此次培训邀请景德镇陶瓷大学科技处处长常启兵作题为《科研诚信及科技伦理》专题讲座。科研诚信建设培训旨在引导全市卫生系统进一步加强学术规范思想意识，营造良好学术环境，弘扬学术道德和科研伦理，为优化景德镇市创新生态、提升科技创新能力、推动全市医疗水平高质量跨越式发展提供坚强支撑和保障。

【市科技局组团参加全省领导干部“数字经济——智联江西”专题培训班】 11 月 1—3 日，为提高景德镇市干部数字素养，加快推进江西省制造业重点产业链现代化建设“1269”行动计划，市科技局组团参加 2023 年全省领导干部“数字经济——智联江西”专题培训班。此次培训班将课堂教学与现场教学结合，邀请数字经济方面资深专家和学者，围绕“5G 物联时代技术与应用发展趋势及前景”“工业互联网建设探讨与实践”“数字技术创新与产业数字化新趋势”等内容进行授课，并赴新干盐化园区、木林森 5G 智慧工厂、南亚新材料等地开展现场调研。

【市科技局组织参加江西智库峰会暨国家级大院大所产业技术及高端人才进江西活动】 11月2日，2023江西智库峰会暨国家级大院大所产业技术及高端人才进江西活动在南昌开幕。为推动景德镇市与大院大所合作，市科技局以组织参加此次活动为契机，积极对接大院大所，走访企业；各县（市、区）及园区科技管理部门广泛发动，深入摸底，推进一批大院大所科研项目、创新平台、科技成果、人才合作在全市转化落地。此次活动中，景德镇市组织推荐全市有关单位与国家级大院大所、名校名企签约合作项目共计22项，项目数量为历届活动最多，涉及航空、先进陶瓷、装备制造、新能源、化工、食品、电力、文创等产业领域。其中，创新平台类3项、技术创新类15项、人才合作类4项。

【市科技局组团参加第二十五届中国国际高新技术成果交易会】 11月15—19日，第二十五届中国国际高新技术成果交易会在深圳会展中心举行。此届“高交会”以“激发创新活力，提升发展质量”为主题，突出创新驱动和高质量发展主线，集中展示国内外最新最前沿高新技术成果。景德镇市科技局党组书记虞萍率队参加此次“高交会”。市科技局紧紧围绕本市主导产业和战略性新兴产业，精心筛选一批紧贴市场需求、具有自主知识产权的高新技术成果组团亮相高交会。江西华创精密制造有限公司PCB用微钻和PCB用铣刀、景德镇三圆华鑫特种陶瓷有限公司碳化硅陶瓷、景德镇猎户星空智能科技有限公司豹小秘&聚言大模型，特别是景德镇翼腾科技有限公司展出的ET450型无人直升机参展，吸引参观者驻足咨询。翼腾公司负责人表示，ET450型无人直升机是国内第一个具备卫星通信数据链的无人直升机，最高支持200千克载重量，具备较强的稳定性、性价比和可靠性，随着市场普及程度提升，可以实现高时效的配送网络，打造成全球的空中“货拉拉”平台。

科技成果及市场转化

【概况】 2023年，推荐全市优秀科技成果申报科学技术奖励，在全省科技大会上，景德镇市推荐申报的“AC313大型民用直升机”项目获2022年度江西省科学技术进步特等奖。江西昌河航空工业有限公司的“C919客机大型复合材料襟缝翼研制”项目获二等奖。AC313大型直升机重大技术攻关和产业化项目成功入选2022年度江西省十大创新成果。组织实施陶瓷产业重大产学研协同攻关和成果转化项目，对“卫生洁具抗菌除氨釉关键技术及产业化”等4个项目给予150万元资金扶持。征集和申报江西省重大科技成果熟化与工程化研究项目，“碟式陶瓷膜产业化关键制备技术开发与示范”项目获得省科技厅立项支持。组织全市企事业单位参加第二十五届中国国际高新技术成果交易会和第三届江西省科技创新产品直播节。引导和规范技术交易市场，促进技术合同网上登记交易。承办江西省第十四期初级技术经纪人培训班，为136位参加培训的学员颁发结业证书和初级技术经纪人资格证书。开展技术合同登记交易后补助政策的宣传和推广，组织网上技术市场的业务操作培训咨询，2023年全市技术合同成交总金额达40亿元。

【农村科技工作】 2023年，组建省级科技特派团8个，选派市级科技特派员53名，引领带动县（市）区培养本级科技特派员300余人，根据乡镇产业发展需求分派至各乡镇开展创新创业服务活动。印发《关于开展2023年乡村振兴重点帮扶村科技服务全覆盖工作的通知》，在全省率先实现全市乡镇全覆盖，省级重点帮扶村全覆盖。立项实施市级以上农业科技项目22项，认定市级乡村振兴科技服务基地6家。6月，景德镇国家农业科技园区通过科技部验收，正式批复为第九批国家农业科技园区。园区内企业依托高校、科研院所组建各级研发平台11个，获得专利授权178项，实施中央引导地方科技发展专项、国家农业科技成果转化资金等各级各类科技项目25项。

【社会发展科技工作】 2023年，成功申报“十四五”国家重点研发计划“文化科技与现代服务业”重点专项项目《中国古代陶瓷烧成技术谱系研究》，并获得499万元的科技部专项经费支持。联合市发改委、市工信局等7部门印发《景德镇市科技支撑碳达峰碳中和实施方案（2023—2030年）》的通知，制定9项重点任务，支持7项碳达峰碳中和科技创新项目。富祥药业承担的《1H-1，2，3-三氮唑绿色制备工艺开发和应用》科技项目被列为省级科技专项资金项目，获120万元的省级科技计划项目经费支持。组织2023年市级科技计划医疗项目评审，选定222个市级医疗项目，新建2个市级临床医学研究中心。

（徐瑛）

教　育

综　述

2023年，全市共有各级各类学校、教学点、幼儿园1114所。其中，高校7所，中职学校10所，普通中学102所（初级中学40所、九年一贯制学校37所、完全中学10所、高级中学8所、十二年一贯制学校7所），小学270所、教学点240所，幼儿园482所（公办178所、民办304所），特教学校3所。有省重点中学6所（景德镇一中、景德镇二中、乐平中学、乐平三中、浮梁一中、昌江一中），省重点建设中学6所（景德镇市外国语学校、景德镇七中、景德镇十六中、昌河中学、乐平四中、乐平洪马中学），国家级重点职业中学1所（景德镇市第一中等专业学校），省级重点职业中学1所（景德镇市机电工程学校），省级示范性特教学校1所（景德镇市特殊教育学校），省级示范性幼儿园9所（市委机关保育院、市教育局直属幼儿园、乐平市幼儿园、昌河幼教中心、602所幼教中心、天天乐幼教集团、珠山区实验幼儿园、珠山区民办江大致远长虹幼儿园、鹅湖镇中心幼儿园）。全市中学专任教师1.01万余人，小学专任教师7015人，特殊教育学校教师84人，中等职业学校教师898人，幼儿园专任教师3403人。在岗特级教师27人、省级学科带头人61人、省级骨干教师180人。全市中小学在校生27.98万余人，在园幼儿4.52万余人，公办园在园幼儿2.63万余人。全市民办小学2所，学生1379人；民办普通中学9所，学生6267人；民办中等职业学校3所，教职工139人，在校学生3340人；民办幼儿园教职工2999人，民办在园幼儿1.89万余人。

年内市教育体育局市直各学校（幼儿园）29所，其中，中职学校5所，普通中学17所，小学3所，幼儿园3所，特教学校1所。市直中学专任教师2605人，小学专任教师170人，特教学校教师54人，中职学校教师277人，幼儿园专任教师97人。市直中小学在校生52754人，在园幼儿740人。2023年景德镇市一般公共预算教育经费占一般公共预算支出的比例为18.28%，比上年的16.44%增长1.84个百分点，一般公共预算教育经费增长高于财政经常性收入增长2.09个百分点。全市一般公共预算教育经费为43.87亿元（其中教育事业费42.73亿元，教育费附加1.14亿元）。普通高中生均一般公共预算教育经费为1.76万余元/人，同比上年增加0.57%；普通初中生均一般公共预算教育经费为1.43万余元/人，同比上年增加6.62%；普通小学生均一般公共预算教育经费为1.20万余元/人，同比上年增加8.59%。

落实立德树人根本任务。市直各学校实行党组织领导的校长负责制、修订“两个议事规则”、建立定期沟通机制的比例均达到100%。推进党的二十大精神进校园活动100余场，覆盖师生1.5万余人次。开展全市中小学幼儿园红色、绿色和古色文化教育以及“传承红色基因，争做时代新人”“红色故事我来讲”等活动。打造景德镇二中党建带团建、景德镇五中党建网格化、市实验学校感恩教育、昌河小学少年军校、市十九中教师访千家、市九中党员示范岗等党建品牌。开展景德镇二中雷锋纪念馆、景德镇一专“三个一”爱国主义特色教育活动。组织全市中小学思政教师参加全省《习近平新时代中国特色社会主义思想学生读本》集中培训。免费为市直21所中小学发放《习近平新时代中国特色社会主义思想学生读本》近2万册。组织浮梁一中、浮梁一小等学校融入景德镇市大中小学思政课一体化建设联盟。举办全市中小学《习近平新时代中国特色社会主义思想学生读本》和《红色文化》教学比赛。人民网、《人民日报》等重大媒体给予报道。市教研所申报的“区域思政课一体化建设在中小学实施路径研究”省级课题成功立项。

教育均衡取得实效。全市有新建项目学校5所、改扩建项目学校53所，新建公办园14所。改善改造学校校舍建筑面积16.73万余平方米。新增普惠性幼儿园学位3960个、义务教育学位9490个、高中学位5100个。中心城区新建及续建一批学校相继完工，其中新建项目学校2所（市机电学校、市十三中迁建），2所学校共投入约4.5亿元，新增建筑面积10.5万平方米，新增学位5100个。启动实施市昌河中学迁建项目，市一中教学楼新建项目，建筑面积约6.50万平方米，改善学位4850个。完成文艺小学操场及周边附属设施改造工程；启动田家炳外国语学校游泳馆项目、市五中消防管网改造和十九中操场改扩建项目，总投资约1200万元，改善校园面积9300平方米。

提升师资建设水平。全市招聘中小学教师276人、特岗教师97人。接收安置公费师范生39人。召开全市教师节表扬大会，对全市10所模范学校、20名模范书记校长、20名模范教师进行颁奖。遴选1859名教师参加国培、省培；线上培训4.79万余人次；全市24人入选全省第五次学科带头人和骨干教师培养计划；10名教师和3名校园长为全省中小学名师、校长培养对象。市财政局继续采取二次补差的形式，建立义务教育教师工资收入随当地公务员待遇调整的联动机制。市直统筹为3138名在职教师、1618名退休教师发放2023年度专项绩效6637万元，市本级及各县、市、区均完成“不低于”要求。“五一”“十一”假期，通过上门家访、电话访问、网络访问等方式，共有231所中小学校，1.8万名教师对全市27.6万中小学生进行家访。

落实教育“双减”政策。全市118所学校开展暑假校内托管服务，义务教育学校课后服务覆盖率为100%，受益中小学生21.51万人，占比97.36%。全市聘请517名校外专业人士参与课后服务师资队伍。景德镇市陶阳学校、景德镇五中和乐平九小获全省义务教育阶段学校“课后服务百校行”示范校。景德镇五中的“五色”教育、陶阳学校的课后服务方案、市十五小特色作业点亮生活被省厅选为全省推广的典型案例。全市179所非学科类校外培训机构全部完成重新审核登记。全年共巡查机构1475家/次，下发整改通知单145份，查处违规培训40起，责令违规机构依法退还违法所得42.33万元；共处理反映违规补课、违规推销教辅教材、违规收费等“三违”问题的信访件38件，查处违规违纪人员16人，清退收缴违规收费45.02万元。

筑牢校园防护墙。全市903所学校中，实行“警+N”模式学校115所，实行N模式学校788所。出动执法人员200余人，清理校园周边流动摊贩，收缴非法书籍、宣传单、音像制品，检查网吧，净化校园周边治安环境。全年学生非正常死亡人数大幅下降，学生非正常死亡7人，比上年下降56.2%；青少年儿童溺亡1人，同比下降90%。全年共受理承办信访621件，办结621件，办结率达100%。投入49万元购买网格化心理健康教育管理服务，建立“一生一册”心理成长档案。依法取缔无证“小饭桌”1家，关停2家学校食堂。全市551所学校（幼儿园）食堂全面完成监管平台建设。

【景德镇二中“雷锋馆”揭牌】3月30日，市教体局党组书记何明旺、局长方静、副局长孙俊到景德镇二中参观新建“雷锋馆”并揭牌。景德镇二中“雷锋馆”是景德镇首个“雷锋馆”，也是全省首个在中小学校设立的“雷锋馆”。“雷锋馆”展示雷锋生平事迹，解读雷锋精神，回顾景德镇二中“火炬”学雷锋小组53年的活动历程。

【市委教育工作领导小组会议】7月6日，市委召开教育工作领导小组会议。会议审议通过《市委教育工作领导小组2023年重点工作任务》《市委教育工作领导小组成员调整名单》《关于推进市、县两级建立健全党政领导干部联系学校制度》和《景德镇市义务教育学校教师县管校聘管理体制改革实施意见》。

【全市第39个教师节庆祝大会】9月7日，景德镇市庆祝第39个教师节大会召开。市委书记刘锋出席会议并讲话。市委副书记、市长胡雪梅主持大会，市委副书记吴隽宣读中共景德镇市委、景德镇市人民政府关于表扬全市“模范学校”“模范书记校长”“模范教师”的通报，俞小平、韦情、廖良生、林蓉、邓永翔、林卫春等市四套班子领导出席。

（冯小华）

学前教育

【概况】2023年，开展全市幼儿园幼小衔接等专项工作检查，共检查20所幼儿园。举办景德镇市第一届幼儿趣味运动会，全市36所幼儿园参赛。组织开展幼小科学衔接典型案例征集评选活动。开展全市标准化幼儿园核查工作。举办全市幼小衔接双向推进培训班。开展2023年标准化幼儿园认定工作。开展景德镇市一级一类、乡镇示范幼儿园申报、复评工作。开展全市幼小衔接专项督查工作。开展幼儿园办园行为规范清理工作。持续扩充普惠性学前教育资源。全市新增幼儿园学位3960个，公办园幼儿占比达54.8%、普惠园幼儿园覆盖率达90.2%。集中对幼儿园“去小学化”、小学一年级“零起点”现象开展实地督查和整治。景德镇4所幼儿园被评为江西省保教质量评估试点园所。

【市领导“六一”节慰问少年儿童】5月31日、6月1日，市委书记刘锋、市长胡雪梅到部分学校、幼儿园，向全市少年儿童致以节日祝福。市委副书记吴隽，市人大常委会副主任、市委秘书长罗建国，副市长徐辉，高新区管委会主任、昌江区委书记倪卫春分别参加。

【全市第一届幼儿趣味运动会】5月20日，景德镇市第一届幼儿趣味运动会在市第五中学举行。设20米袋鼠跳、20米单人踩滚筒、30米障碍跑步、1分钟跳绳、投篮、投掷沙包6个项目，全市36所幼儿园、1088名幼儿参加开幕式，377名小运动员参加比赛。珠山区教育体育局获优秀组织奖；景德镇市教育局直属幼儿园、浮梁县鹅湖镇中心幼儿园等6个单位获体育道德风尚奖；珠山区实验幼儿园、浮梁县湘湖镇乐贝儿幼儿园等6个单位获得团体总分前六名。

（冯小华）

义务教育

【概况】2023年，城区学校实施优质学校扩建、品牌老校改造、教育资源拓展等扩容提升工程，不断扩大城镇义务教育优质学位供给。义务教育大班额比例降至1.47%。微调2021—2023年中心城区公办小学招生片区。规范学籍管理，确保“人籍一致、籍随人走”。全面推进义务教育“县管校聘”管理体制改革，控制编制和人社部门核定教师编制和岗位总量、大校额学校招生规模以及起始年级招生数量，年内秋季市实验学校在校生较上年减少79人。全市100人以下乡村小规模学校（含教学点）195所，优化79所。昌江区优化100人以下乡村小规模学校（含教学点）63所，惠及师生1316人。起始年级班额严格控制在小学45人、初中50人以内。实行义务教育报名“一件事一次办”网上报名，维护中小学生合法入学权益。推动义务教育优质均衡发展。全年计划下达资金4340.9万元，其中，义务教育薄弱环节改善与能力提升补助中央资金1538.1万元、省级资金1421万元，化解大班额资金1381.8万元，用于持续改善义务教育农村学校基本办学条件，扩大城镇学位供给。

【市城区幼升小“智慧入学学生信息采集”】7月12—16日，为贯彻落实市政府关于规范义务教育入学（城区）“一件事一次办”工作要求，简化手续流程、减轻家长负担，市城区学校义务教育阶段招生入学通过“景德镇市义务教育智慧入学数字平台”进行，开展中心城区幼升小“智慧入学学生信息采集（模拟）”工作。至年底，全市26128名新生（其中，小学10752人，初中15376人）全部通过赣服通招生报名系统入学，实现报名县市区全覆盖，入学学生全覆盖。网上一次性审核通过率为85%以上。

（冯小华）

高中教育

【概况】2023年，推进普通高中整体水平提升。景德镇一中成功获评江西省第三批普通高中特色学校，昌河中学、昌江一中被评为省级特色学校。景德镇普通高中学生综合素质评价信息管理系统学生使用率在全省排名第一。景德镇普通高中逐步形成“多样化、有特色、高质量、可选择”普通高中教育发展格局。在全市县域普通高中范围内组成首批10对结对帮扶学校，各县（市、区）聚焦规范学校管理、深化教学教研、提升教师素质、提高教学质量等任务，为结对帮扶学校搭建工作平台，加强交流，取得良好成效。新建、改建和扩建景德镇一中、昌江一中、浮梁新一中、蛟潭中学、鹅湖中学5所学校，新增体育场地面积1800平方米，扩建建筑面积12617.66平方米，新增学位供给3000个，确保学校教室能够满足选课走班的教学需求。2022—2023学年共组织4.2万名高中学生进行综合素质评价，学生使用率达99.95%，位列全省第二。组织1.3万名高三年级学生填写并完成生涯档案，完成进度达99.91%。2023年全市高考报名总人数1.99万余人，一本上线1892人，本科上线6603人，全市清华大学录取5人，北京大学录取5人。

表8　2022—2023学年景德镇市高考录取情况一览表

	2023年录取人数（人）	2023年录取率（%）	2022年录取率（%）
985	226	1.2	1.5
211（含985）	643	3.4	4.1
一本	1892	9.9	11.0
本科以上	6603	34.5	36.2
专科以上	15286	79.76	85.3

【全市普通高考考务工作会】5月29日，景德镇市教体局召开2023年普通高考考前考务工作会。各县（市、区）教体局局长签订《普通高考安全责任书》。全市共有1.92万余人参加高考，全市共设乐平市、浮梁县、珠山区、昌江区4个考区，10个考点，580个考场。乐平市、浮梁县、珠山区、昌江区4个县（市、区）教体局负责人汇报各考区的高考工作准备情况，并作表态发言。市教体局班子成员，各县（市、区）教体局局长、分管领导，市直各普通高中、职业高中学校负责人，各考点学校高考相关人员共计100余人参加会议。

（冯小华）

职业教育

【概况】2023年，以“扩容”为重点，增加优质职业教育资源。5月，举办2023年“全国职业教育活动周景德镇启动仪式”。年内，机电工程学校新校区竣工。乐平中专二期工程交付使用，陶溪川职校搬迁至艺术职业大学本部办学。推进职普协调与均衡发展，招生计划职普比为4∶6。开展中高职一体化长学制培养项目，全市共6所中职学校与14所高职院校在18个专业开展“3+2”对口贯通分段培养，计划招生1470人。下发资金60万元，资助6所公办职校40名特聘兼职教师，通过“招、聘、培”等方式，逐步解决中等职业学校教师数量不足和专业课程教师紧缺问题。5所中职学校设置18个新专业。就业率连续多年保持92%以上，“三校生高考”和自主招生考试中700余学生被高职院校录取。市卫校师生获教师教学能力比赛省赛一等奖，学生护理技能操作国赛一等奖。景德镇艺术职业大学职教本科招生近8千人，推动江西陶瓷工艺美术职业技术学院专升职教本科，筹建景德镇市卫生健康职业学院和景德镇市航空职业技术学院。全市中职学校对接园区企业43家，在合作企业建立实训基地26个，选聘企业技术人员任兼职教师30余人，每年专业教师到企业实习（锻炼）百余人次。

【全市职业教育活动周启动】5月14日，景德镇市职业教育活动周启动仪式在金鼎商业中心前广场举行。市委副书记吴隽、市人大常委会副主任况小军、市政府副市长徐辉、市政协副主席李冬香出席仪式，市教体局党组书记何明旺主持仪式。全市职业教育联席会议成员单位负责人、市教体局局长方静等班子成员参加启动仪式。全市12所参展职业院校展示拉坯、器乐演奏、无人机编程飞行、手工调酒、急救知识宣讲、剪纸编花、武术表演、茶艺、戏剧、舞狮等技艺表演。

（冯小华）

民办教育

【概况】 2023年，组织对全市各民办学校的办学条件、办学行为、教育教学、依法治校、安全管理以及财务和收费管理等情况开展全面检查，建立年检问题清单。督促各民办学校委托会计师事务所对年度财务报告进行审计。严肃查纠民办学校收费、招生、办学、实习、就业不规范、管理不到位等方面的突出问题。联合市监、发改等部门开展抽查检查。召开专项整治工作会议22次，政策宣讲13场次，下发工作提示81条、整改通知单（督办函等）159份。全市组建6个工作专班，派出221人次开展督查检查，检查学校183所，处罚学校5所，监管部门发现并整改问题39个。全市教育系统（校）主动登记上缴违法违规所得33.168万元，查处相关人员4人次。全市179所非学科类校外培训机构全部完成重新审核登记。紧扣双休日、寒暑假、节假日等关键时间节点，通过采取“四不两直”“双随机、一公开”“日查＋夜查”“联检＋抽检”等方式开展拉网式排查。联合市监、公安、消防等部门严查重处以“素质拓展”“思维训练”“家政服务”“众筹私教”“研学”“夏令营”等名义变相违规开展学科类培训的行为。建立健全校外培训机构黑白名单制度，将符合资质的培训机构纳入白名单进行公示，将违规机构纳入黑名单进行重点督查。全年共巡查机构1475家/次，下发整改通知单145份，查处违规培训40起，责令机构依法退还违法所得42.33万元。对全市705名校外培训从业人员开展违法犯罪记录排查，及时清退存在违法犯罪记录的从业人员。

【中秋国庆假期巡查校外培训机构】 中秋国庆假期期间，景德镇市教体局组织各县（市、区）教体局通过“日查＋夜查”“明察＋暗访”等方式开展校外培训机构巡查，共出动督查人员133人次，巡查校外培训机构145家，排查居民楼、商务楼宇、酒店、咖啡厅等场所23处，查处隐形变相违规培训2起，退还违法所得1.6万余元。

（冯小华）

成人教育

【概况】 2023年，全年共遴选1859名教师参加126期国培、省培线下集中培训。组织全市教师网络线上培训达4.79万人次，对全市教师进行全覆盖，在2022—2023学年度江西省中小学（幼儿园）“互联网＋教师专业发展”全员培训中培训合格率高达99.04%；2023年暑期景德镇市中小学（幼儿园）教师专题培训覆盖全市各县（市）区、市直学校（幼儿园）132个培训点，6878名教师。全省第五次学科带头人和骨干教师的培养计划中，全市共24人入选，全省第五期“中小学名师培养计划”和第八期“中小学名校长培养计划”中10名教师和3名校园长通过评审成为培养对象。审查高级中学、中等职业学校及中等职业学校实习指导教师资格，上半年共认定1075人。市直中小学及幼儿园共2469名教师在“中国教师网”进行教师资格定期注册。为在城区30年从教教师颁发荣誉证书384人，在乡村30年从教教师颁发荣誉证书1222人，在乡村20年从教教师颁发荣誉证书117人。《景德镇日报》、景德镇电视台、景德镇市教育体育局“微信公众平台”等媒体在教师节期间宣传10名优秀教师，在社会上获得好评。

【全市中小学公共安全教育骨干教师培训】 11月28日，景德镇市教体局组织78名全市中小学公共安全教育骨干教师开展培训。学员们观摩浮梁王港中心幼儿园、珠山区竟成小学、乐平市第十九小学带来的优秀示范课，市教研所专家以《中小学公共安全教育课备课策略》为题进行授课。市十七中、市教体局安稳办就中小学安全教育实施建议作专题培训。

（冯小华）

高等教育

【概况】 2023年，全市实施高等教育学历学校共7所，在校大学生增至8.45万人，比2020年翻一番。其中，普通高校7所（本科院校4所，专科院校3所），独立设置成人高校1所（景德镇电大）。3所专科院校分别是景德镇陶瓷职业技术学院、景德镇技师学院和景德镇卫生健康学院。年内，景德镇陶瓷大学、景德镇艺术职业大学、景德镇学院、江西陶瓷工艺美院4所本科院校在校生有6.75万余人。其中，硕士研究生、博士研究生2400余人，本科生4.7万人，专科生1.81万人(包含五年一贯制大专385人)。有专任教师3137余人。

年内，景德镇陶瓷大学有全日制在校生2.20万余人，其中，本科1.96万人，硕士研究生、博士研究生2400余人。专任教师1000余人，具有副高以上职称人员500余人。年内，吕品昌教授领衔的陶瓷美术与设计创新教师团队入选第三批“全国高校黄大年式教师团队”。教师孙熠入选“新时代赣鄱先锋”，获“一心为民好支书”称号。教师赵浩政获全省高校“最美辅导员”称号。学生侯梦伟获“中国大学生自强之星”称号。学生蒋金成获全省高校“最美大学生”称号。

（刘灿彬）

年内，景德镇学院设有11个二级学院，招生专业有35个，其中本科招生专业31个，专科招生专业4个，在校本专科学生1.44万人，其中本科生1.39万人。有纸质图书124.8万册，电子图书189.8万余册。校内外实习、实验、实训、实践基地400余个。学校教职工820余人，其中专任教师625人，具有高级专业技术职称的教师183人，“双师型”教师147人，具有研究生学位（硕士和博士）的专任教师541人。有新世纪百千万人才工程国家级和省级人选、享受国务院政府特殊津贴、“赣鄱英才555工程”人选、国家工艺美术大师、省级教学名师、省高校金牌教师、学科带头人、骨干教师等各类人才100余人。学校拥有世界陶瓷领域唯一的联合国教科文组织“陶瓷文化：保护与创新”教席，教育部首批中华优秀传统文化“陶瓷文化传承基地”等10个省级以上文化交流平台和科研平台。年内，教师承担市级以上科研项目101项（其中省级项目41项），发表学术论文230篇（其中核心期刊及以上61篇），获专利授权218项，出版专著3部。学校先后获2020—2021年度“全国无偿献血促进奖”“第二届江西省大中小学合唱展示活动优秀组织奖”“江西省第三届少数民族传统体育运动会筹办单位优秀单位”“景德镇市常态长效创建全国文明城市2023年第三期红榜”，校团委获评“2022年度全省高校共青团工作优秀单位”，马克思主义学院思想政治2020级二班团支部入围全国高校“活力团支部”，校关工委荣获2022年“读懂中国”活动优秀组织奖。6月，学校瓷乐团受邀参加以“旅博领航 盛装迎客”为主题的第11届中国澳门国际旅游(产业)博览会；7月，人文学院创作的大型原创话剧《瓷国匠心》在景德镇老年大学演出厅首演，该剧邀请国家一级编剧吴国珊担任导演、著名话剧表演艺术家马冬菊担任艺术监制和艺术指导。人文学院打造原创话剧《瓷国匠心》，尝试以一种新颖的表现方式传播、弘扬优秀传统陶瓷文化，是拓展实践教学形式的大胆创新。11月，副省长卢小青以“学习贯彻习近平总书记考察江西重要讲话精神，为全面推进乡村振兴，加快农业农村现代化建设步伐贡献青春力量”为主题，为师生讲授思政课。

（姜鑫妍）

截至2023年12月，景德镇艺术职业大学在校生为1.58万余人（普通本科专业人数7475人，职业本科专业人数3516人，高职专科专业人数4830人），无毕业学生。教职工人数为977人，其中行政岗59人、工勤岗19人、专任教师812人、专职辅导员81人，其中副高及以上职称121人（占比14.9%)、中级职称90人(占比11%)、硕士学位483人（占比59.5%)、“双师型”教师337人。年内，学校当选为高校毕业生就业协会职业教育就业工作委员会第一届理事会副理事长单位，陈少华当选为高校毕业生就业协会职业教育就业工作委员会第一届理事会副理事长。4月28日，景德镇艺术职业大学与景德镇市建筑设计院有限公司产教融合基地签约暨授牌仪式在学校行政楼5楼会议室举行。党委委员、校长助理钱泉森，景德镇市建筑设计院有限公司董事长于江、总经理徐珏亚出席仪式。6月3日，全国职业本科教育研究会成立大会暨职业本科教育发展研讨会在河北工业职业技术大学举行。景德镇艺术职业大学当选全国职业本科教育研究会第一届理事会理事单位。校党委书记、督导专员方文龙代表学校出席会议。12月底，省委宣传部、省文明办、省教育厅、团省委、省残联、省学联联合下发通知，表彰在2023年全省大中专学生志愿者暑期“三下乡”社会实践活动中表现突出的单位、团队、个人和项目。学校“七彩港湾”志愿服务队获2023年江西省大中专学生志愿者暑期“三下乡”社会实践活动优秀团队，指导老师元源获优秀个人。

（欧阳明）

【江西陶瓷工艺美术职业技术学院简况】 2023年，江西陶瓷工艺美术职业技术学院入选江西省首批依法治校示范学校。学校校舍建筑面积30万平方米，教学科研仪器设备总值9056万元，图书馆藏书90余万册，设有7个教学学院（部），35个全日制大专专业、5 个联合培养本科层次技术技能型人才专业，国家骨干专业 5 个，全日制各类在校生 1.56 万余人，其中本科生 2510 人，专科生 1.27 万余人，五年一贯制大专生 385 人；教师 700 余人。年内，由学院朱辉球、丁国华、李雄德、李文跃、何琦、李慧、雷鑫、冯璐远、黄滨等完成的教改成果《立足产业特色，匠师协同、五业联动传承陶瓷文化育人实践新范式》获 2022 年度职业教育国家教学成果一等奖，是江西省 2022 年唯一国家级教学成果一等奖，也是江西省职业教育教学成果一等奖零的突破；在美国斯坦福大学（Stanford University）John P.A.Ioannidis 教授团队发布的 2023 年全球前 2% 顶尖科学家榜单（World's Top 2% Scientists）中，学院院长肖绚荣登此榜，在生物信息领域中国地区学者的终身科学影响力榜单中位于第 50 位，在生物信息领域中国地区学者的年度科学影响力榜单中位于第 124 位；学院“全国教书育人楷模”“全国高校黄大年式教师团队带头人”朱辉球教授作为优秀教师代表入选宣讲团；江西省委教育工委下发《关于公布全省高职院校党建工作创新基地入选名单的通知》，江西陶瓷工艺美术职业技术学院党建创新实践中心入选，并获经费和挂牌支持；5 月，职业院校红色文化育人共同体成立大会在井冈山举行，全国各地职业院校 200 余人参会。学院党委常务副书记、常务副院长李雄德应邀出席成立大会。学院当选副理事长单位。学院创新创业项目“珈彩科技——高性能彩色陶瓷颜料创领者”获第八届“创客中国”江西省中小企业创新创业大赛创客组三等奖，并作为排名前 5 中唯一的高职院校代表江西省参加 12 月举行的“创客中国”国赛，学院获赛事优秀组织奖。

（严钦波）

【景德镇陶瓷职业技术学院简况】 2023 年，学院坚持特色职业教育办学定位，立足景德镇陶瓷资源优势，推进教育教学改革。年内，在校学生人数突破 6000 人，招生覆盖 25 个省、自治区、直辖市（新增了辽宁省和江苏省），录取人数 2759 人，统招录取 2517 人，同比上年录取率增长 8%，报到人数 1774 人，同比增长 14%。单招人数 221 人，比上年增长 110%。五年大专报到人数 248 人，共计 2264 人。效统筹毕业生就业工作，开展书记、校长访企拓岗促就业等专项行动，全年共走访企业 106 家，提供就业岗位 953 个，召开校园招聘会 6 场，累计提供岗位 1659 个。年内，学校毕业生初次毕业去向落实率为 82.43%，高于全省 82.23% 平均水平。

教育教学工作。年内，学校成功通过江西省高职诊改专委会和省教育厅教学诊改专家组学校内部质量保证体系诊断与改进工作现场复核。开展教育教学改革，推进产学研深度融合。组织校内外专家、学者对教师进行专题培训 3 次，举办学生结课展 17 场，学生个展 2 场；组织骨干教师面向学生举办主题讲座《景陶大讲堂》11 次。组织开展《2023 年教学能力竞赛》，评选出个人奖项 14 项及团队奖项 1 项。聘任王慧丽等教师为专业（教研室）主任（组长），构建陶瓷设计与工艺高水平专业（群），确定高水平专业（群）的建设目标、思路及方案要点，完成重点专业（群）的人才培养方案修订工作，遴选出俞瑞林教授的《艺术采风》课程申报 2023 年省级职业院校精品在线开放课程。发挥以赛促学、以赛促就、以赛促创的作用，促进学生全面成长。年内，学校成为全国无人机行业产教融合共同体理事单位，在“弄子里”首届景德镇大学生陶瓷外观设计专业大赛中获“优秀组织奖”。占翼获“第七届新年礼全国陶瓷创作设计大赛”银奖、江西省首届“喜迎二十大，弘扬工匠精神，建设科技强国”设计创作大赛银奖、首届全国陶瓷非遗版权创意作品大赛金奖，李勋获“第七届景德镇市文学”艺术奖美术奖三等奖。非遗学院陈伟柏、陶瓷美术学院杨帅、非遗学院杨天赐在第九届全国陶瓷行业职业技能竞赛总决赛中获现代生活陶艺一等奖、陶瓷综合装饰一等奖、陶瓷拉坯成型三等奖。非遗学院师生在省职业院校技能大赛陶艺拉坯项目（高职组）获团体二等奖。在 2023 年第四届东方创意之星设计大赛主赛江西赛区省赛中，艺术设计学院获优秀指导教师奖一项，学生组省赛金奖一项，银奖一项。师资队伍建设。2023 年，调整教职工薪资分配方案，提高专业主任津贴标准、副高级以上职称津贴标准、硕士研究生校龄标准，增加双师型教师津贴、特殊人才补贴和紧缺岗位的岗位津贴等。引进 85 名教职工，其中，硕士研究生 33 人，具有副高职称 3 人、中级职称 1 人。有 32 名教职工校内职级得到晋级和提拔，其中，科级 17 人，副处级以上 12 人。全年有 78 位教师取得教师资格证，参加江西省教师岗前培训 52 人，办理教师职称评定34人。其中，教授1人、副教授2人、讲师4人、助教17人，获江西省高职院校“双师型”教师37人，人才队伍水平得到提升。持续对优秀教师、优秀教育工作者、优秀辅导员进行表彰和鼓励，王慧丽等10名教师被授予优秀教师称号，邹远等4名教师被授予优秀教育工作者称号，王军等3名辅导员被授予优秀辅导员称号，引导教师争做“四有”好老师，当好“四个引路人”。基础设施建设。全年，学校投入近100万元经费，改善学生心理健康教育中心、思想政治理论课教学部、实验实训室、校医务所、篮球场、羽毛球场等办公、活动场所条件，完成学生一站式服务中心建设，实施学校绿化美化项目。建筑面积1.2万平方米、项目资金2500余万元的两栋学生宿舍投入使用；建筑面积3.2万平方米、项目资金1.2亿元的主教学楼开工建设；建筑面积2435平方米、项目资金1000余万元的室内训练馆及体育训练配套设施12月开工建设。年内学校成功入围江西省节水型高校候选名单。

（汪晓辉）

【景德镇学院教学成果】 2023年，2名教师获省级教学创新大赛奖，1门课程获批国家级线下一流课程，获省级教学成果奖1项、省首批虚拟教研室1个。3月，在第三届江西省高校教师教学创新大赛中，陶瓷美术与设计艺术学院教师朱希睿获副高组二等奖，生物与环境工程学院教师林英获课程思政组三等奖；5月30日，教育部下发《教育部关于公布第二批国家级一流本科课程认定结果的通知》，古彩装饰课程被认定为国家级线下一流课程（课程团队成员：方漫、程幸、张博、王智鸿、乐明亮）；10月，校党委副书记、校长陈运平应邀出席全国应用型本科高校特色发展论坛并作主题发言，校党委委员、副校长方漫一同参加。12月，《根植瓷都，服务瓷都，弘扬瓷都——景德镇学院新时代陶瓷人才培养探索与实践》获2022年江西省教学成果奖二等奖（项目成员：陈运平、方漫、黄志坚、司春灿、汪丽、洪耀球、程树武、张博、赵新、陈猛、于芳、吴维惠、夏小红）；江西省教育厅发布《关于公布2023年江西省首批虚拟教研室立项建设名单的通知》，方漫教授主持的工艺美术专业虚拟教研室成功审批立项。

（姜鑫妍）

【景德镇学院科研成果】 2023年，学校科研工作获批厅级以上科技项目37项，获省级科研成果3项，发表多篇高水平学术论文。9月，《景德镇学院学报》的“陶瓷文化与景德镇研究”栏目获得“特色栏目奖”；10月，陶瓷美术与设计艺术学院教师张博申报项目《好古知时，薪火赓续——景德镇陶瓷古彩艺术创新作品展》获批传播交流推广资助项目，教师吴红云申报项目《中国当代瓷上界画创新人才培养》获批人才培养资助项目，教师洪瑶申报项目综合装置艺术作品《万山红遍》获批青年创作人才（美术类）资助项目。

（姜鑫妍）

【景德镇学院师资队伍建设】 2023年，学校全年引进博士20人，培育博士10人，高职称、高技能人才4人，其中欧阳敏教授享受国务院政府特殊津贴。完成各类人才推荐申报工作12项、17人次。优化师资队伍结构，通过公开招聘方式选聘41名硕士研究生、9名留校本科生。常态化推进职称评审工作，评定正高6人、副高20人、中级36人。实施“人才强校”战略。3月，学校教师汪开潮当选江西省书法家协会副主席；5月，于芳教授入选赣鄱俊才支持计划“文化领军人才培养项目（文艺界）”；7月，学校教师李虹获第四届中国高教学会保卫学专业委员会华东学术协作区高校安全高峰论坛保卫工作优秀案例三等奖；9月，陶瓷美术与设计艺术学院教师游佳丹创作作品《Qendop Lightweight Endoscope》获德国红点概念设计奖；同月，陶瓷美术与设计艺术学院环境设计专业教师卢志安作品《在地消隐——乡村古民居改造设计》在第四届东方创意之星教师教学创新大赛全国总决赛中获金奖；10月，陶瓷美术与艺术设计学院冯绍华教授应中央电视台邀请，担任《一槌定音》栏目专家嘉宾；11月，人文学院院长陈猛入选“赣鄱俊才支持计划·高校领军人才培养项目”青年领军人才。

（姜鑫妍）

【景德镇学院学生荣获奖项】 2023年，学生获省级及以上奖项675个。5月，王思涵、钟琳琳2名学生分别摘得第17届中国大学生跆拳道锦标赛冠亚军，副省长孙洪山专门来信祝贺。同月，在第二届“问途杯”全国高校酒店数字营销大赛中，经济管理学院酒店管理专业2支参赛队伍分别获本科组特等奖和二等奖；6月，学校陶瓷美术与设计学院2021级环境设计专业本科生钟金宏在江西高校图书馆联盟第四届“万方杯”百家讲坛中获一等奖；7月，经济管理学院酒店管理专业3支参赛队伍在第十三届全国大学生红色旅游创意策划大赛初赛中获全国二等奖；在2023年中国大学生计算机设计大赛中，信息工程学院组建9支队伍参加物联网应用、软件应用与开发、大数据应用方向的赛事，共获省级奖项4项、国家级奖项2项；同月，在第十八届“挑战杯”大学生课外学术科技作品竞赛中，学校获二等奖4项、三等奖2项；8月，教育学院2020级本科生谢银如获2022年度“中国大学生自强之星”奖学金；9月，校学子袁毅获第五届全国国防教育竞技大赛总决赛“中华枪王”高校组亚军；10月，学校2021级英语专业本科生丁凡获第四届“燕兴杯”江西省大学生英语应用能力大赛省级一等奖；11月，丁凡获2023年“外研社·国才杯”演讲大赛金奖，2022级英语专业本科生陆薇获演讲大赛铜奖。经济管理学院物流管理专业2支参赛队伍获2023年第九届“百蝶杯”全国大学生物流仿真设计大赛本科组特等奖；学校获第十三届“知网杯”信息搜索竞赛决赛团体一等奖、个人一等奖、组织奖、优秀指导老师奖等所有奖项；12月，经济管理学院财务管理专业本科生王文桀、钟地福、罗丽娟、于嘉思获第八届“科云杯”全国大学生财会职业能力大赛全国一等奖；学校工艺美术专业学生获2023年全国行业职业技能竞赛“瓷艺城杯”二等奖1项、三等奖4项；《瓷路文化——数字化瓷域开拓者》《滴水不染，镇镇有瓷——陶瓷仿生自洁改性技术拓荒者》2个项目在第九届中国国际大学生创新大赛中分别获国赛银奖1项、铜奖1项。

（姜鑫妍）

4月21日，江西陶瓷工艺美术职业技术学院参加引进省外优质高校战略合作签约仪式（江西陶瓷工艺美术职业技术学院 供图）

【景德镇学院基层党组织建设】2023年，学校持续开展基层党组织“对标争先”建设，获批省党建标杆院系1项，样板支部2项。5月11日，江西省委组织部、省委教育工委联合下发《关于公布首批全省党建工作示范高校、标杆院系、样板支部及“‘双带头人’教师党支部书记工作室”培育创建单位名单的通知》，陶瓷美术与设计艺术学院党委入选全省党建工作标杆院系；陶瓷美术与设计艺术学院学生第一党支部、生物与环境工程学院教工党支部入选全省党建工作样板支部。

（姜鑫妍）

【景德镇学院思想政治教育】2023年，学校聚焦内涵建设，构建学校“大思政”工作格局。在江西省委教育工委、省教育厅开展的寻找江西高校“最美思政课”活动中，马克思主义学院吴姝韵、赵娜2名教师参赛作品获评江西省高校“最美思政课”；9月，学校外国语学院教师吴俊芳获景德镇市“模范教师”荣誉称号；12月，2023年下半年江西省宣传思想文化领域高层次人才专题项目（文化艺术类）立项结果公布，陶瓷美术与艺术设计学院教授高颖申报项目陶瓷创作作品《大美河山》、教授汪开潮申报项目《江西许派主题陶瓷书法创作》成功立项。

（姜鑫妍）

【江西陶瓷工艺美术职业技术学院研究成果】2023年，学院材料与机械工程分院鲍志蕾老师在陶瓷材料国际顶级期刊“Ceramic International”（中文译名：国际陶瓷，中科院一区TOP）发表题为“A Model for Predicting the Stability of Ceramic Suspensions”的研究性论文。鲍志蕾老师为第一作者，景德镇陶瓷大学常启兵教授和中国科学技术大学宦道明副研究员为共同通讯作者。学院《现代陶艺制作》《三维辅助设计rhino与产品制作》《陶瓷工艺学》三门课程被认定为江西省高等职业教育一流核心课程（线下）；《非遗课堂：〈粉古彩陶瓷装饰〉课程思政混合式教学改革实践》《聚焦“培根筑魂、技艺传承”，培育陶大国工匠——〈日用陶瓷工艺学〉课程改革》《职业英语“岗课赛证融合”教学》三项教学改革案例被认定为2023年省级“课堂革命典型案例”；陶瓷设计与工艺专业教学资源库和产品艺术设计专业教学资源库获省级专业教学资源库建设立项；《中国陶瓷史》和《数字陶瓷技术》获省级课程思政示范项目立项。

（严钦波）

【江西陶瓷工艺美术职业技术学院与南京工业职业技术大学结对共建】 2023年，学院与南京工业职业技术大学（以下简称南工职大）展开对接工作，就互派挂职干部、强化专业建设、深化师生交流、创新协作形式、帮扶职业本科等方面合作，建立职业教育合作办学工作机制。4月21日，江西陶瓷工艺美术职业技术学院作为全省10所院校代表参加江西省引进优质职业院校、培训机构、头部企业集中签约仪式。8月7—11日，由学院党委书记甘国华带队，学院领导李雄德、金小军、朱辉球，中层干部、跟岗干部、教研室主任代表等50余人赴结对共建院校——南京工业职业技术大学（全国职业院校校长培训基地）举办深化产教融合暨职业教育高质量发展研修班。 （严钦波）

【景德镇学院统战群团工作】 1月，学校民盟盟员、王安维教授当选第十四届全国人大代表；4月，民进会员冯绍华教授获得全国五一劳动奖章；5月，学校18名运动员代表景德镇市参加江西省第三届少数民族传统体育运动会板鞋竞速、高脚竞速两个项目的比赛，获二等奖4项，三等奖4项，学校获省第三届少数民族传统体育运动会优秀筹办单位称号；持续推进共青团改革，4月，马克思主义学院思想政治2020级二班团支部入围全国高校“活力团支部”；12月，在2023年江西省大中专学生志愿者暑期“三下乡”社会实践活动中，学校团委获全省暑期“三下乡”社会实践“优秀单位”，获评优秀团队2个，优秀调研报告1项，优秀个人4名，“扬帆计划”先进个人1名；同月，学校“笃行助力致远”乡村振兴服务队获评2023年乡村振兴“笃行计划”专项行动优秀实践团队。

（姜鑫妍）

【景德镇学院获奖作品】 2月，在2022年度“红色走读”活动中，学生魏瑶瑶漫画类作品《寻找光明》获红色动漫创作大赛一等奖，绘夏逐梦实践团队剪纸作品《党的光辉照万代》获“红色走读”实地走读三等奖，“艺”绘溯红实践团创作的红色主题插画获“红色走读”优秀“云游”作品。4月，学校在第二届江西省大中小学合唱展示活动中获优秀组织奖，选送作品《欢乐的那达慕》《大江东去》获大学生甲组（非专业）一等奖，《中国可爱的母亲》《春潮》获大学生乙组（专业）二等奖。学校教师李振龙、任尧恺、于芳、陈国平获优秀指导老师奖，朱铿华获优秀伴奏奖，江亚妮获优秀指导老师奖和优秀指挥奖。

（姜鑫妍）

【景德镇学院对外合作交流】 2月，学校与泰国东方大学联合举办2023BIC“东方美学”国际陶瓷艺术展；4月，学校与邢台学院在联合国教科文组织“陶瓷文化保护与创新”教席大楼会议室举行战略合作协议签约暨授牌仪式；6月，学校校长陈运平和泰国东方大学艺术学院院长塞尚代表两校共同签署《泰国东方大学与中国景德镇学院合作备忘录》；9月，校党委委员、副校长方漫，艺术学院院长张博，校美术馆馆长郑丰银一行到韩国檀国大学开展教育交流活动。方漫应邀出席纪念中韩建交31周年陶艺特别展——中韩陶瓷艺术作品展并在开幕式上致辞；10月，学校与云南省曲靖市政府在教席大楼签约潦浒古镇土陶产业转型升级人才培养项目；12月，3支外访团分别出访俄罗斯、白俄罗斯、马来西亚等国高校，洽谈校际交流项目，签署合作意向书，加深友好合作关系。

（姜鑫妍）

【教师作品作为国礼赠送联合国教科文组织总部】 2月20日，教育部副部长陈杰作为代表，赴法国巴黎联合国教科文组织总部，将景德镇陶瓷大学设计艺术学院教师陈少岳的作品《敦煌飞天》赠予联合国教科文总干事Audrey Azoulay，此作品作为教育部礼品赠送给联合国教科文组织总部。敦煌飞天是中国极富代表性的艺术形象，是中国传统壁画艺术的精华。其婀娜的体态，流畅的线条，充满着律动的生命力。作品把敦煌壁画中飞天的形象，用景德镇经典的高温釉里红绘瓷技术，融入现代器型之中。画面意象、流畅、飘逸而不失高古风韵，体现敦煌丝绸之路东西方文化交汇处的重要意义，展示出中国文化艺术的独特魅力。

（刘灿彬）

【景德镇陶瓷大学教授获中国文联、中国美协“庆祝建党100周年主题雕塑创作工程”表彰】 3月27日，中国美术家协会举行庆祝建党100周年主题雕塑创作工程创作工作“荣誉证书”颁发仪式。中国文联党组书记、副主席、书记处书记李屹为庆祝中国共产党成立100周年主题雕塑创作工程《信仰》领衔主创、景德镇陶瓷大学教授吕品昌颁发荣誉证书。为庆祝中国共产党成立100周年，中国美协自2018年6月开始具体组织实施的“建党100周年主题雕塑工程”，历时三年完成。由吕品昌教授领衔主创完成的大型主题雕塑《信仰》，以中国共产党党员庄严宣誓为主题，以圆雕为主要表现手段，由“新民主主义革命时期”“社会主义革命和建设时期”“改革开放新时期”和“中国特色社会主义新时代”四面四个板块构成。雕塑以具象写实的人物群像为核心意象表现，以标志性的历史事件、人物和成就等为背景元素，集中展现中国共产党人不忘初心、披荆斩棘、继往开来，带领全国各族人民朝着实现中华民族伟大复兴坚毅前行的豪迈气概和豪情壮志。

（刘灿彬）

【景德镇艺术职业大学师生大赛获佳绩】 3月31日，第三届江西省高校教师教学创新大赛获奖名单公布，智能制造学院教师董明堂老师（团队）获课程思政“中级及以下组”三等奖。4月17日，2022年江西省职业院校技能大赛获奖名单公布，学校获个人赛二等奖1项、团体赛一等奖1项、团体奖三等奖1项；此次大赛共开设高职组赛项64个，共有来自全省高职（含职业本科）院校58所，1230支队伍参赛。9月5日，2023年第十一届未来设计师·全国高校数字艺术设计大赛（NCDA）结束。学校陶瓷艺术与设计学院、数字艺术学院学生作品通过“校赛—资格赛—省级初赛—省级决赛—全国总决赛”层层选拔，获全国一等奖1项、二等奖1项、三等奖1项，省级一等奖20项、二等奖31项、三等奖50项。学校获“优秀组织奖”。

（欧阳明）

【4个基层党组织入选全省首批新时代高校党建“双创”培育创建单位】 4月7日，省委组织部和省委教育工委公布首批全省新时代高校党建“双创”培育创建单位遴选结果。景德镇陶瓷大学考古文博学院党委入选全省党建工作标杆院系，陶瓷美术学院教师第二党支部、信息工程学院教师第一党支部、材料科学与工程学院教师第一党支部3个党支部入选全省党建工作样板支部。学校党委高度重视党建示范创建和质量创优工作。此次入选全省首批新时代高校党建“双创”培育创建单位，是继学校考古文博学院第一党支部入选全国党建工作样板支部后的又一次突破。入选的4个基层党组织，是学校党委在2022年遴选产生的首批全校党建“双创”培育创建单位基础上，择优推荐，经全省资格审查、专家评审、省委组织部和省委教育工委集中审议等程序确定的，建设期至2024年12月。

（刘灿彬）

【陶瓷雕塑艺术研究与创作工作室入选江西省教育系统名师工作室】 5月10日，2022年度江西省教育系统名师工作室评审结果揭晓，全省共66家工作室被命名为2022年度江西省教育系统名师工作室，景德镇陶瓷大学黄胜教授领衔的瓷雕塑艺术研究与创作工作室入选。陶瓷雕塑艺术研究与创作工作室成立于2015年，致力于打造为提升陶瓷雕塑创新、陶瓷雕塑人才培养、学术交流和成果转化的服务平台，有骨干成员9人，其中教授3人，副教授4人。工作室通过合作开展课题研究、教学改革和专业实践培训等，发挥名师的引领作用，为陶瓷雕塑专业本科生、研究生及社会从业人员强化专业素养和提升专业技能创造条件与提供平台，在教学实践、科学研究、人才培养、学术交流、成果转化和社会服务等方面取得优异成绩和丰硕成果。2019年，江西省教育工会开展教育系统名师工作室命名工作，至此景德镇陶瓷大学共有5名教授领衔的工作室成功入选。

（刘灿彬）

【景德镇艺术职业大学参加市职业教育活动周启动仪式】 5月14日，景德镇市职业教育活动周启动仪式在金鼎商业中心前广场举行。市委副书记吴隽、市人大常委会副主任况小军、市政府副市长徐辉、市政协副主席李冬香，景德镇艺术职业大学党委书记方文龙、校长冯小苏出席启动仪式。市教体局、全市职业教育联席会议成员单位负责人参加启动仪式。启动仪式上，景德镇艺术职业大学音乐学院合唱节目《在灿烂的阳光下》作为压轴表演。活动现场开设音乐路演、职教风采宣传两个体验展位，展现学校职业教育的办学成果。

（欧阳明）

【江西陶瓷工艺美术职业技术学院参加全国职业教育活动周主题展览】5月14日，2023年职业教育活动周全国启动仪式暨全国职业院校技能大赛开幕式以及“中国式现代化道路上的职教力量”主题展览在山东潍坊市举行，共有来自全国30个省份，近430所院校参加此次展览。学院作为江西省选派的三所高职院校之一参加展览，在活动现场集中展示学院在非遗传承和创新技艺人才培养等方面成果，并现场展示拉坯成型、陶瓷绘画等技艺。

（严钦波）

【省长叶建春到景德镇陶瓷大学调研】5月17日，省长叶建春一行到景德镇陶瓷大学调研。校党委书记李良智，校党委副书记、副校长（主持行政工作）吕品昌等陪同调研。叶建春一行先后到学校国际陶艺家工作室、美术学院毕业生作品展、“求古归元”元青花馆调研考察，与师生交谈，了解学校人才培养、学科建设及相关艺术展览筹备情况。叶建春强调，景德镇陶瓷大学作为全国唯一一所以陶瓷命名的大学，要集中优势资源，办好特色学科，彰显特色优势，为传承弘扬陶瓷文化、发展壮大陶瓷产业培养更多高素质专业人才。要提升办学格局，站在合力推进景德镇国家陶瓷文化传承创新试验区建设的高度，充分发挥行业内影响、用足行业内资源，为展示城市形象、拓展国际合作贡献更多力量。

（刘灿彬）

5月25日，江西陶瓷工艺美术职业技术学院与黎川县人民政府签订共建黎川陶瓷产业研究院战略合作协议（江西陶瓷工艺美术职业技术学院/供图）

【景德镇陶瓷大学承办第六届华东地区高校档案工作论坛】5月18—21日，由中国高等教育学会档案工作分会、华东地区高校档案工作联盟、江西省高校档案工作研究会主办，景德镇陶瓷大学承办的第六届华东地区（六省一市）高校档案工作论坛在景德镇市举行。此次论坛的主题是“奋进新征程 兰台谱新篇——新时代高校档案工作高质量发展”。来自华东地区六省一市高校档案工作负责人和工作人员出席会议。湖北大学教授、博士生导师、国家档案局档案干部教育中心特聘教授王艳明作专题报告。南昌大学、南京大学、中国石油大学、中国科学技术大学、复旦大学、浙江大学、泉州师范学院等高校代表分享学校档案资源建设、信息化建设、文化育人、名人档案收集、档案服务学校高质量发展等实践经验。南昌大学、南京大学等10所高校围绕高校档案职业发展、档案文献遗产名录申报等交流发言。

（刘灿彬）

【江西陶瓷工艺美术职业技术学院产教融合发展】5月25日，为深入贯彻落实省委、省政府以及省委教育工委、省教育厅关于高职院校产教融合工作的指示精神，学院与黎川县人民政府签订“共建黎川陶瓷产业研究院战略合作协议”，推进校地合作、人才培养、技术研发和创新创业等方面融合发展。6月28日，陶瓷行业产教融合共同体成立大会暨陶瓷职业教育集团产教融合发展大会在学院召开。来自全国各地的130余家相关陶瓷专业的职业院校、行业协会、科研机构、陶瓷产业上下游企业等共计400余人参会。9月6日，由江西省商务厅、江西省教育厅主办的2023中国（江西）—东盟产教融合对接交流会在南昌举行。学院分别与泰国格乐大学、新加坡南洋理工学院签署战略合作协议，开启学院与“一带一路”成员国院校友好合作交流的新篇章、新模式，与两所境外院校开展交流合作对接，为学院产教融合、国际交流合作添砖加瓦。12月29日，景德镇市陶瓷文化传承创新产教联合体成立大会在江西陶瓷工艺美术职业技术学院召开。该联合体由景德镇市昌南新区管理委员会、景德镇陶瓷大学、江西陶瓷工艺美术职业技术学院、景德镇陶瓷集团有限责任公司联合发起，旨在推动产教融合，优化职业教育环境，提高人才培养质量，促进地方经济转型升级和新动能培育。 （严钦波）

【景德镇陶瓷大学博士包伟作品获第62届意大利法恩扎国际陶艺双年展最高奖】 6月30日，第62届意大利法恩扎国际陶艺双年展在法恩扎国际陶瓷博物馆隆重开幕，景德镇陶瓷大学2020级设计学博士包伟的作品“Courtyard Twilight Series Ⅳ”荣获该展览的最高奖项——法恩扎奖（35岁以下）。意大利法恩扎国际陶艺双年展是全球范围内最早（首届1938年），也是最具有影响力的当代陶瓷艺术领域的陶瓷艺术竞赛之一。此届双年展评审团（由法恩扎国际陶艺博物馆主任Claudia Casali、纽约大学名誉教授Judith Schwartz等组成）从来自60个国家的1101件作品中选出70件作品进行展览，共有8件中国艺术家的作品入选。此次包伟所获的“法恩扎奖（35岁以下）”是中国艺术家在历届该展览中获得的最高奖项。包伟创作该系列作品的动机源于作者对传统文化在当代语境下的思考。作品灵感来源于俯视角度下客家土楼层层同心圆的形式美感，作者通过自然的、有机的木头形态与规矩的、人化的同心圆形态的结合，试图达到一种不仅在视觉上的，也包括材料属性上的平衡，这种平衡是艺术家所追寻的人文与自然的一种“和合”状态。

（刘灿彬）

【江西陶瓷工艺美术职业技术学院教师大赛获奖】 7月，学院选送30余件优秀陶瓷作品参加由中国轻工业联合会、中国商业联合会、中国陶瓷工业协会主办的“中国（北京）国际精品陶瓷展览会”及第十一届“大地杯”中国陶瓷创新与设计大赛，获4金11银的佳绩，学院荣获“优秀参展商”称号。11月25日，由教育部主办的全国职业院校技能大赛教学能力比赛在江西南昌落下帷幕，此次比赛共吸引全国5714所职业院校、6万余个教学团队参加。学院何琦、徐标、冯璐远、徐庭丽教学团队的参赛作品《青花瓷的数字化修复》获得高职专业课程一组全国二等奖。另外还有6个团队分别获得省级一等奖1项，二等奖2项，三等奖3项。年内，学院教师作品参加第三届中国工艺美术博览会展览展示及“百鹤杯”工艺美术设计创新大赛评比。朱辉球作品《春风得意马蹄香》，尹赫男、饶媛媛作品《芙蕖映日》获“百鹤金鼎奖”；胡婷、何琦作品《敦煌印象》获“百鹤新锐奖”。

（严钦波）

【两项目成果获国家级教学成果奖】 7月24日，教育部印发《关于批准2022年国家级教学成果奖获奖项目的决定》，公布2022年国家级教学成果奖项目名单。景德镇陶瓷大学美术学院院长黄胜教授主持完成的《陶瓷艺术研究生“艺匠合一”人才培养模式探索与实践》项目获批高等教育（研究生）国家级教学成果二等奖。设计艺术学院徐志华教授、院长邹晓松教授参与的《四方协同·项目驱动·全程融入：地方院校产品设计创新创业人才培养探索实践》项目成果获高等教育（本科）国家级教学成果二等奖。此次获奖是对学校教育教学与省内院校融入同时又具有陶瓷艺术特色教学模式的肯定，代表学校近年来在人才培养、教育教学改革等方面所取得的进展和成就。

（刘灿彬）

【多件教师作品入藏中国国家版本馆】 8月2日，中国国家版本馆首批版本捐赠入藏大会在中国国家版本馆文兴楼弘文厅举行。来自全国各有关公藏单位和民间藏家捐赠的12万余册/件实物版本和42TB数字版本正式入藏国家版本馆。其中，景德镇陶瓷大学吕金泉教授作品《童趣》、刘文斌教授作品《松山云动》、李伟副教授作品《开国大典》成功入藏。入藏大会上，刘文斌教授代表与会的景德镇陶瓷艺术家作发言。此前，由景德镇陶瓷大学原校长宁钢教授创作的“岁岁平安”“岁岁和合”瓷瓶入藏中国国家版本馆中央总馆。

（刘灿彬）

【江西陶瓷工艺美术职业技术学院学生大赛获奖】 9月13日，由中国文联“文艺两新”集聚区实践基地、京东集团（京东零售）主办的“京彩未来”——京东大学生电商创业大赛景德镇陶瓷赛区颁奖仪式顺利举行。学院在此次比赛中获3枚金奖、5枚银奖、4枚铜奖，取得景德镇市高校获金奖数量第一的好成绩。11月27—29日，第十届中国青年创新创业大赛国家级总决赛在浙江宁波举行，学院拾乐陶瓷、珈彩科技两个项目获国家级铜奖，国色铜瓷项目获国家级优秀奖。年内，在全国职业院校技能大赛（高职组）中，学院学生团队获三等奖2项。其中，数字艺术学院数字媒体艺术专业学生杜毛毛在“视觉艺术设计”赛项中获三等奖，设计艺术学院产品艺术设计专业学生周纹、曾林平在“产品艺术设计”赛项中获三等奖。年内，在全省职业院校技能大赛中获奖40项，其中，高职一等奖6项、二等奖10项、三等奖12项，中职二等奖4项、三等奖8项。学院学生在第九届中国国际“互联网+”大学生创新创业大赛决赛中获国家级铜奖1项，在省级奖项中获金奖1项，银奖2项，铜奖1项。其中“拾乐陶瓷”项目获国家级铜奖和省级金奖，“国色铜瓷”“珈彩科技”项目获省级银奖，“知慢行远”项目斩获省级铜奖。学院《珈彩科技》项目团队晋级“赣江新区杯”江西省第九届大学生创业公开课总决赛并获职教赛道银奖、十校创业之星项目荣誉称号。

（严钦波）

【景德镇陶瓷大学艺术教育成就展】 9月16日，由中国陶瓷工业协会、江西省教育厅、江西省美术家协会、景德镇陶瓷大学共同主办的“陶院现象”——景德镇陶瓷大学艺术教育成就展在景德镇陶瓷大学美术馆开幕。景德镇陶瓷大学在办学实践中，坚守“弘扬中华陶瓷文化、振兴中国陶瓷工业”的初心使命和责任担当，为国家培养大批优秀人才。在20世纪80年代，学校培养一大批在中外艺术界产生重大影响、在全国多所重点美术院校担任重要领导职务和学术带头人的艺术家，被中国艺术界誉为“陶院现象”。开幕式上，景德镇陶瓷大学党委书记李良智代表学校接受艺术家丁千、吴天保捐赠瓷画作品《早春》、雕塑作品三件组《狮子家族》，颁发收藏证书并合影。“陶院现象”——景德镇陶瓷大学艺术教育成就展，通过历史沿革、开河导流、传承创新三个文献板块，系统梳理和回顾学校悠久的办学历史和鲜明的办学特色。展览共展出153位参展艺术家（校友）的234件艺术作品，涵盖陶瓷艺术、国画、油画、设计、装置艺术、数字媒体艺术等门类，集中展示景德镇陶瓷大学艺术专业教师与历届校友的优秀艺术成果。

（刘灿彬）

【“发展中国家制瓷技术培训班”在江西陶瓷工艺美术职业技术学院举行】 9月19—25日，由商务部主办、江西省商务厅承办、江西陶瓷工艺美术职业技术学院与江西外语外贸职业学院协同开展的“发展中国家制瓷技术培训班”在江西陶瓷工艺美术职业技术学院举行教学活动。此次培训班为期7天，共有来自土耳其、约旦、塞拉利昂、突尼斯等国家的14名学员参加。

（严钦波）

【教师作品获洛伦佐艺术银奖勋章】 10月14—22日，第十四届佛罗伦萨双年展——国际当代艺术与设计展在佛罗伦萨达巴索城堡（Fortezza da Basso）举行。佛罗伦萨双年展与“威尼斯双年展”“米兰三年展”并称“意大利三大艺术展”，堪称艺术界的“奥斯卡”，名列全球八大双年展。景德镇陶瓷大学美术学院教师、“景德镇手工制瓷技艺”代表性传承人李婳作为中国单元艺术家，其作品《生命序系列》入选第十四届佛罗伦萨国际当代艺术与设计双年展，获洛伦佐艺术银奖勋章。此届展览以“I AM YOU”为主题，着眼于个人和集体身份的概念，具有多重哲学、心理学、社会学和文化含义，吸引60余名中国艺术家参展。作品《生命序系列》通过泥土材料、陶瓷的工艺技法和当代创作理念三方面来表达和呈现。作者使用景德镇瓷泥，在瓷泥中加入一定比例的纤维材料，通过泥土将自然中材料的痕迹保留，挖掘出其中细微、感动而常被忽略的意义。

（刘灿彬）

【2023景德镇国家陶瓷文化传承创新试验区发展论坛在景德镇陶瓷大学举办】 10月17日，由景德镇市委、景德镇市人民政府、景德镇陶瓷大学、江西日报社共同主办的2023景德镇国家陶瓷文化传承创新试验区发展论坛在景德镇陶瓷大学举行。论坛分为开幕式和主旨演讲两个环节。开幕式上，省委常委、省委宣传部部长庄兆林，景德镇市委副书记吴隽分别致辞。景德镇陶瓷大学党委书记李良智主持开幕式。在主旨演讲环节，来自中国社会科学院、故宫博物院、北京大学考古文博学院的专家学者，以及英国、德国等国家在陶瓷领域拥有较高知名度的外国专家，聚焦景德镇国家陶瓷文化传承创新试验区建设，以景德镇陶瓷文化传承和发展为主题，围绕世界陶瓷产业发展、陶瓷文化遗产保护和中外陶瓷文化交流开展研讨，为试验区发展建言献策，贡献智慧力量。主旨演讲环节由景德镇陶瓷大学党委副书记、副校长吕品昌（主持行政工作）、景德镇陶瓷大学党委委员、副校长陈云霞分别主持。

（刘灿彬）

【景德镇陶瓷大学获批设立材料科学与工程博士后科研流动站】 10月20日，人力资源和社会保障部、全国博士后管理委员会正式发布《关于批准设立东北师范大学哲学等510个博士后科研流动站的通知》，公布2023年度批准新设博士后科研流动站名单。景德镇陶瓷大学获批设立材料科学与工程博士后科研流动站，至年底，学校共设有2个博士后科研流动站。材料科学与工程博士后科研流动站的设立优化学校学科布局，为学校材料科学与工程学科建设、人才培养和科学研究提供平台，对学校会聚高端人才、打造高水平科研团队等具有重要意义。

（刘灿彬）

【景德镇陶瓷大学两项研发成果纳入国际衍射数据中心数据库】 11月，从国际衍射数据中心（The International Centre for Diffraction Data，ICDD）获悉，景德镇陶瓷大学特聘教授王连军提交的Li3La2.1Eu0.9W2O12和La0.2Eu0.8Sc3（BO3）4两种材料粉末衍射数据正式被收录"PDF-4+2023"数据库中。景德镇陶瓷大学王三海博士在王连军的指导下，通过材料结构和组成设计先后合成Li3La2.1Eu0.9W2O12和La0.2Eu0.8Sc3（BO3）4两种高性能发光材料。该成果以"A red phosphor LaSc3（BO3）4:Eu3+ with zero-thermal-quenching and high quantum efficiency for LEDs"为题发表在材料类TOP期刊"Chemical Engineering Journal"上，该论文入选ESI高被引论文。王连军收到ICDD邀请后，正式提交以上两种发光材料的标准粉末衍射数据，经过ICDD的质量评估和独特性审查后被正式收录，并被编辑成X射线衍射国际标准数据，编号分别为PDF#00-072-0322和PDF#00-073-0274。国际衍射数据中心（ICDD）是由成立于1941年的粉末衍射化学分析联合委员会演变而来的国际性研究组织，为全球非营利性科学组织，致力于收集、编辑、出版和分发标准粉末衍射数据（PDF卡片或PDF数据库），其主要用于结晶材料的物相鉴定。ICDD是全球X射线衍射领域最为权威的机构。

（刘灿彬）

【景德镇艺术职业大学与华为技术有限公司合作签约仪式举行】 11月3日，景德镇艺术职业大学与华为技术有限公司合作签约仪式举行。市委副书记、市长胡雪梅出席仪式并见证签约。副市长徐辉，国家试验区管委会专职副主任、景德镇艺术职业大学理事长刘子力，华为公司全球培训与认证部院校业务总监党张波致辞。景德镇艺术职业大学党委书记、督导专员方文龙主持仪式。市政府秘书长黄建平，华为江西区域总经理刘岩出席仪式。景德镇艺术职业大学校长冯小苏、华为江西政企副总经理苏崇俊分别代表双方签约。

（欧阳明）

【江西陶瓷工艺美术职业技术学院师生陶瓷艺术作品图片展在芬兰举办】 11月7日，在芬兰拉普兰省议会大厦中心厅举行"以瓷为媒 教育互联——江西陶瓷工艺美术职业技术学院师生陶瓷艺术作品图片展"，展览以陶瓷为主题，通过图片及中、英双语简介展示江西陶瓷工艺美术职业技术学院师生的陶瓷作品，为当地师生提供独特的中国陶瓷文化体验，并宣传学院在陶瓷艺术、设计艺术传承创新方面的教育成果。

（严钦波）

【景德镇艺术职业大学"校企协同就业创业创新示范实践基地"揭牌】 11月16日，工业和信息化部中小企业发展促进中心批复建设的"陶瓷工艺设计方向"校企协同就业创业创新示范实践基地揭牌仪式在景德镇艺术职业大

11月7日，学院师生陶瓷艺术作品图片展在芬兰举办
（江西陶瓷工艺美术职业技术学院/供图）

学举行。工信部中小企业发展促进中心副主任冯旭，江西省工信厅中小企业发展促进中心常务副主任汪茂清，景德镇市人民政府党组成员、副市长高晓云，景德镇陶文旅集团党委书记、董事长、景德镇艺术职业大学理事长刘子力等相关领导和产业实践专家特邀出席揭牌仪式。

（欧阳明）

【无人机驾驶员职业技能大赛在江西陶瓷工艺美术职业技术学院举办】 11月26日，景德镇市“昌南杯”航空产业无人机驾驶员职业技能大赛在江西陶瓷工艺美术职业技术学院举行。此次大赛由景德镇市人社局、景德镇市总工会、共青团景德镇市委、景德镇市妇联主办，江西陶瓷工艺美术职业技术学院、江西耐雀科技有限公司承办，江西省通用航空协会协办。（严钦波）

【“跨界·协同”艺术与产业合作会议在景德镇陶瓷大学举行】 12月14日，由教育部、江西省人民政府支持，教育部学校规划建设发展中心、江西省教育厅主办，景德镇陶瓷大学承办，中央美术学院、中央音乐学院协办的“跨界·协同”艺术与产业合作会议在景德镇陶瓷大学举行。“跨界·协同”艺术与产业合作会议聚焦艺术与产业跨界协同发展的学术前沿，为学术界、产业界和政府提供交流与合作的平台，旨在探讨在新文科背景下设计、美术、音乐等艺术学科与产业的跨界与协同，推动艺术与产业之间的合作，促进创新和发展。此次会议包括开幕式、主旨发言等环节，在主旨发言环节共有来自中国、美国、加拿大等国家的20名中外专家学者围绕相关主题交流发言。（刘灿彬）

【“瓷的旅程”——2023景德镇国际陶瓷艺术双年展举办】 12月15日，由江西省文化和旅游厅、景德镇市人民政府、景德镇陶瓷大学、国际陶艺学会（IAC）、中国对外文化集团有限公司共同主办的“瓷的旅程”——2023景德镇国际陶瓷艺术双年展在景德镇陶瓷大学美术馆开幕。此次双年展以景德镇为地理中心，以“瓷的旅程”为主题，以陶瓷为载体表现历史。活动是作为2023“中国景德镇国际陶瓷博览会”系列活动的重要组成部分，也是作为加强与世界对话交流的重要平台，每两年举办一届，与“中国景德镇国际陶瓷博览会”形成“一核两翼”、互相辉映的发展格局，助力国家试验区建设。“瓷的旅程”——2023景德镇国际陶瓷艺术双年展竞赛展单元从全世界48个国家征集包含器皿、雕塑、绘画、装置、影像五大门类1803件优秀陶瓷艺术作品，经过初评，评选出260件作品入选，涵盖全球27个国家；最终经过18位国内外专家近10轮次的现场评审，评出46件获奖作品。这些优秀作品代表当今世界陶瓷艺术发展的最新动向和水平。此次双年展期间，还举办“多元的世界”——2023拉美陶瓷艺术邀请展等系列活动。此外，10月17日，“瓷的旅程”——2023景德镇国际陶瓷艺术双年展特别展在景德镇陶瓷大学开幕。作为2023中国景德镇国际陶瓷博览会的系列活动，特别展展出“瓷的旅程”——2023景德镇国际陶艺双年展入选作品中的42件优秀作品，以及特邀巴西著名陶瓷艺术家的58件作品，共展出100件作品，旨在通过陶艺作品的展示，推动中巴两国陶瓷艺术的交流与合作。

（刘灿彬）

【景德镇艺术职业大学与阿里巴巴网络技术有限公司合作签约仪式举行】 12月16日，景德镇艺术职业大学与阿里巴巴网络技术有限公司合作签约仪式举行。景德镇市政府党组成员、副市长徐辉，阿里巴巴国际站中西部大区总经理刘国海，景德镇艺术职业大学党委书记、督导专员方文龙致辞并见证签约。杭州普特教育咨询有限公司董事长冯迪洋、副总裁刘祺出席仪式。校长冯小苏、阿里巴巴国际站产教融合总监姚远分别代表双方签约。

（欧阳明）

【江西省职业院校技能大赛在江西陶瓷工艺美术职业技术学院举办】 12月16—24日，江西省职业院校技能大赛陶艺拉坯、数字艺术设计、产品艺术设计、商务数据分析赛项（高职组）在学院举行。赛项由江西省教育厅主办，江西陶瓷工艺美术职业技术学院承办，来自全省多所高职院校的百余名选手参赛。

（严钦波）

文化·传媒

综　述

2023年，景德镇市获批创建第二批国家文物保护利用示范区；获中国版权金奖·管理奖；陶博城获评新一批国家对外文化贸易基地；陶溪川入选第五批国家文化和科技融合示范基地名单；御窑博物馆获评“全国最具创新力博物馆”；古陶瓷基因库被国家文物局评为首批全国文物事业高质量发展入围案例。

申遗工作稳步推进。《景德镇瓷业文化景观》申遗预评估申报书提交联合国教科文组织世界遗产中心预审，推进相关申遗要素点位的考古、研究、规划、管理、文物保护、展示利用、监测系统、环境整治8个方面的工作，组织开展申遗讲座进机关、进社区、进校园活动，举办“景德镇申遗大讲堂”，提升申遗工作的知晓率，激发广大群众尤其是遗址周边百姓的自豪感和荣誉感。

文物保护利用持续加大。争取国家和省级各类文保专项资金共计2736.32万元。发起成立国际瓷器研究联盟。新增景德镇陶溪川青白瓷博物馆、天祥号浮梁茶博物馆2个博物馆，全市博物馆总数达25个。推进各级文物保护单位特别是全国重点文物保护单位保护范围和建设控制地带的管理，开展省级文物保护单位“两线”图谱测绘和电子化工作，启动市县级文保单位两线范围的划定和公布工作，推动不可移动文物纳入国土空间规划“一张图”实施。推进非物质文化遗产保护工作，承办2023年全省非遗工作会暨非遗工坊培训班，举办全省陶瓷文物修复技能大赛，开展景德镇市第八批非遗代表性传承人的评定工作，评定2023年度非物质文化遗产研究、传承、传播基地共45家。

文艺创作精品迭出。参与研讨陶文旅集团与中国东方演艺集团共同出品的舞剧《唯我青白》，选段《瓷影》亮相中央广播电视总台“2024年春节联欢晚会”；与中央民族乐团合作提升精品瓷乐队，研发制作碗琴、瓷柷、瓷尺八等新瓷乐器，出品第20届瓷博会开场节目《炫彩世界china之旅》，景德镇市瓷乐队三次走出国门，亮相埃及伊斯兰新年晚会；复排传统赣剧《江边会友》入选全国地方戏精粹展演、第二届全国高腔优秀剧目展演项目，与创作新编大型赣剧《分国恨》，两剧均入选江西省艺术基金资助项目；原创赣剧课本剧《荷花与荷叶》获中国少儿戏曲小梅花大赛“小梅花集体节目”、江西省少儿戏曲小梅花大赛集体组一等奖；赣剧《劈棺惊梦》《江边会友》获金玉茗表演奖、优秀剧目奖和优秀组织奖。

群众文化丰富多彩。举办“奋进新时代 书香红土地”全民阅读系列活动、第43届全市群众歌咏月、“百馆千万馆 服务来共享”、千乡万村闹新年、中秋“瓷·月雅集”、广场舞大赛、少儿文艺汇演等基层文化惠民系列活动，原创舞蹈《醉瓷儿》获全省广场舞展演二等奖。全年共开展文化活动2858场次，服务人次407万人次；其中，线下活动2355场次，服务人次98.4万人次，线上活动503次，服务人次308.6万人次。

对外文化交流不断扩大。年

内，“景德镇文旅宣传月”走进柏林，参加澳门旅博会“茶和天下·雅集”专场推介、“2023中国——东盟博览会旅游展”，参加感知中国、今日中国、“丝路瓷行”等国家外事活动；邀请习近平总书记复信的阿拉伯艺术家到景德镇采风，并承办第十二届“艺汇丝路——阿拉伯知名艺术家景德镇采风作品展”、国际陶瓷艺术双年展、中荷博物馆对话等活动。景德镇陶瓷官方旗舰店落地迪拜MALL，“向世界讲述瓷都故事”入选中国城市国际传播示范案例，景德镇国际影响力不断扩大

文化宣传推广。2023年，央视新闻、央视一套、新华社等国家级媒体报道72次，江西卫视、江苏卫视等省级媒体报道37次，市级媒体报道32次，国家级、省级报道实现3倍的增长。年内，配合市委宣传部，提升陶瓷文化海外影响力，在海外发布陶瓷类、政治类、经济类等重大新闻近160条。网站浏览量突破70万人次，微信公众平台粉丝量增长到30万人，抖音平台粉丝数也实现翻番。邀请国内外著名学者举办学术讲座近50场，推出以古陶瓷基因库、跨学科在地（专业术语，意为立足特定地点）创作、考古、修复、文物为主题的宣传片共计超过100条。

文学艺术

【概况】2023年，文艺佳作展览亮点纷呈。精品瓷乐队两度出访埃及，“2023中国景德镇国际陶瓷博览会”融入瓷乐元素；推动赣剧复兴，重点打造一批新编赣剧、复排传统赣剧；组织开展各类文化活动，挖掘和弘扬当地富有民族特色的民俗文娱活动，在全市范围内举办5场广场舞初赛和全市决赛，比赛覆盖范围广，群众参与度高。

【赣剧创作演出获国家级奖项】2023年，推动赣剧复兴，重点打造一批新编赣剧、复排传统赣剧。年内，新编大型赣剧《分国恨》入选江西省文化艺术基金重点大型舞台剧创作资助项目；复排传统赣剧《江边会友》入选江西省文化艺术基金小型剧节目和作品创作资助项目，并入选2023年全国地方戏精粹展演、第二届全国高腔优秀剧目展演。创作赣剧课本剧《荷花与荷叶》获第二十七届中国少儿戏曲小梅花大赛“小梅花集体节目”称号、第七届江西省少儿戏曲小梅花大赛集体组一等奖，赣剧课本剧《金色的鱼钩》获第七届江西省少儿戏曲小梅花大赛集体组三等奖。在第五届汤显祖戏剧节中，赣剧《劈棺惊梦》《江边会友》获金玉茗表演奖、优秀剧目奖和优秀组织奖。特色赣剧演出古戏台营造技艺等亮相2023全国演艺博览会、2023年国际陶瓷博览会，同时为阿拉伯艺术家采风团献上精彩演出，向观众直观展现赣剧的独特魅力。

【省级群众文化比赛获奖】2023年，在全市范围内举办5场广场舞初赛和全市决赛，比赛覆盖范围广，群众参与度高，从全市参赛的102个作品中遴选出6个节目参加全省广场舞决赛展演，原创舞蹈《醉瓷儿》获全省二等奖。乐平市文化馆原创赣剧小戏《办证》获全省现代地方小戏大赛三等奖。

【年度美术大展】5月21日，完成江西省文化艺术基金2022年资助项目“守艺出新——景德镇墨彩瓷画研究展”巡展，该展通过对墨彩工艺材料的无保留呈现、墨彩历史文脉梳理、墨彩传承模式的叙述、墨彩多类别经典作品的呈现，从“墨彩溯源”“薪火相传”“墨绘时代”三个部分，以图文、实物、作品的形式，再现优秀传统陶瓷文化墨彩的独特艺术魅力。展览还赴吉安、九江等五地市开展巡展。5月31日，中国美术馆公共教育项目“为新时代任务塑像”作品巡展（景德镇站）在景德镇美术馆开幕，该展是中国美术馆公共教育品牌项目，展现新时代英雄劳模、时代楷模、优秀共产党员形象，讴歌先进人物、弘扬时代精神。11月15日，参加“艺汇丝路”中阿艺术家采风作品展。展览汇集12位阿拉伯艺术家在景德镇采风创作的26件（套）绘画、雕塑、装置作品，6位中国艺术家到阿拉伯国家采风的9件中国画作品，以及14位景德镇陶瓷艺术家的14副陶瓷美术作品，共计49件（套）。

【精品瓷乐队两度出访埃及】7月30日至8月5日，景德镇女子瓷乐队随市经贸文化代表团赴中东国家考察交流，其间表演《青花瓷》《茉莉花》《尼罗河畔的歌声》等瓷乐曲目，向中东人民展示景德镇陶瓷器物与音乐艺术的完美结合。9月21日，应第七届Awlanda杰出艺术国际论坛邀请，景德镇市瓷乐队再次出访埃及，在开罗中国文化中心参加论坛音乐表演。演出结束后，新华社和开罗当地的记者采访景德镇市瓷乐队。

社会文化

【概况】 2023年，全年共开展文化活动2858场次，服务407万人次；其中线下活动2355场次，服务98.4万人次，线上活动503次，服务308.6万人次。

【文化活动】 2023年，把握群众需求，组织开展“奋进新时代 书香红土地”2023年景德镇市全民阅读系列活动、“学习二十大 奋进新征程”景德镇市第43届群众歌咏月活动、“百馆千万馆 服务来共享”、千乡万村闹新年、中秋“瓷·月雅集”晚会、“春天的赞歌”演唱会、广场舞大赛、少儿文艺汇演、中华传统晒书等基层文化惠民系列活动，丰富群众精神文化生活。围绕传统节日，挖掘和弘扬当地富有民族特色的民俗文娱活动，乐平市将赣剧结合年俗，并邀请江西都市频道直播采访，引发人民网、中国新闻网、《江西新闻联播》等权威主流媒体相继报道；浮梁县组织“八兽灯”“舞龙灯”、川剧变脸、喷火、舞龙等节目表演；高岭中国村景区在春节期间，开展非遗民俗文化展演，吸引游客驻足观看。活动包括线下活动、志愿服务活动、线上讲座、知识竞赛、展览等形式；活动内容有非遗进景区、民俗会演、舞龙灯、猜灯谜等。

【文艺志愿服务】 2023年，组织文艺志愿小分队，深入梨树园社区、哪吒庙社区、第十五小学、文艺小学、昌江区官庄村、小港嘴村、荷塘乡童坊村、江西直升机有限公司等地，为广大群众送去丰富多彩的文艺节目、春联和新春祝福。与市残联共同开展以“宣传二十大、唱响新时代”为主题的残疾人文艺小分队进乡村（社区）系列演出活动，先后走进昌江区丽阳镇余家村等地，采用舞蹈、手语舞和快板等简单易懂的表演形式，丰富残障人士的精神文化生活，传递扶残助残的大爱之情。

【公共图书馆、文化馆服务宣传周】 4月23—29日，开展以“滋养民族心灵 培育文化自信”为主题的图书馆服务周活动；5月22—28日，开展以“新时代文化馆：开放·融合·创新”为主题的文化馆服务周活动；活动发挥各级公共图书馆、文化馆弘扬社会主义核心价值观主阵地作用，提高公共文化机构公众知晓度、参与度和美誉度，提升公共文化服务效能。市县两级文化馆相继开展公益成人艺术培训班、手机摄影培训班、文艺小分队公益演出、优秀群众文艺节目展播、每周学艺点文化慕课以及优秀群众摄影作品展等形式多样的活动；市县两级各图书馆相继开展地方文献现场捐赠仪式、大型诵读展演、中华经典诗文朗诵比赛、阅读1小时读书会、学习用典——中国优秀经典故事全国连环画作品展、读书日系列主题展、专题讲座等全民阅读系列活动。

文化交流

【概况】 2023年，景德镇市主动融入“一带一路”倡议，推进对外交流工作，策划举办丝绸之路旅游城市联盟成立仪式系列活动，同步举行“2023丝绸之路城市文化和旅游发展国际论坛”“丝绸之路旅游城市联合推介展”等活动，“景德镇文旅宣传月”走进柏林，参加澳门旅博会“茶和天下·雅集”专场推介、“2023中国—东盟博览会旅游展”，“参加感知中国”“今日中国”等国家外事活动，邀请习近平总书记复信的阿拉伯艺术家到景德镇采风，并承办第十二届“艺汇丝路——阿拉伯知名艺术家来景采风作品展”、中荷博物馆对话活动等活动，景德镇国际影响力不断扩大。

【中荷博物馆对话】 5月17日，景德镇市“国际博物馆日”主会场活动暨“中荷博物馆对话”在御窑博物馆召开。此次活动由荷兰王国驻中华人民共和国大使馆、景德镇市文化广电新闻出版旅游局共同主办，景德镇御窑博物院、陶文旅集团承办，景德镇学院外国语学院、景德镇中国陶瓷博物馆、景德镇陶瓷大学博物馆、陶溪川美术馆协办。

【澳门旅博会“茶和天下·雅集”专场推介】 6月30日至7月2日，以“旅博领航 盛装迎客”为主题的第11届澳门国际旅游（产业）博览会在澳门威尼斯人金光会展展馆举行，此届旅博会由澳门特区政府旅游局主办，是恢复全面通关后的首届旅博会。6月30日，在文旅部组织“茶和天下·雅集”暨“茶文化之旅”主题推广活动中，景德镇通过现场推介、瓷乐演奏、“茶香会友”，向澳门和国际旅游业界及媒体代表推介具有吸引力的文化旅游线路和产品等资源，打造焕发时代活力的文化和旅游新体验。

【丝绸之路旅游城市联盟成立系列活动】 9月1日，丝绸之路旅游城市联盟成立系列活动在江西景德镇举办。文化和旅游部党组成员、副部长卢映川，江西省人大常委会副主任王少玄，南非驻华大使谢胜文出席活动并致辞；伊朗文化遗产、旅游和手工业部副部长沙勒巴菲扬，巴西前旅游部部长卢梅兹出席活动并作主旨发言。至年底，有亚洲、欧洲、非洲、美洲等地区26个国家的58个海内外城市作为创始会员加入联盟。景德镇作为联盟首届轮值主席城市，景德镇融入“一带一路”建设，与其他会员城市一道，谱写旅游合作与发展新篇章。

【“艺汇丝路——中阿艺术家采风作品展”】 10月5—15日，邀请来自沙特、埃及、黎巴嫩等7个阿拉伯国家的12位艺术家们到景德镇，参加第12届“艺汇丝路——阿拉伯知名艺术家访华采风活动”。经历为期10天的采风创作后，10月18日，“艺汇丝路——中阿艺术家采风作品展”作为“一带一路”国际合作高峰论坛重要板块，在景德镇陶博城国际会展中心开幕。本次展览汇集2023年阿拉伯艺术家访华采风创作的36件绘画、雕塑作品和中国艺术家创作的24幅瓷画等作品。

文化市场

【概况】 2023年，市文旅局推进文化市场管理工作，以规范市场秩序为第一要务，开展市场专项整治，加强节假日市场管控，打击各类违法经营行为，净化文化市场环境。全年，办结案件35起，其中侵权盗版案件11起、非法出版物案件7起、著作权案件4起、出版物市场案件3起、版权案件3起、印刷企业案件1起、歌舞娱乐场所违规经营案件5起、旅游案件1起（此为免罚案件）；文物移送案件3起，接到举报投诉共6起；办结行政处罚案件7起。

【市场服务】 2023年，组织召开全市旅行社工作会，向全市旅行社专题讲解旅行社质保金改革试点情况；国庆中秋前开展旅行社迎双节专题工作部署会和应对旅游高峰暨旅游安全督查工作调度会；参加景德镇市政务服务文旅专场直播，为市民游客答疑解惑；办理16家旅行社的申请设立工作，并及时完成审查工作；组织部分旅行社参加江西乡村文化旅游节系列活动；完成全国旅游监管平台年度财务报表，旅行社网上填报工作；完成受处罚的市场主体信用信息录入工作。完成452名导游换证工作；邀请徐桃生、揭震昆、赖志华三位专家开展导游专题培训工作；举办“展行业风采 绘文旅新篇”2023年景德镇市导游（讲解员）大赛，并为获奖选手颁奖。编写《景德镇市导游讲解员队伍提升行动计划（2024—2025）》征求意见稿。组织全市星级饭店观看全国星级饭店从业人员服务技能竞赛总决赛现场直播；完成星级酒店经营情况报表报送及审核工作，申请取消2家星级酒店资质；国庆假期前和6家酒店召开酒店房价会议，并联合市监局、发改委召开宾馆酒店行业价格行为提醒告诫会（签署承诺书）。组织参加酒店住宿价格情况专题调研会；推荐2家民宿申报等级申报；推荐塔里民宿、杨梅亭艺栈为甲级、乙级旅游民宿，塔里民宿通过省文旅厅现场验收；编写《关于促进民宿高质量发展的实施意见（征求意见稿）》；成立全市旅游住宿行业规范经营工作专班。

【文明创建】 2023年，开展全市常态长效创文指挥部反馈的问题清单的整改工作；接待省文旅市场调查监测中心，开展《营造更好的文化和旅游市场环境研究》课题调研；与市公安局网络安全保卫支队召开景德镇市常态长效创建全国文明城市网吧整治工作会，重点抓好网吧禁烟、杜绝未成年人进入等工作，持续督促酒店等点位完成整改工作；组织各大景区、博物场所、星级酒店开展文明旅游及创建文明示范单位活动，全年总计开展12次文明旅游志愿服务活动，组织创建文明旅游示范单位活动8次，并指导景德镇中国陶瓷博物馆、紫晶宾馆分别完成国家级、省级文明旅游示范单位的创建工作，构建景德镇市文明旅游新风尚。

【文旅行业安全生产督查】 2023年，印发《全市旅游行业安全生产重大风险隐患专项整治工作方案》；完成两会期间旅游安全生产隐患排查整改及安全信息报送工作；配合市安委会成立第四综合督导组赴珠山区综合督查安全生产工作；配合市消防支援支队开展珠山区、乐平市高层建筑专项核查工作；开展燃气安全使用专项整治及汛期安全工作，对涉及文旅行业的宾馆酒店使用燃气单位开展拉网式隐患排查，并将排查出的问题建立台账，相关整改情况及时上报。

【“扫黄打非”】 2023年，陪同开展“扫黄打非”湘鄂赣区域暨赣闽区域联防协作工作；创建石狮埠街道为扫黄打非进基层示范点；组织执法人员参加2023年全省文化执法平台业务培训班暨执法证件申领培训考试；完成2022年度举报、查处重大侵权盗版案件奖励工作，推荐市文化执法支队为有功单位、徐昶为有功个人；获省“扫黄打非”工作先进单位和个人；开展2023年元旦、春节和两会期间文旅市场执法监管；与市公安局刑事警察支队召开打击防范文物犯罪专项行动座谈会；联合市公安局食药环分局开展院线版权保护专项行动；与市交通运输综合行政执法支队召开旅游客运市场联合执法工作会。

文化产业

【概况】 2023年，景德镇市规模以上文化及相关产业企业数量为161家，营业收入102.27亿元，同比下降7.6%。全年，全市共有12家企业入库江西省“文旅贷”，获准入贷款金额6500万元。举办江西省“三百”文旅消费季景德镇分会场活动、景德镇商贸文旅消费节，发放文旅消费券600万余元。发展夜经济，推进“十五景三宴三剧”常态化运营，评选发布“夜珠山”精品线路及十大人气网红、十大特色网红打卡点，“夜珠山”高品质发展落到实处。发展数字文旅，江西省首个由陶瓷与元宇宙深度结合的陶瓷元宇宙馆开馆，瑞牛科技成功发售“福瑞东方”景德镇、南昌、西安、武汉4款城市系列数字藏品，景德镇御窑博物院打造“岁岁鸭”IP，景德镇中国陶瓷博物馆推出“沉思罗汉”文化IP。

【文化和旅游产业高质量发展】 2023年，“千馆之城”场馆数字平台上线，举办“千馆之城”发布仪式，发布首批场馆330家，上线大数据平台、小程序、网站、电子地图等数字化平台，助力打造国家文化交流客厅、国际文化交流名城。市委办公室、市政府办公室下发文件《景德镇市建设“千馆之城”实施方案》。年内，品牌创建不断出新，珠山区获评国家文化产业和旅游产业融合发展示范区建设单位、江西省“风景独好”旅游名县；景德镇陶溪川获批第五批国家文化和科技融合示范基地名单；新增景德镇记忆、瑶里风景区2家江西省级夜间文化和旅游消费集聚区，景德镇市国家级、省级夜间集聚区分别达2家、6家。瓷博活动精彩纷呈，高质量完成12项主体、专题、配套活动和展陈的承办、组织工作，整体规格高，接待规模大，活动效果佳，展陈质量高，社会反响好，成功凸显第20届中国景德镇国际陶瓷博览会的文化属性。扩大文化贸易，举办文化和旅游部国家对外文化贸易基地建设推进会，景德镇国际陶瓷博览交易中心获批国家对外文化贸易基地，全国仅12家。举办“多

12月26日，“千馆之城”场馆数字平台上线 （市文旅局/供图）

彩中国 佳节好物”文化旅游贸易促进活动（陶瓷文旅文创专题）。望龙陶瓷入围2023—2024年度国家文化出口重点企业，江西仅4家。

【景德镇陶文旅控股集团有限公司】 2023年，景德镇陶文旅控股集团有限公司（以下简称陶文旅集团）作为建设景德镇国家陶瓷文化传承创新试验区的主力军，通过文旅融合创新发展，践行“以文塑旅、以旅彰文”的文化强省战略。年内，全面启动以御窑厂为核心的陶阳里御窑景区创建国家AAAAA级旅游景区工作；陶机厂成功申报江西省首批省级工业遗产，并在此基础上申报国家工业遗产。至年底，陶文旅集团实现资产总额999.64亿元，营业收入68.97亿元，同比增长26.6%，净利润4.86亿元，同比增长20.9%。年内，陶文旅集团的文旅项目获得第五批国家文化和科技融合示范基地、2022全国文化遗产旅游百强案例、2022年度十大著作权人、国家发改委2022年区域双创示范基地督查激励推荐名单、亚太地区文化遗产保护奖（彭家弄）等国家级荣誉6项、省级荣誉8项。陶文旅集团第三次被评为“全国文化企业30强”提名企业，成为全国有影响力、有引领性、独具特色的文旅企业。

（王群）

【文旅品牌创建】 2023年，陶文旅集团拥有宇宙瓷厂、为民瓷厂等4处国家工业遗产、景德镇陶瓷机械厂省级工业遗产以及彭家弄、刘家弄历史街区，落马桥元青花遗址等重要文化遗产，特许经营国保单位　　御窑厂。年内，陶文旅集团加快遗产项目保护性开发，全面启动以御窑厂为核心的陶阳里御窑景区创建国家AAAAA级旅游景区工作，修缮陶阳里104条里弄和千余间古建，以AAAAA级目标任务不断完善旅游配套，提升旅游区品质，彰显旅游区文化。全年接待游客突破440万人次。陶机厂成功申报江西省首批省级工业遗产，并在此基础上拟继续申报国家工业遗产，把陶溪川一期、二期、三期打造成国家工业遗产活化利用片区，至年底，陶溪川三期工程主体建设接近完成，陶溪明珠、为民瓷厂片区基本完工。

（王群）

【陶溪川文旅带动消费】 2023年，陶文旅集团继续推动以文旅带动消费促进双创发展，在陶溪川构建“创意集市+邑空间+直播基地+智造工坊”等创业晋级平台，设立陶溪川知识产权保护中心，制定“洄游计划”，以连续的、多媒介的“洄游”方式将创业者联动在一起，原有的周五、周六两天集市拓展为周五至周日三天集市，为创客拓展集市时间。陶溪川邑空间及陶然集小程序全面上线，打通数据通道，拓展各项创客服务业务。至年底，陶溪川“景漂”创业者从2万名增加到2.4万余名，全年新增版权登记1.43万件。

（王群）

【陶溪川文旅推动文化传播】 2023年，继续推动陶溪川艺术集市陶然集的品牌活动打造，全年共举办5期陶然集，累计吸引50万余人次打卡，累计为手工艺术家创收3000万元。积极“走出去”开展文化交流输出。9月，在保加利亚奥雷沙克设立工艺美术展览中心，举办“远方的气息—从东到东——中国景德镇与保加利亚特罗阳陶瓷艺术文化交流展”活动，反响良好。10月，时隔四年，以“民族的 世界的”为主题的春秋大集秋集再次重启，50余个国家的200余名国外艺术家、八大美院师生120人参与，从2800名线上报名艺术家、手艺人、独立设计师中选拔235位参与，整个春秋大集累计吸引游客5万人次。依托陶溪川大剧院，携手东方演艺集团、九维文化等知名演艺机构，打造精品艺术作品。龙年春晚，由景德镇陶文旅集团、中国东方演艺集团，以景德镇青白瓷为造型风格、展现陶瓷文化神韵的舞剧选段《瓷影》登上春晚舞台，向全世界展示景德镇的陶瓷文化，《瓷影》是双方拟合作打造的舞剧《唯我青白》的一部分。

（王群）

【陶溪川直播基地】 2023年，陶溪川直播基地以“数字经济”推动文化“变现”，再次被评为2023—2024年度江西省电子商务示范基地。在前期同抖音、快手合作基础上，陶溪川直播基地同腾讯视频号开展战略合作共同打造视频号瓷器产业带。全年入驻商家4061家，其中抖音平台入驻2697家，视频号入驻1364家。1—11月直播基地累计实现GMV72.7亿元。其中抖音平台GMV65.97亿元，视频号GMV6.72亿元。陶溪川的2.4万名“景漂”创客带动超12万人的就业。

（王群）

文化遗产保护与文物考古研究

【概况】 2023年，景德镇市争取国家和省级各类文物保护专项资金共计2736.32万元。推进非物质文化遗产保护工作，发起成立国际瓷器研究联盟；围绕“满城瓷器千座馆”，推动“千馆之城”建设，全市新增2个博物馆，全市博物馆总数达25个，处于全省领先水平。全年全市博物馆参观人次达566.23万人次，其中景德镇中国陶瓷博物馆、御窑博物馆客流量超百万人次，入围全国人气热点博物馆。年内，景德镇市获批创建第二批国家文物保护利用示范区；御窑博物馆获评“全国最具创新力博物馆”；古陶瓷基因库被国家文物局评为首批全国文物事业高质量发展入围案例；景德镇诚德轩瓷业公司入围2023—2025年国家级非遗生产性保护示范基地名单。

【考古整理工作】 2023年，先后启动湖田窑遗址建设控制地带东三宝曹家岭片区商居开发项目、城市更新项目、三宝国际瓷谷——创客驿站项目、南河国控断面上游分散污水收集项目；昌江航道提升工程（丽阳—吕蒙大桥）段项目；落马桥刘家弄片区玉路弄、袁家窑项目；御窑厂遗址建设控制地带八小停车场空地、通津桥空地、一小对面空地、建国瓷厂新罗汉肚及莲花岭片区项目共计11处城市基本建设涉建区域的考古调查勘探工作。9月，启动落马桥窑址考古发掘工作。年内，《景德镇御窑厂遗址2002—2004年考古发掘报告》《景德镇御窑厂遗址2014年考古发掘报告》及《景德镇落马桥遗址2012—2017年考古发掘报告》完成修订稿。全面推动了“考古一张图”的建设工作，全年共采集申遗点正射影像图约433万平方米；精细三维点包含申遗点及全国重点文物保护单位共采集13处；珠山区及昌江区文物点采集文物信息数据共计170处。

【馆藏器物修复】 2023年，修复馆藏器物78件，保护修复考古标本1367件，完成文物修复档案344份，另完成珍贵文物拼对近百件。国家级修复项目“景德镇御窑博物馆馆藏陶瓷保护”结项验收。可拆卸假体的修复方法试验成功。与湖北省博物馆文物交流信息中心联合尝试“降阶法”修复。与北京大学计算机学院开展陶瓷修复与数字化展示的应用研究。全年，景德镇古陶瓷基因库总计完成1623套、3308件标本；上线古陶瓷基因库系统平台，设计、安装并启用古陶瓷基因标本机器人柔性制样系统。与中国科学院高能物理研究所、北科大科技史与文化遗产研究院建立战略合作。古陶瓷基因库数字化平台纳入江西省第三批数字技术应用场景“机会清单”。年内，起草、申报国家文物局《古陶瓷基因库建设与管理技术标准草案》；实施国家文物局《古陶瓷资源数据库管理与系统开发项目合同》；成立古陶瓷科学研究国家文物局重点科研基地景德镇工作站。12月，景德镇御窑博物院获批承担国家文物局“文物大数据库建设示范项目”的“古陶瓷资源数据库”子项目研发。

【文物遗址保护】 2023年，完成“御窑厂珠山北麓遗址渗水治理工程”的施工，开展“御窑厂窑址珠山南麓遗址考古扩挖区和西南段围墙遗址保护修缮工程”前期准备工作。编制“御窑厂遗址黄老大窑、刘家窑本体保护修缮工程”方案设计。“御窑厂遗址保护规划（修编）”获江西省文旅厅和自然资源厅的联合公布，“御窑厂西北段围墙遗址保护性设施建设工程项目”获国家文物局的立项审批。御窑博物院配合市文旅局，完成景德镇国保两线范围内违建整改工作。

【非物质文化遗产保护】 2023年，开展非物质文化遗产保护工作，承办2023年全省非遗工作会暨非遗工坊培训班，完成2022年度国家级非遗代表性传承人传承活动评估工作，开展景德镇市第八批非遗代表性传承人的评定工作，评定2023年度非物质文化遗产研究、传承、传播基地共45家，景德镇诚德轩瓷业公司入围2023—2025年国家级非遗生产性保护示范基地名单。推动非遗与旅游融合发展，6月，古窑民俗博览区（国家AAAAA级旅游景区）举办2023年全国文化和自然遗产日古窑系列活动。景德镇非物质文化遗产馆于2022年11月在昌南新区正式建成开放后，非遗珍贵展品和非遗技艺集中汇聚于此。年内，昌南新区用工业和文化的方式表达非遗声音，成为非遗文化集聚区。

【学术研究】 2023年，成立“国际瓷器研究联盟”，召开“瓷器起源、传播与全球化学术研讨会”“中荷博物馆对话论坛”等大型国际学术交流活动。完成“明清时期景德镇对外瓷业交流研究”“明清时期景德镇制瓷产业体系的形成发展及其历史意义”“御窑制瓷技术与管理制度及其对世界的影响”等6个申遗课题。主编《景德镇陶瓷简史》，参与编撰《景德镇陶瓷史话》。在省级以上期刊发表《从唐宋腰鼓看落马桥窑址出土元青花漏斗形器》《明成化三彩鸭形香熏炉的工艺研究》《瑶里村落的形成与程氏雅居的建筑特征研究》《明代景德镇制瓷陶车研究》等12篇学术论文。与清华大学、故宫博物院、上海博物馆、中国科学院高能物理研究所、中国科学院上海硅酸盐研究所等高校、文博、科研单位达成战略合作，与清华大学就“面向文化遗产的知识组织与服务研究”科研课题进行紧密合作；与复旦大学工程与应用技术研究院合作研制“古陶瓷基因标本机器人柔性制样系统”。

【藏品管理】2023年，完成景德镇御窑博物院新馆藏品库房提升项目、标本室改造建设。完成4000余套藏品的清点、核查、上架、录入工作，遴选推荐国家三级珍贵文物并鉴定1018件（套），更换文物囊匣705个，新增文物定制储藏柜6台。完成一级、二级文物藏品建档，共计202件（套）；5.12万余件（套）藏品录入《藏品管理系统》。实施“景德镇御窑博物院馆藏文物预防性保护项目”，参与古陶瓷鉴定技能研修培训班的相关活动。

【御窑博物院简况】2023年，御窑博物院推动御窑文物保护、考古研究、古陶瓷基因库建设、宣传推广等各项工作，助推景德镇国家陶瓷文化传承创新试验区建设及景德镇窑址申遗工作；发起成立“国际瓷器研究联盟”（SICS），获评中博协2023年度“最具创新力博物馆”，入选国家文物局首批“文物事业高质量发展案例”，获评全国博物馆100大年度热门展览，获全国文物修复大赛三等奖、全省陶瓷修复大赛一等奖，入选文旅部2023年文化和旅游系统青年科研人才扶持计划，获评全省博物馆青少年教育精品课程、全省十佳研学旅行课程。年内，御窑博物院依托院藏一级文物明成化素三彩鸭形香薰为原型，打造“岁岁鸭”文创IP。推出T恤、帽子、抱枕、帆布袋、雨伞、马克杯、胶带、徽章、冰箱贴等一系列产品。2023年，与香港浸会大学、北京大学“力行计划”、景德镇实践团以及北京大学考古文博学院、中经传承文化传媒有限责任公司合作举办成人研学、少儿研学活动活动共计32场，参加活动达9537人次，未成年人767人。在国际博物馆日活动、文化和自然遗产日、儿童节等重大纪念日开展形式多样的宣传教育活动。2023年景德镇市科技活动周主题活动——“御窑天下·青花秘境”展及科普体验活动在景德镇御窑博物馆举办。与青岛九中、梨树园小学和莲花塘社区等举办多场御窑文化宣传社教活动。

【景德镇陶瓷博物馆荣誉】2023年，景德镇中国陶瓷博物馆获国家级荣誉3项，分别是“清代康熙官窑瓷器分析年限与鉴定”入选全国网络学院课程库；“大展宏兔”——卯（兔年）生肖文物图片大联展活动，获设计布展创新二等奖；“平安富贵五福临门Mini摆件”入选文化和旅游部“赓续中华文脉，创意来自典藏”精选文创产品联展。省级荣誉6项：2022年度全省博物馆纪念馆公共服务考评“优秀”，“清代洋红地洋彩万国来朝图瓷尊”入选全省十大镇馆之宝，“全感沉浸式互动新体验”项目入选第一批省数字技术应用场景示范项目名单，《陶瓷器型之“器宇不凡”》被评为第二批全省博物馆青少年教育精品课程，2023年江西省防震减灾科普讲解大赛暨第七届全国防震减灾科普讲解大赛江西地区选拔赛三等奖，2023年全省博物馆讲解比赛三等奖；市级荣誉2项：成功获批全市学雷锋示范点，《党建引领文创，为我市营商环境贡献博物馆力量》获评首届全市机关党建创新优秀案例。

【景德镇陶瓷博物馆简况】2023年，提升公共服务能力，升级改造完成简餐区、书吧等多处基础设施建设。全年共计接待游客173万余人，同比上年45万人增长284%。其中，学生19万人，同比上年5.5万人增长245%。外宾4316人，同比上年690人增长526%。春节假期，线下接待游客3.7万人次；“五一”假期，线下场馆共接待游客4.3万人次；中秋、国庆“双节”假期，累计接待游客近10万人次，创历史新高。年内，利用节假日和主题活动举办期间，以线上线下相结合的模式，组织开展各类主题文化活动162场；“博物馆之夜”活动邀请消防员、陶瓷爱好者、医护人员、教师学子、公安干警5个社会正能量团体代表参与，10个夜晚的活动惠及游客2万余人；开展“景博·瓷文化”研学之旅相关活动及课程18场，参与人数2525人。带领观众线上“云”逛展览等展览配套活动13场。拓展馆校合作资源，先后与昌江区丽阳镇余家希望小学、景德镇艺术职业大学、景德镇市白鹭学校、景德镇市第十五小学签订为合作学校；常态化推进每周三“景博·瓷文化”课堂走进市陶阳学校社团课；完成《景博瓷语——故事篇》绘本初稿的工作；制作完成线上研学课程APP配套游戏设计。全年推出精品展15个。其中，原创展5个和引进展2个，交流展4个，线上展览4个。为推动中华陶瓷文化走向世界，在庆祝中荷两国建交50周年之际，策划当代景德镇陶瓷艺术家创作交流会，组织十余位国家、省、市级陶瓷艺术大师参加活动，共同创作近20件作品被中华人民共和国驻荷兰王国大使馆陈列并永久收藏；在“瓷博会”期间以及中法建交60周年来临之际，推出“陶@未来——中法艺术家陶艺作品展”。策划“大展宏兔”——癸卯（兔年）新春生肖文物图片联展、“时代瑰宝”——馆藏景德镇567瓷精品展、“初心·使命——瓷绘上的红色符号原创作品展”；引进展：“千秋德化”——福建德化窑精品展、“亦步亦新——紫砂九隽创新作品展”等原创展；“珠山逸韵——景德镇近代陶瓷珍品展”在长沙市博物馆、西宁市博物馆展出，“盛世之器——清代康雍乾时期景德镇陶瓷珍品展”在厦门市博物馆、赣州市博物馆展出。

【景德镇陶瓷博物馆藏品管理】2023年，科学化管理馆藏文物，全年办理229件（套）社会捐赠藏品的入藏手续，丰富藏品的数量，弥补收藏体系中相关品类的薄弱与不足；完成馆藏1125件（套）文物拟推荐国家三级珍贵文物的遴选和建账工作；完成3000件文物囊匣的更换工作，确保藏品的安全存装；实施完成《馆藏瓷器文物保护修复项目》，对馆藏85件（套）国家一级、二级、三级珍贵文物进行复原；出版《藏品大全宋代卷》《丝路遗珍——中国古代外销瓷特展图录论文集》《王者之器——明代藩王用瓷图录》《瓷业高峰是瓷都——回望景德镇二十世纪五十至七十年代瓷雕成就》；发表学术论文15篇；举办《什么是好的博物馆》《景德镇陶瓷文化遗产所隐含的反差现象》《博物馆定级评估研讨会》《陶瓷专题陈列艺术化、个性化与数字化呈现研讨会》4次；完成《景德镇中国陶瓷博物馆馆藏文物二期预防性保护项目》项目招投标工作；《江西地区汉墓出土陶瓷器的考古学研究》课题和《文物数字化传播及教育推广》项目成功立项。

【交流展览】3月，“青花秘境”图片展走进德国柏林；4月，“遇·鉴中国——中华文化主题展”亮相法国巴黎；5月，策划“中荷博物馆对话”活动；6月，参加2023战略传播论坛；8月，参加“瓷的故事——中国与阿拉伯伊斯兰世界的世纪交流”文化交流活动；11月，在新加坡签订2024年展览协议；12月，“青花秘境”数字共生展被国家文物局推介列入中宣部网络强国简报。年内，举办“瓷都千年”特展、“飞龙乘云——景德镇御窑博物院藏元明清御用龙纹瓷器展”“景德镇宋元明清花器瓷展”“景德镇元明酒具瓷展”“永乐官窑瓷器展”“‘时空·对话’2023中韩陶艺小品交流展”；合作主办“文谟武烈——永乐的世界遗产”“再鉴御瓷——景德镇御窑遗址出土明代瓷器展”“四时花开——景德镇御窑遗址出土明代瓷器恭王府博物馆特展”“御窑·宫瓷——明清御窑瓷器的传承和创新”；参与“守艺出新——景德镇墨彩瓷画研究展”“江海共潮生——长江与海洋文明·考古文物精品展”“唐窑之韵——江西出土唐代陶瓷展”。

【2家新增博物馆】5月6日，江西省文物局同意景德镇陶溪川青白瓷博物馆设立备案的请示，12月5日，同意浮梁县天祥号浮梁茶博物馆设立备案的请示。至年底，全市有设立备案博物馆25家，处于全省前列。

10月11日，《瓷都千年》特展于景德镇御窑博物馆1—3号厅开幕
（市文旅局/供图）

【《博物馆之城建设规划》编制】 7月，《博物馆之城建设规划》的编制工作启动，编制工作整体分为三个阶段推进：项目立项与筹备，开展前期调查研究；起草编制规划文件；多渠道征求意见，完善修改并定稿。年内，完成项目立项与筹备及前期调查研究。编制工作预计于2024年5月18日博物馆日前后公布实施。

申遗工作

【概况】 2023年，景德镇市申报世界文化遗产领导小组办公室（以下简称市申遗办）重新组建申遗工作专班（有20名成员），成立由市委书记、市长任双组长的申遗工作领导小组；组织召开全市申遗工作调度会3次，每周召开1次主任办公会，不定期就申遗工作重难点问题召开专题调度会及现场调度会20余次。起草《景德镇市申遗开放考古工作管理办法》，联合市发改委、市自规局、市住建局、市文物局制定遗产区内建设项目联审制度。组织邀请中国文化遗产研究院研究员郑军、杭州良渚遗址管理区管委会副主任蒋卫东、中国研究院教授方李莉等专家学者到景德镇作文化遗产专题讲座，扩大申遗影响力，提升申遗工作专班人员对文化遗产的认识。制定《景德镇申遗开放课题管理办法》，面向全国征集申遗研究课题100余个，组织专家评审。年内，在新华社、《人民日报》《光明日报》《参考消息》《中国城市报》《江西日报》《信息日报》等媒体推送文化遗产保护与利用方面稿件20余篇，《景德镇日报》《瓷都晚报》和景德镇广播电视新闻联播栏目刊发申遗有关稿件50余篇；策划和拍摄“听御窑讲景德镇故事”“景德镇陶歌”“洋景漂话申遗”“地宝说文保”“遗产里的景德镇”等主题系列短视频100余个，通过景德镇申遗公众号、视频号和抖音号等平台推送；策划“景德镇申遗大讲堂”“同心同德 助力申遗”“助力申遗‘随手拍’”“‘春诵夏弦 倾听申遗’国际古迹遗址日景德镇市主题活动”等主题鲜明、内容丰富的活动10余场。

【李书磊对景德镇申遗工作作出指示】 3月8日，中共中央政治局委员、中宣部部长李书磊到江西代表团参加陶瓷文化有关情况调研座谈会并作讲话。指出景德镇陶瓷文化是我国文化的代表性标识，也是中华文明的重要象征，景德镇在传承和发扬陶瓷文化上有非常好的基础，完全有能力、有条件、有可能落实好总书记的重要要求，把陶瓷文化传承创新试验区和对外文化交流新平台建设得更好。李书磊强调要以申遗作为抓手、杠杆和引领，不局限于申遗本身，要把申遗作为一项整体性的保护工作去推动，需要举全省之力，有时候还要举全国之力。中宣部、文化部和国家文物局也会全力推动支持景德镇申遗工作。

【国际文化遗产专家贾德指导申遗工作】 6月28—29日，国际文化遗产专家贾德（JadTabet）受邀到景德镇市指导“景德镇窑址”申报世界文化遗产工作，并召开专题座谈会。市委书记刘锋，市委副书记、市长胡雪梅看望贾德一行。贾德先后走访湖田古瓷窑址、三宝蓬瓷石矿业遗址、高岭瓷石矿遗址及东埠码头、落马桥窑址、吊脚楼窑址和景德镇御窑厂遗址及周边民窑遗址等遗产要素点，参观御窑博物院古陶瓷基因库，详细了解景德镇传承千年的陶瓷文化，以及在保护陶瓷遗产古迹等方面做出的具体工作。贾德肯定景德镇市申遗工作，并对“景德镇窑址”申报世界文化遗产的文本编制、申报策略提出意见和建议。

【国家文物局专题调研景德镇申遗工作】 6月30日至7月1日，国家文物局党组成员、副局长关强率队到景德镇调研申报世界文化遗产工作并召开座谈会。关强一行实地调研湖田古瓷窑址、三宝蓬瓷石矿业遗址、御窑厂窑址及周边民窑遗址、瑶里釉果矿及绕南瓷石加工遗址、高岭瓷石矿遗址及东埠码头、观音阁窑址、三间庙码头遗址、吊脚楼窑址、落马桥窑址、御窑博物院、丽阳窑址，了解景德镇市历史文化传承、文物保护利用、考古发掘研究以及申遗文本编制、遗产管理规划等情况，对推进文化遗产本体保护、资料收集、学术研究、环境整治、展示利用等工作提出指导意见。

【国内知名考古专家调研落马桥窑址考古工作】 7月29日，落马桥窑址考古研究工作讨论会在市申遗办举行，国内知名考古专家原福建省文物考古研究所所长、研究馆员栗建安，故宫博物院研究员王光尧，中国社科院考古所研究员汪勃，江西省文物考古研究院研究馆员张文江，御窑博物院副研究员白光华，北京大学教授、著名考古学家秦大树在调研落马桥窑址及周边环境后，对开展第二轮正式考古工作提出建设性方向和意见。

【“预评估申报书”专家论证会】 8月15日，景德镇申报世界文化遗产“预评估申报书”专家论证会在景德镇市申遗办举行，来自国内文化遗产领域的数位专家听取“预评估申报书”文本编制团队的专题汇报，并提出意见和建议。

【落马桥窑址第二次考古发掘工作启动】 9月11日，正式启动落马桥窑址第二轮考古发掘工作。此次发掘由景德镇御窑博物院联合江西省文物考古研究院、北京大学、浙大城市学院、故宫博物院、中山大学、北京联合大学等多家单位共同开展。第二轮考古发掘工作对景德镇的窑业史、城市发展史、陶瓷外销史的研究，以及景德镇申报世界文化遗产等工作提供重要支撑。

【2023景德镇市申报世界文化遗产国际研讨会举办】 10月20日，2023景德镇市申报世界文化遗产国际研讨会在紫晶宾馆举行，来自中国、美国、英国、韩国、伊朗等国家的10余位文化遗产专家参会。会上听取申遗文本团队“景德镇瓷业文化景观”的策略研究专题汇报，专家们就景德镇申报世界文化遗产思路、策略等方面内容进行研究与讨论，发表观点和建议。

【景德镇申遗及考古工作座谈会】 12月9日，景德镇申遗及考古工作座谈会召开。国家文物局副局长关强、市委书记刘锋出席会议并讲话。市委副书记、市长胡雪梅主持。关强指出，近年来，景德镇市委、市政府高度重视文物保护和申遗工作，调动各方力量，不断强化“人、财、物”保障，考古研究、文物保护、文本编制等各项工作均取得有效进展。申遗准备工作千头万绪，量大面广，要增强申遗工作的责任感和紧迫感，抢抓时间节点、科学统筹安排，分清缓急主次、抓住关键核心，确保申遗各项工作有序有力推进。 （黄秋芳）

新闻出版

【概况】 2023年，坚持把版权作为陶瓷文化传承创新的核心要素，发挥版权对创新发展的保障激励作用和提升产业附加值的助推作用，做好“陶瓷＋版权”文章。2023年全市版权登记数量超3.1万件，同比增幅超过60%，超额完成省委宣传部年度增幅任务指标，第三季度版权登记排名位居全省第一。

【特色版权品牌创建】 2023年，市文旅局（版权局）获“中国版权金奖·管理奖”，陶邑文化发展有限公司获2022年度“十大著作权人”；推荐陶溪川文创街区申报2023年世界知识产权组织中小企业全球奖；开展世界知识产权组织版权保护优秀案例示范点调研项目（IP与创意产业：景德镇故事），完成初期数据收集，形成第二稿调研报告；文祥窑陶瓷艺术有限公司、玉柏瓷业有限公司、青花故事陶瓷文化发展有限公司获批年度江西省版权示范单位；完成全国版权示范园区（基地）、单位的年度报告工作；景德镇国家陶瓷版权交易中心综合服务平台（一期）建成并上线试运行，功能包含官网、版权登记、区块链、商城等，电商直播、数实结合、大碗运营等累计签约3950万元，履约落地900余万元。

【版权服务】 2023年，开展全市党政机关、市出资监管企业、重点行业软件正版化核查。举办“‘4·26’世界知识产权日”版权宣传月系列活动，制作“4·26”版权宣传片和海报并对外发布，联合市场监管局、法院等单位召开知识产权新闻发布会，开展户外集中宣传活动6场。联合市场监管局等单位推出《知识产权陶瓷技术调查官管理办法（试行）》，成立知识产权纠纷人民调解委员会；增加陶瓷大学（湘湖）版权服务站，5月16日举行版权服务站授牌和版权志愿服务队授旗仪式，同时牵线搭桥，组织国家陶瓷版权交易中心与陶瓷大学法学系战略签约合作。

【版权展览展示活动】 6月7日，市文旅局（版权局）组织的“版权赋能 瓷上中国”景德镇版权赋能城市高质量发展成果展在数字文化馆（9号馆）举办；10月19日，举办版权助推城市高质量发展论坛，论坛期间，在瓷博会现场设置版权馆，对景德镇市建设全国版权示范城市成果、世界知识产权组织版权保护优秀案例示范点调研项目（IP与创意产业：景德镇故事）、景德镇国家陶瓷版权交易中心建设情况等内容进行展览展示；举办2023首届陶瓷非遗版权作品大赛启动仪式暨瓷画联展、第二届“景德镇文化老字号”陶瓷版权作品展暨授牌仪式式、“艺·境”陶瓷艺术版权作品展等大型活动。

“4·23”世界读书日活动　（市图书馆／供图）

【新闻出版管理】2023年，完成内部资料性出版物、印刷企业、出版物企业年审和年度报告工作；开展年度景德镇市最美书店和农家书屋评选，评出最美书店1家、最美农家书屋3家；联合市残联通过县（市、区）自查、实地检查、走访调研、查阅资料、通报反馈等方式在全市范围内组织开展农家书屋联合专项检查，实地检查农家书屋11家，对农家书屋作用发挥不充分、队伍力量薄弱、使用效率低、活动内容不丰富等问题提出整改要求。开展“我的书屋我的梦”主题活动，征集书画、作文等各类中小学生作品近200幅，组织评审择优选送100份参加全省评选。

（除署名外皆由甘传海　陈怡婷供稿）

公共图书管理

【概况】2023年，景德镇市图书馆馆藏总量80万（件），报刊484（种）。年内，发挥图书馆文化建设的阵地优势，坚持“一切为读者”的理念，推进全民阅读、共建书香瓷都。推进全民阅读活动，世界读书日活动期间开展专题活动15场；推进古籍保护工作，获评省古籍保护先进单位；打造陶瓷文献图书馆，开展陶瓷文献、地方文献的征集整理工作；组织文化志愿者下社区、街道、乡镇、学校，开展各类文化志愿服务12场次；举办主题读书分享活动10场，各类少儿活动30场；全年，举办线下展览12次，线上展览60次，共举办线上线下讲座135场。年内，为分馆、城市书房、流通站点配送图书3100余册。智慧图书馆建设工作持续推进，全年定期在线上组织数字资源阅读推文活动达百余次。景德镇市图书馆再次获评“国家一级图书馆”殊荣。

【古籍保护工作】2023年，景德镇市图书馆特藏部完成全国重点古籍保护单位的复核迎检工作，对库房进行补充升级和改建。推出《景德镇市图书馆晒书亮宝陶瓷历史文献》系列视频，形成具有特色的陶瓷古籍文化品牌，制作《景德镇陶录》《陶记》等共四期。开展“江流万古　文润千年”——2023中华传统晒书活动。筹措资金建立修复室，抢救性修复珍贵古籍，开展古籍修复工作。景德镇市图书馆获江西省古籍保护先进单位。

【全民阅读推广】2023年，通过网站、微信公众号、抖音等平台进行新书推荐、活动宣传、文章和视频发布，利用新媒体平台对阅读推广活动进行现场直播以扩大影响力。全年共发表微信推文1300余篇，共发布视频40个，总浏览量超过25万人次。通过《景德镇日报》、《瓷都晚报》、景德镇广播电视台等媒体平台报道市图书馆各类活动的文章数篇。

【文献征集】2023年，景德镇市图书馆打造陶瓷文献图书馆，丰富陶瓷文献、地方文献馆藏，全年共计征集陶瓷、地方文献图书

4月26日，《景德镇传统瓷艺述论稿》捐书活动仪式　（市图书馆／供图）

12月29日，景德镇市图书馆学会年会暨学术研讨会（市图书馆/供图）

1032册。为助力景德镇国家陶瓷文化传承创新试验区建设，将“千年瓷都”这张靓丽的名片擦得更亮，持续开展特色主题文献的资源建设。

【城市书房改造】9月，对紫晶城市书房进行提升改造，从环境装修、书架布局到设备功能结构进行全面调整，对书房全部图书进行更新，更换图书2000册。同时，还新增文化馆、昌江区政协、昌江区少数民族服务站共三个图书流通站。全年为分馆、城市书房、流通站点配送图书3100余册。不断满足基层群众日益增长的美好生活需要，打通文化的“最后一公里”。

【景德镇市图书馆学会年会暨学术研讨会】12月29日，景德镇市图书馆学会年会暨学术研讨会召开。会议以“阅享新时代，助力文化立市”努力推进景德镇市图书馆事业高质量发展为主题。全市各系统图书馆会员代表、企业会员单位代表和嘉宾学者等70余人参加会议。评选出全民阅读先进、数字文化服务先进、古籍保护先进、先进会员等共9家先进单位，个人先进代表11人；征文评比，评选出一等奖3篇、二等奖4篇、三等奖6篇。

（付钰）

报刊　广电　新媒体

【概况】2023年，景德镇市融媒体中心正式成立，为市委直属公益二类正处级事业单位，加挂景德镇日报社、景德镇市广播电视台牌子，归口市委宣传部领导。拥有“景德云媒”客户端、微信公众号、微信视频号、抖音视频号、微博、“学习强国”学习平台、“景德镇陶瓷”强国号等多个新媒体平台。年内，景德镇市融媒体中心围绕市委、市政府中心工作，深化媒体融合，推进新闻报道、对外宣传、国际传播、融合发展等各项工作；荣获2023年王选新闻科学技术奖（项目奖）二等奖、获评媒体融合发展案例入选全国优秀案例、2022年度全国三八红旗集体；通讯作品《景德镇：向世界讲述陶瓷文化的中国故事》获江西新闻奖一等奖、英文融媒专题作品《Friends From Afar——有朋远方来》获全省外宣作品一等奖。

【新闻报道】2023年，市融媒体中心坚守报纸、广播、电视、网站、新媒体等意识形态阵地，深入学习宣传贯彻党的二十大精神和习近平总书记考察江西重要讲话精神。协调运用报纸、电视刊播习近平金句，在显著位置及时转载习近平总书记、省委书记重要时政报道和社论、评论员文章以及党的二十大精神理论阐述文章。报纸、电视、广播协同开辟《全面学习贯彻党的二十大精神》专栏，刊发系列市委宣讲团学习贯彻党的二十大精神宣讲。10月20日推出《把“千年瓷都”这张靓丽名片擦得更亮——深入学习贯彻习近平总书记考察江西重要讲话精神》专栏，持续刊发省委、市委学习习近平总书记重要讲话精神相关报道。累计发稿439篇，其中围绕“学习贯彻习近平总书记重要讲话精神”累计发稿12篇。开展市委、市政府中心工作宣传。全年，完成市四套班子主要领导参加的调研、会议等时政报道，围绕全市高质量发展现场会、全市工业倍增三年行动暨招商引资决战大会、陶博城市外招商动员部署会、市四套班子领导义务植树活动、全市宣传部长会议等市委、市政府中心工作和重大活动积极开展报道。根据市委、市政府大力实施工业强市战略的决策部署和工业倍增三年行动任务目标，组织文字、摄影、摄像记者深入各县（市、区）、高新区、昌南新区，开展《决战工业倍增三年行动》专栏采访，突出报道各项目在建设进展、特色优势、产值税收等方面的亮点。加强新闻策划，开展重点报道。立足“内容为王”主攻专题片和短视频，发挥新媒体“短、平、快”传播优势，抓住老百姓关心关切的热点，相继推出“陶博城招商片”“御窑5A申报片”和“勠力同心向未来——景德镇国家陶瓷文化传承创新试验区建设回眸”等专题片；围绕高质量发展现场会、重点项目工程巡礼等主题推出系列原创视频作品；以群众喜闻乐见的方式创新发布春节特别报道、三八妇女节、二十四节气等原创系列主题短视频。开设《新春走基层》《网络中国节·春节》《阿拉伯艺术节专场演出精彩片段》《奋进的春天》《大美瓷都》《全市高质量发展现场会》《感受春天铿锵前行步伐》专栏，共推出短视频124条，总浏览量152万。

【对外宣传】2023年，市融媒体中心主动与央媒、省媒联系，邀请上级媒体采编人员到市开展新闻采访、举行业务交流培训指导，利用各大平台渠道，在新华网、人民网、中国新闻网、“学习强国”学习平台、《江西日报》等中央和省级主流媒体发稿百余篇（条）。在全国两会召开的时间节点，弘扬景德镇市陶瓷文化，传播景德镇声音。陆续在各大国内主流媒体平台推出一大批高质量新闻作品:《人民日报》9版《胡雪梅代表——用陶瓷文化讲好中国故事》、《光明日报》8版《胡雪梅代表：走出优秀传统文化传承创新发展新路》、澎湃新闻《对话江西景德镇市市长胡雪梅让景德镇成为更多人心中的“诗和远方”》、人民网江西频道《用陶瓷文化讲好新时代中国故事——专访全国人大代表、江西省景德镇市市长胡雪梅》。根据不同主题，展现全市发展成就。2月28日，《经济日报》9版刊登《江西景德镇市施行“超时默许制”改善营商环境——市场主体安心更舒心》；3月4日，《中国妇女报》头版刊登《全国人大代表、景德镇市市长胡雪梅——关爱儿童，就是在守护我们城市发展的未来》。3月27—28日，联手新华社、中央广播电视总台、中新社、《科技日报》等新闻媒体推出“高铁+旅游”全国媒体瓷都采风团活动。中新网《江西景德镇：大唐茶市小镇沉浸式茶文化古风表演引客来》等文章阅读量达到140.4万次，新华社江西频道《乘三月南铁春游专列 赏千年瓷都古韵今风》阅读量达到67.2万次，中新网江西频道和凤凰网江西频道分别用首页主图形式推送，“学习强国”学习平台、中国科技网、中工网、大江网、江西新闻客户端、新浪微博等多家网站及新媒体平台广泛推送，总阅读量超300万次。《景德镇打造陶瓷工业互联网》以综合头条的形式在《新闻联播》播发。2月17日，总台央视《焦点访谈》专题报道《华意压缩：匠心打造分毫必争》，创下该栏目在景德镇市正面宣传报道的篇幅纪录。

【国际传播】2023年，通过IJDZ英文网站、海外社交账号等向世界各国全面讲述景德镇故事、传播景德镇声音。英文网站开设新闻、生活、景漂、工匠等栏目，以及英文解说的视频类信息，并做到每日更新，更新的内容与当下时令发生的事情密切相连，全方面展示景德镇的风土人情和人文历史。2023战略传播论坛、新汉学计划博士生研修、五一期间景德镇文旅市场等活动均及时向全世界传播。“jingdezhen”海外社交账号粉丝量已突破20万人次，年内有两篇帖文阅读量突破200万次。其中，2月14日发布的《越来越多的年轻陶瓷艺术家重返景德镇》创造景德镇市单篇帖文最高纪录，阅读量为256万次，点赞量、转发、观看等有效互动量为8500次。“爷爷的匠心”推特账号粉丝量已突破5000人次，在全国两会期间发帖68条，阅读量共计45万+次。其中，3月4日发布的《感谢李克强总理10年的付出，人民不会忘记》，阅读量达到18万+次。以短视频为抓手，多维度多角度开展主题策划，制作《有朋远方来》和《不止于瓷》等符合国际传播规律系列短视频，其中短视频《有朋远方来——法国艺术家爱玛》，在由中国外文局主办的《第三只眼看中国》国际短视频大赛中获优秀作品奖，是江西省地市中唯一获奖作品。

【《瓷都晚报》】2023年，《瓷都晚报》聚焦全市重点工作，关注瓷都经济发展，挖掘社会民生热点，服务好读者，始终保持对国家政策、舆论风向、社会热点以及群众关心的民生等内容进行宣传和报道，全年出版97期，开辟“文明”“教育”“陶瓷”“文化”“健康”“公益”等专刊专版，以及“社会主义核心价值观”“道德模范”“我的家风故事”“移风易俗扬新风”等栏目。重大新闻报道有《从三个报告看2023民生新改善》《今年“五一”，景德镇文旅很出彩》《全方位揭秘2023第二十届瓷博会》《陶溪川·2023景德镇马拉松全城热跑》《昌景黄高铁27日正式开通运营》等。

【业务拓展】2023年，与市直党政机关、企事业单位开展合作，组建融媒体实验室，安排专人专班，提供各种陪伴式、服务式、体验式新闻信息服务，搭建创新话语传播、新方式呈现、新形式表达的新平台，不断推出内容鲜活、吸引力强、激发情感共鸣的文化产品，全面、深度报道全市经济和文化发展的新进展、新成效。年内，先后与陶文旅集团、城投集团、市申遗办、消防支队、陶博城合作共建5家驻点实验室，创造出许多优质、群众喜爱的融媒体产品，推动合作单位的微信公众号、视频号等自媒体浏览量实现翻番增长。其中《瓷都的春》《陶然集》等短视频获得新华社、《人民日报》、"学习强国"学习平台、光明网等多家主流媒体的转载。特别是在陶溪川融媒体实验室的助推下，陶文旅集团陶然集第二期的微信公众号、视频号等自媒体浏览量超过200万次，同比增长10倍。

【新媒体矩阵】 2023年1月20日，"学习强国"学习平台景德镇平台正式上线，在"学习强国"学习平台拥有具有地方特色的陶瓷类专业账号平台"景德镇陶瓷"强国号；不断推动"景德云媒"APP与英文网站IJDZ（爱景德镇）等平台建设。融合传播资源，借助"景德云媒"APP、短视频、微信公众号等一系列融媒体新闻产品，按照"内容地方化、栏目个性化、节目精品化、制作专业化"的工作思路，集中力量打造一批新闻精品和品牌栏目。2月，景德云媒进行全市高质量发展巡查图文直播，客户端图文直播参与人数近50万人，创造新媒体直播参与人数最高纪录；3月，开展赣鄱红色娘子军主题宣讲和景德镇二中70周年校庆庆典大会的现场直播，客户端直播观看人数总计达30余万人；此外还推出"2023年景德镇市文广新旅工作会议""我在御窑修陶瓷"等直播。景德云媒客户端开设原创栏目"云媒视点"，通过"内容+融合创新"的形式，创作推出60余个深耕本土的融媒体作品。推出全市首场网络"慢直播"，采用24小时全天候直播的形式，依靠监控摄像头，将场景的传播与发声同步进行直播。首场慢直播聚焦展现城市文明的街头爱心小屋，166小时的直播时长带来的是11万余人次的观看量。2023年瓷博会期间，"景德云媒"再一次通过"慢直播"的形式全程记录2023浮梁茶瓷文化集市活动，并升级为5个机位，将内容输出和配合经营进行有效结合。新媒体账号还相继开设"喜迎二十大"、瓷博会等专栏，原创制播"听御窑讲景德镇故事""大美瓷都""灯火中的瓷都"等系列特色专题节目。

【景德镇市融媒体中心职能配置、内设机构和人员编制】 1月20日，景德镇市融媒体中心正式成立，为市委直属公益二类正处级事业单位，加挂景德镇日报社、景德镇市广播电视台牌子，归口市委宣传部领导。内设办公室、总编室、人事部、财务部、全媒体指挥中心、融媒体采访部、融媒体编辑部、"学习强国"编辑部、综合广播频率、交通音乐广播频率、电视频道部、全媒体评论部、专题部、国际传播中心、电视节目部、通联部（外宣部）、智媒创作部、融媒体推广部、融媒体实验室推进中心、视频创作部、大数据部、安全刊播部、网络安全部、广播电视发射部、806台、广告发行管理部共26个部门。核定全额拨款事业编制160名。设主任（正处级）1名，总编辑（正处级）1名，副主任（副总编辑）（副处级）4名；正科级领导职数26名，副科级领导职数31名。拥有"景德云媒"客户端、微信公众号、微信视频号、抖音视频号、微博、"学习强国""景德镇陶瓷"强国号等新媒体平台。工作范围涵盖报纸、广播、电视和新媒体的新闻生产、节目传输、安全播出、政务服务等领域。

【景德镇市融媒体中心成立】 3月14日，中共景德镇市委办公室、景德镇市人民政府办公室正式印发《景德镇市市级媒体深度融合发展改革方案》，明确深度融合的目标任务、组建方式、保障措施等具体工作要求，为推进媒体融合发展指明方向。4月14日，市融媒体中心召开干部大会，市委组织部宣布融媒体中心班子成员任职；5月25日，组织符合条件的报名人员竞聘部分空缺部门负责人岗位；5月29日，组织符合条件的报名人员竞聘部分空缺部门副职岗位；6月25日，员工与部门（公司）完成"双向选择"。6月，原景德镇市广播电视台办公地由瓷都大道1073号搬迁至市发展中心北苑32号楼与原景德镇日报社合署办公；8月8日，交通音乐广播频率正式迁入市融媒体中心；8月15日，融媒体中心电视播控中心正式迁入发展中心；8月22日，综合广播频率正式迁入市融媒体中心。12月22日，《景德镇市融媒体中心职能配置、内设机构和人员编制规定》经市委机构编制委员会办公室审核，市委批准后正式印发。

（景德镇市融媒体中心）

卫 生

综 述

2023年，全市卫健系统始终坚持以人民健康为中心，以打造新时代卫生健康“四区四高地”为战略统领，提升卫生健康服务能力，推进健康景德镇建设，不断满足人民群众日益增长的健康需求。

统筹医药卫生体制改革。全市二级以上公立医院参加DIP支付方式改革，推进紧密型县域医共体建设，市一院、市二院、市三院等医院积极探索组建多形式医联体，新组建老年医学科专科联盟。

提升医疗卫生管理和服务能力。卫生健康服务能力全面提升三年行动计划实施取得新成效。围绕卫生健康服务能力全面提升主线，谋划实施七大重点能力提升行动、30项重点任务、64个重点项目。成功申报5个省级重点专科，评定10个市重点专科，联合新建3个临床医学研究中心，市三院肾内科成功申报国家重点专科。实施二级以上医院对口支援基层项目，全年安排10家二级以上医院对口支援20家基层医疗卫生机构。开展医疗质量控制与管理，在原有21家专业质控中心基础上，新增急诊、康复等4个专业质控中心。全市24家二级以上医院视频监控室设置基本达到全覆盖，14家医院一键式报警装置接入公安机关，20家医院安保系统升级改造。全年全市共有1.59万人成功献血，献血总量为5.56吨，全年供血总量为44643U。全年向省血液中心调剂红细胞4022U，计划完成率为380.87%，超额完成调剂任务，排名全省第一。招录卫生专业技术人员191人，省直医疗卫生单位3人到景德镇市挂职副院长。确定市第一人民医院为“洋景漂”就诊定点医院。柔性引进博士及学科带头人36人次，2名医生成功申报“国内访问学者”项目。组织4家公立医院申报21届国际人才交流大会海外人才项目。落实景德镇市“3+1+X”产业人才一系列医疗保障优惠政策，共服务高层次人才79人，免门诊就诊、住院等费用4.93万元。市一院、市二院、市三院获批互联网医院，开展智慧医院建设。浮梁县全省基层人工智能辅助医疗系统建设试点县工作全面上线。探索数字化预防接种智慧门诊建设，解决群众看病就医问题。

完善基层医疗卫生和妇幼健康服务。昌江区鲇鱼山卫生院完成县域次中心建设，完成8个基层特色科室建设，不断提升基层医疗服务能力，开展家庭医生岗位练兵和技能竞赛活动。免费提供出生缺陷筛查服务3.86万人次，为适龄女生免费接种HPV疫苗1.86万次剂。

构建公共卫生防护网。保障新冠疫情防控平稳转段，深化疾病预防控制体制改革，挂牌成立景德镇市疾病预防控制局。启动数智化预防接种门诊建设，完成4家示范门诊建设。乐平市成功申报艾滋病综合防治示范区，并在全国示范项目中获国家表扬，创新案例在全国推广。推进全国无结核社区建设。有效应对支原体肺炎、流感等多种秋冬季传染病叠加风险，避免重点传染病的暴发流行。

开展爱国卫生运动。有序推进国家卫生城镇复审，完成3个国家卫生乡镇和8个省级卫生乡镇新增申报工作，全面推动健康细胞建设，明确全面卫生与健康行动日。

推进中医药传承创新发展。市中医医院骨伤科入选国家中医优势专科，关节骨科的膝痹病纳入全国中医优势病种，江西省中医骨伤（手外显微骨科方向）医疗质控中心挂靠市中医医院，乐平市中医医院通过省级三级中医医院等级评审达到三级乙等中医医院标准。

人口和计划生育工作。“落实婴幼儿入托补贴”项目，财政拨付192.99万元，对1787个托位进行补助，补助标准调至300元。申报成功普惠托育项目5个，争取项目支持资金540万元。全市有托育机构总数138家、托位数6776个。累计建成中国计生协项目点4个，省级项目点11个。组建全省首个青春健康高校联盟。推广“江西卫惠保”，景德镇市线上参保人数同比增幅达111.70%，全省排名第三。

完善老年健康服务体系。实现全市二级以上综合性医院老年医学科设置率100%。珠山区昌盛社区获全国示范性老年友好型社区单位。市老年医院正式成立，市三院成立昌南康养中心延伸开展养老服务项目，医养结合工作提质增效。

推进健康景德镇行动。推动健康融入万策，以落实专项行动重点任务为抓手，统筹推进各项健康促进工作。在三年健康江西行动综合考核中，景德镇市获评优秀。创造性开展“淬炼卫健初心，赓续红色血脉”健康科普文艺汇演“暖冬行动”等十余场活动，创新打造全省第一家健康高校联盟。接待并参加“健康中国行”大型媒体采风团到景德镇采风活动。

有序开展专项治理工作。推进医药领域腐败问题集中整治工作，至12月底，全市整改问题78个，办结行风问题线索155个。在医疗污水、公共场所“五小行业”等群众重点关注领域开展专项整治。完成食品安全风险监测，完成医疗机构HIS系统与国家食源性疾病病例监测系统直联。

医药卫生体制改革

【概况】 2023年，推广福建省三明市等地医改经验，促进医保、医疗、医药协同发展和治理，推进医药卫生事业高质量发展，以健康景德镇建设的新成效增强人民群众获得感、幸福感、安全感。坚持以人民健康为中心，坚持“一个转变、两个重点”的思路，围绕解决看病难、看病贵两个重点难点问题，推出一系列重要改革举措，医改取得一定成效。年内全市医疗服务收入（不含药品、耗材、检查、化验收入）占比为33.41%，住院平均费用增幅-6.52%。

【基本药物制度落实】 2023年，市卫生健康委落实国家基本药物制度，全市各级公立医疗机构基本药物采购金额占比达到44.8%，平均配备品种占比达到58.9%，实现基药采购金额和品种占比双提升。

【医联体建设】 2023年，市一院、市二院、市三院等医院探索组建多种形式的医联体，促进优质医疗资源下沉。市卫生健康委提出加快发展专科联盟、加强专科联盟管理和考核等工作要求，落实备案制，指导组建专科联盟，规范景德镇市专科联盟建设。景德镇市第三人民医院组建景德镇市老年医学科专科联盟。

【紧密型县域医共体建设】 8月，市卫生健康委组织开展本地区紧密型县域医共体建设情况自查。10月，市卫生健康委联合市财政局向省财政厅、省卫健委报送2023年省财政支持县域综合医改建设项目。乐平市通过签订政银合作协议，推进医共体信息化平台建设，建成医共体数据中心，持续推进医共体后续建设工作。

医疗管理与服务

【概况】 2023年，景德镇市医疗资源提质扩容，医疗服务水平持续提升，持续推进社会心理服务体系建设，落实免费救治和大病救治，推动康复医疗服务高质量发展，开展“互联网＋护理服务”，提升医疗服务舒适化水平，开展麻精药品管理、药事和血液管理工作，推进医疗卫生机构临床研究项目备案工作。

【《景德镇市医疗机构设置规划（2021—2025年）》印发】 12月14日，景德镇市人民政府办公室印发《景德镇市医疗机构设置规划（2021—2025年）》，该规划对综合医院、妇幼保健机构、精神卫生机构、专科医疗机构、院前急救机构、采供血机构、基层医疗卫生机构和其他医疗机构提出功能定位、要求及设置等内容。

【《景德镇市卫生健康服务能力全面提升三年行动计划（2023—2025年）》启动】 2023年，市卫生健康委启动《景德镇市卫生健康服务能力全面提升三年行动计划（2023—2025年）》，制定《景德镇市卫生健康服务能力全面提升三年行动计划2023年任务分工方案》，基本完成2023年任务目标，实现三年行动计划“一年补齐短板”的开局。

【临床重点专科能力建设】 2023年，市卫生健康委申报省级临床重点专科建设项目5个，分别为市一院神经内科，市二院肿瘤科、呼吸内科、骨科、重症医学科。建设市级临床重点专科建设项目10个，分别为市一院肿瘤内科、骨科，市二院消化内科、眼科，市三院肾内科、内分泌科，市中医医院康复科，市妇幼保健院产科，市五院结核病科，市六院医疗美容科。

【市领导慰问急救一线最美“逆行者”】 1月20日，市委书记刘锋、市长胡雪梅携四套班子领导到景德镇市医疗紧急救援中心，看望该中心工作人员并送上慰问品，对中心全体工作人员疫情期间坚守岗位、超负荷工作、辛勤奉献表示衷心感谢，向春节期间依然坚守急救一线的工作人员传达新春美好祝福。

【市二院获公立医院质量管理金鼎奖管理创新奖】 5月19日，在第十七届中国医院院长年会暨第三届中国医院绩效大会主论坛“迈进‘高质量发展’新篇章”暨2022公立医院质量管理金鼎奖颁奖典礼上，市二院获2022公立医院质量管理金鼎奖管理创新奖。《中国医院院长杂志》“2022公立医院质量管理金鼎奖特刊”介绍市二院医疗质量管理的创新思路和特色做法。

【“6·14”世界献血者日暨2020—2021年度全国（景德镇地区）无偿献血奉献奖表彰活动举办】 6月14日，由市政府、市委宣传部、市卫生健康委、市红十字会主办，市中心血站承办的“热血瓷都，向爱致敬——‘6·14’世界献血者日暨2020—2021年度全国（景德镇地区）无偿献血奉献奖表彰活动”在金鼎商业广场举行。市委宣传部副部长、文明办主任程步才，市卫生健康委党组书记、主任朱菁华，市红十字会党组书记刘娟、常务副会长陈莉，市卫生健康委党组成员、副主任方昌杰等分别为全国无偿献血奉献奖代表、无偿献血志愿服务奖代表颁奖。表彰活动结束后，现场群众参与无偿献血，当日，献血达399人次，献血总量共计14.18万毫升。

【医药领域腐败问题集中整治】 7月，根据国家和省卫健委的总体安排部署，市卫生健康委与市教体局、公安局、审计局、国资委、市场局、医保局七部门联合印发《景德镇市医药领域腐败问题集中整治工作方案》，成立集中整治领导小组及工作专班，开展医药领域腐败问题集中整治工作。至年底，自查自纠问题共计99个，梳理群众看病就医急难愁盼问题57个，完善各类制度建设160余项，规范医务人员廉洁从业行为，用不断完善的制度保障集中整治工作稳定有序开展。

【市二院、市三院新技术新项目】 6月2日，市三院大内科成功开展“血浆吸附序贯＋半量血浆置换”“DPMAS序贯＋半量血浆置换”两项血液净化新技术。6月19日，市三院心血管内科介入团队完成景德镇地区首例CRT-D（心脏再同步化治疗及埋藏式心脏自动除颤器）植入术。9月20日，市二院神经内科医疗团队成功开展全市首例经桡动脉行椎动脉支架成形术。10月，市二院心血管内科团队成功开展全市首例心脏再同步化治疗及埋藏式心脏自动除颤器植入手术。

【南昌医学院附属景德镇市第三人民医院正式挂牌】 10月31日，南昌医学院附属景德镇市第

10月31日，南昌医学院附属景德镇市第三人民医院揭牌仪式
（市卫生健康委/供图）

三人民医院揭牌仪式在市三院举行。南昌医学院党委副书记、校长李秋根及其他领导，景德镇市政府副市长江民强，景德镇市政府副秘书长朱奔，景德镇市卫生健康委党组书记、主任朱菁华，景德镇市卫生健康委党组成员、副主任方昌杰、史业方，景德镇市第三人民医院党委书记利新发，医院党委副书记、院长俞成叙出席仪式。揭牌仪式由景德镇市政府副秘书长朱奔主持。

【市五院举办省卫健委科技创新重点项目示范中心（景德镇）项目启动会】 11月20日，市五院召开2023年度江西省卫健委科技创新重点项目示范中心（景德镇）项目启动会。该项目由江西省胸科医院党委副书记陈中书主持，并介绍该项目及人工智能辅助内镜在呼吸疾病诊疗中的地位和作用，为市五院内镜专业的发展及团队建设提供经验。

【国家老年疾病临床医学研究中心赣东北分中心、神经疑难与遗传代谢疾病诊疗联盟、景德镇市老年医院揭牌仪式在市三院举行】 12月9日，国家老年疾病临床医学研究中心赣东北分中心、神经疑难与遗传代谢疾病诊疗联盟、景德镇市老年医院揭牌仪式在市三院举行。首都医科大学宣武医院、国家老年疾病临床医学研究中心办公室主任王朝东教授，景德镇市人民政府副市长江民强，江西省卫健委老龄健康处处长乐云，景德镇市人民政府副秘书长朱奔，景德镇市卫生健康委党组书记、主任朱菁华，首都医科大学宣武医院李旭颖博士，首都医科大学宣武医院王宁博士，市三院党委书记利新发，市三院党委副书记、院长俞成叙出席仪式。

基层卫生与妇幼保健

【概况】 2023年，提升母婴安全救治水平，实施妇幼健康民生实事项目，完善妇幼健康服务体系；市级出生缺陷防治管理中心成立，挂靠在市妇幼保健院。开展县域医疗服务次中心建设试点，实施基层特色科室建设项目，开展基层公共卫生科标准化建设，实施二级以上医院对口支援基层项目，6月起，在上年对口支援的基础上，安排10家二级以上医院对口帮扶18家基层医疗卫生机构，下派医务人员35名。开展基层机构重点传染病监测，提升基层机构传染病防控能力，推进重点人群健康管理，开展防止因病返贫动态预警监测，落实健康帮扶措施，全年四类慢性病脱贫患者5172人，签约4623人。开展督导考评和项目数据监测，做实做细家庭医生签约服务，保障乡村医生合理待遇，全年乡村医生养老保障生活补助资金申请553人，共计53.088万元，乡村医生省级公共卫生服务补助资金申请1158人，共计208.44万元。

【基本公共卫生和家庭医生签约服务】 至2023年，全市组建家庭医生团队343个，全市常住人口签约72.41万人，家庭医生签约服务覆盖率为48.20%，重点人群签约30.11万人，重点人群签约服务覆盖率为69.34%。全市居民健康档案电子建档率91.64%；新生儿访视率为88.06%，0—6岁儿童健康管理率为80.18%；65岁以上老年人健康规范管理率为64.68%；高血压患者规范管理率为70.35%，2型糖尿病患者规范管理率为73.68%，老年人中医药规范管理率为74.52%，0—36月儿童中医药规范管理率为96.22%。

【出生缺陷三级预防和艾滋病、梅毒、乙肝母婴阻断项目】 2023年，全市婚检率为98.63%；产前筛查率为95.30%；新生儿疾病筛查率为99.02%。免费为艾、梅、乙病毒感染孕产妇及所生新生儿提供干预措施，保证免费检测项目的开展。全年全市免费为1.10万名孕产妇筛查艾滋病、梅毒和乙肝检测；筛查艾滋病阳性孕产妇3人、梅毒阳性孕产妇41人，乙肝阳性孕产妇633人，筛查率达100%，为639名乙肝表面抗原阳性产妇所生的新生儿提供第一针剂乙肝高效免疫球蛋白。全市免费为2.6万人次农村妇女宫颈癌检查，查出癌前病变89人、浸润癌14人；免费为2.4万人次农村妇女乳腺癌检查，查出良性疾病1096人，查出乳腺癌9人；免费为1321人城镇困难妇女进行宫颈癌检查，查出宫颈癌前病变2人；免费为1346人次城镇困难妇女进行乳腺癌筛查，查出乳腺良性疾病22人、乳腺癌1人。

疾病预防控制

【概况】 2023年，市卫生健康委持续推进疾病预防控制体系建设，成立景德镇市疾病预防控制局。开展传染病和慢性非传染性疾病防控和免疫规划监测，推进预防接种查漏补种，启动数智化预防接种门诊建设。开展艾滋病、丙肝多病同防和丙肝消除工作，成功申报艾滋病综合防治示范区。全年景德镇市共报告甲乙丙类传染病1.19万例，死亡77例，报告发病率为732.34/10万，报告死亡率为4.75/10万。

【结核病防治工作】 2023年，市卫生健康委举办结核病临床诊疗技能竞赛，开展无结核社区工作，组织开展系列宣传活动，引进结核病管理云平台，通过智能药盒等手段，提高管理者依从性，推进医疗机构、卫生院与患者沟通。

【慢性病防控】 2023年，全市通过人口死亡信息登记管理系统共上报死亡病例9889例，粗死亡率6.1‰；通过肿瘤登记系统报告恶性肿瘤发病数3019例，报告发病率174.49/10万，死亡数1664例，报告死亡率96.17/10万。组织开展儿童口腔疾病综合干预、脑卒中高危人群筛查和干预、心脑血管事件监测、慢阻肺高危人群早期筛查与综合干预等项目。

食品安全与卫生监督

【概况】 2023年，市卫生健康委开展行政执法和行业监督，推进健康体检机构管理，开展消毒产品生产企业分类监督综合评价试点工作，检查学校周边医疗机构，依法取缔无证行医，严惩非法行医等违法犯罪活动，开展饮用水安全专项监督检查。全年完成79家国家双随机任务、98家省双随机任务，其中国家双随机任务共办理9起案件，罚款2.4万元。开展食品安全标准跟踪评价，完成食品安全风险监测任务，开展2023年全民营养周暨“5.20”中国学生营养日主题宣传活动，督促并协调各级医疗机构按照时间点完成医疗机构HIS系统与国家食源性疾病病例监测系统直联。

【营养健康示范食堂（餐厅）创建】 2023年，景德镇市发展中心第五食堂、景德镇市第五中学、景德镇市第一人民医院创建为景德镇市营养健康示范食堂（餐厅），其中景德镇市发展中心第五食堂、景德市第五中学向省卫健委申报省级营养健康示范食堂（餐厅）。

【首次开展食品中多环芳烃检测】 2023年，江西省首次开展植物油和茶叶中多环芳烃检测，此项检测任务由景德镇市疾病预防控制中心承担。检测任务量是28份茶叶和33份植物油中的16种多环芳烃含量测定，均按照要求完成，此项目的检测填补了景德镇市食品中多环芳烃检测的空白，拓宽景德镇市食品污染物检测领域。

【首次即烹预制菜（速冻菜肴制品）致病菌检测】 2023年，市卫生健康委首次开展即烹预制菜（速冻菜肴制品）致病菌检测，全年即烹预制菜监测任务数量10件，检出1株单增李斯特氏菌，说明此类产品也存在致病菌污染风险。

【职业健康技术服务巡诊巡助】 6月起，市卫生健康委在景德镇市焦化集团以及昌河飞机工业（集团）有限责任公司开展职业健康技术服务巡诊巡助试点工作，该项工作在2023年9月4日《健康报》第4版刊登。试点自开展后，共派出专家45人次，指导企业完善职业病防护设施十余处，为企业职业卫生管理提出改进建议十余条，协助企业进行职业卫生培训300余人。

爱国卫生运动

【概况】 2023年，市卫生健康委开展《景德镇市爱国卫生条例》宣传活动，组织第35个爱国卫生月活动和全市爱国卫生清扫活动，倡导文明健康绿色环保生活方式。制定巩固卫生城镇常态长效管理机制，开展卫生乡镇创建，至年底，完成3个国家卫生乡镇（镇桥镇、臧湾乡、经公桥镇）、8个省级卫生乡镇（接渡镇、金鹅山管理处、乐港镇、双田镇、寿安镇、峙滩镇、黄坛乡、江村乡）的申报工作。推进控烟工作，持续开展“健康细胞”建设工作和改厕技术指导工作。

【碘缺乏病监测工作】 2023年，全市完成800位儿童和401位孕妇的盐样和尿样采集和检测工作，并对珠山区、昌江区和乐平市600名8—10岁儿童开展甲状腺B超检查。通过检测，儿童尿碘中位数为171.4μg/L；孕妇尿碘中位数为162.4μg/L；1201份盐样检测，均为碘盐，碘盐覆盖率为100%，其中合格碘盐1145份，合格碘盐食用率为95.34%，盐碘中位数为24.01mg/kg；600位儿童甲状腺B超检查，甲状腺肿大人数为6人，肿大率为1%，全市继续保持碘缺乏病消除状态。

【控烟工作】 2023年，市卫生健康委制定《景德镇市常态长效创建全国文明城市和国家卫生城市控烟专项整治行动工作方案》，督导检查全市无烟党政机关工作，推进无烟学校建设和无烟医院建设，开展交通运输、餐饮服务、商品经营场所和文化旅游场所的控烟整治活动，逐步建立和完善戒烟服务体系等9项专项整治措施。开展控烟宣传活动，活动期间共制发宣传资料8000余份，动员城区16个街道乡镇65个社区（村）委会在各自的辖区开展形式多样的控烟宣传活动。召开专项整治调度会，会上就多部门控烟专项行动提出要求。

中医中药

【概况】 2023年，市卫生健康委提升中医药产业内涵，带动产业发展，确定江西省景苏农业科技有限公司为2023年江西省定制药园（道地药材生态种植示范基地）项目建设单位。推进中医药人才队伍建设，选派人员参加培训和交流。以创建工作为突破口，全面提升中医药内涵建设，通过共享中药房建设项目——乐平市中医医院，提升中药房和煎药室服务水平，建设信息互联共享平台，开展中医药互联服务，享受优质高效的中医药服务。市二院中医科申报国家中西医协同“旗舰”科室，发挥中医药特色优势，提高中医药服务能力，彰显江西中医药特色亮点。

【全国基层中医药工作示范县创建】 5月，乐平市、浮梁县接受省中医药管理局关于全国基层中医药工作示范县的专家评审，通过建立健全各项规章制度，全面提升中医药防病治病能力，逐步提高当地群众对中医药的认知度，推动景德镇市中医药事业全面协调可持续发展。

【市中医医院成立中医经典病房】 3月31日，为提升中医药防治重大疑难疾病能力、创新中医药临床诊疗模式、提升中医临床科研能力，市中医医院成立中医经典病房，通过运用中医经典理论与名老中医经验指导临床，发挥中医特色与优势，在疾病诊治中探索运用中医主导的方法和技术开展各种急危重症和复杂疑难病的诊治工作。科室团队由针灸、康复、风湿免疫、血液、中医内科等医师组成，具备全科医学服务功能。

【市级名老中医药专家学术经验继承工作】 9月12日，市卫生健康委组织开展景德镇市名老中医药专家学术经验继承工作，确定骆剑蛟等14人为继承工作指导老师，丰文丽等28人为继承工作继承人。

【第一批中医医疗专业质量控制中心成立】 12月13日，市卫生健康委下发文件，成立景德镇市第一批中医医疗专业质量控制中心（中医骨伤、中医针灸、热敏灸质控中心），其中中医骨伤、中医针灸医疗控制中心挂靠景德镇市中医医院，热敏灸医疗控制中心挂靠乐平市中医医院。

基础设施和能力建设

【概况】 2023年，市直医疗卫生机构共有5家单位被列为年度市重点项目（市卫校产教融合实训大楼、市二院医疗服务能力提升工程项目、市中医医院医养结合及中医药服务能力提升改扩建工程、市四院精神康复大楼、市皮肤病医院迁建项目），市卫生健康委实行月调度制，提升景德镇市基础设施项目建设。组织市直五家三级医院（市一院、市二院、市三院、市中医医院、市妇保院）申报新冠应急救治能力提升项目，成功获批中央预算内资金653万元。

【智慧医院建设】 2023年，市卫生健康委推动市县医疗机构推进以电子病历为核心的医院信息化建设，优化现有院内各类信息应用系统，推广面向患者端的医疗数据共享应用，提供智能导医分诊、候诊提醒、诊间结算、移动支付检查检验结果推送等线上服务，构建线上线下一体化服务。至年底，市一院、市二院、市三院获批互联网医院。推进全省试点县浮梁县基层人工智能辅助医疗系统建设，确保新系统按时上线运行。

【市计生协申报中国计生协新时代婚育文化建设试点项目】 2023年，市计生协申报中国计生协新时代婚育文化建设试点项目，景德镇市成为全国20个试点城市之一，策划举办多场新时代婚育文化宣传活动，打造活动阵地，成为中国计生协全国100个“最受网友喜爱的5.29随手拍”活动获奖单位之一。

【景德镇卫生健康职业学院筹建揭牌仪式举行】 2月23日，在市卫生学校举行景德镇卫生健康职业学院筹建揭牌仪式。市委书记刘锋，市委副书记、市长胡雪梅，省卫健委二级巡视员肖守渊

2月23日，景德镇卫生健康职业学院筹建揭牌仪式
（市卫生健康委/供图）

共同为景德镇卫生健康职业学院筹建揭牌，市政协主席俞小平等出席揭牌仪式。揭牌仪式由市委副书记吴隽主持。

人口与生育服务

【概况】 2023年，市卫生健康委完善全面三孩政策配套措施，落实异地生育服务登记回执提取办法，取消再生育审批制度，坚持婚育“一站式”服务，实现“两检同做，两证同登”，推动母婴设施建设，医院、商场、车站等公共场合配备婴儿哺乳室。在全面执行国家、省政策规定标准基础上，奖扶对象扶助标准每人每月提高30元，特扶对象每人每月提高60元。

【托育工作】 2023年，市卫生健康委制定《景德镇市关于“加大婴幼儿入托补贴补助力度”的实施方案》，对普惠托育机构按每个托位每月300元标准补助。5月31日，举办景德镇市首届托育服务技能大赛。12月，景德镇以每千人4.18个托位数超额完成年度目标任务。市卫生健康委开展托育服务机构安全风险隐患排查整治，提升托育服务机构安全管理水平，组织各县（市、区）开展托育服务宣传月活动。

【人口监测工作】 2023年，市卫生健康委把人口监测工作纳入年度计划生育重点工作内容，明确需采集的人口监测6项基础信息，制定人口监测专项调查工作方案，成立工作督导组。严格实行国家人口监测经费专款专用原则，完成昌江区人口监测样本点的人口监测专项工作。开展出生人口性别比综合治理，针对景德镇市出生人口性别比实际情况，开展监测、监督执法和正面宣传工作。

老龄工作

【概况】 2023年，推进“健康景德镇”老年健康专项行动，满足老年人健康服务需求，构建包括健康教育、预防保健、疾病诊治、康复护理、安宁疗护等综合连续的老年健康服务体系，为全市老年人提供专业的健康服务。

【医养结合】 11月，联合市发改委、市民政局等部门下发《关于贯彻落实省卫生健康委等12部门进一步推进医养结合发展实施意见的通知》。全市养老机构设立医疗卫生机构5家，医疗卫生机构开展养老服务3家。医养结合机构床位总数1683张，执业（助理）医师83人，注册护士人数103人，报告日养老机构（区域）在院老人数量424人。

【老年健康服务体系建设】 10月，在全市范围内，开展老年医学科重阳节集中开诊活动，解决老年人就医急难愁盼问题。年内，全市11家二级及以上（含民营）医院均独立设置老年医学科，且床位数都在20张以上。国家老年疾病临床医学研究中心赣东北分中心、神经疑难与遗传代谢疾病诊疗联盟在市第三人民医院成立。市老年医院正式挂牌成立。

【老年友善文化创建】 11月，珠山区昌盛社区获评“全国老年友好社区”。昌盛社区老年人心理关爱做法入选国家卫健委相关经验汇编全国推广。核查各县区申报的部分社区是否满足老年人需要，建立老年友好型社区创建工作模式和长效机制。年内，全市有省级老年友善医疗机构83家，占全市综合性医疗机构100%，全省排名第一。

（李景芳）

体　育

综　述

2023年，景德镇市教体局授牌15所体育运动（项目）特色学校，出台《景德镇市加快体育后备人才培养推进体教融合发展的实施方案》，对全市15所体育特色项目学校开展项目评估。构筑“健康第一、体育育人”新格局。

深化体教融合，夯实竞技体育基础。年内各级体校实现新发展。推进体教融合改革，全市形成市、县、校三级衔接顺畅的体育人才输送“绿色通道”。在培养、输送专业体育竞技人才的同时，开设“高考班”，多渠道为学生畅通升学、成才通道。赛事活动激发新活力。全市积极整合资源，打造全新的青少年体育赛事平台，恢复举办以青少年为主体的中小学生运动会和足球、篮球赛事，实施“选星计划”，多渠道开展后备人才选拔活动。成功承办全国青少年跆拳道精英训练营（第三期）暨精英选拔赛，景德镇市有多名运动员被选入国家青年队集训。体教融合结硕果。年内，景德镇市培养和输送的优秀运动员在国际、国内重大赛事中共有74人次获得前八名的优异成绩。其中，程玉洁在2023全国游泳锦标赛上获得2金3银1铜，成为江西省第一位游泳世界冠军，在杭州亚运会上获3金2铜。同时，景德镇市教体局也被省政府授予“第32届东京奥运会人才输送贡献奖”和“第十四届全运会人才输送突出贡献奖”光荣称号。整肃体育行业纪律。开展足球和篮球领域教育整顿工作。检视足球和篮球领域存在问题，净化足球和篮球领域行业风气，推动足球和篮球行业健康发展。

推进全民健身，完善群体体系建设。贯彻实施《全民健身实施计划（2021—2025年）》，全力推进全民健身公共服务体系建设。推进全民健身场地建设，指导县区完成3个多功能运动场和5个城乡社区全民健身示范工程项目建设。建成老年人体育活动中心，体育活动场地面积达1万余平方米，设有8片门球场、3片气排球场、2片陆地冰壶场，同时设有综合训练馆、多功能厅、舞蹈排练厅和太极拳、剑、柔力球训练厅以及乒乓球室、台球室、棋牌室等体育活动场所。合理利用城市“金角”“银边”及农村空置场地为社区、行政村建设全民健身路径15条；推进景德镇市外国语学校游泳馆建设及乐平市东湖体育公园改（扩）建工程。开展群众喜闻乐见的群体赛事活动。开展“我们的节日”体育活动，先后组织端午龙狮展演、端午水上运动大赛和8月8日“全民健身日”系列活动。圆满承办全省篮球联赛、环鄱阳湖自行车赛等省级赛事。全市各单项体育协会、俱乐部发挥组织带动作用，开展“体育五进”活动，举办全市职工篮球赛、社会足球联赛、社区运动会等。推进社会体育组织建设。建设基层体育社会组织，建立健全门类齐全、覆盖城乡、管理规范、运行高效、富有活力的全民健身组织网络。新成立滑翔伞协会，排舞协会，发挥全市体育社会团体作用。开展社会体育指导员队伍建设，培训二级社会体育指导员125人，推荐培训国家级 8 人，一级 39 人。开展常态化国民体质检测和国家体育锻炼标准达标测试活动，全年共监测 1600 余人。

发展体育产业，助推试验区建设。围绕景德镇国家陶瓷文化传承试验区建设，利用景德镇“千年瓷都”的品牌优势，促进“体育 +”产业融合发展。组织开展高规格体育赛事。举办 2023 年中国国际滑翔伞公开赛（景德镇站）、陶溪川 · 2023 景德镇马拉松赛、第四届“景德镇国际陶瓷工艺健身大赛”等多项国家级及国际级大型赛事。结合陶瓷文化和体育资源，开发一批具有特色和吸引力的体育陶瓷产品。7 月，景德镇市积极参与省体育局与国家体育总局体育博物馆的战略合作，景德镇市政府向体育博物馆捐赠全民健身陶瓷纪念藏品和第十五届省运会的火炬及奖牌奖杯，获得高度赞赏。2023 年的环鄱阳湖国际自行车赛和景德镇马拉松赛均采用陶瓷奖牌，推进体育与陶瓷有机融合，进一步提升景德镇市体育陶瓷的知名度和影响力。在 2023 年景德镇国际陶瓷博览会和首届全省体育产业博览会上开设体育陶瓷展区，利用体育陶瓷作为载体，推动体育精神及文化艺术价值传播，促进体育陶瓷普及发展，开拓全市陶瓷产业发展新赛道。

群众体育

【概况】 2023 年，共举办活动 170 余次，参与人数 71766 人次。2023 中国国际滑翔伞公开赛（景德镇站）在景德镇市高岭中国村滑翔伞基地举行，来自中国、韩国、越南、美国等 20 多个国家和地区的 90 多位选手参加比赛；承办举办第一届中国职业围棋新人公开赛、陶溪川 2023 景德镇马拉松赛、2023 年“超级杯”全国气排球联赛江西省选拔赛、第四届景德镇国际陶瓷工艺健身大赛等国家级省级赛事。举办二级社会体育指导员培训班 2 次，共培训 125 人，筛选及推送符合条件的社会体育指导员 47 人参加国家级以及一级社会体育指导员培训。年内体育总会目前下辖单项体育协会 51 个，俱乐部 23 个。

【全国新年登高健身大会（景德镇分会场）】 1 月 8 日，“中国体育彩票”2023 年全国新年登高健身大会（景德镇分会场）在冷水尖风景区举行。此次健身徒步走全程约 3.5 千米，其中包含千级台阶。此次活动由景德镇市教育体育局、景德镇市体育总会主办，景德镇市群众体育事务中心、景德镇市登山协会承办。全市 300 余名登山健儿、户外活动爱好者通过徒步登山的方式喜迎春节。

【第四届“瓷茶古道行”暨走进美丽乡村（送体育下乡）活动】 1 月 18 日，2022 第四届“瓷茶古道行”暨“走进美丽乡村”（送体育下乡）活动在浮梁县经公桥镇“国家级传统村落”鸦桥村举行。从鸦桥村开始徒步，经刘家、安仁岭古道至坑头，其中乡村公路 7.5 千米，山路古道 4.5 千米，全程共 12 千米。此次活动由景德镇市教育体育局主办。500 余名全市市直机关单位、各体育协会俱乐部的体育运动爱好者、体育志愿服务者等参加。开幕式上，景德镇市教育体育局向鸦桥村赠送篮球、排球、足球等体育用品。

【景德镇第三届庆元宵暨“送体育进企业”健步走活动举行】 2 月 4 日，由景德镇市教育体育局（景德镇市体育总会）、昌南新区管委会主办，景德镇市群众体育事务中心、名坊园服务中心、赣鄱彩绸漂流俱乐部承办的 2023 庆元宵暨“送体育进企业”健步走活动在名坊园举行。500 余名市直各单位、昌南新区和全市各体育协会俱乐部的体育运动爱好者、各跑团代表参加活动。此次健步走活动旨在凝聚人心士气，鼓舞全市机关企事业单位干部建好景德镇陶瓷文化传承创新试验区，打造对外文化交流新平台。

【景德镇市国家二级排舞教练员暨二级社会体育指导员培训班】 2 月 23—24 日，2023 年景德镇市国家二级排舞教练员暨二级社会体育指导员培训班在昌飞体育馆举行。全市各市直学校、市广场舞协会近 200 名排舞爱好者参加。景德镇市教育体育局党组成员、副局长孙俊，江西省排舞运动协会常务副会长戴艳等出席开班仪式。此次培训班由江西省排舞运动协会指导、景德镇市教育体育局（市体育总会）主办，景德镇市群众体育事务中心、景德镇市社会体育指导员协会承办，景德镇市广场舞健身秧歌协会协办。此次活动是江西省排舞运动协会开展纪念毛泽东“向雷锋同志学习”题词 60 周年暨送排舞公益培训进社区活动和 2023 年排舞全民健身公益行暨全民健身志愿服务活动（景德镇站）系列活动。

【景德镇市气排球协会联赛第一季度赛举行】 3 月 11—12 日，2023 年景德镇市气排球协会联赛第一季度赛在景德镇市老年体协气排球场举行。全市各市直机关、学校、企事业单位的26支代表队200余名气排球爱好者参加。比赛采取两阶段进行，第一阶段小组赛采用贝格尔编排，男、女两组分别分为A、B、C、D四小组进行单循环赛制；第二阶段各小组前两名进行交叉赛制决出一至八名；第三名及以后名次采取同名次赛制，决出相应比赛名次。经过两天63场比赛，最终昌飞队、飞翔队、中年队分别获得男子组前三名；嘻哈队、新梦队、飞翔队分别获得女子组前三名。

【“全民健身·幸福江西”2022年江西省足球联赛成人组（景德镇赛区）暨“上饶银行杯”景德镇市足球联赛】 3月12日，“全民健身·幸福江西”2022年江西省足球联赛成人组（景德镇赛区）暨“上饶银行杯”景德镇市足球联赛在田家炳外国语学校足球场落幕。经过44场的角逐，城东足球队获冠军。此次比赛由景德镇市教育体育局、景德镇市体育总会主办。共有15支代表队近600名足球爱好者参加。整个联赛共有44场比赛，2022年11月5日开赛。每周六和周日进行。

【2023年“超级杯”全国气排球联赛江西省选拔赛】 4月1—2日，“全民健身·幸福江西”2023年“超级杯”全国气排球联赛江西省选拔赛在景德镇市综合训练馆举行。来自全省各设区市（县）气排球协会、气排球俱乐部、省行业体协（系统）、企事业单位、大（中）专院校的85支代表队800余名运动员参加比赛。比赛设男子青年组、女子青年组、男子中年组、女子中年组、男子大学生组、女子大学生组共六个组别，采用5人制三局两胜制，分小组单循环和交叉赛两个阶段，各组别分别录取前八名。经过209场激烈角逐，最终南丰县气排球协会、上高亮剑俱乐部、贵溪市总工会夺得男子青年组前三名；上饶79队、宜春学院、安义众诚俱乐部夺得男子中年组前三名；上高繁星、景德镇市气排球协会、贵溪市女青夺得女子青年组前三名；南昌女中队、资溪县气排球协会、乐平市第二中学夺得女子中年组前三名；宜春学院、南昌师范学院一队、南昌师范学院二队夺得大学生男子组前三名；宜春学院、江西科技师范大学、南昌师范学院夺得大学生女子组前三名，这18支代表队代表江西省参加2023年“超级杯”全国气排球联赛分区赛。

【“全民健身·幸福江西”2023年江西省健身气功一级裁判员培训班】 4月6—9日，“全民健身·幸福江西”2023年江西省健身气功一级裁判员培训班在景德镇市举行。70余名活跃在全省各设区市基层一线的健身气功裁判员、体育社会指导员参加。此次培训班为期4天，邀请健身气功国家级裁判员余忠舜、程丽芬，全国运动会金牌运动员熊一山授课。

【景德镇市柔力球协会换届大会】 4月18日，景德镇市柔力球协会换届大会在市体育总会会议室召开，市民政局政务服务科科长金琦、市体育总会秘书长卢明、第一届柔力球协会主席陈艳华及柔力球协会会员代表参加。会上依据章程选举产生协会第二届委员会领导班子，黄河云当选为协会主席，陈艳华为名誉主席。

【第二届“江西中煤杯”景德镇—上饶友好城市乒乓球交流赛】 5月12—13日，2023年第二届“江西中煤杯”景德镇—上饶友好城市乒乓球交流赛在景德镇市综合训练馆三楼乒乓球馆举行，两地近百名乒乓球爱好者参加。此次比赛由景德镇市教育体育局、景德镇市体育总会主办。比赛设普通组混合团体赛和嘉宾组混合团体赛，其中普通组混合团体赛为6人VS 6人对抗交流赛，打满6场；嘉宾组混合团体赛双方各组四队交叉交流比赛，每场比赛打满5场。两项团体赛出场顺序双方任意排列，每人出场一次比赛，均为11分五局三胜制。

【“景工杯”全市职工球类比赛启动仪式举行】 5月20日，2023年“景工杯”全市职工球类比赛启动仪式在景德镇市体育中心体育场举行。景德镇市委副书记吴隽，市人大常委会副主任、市总工会党组书记、主席孙艳峰，副市长徐辉，市教育体育局党组书记何明旺，市总工会党组副书记、常务副主席、一级调研员伍恒明出席启动仪式并共同按下启动球。2023年“景工杯”全市职工球类比赛由景德镇市总工会、景德镇市教育体育局主办，来自全市42支代表队，共计950余名职工代表将参加篮球、羽毛球、乒乓球三个项目的角逐。经过角逐，浮梁县、市公安系统、昌江区分别获得篮球项目前三名。羽毛球项目男子单打（青年组）前三名为李黎、胡泽中、江训恩。女子单打（青年组）前三名为刘丹琳、钟玉环、伍宣烨。男子双打（青年组）前三名为帅嘉勋/王诚、樊晓毅/余世超、程林/万世伟。女子双打（青年组）前三名为徐翊洁/张璇、吴良红/何青、查玉婷/朱美子。混合双打（青年组）前三名为江新辉/汪婕、朱煜强/柳芸、占浩/吴晨曦。男子单打（中年组）前三名为江伟、邓谋泉、李福林。女子单打（中年组）前三名为李婧、张小云、彭丹。男子双打(中年组）前三名为李恩清/黄剑、杨荣辉/苏铮、吴凤标/张卫国。女子双打（中年组）前三名为胡红英/周小琴、王淼/段玲秀、林萍/胡霞辉。混合双打（中年组）前三名为孟凛/钱丽娟、潘衡/梁员珍、郑源峰/张伟。乒乓球项目女子单打（嘉宾组）前两名为余俊、夏小红。男子单打(嘉宾组）前三名为张志刚、张庆勇、汤军。女子单打（职工组）前三名为余琳、黄雯、徐圣君。男子单打（职工组）前三名为于灵、吴华、曾俊杰。混合团体赛前三名为市教体局、乐平市、浮梁一队。

【景德镇市国家二级太极拳社会体育指导员培训班开班】 6月4日，景德镇市国家二级太极拳社会体育指导员培训班在景德镇市体育运动学校举行，全市近80名太极拳协会骨干参加培训。此次培训班是景德镇市太极拳协会为更好地指导发展太极拳运动项目，为全市太极拳爱好者培养一批优秀的二级社会体育指导员而开办的第一期培训班。

【景德镇市中老年人广场舞展演举行】 7月6日，由景德镇市老年人体育协会、景德镇市广场舞·健身秧歌协会联合主办的2023年景德镇市中老年人广场舞展演在景德镇市老年体育中心气排球场举行。全市36支代表队近500名广场舞爱好者用载歌载舞的形式庆祝中国共产党成立102周年。

【全国健身气功走基层专家巡讲系列活动（景德镇站）】 7月8—9日，科学健身大讲堂——2023年全国健身气功走基层专家巡讲系列活动（景德镇站）在景德镇市昌飞体育馆举行。景德镇市200余名健身气功爱好者参加。国家体育总局健身气功管理中心办公室副主任张德明，江西省武术运动管理中心副主任傅永泉，景德镇市教育体育局副局长孙俊等出席开班仪式。此次活动为期2天，由国家体育总局群体司指导，国家体育总局健身气功管理中心主办，江西省武术运动管理中心、江西省健身气功协会、景德镇市教育体育局、景德镇市体育总会承办，景德镇市群众体育事务中心、景德镇市健身气功协会协办。

【景德镇市举行第15个“全民健身日”八人制足球比赛】 8月8日是中国第15个“全民健身日”和第1个“体育宣传周”，景德镇市八人制足球比赛在景德镇市二十六中足球场开赛，此次比赛由景德镇市教育体育局、景德镇市体育总会主办，景德镇市群众体育事务中心、景德镇市足球协会承办。景德镇市教育体育局、市委组织部、高新区机关、市公安局城警支队、市林业局、市电信局6支代表队的118名足球爱好者参赛。比赛为期5天，共15场，每场比赛时间60分钟。经过角逐，最终高新区代表队获冠军，市教体局代表队、市公安局城市警察支队代表队分获亚军和季军。

【景德镇市“全民健身日”系列活动】 8月8日是我国第15个“全民健身日”，8月7—13日是新修订的《中华人民共和国体育法》正式施行后中国首个“体育宣传周”。8月8日当天，景德镇市教育体育局在发展中心南苑食堂前开展全民健身志愿服务活动，通过悬挂横幅、设立展板和签名墙及体育志愿者发放宣传知识手册等方式向市直机关单位干部职工宣传新修订《中华人民共和国体育法》及健身健康知识。体育宣传周期间，景德镇教育体育局、景德镇市体育总会统一部署，依托体育社团组织在全市范围内开展太极拳、广场舞、自行车、木兰拳、登山、健身气功、长跑、气排球、舞龙等多种形式的体育赛事活动。同时，景德镇市体育中心、乐平市田径场、乐平市体育馆、乐平市体育中心、浮梁县体育中心、珠山区球类健身馆、昌江区全民健身中心馆等体育场馆免费向公众开放。

【景德镇马拉松训练营开营】 9月10日，2023景德镇马拉松训练营在恒大灯光球场开营。景德镇市教育体育局党组成员、副局长孙俊出席讲话宣布开营，并与景德镇陶瓷大学体育与军事教学部主任陈利和共同向各跑团授训练营旗。此次训练营每周两次，为期3个月。共设景德镇市发展中心、景德镇市体育中心、恒大灯光球场、浮梁县体育馆四个训练站，由周春、张喜瑞、余昌华、朱晓青四位长跑爱好者到各训练站担任教练。9月19日，由景德镇市教育体育局开设的马拉松长跑运动训练营在市发展中心开营。为期3个月，至2023景德镇马拉松赛前结束。

【景德镇市教育体育局“游泳进机关”职工游泳比赛在市游泳学校举行】 9月24日，2023年景德镇市教育体育局“游泳进机关”职工游泳比赛在市游泳学校游泳馆隆重举行。市教体局党组书记何明旺、局长方静为获奖选手颁奖。来自市教体局机关及下属事业单位的40余名选手同台竞技。比赛分为男子50米速游（甲、乙组）、女子50米速游（甲、乙组）、4×25米团体接力五个项目进行。泳者无畏队、乘风破浪队、领导二队获得团体接力赛前三名。男子甲组50米余希、女子甲组50米占维笑、男子乙组50米王新江、女子乙组50米杨巧玲分别获各组别第一名。

【景德镇市“景舞门”首届高校街舞联赛预选赛】 10月8—11日，由景德镇市教体局、景德镇市体育总会指导，景德镇市街舞协会主办的景德镇市“景舞门”首届高校街舞联赛预选赛在昌南里举行。来自景德镇陶瓷大学、景德镇学院、江西陶瓷工艺美术职业技术学院、景德镇艺术职业大学的选手参加。比赛设Freestyle（即兴）、齐舞两个项目。

【社区运动会广场舞比赛暨“九九重阳节 浓浓敬老情”景德镇市广场舞展演活动】 10月14日，“全民健身·幸福江西”2023年景德镇市社区运动会广场舞比赛暨“九九重阳节 浓浓敬老情”景德镇市广场舞展演活动在昌江广场举行。来自全市各社区、晨练点的46支参赛队伍参加。此次比赛暨展演由景德镇市教育体育局、景德镇市体育总会主办，景德镇市群众体育事务中心承办，景德镇市广场舞·健身秧歌协会协办。

10月14日，“全民健身·幸福江西”2023年景德镇市社区运动会广场舞比赛在昌江广场举行（市教体局/供图）

【景德镇市第三届“盛和杯”羽毛球邀请赛】 10月15日，为期3天的2023年景德镇市第三届“盛和杯”羽毛球邀请赛在景德镇市国信体育综合馆闭幕。此次比赛由景德镇市教体局、市体育总会指导，景德镇市羽毛球协会、景德镇市群体事务中心主办，由景德镇市盛和体育用品有限公司冠名赞助。大赛邀请周边省、市、县羽毛球爱好者参加。共有52支代表队500余名运动员，经过比赛，决出各项比赛项目名次：甲组团体前三名为 德胜景瑞队、羽飞1队、陈源泰1队；乙组团体前三名为快乐羽毛1队、吃饭菜—飞翔 、273景泰二手车—羽动 ；男子单打前三名为王嘉钰（德胜景瑞队）、高一杨（德胜景瑞队）、黄皓泽（盛和队）；男子双打前三名为刘嘉伟/甘冰（九门陶瓷）、程林/曹翔（快乐羽毛）、刘彬/江泱（飞翔/盛和）；老将双打前三名为 庄国华/黄 剑（盛和队/快乐羽毛）、李福林/汤 镇（飞翔）、杨 毅/江 伟（陈源泰/盛和）；混合双打前三名为胡泽中/张 伟（浮梁）、徐文康/张 璇（九门陶瓷）、万世伟/谢美林（盛和队/羽动）；女子双打前三名为：钟玉环/李靖（陈源泰）、梁筱曼/陈丹雅（快乐羽毛/奔祥）、张小云/徐美丽（挥拍一击）。

【高岭中国村·2023“瓷路杯”全民健身大众健康跑活动举行】 10月19日，高岭中国村·2023“瓷路杯”全民健身大众健康跑开跑。此次活动由景德镇市人民政府主办，景德镇市教育体育局、广东新中体育集团有限公司承办，是江西新中体育有限公司负责运营的大型群众性活动。赛道沿途和起终点设4个医疗点。江西省内2000余名跑步爱好者参加。本届赛事共设置10千米组、6千米欢乐跑两个项目，起点设在景德镇市十七中学（东门），途经景德大道、陶溪川路、珠山大道、御窑厂、陶瓷博物馆等地。最终，10千米男子组中，选手余剑奔以34分03秒的成绩

10月19日，高岭中国村·2023“瓷路杯”全民健身大众健康跑活动举行　（市教体局／供图）

夺冠，选手上官卫国以34分52秒的成绩获亚军，选手江新朝以35分17秒的成绩获季军；10千米女子组，选手张燕以44分16秒的优异成绩摘得桂冠，选手何琦以45分07秒的成绩获亚军，选手朱士静以46分55秒的成绩获季军。

【第四届国际陶瓷工艺健身大赛】 10月21日，由江西省体育局、景德镇市人民政府主办的2023“中国体育彩票杯”景德镇第四届国际陶瓷工艺健身大赛在景德镇市浮梁县进坑村举行。全省11个设市区及20余个相关部门单位共计28支队伍300余名选手参赛。此次大赛设陶瓷产业组、省市嘉宾体验组、大众组，比赛项目有独轮车运“不”（dǔn）、“存行”（hang）、“装坯”“满窑”3人配合赛、匣钵10米移动赛、挑坯4人接力技艺赛等。最终民进景德镇市委、赣鄱彩绸漂流俱乐部、景德镇市疾控中心、景德镇市自行车协会、景德镇市青少年武术俱乐部、景德镇市昌江区武术协会、景德镇市中级人民法院、景德镇市冬泳协会代表队分别获得大众组团体总分前八名；九江市、赣州市、萍乡市、景德镇市、抚州市与宜春市（并列第五）、吉安市、鹰潭市、新余市代表队分别获得省市嘉宾体验组团体总分前八名；陶瓷大学五队、陶瓷大学飞跃队、景德镇艺术职业大学、陶瓷大学二队、陶瓷大学三队、陶瓷大学一队、陶瓷大学四队分别获得高校组团体总分前七名。

【景德镇市重阳登高活动】 10月22日，2023年景德镇市重阳登高活动在昌江区鲇鱼山镇郭璞峰自然风景区举行，近400名登山爱好者参加。此次活动设竞技组和健步组，其中竞技分男、女、青壮年和中老年四个组别，全程约5千米。此次活动由景德镇市教育体育局、景德镇市体育总会主办，景德镇市群众体育事务中心、景德镇市登山协会承办。旨在利用徒步登高方式，实现“弘扬优秀传统文化，倡导绿色生活方式”理念的目的，吸引更多的人参与健身运动，享受运动带来的健康和快乐，推动全民健身发展。

【“江西银行杯”景德镇市足球联赛开赛】 11月12日，“全民健身·幸福江西”2023“江西银行杯”景德镇市足球联赛在昌江区高级职业学校足球场举行。全市16支代表队近600名足球爱好者参加。此次联赛由景德镇市教育体育局、景德镇市体育总会主办，景德镇市群众体育事务中心、景德镇市足球协会承办，景德镇高新区足球协会、昌江区高级职业学校协办。整个联赛共有48场比赛，每周六和周日进行，持续至12月24日结束。经过角逐，景德镇市青年足球俱乐部获冠军，景德镇高新合盛足球俱乐部，景德镇黑猫集团足球俱乐部分获亚军和季军。

11月19日，第六届轮滑锦标赛在昌南新区体育馆举行（市教体局／供稿）

【景德镇市第六届轮滑锦标赛】11月19日，2023年景德镇市第六届轮滑锦标赛在昌南新区体育馆举行。全市各县（市、区）八支代表队的220余名轮滑爱好者参加。此次锦标赛由景德镇市教育体育局、景德镇市体育总会指导，景德镇市轮滑协会主办，江西千戈文化、景德镇风火轮轮滑俱乐部承办。

表9　　2023年景德镇市第六届轮滑锦标赛冠军一览表

组　别	姓　名
少年男子甲组300米	梁　幸
少年男子乙组300米	王奕航
少年男子丙组300米	詹皓然
少年男子乙组单鱼计时赛	金浩喆
少年男子丙组单鱼计时赛	张子语
少年女子丙组单鱼计时赛	童诗祺
少年男子丁组单鱼计时赛	杨进喆
少年女子丁组单鱼计时赛	胡诗蕊
儿童男子组单鱼计时赛	郭墨竺
儿童女子组单鱼计时赛	王语程
儿童男子组双鱼计时赛	郭墨竺
儿童女子组双鱼计时赛	王语程
成年男子组前剪计时赛	王佳俊
少年男子乙组前剪计时赛	潘系宇
少年女子乙组前剪计时赛	杨雅婷
少年男子丙组前剪计时赛	张子语
少年女子丙组前剪计时赛	童诗祺
少年男子丁组前剪计时赛	杨进喆
少年女子丁组前剪计时赛	邱垚宸
成年男子组速度过桩	操钱华
青年男子组速度过桩	胡书轩
少年男子甲组速度过桩	陆子涵
少年男子乙组速度过桩	潘系宇
少年女子乙组速度过桩	杨雅婷
少年男子丙组速度过桩	熊柏川
少年女子丙组速度过桩	何冰雅
成年男子组花式绕桩	王佳俊
少年男子乙组花式绕桩	潘系宇
女子少年丙组花式绕桩	何冰雅
男子组低杆赛	熊柏川
女子组低杆赛	吴羽彤

【陶溪川·2023景德镇马拉松赛举办】 12月3日，陶溪川·2023景德镇马拉松赛于景北大道望津府路段开跑。近1.5万人参赛，其中，国内选手分布除青海、西藏外其他29个省、自治区、市及港澳台地区；此次国外选手涉及8个国籍，包括肯尼亚11人、埃塞俄比亚4人、加拿大2人、日本2人、韩国1人、朝鲜1人、德国1人、希腊1人。赛事在起终点、赛道每2.5千米处设立医疗站，配置23台救护车、42组骑行救护队，安排近600名医疗观察志愿者、赛道急救跑者数十名。本届陶溪川·2023景德镇马拉松赛设置马拉松（42.195千米）3000人、半程马拉松（21.0975千米）6000人，欢乐跑（约5千米）6000人三个项目。赛事增设警马护跑团赛中赛、跑团PK赛等项目，丰富赛事的参与性和趣味性。经过角逐，此届赛事马拉松组、半程马拉松组项目前三名出炉。其中，全程男子组方面，来自埃塞俄比亚的ZELEKEFYALEWFAYE以02:16:57获冠军，来自肯尼亚的peterngeno以02:19:15获亚军，选手KURGATRONALDKIMELI以02:27:57获季军。全程女子组方面，来自肯尼亚的Cecilia Wayua Michael以02:42:56获得冠军，来自肯尼亚的norahchebet以02:43:04获亚军，中国选手潘孝婷以02:54:04获季军。半程男子组方面，来自埃塞俄比亚的YISMAWAYENEWALEMU以01:06:09获冠军，中国选手李维让以01:06:54获亚军，来自埃塞俄比亚的Ayalew Meseret Mazengiya以01:07:03获季军。半程女子组方面，来自埃塞俄比亚的MENGESHAADANEANMAW以01:12:35获冠军，来自埃塞俄比亚的Mastewal Sile Baye以01:13:32获亚军，来自埃塞俄比亚的Aberu Gemechu Gebre以01:14:14获季军。

【景德镇市第五届“走进美丽乡村”（送体育下乡）活动】 12月23日，2023景德镇市第五届“走进美丽乡村”（送体育下乡）暨社会体育指导员素质技能展示活动在景德镇市昌江区鲇鱼山镇徐湾村举行。全市市直机关单位、各体育协会俱乐部的体育运动爱好者，全市社会体育指导员代表、体育志愿服务者、体育救援者共800余人参加。此次活动由景德镇教育体育局（景德镇市体育总会）主办，景德镇市群众体育事务中心、昌江区教体局、鲇鱼山镇人民政府承办，景德镇市赣鄱彩绸漂流俱乐部、景德镇市体育救援队、景德镇市体育志愿者服务队、徐湾村委会等协办。

12月23日，2023景德镇市第五届“走进美丽乡村”（送体育下乡）活动在昌江区鲇鱼山镇徐湾村举行　（市教体局/供图）

【景德镇第二届街舞锦标赛举行】 12月24日，景德镇第二届街舞锦标赛在昌南新区体育馆举行。此次锦标赛由景德镇市体育总会主办，景德镇市街舞协会、景德镇市体育舞蹈协会承办，江西RU霹雳舞联盟、景德镇市体育舞蹈协会街舞专业委员会、景德镇市乐动街舞培训有限公司等协办。全市及来自湖南、湖北、江苏、福建等省市的400余名街舞爱好者参加。最终齐舞团体赛中，舞灵街舞《舞灵KIDS》夺得冠军，炼舞新街舞《古风爵起》夺得亚军，乐动街舞《乐动大bounce》夺得季军；Breaking个人赛中，徐嘉俊、徐嘉豪夺得甲组冠、亚军，薛羽、叶铮夺得乙组冠、亚军，黄心越、斌斌夺得丙组冠、亚军。当日，景德镇市霹雳舞市队正式成立，徐嘉俊、徐嘉豪、陈熙、彭飞鸿、石益睿、刘旭阳、夏艺航、翁晨晰、余子俊、江子轩成为首批队员。

竞技体育

【概况】 2023年，景德镇市培养和输送的运动员在国际国内重大赛事中共有74人次获前八名的优异成绩。其中，程玉洁在2023世界游泳锦标赛中获冠军，并在杭州亚运会上获3金2铜的优异成绩。全年系列锦标赛共有888名运动员参加17个项目的比赛，其中武术散打、摔跤团体总分第二名，射击团体总分第三名，跆拳道团体总分第五名，网球、拳击团体总分第六，带入省运会金牌5.5枚。新注册运动员784人，确认注册运动员2621人。

2月2日，景德镇市“体育运动特色（项目）学校”授牌仪式举办　　（市教体局 供图）

【景德镇市命名“体育运动特色（项目）学校”】 2月2日，景德镇市“体育运动特色（项目）学校”授牌仪式在景德镇市发展中心北苑35号楼举办。景德镇市教体局为景德镇二中等15所首批获“景德镇市体育运动特色（项目）学校”的中小学校授牌。首批“体育运动特色（项目）学校”涵盖足球、篮球、游泳等竞体类和棋类、操舞等群体类共10个项目。

【程玉洁在全国春季游泳锦标赛上获佳绩】 3月19日，全国春季游泳锦标赛在山东青岛开赛，景德镇市培养输送的运动员程玉洁以53秒85的优异成绩夺得女子100米自由泳冠军。3月23日，程玉洁以24秒57的成绩再次夺得该赛女子50米自由泳银牌。

【全市青少年儿童围棋锦标赛】 4月22日，2023年景德镇市青少年儿童围棋锦标赛暨市中小学（幼儿园）围棋联赛颁奖仪式在陶阳学校举行。中国围棋协会原主席王汝南出席并为获奖选手颁奖。此次比赛由景德镇市教育体育局主办，景德镇市围棋协会、景德镇棋院承办。全市30所学校的近万名小棋手参加比赛，最终286人胜出，代表学校（幼儿园）进入决赛。经过6轮近千盘的激烈角逐，各组排定最终名次。

【程玉洁在全国游泳冠军赛上夺金】 5月3日，在杭州奥体中心游泳馆举行的2023年全国游泳冠军赛进入第三个比赛日。在女子100米自由泳决赛中，景德镇市输送的运动员程玉洁以53秒26的成绩夺冠。5月5日，程玉洁在女子50米自由泳决赛中以24秒53的成绩再次夺冠，力压奥运会冠军，获得亚运会的入场券。此次比赛景德镇市共派出3名运动员参赛，其中杨浚瑄和张雨霏分别获女子100米自由泳决赛亚军和季军。

【景德镇市青少年电子制作锦标赛市直赛区开赛】 5月28日，2022—2023学年景德镇市青少年电子制作锦标赛市直赛区在市游泳学校开赛。景德镇市局直属幼儿园、景德镇市游泳学校等200余名运动员参加。比赛分幼儿组、小学组和中学组。此次锦标赛由景德镇市教育体育局主办，江西省无线电定向运动协会承办，设景德镇市直主赛场和乐平市、浮梁县、珠山区、昌江区、昌南新区等分赛场，共有11所幼儿园、36所小学和3所中学的2107名运动员参赛。景德镇市教育局直属幼儿园等10支队伍获体育道德风尚奖、景德镇市游泳学校等8家单位获优秀组织奖、李群娥等7人获优秀指导老师奖。

【全国青少年跆拳道精英训练营（第三期）在景德镇市举行】 6月4日，2023年全国青少年跆拳道精英训练营（第三期）暨青少年精英选拔赛在景德镇市综合训练馆开赛。来自全国各省、市、地区的24家单位的122名运动员参赛。青训营为期一周，参训对象主要为15—17岁的青年女子运动员。此次全国青少年跆拳道精英训练营由中国跆拳道协会、江西省体育局、景德镇市人民政府主办，景德镇市教育体育局承办，江西省跆拳道协会、景德镇市体育运动学校、景德镇市跆拳道协会协办，是2023年度第三次青少年人才选拔。

【景德镇市优秀竞技后备人才选拔测试启动仪式】 6月13日，由景德镇市教体局主办的2023年全市优秀竞技后备人才选拔测试启动仪式（珠山站）在市第十七中学田径场举行。来自该校的600余位学生参加立定跳远、身高测量、肺活量测定等相关项目测试。此次选拔赛不限地域、性别、项目，活动对象为6—16岁的青少年，活动主要按照选拔大力士、大心脏、大个子、飞人、弹簧人、筋斗王这6个项目展开，选拔先后在市十七中学、浮梁四小、鱼山中心小学、乐平十二小举行，6月16日结束，共计2400余名中小学生参与，最后选拔105人参与7月16—20日的“选星计划”夏令营活动。

【昌江区体校运动员夺全国摔跤锦标赛冠军】 7月3日，在山东淄博举行的全国U20国际式摔跤锦标赛中，代表江西省参赛的昌江区体校运动员胡胜杰勇夺61千克级冠军，入选中国代表团参加亚青赛和世青赛名单。7月6日，代表江西省参赛的昌江区体校运动员饶余琪，夺得该赛女子自由式摔跤65千克级冠军。继胡胜杰勇夺全国U20国际式摔跤锦标赛男子自由式61公斤级冠军之后，景德镇市又增加1人入选参加亚青赛和世青赛名单。

【程玉洁摘游泳世锦赛江西首金】

7月26日，福冈游泳世锦赛展开男女4×100米混合泳接力决赛的角逐。江西运动员程玉洁与国家队队友徐嘉余、覃海洋、张雨霏组成的中国队以3分38秒57的成绩夺冠，是中国队首次赢得该项目世锦赛金牌。此次比赛程玉洁最后一棒，游出53秒15的分段成绩，第一个到达终点，是继7月23日程玉洁助力中国游泳队夺取该届世锦赛女子4x100米自由泳接力铜牌后，再次创造江西游泳队历史，也是江西游泳运动员首次拿到游泳世锦赛金牌。

【景德镇市青少年校园足球联赛】

8月15日，2023年景德镇市校园足球联赛市直赛区（初中组）、乐平赛区（小学组）、浮梁赛区（高中组）分别在景德镇市实验学校、乐平三中、浮梁一中开赛。来自全市29所学校30支校园足球队的462名运动员参加。8月21日，经过角逐，景德镇二中、浮梁县体育运动学校、乐平一中、昌江一中、乐平市第十中学、浮梁县高级职业学校获高中组前六名，景德镇二中、乐平市第二中学、乐平市第六中学、乐平市第五中学、浮梁县新平中学、景德镇市第十七中学获初中组前六名，乐平市第四小学、乐平市第五小学、乐平市第十小学、乐平市第十二小学、乐平市第九小学、乐平市第一小学、乐平市第七小学、乐平市第六小学获得小学组前八名；昌江一中贾元熙、乐平市第二中学陶子宇、乐平市第九小学黄翊恒获最佳射手，景德镇二中雷奥华、罗启超和乐平市第四小学王钦栋获得最佳守门员称号，景德镇二中徐智杰、喻才顺和乐平四小盛鑫奕荣获最佳球员称号；乐平市第十中学、景德镇市第三中学、景德镇市游泳学校、景德镇市第二十二小、景德镇市珠山实验学校、景德镇市昌江区实验学校、昌河实验小学、浮梁县第一小学、浮梁县第二小学获体育道德风尚奖。

【程玉洁夺得亚运会自由泳铜牌】

9月26日，在第19届杭州亚运会女子100米自由泳比赛中，景德镇市输送的运动员程玉洁以53秒91的成绩夺该项目铜牌。9月28日，在杭州亚运会女子50米自由泳决赛中，程玉洁以24秒60的成绩夺该项目铜牌。这是程玉洁继获杭州亚运会女子4×100米自由泳接力比赛金牌、女子100米自由泳铜牌、男女混合4×100米混合泳接力赛金牌之后，夺取的第四枚奖牌。

【程玉洁助力中国队再添一金】

9月28日，在杭州亚运会女子4×200米自由泳接力赛中，由柳雅欣、程玉洁、李冰洁和李家萍组成的中国队以7分49秒34的成绩夺冠。景德镇市输送的运动员程玉洁助力中国队再添一金。

【景德镇市中小学生田径运动会】

12月9日，2023年景德镇市中小学生田径运动会在该市体育中心体育场举行。景德镇市人民政府副市长徐辉宣布运动会开幕，市政府副秘书长郑皓出席，市教体局局长方静致辞。乐平市、浮梁县、珠山区、昌江区、昌南新区和景德镇市教体局有关领导参加开幕式。该届运动会为期4天，来自景德镇全市各级各类学校的1238名运动员组成县（市、区）代表队和市直联队共6支队伍，将分6个组别进行120个项目的角逐。12月12日，该届运动会颁奖仪式在市体育中心体育场举行，市直联队获团体总分第一，乐平市团体总分第二，昌江区团体总分第三，珠山区团体总分第四，浮梁县团体总分第五，昌南新区团体总分第六。

【景德镇市中小学生篮球联赛（市直赛区）举办】 10月21日，景德镇市中小学生篮球联赛（市直赛区）在市陶溪川篮球馆开赛，29所市直赛区学校的35支篮球队495名中小学生运动员参赛。12月17日，2023年景德镇市中小学生篮球联赛（市直赛区）在昌飞体育馆落下帷幕。在近两个月的比赛中，经过104场的角逐，最终景德镇市百树小学、景德镇市实验小学、景德镇市文艺小学、景德镇市第五中学、景德镇市竟成小学、景德镇市第十六中学、景德镇市游泳学校、昌南学校获小学组前八名；景德镇市第五中学、昌河中学、景德镇市第十三中学、景德镇二中、昌江实验学校、景德镇市第三中学、景德镇市第十七中学、景德镇市第十六中学获初中组前八名；景德镇市第二十六中学、景德镇市第七中学、景德镇市第十六中学、景德镇一中、景德镇二中、昌江一中、昌江二中、景德镇市田家炳外国语学校获高中组前八名。

体育产业

【概况】2023 年，建设完成 2022 年争取的省级彩票公益金支持城市社区全民健身示范工程 1 个项目，农村社区全民健身示范工程 4 个项目，为 17 个行政村（社区）建设全民健身路径和 8 个学校建设足球、排球健身设施。至年底，全市人均体育场地面积达 2.6 平方米。体育彩票累计销售 4.83 亿元，较上年同比增幅 57%，位列全省第二。总销量位列全省第 8 名，其中即开型位列全省第 6 名。体育彩票分中心门店运行数达到 268 个，全年体育彩票累计销售 4.83 亿元。

【体彩宣传推介活动】2023 年，向门店发放公益宣传品、责任彩票公众手册、体彩公益金手册等。结合市教体局开展中国体育彩票杯 2023 年景德镇第三届庆元宵暨“送体育进企业”健步走活动和“超级加倍Ⅱ”新票上市活动，在市区御窑景巷和乐平市洪浩森林公园开展“好彩连连 快乐翻番”“陶溪川‘越努力、越美好’体彩微光市集”等体彩宣传活动。

【景德镇市第五届“瓷茶古道行”活动】4 月 29 日，由景德镇市教育体育局（市体育总会）主办，景德镇市群众体育事务中心、景德镇市赣鄱彩绸漂流俱乐部承办的 2023 景德镇市第五届“瓷茶古道行”活动在浮梁县峙滩镇英溪村举行。500 余名 33 家市直机关单位、15 家体育运动协会的体育运动爱好者、体育志愿服务者、体育救援者参加。此次活动旨在深入贯彻落实党的二十大精神，实施乡村振兴和全民健身国家战略，倡导融合发展之路，以“体育 + 文化 + 旅游”方式开展徒步健身、自然教育、环境保护、生态建设、全域旅游、乡村振兴、发展绿色经济等活动，为景德镇市国家陶瓷文化传承创新试验区建设贡献体育力量。

4 月 29 日，第五届“瓷茶古道行”活动在浮梁县峙滩镇英溪村举行（市教体局 供图）

【中国国际滑翔伞公开赛在景德镇市开赛】10 月 23 日，2023 中国国际滑翔伞公开赛在景德镇高岭・中国村开幕。作为国际航联在中国的一项重要赛事，该届中国国际滑翔伞公开赛吸引来自世界各地的滑翔伞越野竞速精英、优秀裁判员参加活动。起飞场位于潘村杨桃尖旁边的山头上，海拔高 680 米，起飞点至降落点垂直距离约 500 米。作为 FAI（国际航联）的二类赛事，比赛吸引滑翔伞世界杯亚巡赛冠军赵振军、SRS（运动类竞速赛）BGD 站女子组冠军谢肖雅等国内外滑翔伞竞速飞行高手参加。来自 25 个国家的 80 余名选手角逐最终的荣誉奖项。

【景德镇市老年人体育活动中心正式启用】12 月 16 日，景德镇市老年人体育活动中心启用系列活动开幕式顺利举行。中国老年人体育协会主席雷军，江西省老年人体育协会主席钟利贵，景德镇市委书记刘锋，景德镇市委副书记、市长胡雪梅，中国老年人体育协会副主席叶春，江西省老年人体育协会常务副主席文红莲等出席开幕式。刘锋宣布景德镇市老年人体育活动中心启用系列活动开幕，并和胡雪梅一道为景德镇市老年人体育活动中心揭牌。市老年人体育活动中心总面积达 1 万余平方米，设有 8 片门球场、3 片气排球场、2 片陆地冰壶场，同时设有综合训练馆、多功能厅、舞蹈排练厅和太极拳、剑、柔力球训练厅以及乒乓球室、台球室、棋牌室等活动场所。

（江一帆）

人力资源与社会保障

人民生活

【城镇居民人均可支配收入】 据210户城市住房抽样调查显示，2023年，景德镇市城镇居民人均可支配收入49528元，较上年增长3.8%。其中，工资性收入29597元，增长3.9%；经营净收入5444元，增长5.6%；财产净收入4570元，增长3.2%；转移净收入9918元，增长2.7%。

【城镇居民人均消费性支出】 2023年，全市城镇居民人均消费性支出29840元，较上年增长6.3%。各类消费支出：食品烟酒支出10223元，增长4.9%；衣着支出2066元，增长1.0%；居住支出5600元，增长2.7%；生活用品及服务支出1358元，增长1.0%；交通通信支出4812元，增长10.9%；教育文化娱乐支出3488元，增长15.8%；医疗保健支出1646元，增长5.2%；其他用品和服务支出647元，增长11.2%。

【农村居民人均可支配收入】 据170户农村居民抽样调查显示，2023年景德镇市农村居民人均可支配收入23863元，较上年增长6.9%。其中，工资性收入9746元，增长5.1%；经营净收入7465元，增长6.5%；财产净收入704元，增长7.2%。转移净收入5949元，增长10.5%；

【农村居民人均消费性支出】 2023年，全市农村居民人均生活消费支出19503元，较上年增长8.0%。各类消费支出：食品烟酒支出6902元，增长7.3%；衣着支出1022元，增长3.0%；居住支出3752元，增长5.8%；生活用品及服务支出863元，增长4.9%；交通通信支出2641元，增长12.7%；教育文化娱乐支出2158元，增长10.5%；医疗保健支出1794元，增长7.6%；其他用品和服务支出372元，增长20.0%。 （解怡芬）

劳动就业

【概况】 2023年，市就业中心落实各项就业政策，持续推进全市就业工作提质增效。全年城镇新增就业1.77万人，其中困难人员再就业2375人、新增转移农村劳动力1.53万人，其中省内新增8881人、工业园区企业新增转移2591人，失业人员再就业7203人，全市累计发放创业贷款7.79亿元，带动就业1.35万人。全年共举办各类专场招聘会182场，提供就业岗位13.9万余个，达成就业意向1.25万人次，年内安置公益性岗位1625人。零就业家庭安置率达100%。

（周世杰）

【就业政策红利】 2023年，全市失业保险参保人数11.65万人，通过“免申即享”方式，共为2257户企业发放稳岗返还资金1308.99万元；为37户企业221人共计发放一次性扩岗补助

33.15万元；延续实施阶段性降低失业保险费率政策，减免参保企业失业保险费6469.47万元；阶段性缓缴失业保险企业66家，缓缴金额14.78万元。全年，享受失业保险待遇人员为3090人次，涉及金额3061.31万元，代缴医保等费用约576.22万元，发放价格临时补贴2018人次，发放金额5.05万元；申请失业补助金680人，涉及金额248.2万元；发放技能提升补贴166人，涉及金额30.95万元。（周世杰）

【创业服务政策落实】2023年，全市有10家创业孵化基地（国家级2家，省级5家，市级3家）、在孵入驻实体1808户，带动就业4305人。营造良好创业环境，落实创业孵化基运行费补贴政策，根据《江西省就业补助资金管理暂行办法》，截至2023年12月，为入驻人社部门认定的创业孵化基地的创业实体实际发放运行费补贴共计838.55万元。推进在全市范围内发放一次性创业补贴工作，以补贴政策为导向，以宣传为抓手，以各类创业者创业聚集的创业孵化基地和高校创业园区为落脚点，截至2023年12月底，全市为253名创业者发放一次性创业补贴127万元。其中，大学生创业者139人，脱贫劳动力创业者5人，就业困难人员创业者2人，农民工创业者107人。

（周世杰）

【就业帮扶】2023年，为全市3989人发放灵活就业社保补贴额2300.43万元。安置公益性岗位1625人，拨付公益性岗位资金1259.885万元。为吸纳就业困难人员及高校毕业生就业的17家单位发放单位社保补贴126.06万元。至年底，全市共有建档立卡脱贫劳动力1.53万人，就业脱贫劳动力1.26万人，剔除在校生、务农等人员685人，无就业意愿1954人，有就业意愿和就业能力未就业的脱贫劳动力就业率达到92%以上，对有就业能力和就业意愿的退捕渔民转产就业率稳定在100%。全市共有退捕渔民6人，其中，4人到退休年龄，享受养老保险待遇；2人在劳动年龄内，其中1人退捕后自主创业，另1人通过公岗安置。（周世杰）

【创业担保贷款】2023年，发放创业担保贷款，作为省市两级政府确定的民生实事工作之一，对接市内多家银行并签订合作协议，优化担保贷款办理流程，开展贷前调查和贷中（后）服务管理，年内，全市发放创业贷款共计7.79亿元，直接扶持2029人，带动就业1.35万人。扶持小微企业110家，发放创业贷款3.9亿元；扶持个人创业1665户，发放创业贷款3.89亿元。其中，景漂贷扶持154人，贷款4125万元；人才贷扶持383人，贷款9976.3万元（包括高层次人才17人，585万元），带动就业2151人。

（周世杰）

【技能培训】2023年，全市开展各类职业技能培训1.3万人，发放培训补贴505.138万元。其中，开展创业培训共计111期，培训2786人，补贴74.75万元；开展就业技能培训共计189期，培训8111人，补贴金额348.668万元；开展企业职工岗位技能培训共计57期，培训2104人次，补贴金额81.72万元。其间，为提高全市创业导师综合素质，主办景德镇市第一期创业培训（SYB）师资班，27名学员通过培训，为全市开展创业培训，实施创业引领计划提供师资保障。（周世杰）

【就业补助资金管理】2023年，市就业中心按照《江西省就业补助资金管理暂行办法》的要求，严格管理和使用就业补助资金。年内，全市共支出就业补助资金8134万元，用于职业培训、公益性岗位、社保补贴、职业技能鉴定、就业见习、创业孵化基地运行、一次性求职、一次性创业、高技能人才培养、创业孵化基地等方面，为全市就业形势平稳有序运行提供资金保障。（周世杰）

【流动人员档案服务】2023年，为方便人事档案管理和服务，装修改造流动人事档案室，推进档案信息化建设，建立科学完备、高度自动化、信息共享的人才信息管理平台，提升流动人员档案便民服务环境。全年，接收档案1171份，转递流动人员人事档案822份，提供流动人员人事档案查（借）阅服务、政审（考察）服务及其他相关服务1061余次，为原企业改制人员提供人事档案及退休业务办理990人次。

（周世杰）

【和谐劳动关系构建】2023年，按改进劳动关系政务服务、打造最优营商环境、保障劳动者权益等要求，聚焦提升劳动关系治理能力和治理体系建设，落实上级各项决策部署，开展和谐劳动关系创建活动，防范化解劳动关系领域风险，保障劳动者合法权益，促进劳动关系和谐，维护社会稳定。会同市总工会、市工商联、市企业联合会、企业家协会4部门印发《关于开展劳动用工“查风险 强协商 保支付地促和谐”专项行动方案》，开展专项行动，防范化解劳动关系风险隐患，促进全市劳动关系和谐稳定。活动期间，成功选树省级金牌劳动关系协调员18人，省级金牌协调劳动关系社会组织3个，省级金牌劳动人事争议调解组织9个，国家级金牌劳动人事争议调解组织1个，受省政府表彰劳动关系和谐单位3个，受国家表彰和谐劳动关系创建示范企业1个。联合市总工会、市工商联、市企联、市企协制定《景德镇市新时代和谐劳动关系创建示范五年行动计划（2023—2027年）》，部署推进全市新时代和谐劳动关系创建活动，景德镇市人力资源和社会保障局获评第一届“全国和谐劳动关系创建工作先进集体”荣誉称号。推进劳动关系领域政务服务“放管服”改革，助力优化营商环境建设，完善人社一体化综合信息系统，全面推行劳动关系政务服务事项“网上办”“网端办”。至年底，劳务派遣行政许可、不定时及综合工时制审批、集体合同审查、经济性裁员报告、电子劳动合同签订等劳动关系服务事项全部实现网上办理。

（彭荣军）

【劳动监察执法】2023年，开展根治欠薪工作，市根治拖欠农民工工资工作领导小组办公室组织各成员单位定期召开联席会议对全市根治欠薪工作进行统筹调度。严格落实在建工程项目“一金五制”，动态管理在建工程项目用工和发放工资情况，加快景德镇市农民工工资支付监控预警平台建设。开展2023年劳动保障年度书面审查和用人单位遵守劳动保障法律法规情况诚信等级评价工作以及各类执法专项检查，落实“双随机、一公开”执法抽查。全年共评定出诚信A级企业89家，诚信B级企业33家，诚信C级企业1家。开展部门“双随机、一公开”检查任务1次，系统抽取用人单位67家，开展“双随机、一公开”跨部门联合抽查执法检查任务7次。落实“两法衔接”制度，向社会公布重大劳动保障违法行为3起，涉嫌拒不支付劳动报酬移送法院案件3件。全年市级共受理举报、投诉、信访512起，收到全国根治欠薪线索反映平台线索2293条，追回劳动者工资4209万元，涉及劳动者1707人。

（王智清）

【劳动人事争议仲裁】2023年，贯彻落实《江西省人社厅等9部门关于印发〈江西省进一步加强劳动人事争议协商调解工作实施方案的通知〉的通知》精神，逐步在各县（市、区）劳动人事争议仲裁院内设调解中心，强化案前调解。按照江西省“建立青年仲裁员志愿者联系企业活动常态化工作机制”活动要求，在全市的商会、街道调解组织中派驻青年仲裁员志愿者，负责指导制订和完善企业内部规章制度，合理合法行使“用工自主权”，帮助企业避免用工法律风险，从而推动构建和谐劳动关系，优化营商环境。为更好地维护新就业形态劳动者的合法权益，在新就业形态从业人员与“景漂”人员比较聚集的街区（园区）、商圈、行业协会、商会、同乡会建立新就业形态劳动维权调解中心，为“网络主播”“外卖小哥”等新就业形态劳动者提供绿色通道。开展与各地市及县（市、区）的交流研讨，借鉴先进工作经验，提升办案质效。采取“监察＋仲裁一厅式办公”，提供一站式快捷服务，精简办事手续，缩短办事流程。设立“农名工工资争议速裁庭”，快立、快审、快结拖欠农民工工资案件，为农民工仲裁维权开通便利通道。在2023年全省星级仲裁院评定活动中，市级仲裁院第三次获得“五星级仲裁院”称号，并获2020—2022年度市域社会治理现代化试点工作先进集体称号。全年共受理劳动人事争议案件1421件，仲裁结案率为100%，调解成功率为87.15%，案件按期结案率为100%。高效完成“三率”指标，为劳动者争取权益7969万余元。

（徐婧）

社会保障

【概况】2023年，全市社会保障工作坚持稳中求进总基调，推进社会保障体系建设，提高社会保障工作水平。至12月底，全市企业职工养老保险参保人数48.84万人，机关事业单位养老保险参保人数6.11万人，城乡居民养老保险参保人数56.11万人，工伤保险参保人数21.34万人。全市企业职工养老保险、机关事业单位养老保险、城乡居民养老保险、工伤保险征缴收入分别为22.95亿元、8.37亿元、1.06亿元、4224万元。为全市企业离退休人员发放养老金54.61亿元，机关事业单位退休人员发放养老金13.21亿元，城乡退休居民发放养老金3.47亿元，发放各类工伤保险待遇2.32亿元。

【企业档案预审服务】 2023年，推行退休审核确认集中预审服务，通过前置档案审核关口打好服务“提前量”，协同上级部门对即将到龄的企业退休人员提前三个月进行集中预审，及时将预审情况一次性反馈告知企业和参保人员，避免群众多跑腿、跑多地，为退休人员设立退休办手续的缓冲区，实现退休即领取养老金的无缝对接。为退休人员较多、距离较远的企业提供上门预审服务，让社保服务更有温度。年内，完成昌河飞机工业（集团）有限责任公司、江西昌河汽车有限责任公司、华意压缩机股份有限公司和改制情况较为复杂的陶瓷系统的2234名拟到龄退休人员提前集中预审工作。

【困难人群助保贷款】 至2023年12月底，累计办理困难人群助保贷款995人次，放贷金额3722.32万元，其中，市级207人次，714.78万元，累计贴息340.64万元，累计办理退休750人次。

【打击欺诈骗取社会保险基金专项治理行动】 至2023年12月底，全市开展社会保险领域违规领取欺诈骗保专项治理行动，核实处理省下发的2.23万条核查数据，核查率达到98.90%；涉及违规金额2337.29万元，追缴金额2134.60万元，追缴率达到91.33%，维护社保基金安全，推动全市社会保障事业高质量发展、可持续发展。

（赵冰玉）

医疗保障

【概况】 2023年，景德镇市基本医疗保险参保人数154.61万人，参保率为95.33%，其中职工33.23万人（含生育保险17.28万人），居民121.38万人。全市城镇职工基本医疗保险就医465.09万人次，统筹基金支出9.46亿元，个人账户支出3.23亿元。全市城乡居民基本医疗保险就医282.53万人次，统筹基金支出11.94亿元。全年累计监测推送达到因病返贫致贫预警风险线的因病住院人员5109人，推送人员经相关部门核准认定为困难群众纳入兜底保障的有103人。年内，景德镇市医保局制定的《念好“六字诀”打造群众满意的医保服务》被国家级医疗保险专业学术期刊《中国医疗保险》刊登；成立市医保局青年理论学习小组和精算医保学习小组，培养医保精算工作人才。市医保局赴昌南新区开展“医保政策送上门 惠企便民零距离”医保政策宣讲进“万企”活动，共60余名园区企业代表参加。

【《景德镇市职工基本医疗保险门诊共济保障实施细则》出台】 2023年，《景德镇市职工基本医疗保险门诊共济保障实施细则》出台。1月1日起，参保人员在定点医疗机构普通门诊就诊，产生符合医保规定的政策范围内医疗费用，纳入普通门诊保障。7月1日起，职工普通门诊统筹的支付比例提高5个百分点，在职人员年度最高支付限额由1800提高至2000元，退休人员由2000元提高至3000元。

【智慧医保“村村通”实现全覆盖】 2023年，通过智慧医保“村村通”管理平台，为群众全天候提供参保、缴费情况查询等6项医保高频次查询服务，以及城乡居民参保、异地就医备案等16项医保高频次经办服务。全市有591个村卫生室纳入统一规范的医疗保障服务体系，智慧医保“村村通”实现全覆盖，让老百姓在家门口就能享受便捷高效的医保服务。

【药品、医用耗材集中采购】 2023年，共执行药品集采17批次、医用耗材集采22批次。其中，执行完成6批次药品集中带量采购任务，11批次在执行中。执行完成4批次医用耗材集中带量采购任务，18批次在执行中。有效缓解群众看病贵的问题。

【DIP支付方式改革】 2023年，成立以分管副市长为组长的景德镇市DIP（区域点数法总额预算和按病种分值付费）支付方式改革领导小组。6月1日，全市DIP支付方式改革工作动员部署会召开，全面推进DIP支付方式改革进程。两家试点医疗机构于6月开始实施DIP实际付费。全市59家住院定点医疗机构于11月进入DIP实际付费，至年底，全市DIP支付方式改革实现住院定点医疗机构全覆盖、病种全覆盖、医保基金全覆盖“三个全面覆盖”。

【全面执行新版“三大目录”】 2023年，全面执行《国家基本医疗保险、工伤保险和生育保险药品目录（2022年）》《江西省医保医用耗材支付管理目录（2023）》《江西省基本医疗保险医疗服务项目支付管理目录（2023年）》。国家新版药品目录收载西药和中成药共2967种，其中，西药1586种、中成药1381种，另有基金可支付的中药饮片892种。支付目录管理纳入全市定点医药机构协议管理，严格新版目录执行使用管理，优化药品目录结构，高效使用医保资金，提升基本医保药品保障能力和水平，增强参保群众的获得感。

【医保基金监管】2023年，组建景德镇市医保基金监管专家库，入库专家413人。10月起，组织专家针对近三年未进行市级以上飞检的二级以上定点医疗机构开展飞行检查全覆盖。全年通过智能监控系统拒付，追回医保基金174.2万元。年内核实完毕上级部门下发的“虚假住院”疑点数据110条。开展2023年“一地域一特色”专项整治工作，与市卫健委联合开展“精神病医院领域医疗乱象专项整治行动”。全年追回违规医保基金824万元，收缴行政处罚罚金338.2万元。

【全市精算医保培训大会召开】8月24日，市医保局组织召开全市医保系统精算医保培训大会，推动“党建+医保”纵深发展，鼓励医保干部职工立足岗位成才。此次培训邀请中国大地保险公司总公司高级讲师、精算师向玲，江西省分公司健康险部总经理杨华，围绕《基本医保基金精算分析》主题，运用精算模型的视角，从医保基础知识、医保基金影响因素、基金盈亏平衡因素、大病保险基金、医保基金监管精算运用五个方面，整理分析医保基金的影响要素和变化趋势。通过培训，提升全市医保系统相关人员基金运行分析和预判能力，为医保基金安全平稳运行提供可靠保障。市医疗保障局、市医疗保险事业服务中心全体干部，各县（市、区）医疗保障局领导班子及中层干部共计100余人参加培训。

【全市医保领域腐败问题集中整治暨全市精神病医院领域医疗乱象专项整治工作推进会召开】10月7日，市医保局召开全市医保领域腐败问题集中整治暨全市精神病医院领域医疗乱象专项整治工作推进会。部署下阶段统筹推进医药领域腐败问题集中整治和精神病医院领域医疗乱象专项整治工作，持续开展基金监管工作，通报1—9月全市医保基金监管工作情况，安排部署下一阶段基金监管工作和2023年全市医保基金飞行检查任务。（袁涛）

社会救济

【概况】2023年，提升儿童福利保障水平，落实儿童福利保障工作，提高孤儿和事实无人抚养儿童保障标准，全面完成儿童福利机构转型工作。落实残疾人两项补贴发放工作，根据2023年文件要求将城乡困难残疾人生活补贴标准、城乡重度残疾人护理补贴标准均提高20元，均达到每人每月100元。至年底，全市共有养老机构81家，其中，公办养老机构42个，共有床位2316张，收住老年人1026人；民办养老机构39个，共有床位4190张，收住老年人1982人。

年内，落实高龄津贴制度和经济困难的老年人两项补贴，发放高龄津贴2000余万元，发放经济困难的失能老年人两项补贴572万元。推进高龄津贴“一件事一次办”，实现网上申报、审批、发放，让高龄老人足不出户就能领到高龄津贴；将经济困难的失能老年人护理补贴对象由原来的年满80周岁老年人扩大到年满60周岁老年人。开展养老机构等级评定，推动养老机构贯彻落实养老服务有关国家、地方和行业标准，景德镇市社会福利中心和江西易照护养老服务有限公司航空路分公司（六〇二所社区长者之家）分别被评为全省四级和三级养老机构，全市60%以上公办养老机构被评为一级（含一级）以上养老机构。

【社会福利】2023年，推进儿童主任队伍建设。5月组织召开全市儿童督导员业务培训班，完成对全市800余名儿童督导员和儿童主任全覆盖培训工作。完善基层未成年人保护工作网络，市级及4个行政县（市、区）均成立未成年人救助保护中心，完成比例达到100%。乡镇人民政府（街道办事处）依托社工站建立未保站共计32个，完成比例达到59.26%。开展困境儿童心理健康关爱服务，全年共对重点关注560余名困境儿童开展监护和心理评估工作。

残疾人福利。2023年，全市共有2.58万名残疾人享受残疾人两项补贴，生活补贴1.82万人，护理补贴1.78万人，其中同时享受两补1.02万人。及时办理“全程网办”申请，至年底，办理残疾人两项补贴“全程网办”44人。开展“精康融合行动”，全市共有两个县（市、区）建有精神障碍社区康复服务机构：乐平市镇东社区精神障碍社区康复中心和珠山区602所仁爱之家。持续推进精神卫生福利机构建设，至年底，完成工程支护桩和80%主体桩。

养老服务。4月3日，景德镇市民政局联合景德镇市财政局出台《景德镇市民办养老机构建设和运营资金补助管理办法》。5月26日，景德镇市社会福利中心举行乔迁揭牌仪式。8月7日，由景德镇市民政局、景德镇市人社局、景德镇团市委、景德镇市妇联共同举办的景德镇市“昌南杯”养老护理员职业技能竞赛暨江西省“振兴杯”康养服务行业（养老护理员）职业技能竞赛在景德镇市社会福利中心落幕。各县（市、区）和市社会福利中心6支代表队30名参赛选手参加竞赛。大赛评选出一等奖1名、二等奖3名、三等奖5名，景德镇市社会福利中心获优秀组织奖。10月20日，景德镇市委办公室、市政府办公室印发《关于推进基本养老服务体系建设的实施意见》。10月30日，市民政局等14部门印发《景德镇市基本养老服务清单（2023年版）》，明确基本养老服务对象、项目、内容、标准等。年内，昌江区被确定为全省14个优化乡镇敬老院资源配置和“一老一小”幸福院建设两项改革试点县区之一，辖区内4所敬老院整合优化为1所区域中心敬老院；利用撤并后闲置校舍，因地制宜打造3个农村“一老一小”幸福院。发展城乡老年助餐服务。至年底，全市472个建制村累计建成436个具备助餐等功能的农村互助养老服务设施，覆盖率达92.37%；全市建成72个城市社区老年助餐点，基本形成“15分钟城市助餐服务圈”，全年为城市社区老年人提供助餐服务超过10万人次。

8月7日，江西省“振兴杯”康养服务行业（养老护理员）职业技能竞赛举办 （市民政局/供图）

【社会救助】 2023年，开展动态管理。全年市级累计发起核查6.94万户17.45万人，依据核查结果新增符合条件对象2072户4257人，清退不再符合条件对象2635户5056人。在长效机制方面。印发《关于建立完善社会救助主动发现若干措施的通知》《景德镇市民政局关于规范社会救助审核确认权限下放至乡镇（街道）监管工作的通知》《关于进一步做好特困供养对象和孤儿医疗保障工作的通知》，推进社会救助工作规范化发展。

城乡低保方面。3月29日印发《关于提高2023年城乡困难群众救助标准的通知》（景民字〔2023〕10号），将城市低保保障标准提高至900元/人·月，将农村低保保障标准提高至670元/人·月，两项保障标准均高于全省平均水平。至12月底，全市共保障城乡低保对象6.55万人，发放救助资金3.9亿元。

特困供养方面。将城镇特困供养标准提高至1170元/人·月，将农村特困供养标准提高至875元/人·月。至12月底，全市共保障特困供养对象3473人，发放特困供养资金3941万元。

临时救助方面。持续发挥临时救助“救急难”作用，全年累计开展临时救助7599人次，发放救助资金638万元。

乡村振兴方面。6月5日，印发《全市巩固拓展民政领域脱贫攻坚成果同乡村振兴有效衔接工作要点》。农村低保保障建档

2月2日，市民政局会同各县（市、区）民政局在市中心人民广场开展社会救助政策宣传月活动 （市民政局/供图）

脱贫户7864户1.50万人，全年发放救助资金8448万元；农村特困供养保障建档立卡脱贫户1591户1611人，全年发放特困供养资金1655万元。

【慈善救助】 2023年，市慈善总会收到善款331万元，其中，收到定向捐赠183.9万元，收到社会爱心单位和爱心人士常态化捐款8.46万元；市级收到来自174家党政机关和企事业单位、金融系统、大专院校“慈善一日捐”线上+线下总额为138.64万元，其中，市级、浮梁县、昌江区和珠山区慈善会线上捐款金额共118万元，较上年增长35%，创历史新高，获江西省慈善总会2023年“99公益日”暨“慈善一日捐”团体进步奖。

常态推进慈善公益项目。年内，景德镇市慈善总会完成和推进“慈善情暖万家”“火焰蓝”“百岁福”“温暖童行”“金秋助学”“慈善光明行”六大重点慈善项目，投入资金共计54.9万元，受益群众达749人次，其中，瓷都关爱“火焰蓝”慈善公益基金获省政府“赣鄱慈善奖”最具影响力的慈善项目，李霁荣获“优秀慈善工作者”称号。

举办慈善公益活动。市慈善总会以留守老人、困难学子、孤寡老人、孤残儿童等弱势群体为主要服务对象，以丰富精神生活、提供物资需求为导向，结合中国传统的节日为节点，举办以走访慰问、医疗问诊、知识讲座为主要形式的公益慈善活动共9场，投入资金18.4万元，惠及群众913人次。

助力乡村振兴。全年通过市慈善总会共支出26.5万元助力景德镇市乡村振兴，主要在红色旅游修缮、农植物养栽培育、茶叶区管理扩建等方面持续投入。中华慈善总会联合爱心企业广东合家安电气实业有限公司、索芙特品牌管理有限公司向景德镇市慈善总会捐赠一批爱心物资，折合人民币近1000万元助力乡村振兴，支持景德镇市慈善事业。为全市敬老院、困难家庭赠送安装暖风机、净水机、脱糖电饭煲和洗衣液若干袋。

（冯茜）

社会事务管理

【概况】 2023年，开展“幸福社区”创建和最美城乡社区工作者评选工作；推进社区治理建设和城乡区域统筹协调发展，全市新增5个社区居委会，其中浮梁县3个；制作更新2023版《景德镇市城区地名图》；推进“党建入章”和“双向进入、交叉任职”，推动健全党组织参与社会组织重大事项决策机制，实现党的全面领导和社会组织依法自治相统一。年内，开展农村婚嫁彩礼专项治理，成立工作专班，制定实施细则；开展殡葬领域突出问题专项整治，组织专门力量开展检查，排查全市327个殡葬服务单位，全市共发现11个问题，均完成整改。

【基层政权和社区建设】 2023年，开展“幸福社区”创建工作。对照《“幸福社区”服务质量星级评价指标》《“幸福社区”服务质量星级评定规范》省级地方标准，经第三方评估验收、省民政厅审定，森林社区、莲花塘社区等7个社区获评五星社区；景航社区、恒大社区等9个社区获评四星社区；御窑社区、枫树山社区等7个社区获评三星社区。开展最美城乡社区工作者评选工作。年内，贯彻落实江西省民政厅《关于开展2023年度“江西最美城乡社区工作者”学习宣传活动的通知》精神，经省民政厅评审，浮梁县臧湾乡古铜桥村党支部书记、村委会主任邓芳红被评为最美城乡社区工作者。

【行政区划】 2023年，景德镇市行政区划工作总体保持稳定，本着有利于推进社区治理建设和城乡区域统筹协调发展的原则，全市新增5个社区居委会，其中浮梁县3个，分别为勒功乡九龙山社区居民委员会、浮梁镇学府社区居民委员会、寿安镇浮南矿社区居委会；昌江区2个，分别为吕蒙街道梧桐社区居委会和鲇鱼山镇航空社区居委会。

表10　2023年景德镇市行政区一览表

县（市、区）	街道	镇	乡	居民委员会	村民委员会	常住人口（万人）	户籍人口（万人）	面积（平方千米）	行政区划代码	邮政编码
全市合计	15	27	10	194	472	164.8	175.33	5262	360200	333000
其中市辖区	13	2	1	95	48	57.87	49.84	426		

续表 10

县（市、区）	街道	镇	乡	居民委员会	村民委员会	常住人口（万人）	户籍人口（万人）	面积（平方千米）	行政区划代码	邮政编码
昌江区	3	2	1	39	35	20.1	17.68	315	360202	333000
珠山区	10			56	13	37.77	32.16	111	360203	333000
乐平市	2	15	1	71	266	75.68	94.67	1985	360281	333300
浮梁县		10	8	28	158	31.25	30.82	2851	360222	333400

【地名管理】 2023年，市地名办推动“乡村著名”行动，助力乡村振兴和乡村旅游发展，开展景德镇地名信息标准化处理1.54万条；完成乡村地名命名、信息采集上图438条；完成25条城区道路命名更名及141块道路标牌的更新设置工作；制作更新2023版《景德镇市城区地名图》；带领地名学者挖掘传承地名文化，发布地名文章原稿86篇，拍摄《瓷都地名故事》视频12集，举办第二届景德镇“地名小讲师”等一系列活动，受到民政部、省民政厅的高度认可。

【社会组织管理】 2023年，推进社会组织党组织建设工作，创新实施“年检促建”，在年检中重点突出社会组织党建内容，由过去“业务主管单位初审——登记管理机关审查”的模式更改为“党建工作主管单位和业务主管单位初审——登记管理机关审查”。开展全市社会组织领域“两个覆盖”集中攻坚行动，指导46家党建工作主管单位完成市级554家社会组织的信息核查；按照“统一部署，分类实施，先易后难、先简后繁、稳步推进，保证质量”的原则，分二批完成重点社会组织党组织组建工作。

发挥社会组织作用。发挥社会组织服务大局作用，组织引导社会组织积极参与乡村振兴，主动融入社会治理；印发《“陪伴成长·社会组织助力2023届高校毕业生就业”行动实施方案》，要求各级社会组织主动作为，保障就业大局稳定；继续开展行业协会商会乱收费专项清理整治工作，重点督查12家行业协会商会。

织密综合监管网络。常态化推进“僵尸型”社会组织整治，发布市级第二批撤销登记社会组织《行政处罚事先告知书》公告和市级第三批社会组织活动异常名录，62家列入社会组织活动异常名录满两年的市级社会组织被撤销登记，41家市级社会组织被列入社会组织活动异常名录。持续开展打击非法社会组织专项行动，多次约谈主要负责人和上门执法，根据调查结果依法取缔，并将相关信息报送省民政厅集中公示。

【婚姻家庭】 2023年，规范婚姻登记管理。开展农村婚嫁彩礼专项治理，成立工作专班，制定实施细则；推进婚姻登记场所建设，昌江区、浮梁县均打造户外颁证基地；督导全市659个村（居）全部完成村规民约的修订；加强宣传，利用新时代文明实践站、婚姻登记场所等各类阵地，并通过举办集体婚礼、结婚颁证、相亲交友等活动，开展婚俗改革宣传，抵制高价彩礼。完善婚姻登记工作。实施婚姻登记跨省通办，制定工作方案，开展婚姻登记员工作培训，完成历史纸质档案电子化。年内，全市共办理婚姻登记1.15万对，其中，结婚登记8001对，离婚登记3641对。办理跨区域婚姻登记481例。

【殡葬管理】 2023年，推进惠民绿色文明殡葬改革。景德镇市殡葬改革工作在全面完成三年行动计划的基础上得到巩固和提升。推进殡葬基础设施建设。全市建成321个农村公益性公墓（骨灰堂），实现全覆盖。全市10处示范性殡葬安葬设施按照要求完成提升改造任务。服务管理水平逐步提升。各县（市、区）推进5项基本殡葬服务免费政策落实，5项基本殡葬服务收费直接在殡仪馆减免，全年共计减免900余万元。开展殡葬领域突出问题专项整治，印发工作方案，成立工作专班，召开动员部署会，组织专门力量开展检查，排查全市327个殡葬服务单位，共发现11个问题，均完成整改，有效规范殡葬服务秩序。殡葬移风易俗不断深化。根据移风易俗三年行动方案，开展易俗改革工作，倡导现代文明办丧事，促进社会主义精神文明建设。

（冯茜）

公共安全

综　述

2023年，市应急管理局抓好二十届二中全会、全国全省两会、新兴工业强省推进大会、瓷博会、航空产业大会、中秋、国庆等重要时间节点安全防范工作，第一时间向各地各部门各企业送达相关通知要求，推动各级各部门进一步压实安全生产责任，结合安全生产阶段性规律特点，采取明察暗访、发文提醒、蹲点驻守等方式，加大对旅游景区、交通出行、城市消防、城镇燃气、高危行业等重点行业重点领域的安全监管力度。特别是在习近平总书记考察江西期间，提醒督促矿山、危险化学品、烟花爆竹、工贸企业主要负责人扎实做好安全生产各项工作，确保直管行业安全形势总体平稳。

指挥调度。2023年，市应急管理局完善集值守场所、综合展示、视频会议、集中控制等功能于一体的市级应急指挥平台，持续推进值班调度规范化、会商研判常态化、应急指挥专业化、信息报送标准化、综合保障一体化建设，应急信息全面汇聚、快速展现、上传下达、协同会商、指挥调度等支撑功能更加齐全。修订印发14个市级专项应急预案，指导开展全市危险化学品泄漏、浯溪口防汛、景德镇地下综合管廊项目部防汛等应急演练，创新开展无脚本应急演练20余次，现场应急指挥能力进一步增强。

应急保障。2023年，市应急管理局积极构建实物、协议、社会等多元化应急物资储备体系，实物储备帐篷、折叠床、棉被等6个品类的民政救灾物资以及冲锋舟、橡皮艇、编织袋、便捷式照明灯等20余个品类的防汛物资，基本实现三级救灾响应物资保障需求。

（徐和平　慈梦珂）

安全生产

【概况】 2023年，市政府向4个县（市、区）政府和2个园区管委会议，以及48个负有安全生产直接职责的市安委会成员单位下达《安全生产责任书》。市安委会多次召开全体成员会议、安全生产工作专题会等会议研究部署交通、燃气、消防等重点行业领域安全防范工作。市安委办组织6个综合督查组，全年包干负责、监督指导负责各县（市、区）、园区安全生产工作。推进生产经营单位全员安全教育培训考核，考核各类特种作业人员3542人，高危企业负责人和安全管理人员604人。全年24小时应急值守，保持事故起数和死亡人数“双下降”，1—12月共发生各类生产安全事故14起、死亡15人，分别减少2起、2人，同比分别下降12.5%、11.8%；未发生较大及以上事故；连续21年杜绝重大及以上安全生产事故，是全省唯一实现连续21年无重大及以上事故的地市。

【重大事故隐患专项排查整治2023行动】 2023年，安全生产重大事故隐患专项排查整治2023行动狠抓3个层面27项任务落实。各负有安全监管职责的部门坚持“四个一批”开展精准严格执法，深入生产经营一线宣讲帮扶，督促指导自查自改，助推企业提升整体安全水平。全市排查重大事故隐患874条，整改完成873条，整改率达99.9%，抽查检查企业总数8209家，对重点企业帮扶指导2926家，行政处罚1261次，责令停产整顿49家，曝光、约谈、联合惩戒企业487家。

3月31日，2023年全市危险化学品生产安全事故应急救援演练在黑猫集团举行 （市应急管理局/供图）

【省安委会安全生产巡查督查】 2023年，省安委会第三巡查督查组于3月6日至8日、9月18日至22日深入景德镇市开展安全生产巡查督查。巡查督查组一行深入各县（市、区）、园区和市直有关部门，采取听取汇报、个别谈话、查阅资料、现场问答、实地检查等方式，深入了解全市安全生产工作情况。11月3日，省安委会第三巡查组巡查反馈会召开。12月18日至22日，省安委会第三巡查督查组对景德镇市开展驻点巡查“回头看”，并同步开展2023年应急管理考核。

【危险化学品生产安全事故应急救援演练】 3月31日，由景德镇市人民政府主办，市应急管理局、市消防救援支队和黑猫集团等部门单位承办的2023年全市危险化学品生产安全事故应急救援演练在黑猫集团举行。灾情模拟黑猫集团焦炉煤气储存区2号气柜因工人操作不慎造成泄漏，泄漏点较大、泄漏量较多。接警后，市消防支队指挥中心立即启动应急预案，迅速调派6个消防救援站以及战勤保障科、环卫等力量赶赴现场进行处置，救援力量到场后，按照侦察检测、警戒管控、掩护救人、持续出水稀释、关阀断料、适时堵漏、全面洗消的程序展开救援，举高喷射消防车配合喷淋系统、水炮持续出水，水罐消防车沿罐区外围堰铺设水幕水带稀释降毒。

【“安全生产月”活动】 6月，紧扣“人人讲安全、个个会应急”主题，以线上线下相结合方式，创新形式、广泛发动，开展系列“安全生产月”活动。现场设置政策法规宣传区、安全知识问答区、装备器材展示区、群众互动体验区4个展区，40余家安委会成员单位于咨询台处发放安全应急宣传手册约8000份，应急、消防等部门现场展示专业应急救援装备和消防灭火器材，广大群众积极参加“人人讲安全、个个会应急”网络知识竞赛、2023年全国“安全生产月”线上“逃生演练训练营”活动。

（徐和平　慈梦珂）

防灾减灾

【概况】 2023年，景德镇市先后遭受洪涝、风雹和地质等6次自然灾害侵袭，共造成全市3.38万人次受灾，紧急转移安置370人次，农作物受灾面积2993.48公顷、成灾面积1409.99公顷，严重损坏房屋1户6间、一般损

6月16日，市安委会在人民广场组织开展紧扣“人人讲安全、个个会应急”为主题的2023年景德镇市安全宣传咨询日活动 （市应急管理局/供图）

坏房屋4户5间，直接经济损失2298.51万元。持续关注气象预报预警，及时调度灾情，并通过微信和“党建+应急管理”系统发布预报预警，2023年度全市共发布宣传教育信息531条、预报预警信息253条。2022—2023年度冬春救助工作，累计下发冬春救助资金1892.7618万元，救助105185人次。积极推进因灾倒房重建工作，完成3户房屋重建。扎实开展综合减灾示范单位创建，创建完成省级综合减灾示范街道1个，省级综合减灾示范社区4个，市级减灾示范社区4个，切实提升基层减灾能力。

【森林防灭火】 2023年，市应急管理局开展森林防灭火“平安春季行动”、违规野外用火整治“啄木鸟”专项行动、森林火灾隐患排查和查处违规用火行为专项行动等森林防灭火各项工作任务。全市595名护林员累计宣传巡护54.7万小时，巡护里程213.2万千米，制止和处置违规野外用火180余起。全市各级林长累计巡林1700余次，协调解决问题116个，开展森林防灭火宣传活动429次，制止野外违规用火308起，教育劝阻人员336人，建设生物防火林带17.7万米，面积约3950亩。全市开展“以水灭火”扑救森林火灾实战演练17次。全年全市共发生国家热点9个（浮梁6个：4起炼山、1起火情、1起烧荒，乐平1起火情，昌江区2起炼山）。未发生森林火灾及火灾亡人事故。景德镇市获评2023年全省森林防灭火“平安春季行动”先进单位，浮梁县、珠山区、昌江区被评为2023年全省森林防灭火“平安县（市、区）”。

【自然灾害风险普查】 2023年，市应急管理局配合省普查办完成自然灾害风险评估区划工作，通过横向和纵向的方式收集包括市、县两级各行业部门在评估区划当中需要的各类资料、数据，确保数据的准确性和完整性。主动运用自然灾害综合风险普查的成果数据，将普查得到的“应急专家、应急物资储备库、微型消防站、重点防护目标、医疗机构”等数据，展示在景德镇市安全生产风险监测预警系统安全生产风险一张图上，在系统通过智能识别技术对企业、危险源状态进行智能化监管、动态评估、自动预警同时，为安全生产管理和应急救援工作提供参考依据。

【设立景德镇市专业森林消防支队】 2月24日，十二届市委第4次编委会议审定，决定设立景德镇市专业森林消防支队为市应急保障中心的分支机构，公益一类，主要职责为根据指令处置森林火灾；根据指令执行抗洪抢险救灾、地质灾害处置、雨雪冰灾应对、事故灾难救援等综合性应急救援任务；协助开展森林灭火宣传教育、巡护督查、排查整治森林火灾风险隐患；协助做好其他应急救援力量森林防灭火等应急救援技能的教育培训工作；根据指令执行市政府交办的其他任务。核定事业编制50名，实行定编定岗不定人的用人机制。

【“防灾减灾宣传周”活动】 5月，围绕“防范灾害风险，护航高质量发展”主题，组织全市28个单位和部门，在昌江区西郊街道中渡口码头景观广场举行宣传活动。此次活动共设置专题宣传栏90个，发放防灾减灾知识宣传册、宣传单、海报、宣传小礼品等各类宣传用品共计41350余份，参与群众达1万余人次。全市还广泛开展五进（进企业、进农村、进社区、进学校、进家庭）活动，共发放各类防灾减灾知识宣传资料18万余份，环保袋、毛巾等纪念品1.2万余份，惠及群众18万余人次。在江西卫视、《江南都市报》、景德镇广播电视台、《景德镇日报》等媒体上刊发新闻报道和电视新闻报道30余篇，为教育和提醒社会各界牢固树立风险意识和底线思维，提高灾害风险防范意识和素养，营造良好的舆论氛围。

【与九江地震监测中心站签署合作协议】 8月1日，景德镇市应急管理局与九江地震监测中心站签订《共同推进景德镇市防震减灾救灾能力建设合作协议》。该协议的签署标志着两地在地震监测预报预警、地震灾害风险防治、地震应急处置、防震减灾公共服务等方面建立广泛合作机制，共同深入推进景德镇市防震减灾治理体系和治理能力现代化。

【建立突发环境事件应急联动工作机制】 10月31日，市应急管理局与市生态环境局签署突发环境事件应急联动协议。双方以信息互通、资源共享、协调有序、优势互补、务实高效、稳步推进为原则，加强协调联动，积极开展各项合作，建立长期、稳定、可靠的突发环境事件应急联动工作机制，提高防范和处置能力，最大限度减小突发环境事件造成的影响，共同保障人民群众生命财产安全和生态环境安全。

（徐和平　慈梦珂）

消防救援

【概况】2023年，景德镇市消防救援支队下辖6个大队、9个国家消防救援站、6个城市专职消防队，17个乡镇专职消防队，现有执勤消防车辆79辆，各种防护装备与灭火救援器材共计21612件（套）。依法开展消防监督执法工作,共检查社会单位5074家，督促整改火灾隐患3051处，下发临时查封决定书83份,责令“三停”单位82家，罚款92.28万元，办理公众聚集场所营业前消防安全检查许可项目114个。全市消防救援队伍共处置各类有效警情3205起，共出动消防车辆5673辆次、警力38489人次，抢救被困人员462人，疏散被困人员181人，抢救财产价值18106万元。其中，火灾扑救1177起，占警情数据36.72%；出动车辆2709辆，出动警力183549人次；抢险救援692起，占警情数据21.59%；出动车辆1423辆，出动警力98359人次；社会救助955起，占警情数据29.79%，出动车辆995辆，出动警力66819人次；公务执勤291起，占警情数据9.07%，出动车辆360辆，出动警力23339人次。成功处置“4·27”太白园房屋倒塌事故、“6·7”浮梁县福明路沿街店铺液化气罐泄漏爆炸事故、“7·1”跨区域增援鹰潭贵溪硫磷化工基地乾泰新材料有限公司火灾救援、“8·14”昌江区富祥科技集团有限公司厂房火灾等急难险重的救援任务，完成“习近平总书记考察江西”“2023年中国景德镇国际陶瓷博览会”等重大活动消防安保任务。景德镇市消防救援支队党委党建创新案例《打造“火焰蓝之家”推动党员教育管理监督服务提质增效》，作为全国消防救援队伍唯一案例成功获评全国“百优案例”。

【《景德镇市消防物联网建设应用管理工作实施办法（试行）》印发】1月4日，市政府印发《景德镇市消防物联网建设应用管理工作实施办法（试行）》，对消防物联网平台、终端建设和运维管理进行规范。

【昌江区鱼丽工业园消防救援站建设项目开工】4月25日，景德镇昌江区鱼丽工业园消防救援站建设项目开工奠基仪式在鲇鱼山镇举行。至年底，建筑主体已封顶，正在进行内部装修和附属工程建设。

【“4·27”太白园房屋倒塌事故】4月27日21时45分，位于景德镇市珠山区太白园街区一楼房发生倒塌，接警后立即出动4个消防队站，6辆消防车，42名消防救援人员前往处置，经过近9个小时的艰苦战斗，23时46分，共搜救出5名被困人员，4月28日0时30分，经110及村委会确认，已无被困人员，6时11分，现场已基本清理完毕，未发现其余被困人员。此次警情共抢救被困人员5人,疏散被困人员13人，抢救财产价值70万元，保护财产价值280万元。

【消防安全重大风险隐患专项排查整治2023行动】5月6日，召开消防安全重大风险隐患专项排查整治2023行动动员部署会议。消安委各成员单位主要负责人在主会场参会；各县（市、区、园区）主要领导和分管领导，市消安委各成员单位以及地方重点企业主要负责人在分会场参加会议。5月22—29日，景德镇消防救援支队与市公安局治安支队组成联合督导组，对全市各公安分局及所属派出所开展督导检查，全面考察2022年度公安派出所消防工作情况。7月20日，召开全市违规施工和违规电气焊作业整治工作动员部署暨消防安全重大风险隐患专项排查整治2023行动调度会。“2023行动”开展以来，支队有针对性地开展一系列消防监督工作，严格查处消防安全违法行为。至12月，发现隐患1677处，督促整改1600处，下发处罚决定书135份，临时查封单位40家，责令“三停”42家，拘留1人。挂牌督办重大火灾隐患单位9家，已整改摘牌9家。

【消防运动会】5月13日，围绕第15个全国防灾减灾日“防范灾害风险 护航高质量发展”的主题，景德镇市消防救援支队、景德镇陶瓷大学联合通过新媒体直播的形式举办消防运动会。本次运动会分为火场逃生、火场救援、甩接水带、冲刺灭火、4×100灭火器接力五个项目，共评选出团体奖项13个。本次活动面向全市大中小学生和社会公众普及各类消防事故知识和防范应对基本技能，全面提升全民灾害风险防范意识和能力。

【推进企业“一件事一次办”改革】6月26日，景德镇市消防救援支队、公安部门、市场监督管理部门、住建部门联合，在赣服通专区开通5个企业“一件事一次办”网上办理通道。至12月，已办件2件，“一件事一次办”取得实质性进展。

【《关于持续深化打击冒牌消防培训和制售假冒伪劣消防产品工作的通知》印发】 6月29日，景德镇市消安委办、市平安办联合印发《关于持续深化打击冒牌消防培训和制售假冒伪劣消防产品工作的通知》，贯彻落实国务院安委办、省安委办有关打击冒牌消防培训和制售假冒伪劣消防产品工作要求，提升基层单位、群众辨假识假能力。

【“7·1”跨区域增援鹰潭贵溪硫磷化工基地乾泰新材料有限公司火灾救援】 7月1日10时35分，位于江西省鹰潭贵溪硫磷化工基地乾泰新材料有限公司发生火灾，景德镇市消防救援支队接到总队增援命令后立即出动10辆消防车、68名消防救援人员赶赴现场处置，经过近14个小时的救援，景德镇支队圆满完成增援任务。此警情共抢救财产价值1100万元，保护财产价值2300万元。7月5日，鹰潭市委、市政府向景德镇支队致感谢信，感谢支队在“7·1”江西乾泰新材料有限公司火灾作出的突出贡献。

【煤化工类灭火救援专业技能实训基地揭牌】 7月19日，景德镇市消防救援支队在黑猫集团有限公司举行景德镇市煤化工类灭火救援专业技能实训基地揭牌仪式。支队将依托黑猫集团现有各类生产、储存等化工装置，定期开展现场教学、入厂培训、熟悉演练和“师傅带徒弟”等专项活动，让指战员在“实景、实装、实战”中提升化工灾害事故处置的能力，确保救援行动科学、安全、高效。

【“消防执法营商环境监测点”挂牌】 7月25日，景德镇市消防救援支队通过“消防＋工商联＋商会”的工作模式，在景德镇南昌商会、都昌商会、鄱阳商会3家商会挂牌成立“消防执法营商环境监测点”。全年消防政务服务“好差评”系统保持100%好评率，“为民办实事”工作被市政府“红榜”通报表扬。

【《景德镇市公众聚集场所消防行政许可业务协同工作机制》印发】 8月9日，景德镇市消防救援支队、市住建局联合下发《关于印发〈景德镇市公众聚集场所消防行政许可业务协同工作机制〉的通知》，贯彻落实全省消防执法营商环境巩固提升行动工作要求，持续深化“放管服”改革，推动“部门协同一次办成”模式有效落地。

【成功处置“8·14”昌江区富祥科技集团有限公司厂房火灾事故】 8月14日12时25分，位于江西省景德镇市昌江区的富祥科技集团有限公司厂房着火，接警后立即出动16辆消防车、87名消防救援人员赶赴现场处置，13时15分，火灾已被控制。13时30分，火灾已被完全扑灭。此警情共抢救被困人员0人，疏散被困人员0人，抢救财产价值4250万元，保护财产价值18600万元。

【“园中园”“厂中厂”消防安全专项整治工作】 8月15日，召开“园中园”“厂中厂”消防安全专项整治工作动员部署会。至12月，全市共检查出租单位74家，发现火灾隐患666处，整改火灾隐患627处，挂牌督办1家重大火灾隐患单位，拆除彩钢板违章建筑或隔墙16处，拆除危旧厂房、违法建设厂房2处，清理企业“三合一”问题5处，推广建设电动自行车智能集中充电系统3套。

【《关于建立全市消防救援队伍职业荣誉保障机制的意见》修订印发】 10月9日，市政府修订印发《关于建立全市消防救援队伍职业荣誉保障机制的意见》，进一步健全全市消防救援队伍职业荣誉保障体系，提高全队伍职业荣誉感、归属感。

【“瓷博会”消防安保任务】 10月18—22日，2023中国景德镇国际陶瓷博览会期间，全市消防救援队伍共出动消防车辆30余辆次、消防救援人员210余人次赶赴现场前置备勤和消防安全检查，检查社会单位70家次，发现火灾隐患56处，督促整改火灾隐患56处，下发《行政处罚决定书》2份，罚款0.6万元，责令“三停”单位2家，确保活动期间消防形势安全稳定。

【昌南新区金岭大道专职消防队投勤入驻】 10月27日，昌南新区金岭大道专职消防队举行投勤入驻仪式。专职消防队，现有人员12人，水罐消防车2辆，辖区面积160平方千米，承担工业园区灭火救援、“六熟悉”演练任务。

【“消防宣传月”活动】 11月6日，景德镇市2023年“消防宣传月”活动启动仪式在宝龙广场举行。市委常委、常务副市长邓永翔，市应急管理局、市消防救援支队主要负责人，“身边灭火英雄”，街道、社区、消防安全重点单位、消防志愿者、消防救援人员代表200余人参加。仪式后，举办全市消防救援队伍改革转制五周年成果展和“119”消防宣传月之“粉丝嘉年华”网络直播活动。宣传月期间，全市消防队伍对机关、团体、企业、事业等单位开展上门授课、实操实训、疏散演练76次，发放消防宣传资料近万份。协调5路消防主题公交，打造5面消防主题围墙宣传活动。利用消防救援站、各类消防科普场馆和“文明实践+消防”精品站开展“消防大体验”活动48场。

【高新区致远路专职消防队入驻执勤揭牌】 12月13日，举行高新区致远路专职消防队入驻执勤揭牌仪式。致远路专职消防队现有人员14人，水罐消防车1辆，辖区面积20平方千米，灭火救援任务主要以大跨度厂房火灾、草皮杂草火灾及重点单位“六熟悉”演练为主。

（于兴）

防汛抗旱

【概况】 2023年，市应急管理局、市防汛办公室牵头修订《景德镇市防汛抗旱应急预案》，严格落实防汛抗旱行政首长负责制、分级责任制、部门分工责任制、包保责任制等各项责任制，25个责任单位和有关县（区）、乡镇（街道）对中心城区的城防堤巡查值守进行包片分工，公示明确全市8座大中型水库、450余座小型水库“五个责任人”和其他水工程各类责任人，全市2900余个地质灾害点均设立警示标志、落实责任人和监测人员，进一步强化和落实防汛各项责任。组织水利、住建、城管、自然资源等部门开展行业安全隐患排查，发现消除安全隐患70余处；推动各县（市、区）开展全面检查14次。做好中高考、端午节、龙舟赛等重点时段防范应对，召开防汛会商会议9次，确保全市安全度汛。成功防御多轮强降雨和“杜苏芮”超强台风，守住城乡用水安全底线，夺取防汛抗旱“双胜利”。

【2023年全市防汛工作部署会】 3月31日，景德镇市召开防汛抗旱工作电视电话会议，会议总结2022年防汛抗旱工作，分析面临的形势任务，部署2023年防汛抗旱各项工作。市防汛抗旱指挥部成员单位相关负责人参加会议。会议强调，防汛工作全面启动，各级各部门要高度重视，做好机制、体制的衔接工作。要全面落实防汛责任，各部门、各乡镇要迅速调整完善防汛抗旱指挥机构；迅速建立防汛安全责任清单制；要全面落实值班值守制度，做到防汛、地灾、应急人员集中，指挥调度集中；全面清查各类安全隐患，彻底消除隐患；开展山洪地质灾害隐患点的排查，确保人民生命财产安全；全面抓好应急物资、救灾物资及队伍的准备工作；要加强防汛演练，提升应急处置能力水平。

【《景德镇市防汛抗旱应急预案》印发】 4月8日，市政府办公室正式印发执行《景德镇市防汛抗旱应急预案》，新修订的预案由市应急管理局、市防汛办公室牵头修订，从9个方面对景德镇市域范围内水旱灾害的防范与应急处置工作作出明确规定，为依法、科学、高效、有序地做好全市防汛抗旱抢险救灾工作，最大程度减少灾害损失提供根本遵循。

【迎战“端午水”】 6月17日至25日，全市经历多轮中到大雨，局地暴雨、大暴雨，并伴有雷电、大风等强对流天气，累计平均降雨量281.2毫米。全市各级高度重视，市防指严格落实三天一会商，每日一报告制度，自6月16日以来，共组织紧急会商6次，制定防汛值班信息7期，应急、水利、气象、水文等部门实行联动办公机制，实时密切关注雨情水情，加强汛情综合研判，加强值班值守，持续做好“防大汛、抗大洪、抢大险”各项准备。经全市共同努力，昌江、乐安河洪峰顺利通过，全市各类水工程运行正常。

【防御第5号台风“杜苏芮”】 7月25日至29日，市防指严阵以待，周密部署，采取积极有效措施，全力做好防台风各项准备工作。加密会商研判，分析研判防汛抗旱形势，结合本地实际，部署当前防汛防台风工作；加强值班值守，确保各类防汛防台风信息和指令及时传达贯彻落实到位；突出防御重点，对山洪地灾易发区、在建工程、城乡低洼易涝区及旅游景区、高空建筑物等重点区域的防御重点部署；科学指挥调度，积极调整浯溪口、共库泄洪流量，腾出库容确保水库安全；做好应急准备，确保在关键时期物资“拿得出、用得上”。

（徐和平　慈梦珂）

县（市、区）概况

乐平市

【概况】 位于江西省东北部，辖2个街道、15个镇、1个乡、1个金鹅山管理处和1个大型水库管理局，总面积1985平方千米，其中城区面积57.81平方千米。耕地面积5.32万公顷，有林面积9.43万公顷，森林覆盖率49.95%，城区绿化率36.1%。2023年末，户籍人口94.18万人，常住人口75.21万人，其中城镇常住人口35.99万人；人口自然增长率2.54‰。全年地区生产总值434.09亿元，同比增长3.5%。其中，第一产业增加值46.08亿元，同比增长4%；第二产业增加值199.28亿元,同比增长5.6%；第三产业增加值188.73亿元，同比增长1.1%。财政总收入54.71亿元，同比增长2.4%；税收占财政总收入的比例为71.67%；一般公共预算收入34.49亿元，同比增长3.6%；地方财政支出76.44亿元，同比增长2.9%。规模以上工业增加值同比增长5.2%，固定资产投资同比下降5.4%，实际利用外商投资841万美元（现汇数）、省外投资168.39亿元。主要工业产品及产量：水泥235.14万吨、玻璃222.08万平方米、烧碱（折100%）29.95万吨、化学药品原药41359.66吨。农业总产值75.49亿元，同比增长4.01%。粮食总产量37.23万吨。主要农业产品及产量：油料3.02万吨、棉花717吨、猪肉3.01万吨、水产品2.32万吨、水果1.29万吨。城镇居民人均可支配收入46083元，同比增长3.8%；农村居民人均可支配收入23462元，同比增长6.8%。城乡居民年末储蓄余额527.18亿元，同比增长16.1%。

【中国最早的村志——乐平《砚山志》】 2023年，经国内权威学者认定，乐平明代景泰年间编撰的古静理乡《砚山志》为中国历史上最早的一部村志。砚山村，即今塔前镇下徐和上徐村（古属静理乡辖），此处古地名为“石砚山”，两村徐氏均称为“砚山徐氏”。《砚山志》编撰者为明代砚山人徐光泽，浙江杨守陈等明朝官员为之作序；是专门介绍砚山徐氏人文、地理、风俗、交往等，涉及山川地理、风景名胜、历史人物、风俗民情、制造诗文多种内容，而别于宗谱重在世系昭穆的“地志”。该书成书时间据《勉轩自序》述为“明景泰（五年）甲戌秋”“是岁十月”，即公元1454年，比史志学界公认的中国最早的村志《杏花村志》（1685年）早230余年。

【乐平再生稻周年产量达到国内领先水平】 2023年，根据中央一号文件“鼓励有条件的地方发展再生稻”部署要求，省农科院再生稻研究员、专家邵彩虹在乐平市接渡镇设立“长江流域再生稻产能提升和优质高效技术研发与集成示范”核心示范区国家重点研发计划项目。示范区面积1200亩，辐射全市3万余亩，使用品种为农业农村部超级稻品种“玮两优8612”。省植物营养与肥料学会组织福建、江西两省有关单位的农业、农技专家于8月13日和11月14日分两次对示范区进行“头季”和“再生季”现场考察和实割测产。结果为:“头季”

11 月 14 日，接渡镇再生稻示范区进行现场收割测产（程浮 / 摄）

平均亩产 768.7 千克，创下全省再生稻头季高产新纪录；"再生季"平均亩产 495.5 千克。周年平均亩产 1264.2 千克，属于景德镇地区再生稻周年产量新高，处于国内领先水平。

【乐平"十大树王"】 1 月 10 日，市林业局筹备启动"乐平市十大树王"评选活动。本次评选活动兼顾专业性和科普性，按照"网民投票 + 专家评分"的原则，树王的评选包括古木的树龄、生存状态、相关的历史文化背景和对种质资源的重要意义等评选标准。3 月 1 日，经过网络评选和专家评审，市林业公布接渡镇双桥村邱家山树龄约 380 年的樟树、接渡镇湖滨村李家村树龄约 450 年的樟树、鸬鹚乡龙亭村树龄约 350 年的苦槠、塔前镇月山村树龄约 400 年的柏木、涌山镇涌山村树龄约 350 年的皂荚、涌山镇流槎村树龄约 450 年的银杏、洪岩镇历居山林场历居寺分场树龄约 260 年的南方红豆杉、洪岩镇阳山岗分场树龄约 350 年的银杏、洪岩镇段家村树龄约 200 年的罗汉松、洪岩镇小坑村树龄约 450 年的枫香为乐平"十大树王"。

【乐平市获"全国科普示范县（市）"称号】 1 月 19 日，中国科协公布 2021—2025 年度第二批全国科普示范县（市、区），乐平市榜上有名。至此，乐平市连续 5 次获全国科普示范县（市）。

【乐平史上首个百亿项目签约】 3 月 6 日，乐平市委书记率队到北京参加总投资 102.5 亿元中欧合作的"BIPV"项目签约仪式。这是乐平历史上签订的第一个百亿项目，率先实现景德镇地区 2023 年百亿项目零的突破。2024 年 1 月，第一条生产线开始试生产，项目产品为面向国家双碳目标的战略型高科技新材料，也是国内唯一的高精度全色域光伏幕墙全产业链项目，计划首条生产线在 2023 年内实现试投产。项目全部建成投产后，总产值约 160 亿元，年缴纳税金约 15 亿元，安排就业 1000 余人，每年可发电近 48 亿千瓦时，节省标煤 150 万吨 / 年，具有显著的节能降碳效果。项目建成后，将成为乐平市产业转型升级和经济发展的新引擎。

【江西远洋威利获 2 项"国字号"】 3 月 23 日，工业和信息化部办公厅发布国家 2022 年度绿色制造名单，江西远洋威利实业有限公司的低密度灰硅板列入国家绿色设计产品，填补景德镇地区没有国家绿色设计产品的空白；11 月 29 日，工业和信息化部办公厅下发《关于公布第五批服务型制造示范名单的通知》，江西远洋威利实业有限公司位列其中，是景德镇地区唯一入选企业。

【《洎阳古韵》获评"舞出中国红"全国优秀广场舞作品】 4 月 10 日，由省文化馆报送、乐平市文化馆创排的音乐舞蹈《洎阳古韵》在由文化和旅游部全国公共文化发展中心开展的"舞出中国红"全国广场舞作品创编征集活动中，被评为全国优秀广场舞作品。《洎阳古韵》以赣剧元素融入背景音乐，在诗情画意中展示乐平市非物质文化遗产保护与活态传承，既有古典韵味，又充满现代气息，富有地域色彩。《洎阳古韵》还获 2022 年第八届江西艺术节 · 江西省广场舞集中展演三等奖及第六届全省群众舞蹈展演比赛金奖，并在乐平市 2023 年春节联欢晚会首演。

【乐平市中医医院步入国家三级中医医院行列】 5 月 30 日，省中医药管理局下发《关于高安市中医院、乐平市中医医院和上高县中医院通过省级三级中医医院等级评审的通知》。乐平市中医医院被评为三级乙等中医医院，步入国家三级中医医院行列，成为乐平市唯一一所三级中医医院。

6月20日，“万达杯”2023年江西乐平端午龙舟赛举行
（来源乐平之窗）

【“万达杯”2023年江西乐平端午龙舟赛举行】 6月20日，“万达杯”2023年江西乐平端午龙舟赛举行。比赛由乐平市委、市政府主办，市委宣传部、市教育体育局承办，江西龙舟协会指导，是乐平首次按照中国龙舟协会制定的《中国龙舟竞赛规则与裁判法》举行的龙舟比赛。7个沿河乡镇（街道）组成40支队伍近千名运动员参赛。比赛采用500米直道竞速赛的形式，设4个赛道，分成上午、下午两个阶段进行。通过预赛、次赛、复赛产生16强，再经过半决赛、小决赛、决赛最终决出各队名次。经过激烈比拼，洎阳街道1队夺冠，镇桥镇9队、塔山街道2队、镇桥镇8队分获第二、第三、第四名。近万市民冒雨到现场观赛，近70万名通过“乐平融媒”APP观看龙舟赛，近210万人次观众通过各网络平台观看比赛盛况。

【乐平赣剧课本剧获评中国少儿戏曲“小梅花集体节目”】 8月，由中国戏剧家协会主办的第27届“中国少儿戏曲小梅花荟萃”活动审核结果公布，由乐平市文化馆、乐平市戏剧家协会与乐平市第十九小学共同创排的原创赣剧课本剧《荷花与荷叶》获中国少儿戏曲“小梅花集体节目”称号。《荷花与荷叶》还于5月获第七届江西省少儿戏曲小梅花大赛集体组一等奖，也是乐平赣剧连续两届获全国少儿戏曲“小梅花集体节目”称号。

【首届赣东北七县（市）围棋精英团体赛在乐平举办】 8月26—27日，2023年首届“成功驾校杯”赣东北七县（市）围棋精英团体赛在乐平市东方国际酒店举办。比赛采用最新围棋竞赛规则，乐平市、德兴市、鄱阳县、余干县、万年县、婺源县、弋阳县的8支队伍48名棋手参赛。经过两天7轮比拼，最终婺源县队、万年县队、乐平市成功驾校队分获冠亚季军。婺源县队雷兆军、余干县围棋队章建平获全胜奖。德兴市队获最佳组织奖。

【中国实学研究会洪马文化专业委员会成立】 8月6日，中国实学研究会洪马文化专业委员会在北京广东大厦举行成立大会。中国实学研究会会长、中央党校（国家行政学院）哲学部教授王杰为专委会授牌。中国工程院院士詹启敏，中国实学研究会副会长韩星、秘书长徐治道，北京大学、首都师范大学、中山大学等院校教授、研究员赵冬梅、曹家齐、柳春蕊等及会员近百人参加会议。成立大会上，审议表决《中国实学研究会洪马文化专业委员会第一届人事安排建议》，詹启敏院士受聘为名誉会长，北京大学历史学系教授、博导、宋史专家赵冬梅当选为会长。

【江西吉翔医药化工获评国家专精特新“小巨人”企业】 9月28日，工业和信息化部发布《关于公布第五批专精特新“小巨人”企业和通过复核的第二批专精特新“小巨人”企业名单的通告》。江西吉翔医药化工有限公司获评第五批专精特新“小巨人”企业，成为此次景德镇地区总共申报的5家企业中唯一上榜企业。有效期为2023年7月1日至2026年6月30日。江西吉翔医药化工有限公司于2023年9月27日被认定为省级绿色工厂。

【涌山镇涌山村获评全国乡村治理示范村】 11月2日，农业农村部、中央宣传部、司法部联合发布第三批全国乡村治理示范村镇名单，全国100个乡（镇）、1001个村上榜。其中，乐平市涌山镇涌山村被评为第三批全国乡村治理示范村，是景德镇市唯一。

【乐平赣剧《江边会友》2次登上国家级展演舞台】 11月4日，由乐平市赣剧演艺公司表演的赣剧高腔《江边会友》入选2023第二届全国高腔优秀剧目展演优秀剧目，在抚州临川大剧院亮相。本届展演从全国11个省份申报的43个大小剧目中遴选出27个，包括5个大戏和22个折子戏，是全国性高腔优秀剧目展示交流平台，代表高腔舞台艺术创作的最高水平。12月5日，《江边会友》作为江西省唯一入选2023年全国地方戏精粹展演剧目，在广西民族剧院亮相。本次展演从全国遴选出50个剧目（折子戏）进行10场演出，涉及27个省（区、市）46个艺术院团，涵盖秦腔、汉剧、豫剧、越剧、蒲剧、赣剧、闽剧、粤剧、桂剧、壮剧、邕剧、花鼓戏等35个戏曲剧种。《江边会友》是乐平赣剧传承保护“新椿计划”复排的代表剧目之一，入选2023年江西文化艺术基金小型剧创作资助项目。

【“安牌”桃酥一产品获评国家级三等奖】 11月30日，由中国食品工业协会主办的2023“全国食品工业科技进步工作会议暨中国食品工业协会科学技术颁奖大会”在南京国际博览会议中心举办。江西食品厂申报的“‘安牌’无蔗糖桃酥”项目获“中国食品工业协会科学技术奖”三等奖。

【乐平“快递小哥驿站”获评全国最美驿站】 12月，全国总工会发布2023年“最美工会户外劳动者服务站点”（简称最美驿站）名单。全国2000个工会驿站被确认为2023年最美驿站，其中，乐平市“快递小哥驿站”上榜。

【乐平工业园区入选“一园一策一图”国家级试点园区名单】 12月，生态环境部办公厅公布全国第一批17个化工园区突发水污染事件环境应急三级防控体系建设暨“一园一策一图”试点园区名单，乐平工业园区成功入选。2023年，省生态环境厅制定《江西省化工园区突发水污染事件“一园一策一图”实施工作方案》，明确21项实施工作任务清单。10月24日全省化工园区“一园一策一图”现场会在乐平召开。推动全省26个化工园区建设完善科学有效的企业级—企间级—园区级—流域级突发水污染事件多级防控体系。省生态环境厅下发《关于进一步做好乐平工业园区突发水污染事件“一园一策一图”建设试点工作的通知》，推动乐平工业园区围绕“建体系、找空间、定方案、抓演练”的试点任务，科学建设化工园区突发水污染事件环境应急多级防控体系，形成可复制、可推广的先进经验，将乐平工业园区打造为成效突出、示范引领的“一园一策一图”国家级试点园区。

【乐平一农产品上榜“国字号”特产】 12月19日，农业农村部农产品质量安全中心公布2023年第三批全国名特优新农产品名录（全国607个）。江西52个农产品上榜，乐平鲜鸡蛋榜上有名。江西石洙湖现代农业投资有限公司、乐平市飞祥桢华农业科技有限公司和乐平市浩德农业发展有限公司年产70万只鲜鸡蛋。

领导名录

中共乐平市委

书　记　林卫春

副书记　吴　艳
　　　　谢秋华

常　委　王枥珍（女）
　　　　邹国良（任至2023.7）
　　　　周　军
　　　　程明波
　　　　韩　伟
　　　　刘学飞
　　　　丁　巍（女，2024年3月，因涉嫌严重违纪违法，主动向组织交代问题，接受景德镇市纪委市监委纪律审查和监察调查）
　　　　董　斌
　　　　黄　城（任至2023.2）
　　　　戴　戎（2023.5任）
　　　　黄小丰（2023.8任）

乐平市人大常委会

党组书记、主任　刘文平（2024年9月，因涉嫌严重违纪违法，主动投案，接受景德镇市纪委监委纪律审查和监察调查）

党组成员　张北海
　　　　童福根（任至2023.2）
　　　　王　斌
　　　　李回春
　　　　袁　文
　　　　叶　华（2023.2任）
　　　　周长波
　　　　吴金财
　　　　徐德文（任至2023.2）
　　　　卢华彬（2023.2任）

副主任　张北海
　　　　王　斌
　　　　李回春
　　　　熊小凤（女）
　　　　袁　文
　　　　叶　华（2023.2任）

乐平市人民政府

党组书记、市长
　　　　吴　艳

党组副书记、常务副市长
　　　　丁　巍（女，2024年3月，因涉嫌严重违纪违法，主动向组织交代问题，接受景德镇市纪委市监委纪律审查和监察调查）

党组成员　黄　城（任至2023.2）
　　　　董　斌（2023.5任）
　　　　朱柳英（女）
　　　　童　勇（任至2023.5）

彭建和
徐庭家
叶传红（2023.5任）
周　浩（挂职）
刘　虎（挂职）
董醇兵
王桂平
副市长　黄　城（任至2023.2）
董　斌（2023.5任）
李晓滨
朱柳英（女）
童　勇（任至2023.5）
彭建和
徐庭家
叶传红（2023.5任）
周　浩（挂职）
刘　虎（挂职）

政协乐平市委员会

党组书记、主席
潘赛新
党组副书记
董　斌（任至2023.7）
戴　戎（2023.7任）
党组成员　王进才（任至2023.3）
蒋西爱
王志荣
赵江雄（2023.2任）
姚　东
方跃华
副主席　祝金标
蒋西爱
黎　萍（女）
王　岚（女）
王志荣
卢　敏（女）
赵江雄（2023.2任）
秘书长　方跃华

中共乐平市纪律检查委员会乐平市监察委员会

纪委书记、监委主任
刘学飞

乐平市人民法院

党组书记、院长　饶　赟

乐平市人民检察院

党组书记、检察长　胡　捷

（汪雪芳　汪小龙）

浮梁县

【概况】 位于江西省东北部，北纬29°09′~29°56′东经117°01′~117°42′。东邻婺源县、安徽省休宁县，西毗鄱阳县，南接乐平市和景德镇市区，北连安徽省祁门县、东至县。辖9镇7乡。总面积2851平方千米。耕地面积1.81万公顷，森林面积21.67万公顷，森林覆盖率82.21%。总人口27.94万人。2023年，完成地区生产总值180.36亿元，同比增长3.8%。其中，第一产业增加值23.26亿元，增长3.9%；第二产业增加值94.03亿元，增长5.7%；第三产业增加值63.07亿元，增长0.9%。一般公共预算收入10.75亿元，增长9.9%，其中，浮梁7.62亿元，增长5.5%；昌南新区3.13亿元，增长22.3%。规模以上工业增加值88.5亿元，增长5.6%。固定资产投资下降8.8%，其中，浮梁下降12.4%，昌南新区下降5.9%。规模以上工业总产值230.01亿元，增长8.0%。农业总产值40.93亿元，增长4.0%。粮食总产量16.1万吨。社会消费品零售总额47.96亿元，增长6.0%，其中，浮梁28.97亿元，增长6.2%；昌南新区18.99亿元，增长5.5%。城镇居民人均可支配收入4.03万元，增长3.7%；农村居民人均可支配收入2.48万元，增长7.2%。全年接待国内外游客1433.22万人次，增长39.2%，旅游总收入172.37亿元，增长1.06倍。

【全国和谐劳动关系创建示范企业】 1月，人力资源社会保障部、中华全国总工会、中国企业联合会/中国企业家协会、中华全国工商业联合会联合命名景德镇乐华陶瓷洁具有限公司为“全国和谐劳动关系创建示范企业”，是景德镇市唯一获此荣誉的企业。景德镇乐华陶瓷洁具有限公司成立于2007年，职工3100余人。此次命名是浮梁县深化构建劳动关系改革工作的最新成果。

【钙基新材料及钙产品智能生产项目签约】 1月28日，浮梁县人民政府与江西皓景新材料有限公司举行年产120万吨钙基新材料及钙产品智能生产项目签约仪式。项目落户于寿安镇王家坞产业园，项目总投资约20亿元，全面投产后，可实现年销售收入近15亿元，实现年纳税亿元以上。

【浮梁通用机场试运营】 2月1日，景德镇浮梁通用机场一期项目已全部建设完成，开始试运营。此项目是《江西省通用机场布局规划》中的20个通用机场之一，属A1类通用机场中的最高级别，由江西直升机有限公司全资投资建设。机场位于江西、浙江、安徽三省交界地区的浮梁县鹅湖镇高岭·中国村景区内，属省重点项目，具有重要的空域辐射效益。同时，项目还完善了景德镇市重点打造的“高岭·中国村”大型田园综合体项目的功能与业态。此外，浮梁通用机场的建成对国家电网“西电东输”也具有非常显著的意义，弥补了景德镇之前没有A1类通用机场的缺口。浮梁通用机场建成后，可发展成为皖浙赣三省集应急救援、航空旅游、飞行员培训、无人机培训、科研试飞于一体的运行基地。目前，机场已有上海和利通航、赣翔通航、昌兴航空、国网电力空间技术有限公司华东分公司等通航企业入驻。

【瑶里改编85周年纪念活动启动会】 6月6日，皖浙赣边区红军游击队瑶里改编暨新四军驻景德镇办事处成立85周年纪念活动启动会在浮梁县委党校召开。与会人员前往瑶里参加瑶里改编纪念碑揭幕仪式，通过向纪念碑敬献花篮、瞻仰纪念碑等方式，重温峥嵘岁月，感怀铁军精神。

【红色微电影《红杜鹃》首映式】 9月13日，浮梁县举行红色微电影《红杜鹃》首映式。微电影《红杜鹃》取材于第二次国内革命战争时期，以浮梁瑶里为中心的皖赣边区军民坚持三年艰苦卓绝的游击战争，最终在瑶里改编为新四军，开赴抗日前线期间诸多可歌可泣的不朽史实。该电影取材于浮梁，由本土剧作家编剧、群众参演，场景设计中融入大量的本土饮食、民俗、语言等文化元素，是浮梁红色文化的宣传，更是对浮梁全面的推介。

【浮梁旅游节暨“艺术在浮梁2023”】 9月28日，浮梁旅游节暨“艺术在浮梁2023”开幕式在浯溪口坝址公园举行。本次旅游节是浮梁县2023年重点打造的文旅项目，通过“一心两线三活动”的旅游格局，让游客从历史文化、生态资源、新生艺术、本土人文等多个维度沉浸式体验浮梁的山野美景、人文风情和艺术魅力。瑶里景区开展“瑶河夜宴·镜花水月”活动，包含有灯光秀、流动艺术表演、水上市集、花船、瑶河大月亮、廊桥长桌宴、夜游船宴等内容，邀游客一起吃金秋茶宴，玩水上集市，乘花灯游船，望瑶河明月，品瑶河长桌宴。10月4日、5日，近3万名观众观看浮梁草莓音乐节,35组音乐人、32个演出时段的精彩演出。除草莓舞台与爱舞台的经典配置之外，本次音乐节还特别设置Strawberry Hood区域，融入自然环境，以即兴现场、Live Set、手工工坊、分享沙龙等形式，给大家带来身心放松的音乐现场体验。浮梁古县衙景区在假期特别推出开城仪式、武士巡游、升堂表演、民间戏曲、古筝表演等活动，让大家深切感受浮梁千年历史文化的独特魅力。在高岭·中国村，热闹的市井烟火、丰富的演艺节目、璀璨浪漫的灯光、震撼的实景演出……让游客瞬间梦回大唐，体会穿越时空的永恒魅力。还有欢乐碰碰车、5D影院、星空露营、智慧大棚、洪崖洞火锅节、非遗庙会等活动，让游客实现快乐自由，享受嗨玩季。三贤湖市集，让浮梁人民在家门口就能够享受到集休闲、美食、娱乐于一体的美食·游乐嘉年华。此外，蛟潭镇的花千谷景区、瑶里镇寺前村的乡下蚂蚁乐园、浮梁镇茶培村新农村组的团圆宴和烟花秀等都带来不少的客流量。

【2023中国国际滑翔伞公开赛景德镇·浮梁站开幕】 10月16日，2023中国国际滑翔伞公开赛景德镇·浮梁站在高岭·中国村开幕。作为国际航联在中国的一项重要赛事，吸引了来自世界各地的滑翔伞越野竞速精英、优秀裁判员参加活动。开幕式上，运动员、裁判员代表先后宣誓。随后，在护卫队的护送下，所有参赛选手移步至鹅湖镇潘村滑翔伞基地，进行测试试飞。起飞场内，大家用飞翔的翅膀和敢于挑战的精神诠释着越野竞速的力量，在云端尽情体验浮梁的秀美风光。

【陶瓷文物司法保护基地成立】 10月31日，全国首家陶瓷文物司法保护基地在浮梁县中国高岭国家矿山遗址公园揭牌成立。市中级人民法院、市人民检察院、市文物局、县人民法院、县人民检察院、县文物局、市高岭瑶里风景区党工委等部门相关负责人出席揭牌仪式。

【浮梁茶入选2023中国地理标志农产品区域公用品牌声誉百强榜】 11月2日，由浙江大学中国农村发展研究院、浙江大学新农村发展研究院主办的“地标强农 振兴乡村”第四届中国农业品牌百县大会暨2023畜牧品牌嘉年华在杭州召开。大会发布《2023中国地理标志农产品区域公用品牌声誉评价报告》，共对全国4471个已注册为地理标志证明商标（集体商标）进行评价，浮梁茶区域品牌位列百强榜第62名。茶产业是浮梁县的特色优势产业、富民强县的农业支柱产业，也是乡村振兴的主导生态产业。浮梁县先后获“全国重点产茶县”“中国名茶之乡”“中国茶业百强县”“茶业品牌建设示范县”“古树红茶核心产区”“红茶重点产区”“千年茶乡”“多彩茶乡——特色魅力茶乡”等称号。2023年，浮梁茶区域公用品牌评估价值达33.07亿元。

【天祥号浮梁茶博物馆顺利获批】 12月，江西省品牌建设促进会发布关于认定“2023年江西名牌产品”的公告，浮梁县天祥茶号有限公司的百年老字号商标“天祥号”榜上有名，并授牌。同时，江西省文物局也审核批准设立“浮梁县天祥号浮梁茶博物馆”。这两项荣誉均属浮梁县茶叶领域首次。天祥茶号是一家集茶叶种植、加工、研发、销售及茶叶旅游、茶文化传播和文创于一体的综合型企业，至今已有200余年历史，是浮梁茶的优秀代表。天祥茶号坚持走“绿色有机”之路，茶叶、茶山均达到绿色有机标准，成为消费者“放心”品牌，先后获得“赣鄱正品”认证、CCTV中视购物国品优选“推荐品牌”和省农业农村厅授予的“企业产品品牌百强”“江西省非物质文化遗产生产性保护示范基地”“省级龙头企业”“专精特新企业”“江西省有机示范基地”“第六批中国重要农业文化遗产——浮梁茶文化系统”代表性基地等多项荣誉。

【浮梁东站正式通车】 12月27日，首趟G4012次高铁列车从南昌东站驶出，杭昌高铁全线贯通运营，浮梁东站正式通车。昌景黄高铁的开通，使千年古县浮梁从此迈入了高铁时代。

领导名录

中共浮梁县委

书　记　程新宇
副书记　程文芳（任至2023.1）
　　　　黄爱喜（2023.2任）
常　委　胡算生
　　　　查秋玲
　　　　乐先锋
　　　　（2023.2任，任至2023.6）
　　　　王天才
　　　　马　强
　　　　洪　玲（女）
　　　　段铖松
　　　　曹火根
　　　　余志锋（2023.11任）

浮梁县人大常委会

党组书记、主任
　　　　张永进
党组副书记、副主任
　　　　刘喜初
党组成员、副主任
　　　　胡旺良（任至2023.3）
　　　　周春枝
　　　　（女，任至2023.3）
　　　　汪胜辉
　　　　周财生（2023.3任）
　　　　徐春旺（2023.3任）
党组成员
　　　　高红忠
　　　　汪华盛
　　　　李少华
副主任　王雪云（女）

浮梁县人民政府

党组副书记、常务副县长
　　　　黄爱喜（任至2023.3）
　　　　乐先锋
　　　　（2023.3任，任至2023.7）
　　　　段铖松（2023.7任）
党组成员、副县长
　　　　段铖松（任至2023.7）
　　　　曹火根（2023.11任）
　　　　张华勐（2024年12月，因涉嫌严重违纪违法，接受景德镇市纪委监委纪律审查和监察调查）
　　　　余志锋（任至2023.12）
　　　　严忠顺
　　　　黄晓红（女）
　　　　刘继莲（女，2023.12任）
　　　　谢　杰（挂职）
　　　　王超峰（挂职）
党组成员
　　　　周财生（任至2023.3）
　　　　王建华
　　　　吴　昊
副县长　应　飞

政协浮梁县委员会

党组书记、主席
　　　　陈国清（党组书记任至2023.1，主席任至2023.3）
　　　　程文芳（2023.1任党组书记，2023.3任主席）
党组副书记　胡算生
党组副书记、副主席
　　　　计福根
党组成员、副主席
　　　　刘继莲
　　　　（女，任至2023.12）
党组成员、秘书长
　　　　计钦民（任至2023.12）
　　　　黄永平（2023.12任）
副主席　方才来（2023.3任）
　　　　方建华（女）
　　　　王歆建
　　　　李　英（女）

中共浮梁县纪律检查委员会浮梁县监察委员会

纪委书记、监委主任
　　　　马　强

浮梁县人民法院

党组书记、院长　胡凡生

浮梁县人民检察院

党组书记、检察长　匡　宁（女，党组书记任至2023.1，检察长任至2023.3）
　　　　程　超（2023.1任党组书记，2023.3任检察长）

（付苏静　王楚檬）

昌江区

【概况】位于景德镇市西南部，辖1个乡、2个镇、3个街道和35个村委会、37个居委会。区域总面积315平方千米，耕地面积3733公顷，森林面积1.7万公顷，森林覆盖率48.02%。常住人口20.06万人，其中男性人口10.38万人、女性人口9.68万人，总人口性别比107.23；城镇人口16.4万人；人口自然增长率2.44‰。2023年，全区地区生产总值299.49亿元，增长3.4%。其中，第一产业增加值6.32亿元，增长3.6%；第二产业增加值164.6亿元，增长3.7%；第三产业增加值128.5亿元，增长2.8%。城镇居民人均可支配收入51189元，增长3.7%；农村居民人均可支配收入24515元，增长6.5%。工业总产值121.9亿元，增速同比下降4.2%；规模以上工业增加值同比增长8.2%，占地区生产总值的比例为51.06%；规模以上服务业营业收入37.19亿元，增长7.8%。固定资产投资同比增长1.2%。社会消费品零售总额144.50亿元，增长5.6%。

2023年，昌江区首次获得全省一类县（市、区）综合考核第一等次，鱼丽工业平台获批省级产业园并正式命名昌江产业园。民生支出10.4亿元，同比增长9.6%，占一般公共预算支出的比例达64.6%。10件民生实事如期完成，24个重点民生工程扎实推进，实际完成投资12.9亿元。工业技改投资增长2.51倍，全年新增规模以上工业企业5家、国家高新技术企业9家、国家科技型中小企业41家、省级专精特新中小企业2家、省级两化融合企业4家，在长三角、粤港澳大湾区设立“科创飞地”，获评“全省创新型县区”。实施“贸易兴区”行动，出台《昌江区贸易兴区行动计划（2023—2026年）》。签约商贸文旅项目总投资额超38亿元。营商环境优化升级，新增减税降费超3亿元，全区市场主体突破4万户，协助企业完成专利质押融资近6.5亿元。南昌航空大学航空制造产业学院落户昌江区高级职业学校，承接高新区9类21项非直接涉企社会事务，66项行政事项“两区”通办，“一区多园融合发展”获评全省开发区改革创新优秀案例。推进国资平台转型升级，区国资公司资产规模达157亿元。1.4万亩高标准农田建设扎实推进，累计产粮超3.05万吨。实施25个乡村振兴产业项目，与中国农科院西部中心共建水果型蔬菜示范基地，古镇丽阳农产品走进省农博会。实施农村人居环境整治，完成22个新农村点建设，实施13.2千米农村破损公路养护工程。完成河西油榨套片区拆迁1.6万平方米，启动西河商贸中心项目，完成722户老旧小区、10条背街小巷改造提升。地表水断面水质优良比例100%，空气优良天数比率达98.6%，顺利通过全国节水型社会建设达标县（区）验收，丽阳镇获评全国乡村治理示范镇。城镇新增就业2310人，新增农村转移劳动力2122人，发放创业贷款8125万元。

【昌南大道农贸市场开业】1月1日，位于昌江区新枫街道河西村的昌南大道农贸市场开业。该项目由区国资公司建设，总投资5993万元，总用地面积5470平方米，总建筑面积16645平方米，共有7层。一层为农贸市场，二至四层为商业及特色餐饮，五至七层为停车场。

【富祥研究院成立】3月24日，富祥研究院揭牌暨“研究院执行院长兼首席科学家”聘任仪式举行。王志光博士受聘为富祥研究院执行院长兼首席科学家。研究院下设新医药研究室、新能源研究室、新材料研究室、生物发酵研究室四大研发板块，以及相关配套功能室，采用“研发品种为基础、研发功能为框架、专业化人才为核心”的管理架构，主要以抗生素类、锂

3月24日，富祥研究院成立揭牌暨“研究院执行院长兼首席科学家”聘任仪式举行
（施启权/供图）

电新材料类、硅材料类、新型电子化学品类等产品线和生物发酵类为主要研发方向。

【官庄村史室建成开放】 5月，昌江区吕蒙街道官庄村史室建成开放。该室位于官庄村党群服务中心内，使用面积约40平方米（故称为“室”），总投入约10万元，展陈由17个文字板块(部分)和8个展示柜两大部分组成。其中，文字板块内容分为村史概览、历史沿革、村情概况、大事记、历代先贤、陶瓷渊源、社会事业、发展变迁、城市之央9个类别，收录37幅照片；展示柜展示内容分为珍贵文献和具有年代感的实物两个类别，展示道光版《浮梁县志》《昌江区志》等文献资料28本（册）和中华民国官庄史氏基图复制瓷板等实物5件。整个展陈从文字、图片、实物三个维度，全面系统、生动鲜活地再现了官庄村自后唐（923—936年）史氏避难定居（时称“饶州浮梁县永固乡金鱼里”，北宋改称“官庄”）建村以来，特别是中华人民共和国成立后进入新世纪以来，官庄村是如何从一个闻名乡里的千年古村落，一步步完美嬗变成一个商贸集散地和城市行政中心、城市核心的全过程历史变迁。该村史室（馆）是昌江区首个城市村村史室，标志着全区地方文化挖掘整理特别是村史馆（室）建设迈上新台阶。

【区域内首家大型电影院开业】 6月18日，区域内首家大型电影院——中影欣艺OMIS影城开始营业。该影城位于新枫街道园林邻里中心，由景德镇欣艺电影有限公司投资兴建，总投资1200万元，占地面积1996平方米。影城建有7个放映厅，可同时供600人观看2D和3D影片。影城内设有休憩区、卖品区、咖啡厅等功能区，为群众提供全方位的观影服务。

【昌江区省级智慧社区矫正中心成立】 6月，昌江区“省级智慧社区矫正中心”授牌仪式在区社区矫正中心举行。区社区矫正中心按照司法部和省司法厅关于“智慧社区矫正中心”建设标准和规范要求建设，办公面积300余平方米，划分为“监督管理区、综合管理区、教育帮扶区”三大功能区，内设信息采集、报到登记、入矫宣告、心理辅导、远程会见以及24小时自助矫正等14个功能室，实现由“单一监管场所”向“科学化、规范化、标准化、专业化”监管教育场所迈进。

【昌江区历史文化馆筹建工作启动】 7月，昌江区历史文化馆筹建工作领导小组第一次会议召开，区委常委、区委宣传部部长、区人民政府副区长和区政协副主席参加会议。区委史志办等18个筹建工作小组成员单位负责人参加会议。会议对筹备工作方案和展陈大纲进行解读，并就完成时限、场馆选址、展陈大纲、展陈设计、经费保障等重点问题进行交流讨论。

【省级产业园获批】 8月31日，省人民政府办公厅印发《省人民政府办公厅同意设立昌江产业园和景德镇陶瓷工业园调区的函》（赣府厅〔2023〕64号），同意在昌江区设立省级产业园，并定名为昌江产业园，实行现行省级开发区政策。昌江产业园批准面积266.53公顷。

【富祥药业与江南大学签订合作协议】 9月3日，江西富祥药业股份有限公司与江南大学签订全面战略合作协议。江南大学是教育部直属、国家“211工程”重点建设高校和“双一流”建设高校。院士陈坚领衔的食品合成生物学和生物制造团队，长期致力于食品微生物、合成生物学和代谢工程、生物过程优化等研究方向，科研成果丰富。江南大学与富祥药业的强强联合，有利于推动现有微生物蛋白生产方法的升级，推动相关技术及全产业链的创新、产学研用多方面在昌江区的发展。

【南昌航空大学航空制造产业学院揭牌】 9月20日，南昌航空大学航空制造产业学院揭牌仪式在昌江区高级职业学校举行。2023年2月，景德镇市高新区、昌江区人民政府、南昌航空大学三方签订协议联合建设航空制造产业学院。该产业学院获批为江西省重点产业学院与工业和信息化部专精特新产业学院。

【电子陶瓷产业创新发展论坛举行】 10月17—18日，景德镇市高新区、昌江区电子陶瓷产业创新发展论坛在昌南里长天酒店举行。论坛邀请多位企业家代表和行业专家教授分别就激光加工装备助力先进陶瓷制造、通信用低温共烧陶瓷（LTCC）材料及其应用、压电陶瓷的应用、发展及产业未来思考、MLCC在新能源汽车领域中的应用、电子陶瓷元器件在5G通信领域的应用、脉冲功率电容器用储能陶瓷材料研究进展、COG型电容器用可低温烧结瓷粉研究、高容量MLCC关键材料研究进展、微波介质陶瓷的研究现状与发展趋势等领域进行演讲。

【三间庙历史文化馆建成开放】10月19日，昌江区新枫街道三河村三间庙历史文化馆建成开放。该馆位于三河村党群服务中心内，使用面积约100平方米，总投入约80万元。展览以“水陆通衢、景德门户”为主题，分设三间探源、人物春秋、老街遗韵、陶史钩沉、宗教名胜、红色故土、沧桑巨变、诗画三间8个板块（部分），展陈近百张珍贵图片，以及北宋进士余聿墓志铭石碑、旸府寺遗物、唐英进镇路线图瓷板、中华民国契约、义济庵碑刻等数十件重要实物档案。全面系统介绍三河村三间庙村（小组）的明清古街、古建筑古码头，从多个维度深度还原三间庙区域千年历史的发展变迁。该馆的建成，对打造景德镇特色文化品牌和讲好景德镇故事具有重要示范意义，社会反响良好。“昌江区打造特色村史馆”的做法，获省地方志研究院2023年度《关于江西省方志作品典型案例评选结果的通报》表彰。

【《古镇丽阳》出版发行】10月25日，昌江区首本以乡镇为记述范畴以及机构改革后区委史志办组织编纂的首本地方文化书籍《古镇丽阳》出版发行仪式举行。该书卷首为丽阳镇概况、丽阳镇大事记（4—2022），主体为古镇春秋、古镇风貌、古镇文萃3个篇（章），下设历代人物、人文遗存、区位优势、体制机构、产业发展、社会发展、村镇建设、历代诗词、历代文录、现当代文选10个章（节）。书后附参考文献、附录（丽阳籍历代人物表、丽阳籍革命烈士英名录）、后记。全书共22.6万字，共收录97幅图片。该书对丽阳镇的辉煌历史和近现代经济社会发展情况进行全面系统梳理，深入挖掘丽阳历史文化，讲好丽阳古镇故事，具有一定的学术性、可读性、知识性。《古镇丽阳》初稿由丽阳镇于2020年启动并完成后搁置，2022年2月由区委史志办接手组编，江西高校出版社出版。

【微电影《瓷都人之忠诚奉献》获奖】12月26日，微电影《瓷都人之忠诚奉献》获全国一等奖表彰会在区政府举行。该微电影根据区关心下一代工作委员会真实故事改编，由区关心下一代工作委员和竟成影视剧制作中心联合制作，周元强执导拍摄。微电影通过艺术的形式宣传关心下一代工作的重要性、必要性，弘扬“五老”精神，传播正能量。11月26日，《瓷都人之忠诚奉献》获万峰林微电影盛典宣教单元创优一等奖。

10月25日，由昌江区委史志办组织编纂的地方文化书籍《古镇丽阳》出版发行（施启权　供图）

【电子信息产业链重大项目签约】12月27日，昌江区电子信息产业链重大项目签约仪式举行。签约的美思特电子、汇联峰科技两个项目总投资超10亿元，企业将充分发挥自身技术、人才等优势，不断创新技术、开拓市场，引进10~20家产业链上下游配套企业，为昌江区电子信息产业及经济高质量发展增添新动能。

领导名录

中共昌江区委

书　记　　倪卫春
副书记　　伊文斌
副书记　　江智峰（2023.1任三级调研员）
区委常委　周淮钦（2023.1任三级调研员）
　　李龙江
　　乐先锋（任至2023.02）
　　余世建（2023.1任三级调研员）
　　汪德胜
　　彭新建（2023.6任高新区党工委委员，2023.7任高新区管委会副主任）
　　曾亚平
　　周　薇（女）
　　宁烨琳（2023.4任）

昌江区人大常委会

党组书记、主任
李恩清
党组成员、副主任
占文军
（2023.1 任三级调研员）
副主任　陈菊明
（女，任至 2023.2）
王　娟
（女，2023.2 任）
党组成员、副主任
王建安
（2023.9 任三级调研员）
程振火
彭金岭
党组成员　马文胜
严命元（2023.12 任）
二级调研员
占冬英（女）
欧阳毅文

昌江区人民政府

党组书记、区长
伊文斌
党组副书记、副区长
乐先锋（党组副书记任至 2023.3，副区长任至 2023.6）
彭新建
（2023.3 任党组副书记）
党组成员、副区长
宁烨琳（2023.6 任）
凌　辉
（2023.5 任三级高级警长）
刘方孟
汪　维
聂　刚
戴　欣（挂职）
副区长　张碧珍（女）
鲍希文（挂职）
党组成员　王三改
李镒岚

政协昌江区委员会

党组书记、主席
陈华清
党组副书记
周　薇（女）
副主席　段嗣斌
（2023.5 任一级调研员）
吴集才
（2023.9 任三级调研员）
程厚宏
（2023.9 任三级调研员）
陈东升
（2023.9 任三级调研员）
党组成员、副主席
徐国明（党组成员任至 2023.2，副主席任至 2023.1）
徐美煜
李志明（2023.2 任党组成员、任副主席）
党组成员　金红华
二级调研员
汪　农
刘　坚
刘丽红（女）

中共昌江区纪律检查委员会
昌江区监察委员会

纪委书记、监委主任　周淮钦

昌江区人民法院

党组书记、院长　周　理

昌江区人民检察院

党组书记、检察长　程家敏

（施启权　孙国珍）

珠山区

【概况】 位于江西省东北部，下辖 10 个街道、13 个行政村、56 个社区居委会。区域总面积 111.14 平方千米，其中城区面积 32.87 平方千米。耕地面积 398.23 公顷，有林面积 6156.70 公顷，森林覆盖率 55%。户籍人口 32.33 万人，常住人口 38.46 万人，其中非农业人口 38.43 万人；人口自然增长率 -2.22‰。2023 年，地区生产总值 287.16 亿元，同比增长 3.5%。其中，第一产业增加值 0.97 亿元，同比增长 3.4%；第二产业增加值 59.44 亿元，同比增长 6.2%；第三产业增加值 226.74 亿元，同比增长 2.8%；一般公共预算收入 6.61 亿元，同比增长 37.72%；税收收入 3.88 亿元，税收收入占财政一般公共预算收入的 58.64%。规模以上工业总产值 14.7 亿元，规模以上工业增加值同比增长 5.1%。固定资产投资总额同比增长 -16.17%。引进内资 61.05 亿元，实际利用外资 800 万美元；外贸出口 6.72 亿元。社会消费品零售总额 222.4亿元，同比增长 5.8%。城镇居民人均可支配收入 5.19 万元，同比增长 4%。

【经济发展】 2023 年，珠山区全年共组织外出招商 96 次，接洽各类项目近 50 个，完成亿元以上招商项目 15 个，其中 5 亿以上工业项目 3 个（含 20 亿以上重点产业项目 1 个）。上海客趣 Tiktok 产业平台顺利入驻，1200 余家直播主体实现产值超 50 亿元。引进希尔顿花园酒店、武夷星・瓷茶生活馆，助力“贸易兴市”战略在珠山落地落实。全年新增市场主体 11759 户，增长 33.29%，新增规模以上企业 64 家，新增高新技术企业 4 家，兴航科技进入上市辅导期，成为珠山区培育上市企业的破冰之举。有序推进总投资 224.28 亿元的 32 个重点项目建设，完成年度计划投资 22.78 亿元，超额 10.5% 完成。“景漂”人才服务运营中心初具雏形，瓷源境文工旅特色产业园满园运行，央视网·瓷等一批重点项目建成并投入使用。成功签约西安英诺维特新材料有限公司电子浆料智能制造项目，实现“上楼工业”、先进陶瓷和数字经济核心产业项目零的突破。华光国瓷设计艺术中心项目落户陶源谷，开启“三陶”联动新篇章。

【文旅融合】2023年，珠山区扎实推进陶阳里、御窑景巷、抚州弄、雕塑瓷厂、九集小镇等特色街区改造提升，全年开展“云游夜珠山”“夜珠山·消夏节”等多彩文旅活动百余场，推出《夜珠山》原创歌曲、珠山区IP形象，打造永不落幕的文旅夜珠山，“三陶”已成为抖音和小红书上最热话题和热门旅游目的地。珠山区获评国家文化产业和旅游产业融合发展示范区、江西省“风景独好”旅游名县，入选江西省优秀旅游服务体验城市试点名单；“夜珠山”入选国际旅游休闲城市论坛《世界旅游休闲城市发展报告》，作为典型案例被宣传推介。“五一”假期，珠山区累计接待国内外游客267.06万人次，同比增长1.85倍，实现旅游收入34.71亿元，同比增长2.53倍。中秋国庆假期8天，珠山区旅游人次467.5万，同比增长1.32倍；旅游收入53.9亿元，同比增长1.27倍。

【城市建设】2023年，珠山区14个老旧小区、96条背街小巷改造工程全面完工，646户棚改征收有序完成。有效整合“一老一小”、社区学校、文化活动等服务资源，同步推进老城生活街区复兴与城市焕新，超序时、创新性建成西路街区社会治理共同体范本，让“原来的人”住“更好的城”。持续推进环卫市场化运作，全面铺开垃圾分类试点，城市管理智能化水平不断提升。大力推行网格精细化管理执法，做到“柔性执法”“末梢预防”。全年累计拆除违法建筑550余处25790余平方米，引导店铺安装油烟净化器959家。全年空气优良天数比例98.9%，水环境综合指数同比提升8.61%，断面水质优良率为100%。城市集中式饮用水源水质达标率为100%。重点建设用地安全利用有效保障，三宝国际瓷谷获评第六批省级“两山”实践创新基地。黄泥头防洪排涝工程投入使用，百眼井、西路菜市场、十九中正门、南湖丽景等7个内涝点得到系统整治。

8月5日，陶源谷晚风集现场　（珠山区文广新旅局／供图）

【社会民生】2023年，珠山区打造“就业之家”平台，全年新增城镇就业2929人，发放担保贷款7479万元，城镇零就业家庭安置率达100%，发放城乡特困供养金294.3万元，实现全区城镇贫困群众防贫和重大疾病商业补充保险全覆盖。筑牢健康屏障，为2927位适龄女童免费接种HPV疫苗，为2766位城镇适龄妇女免费进行“两癌”筛查。突出教育优质均衡，市一小新校园和珠山实验学校改扩建工程完成并投入使用，新增学位3090个，完成新建学校“智慧校园”建设，实现全区校园食堂“5G+明厨亮灶”智慧监管全覆盖。新建1个嵌入式养老服务中心、3个社区“幸福食堂”，完成150户特殊困难老年人家庭居家适老化改造。开发脱贫公益性岗位115个，发放资金75.52万元。投入资金3063.59万元，启动19个扶贫项目建设。银坑村生活饮用水供水改造工程基本完工，实现农村自来水供应全覆盖。

【平安珠山】2023年，珠山区开展安全生产专项整治，统筹做好自建房、城镇燃气、食品药品和消防、旅游、交通等重点行业领域风险隐患排查治理，持续开展森林防火等自然灾害防治工作。大力推行“精网微格”管理，构建“数字珠山”一网统管平台，全年解决各类矛盾纠纷9000余件。开展信访问题源头治理三年攻坚行动，信访事项及时受理率达100%，常态化开展扫黑除恶斗争、依法打击电信网络新型违法犯罪活动，珠山派出所获评全国第三批“枫桥式公安派出所”。深化金融改革化险，政府性债务、国有平台运营风险稳定可控，全力以赴、率先完成恒大悦府保交楼工作。

【全省首个陶瓷元宇宙馆开馆】 7月5日，位于珠山区珠山东市的全省首个陶瓷元宇宙馆开馆试运营。该馆由景德镇市国控集团·珠山区国资公司、梦网科技集团共同投资建设，集数字陶瓷展示、AI艺术创作、VR设备体验于一体，致力于打造成为景德镇市的科普研学基地、文旅窗口和对外交流名片。

【“村民们的‘演员’生活”】 9月22日，央视《心理访谈》播出《村民们的“演员”生活》，讲述珠山区竟成街道“村民演员”背后的故事。1992年，竟成镇农民周元强有帮农民自己拍影视剧的想法，贷款7000元，拍出中国第一部农民影视剧。周元强共拍摄84部影视剧，其中15部获得国家发行许可。周元强被称为“中国第一农民导演”。

【“龙珠杯”首届珠山工匠陶瓷技能大赛】 10月9日，珠山区举办“龙珠杯”首届珠山工匠陶瓷技能大赛，在三宝瓷源境文工旅产业园开赛。各地青年陶艺工作者约500人报名参赛，经过赛会初选，有180位青年陶瓷工匠技师入围现场竞技。活动采取“三赛（彩绘、综合装饰、拉坯）一展（参赛作品）一沙龙（文化艺术）”的联动方式，由中国非遗协会陶瓷分会、景德镇陶瓷大学、景德镇陶瓷研究院组织专家学者进行专业评审。19日，2023“龙珠杯”（首届）珠山工匠陶瓷技能大赛颁奖典礼在瓷源境文工旅产业园容美术馆举行。活动最终评选出金奖、银奖、铜奖和优秀奖，共39位参赛者获奖。

领导名录

中共珠山区委

书　记　徐　华（女）
副书记　刘　海（2023.5任）
　　程传冬（任至2023.1）
　　余文军（2023.2任）
常　委　张志刚
　　柳军华（任至2023.5）
　　罗建军（2023.5任）
　　杜钧瑞
　　董玉成
　　江　斌
　　王　昊（2023.4任）
　　朱志梁（任至2023.11）
　　徐　锐（2023.11任）

珠山区人大常委会

党组书记、主任
　　汪　良（任至2023.1）
　　程传冬（2023.1任）
副主任　余　畅
党组副书记、副主任
　　汪　涛
党组成员、副主任
　　程美玉（女）
　　江华珍（女）
　　徐笑红（女，2023.1任）
党组成员　王　鹏
二级巡视员　谢日元
　　汪　良（2023.1任）
二级调研员
　　吴筱英
　　（女，任至2023.7）
　　聂　权（任至2023.11）

珠山区人民政府

党组书记、区长
　　刘　海（2023.4任区长，2023.5任党组书记）
党组成员、常务副区长
　　余文军（任至2023.2）
　　杜钧瑞（2023.2任）
党组成员、副区长
　　于辉耀
　　王　昊（2023.4任）
　　万雪生
　　虞晓军
　　王锋胜
　　苏来汉·米吉提
　　（女，2023.3任，挂职一年）
副区长　江志瑜（女）
党组成员　李　超

政协珠山区委员会

主　席　邵继纲
副主席　方才来（任至2023.1）
　　王　娟（女）
　　赵　军
　　李海平
　　梁　霞（女）
　　宁　静（女）
　　程　澄（2023.1任）
一级调研员　周国逢
二级调研员　罗丽玲
　　（女，任至2023.11）
二级调研员
　　徐光华（任至2023.12）
　　吴　云（女，任至2023.3）
秘书长、四级调研员
　　李守清（女）

中共珠山区纪律检查委员会
珠山区监察委员会

纪委书记、监委主任
　　张志刚

珠山区人民法院

党组书记、院长　陈翰朋

珠山区人民检察院

党组书记、检察长　李　锋

珠山公安分局

党委书记、局长　于辉耀

（刘露虹）

人 物

全国五一劳动奖章

冯绍华 男，汉族，1965 年 3 月出生，民进会员，大学本科学历，现任景德镇学院教授，高校教授。他从事高校教学工作 30 余年，兢兢业业，始终牢记为党育人、为国育才的使命担当，准确把握学科建设的发展趋势，在《北京大学学报》等 CSSCI 核心杂志发表 40 篇学术论文；主编出版了《塑形与铸魂——景德镇国家陶瓷文化传承创新试验区研究》等多部专著，主持政府横向课题《以创新驱动推进景陶集团高质量发展》并提供研究报告，为政府决策提供重要学术支持；弘扬工匠精神，注重技能传帮带，多年来已培养工艺美术和陶瓷技能人才数千名；注重产教融合，主持设计并生产多件套日用陶瓷产品，取得 20 项国家专利证书。先后获得江西省五一劳动奖章，江西省高校中青年骨干教师，江西省教育厅名师工作室领衔人等称号。

钟福洪 男，汉族，1965 年 2 月出生，民进会员，高中学历，现任景德镇典至材器陶瓷有限公司工艺美术师，正高级工艺美术师。他扎根绘画雕刻生产一线，秉持守正创新的理念，发挥工艺美术特长，所领衔的工作室完成社会青年就业 625 人；开展科研技术攻关 6 项；获得 4 项国家外观设计专利，7 项作品版权，其作品“如来佛祖”赠送中华人民共和国驻希腊共和国大使馆，为弘扬和传承中国优秀的陶瓷文化贡献力量。先后获得江西省劳动模范、景德镇市劳动模范，江西省非物质文化遗产项目景德镇手工制瓷技艺（雕刻）代表性传承人等称号。

全国三八红旗手

程丽华 女，汉族，1979 年 8 月出生，群众，大学本科学历，现任景德镇华玉陶瓷研究院常务院长。2012 年，景德镇华玉陶瓷研究院正式挂牌成立，中国陶瓷艺术大师陆如老师担任名誉院长，程丽华任常务院长，该陶瓷研究院拥有陶瓷世家、中外陶艺家、书法家、美术家、陶瓷非遗传承人、著名全国书画家等百余人。至 2023 年底，先后收纳国内外最具影响力、号召力艺术家定点创作签约进驻近 200 位，珍藏景德镇陶瓷艺术顶峰作品价值 3000 余万元。她热心投身各项社会公益事业，关心关爱困境妇女、留守儿童、孤寡老人；2010 年慰问玉树地震灾区人民，现场捐款 20 万元给市民政局作为救灾专款专项；2020 年新冠疫情期间，向市妇联捐赠应急消杀物资支援抗疫；2022 年捐赠人民币 3000 元，支援乐平人民战胜“6・20”特大洪涝灾害；多年来举行笔会，为希望工程募捐，为受地震、洪水、暴雨的灾区捐款捐物，累计为公益事业筹集善款 100 余万元。先后获全国巾帼建功标兵、江西省三八红旗手、江西省女创业带头人、景德镇市劳动模范、景德镇市五一劳动奖章等称号；2023 年，获评全国三八红旗手。

个人一等功

李小华 男，1973年6月出生，大专学历，中共党员，1996年入警，生前系江西省景德镇市公安局珠山分局新村派出所三级警长。从警26年来，李小华始终牢记一名人民警察的职责和使命，始终怀揣着一颗炽热的心，甘做百姓的好民警，做群众的贴心人，化解一个个小矛盾、小纠纷，默默守护辖区祥和安宁。他在工作中认真尽责、一丝不苟、默默无闻、任劳任怨、无私奉献，于2010年、2012年、2022年获得市公安局个人嘉奖，1999年、2009年、2011年、2021年公务员考核为优秀等次。2022年11月25日清晨5时许，李小华突发心肌梗死，晕倒在工作岗位上，经抢救无效牺牲，享年49岁。2023年被公安部授予个人一等功。

赵敬展 男，1975年7月出生，汉族，研究生文化，中共党员，1996年9月加入中国共产党，1997年参加公安工作，现任景德镇市公安局食品药品和环境污染犯罪侦查分局副局长、一级警督，先后分管环境污染犯罪侦查、知识产权犯罪侦查、长江大保护、河长制等工作，曾多次被评为先进个人、全市政法系统政法之星，2002年5月因工作成绩突出荣立一等功，2009年2月因工作成绩突出荣立三等功，2021年1月因工作成绩突出荣立二等功，2023年1月因工作成绩突出荣立个人一等功。自2017年市食药环分局成立以来，赵敬展在市局党委的正确领导下，创新思维，主动适应违法犯罪形态的新变化，紧紧围绕“破大案、打团伙、追逃犯、捣窝点、毁网络、除源头”的工作目标，对涉及生产、销售、运输、储藏以及指挥联络等实施全环节、全链条歼灭性打击，破获一批重点案件。在赵敬展的分管下，王某明等人污染环境案被列为公安部督办案件，丁某平等人污染环境案被省厅评为优质案件，丁某伟等人销售假冒注册商标的商品案也获省厅的表扬贺电，2022年北京冬奥会吉祥物“冰墩墩”“雪容融”侵犯著作权案被公安部、中央宣传版权局等5个部门联合列为督办案件。同时，在他和同事的共同努力下，河长制工作也连续三年以满分完成考核目标。

汪超 男，汉族，1984年10月出生，中共党员，毕业于江西警察学院侦查系，本科学历，2005年10月参加公安工作，曾任景德镇市看守所所长。2019年，汪超带领的园区派出所被评为“全国一级公安派出所”，同时获得“全省十佳派出所”荣誉称号，并代表景德镇市公安局参评“全国枫桥式公安派出所”。其个人2015年度被评为优秀共产党员，2016年度获全市优秀人民警察光荣称号，2020年度评选为“瓷都十大杰出青年”，先后荣获个人三等功2次，多次荣获嘉奖。2023年被公安部授予个人一等功。

表11　2023年景德镇市获省部级以上荣誉的先进人物一览表

单　位	姓 名	性别	授予先进项目	表彰部门
景德镇市中级人民法院	胡志勇	男	2022年度全国知识产权保护工作成绩突出个人	国家知识产权局、最高人民法院、最高人民检察院、公安部
			人民法院知识产权审判工作先进个人	最高人民法院
乐平市乐港镇司法所	吴振良	男	全国模范人民调解员	司法部
景德镇市知识产权保护中心	杨志悦	男	全国行政执法先进个人	司法部
景德镇市民政局	金鹊	男	全国殡葬工作先进个人	民政部
景德镇三宝占绍陶瓷文化传播有限责任公司	占绍林	男	第十六届“中华技能大奖”称号	人力资源和社会保障部
景德镇瓷茶古道文化发展有限公司	熊　军	男	第十六届“全国技术能手”称号	人力资源和社会保障部
景德镇市动物疫病预防控制中心	孙　波	男	全国农业农村系统先进个人	农业农村部

续表 11

单 位	姓 名	性别	授予先进项目	表彰部门
景德镇市浮梁县昌南茶叶有限公司技术员	胡文景	男	全国农业农村劳动模范	人力资源和社会保障部、农业农村部
乐平市农业技术推广服务中心	朱宗梅	男	全国农业农村先进工作者	人力资源和社会保障部、农业农村部
昌江分局鱼山自然资源和规划所	汪培义	男	全国自然资源系统先进个人	人力资源和社会保障部、自然资源部
中国直升机设计研究所	邓景辉	男	全国“最美科技工作者”	中央宣传部、中国科协、科技部、中国科学院、中国工程院、国家国防科技工业局
			年度“军工先锋人物”	国家国防科技工业局
乐平市委信访局	程海兰	女	全国治理重复信访、化解信访积案专项工作优秀个人	中央信联办、国家信访局
景德镇二中	高亦乐	女	全国优秀共青团员	共青团中央
景德镇市游泳学校	刘紫佩	女	2023 年全国体育事业突出贡献奖	国家体育总局
乐平市镇桥金山小学	夏云辉	男	2023 年第二季度“中国好人榜”敬业奉献好人	中央精神文明建设办公室
国网景德镇供电公司	朋宇翔	男	2023 年第三季度“中国好人榜”见义勇为好人	中央精神文明建设办公室
景德镇市第十六小学	洪东亮	男	2023 年第四季度“中国好人榜”敬业奉献好人	中央精神文明建设办公室
景德镇市消防救援支队机关	汪勇	男	个人三等功	国家消防救援局
景德镇市消防救援支队机关	程樱	女	个人三等功	国家消防救援局
			江西省巾帼建功标兵	江西省妇女联合会
昌飞公司	周国臣	男	航空工业劳动模范	航空工业集团
乐平市大华农作物病虫害防治合作社	查中华	男	江西省农业和农村先进个人	江西省委、江西省人民政府
景德镇学院	欧阳敏	男	第七届江西省优秀高技能人才“赣鄱工匠”	江西省人民政府
民革景德镇市委会	彭想生	男	第七届江西省优秀高技能人才“赣鄱工匠”	江西省人民政府
乐平市快递小哥志愿者协会	李毛毛	男	第三届赣鄱慈善奖“最具爱心慈善楷模”	江西省人民政府
景德镇市公安局珠山分局	李晓君	男	个人二等功	省公安厅
景德镇市公安局昌南新区分局	袁辉	男	个人二等功	省公安厅
景德镇市公安局审计处	吴诚	男	个人二等功	省公安厅
景德镇市公安局技侦支队	徐俊宏	男	个人二等功	省公安厅

续表 11

单　位	姓 名	性别	授予先进项目	表彰部门
景德镇市公安局昌江分局	余锦戈	男	个人二等功	省公安厅
景德镇市公安局珠山分局	李伟	男	个人二等功	省公安厅
乐平市公安局森林分局	叶俊	男	个人二等功	省公安厅
江西景航航空锻铸有限公司	胡冬生	男	江西省五一劳动奖章	江西省总工会
民革景德镇市委会	彭想生	男	江西省五一劳动奖章	江西省总工会
民革景德镇市委会	江和先	男	江西省五一劳动奖章	江西省总工会
市人社局	彭淑贞	女	江西省三八红旗手	江西省妇女联合会
景德镇易成达艺术陶瓷有限公司	喻晓莉	女	江西省巾帼建功标兵	江西省妇女联合会
珠山区浙江路消防救援站	曾凡壹	男	全省优秀共青团员	共青团江西省委
珠山区浙江路消防救援站	王俊龙	男	江西消防忠诚卫士	江西省消防救援总队
珠山区浙江路消防救援站	姚云龙	男	个人三等功	江西省消防救援总队
景德镇市消防救援支队昌江大道特勤站	陈科材	男	个人三等功	江西省消防救援总队

组织机构与领导名录

一、中共景德镇市委

书　记　　刘　锋
副书记　　胡雪梅（女）
　　　　　吴　隽
常　委　　孙安敏（任至 2023.7）
　　　　　韦　情（2023.7 任）
　　　　　廖良生
　　　　　林　蓉（女）
　　　　　吴财锋
　　　　　张　龙（2023.12 任）
　　　　　邓永翔
　　　　　林卫春
　　　　　胡春平
　　　　　崔素香（女，挂职，2023.6 任）
一级巡视员　刘朝阳（任至 2023.8）
秘书长　　罗建国
副秘书长　吴水旺
　　　　　何明旺（任至 2023.2）
　　　　　张　樑
　　　　　汪春艳（女，任至 2023.5）
　　　　　洪国强（任至 2023.2）
　　　　　张金水（任至 2023.5）
　　　　　汪同茂（正处长级，2023.11 任）
　　　　　房希昌（任至 2023.11）
　　　　　段志勇
　　　　　徐志军
　　　　　徐智勇（任至 2023.11）

市委办公室

主任、兼任市档案局局长、市政府台湾事务办公室主任　　吴水旺
正县级督查专员
　　　　　王　晨（任至 2023.8）
　　　　　徐智勇（2023.11 任）
市纪委市监委派驻纪检监察组组长、四级高级监察官
　　　　　余玉花（女，四级高级监察官 2023.6 任）
副主任　　余　慧（女）
　　　　　余红有
　　　　　胡春生
副县级督查专员
　　　　　王　威
四级调研员　王俊宏（2023.11 任）
市纪委市监委派驻纪检监察组二级调研员、三级高级监察官　　董醇根（二级调研员 2023.3 任，三级高级监察官 2023.6 任，任至 2023.11）
市纪委市监委派驻纪检监察组三级调研员
　　　　　董醇根（任至 2023.3）

市专用通信局

局　长　　王俊宏（任至 2023.11）

市委组织部

部　长　　林　蓉（女，2023.6 任）
常务副部长　汤武辉
副部长　　汪春艳（女，2023.5 任）
　　　　　向　华
　　　　　洪丹平（女）
　　　　　汪立胜
　　　　　张通华
部务委员　胡　燕（女）
　　　　　李　丽（女）
　　　　　胡旭明（2023.3 任）
市纪委市监委派驻纪检监察组组长、四级高级监察官
　　　　　万红川（女，四级高级监察官 2023.6 任）
一级调研员　李　琪（2023.1 任）
二级调研员　胡志生

市委非公经济组织与社会组织工委

书　记　　张通华

市委宣传部

部　长　　林　蓉（女，任至 2023.12）
　　　　　张　龙（2023.12 任）
常务副部长　周清平（女，任至 2023.5）
　　　　　董军发（2023.5 任）
副部长　　徐耿忠
副部长、三级调研员
　　　　　程步才（三级调研员 2023.1 任，任至 2023.12）
副部长　　董　臻（女）
市纪委市监委派驻纪检监察组组组长、四级高级监察官　吴　华（女，四级高级监察官 2023.6 任）
一级调研员　陈国胜（任至 2023.1）
二级调研员　王小刚（任至 2023.8）
三级调研员　郑　芳（女）
　　　　　倪　凯（2023.1 任）
　　　　　江海武（2023.9 任）
四级调研员　倪　凯（任至 2023.1）
　　　　　江亚梦（女）

市网络安全和信息化中心

主　任　　倪　凯（2023.1 任）
副主任　　余乐晟
　　　　　万丽雅（女）

市记者协会

专职副主席　赖家勇（2023.4 任）

市委统战部

部　长　　吴财锋
常务副部长、一级调研员
　　　　　胡巧省（任至 2023.12）
副部长　　谭学军（任至 2023.2）
副部长，兼任市民宗局局长
　　　　　黄　涛（正处长级）
副部长、市社会主义学院院长，兼任市政府侨务办公室主任、一级调研员
　　　　　王习民（任至 2023.12）
副部长　　程念革（2023.2 任）
　　　　　苏来汗·米吉提（2023.12 任）
副部长、三级调研员
　　　　　徐文生
市纪委市监委派驻纪检监察组组长、四级高级监察官
　　　　　徐发军（四级高级监察官 2023.6 任，任至 2023.9）
　　　　　曹筱娜（女，2023.9 任）
二级巡视员　谭学军（2023.7 任）
　　　　　胡巧省（2023.12 任）
一级调研员　谭学军（2023.2 任，任至 2023.7）
　　　　　石　珂
　　　　　邱朝芳（2023.11 任）
二级调研员　万景彪（任至 2023.2）
　　　　　邱朝芳（2023.5 任，任至 2023.11）
三级调研员　严迎春
市纪委市监委派驻纪检监察组三级调研员、四级高级监察官　胡庆平（四级高级监察官 2023.6 任）
市政府参事　王习民（2023.12 任）

市委政法委

书　记　　胡春平
常务副书记　王　毅（任至 2023.2）
　　　　　童　勇（2023.3 任）
副书记　　周玉登（任至 2023.12）
副书记、一级调研员
　　　　　高进国（一级调研员 2023.7 任）

副书记　　　陈兴达（正团转业，2023.7 任）
市纪委市监委派驻机关纪检监察组组长、四级高级
监察官　　　罗震宇（女，四级高级监察官 2023.6 任）
政治部主任　翁韶华
二级巡视员　王　毅（2023.7 任）
二级调研员　李　兵（2023.3 任，任至 2023.9）
　　　　　　许文军（2023.11 任）
　　　　　　周玉登（2023.12 任）
三级调研员　占志远（2023.1 任）
　　　　　　金秋成
　　　　　　许文军（任至 2023.11）
　　　　　　李　兵（任至 2023.3）
四级调研员　余小兰（女，2023.1 任）

市法学会

专职副会长　张景斌（任至 2023.8）
　　　　　　胡金谊（2023.11 任）

市社会治理中心

主　任　　　余小兰（女，任至 2023.1）

市委政研室

主　任　　　段志勇
副主任　　　汪　翼
　　　　　　朱　俊
　　　　　　李新江

市委编办

主　任　　　伍恒光（任至 2023.5）
　　　　　　汪春艳（女，2023.5 任）
副主任　　　吴　巍
　　　　　　陈莉芳（女）
　　　　　　余新年
二级调研员　龚　毅

市人员编制派遣中心

主　任　　　何　群

市委军民融合发展委员会办公室

主　任　　　何明旺（任至 2023.2）
　　　　　　徐新颖（女，2023.2）
副主任　　　邱朝芳（正处长级，任至 2023.5）
　　　　　　汪志钢
　　　　　　朱　蕾
　　　　　　陈　琦（女，2023.5 任）

市直属机关工委

第一书记　　林　蓉（女，2023.6 任）
书　记　　　李承尧
副书记、三级调研员
　　　　　　张晓红（女，三级调研员 2023.3 任）
副书记　　　段何伟
市直属机关纪检监察工委书记、四级高级监察官
　　　　　　黄国斌（四级高级监察官 2023.6 任）
二级调研员　邱云龙（任至 2023.10）
市政府参事　刘田贵

市委信访局

局　长　　　张　樑
正县级督查专员
　　　　　　杨星光（任至 2023.12）
副局长　　　姚石玉
　　　　　　于秀其
副县级督查专员
　　　　　　郑锦国
二级调研员　余立明（2023.3 任）
　　　　　　杨星光（2023.12 任）
三级调研员　余立明（任至 2023.3）
　　　　　　王开忠

市委老干部局

局　长　　　洪丹平（女）
副局长、三级调研员
　　　　　　张庆革（三级调研员 2023.3 任）
副局长　　　陈　颖
　　　　　　华丽亚（女）
一级调研员　许剑锋（任至 2023.11）

景德镇老干部活动中心（景德镇老年大学）

主　任　　　刘国良

市委保密机要局

局长、一级调研员
　　　　　　谭慧平（一级调研员 2023.7 任）

副局长、三级调研员
陈方文（三级调研员 2023.1 任）
专职密码督察员
周大制（2023.2 任）

市委保密委员会

专职副主任 吴念东

市委、市政府接待办公室

主任、一级调研员
幸双钱（一级调研员 2023.7 任）
副主任 孙志华（女）
汪 凌

市党史和地方志工作办公室

主 任 李雪海（任至 2023.2）
计纯纯（2023.2 任）
副主任 黄重英（女）
江 北
徐国明
一级调研员 李雪海（2023.2 任）
二级调研员 宁恭武（任至 2023.2）
李景春（2023.10 任）
三级调研员 李景春（2023.1 任，任至 2023.10）

市委党校

校 长 林 蓉（女，2023.6 任）
常务副校长 范明光
副校长 田建红
郑建峰
王 芳（女）
一级调研员 王新华（2023.12 任）
二级调研员 王新华（任至 2023.12）
傅得球

市融媒体中心

主 任 冯 亮（2023.3 任）
总编辑 廖尼峰（2023.3 任）
副主任 周再鸣（2023.3 任）
李 祥（2023.3 任）
刘 丹（2023.3 任）
陈俊绮（2023.3 任）
雷汇敏（2023.3 任）
市政府参事 吴巨龙

市档案馆

党组书记、馆长
林茂盛
党组成员、副馆长
陈志华
陈园媛（女）
二级调研员 郑 骁
陈新安（2023.3 任，任至 2023.12）
三级调研员 杨庭贵（任至 2023.5）

二、景德镇市人大常委会

党组书记、主任
曹雄泰（2025 年 2 月，因涉嫌严重违纪违法，接受江西省纪委监委纪律审查和监察调查）
党组副书记、副主任
罗建国
党组成员、副主任
孙艳峰
占 剑
况小军
徐九生
朱仕木
一级巡视员 闫 浩（任至 2023.3）
党组成员、秘书长、机关党组书记、二级巡视员
雷 铧
副秘书长、机关党组副书记、办公室主任
马 勇
副秘书长、机关党组成员
胡利华
机关党组成员、办公室二级调研员
俞丽青（女）
办公室副主任
王 燕（女）
朱胜军
财经委主任委员、一级调研员
江永帆（任至 2023.12）

财经委副主任委员
汪卫华（任至 2023.2）
梁　燕（女）
杨日生
财经委二级巡视员
叶火民（任至 2023.12）
监察和司法委员会主任委员
肖　岚（女）
监察和司法委副主任委员
温丽华（女，2023.4 任）
教科文卫委主任委员
陈菊明（女，2023.1 任）
教科文卫委副主任委员
邵　园（女）
环境与资源保护委主任委员
吕建金
环境与资源保护委副主任委员
张　玲（女）
环境与资源保护委一级调研员
黎小兰（女，任至 2023.1）
农业和农村委主任委员
姜　涛
农业和农村委副主任委员
李　军
外事华侨民族宗教工委主任
李丰来（2023.1 任）
外事华侨民族宗教工委副主任、三级调研员
王发旺（三级调研员 2023.1 任，任至 2023.11）
选任联工委主任
向　华
选任联工委副主任
聂　寅（女，2023.3 任）
选任联工委二级调研员
李会琴（女）
法制委员会主任委员
况小军（兼）
法制工作委员会主任兼法制委员会副主任委员
段晓红（女）
法制委员会副主任委员
符晓剑（2023.2 任）
法制工作委员会副主任、三级调研员
潘光发（三级调研员 2023.9 任）
社会建设委主任委员
俞建明
社会建设委副主任委员
卢　鹏
机关党组成员、三级调研员
徐兆斌
机关二级巡视员
雷　铭（任至 2023.1）
江永帆（2023.12 任）
危长辉（2023.7 任）
华锦生（2023.7 任）
机关一级调研员
危长辉（任至 2023.7）
华锦生（任至 2023.7）
巢文斌
石红心
钟火石
陈玉元
机关二级调研员
陈少华
江景龙（2023.10 任）
王发旺（2023.11 任）
机关三级调研员
江景龙（任至 2023.10）
曹璟华（女）
市政府参事　方励平

三、景德镇市人民政府

党组书记、市长
胡雪梅（女）
党组副书记、副市长
邓永翔
副市长　江民强
党组成员、副市长
邹永胜
罗文军
徐　辉
高晓云
肖　莉（女，挂职，2023.6 任）
一级巡视员　张良华（任至 2023.6）
徐耀纯（任至 2023.6）
党组成员、秘书长
黄建平（2023.7 任）
副秘书长　王铁军
方霞云（女，任至 2023.2）

许　虎
朱　奔
程念革（任至 2023.2）
乐　忠
夏　锋
郑　皓
汪长乐（2023.5 任）
袁　鹏（挂职，2023.5 任）

市政府办公室

机关党组书记
黄建平（2023.7 任）
机关党组副书记、主任
王铁军
机关党组成员、一级调研员
程光来（一级调研员 2023.3 任）
机关党组成员、二级调研员
程光来（二级调研员任至 2023.3）
朱　奔
许　虎
程念革（任至 2023.2）
机关党组成员
乐　忠
夏　锋
郑　皓
汪长乐（2023.5 任）
机关党组成员、副主任
吴敦义
刘兴兵
张　勇
机关党组成员、市纪委市监委派驻纪检监察组组长、四级高级监察官
李　涛（四级高级监察官 2023.6 任）
机关党组成员、副主任
陈新剑（2023.2 任）
三级调研员　林景锋
市纪委市监委派驻纪检监察组三级调研员、四级高级监察官　王先彪（四级高级监察官 2023.6 任）

市金融服务中心

党组书记、主任
程光来（任至 2023.12）
党组成员、副主任
伍　权
副主任　邵　圆（2023.4 任）

市公安局

党委书记、局长、督察长
邹永胜
党委副书记、常务副局长、二级警务专员
方胜平
党委委员、一级高级警长
程　坚（党委委员 2023.2 任）
党委委员、副局长、一级高级警长、二级高级警长
程志兵（二级高级警长任至 2023.3，一级高级警长 2023.3 任，党委委员、副局长任至 2023.12）
党委委员、副局长、二级高级警长
余士良（党委委员 2023.4 任）
钟　健
党委委员、一级高级警长
姚文生（二级高级警长任至 2023.3，一级高级警长 2023.3 任）
范有光（二级高级警长任至 2023.3，一级高级警长 2023.3 任）
党委委员、市纪委市监委派驻纪检监察组组长、三级调研员、四级高级监察官
余志军（三级调研员 2023.1 任，四级高级监察官 2023.6 任，任至 2023.11）
党委委员、市纪委市监委派驻纪检监察组组长、四级高级监察官　程大政（2023.11 任）
一级高级警长
蔡启彬
汪发扬（2023.2 任）
胡　刚（2023.2 任，任至 2023.10）
金国顺（2023.6 任，任至 2023.9）
汪小毕（2023.2 任，任至 2023.6）
赵永发（2023.2 任，任至 2023.6）
二级高级警长
付　芳（女）
余志军（2023.11 任）
四级高级警长
张景斌（2023.8 任）

政治部

主　任　范有光

指挥中心

主　任　　　姚文生

国内安全保卫支队

支队长、二级高级警长

　　　　　　汪跃群

政　委　　　欧阳丽云（女）

二级高级警长

　　　　　　汪发扬（任至 2023.2）

治安警察支队

支队长　　　叶传红（任至 2023.4）

政　委　　　李　勇

市刑警支队

支队长　　　敖军荣

政委、三级高级警长

　　　　　　江民兴

市城市警察支队（市公安局机动支队）

支队长　　　肖剑峰

政　委　　　李海军

二级高级警长

　　　　　　汪小毕（任至 2023.2）

市交警支队

支队长　　　李维明

政委、二级高级警长

　　　　　　雷晓晖（女，二级高级警长 2023.10 任）

二级高级警长

　　　　　　赵永发（任至 2023.2）

特警支队

支队长、二级高级警长

　　　　　　江期军

政委、二级高级警长

　　　　　　江　宏

森林分局

局长、二级高级警长

　　　　　　张党杰

政委、三级高级警长

　　　　　　黄高海

二级高级警长

　　　　　　金国顺（任至 2023.6）

市司法局

党组书记、一级调研员

　　　　　　郑赞辉

局　长　　　方　静（女，任至 2023.2）

党组成员、三级调研员

　　　　　　涂传安（正团转业，三级调研员 2023.5 任）

党组成员、副局长

　　　　　　叶朝华

　　　　　　彭新平（正团转业）

党组成员、市纪委市监委派驻纪检监察组组长

　　　　　　罗海华（任至 2023.3）

党组成员　　黄君建

党组成员、政治部主任

　　　　　　方　成

党组成员、市纪委市监委派驻纪检监察组组长、四级高级监察官

　　　　　　王为伟（2023.3 任，四级高级监察官 2023.6 任）

党组成员、副局长

　　　　　　王慧萍（女，2023.5 任）

二级巡视员　操柳林

二级调研员　张和光（任至 2023.3）

　　　　　　罗建勇

　　　　　　胡策谋（2023.3 任，任至 2023.10）

　　　　　　程太原（任至 2023.2）

三级调研员　江　南

　　　　　　罗海华（2023.3 任）

原市强制隔离戒毒所

第一政委　　郑赞辉

党委书记、所长

　　　　　　黄君建

党委委员、政委

　　　　　　张永忠

党委委员、副所长、三级高级警长

　　　　　　蒋　炜

党委委员、纪委书记、三级高级警长

　　　　　　江德贤（任至 2023.11）

党委委员、副所长、三级高级警长

　　　　　　胡　猛

党委委员、副所长

　　　　　　于先东（任至 2023.11）

二级高级警长

　　　　　　徐旭云（2023.2 任，任至 2023.2）

　　　　　　江德贤（2023.11 任）

　　　　　　张维荣（2023.11 任）

三级高级警长

　　　　　　陈永安（任至 2023.11）

徐旭云（任至 2023.2）
于先东（2023.11 任）

市发展和改革委员会

党组书记、主任、一级调研员
郝世宽
党组成员、副主任
郑武敏
副主任　叶逢春
党组成员、市纪委市监委派驻纪检监察组组长、四级高级监察官　胡志霞（女，四级高级监察官 2023.6 任）
党组成员、副主任
吴　斌
汪　涛（2023.7 任）
一级调研员　万　毅（任至 2023.3）
市纪委市监委派驻纪检监察组二级调研员、三级高级监察官　汪劲阳（三级高级监察官 2023.6 任，任至 2023.9）
三级调研员　徐德鹏
四级调研员　刘懋来（2023.1 任）

市数字经济发展中心

主　任　黄正明
一级调研员　曹端国（2023.12 任）
二级调研员　曹端国（任至 2023.12）

市重大项目服务中心

主　任　刘懋来（任至 2023.1）
吴　嫔（女，2023.1 任）

市教育体育局

党组书记、局长、一级调研员
冯国平（党组书记、局长任至 2023.2，一级调研员任至 2023.5）
党组书记　何明旺（2023.2 任）
局　长　方　静（女，2023.3 任）
党组成员、副局长
胥慧强（任至 2023.2）
孙　俊
党组成员、二级调研员
岑　波（女）
党组成员、副局长
陈　洁（女）
党组成员、市纪委市监委派驻纪检监察组组长、四级高级监察官　鲍桂顺（四级高级监察官 2023.6 任）
党组成员　钟志云（任至 2023.6）
党组成员、副局长
张　建（2023.5 任）
李洪涛
总督学　温　悦（女）
二级巡视员　吴庆琳（任至 2023.9）
冯国平（2023.5 任）
一级调研员　施若佩（女，任至 2023.3）
程莉琼（女，2023.5 任）
二级调研员　吴黎明
戴秋生（2023.3 任，任至 2023.8）
胥慧强（2023.10 任）
三级调研员　刘拓平（2023.5 任）

市体育运动学校

党委书记　郭少华
党委副书记、校长
余善杰
党支部委员、副校长
戴景保（任至 2023.11）
副校长　王镇贵
余　俊（女）
党委委员、副校长
邓　达（2023.11 任）

景德镇一中

党委书记　施刚义（2023.7 任）
校　长　施刚义（任至 2023.8）
邹秋平（2023.8 任）

景德镇二中

党委书记　张　立（2023.7 任，2024 年 6 月，因涉嫌严重违纪违法，接受景德镇市纪律审查和监察调查）
校　长　梁　震（2023.8 任）
党总支书记　邹秋平（任至 2023.7）

市第三中学

党总支书记　周景铭（2023.7 任）
党支部书记、校长
周景铭（党支部书记任至 2023.7，校长任至 2023.8）
校　长　傅祖荣（2023.8 任）

市第四中学

党总支书记　余　健（女，2023.7 任）
党支部书记　吴跃军（任至 2023.7）
校　长　张产华（任至 2023.4）

吴敃军（2023.8 任）

景德镇第一高级职业中学

党总支书记　陈昌伟（2023.7 任）
党支部书记　洪　蕾（女，任至 2023.7）
校　长　陈昌伟（任至 2023.8）
　　　　洪　蕾（女，2023.8 任）

市第七中学

党委书记　江永良（2023.7 任）
党支部书记　宋建华（任至 2023.7）
校　长　江永良（任至 2023.8）
　　　　宋建华（2023.8 任）

景德镇第二高级职业中学

党总支书记　康乐圓（女，2023.7 任）
党支部书记　方克清（任至 2023.7）
校　长　熊武建（任至 2023.8）
　　　　方克清（2023.8 任）

市中小学教学研究所

所　长　钟志云

市第二十六中学

党总支书记　余新春（2023.7 任）
党支部书记　康乐圓（女，任至 2023.7）
校　长　余新春（任至 2023.8）
　　　　冯琳浦（2023.8 任）

市第十九中学

党总支书记　程少武（2023.7 任）
党支部书记　范裕廷（任至 2023.7）
校　长　程少武（任至 2023.8）
　　　　范裕廷（2023.8 任）

市第十六中学

党总支书记　熊武建（2023.7 任）
党支部书记　王树池（任至 2023.7）
校　长　梁　震（任至 2023.8）
　　　　王树池（2023.8 任）

市昌河中学

党总支书记　金宏文（2023.7 任）
校　长　金宏文（任至 2023.8）
　　　　金　昂（2023.8 任）

市科学技术局

党组书记、一级调研员
　　　　虞　萍（女）
局　长　王筱松（任至 2023.4）
党组成员、副局长
　　　　张爱芝（女）
　　　　董继革
党组成员　袁晓东（任至 2023.2）
二级巡视员　艾春龙（任至 2023.4）
二级调研员　何红耀
三级调研员　王　旭
　　　　袁晓东

市工业和信息化局

党组书记、局长
　　　　黄建平（任至 2023.7）
　　　　邹国良（2023.8 任）
党组成员、副局长、三级调研员
　　　　潘福林（2023 年 5 月，因涉嫌严重违法违纪，接受景德镇市纪委市监委纪律审查和监察调查）
党组成员、副局长
　　　　张　琦
　　　　朱　成
党组成员、四级调研员
　　　　黄　君（女）
党组成员　汪勤海
党组成员、副局长
　　　　张渊浩（党组成员 2023.2 任，副局长 2023.8 任）
副局长　吴正亮（挂职）
一级调研员　张志明
　　　　余秩翔（任至 2023.3）
二级调研员　龚筱红（女，2023.10 任）

市工业和信息化融合推进中心

主　任　汪勤海

市民政局

党组书记、局长、一级调研员
　　　　程卫东（一级调研员 2023.3 任）
党组成员、副局长
　　　　陈乐华（任至 2023.3）
　　　　沐守勇
　　　　黄志虹（女）
党组成员、三级调研员
　　　　朱小燕（女，任至 2023.4）
副局长　余少甲

二级调研员　陈乐华（2023.10 任）
三级调研员　陈乐华（2023.3 任，任至 2023.10）
　　　　　　赵　锋

市财政局

党组书记、局长
　　　　　　芦继云（女）
党组成员、市纪委市监委派驻纪检监察组组长，四级高级监察官
　　　　　　刘建云（党组成员、市纪委市监委派驻纪检监察组组长 2023.1 任，四级高级监察官 2023.6 任）
党组成员、市纪委市监委派驻纪检监察组组长
　　　　　　李云珍（女，任至 2023.1）
党组成员、副局长
　　　　　　王田生（任至 2023.2）
　　　　　　曹炜华
　　　　　　叶　伟
　　　　　　柴立群
　　　　　　钟仁金（2023.5 任）
党组成员　　王景耘（2023.6 任）
一级调研员　张　纯（任至 2023.1）
　　　　　　万金华（2023.6 任，任至 2023.11）
二级调研员　王田生（2023.10 任）
　　　　　　王泰来（任至 2023.2）
三级调研员　王田生（2023.2 任，任至 2023.10）
市纪委市监委派驻纪检监察组三级调研员、四级高级监察官　李云珍（女，市纪委市监委派驻纪检监察组三级调研员 2023.1任，四级高级监察官 2023.6 任）
三级调研员　周冬生
　　　　　　周志刚
　　　　　　余时久（任至 2023.12）
　　　　　　陈颂明（2023.3 任）
市纪委市监委派驻纪检监察组三级调研员、四级高级监察官　龚　瑾（女，四级高级监察官 2023.6 任，三级调研员 2023.7 任）

市财会职工中等专业学校

党委书记　　王景耘
党委副书记、校长
　　　　　　曾繁斌
党委委员、副校长
　　　　　　李　嘉
　　　　　　钟仁金（任至 2023.5）
　　　　　　徐颖锋（2023.6 任）

市财政公共服务中心

主　任　　　范国盛

市人力资源和社会保障局

党组书记、局长
　　　　　　杨志奇（任至 2023.5）
　　　　　　罗　莉（女，2023.6 任）
党组成员、市纪委市监委派驻纪检监察组组长
　　　　　　刘建云（任至 2023.1）
党组成员、副局长
　　　　　　王　寒（任至 2023.12）
　　　　　　吴子和
党组成员、市纪委市监委派驻纪检监察组组长，四级高级监察官
　　　　　　胡卫华（党组成员、市纪委市监委派驻纪检监察组组长 2023.1 任，四级高级监察官 2023.6 任）
党组成员　　叶　刚（2023.2 任）
二级巡视员　郑胜林（任至 2023.1）
党组成员、副局长
　　　　　　张　洁（2023.12 任）
二级调研员　吕松康
四级调研员　王　寒（2023.12 任）

景德镇陶瓷技师学院

党委书记　　汪爱民（2023.9 任）
党委副书记、院长
　　　　　　熊海亮（2023.9 任）
党委委员、副校长
　　　　　　袁明星（2023.9 任）
　　　　　　张建平（2023.9 任）
　　　　　　张葵花（女，2023.9 任）
党委委员、纪委书记
　　　　　　付小丽（女，2023.11 任）
原市高级技工学校党委委员、纪委书记
　　　　　　黄　琳（女，任至 2023.3）

市社会保险事业服务中心

主　任　　　鄢　伟
二级调研员　曹达生

市就业创业服务中心

主　任　　　叶　刚

市住房和城乡建设局

党组书记、局长
张文帮
党组成员、副局长
徐先正
桂洪涛（任至 2023.1）
党组成员、市纪委市监委派驻纪检监察组组长、四级高级监察官
徐忠良（四级高级监察官 2023.6 任）
党组成员、副局长、二级调研员
张先桃
党组成员、副局长
叶　凯（2023.6 任）
党组成员、二级调研员
汪玉盛
余　民
涂文军（女）
二级调研员　陈有发（党组成员任至 2023.6）
余　敏（党组成员任至 2023.3）
肖堂洲（2023.10 任）
三级调研员　曹智军（2023.3 任）

市城镇发展服务中心

主　任　周松良

市交通运输局

党组书记、局长
陈振中（任至 2023.2）
党组书记、局长、一级调研员
洪国强（党组书记、局长 2023.2 任，一级调研员 2023.7 任）
党组成员、副局长、三级调研员
陈景明（三级调研员 2023.1 任，任至 2023.12）
党组成员、副局长
袁孔斌
程振伟
党组成员　宁足祥（任至 2023.6）
党组成员、三级调研员
吴群明
党组成员，市邮政管理局党组书记、局长
邹文俊
党组成员、市纪委市监委派驻纪检监察组组长、四级高级监察官
邵景刚（四级高级监察官 2023.6 任）
二级巡视员　陈振中
二级调研员　陈树生
方景萍（女，2023.3 任）
汪卫民（2023.3 任，任至 2023.7）
陈景明（2023.12 任）
三级调研员　黎庭敏
宁足祥

市交通运输综合行政执法支队

支队长　于盛颖

市水利局

党组书记、局长
陈忠豪
党组成员、副局长
曹兴伟
吴德柏（任至 2023.12）
汪　涛
二级调研员　胡尧金（2023.7 任，任至 2023.10）
三级调研员　夏陆梅（任至 2023.7）
吴德柏（2023.12 任）

市农业农村局

党组书记、局长
黎廷相（任至 2023.2）
胡平华（女，党组书记 2023.2 任，局长 2023.3 任）
党组成员、副局长
胡弋晖
刘景亮
吴　俊
党组成员、市纪委市监委派驻纪检监察组组长
钟同万（任至 2023.1）
党组成员、二级调研员
周三荣
党组成员　汪　勇
党组成员、市纪委市监委派驻纪检监察组组长、四级高级监察官
伍京媛（女，党组成员、市纪委市监委派驻纪检监察组组长 2023.1 任，四级高级监察官 2023.6 任）

二级巡视　　黎廷相（2023.7 任）
一级调研员　黎廷相（2023.2 任，任至 2023.7）
二级调研员　李筱年（任至 2023.1）
　　　　　　汪峙生（任至 2023.10）
　　　　　　舒　君（2023.3 任）
　　　　　　徐龙江（2023.7 任）
　　　　　　李凤君（女，2023.7 任）
　　　　　　邬书杰（2023.7 任）
市纪委市监委派驻纪检监察组三级调研员、四级高级监察官　　钟同万（市纪委市监委派驻纪检监察组组长 2023.1 任，四级高级监察官 2023.6 任）
三级调研员　吴农科
　　　　　　张红燕（女）
　　　　　　杜茶英（女，2023.3 任）
　　　　　　吴云清（2023.7 任）
　　　　　　周振杰（2023.4 任）
四级调研员　聂　灏（2023.9 任）

市农业科学研究所

党组书记、所长
　　　　　　詹周荣
党组成员、副所长
　　　　　　万　军

市农产品质量安全检测中心

主　任　　　聂　灏（任至 2023.9）
　　　　　　童小春（2023.9 任）

市农业综合行政执法支队

支队长　　　汪　勇

市商务局

党组书记、局长
　　　　　　沈　昆
党组成员、副局长
　　　　　　周武太
　　　　　　程新裕
　　　　　　马莉萍（女，任至 2023.12）
　　　　　　周　群（女，2023.6 任）
一级调研员　刘汝先（任至 2023.6）
　　　　　　刘希亭（2023.6 任，任至 2023.10）
二级调研员　曹正德（任至 2023.4）
　　　　　　朱友生（任至 2023.12）
　　　　　　范庆华（任至 2023.9）
三级调研员　吕　洁（女）

市贸促会

党组书记、会长
　　　　　　刘茨坪
党组成员、副会长
　　　　　　杨　涛（任至 2023.6）
　　　　　　汪　莉（女）

市生态环境局

党组书记、局长
　　　　　　吴顺斌
党组成员、副局长
　　　　　　陈贻兰
　　　　　　安　政
　　　　　　华东海
党组成员、市纪委市监委派驻纪检监察组组长、四级高级监察官　　徐书庆（四级高级监察官 2023.6 任）
党组成员　　童茜炜
二级调研员　吴育红
四级调研员　付登科
　　　　　　朱少敏

市自然资源和规划局

党组书记、局长
　　　　　　邹虚怀（任至 2023.8）
　　　　　　王　晨（2023.8 任）
党组成员、副局长
　　　　　　齐立新
　　　　　　杨伟旗（2023.11 任党组成员）
　　　　　　熊飞龙（任至 2023.1）
党组成员、市纪委市监委派驻纪检监察组组长、四级高级监察官　　陈晓东（四级高级监察官 2023.6 任）
党组成员，市自然资源储备利用中心党组书记、主任
　　　　　　郭　扬
副局长、机关党委专职书记
　　　　　　杨伟旗
一级调研员　唐保明（2023.5 任，任至 2023.9）
二级调研员　李卫国（任至 2023.1）
　　　　　　刘智远（2023.5 任，任至 2023.10）
　　　　　　焦景尧（2023.11 任）

周志毅（2023.8 任，任至 2023.12）
三级调研员　吴杨坤
四级调研员　刘真荣（2023.11 任）
汪灿良（2023.11 任）
市自然资源执法监察支队支队长
何焰辉（2023.5 任）
市自然资源执法监察支队二级调研员
周　磊
市自然资源储备利用中心党组成员、副主任
陈文平
王宏强（2023.5 任）
梅建东（2023.12 任）
市不动产登记中心主任
董良干（2023.5 任）

市文化广电新闻出版旅游局

党组书记、局长
盛璟晶（女）
党组成员、副局长
汪同茂（正处长级，任至 2023.11）
党组成员、副局长、二级调研员
余红生
党组成员、市纪委市监委派驻纪检监察组组长
袁永红（任至 2023.6）
党组成员、市纪委市监委派驻纪检监察组组长、四级高级监察官
宁　飞（2023.6 任）
党组成员、副局长
占兴华
一级调研员　高正元（2023.3 任）
汪丽瑾（女）
二级调研员　陈一奇（任至 2023.5）
洪唯真（女，2023.3 任）
胡文会（2023.7 任）
市纪委市监委派驻纪检监察组三级调研员、四级高级监察官　郑小兵（女，四级高级监察官 2023.6 任）

景德镇御窑博物院

党支部书记　邹　媛（女）
院　长　翁彦俊
党支部副书记、副院长
陈　刚
副院长　黄　勇

市文化馆

馆　长　马艳红（女，2023.9 任）

景德镇陶瓷馆

馆　长　彭国红

市文化市场综合执法支队

支队长、三级高级主办
熊　辉（三级高级主办 2023.9 任）
二级调研员　彭春文（任至 2023.7）

市卫生健康委员会

党组书记、主任、一级调研员
朱菁华（女）
党组成员　王祉武
党组成员、副主任
方昌杰（任至 2023.12）
施莉萍（任至 2023.2）
党组成员、三级调研员
高小红（女，党组成员任至 2023.5，三级调研员 2023.5 任）
党组成员、市纪委市监委派驻纪检监察组组长、四级高级监察官　余春娥（女，四级高级监察官 2023.6 任）
党组成员　胡继伟
党组成员、二级调研员
程玉燕（女，党组成员任至 2023.10）
党组成员、副主任
史业方（2023.2 任）
副主任　郭国华
一级调研员　陈铁梅（女）
二级调研员　杨国华
邵正东
施莉萍（女，2023.10 任）
三级调研员　施莉萍（女，2023.2 任，任至 2023.10）
孙　群
付建清
市纪委市监委派驻纪检监察组三级调研员、四级高级监察官　李胜来（四级高级监察官 2023.6 任，三级调研员 2023.7 任）

市卫生学校

党委书记　袁志宏
党委副书记、校长
潘占辉
副校长　黄素玲（女，任至 2023.11）

党委委员、纪委书记
徐慧珍（女，任至 2023.12）
党委委员、副校长
史业方（任至 2023.2）
李涌建
孙剑梅（女）
邵世民（2023.12 任）

市第一人民医院

党委书记　王祉武
院　长　余钢成（任至 2023.1）
应学明（2023.2 任）

市第二人民医院

党委书记　张　将
院　长　刘　芩（任至 2023.5）
侯　成（2023.11 任）

市第三人民医院

党委书记　利新发
院　长　应学民（任至 2023.5）
俞成叙（2023.5 任）

市第四人民医院

党委书记　张仁泉
院　长　侯　成（任至 2023.11）
施振岗（2023.11 任）

市中医医院

党委书记　岑小杰
院　长　骆剑蛟（2023.5 任）

市妇幼保健院

党委书记　周　毅
院　长　俞成叙（任至 2023.5）
李　斌（2023.5 任）

市疾病控制中心

主　任　祝笑敏
党总支书记　邵　群

市卫生健康综合监督执法局

二级调研员　姜　波（女，任至 2023.1）

市第五人民医院

党总支书记　郑寿赐（任至 2023.11）
院　长　蒋宗华

市计生协会

专职副会长　胡继伟

市退役军人事务管理局

党组书记、局长
肖建中
党组成员、副局长、三级调研员
徐和平（三级调研员 2023.12 任）
陈奕柏（党组成员、副局长任至 2023.2，三级调研员任至 2023.10）
党组成员、副局长
周国良（2023.4 任）
刘烨斌（兼）
二级调研员　陈奕柏（2023.10 任）

景德镇军供站

站　长　吴春晓

市应急管理局

党委书记、局长、一级调研员
汪来金
党委委员、二级调研员
张英敏（党委委员任至 2023.10）
党委委员、副局长
王　静（女）
任济民
石锦葵
吴希林（2023.5 任）
一级调研员　陈志强（2023.12 任）
二级调研员　江训模（任至 2023.2）
市政府参事　李　锋

市审计局

党组书记、局长、一级高级主管
计　群（一级调研员 2023.3 任，一级高级主管 2023.6 套转）
党组成员、副局长
占玉芳（女，任至 2023.2）
魏若然（2023.3 任）
冯仕超
付彬辉（副局长 2023.3 任）
党组成员、二级调研员
吴新国（党组成员任至 2023.3）
总审计师　王诚刚
党组成员、市纪委市监委派驻纪检监察组组长、四级高级监察官
金　恺（四级高级监察官 2023.6 任）
党组成员、三级高级主管
周先法（三级高级主管 2023.6 套转）

市经责办专职副主任
汪　波（2023.3 任）
一级高级主管
陈志坚（2023.6 套转）
二级高级主管
王　桦（2023.6 套转，任至 2023.10）
王民森（2023.6 套转，任至 2023.11）
吴新国（2023.6 套转）
章　琍（女，2023.7 任，任至 2023.12）
三级高级主管
占玉芳（女，三级调研员 2023.2 任，2023.6 套转）
章　琍（女，2023.6 套转，任至 2023.7）

市政府外事办公室

党组书记、主任
胡平华（女，任至 2023.2）
严　培（女，2023.2 任）
党组成员、副主任
涂中勇
冯志红（女）

市国有资产监督管理委员会

党委书记、主任、一级调研员
朱平生（一级调研员 2023.3 任）
党委委员、副主任、一级调研员
吴雄飞（任至 2023.12）
党委委员　李华喜
党委委员、副主任
袁　凯
党委委员、市纪委市监委派驻纪检监察组组长、四级高级监察官　王兆荣（四级高级监察官 2023.6 任）
党委委员、副主任
万进军
二级巡视员　余华平（任至 2023.12）
吴雄飞（2023.12 任）
二级调研员　占小平（任至 2023.12）
三级调研员　王新农

市林业局

党组书记、局长
严　峰
党组成员　汪德祥（任至 2023.11）
党组成员、副局长、三级调研员
吕灵郎（三级调研员 2023.1 任，副局长任至 2023.9，党组成员、三级调研员任至 2023.11）
党组成员、副局长
张向阳
王建武（2023.9 任）
李希有
党组成员、三级调研员
巴　英（女，三级调研员 2023.4 任）
党组成员、三级调研员
江爱国
一级调研员　李忠华（2023.5 任）
二级调研员　李忠华（任至 2023.5）
李天明（任至 2023.8）
三级调研员　许　昌（2023.3 任）
董　虹（女，2023.3 任）

市枫树山林场

党委书记、场长
汪德祥（任至 2023.11）
党委委员、副场长
叶　卫
陈锦沪
卓国庆
吴建国（2023.4 任）
张　政（2023.4 任）
党委委员、纪委书记
马基础（任至 2023.4）

市市场监督管理局

党组书记、局长、一级调研员
邱晨阳（一级调研员 2023.5 任）
党组成员、副局长、三级调研员
林春杰（三级调研员 2023.4 任）
陈根卫（三级调研员 2023.3 任）
党组成员、副局长
姜　群（女）
党组成员、三级调研员
冯　晖
党组成员、市纪委市监委派驻纪检监察组组长、四级高级监察官
林海媛（女，四级高级监察官 2023.6 任）

二级调研员 陈 文

方国裔

市纪委市监委派驻纪检监察组二级调研员、三级高级监察官 王世福（三级高级监察官 2023.6 任，任至 2023.7）

市纪委市监委派驻纪检监察组三级调研员、四级高级监察官 李 路（三级调研员 2023.3 任，四级高级监察官 2023.6 任）

四级调研员 曹 炜

市市场监督管理执法稽查局

局 长 许志彬

市知识产权保护中心

主 任 杨志悦

市统计局

党组书记、局长

雷 军

党组成员、副局长

熊少平（任至 2023.2）

吴浪萍

曹 璐（女）

邱敬琳（女，党组成员 2023.9 任，副局长 2023.11 任）

党组成员、二级调研员

王选华（党组成员任至 2023.10）

二级调研员 姚名卫

黄功平（2023.10 任）

熊少平（2023.10 任）

市统计调查中心

主 任 曹亚芳（女）

国家试验区管委会办公室（市瓷局）

党组书记、主任

方霞云（女，任至 2023.2）

李传昆（2023.2 任）

党组成员、副主任

段雪灿

张红兵

张 建（任至 2023.5）

胡有根（2023.5 任）

二级巡视员 方霞云（女）

市国防动员办公室

党组书记、主任

彭庆鉴

党组成员、副主任

乐 欣（任至 2023.3）

钱江欣

王瀚聆（2023.4 任）

双培元（兼）

二级调研员 乐 欣（2023.10 任）

市城市管理局

党组书记、局长

汪春艳（女，任至 2023.5）

张金水（2023.5 任）

党组成员、副局长

余 骏（任至 2023.12）

党组成员、副局长、二级调研员

李丰来（任至 2023.1）

党组成员、副局长、三级调研员

程 遥（三级调研员 2023.3 任）

党组成员、副局长

周震山（2023.1 任）

二级调研员 陈振华

市城市管理保障中心

主 任 周震山（任至 2023.1）

主任、三级高级主办

王三改（2023.11 任）

二级高级主办

温国华（2023.10 任）

三级调研员 高文娟（女）

温国华（任至 2023.10）

施国炜（2023.7 任）

四级调研员 曹会坦

施国炜（任至 2023.7）

市城市公共事业服务中心

主 任 占远桃

市乡村振兴局

党组书记、局长

罗 莉（女，任至 2023.6）

胡平华（女，2023.12 任）

党组成员、副局长

施云峰

叶　凯（任至2023.6）

郑新平

市医疗保障局

党组书记、局长

滕晓华（女）

党组成员、副局长

计纯纯（任至2023.2）

汪卫华（2023.2任）

宁　丽（女，2023.5任）

一级调研员　刘忠平（2023.12任）

市政务服务数据管理局

党组书记、局长

叶　青

党组成员、副局长

杨志雄（任至2023.3）

曹　宇

李梓华

党组成员、市纪委市监委派驻纪检监察组组长、四级高级监察官　万里雪（四级高级监察官2023.6任）

党组成员、副局长

刘玉萍（女，2023.8任）

一级调研员　何　敏（任至2023.2）

二级调研员　蔡海才（2023.10任）

三级调研员　黄国庆

四级调研员　杨志雄（2023.2任）

市公路事业发展中心

党组书记、主任

陈望贤

党组成员、副主任

戴顺强

饶栋梁

副主任　冯　伟（任至2023.9）

党组成员、副主任

张　毅

程才根

市民航建设服务中心

党组书记、主任

叶质柱（任至2023.4）

朱志梁（2023.11任）

党组成员、副主任

曹岸雄

唐　进

二级巡视员　程敏真（2023.1任，任至2023.12）

市供销合作社联合社

党组书记、主任

朱瑞龙

党组成员、理事会副主任

李振辉（2023.5任）

钟　钰（女）

张　燕（女，2023.2任）

党组成员、监事会主任

宁　丽（女，任至2023.5）

陈建中（2023.5任）

二级调研员　戈健俊（任至2023.2）

市政府驻北京联络处

党组书记、主任

徐志军

党组成员、副主任

汪长乐（任至2023.5）

余国强（2023.4任）

陈　宏（2023.5任）

市政府驻上海联络处

党组书记、主任

李旭东

党组成员、副主任

严振飚（2023.1任）

黄　颖（女）

三级调研员　李晓玲（女，2023.1任）

市机关事务管理中心

党组书记、主任

洪国强（任至2023.2）

房希昌（2023.11 任）
党组成员、副主任
严振飏（任至 2023.1）
韩景林
吴燕斌
副主任　胡　铮（女，2023.12 任）

市高岭瑶里风景名胜区

党工委书记　程新宇
党工委副书记、管委会主任
张金水（任至 2023.5）
洪　玲（女，2023.5 任）
党工委委员、副主任
周财生（任至 2023.2）
潘长发（2023.9 任）
肖　锟（挂职）

市浯溪口水利枢纽工程管理中心（副县级）

党组书记、主任
江庆华（任至 2023.6）
汪郁渊（2023.6 任）

市住房公积金管理中心（副县级）

党组书记、主任
高金虎

景德镇陶瓷研究院

党委书记、院长
吴　浪
副院长　李少景
党组成员、副院长
吴年进
党组成员、纪检组组长
王　超
党组成员、副院长
张胜华
张君良
乐福新

景德镇国家陶瓷文化传承创新试验区管委会

专职副主任（副厅长级）
刘子力
高　翔

景德镇陶瓷人才服务中心

党组书记、主任
汪立胜（2023.1 任）
党组成员、副主任
李莉莎（女）
陈　优

景德镇陶瓷产业创新发展中心

党组书记、主任
李华喜
党组成员、副主任
虞啸军
项向东
江　华
孙　飞
党组成员、纪检组组长
林素洁（女）

景德镇陶瓷文化国际交流中心

党组书记、主任
马莉萍（女，任至 2023.12）
党组成员、副主任
李振辉（任至 2023.4）
柴立民（任至 2023.11）

景德镇陶瓷文化传承创新中心

党组书记、主任
王莲花（女）
党组成员、副主任
江　霞（女）
许志华
柴立民（2023.11 任）

景德镇国家试验区发展服务中心

党组书记、主任
李传昆（任至 2023.2）
党组成员、副主任
程国平
彭雄越
周黎黎（女）

景德镇陶瓷文化南昌服务中心

党组书记、主任
房希昌（任至 2023.11）

景德镇黑猫集团公司

党委书记、董事长
王　耀（任至 2023.2）
汪　羽（2023.2 任）
党委专职副书记
吴　淦（2023.2 任）
党委委员、纪委书记
张志良
党委委员、财务总监
余忠明
党委委员　盛旺喜
徐建民
胡森立（任至 2023.9）
党委委员、副总经理
王　嘉
徐　熠（副总经理 2023.9 任）
党委委员　朱明红（女，2023.9 任）
副总经理　胡建华（任至 2023.9）
李　宾
魏　明
李　毅
总工程师　曹和平（2023.9 任）
市政府参事　王　耀

景德镇陶瓷集团公司

党委书、董事长、总经理
周敏建（任至 2023.5）
党委书记、董事长
邓景扬（2023.5 任）
党委副书记、总经理
邢　浩（2023.5 任）
党委委员、纪委书记
朱惠敏（女）
党委委员　邓必春
胡　轶
党委委员、副总经理
王小勤（2023.8 任）
副总经理　吴爱云（女）
丁　添（任至 2023.3）
陈　渊
袁建国

市国资运营投资控股集团有限责任公司

党委书记、董事长，兼任合盛公司董事长
余笑兵
党委副书记、副董事长、总经理，兼任景德镇陶博城公司董事长
胡景平
党委副书记，兼任市古镇公司董事长
周长根
党委委员、纪委书记
姚　涛
党委委员 、副总经理
邓景扬（任至 2023.5）
王　聪
曹俊秀
汪剑文（党委委员 2023.4 任）
翁　琳（女，2023.7 任）
党委委员 、总工程师
刘培靖（2023.7 任）
副总经理　李晓东
工会主席　邵徽彦
合胜公司总经理
涂宗德（2023.5 任）
市古镇公司总经理
谢　玮（女，2023.5 任）

景德镇陶文旅控股集团公司

党委书记、董事长
刘子力

党委副书记、总经理
熊洪华
党委委员、副董事长、副总经理
冯小苏
党委委员、纪委书记
方　媛（女）
党委委员、财务总监
徐高球
党委委员、总工程师
付　兴
工会主席　　余　平
副总经理　　胡文祥
潘　钱（女）
祝一鹏

市城市建设投资集团公司

党委书记、董事长
陈鸿云
党委副书记、总经理
乐先锋（2023.6 任）
党委专职副书记
朱查顺
党委委员、副总经理
余　雷
党委委员、纪委书记
徐　浩
党委委员、副总经理
李诗野 （任至 2023.4）
戴　鹏（2023.2 任）
彭少辉（党委委员 2023.7 任）
程景秋（2023.7 任）
副总经理　　邢　焱

景德镇新闻传媒集团公司

党委书记、董事长
冯　亮
党委副书记　董军发（任至 2023.5）
党委副书记、总经理
黄　胜（2023.12 任）
党委委员、副总经理
黄　胜（2023.3 任，任至 2023.12）
丁　添（2023.3 任）
曾丽萍（女，2023.5 任）
杨　森（女）
党委委员、纪委书记
范晓昱（女，2023.6 任）
党委委员、副总经理
胡发根（2023.12 任）

市建筑设计院有限公司

党委书记、董事长
于　江
总经理　　徐珏亚
党委委员、副总经理、总工程师
朱建华
党委委员、副总经理
占秋生（任至 2023.6）
王长祥
党委委员、纪委书记
刘建华（2023.6 任）
副总经理、总建筑师
许　钦
副总经理　　马鲲飞（2023.4 任）

市政公用集团有限责任公司

党委书记、董事长
周　龙
党委副书记、总经理
程　坚
党委专职副书记
兰　辉
党委委员、副总经理
刘继辉
于兴建
冯绍金
党委委员、纪委书记
王玉鹏
党委委员、副总经理
张慧英（女，2023.11 任）

四、政协景德镇市委员会

党组书记、主席
俞小平
党组副书记　吴财锋

党组副书记、副主席
高唤虎（2024年9月，因严重违纪违法被开除党籍、开除公职）
党组成员、副主席
钟良贵
洪明华
副主席　肖礼庆
史晓莲（女）
林　凯
熊　彤（女）
李冬香（女）
一级巡视员　张学锋（2023.3任，任至2023.6）
市政协党组成员、市政府参事
花长龙（秘书长、机关党组书记、一级调研员任至2023.12，市政府参事2023.12任）
市政协党组成员、秘书长、机关党组书记
吴知昊（2023.12任）
副秘书长　赖德华
王彦勋
兼职副秘书长
方晓娟（女）
张光荣
胥　敏（女）
徐少鸣
桂娟妮（女）
朱　青（女，2023.2任）
机关党组副书记、办公室主任、一级调研员
赖德华
办公室副主任
朱正礼
刘志刚（2023.2任）
机关党组成员、二级调研员
王玉平
经济委主任　程丽珍（女，任至2023.12）
方昌杰（2023.12任）
经济委副主任
王建武（任至2023.9）
陈小环（女，2023.11任）
社会法制与民族宗教委主任
刘韵赟（女）
社会法制与民族宗教委副主任
余　虹（女）
教科卫体委主任
韩建萍（女）
教科卫体委副主任
王玉玲（女，2023.3任）
提案委主任　刘景兵
提案委副主任
刘　洋（女）
港澳台侨委主任
蒋文娇（女）
港澳台侨委副主任
涂　燕（女）
人口资源环境委主任
吴雄飞（任至2023.12）
周　洁（女，2023.12任）
文史和学习委主任
龚　谦（女）
文史和学习委副主任
郭　奇
农业农村委主任
任赣鹏
农业农村委副主任
余乐镇
农业农村委一级调研员
任文政（任至2023.1）
机关二级巡视员
宋汪龙（任至2023.5）
宋建明（任至2023.7）
王小康（2023.5任）
王培东（2023.12任）
机关一级调研员
喻　玮（女）
卢运玲（任至2023.10）
赵伯新（任至2023.11）
向心丹（任至2023.11）
金义生
王学明
机关二级调研员
付旺生
罗筱青（女）
程丽珍（女，2023.12任）

五、中共景德镇市纪律检查委员会（市监察委员会）

书　记　廖良生
副书记、一级调研员、三级高级监察官
王志明（三级高级监察官2023.7任）
副书记　严　培（女，任至2023.1）

副书记、三级高级监察官
钟 炜（三级高级监察官 2023.7 任）
叶质柱（三级高级监察官 2023.7 任）
常委、秘书长
程 坚（任至 2023.2）
常委、三级高级监察官
郑民庆（三级高级监察官 2023.6 任）
常 委 刘志军（任至 2023.1）
常委、四级高级监察官
王向东（四级高级监察官 2023.6 任）
吴振华（四级高级监察官 2023.6 任）
张少锋（常委 2023.3 任，四级高级监察官 2023.6 任）
石军雄（常委 2023.3 任，四级高级监察官 2023.6 任）
办公室主任、四级高级监察官
胡弋妮（女，四级高级监察官 2023.6 任）
组织部部长、四级高级监察官
王长鋆（四级高级监察官 2023.6 任）
宣传部部长 李 静（女，任至 2023.5）
宣传部部长、四级高级监察官
王庆九（宣传部部长 2023.5 任，四级高级监察官 2023.6 任）
研究室主任、四级高级监察官
牛玉梅（女，四级高级监察官 2023.6 任）
党风政风监督室主任、四级高级监察官
黄文超（四级高级监察官 2023.6 任）
信访室主任、四级高级监察官
刘文庆（四级高级监察官 2023.6 任）
案件监督管理室主任
吴 鲲（任至 2023.2）
案件监督管理室主任、四级高级监察官
董电波（案件监督管理室主任 2023.2 任，四级高级监察官 2023.6 任）
第一监督检查室主任
乐 栋（任至 2023.5）
第一监督检查室主任、四级高级监察官
程东方（第一监督检查室主任 2023.5 任，四级高级监察官 2023.6 任）
第二监督检查室主任、四级高级监察官
李 静（女，第二监督检查室主任 2023.5 任，四级高级监察官 2023.6 任）
第三监督检查室主任、四级高级监察官
戴华东（2023.6 任）
第四审查调查室主任
董电波（任至 2023.2）
杨勇俊（2023.11 任）
第五审查调查室主任、三级调研员、四级高级监察官
陈国平（三级调研员 2023.3 任，四级高级监察官 2023.6 任，任至 2023.9）
第六审查调查室主任、四级高级监察官
程大政（四级高级监察官 2023.6 任，任至 2023.11）
案件审理室主任、四级高级监察官
王文革（四级高级监察官 2023.6 任）
纪检监察干部监督室主任
宁 飞（任至 2023.6）
纪检监察干部监督室主任、四级高级监察官
袁永红（2023.6 任）
二级巡视员、二级高级监察官
计新明（二级巡视员 2023.1 任，二级高级监察官 2023.6 任，任至 2023.6）
一级调研员 计新明（任至 2023.1）
一级调研员、三级高级监察官
范 侃（一级调研员 2023.3 任，三级高级监察官 2023.6 任）
二级调研员、三级高级监察官
涂茂文（二级调研员 2023.3 任，三级高级监察官 2023.6 任）

市监察委员会

主 任 廖良生
副主任 王志明
严 培（任至 2023.1）
钟 炜
叶质柱（2023.4 任）
委 员 严 培（任至 2023.1）
程 坚（任至 2023.2）
刘志军（任至 2023.1）
郑民庆（2023.3 任）
王向东

张少锋（任至 2023.3）
石军雄（任至 2023.3）
吴振华（2023.3 任）
委员、四级高级监察官
吴　鲲（委员 2023.2 任，四级高级监察官 2023.6 任）
委员、三级高级监察官
涂茂文（2023.3 任）

市委巡察办

主　任　郑民庆
副主任　王庆九（任至 2023.5）
副主任、四级高级监察官
乐　栋（副主任 2023.5 任，四级高级监察官 2023.6 任）
陈雪良（四级高级监察官 2023.6 任）

市委第一巡察组

组长、三级高级监察官
胡丽萍（女，三级高级监察官 2023.6 任，任至 2023.9）
王慧娟（女，2023.9 任）
正县级巡察专员、三级高级监察官
王慧娟（女，三级高级监察官 2023.6 任，任至 2023.9）
陈国平（2023.9 任）
副组长、四级高级监察官
郑亚东（四级高级监察官 2023.6 任）

市委第二巡察组

组　长　李　琪（任至 2023.1）
袁镇兴（2023.1 任，任至 2023.12）
刘志军（2023.12 任）
正县级巡察专员、三级高级监察官
乔现国（三级高级监察官 2023.6 任）
副组长、四级高级监察官
吴冰琪（女，四级高级监察官 2023.6 任，任至 2023.12）
朱胜平（2023.12 任）

市委第三巡察组

组长、三级高级监察官
方　群（女，三级高级监察官 2023.6 任）
正县级巡察专员
袁镇兴（任至 2023.1）
正县级巡察专员，三级高级监察官
刘志军（正县级巡察专员 2023.1 任，三级高级监察官 2023.6 任，任至 2023.12）
吴冰琪（女，2023.12 任）
副组长、四级高级监察官
占刃锋（四级高级监察官 2023.6 任）

市委第四巡察组

组　长　高正元
副组长、四级高级监察官
陈丹丹（女，四级高级监察官 2023.6 任）
副县级巡察专员、四级高级监察官
叶英锋（四级高级监察官 2023.6 任）

执纪保障中心

主　任　章康化

六、景德镇市中级人民法院

党组书记、院长、二级高级法官
邓建辉（任至 2023.7）
党组书记、院长、三级高级法官
汤媛媛（女，2023.7 任）
党组副书记、副院长、二级高级法官
章华文（党组副书记、副院长任至 2023.9）
党组副书记、副院长、三级高级法官
张春红（女，保留正处长级）
党组成员、副院长、三级高级法官
黄奕华
党组成员、副院长、四级高级法官
周　杲
党组成员、市纪委市监委派驻纪检监察组组长、四级高级监察官　杨　建（四级高级监察官 2023.6 任）
党组成员、执行局局长、三级高级法官
江　峰
党组成员、政治部主任
张煜科

审判委员会专职委员
钱文清（女，任至 2023.1）
审判委员会专职委员、四级高级法官
耿丽萍（女，审判委员会专职委员 2023.1 任）
审判委员会专职委员
许育斌（2023.1 任）
二级巡视员　孙新民（任至 2023.3）
二级高级法官
钱文清（女）
一级调研员　詹和福（2023.8 任）
二级调研员　石平连（女）
市纪委市监委派驻纪检监察组二级调研员、三级高级监察官　洪四清（三级高级监察官 2023.6 任）
三级调研员　何静华（女）
三级高级法官
胡纯华
吴海平
彭联红（女）
刘进华
四级调研员　王建辉

七、景德镇市人民检察院

党组书记、检察长、二级高级检察官
涂平贵
党组副书记、副检察长、三级高级检察官
徐　健（女，正处长级）
党组成员、副检察长、三级高级检察官、浮南地区检察院检察长　郑志刚（党组成员任至 2023.12）
党组成员、检察委员会专职委员、一级调研员
周　桦（正县级）
党组成员、副检察长、三级高级检察官
王子祥
党组成员、副检察长、三级高级检察官
匡　宁（女）
党组成员、政治部主任
胡根林
党组成员、市纪委市监委派驻纪检监察组组长、四级高级监察官　熊　英（女，四级高级监察官 2023.6 任）
检察委员会专职委员（副处长级）
李剑云（女，2023.8 任）
二级高级检察官
方　清（任至 2023.3）
二级高级检察官
伍　强（2023.12 任）
一级调研员　陈筱琴（女）
袁镇兴（2023.7 任）
二级调研员　张柳坚
三级高级检察官
罗来成（2023.3 任）

八、群众团体

市总工会

党组书记、主席
孙艳峰
党组副书记、常务副主席、一级调研员
伍恒明
党组成员、副主席、三级调研员
邵永明（女，副主席任至 2023.2，三级调研员 2023.2 任）
党组成员、经费审查委员会主任
刘建平
党组成员、副主席
于萍萍（女）
陶　群（2023.4 任）
一级调研员　艾克发
兼职副主席　余　平

团市委

书　记　徐新颖（女，任至 2023.2）
黄　城（2023.8 任）
副书记　黄　城（主持工作，2023.3 任，任至 2023.8）
魏若然（任至 2023.3）
雷　晨
叶晨露（2023.8 任）
周　仪（挂职，女，2023.8 任）
兼职副书记　徐　熠
施德太

市妇联

党组书记、主席
郑伟秀（女）

党组成员、副主席、三级调研员
陈淑红（女，三级调研员 2023.3 任，副主席任至 2023.9）
党组成员、副主席
潘　琪（女）
党组成员　周海凤（女，任至 2023.9）
副主席　吴文燕（女，2023.9 任）
党组成员、副主席
汪文娟（挂职，女，2023.9 任）
二级调研员　徐和平（女）
兼职副主席　黄　薇（女，任至 2023.9）
黄　青（女，任至 2023.9）
蔡文娟（女，2023.9 任）
吕雅婷（女，2023.9 任）
李东娇（女，2023.9 任）

市科协

党组书记、主席
吴　飞
党组成员、副主席
江海武（任至 2023.9）
虞　华
龚　超（2023.9 任）
李琳萃（挂职，女，2023.9 任）
一级调研员　莫丽华（女，2023.8 任）
兼职副主席　李月明（任至 2023.9）
吴继军（任至 2023.9）
钟德志（任至 2023.9）
蒋玮光（任至 2023.9）
应学明
余望龙
欧阳琦
毕文海（2023.9 任）
郑万剑（2023.9 任）
刘宜云（2023.9 任）
孙雪梅（女，2023.9 任）

市文联

党组书记、一级调研员
熊小席（党组书记任至 2023.9）
党组书记　胡丽萍（女，2023.9 任）
主　席　谢景玉（女）
党组成员、副主席
刘　旻
曹筱娜（女，任至 2023.9）
徐发军（2023.9 任）
兼职副主席　于　芳（女，2023.9 任）
马艳红（女，2023.9 任）
汪开潮（2023.9 任）
章　晨（2023.9 任）
刘文斌（2023.9 任）
二级调研员　程青峰（2023.11 任）
三级调研员　程青峰（2023.2 任，任至 2023.11）

市社联

党组书记、主席
吴知昊（任至 2023.12）
党组成员、副主席
凌　云（女）
曾丽萍（女，任至 2023.5）
杨　涛（2023.6 任）
兼职副主席　田建红
李松杰
郑金江
党组成员、副主席
金红华（挂职）

市残联

党组书记、理事长
李群芳（女）
党组成员、副理事长
方　剑
郭卫华（2023.2 任）
三级调研员　占燕萍（女，2023.2 任）

市红十字会

会　长　江民强
党组书记　刘　娟（女）
常务副会长　陈　莉（女）
党组成员、专职副会长
董淑琴（女）
党组成员、监事会专职副监事长
沈海秋（女）

二级巡视员　俞定珍（女）
监事会兼职监事长
　　陈志坚
兼职副会长　周清平（女，任至 2023.5）
　　朱菁华（女）
　　程卫东
　　蔡启彬（任至 2023.2）
　　滕晓华（女）
　　芦继云（女）
　　朱　奔
党组成员、秘书长
　　王国斌
监事会兼职监事
　　吴同春
　　史业方
　　陈　炜

市工商联

主　席　江民强
党组书记、常务副主席
　　程念革（2023.2 任）
党组成员、副主席
　　李　华（女）
党组成员、专职副主席
　　林婵娟（女）
　　雷良宇（2023.4 任）
专职副主席　叶逢春（任至 2023.4）
党组成员、秘书长
　　杨志凡（女）
二级调研员　朱新潮

市侨联

党组书记、主席
　　郑　铁
党组成员　徐文生
　　徐发军（任至 2023.9）
　　曹筱娜（女，2023.9 任）
兼职副主席　张婧婧（女）
　　过小明
　　蔡玲玲（女）

九、民主党派

中国国民党革命委员会景德镇市委员会

主　委　王筱松
副主委　张光荣
　　刘文斌（兼）
　　江志瑜（女，兼）

中国民主同盟景德镇市委员会

主　委　谢景玉（女）
副主委　胥　敏（女）
　　耿丽萍（女，兼）
　　黎　萍（女，兼）
　　胡　铮（女，兼）

中国民主建国会景德镇市委员会

主　委　张婧婧（女）
副主委　朱　青（女，2023.2 任）

中国民主促进会景德镇市委员会

主　委　李冬香（女）
副主委　徐少鸣
　　李　青（兼）
　　余　俊（女，兼）
　　应　飞（兼）

中国农工民主党景德镇市委员会

主　委　方　静（女）
副主委　桂娟妮（女）
　　李跃武（兼）

九三学社景德镇市委员会

主　委　陈　莉（女）
副主委、三级调研员
　　方晓娟（女）
副主委　熊　宇（兼）
　　王　娟（女，兼）

赵　戈（兼）
一级调研员、市政府参事
汪小平（市政府参事 2023.1 任，
一级调研员 2023.5 任）
二级调研员　汪小平（任至 2023.5）
市政府参事　于长征

十、驻市单位

国家税务总局景德镇市税务局

党委书记、局长
温群茂（2023.7 任）
刘宏伟（任至 2023.7）
党委委员、副局长
王　勇
陈福成
党委委员、纪检组长
饶卫民（任至 2023.7）
余立中（2023.7 任）
党委委员、副局长
冯　晔
吴蔚文（2023.9 任）
党委委员、总经济师
华　炜
刘　勇

景德镇市消防救援支队

党委书记、政治委员
汪　勇
党委副书记、支队长
王谷峰
党委委员、副支队长
张小明
胡竹非
秦俊人
甘清华
党委委员、副政委
胡　萍
党委委员、政治部主任
李　南

景德镇海关

关长、党委书记
刘　钊
副关长、党委委员
吴建华
张　健（任至 2023.11）
张赣粤（2023.11 任）

景德镇国家调查队

党组书记、队长
李寿木
党组成员、副队长
胡　瑛（女）
党组成员、纪检组长
吴　静（女，2023.5 任）
党组成员、副队长
周　密（女，2023.11 任）
二级调研员　龚建华（2023.7 任）

信江饶河水文水资源监测中心

信饶中心党委委员、二级调研员
李　梅（女）
景德镇水文水资源监测大队队长
朱　翔
昌江区水文水资源监测大队队长
桂　笑
乐平水文水资源监测大队队长
沈剑波

景德镇陶瓷大学

党委书记　李良智
党委副书记、副校长（主持行政工作）
吕品昌
党委副书记　胡林荣
吴　磊（2023.10 任）
党委委员、副校长
吴本荣
王海波
冯　浩

吕金泉
陈云霞（女）
黄　勇
胡银娇（女）
党委委员、纪委书记
伍恒光（2023.4 任）

景德镇艺术职业大学

党委书记　方文龙
党委副书记、校长
冯小苏
党委委员、副校长
陈少华（女）
党委副书记　欧阳冬梅（女）
副校长　陈传胜（2023.10 任）
党委委员、副校长
钟发根
党委委员、纪委书记兼工会主席
赵文国（2023.1 任）
党委委员、校长助理
钱泉森

景德镇学院

党委书记　叶观荣
党委副书记、院长
陈运平
党委副书记　王丽心
党委委员、副院长
郑昕芾
方　漫
副院长　黄志坚（2023.4 任）
党委委员、副院长
周清平（2023.4 任）
党委委员、纪委书记
罗少韬（2023.12 任）
党委委员、组织部部长
朱贺江
党委委员、统战部部长
万文军
党委委员、宣传部部长
赵雪政（2023.8 任）

江西陶瓷工艺美术职业技术学院

党委书记　甘国华
党委副书记、院长
肖　绚（2023.8 任）
党委常务副书记、常务副院长
李雄德
党委委员、纪委书记
曹晓东
党委委员、副院长
金小军
党委委员、组织部部长
杨　晶（女）

景德镇陶瓷职业技术学院

理事长　张春槐
党委书记、督导专员
段为松
校　长　李　斌
理　事　吴　虑
党委副书记、纪委书记、监事会主席
王玉萍（女）
党委委员、副校长
周垂良
财务总监、副校长
胡显进
党委委员、工会主席
徐　骏
党委委员、组织部部长
魏　薇（女）
党委委员、宣传统战部部长
段立志
党委委员、校长助理
邢亚男（女）

中国石化景德镇分公司

总经理、党委书记
宛仕钰

景德镇机场分公司

党委书记、副总经理
吴小强（2023.2 任）

总经理、党委副书记
王　翔（2023.2任）
党委委员、副总经理
李　彬

景德镇江盐华康盐业有限公司

总经理　朱华伟
副总经理　陈晓军

江西省景德镇水务有限责任公司

党委书记、执行董事、总经理
徐　斌
党委副书记、工会主席
黄亚琦（女）
党委委员、纪委书记
艾克友
党委委员、副总经理
雷加乐
樊　明
副总经理　余延生（2023.6任）
总经理助理　章　璟（女，2023.12任）

景德镇市烟草专卖局

党组书记、局长、经理
肖福元
党组成员、副局长
陈水明
党组成员、纪检组长
涂安楠
党组成员、副经理
余纯达

中国轻工业陶瓷研究所

党委书记　孙传文
党委副书记、所长
李　硕
党委委员、副所长
刘敏芳（女）
党委委员、纪委书记
田书栋
党委委员、副所长
涂志浩
党委委员　陈宣东

中国人民银行景德镇市中心支行

党委副书记、副行长
丁云骏（主持工作）
党委委员、副行长
黄春玲（女）
彭小军
党委委员、工会主任
刘海平
党委委员、纪委书记
龚小东
党委委员、副行长
林　海

景德镇银保监分局

党委书记、局长
刘思华
党委委员、副局长
周　凡
舒仁杰
党委委员、纪委书记
庄　佳

农业发展银行景德镇分行

行　长　廖向阳（2023.12任）
副行长　熊绍员
副行长、纪委书记
蔡　鲲（2023.8任）
副行长　邹　睿（女）

中国工商银行景德镇分行

行　长　黄龙波
副行长　黄　鹤
王新良
纪委书记　李　坤
行长助理　汤艳芳（女，2023.9任）

高级经理　　张兴旺（2023.7 任）
　　　　　　樊　敏（2023.2 任）

农业银行景德镇分行

党委书记、行长
　　　　　　张　伟（2023.5 任）
党委副书记、副行长
　　　　　　平国新（2023.6 任）
党委委员、副行长
　　　　　　邓剑维
党委委员、纪委书记
　　　　　　张　效（2023.3 任）
党委委员、副行长
　　　　　　罗　霞（女，2023.8 任）

中国银行景德镇分行

党委书记、行长
　　　　　　华　宏（2023.5 任）
党委委员、副行长
　　　　　　江长福
　　　　　　李本金
　　　　　　黄国武
　　　　　　周　魁
党委委员、纪委书记
　　　　　　冷杨羿（2023.2 任）

建设银行景德镇分行

行　长　　　方小明
副行长　　　黄　强
　　　　　　刘淑娟
党委委员　　丁华平（2023.11 任）
纪检组组长　徐重洋

交通银行景德镇分行

党委书记、行长
　　　　　　欧阳方东（2023.12 任）
党委委员、副行长
　　　　　　杨　虹（女）
党委委员、纪委书记
　　　　　　梁　君
党委委员、副行长
　　　　　　宋晓健
　　　　　　陈文晖

邮储银行景德镇市分行

行　长　　　钟　华

江西银行景德镇分行

党委书记、行长
　　　　　　黄　振
党委委员、纪委书记、副行长
　　　　　　叶节育（2023.11 任）
党委委员、工会主席、副行长
　　　　　　陈大庆（2023.3 任）
党委委员、行长助理
　　　　　　李　君

景德镇农商银行

董事长　　　付文萃（女）
行　长　　　黄筱琴（女，2023.7 任）
风险总监　　王　忠
副行长　　　虞　杰
监事长　　　涂剑云

九江银行股份有限公司景德镇分行

行　长　　　陈和淼（2023.4 任）
行长助理　　唐　彦（女，2023.6 任）
　　　　　　刘心皓（女）
　　　　　　何运辉
　　　　　　周国明（2023.8 任）

上饶银行景德镇分行

行　长　　　王新华（2023.5 任）

中国电信景德镇分公司

党委书记、总经理
　　　　　　孙　珂

党委委员、副总经理
柳科生
曹国华
党委委员、纪委书记
万　飞（2023.3 任）
党委委员、副总经理
何亮靓（女，2023.6 任）

中国移动景德镇分公司

党委书记、总经理
吴建平
党委委员、副总经理、工会主席
程新群
党委委员、纪委书记、副总经理
邹标明
总经理助理　程　林

中国联通景德镇市分公司

党委书记、副总经理
刘　青
党委委员、派驻纪检组组长
李翠娥（女，2023.3 任）
党委委员、副总经理
李有胜（2023.3 任）
汪昊峰
副总经理　陈　渡

十一、驻市企业

长虹华意压缩机股份有限公司

党组书记　杨秀彪
副总经理　肖文艺

江西直升机有限公司

党组书记　程冬久
董事长　徐大淼

昌飞公司

党委书记、董事长
周国臣

总经理、董事、党委副书记
赵亚波
党委副书记、副总经理
邵剑锋
副总经理、总工程师
王先模
总会计师　曾涛涛
副总经理　谢晓文
曾　坤
项洪涛
纪委书记、总法律顾问
张朝鹏
工会主席　王少谦

国家电投景德镇发电厂

厂长、党委副书记
黄刚清
党委书记、副厂长
李　诚
副总监　朱填美（任至 2023.9）
董旺兴
纪委书记、工会主席
杨清水
总工程师　董旺兴
副厂长　杨小言
郝继胜
财务总监　陈艳青（女）
总工程师　江　波（2023.1 任）

国网景德镇供电公司

总经理、党委副书记
方小平（任至 2023.10）
张　鑫（2023.10 任）
党委书记、副总经理
何　健（任至 2023.7）
刘小波（2023.7 任）
副总经理、总会计师、党委委员
谢志军（任至 2023.9）
纪委书记、工会主席、党委委员
余样平

副总经理、党委委员
刘　勇
赵大天（任至 2023.7）
王星安（2023.7 任）
总工程师、党委委员
方伟华（2023.7 任）
总会计师
刘文泉（2023.9 任）
主任管理师（资深三级职员）
谢朝晖（2023.11 任）
主任管理师（三级职员）
江　姗（女）
吴有彬（2023.11 任）

中国直升机设计研究所

所　长　许建华
党委书记　黄文俊

江西昌河汽车有限公司

党委书记、董事长、总经理
旷光华
党委副书记、副董事长
朱油福
党委副书记、纪委书记、工会主席
吴继军
党委委员、常务副总经理
赵　岳
党委委员、副总经理
胡学兆
徐建增
财务总监　潘剑锋

江西景航航空锻铸有限公司

党委书记、董事长
胡冬生
党委副书记、总经理
胡远军
党委副书记、纪委书记、工会主席
吴占飞
财务总监　朱亦民
副总经理　毛志全
王志录
敖　坤

江西乐矿能源集团有限公司

党委书记、董事长
蔡正华
党委副书记、副董事长、总经理
蔡宝家（2023.11 任）
党委委员、副总经理
汪　锴
党委委员、总工程师
束华英
党委委员、副总经理
刘后明
党委委员、纪委书记
聂立军（2023.2 任）
党委委员、董事、账务总监
方应欣（2023.10 任）

景德镇华润燃气公司

党委书记、总经理
郑师桢

附　录

景德镇市2023年国民经济和社会发展统计公报

景德镇市统计局　国家统计局景德镇调查队

2024年4月9日

2023年是景德镇发展史上极具里程碑意义的一年，习近平总书记首次亲临景德镇考察，并嘱托我们“要把‘千年瓷都’这张靓丽的名片擦得更亮”，为景德镇发展标定了历史方位、擘画了宏伟蓝图，162万瓷都儿女倍感振奋、倍增信心、倍添干劲！我们牢记嘱托、感恩奋进，坚持以习近平新时代中国特色社会主义思想为指导，深入学习贯彻党的二十大精神，以及习近平总书记考察江西重要讲话精神，认真落实省委、省政府和市委、市政府各项决策部署，以国家试验区建设为统领，深化落实“五新”战略行动，经济社会发展取得新成效。

一、综合

经省统计局统一核算，2023年全年地区生产总值1201.10亿元，在2022年总量超萍乡的基础上，2023年再次实现新突破，增速在四小市排名第二，比上年前进一位，比上年增长3.5%，两年平均增长3.9%。其中，第一产业增加值76.64亿元，增长3.9%；第二产业增加值517.36亿元，增长5.1%；第三产业增加值607.10亿元，增长2.1%。三次产业结构比为6.4 ∶ 43.1 ∶ 50.5，三次产业贡献率分别为7.6%、62.7%、29.7%。人均地区生产总值74176元，增长3.6%，按年平均汇率计算，折合10530美元。

图1　2019—2023年景德镇市地区生产总值及其增长速度

图2　2019—2023年三次产业增加值占地区生产总值比重

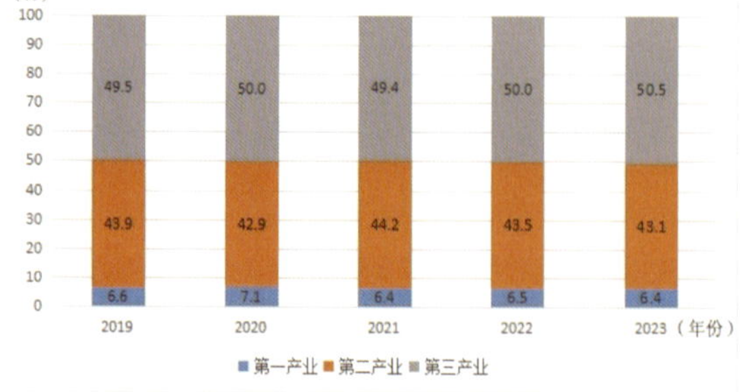

年末，常住总人口为1616697人，比上年末减少5148人，其中城镇常住人口为1091450人，占总人口比重（常住人口城镇化率）为67.51%，比

上年末提高 1.03 个百分点。户籍人口城镇化率为 50.04%，比上年末提高 0.47 个百分点。全年出生人口 9980 人，出生率为 6.16‰；死亡人口 11560 人，死亡率为 7.14‰；自然增长率为 –0.98‰。

图3 2019—2023年末常住人口城镇化率

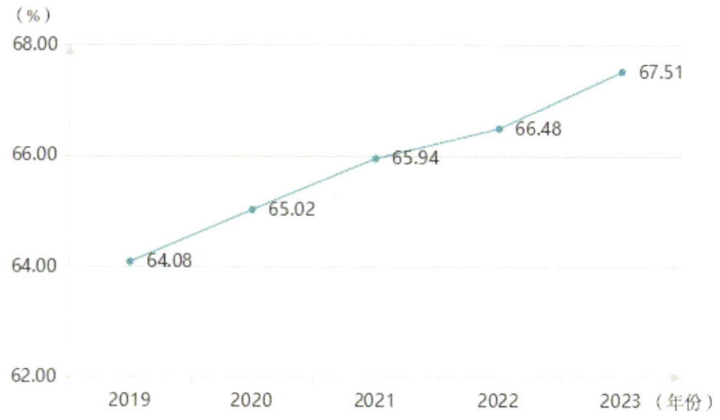

居民消费价格保持基本平稳。全年居民消费价格总指数（CPI）与上年持平，涨幅比上年下降 1.9 个百分点。八大类价格同比“五涨三降”，其中，食品烟酒类价格上涨 0.3%，衣着类价格上涨 1.2%，居住类价格上涨 0.3%，生活用品及服务类价格下降 1.3%，交通和通信类价格下降 3.2%，教育文化和娱乐类价格上涨 2.3%，医疗保健类价格下降 0.6%，其他用品和服务类价格上涨 3.6%。

图4 2023年1月以来居民消费价格各月累计涨跌幅度

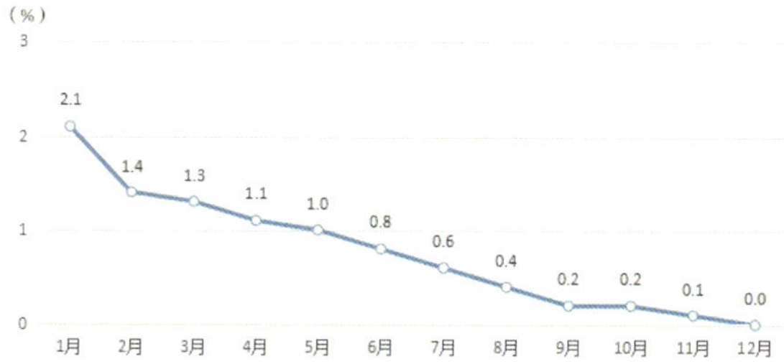

表 12 2023 年居民消费价格分类别涨跌幅度

类别	比上年上涨（%）
居民消费价格总指数	0.0
食品烟酒	0.3
衣着	1.2
居住	0.3
生活用品及服务	–1.3
交通和通信	–3.2
教育文化和娱乐	2.3
医疗保健	–0.6
其他用品和服务	3.6

二、农业

全年全市农林牧渔业总产值 131.67 亿元，比上年增长 4.0%。粮食种植面积 95626 公顷，比上年减少 7.58 公顷。棉花种植面积 552.4 公顷，减少 1.35 公顷。油料种植面积 29447 公顷，增加 2669 公顷。糖料种植面积 1250 公顷，增加 10 公顷。

全年粮食产量 561933 吨，比上年增加 15868 吨，增产 2.9%。

图5 2019—2023年粮食产量

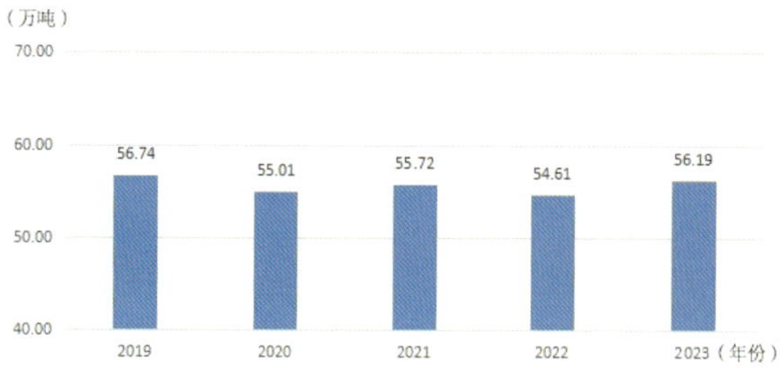

全年棉花产量 878 吨，比上年减产 0.1 %。油料产量 44022 吨，增产 5.9%。糖料产量 52826 吨，增产 2.5%。茶叶产量 13990 吨，增产 1.6%。

全年肉类总产量 60899 吨，比上年增长 8.9%。其中，猪肉产量 48200 吨，增长 8.5%；牛肉产量 2294 吨，下降 1.3%；羊肉产量 1124 吨，增长 27.0%；禽肉产量 9280 吨，增长 12.0%。禽蛋产量 12476 吨，下降 4.8%。牛奶产量 452 吨，下降 5.6%。年末，生猪存栏 28.10 万头，下降 11.4%；生猪出栏 58.67 万头，增长 7.2%。

全年水产品产量 31745 吨，比上年增长 3.4%。其中，养殖水产品产量 28155 吨，增长 3.3%；捕捞水产品产量 3590 吨，增长 4.0%。

三、工业和建筑业

全年全市工业增加值比上年增长 4.7%，规模以上工业增加值增长 5.4%。其中，股份制企业增长 5.9%，外商及港澳台商投资企业下降 2.7%，其他经济类型企业增长 11.7%。

图6 2019—2023年规模以上工业增加值增长速度

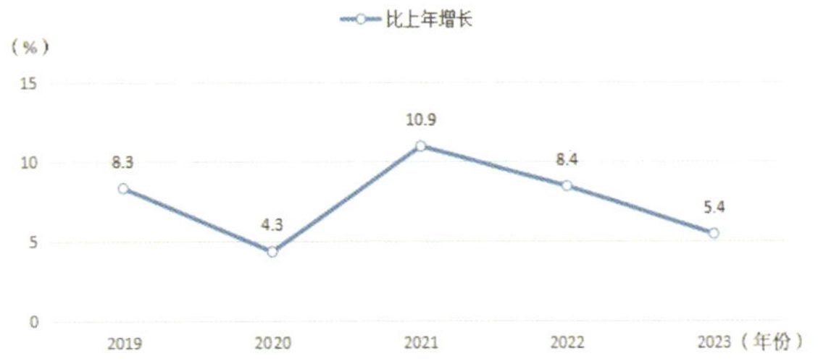

表 13 2023 年规模以上工业主要产品产量及其增长速度

产品名称	单位	产量	比上年增长（%）
瓷质砖	万平方米	1679.27	-39.8
汽车	辆	30059	45.7
气体压缩机	万台	1641.83	15.4
家用电冰箱	万台	77.49	109.0

在规模以上优势产业中，电子信息产业增加值增长 24.3%，精细化工及生物医药产业增加值增长 5.2%，制冷压缩机及家电产业增加值增长 25.6%，直升机及通航产业增加值增长 42.6%，汽车及零部件产业增长 4.6%。

全年规模以上工业产品销售率为 92.3%。实现营业收入 1279.83 亿元，比上年下降 0.1%。利税总额 68.93 亿元，下降 22.2%。利润总额 46.46 亿元，下降 26.3%；其中股份制企业 41.64 亿元，下降 25.61%；集体企业 0.07 亿元，下降 50.4%；私营企业 30.33 亿元，下降 17.5%；外商及港澳台商投资企业 4.53 亿元，下降 32.6%；国有企业 0.08 亿元，同期为亏损 0.02 亿元。

2023 年末全市开发区投产工业企业 479 家，比上年末增加 69 家。实现出口交货值 94.40 亿元，增长 32.9%。项目签约资金 799.17 亿元，增长 4.6%；其中本年新签约项目 78.54 亿元，增长 4.5%。实现营业收入 1544.77 亿元，增长 5.7%；实现利润总额 72.83 亿元，下降 15.0%。

全年全市总承包和专业承包建筑业总产值完成 58.59 亿元，比上年增长 13.3%。其中，建筑工程产值完成 50.81 亿元，增长 13.7%，占全市建筑业总产值的比重为 86.7%；安装工程产值完成 4.94 亿元，增长 15.4%，占比 8.4%；其他产值完成 2.84 亿元，增长 3.6%，占比 4.9%。资质以上总、专包建筑业企业共 131 家，比上年增加 32 家。其中，总承包企业 102 家，专业承包企业 29 家。按资质等级划分，资质等级为特、一级企业 10 家，增加 6 家；二级企业 39 家，增加 5 家；三级及其他企业 82 家，增加 21 家。

四、服务业

全年全市服务业实现增加值 607.10 亿元，比上年增长 2.1%。其中批发和零售业增加值 145.46 亿元，比上年增长 7.2%；交通运输、仓储和邮政业增加值 47.27 亿元，增长 6.5%；住宿和餐饮业增加值 30.57 亿元，增长 6.9%；金融业增加值 67.48 亿元，增长 10.0%；房地产业增加值 61.80 亿元，下降 11.0%；信息传输、软件和信息技术服务业增加值 15.74 亿元，增长 8.4%；租赁和商务服务业增加值 26.16 亿元，下降 0.8%。

全年全市规模以上服务业企业营业收入总量比上年增长 3.7%，利润总额 9.84 亿元，比上年下降 6.0%，营业利润下降 9.5%。

全年货物运输总量 2286 万吨，比上年增长 7.4%。货物运输周转量 605824 万吨千米，增长 4.1%。

图7 2019—2023年服务业增加值增长速度

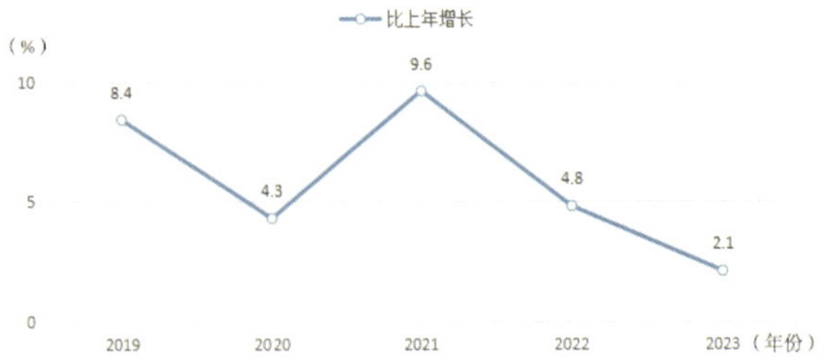

全年旅客运输总量 397 万人次，比上年增长 20.7%。旅客运输周转量 26659 万人千米，增长 22.1%。

全年完成邮政行业业务总量 3.07 亿元，比上年下降 10.0 %。邮政业全年完成邮政函件业务 20.00 万件，包裹业务 4.75 万件，快递业务量 2102.57 万件，快递业务收入 5748.36 万元。全年完成电信业务总量 14083.00 万元，比上年增长 4.6%。电信业电话交换机容量达到 944.00 万户。年末，全市移动用户总数 199.23 万户，比上年末增加 5.73 万户。固定互联网宽带接入用户 54.09 万户，比上年末增加 6.44 万户，其中固定互联网光纤宽带接入用户 49.71 万户，增加 2.06 万户。

五、固定资产投资

全年全市完成固定资产投资比上年下降 8.0%。分产业看，第一产业投资下降 6.1%，第二产业投资下降 19.5%，第三产业投资增长 2.3%。民间投资下降 11.4%，占固定资产投资的比重为 58.2%。

图8 2019—2023年固定资产投资增长速度

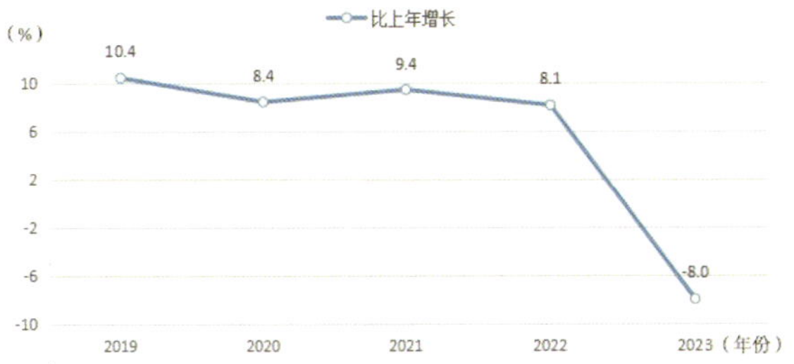

商品房销售面积 114.75 万平方米，比上年下降 38.7%。其中，住宅销售面积 96.14 万平方米，下降 44.8%。商品房销售额 73.01 亿元，下降 40.5%。住宅投资下降 23.1%，占房地产开发投资的比重为 92.3%，安装工程完成投资下降 42.0%。

全年全市施工项目 768 个，比上年减少 218 个。其中，新开工项目 122 个，减少 119 个，完成投资占全部投资的 11.9%。施工项目中，全市亿元以上施工项目 548 个，比上年减少 24 个；其中，亿元以上新开工项目 81 个，比上年减少 78 个。

六、国内贸易

全年全市社会消费品零售总额 606.11 亿元，比上年增长 5.8%。按经营地统计，城镇消费品零售额 516.35 亿元，增长 5.9%；乡村消费品零售额 89.76 亿元，增长 5.3%。按消费类型统计，商品零售额 519.98 亿元，增长 6.8%；餐饮收入额 71.98 亿元，增长 11.6%。

在限额以上单位商品零售额中，粮油、食品类零售额比上年增长 13.8%，饮料类下降 5.0%，烟酒类下降 28.1%，服装、鞋帽、针纺织品类增长 22.2%，化妆品类增长 25.0%，金银珠宝类下降 18.0%，日用品类增长 69.5%，家用电器和音像器材类增长 1.1%，中西药品类增长 9.4%，文化办公用品类下降 24.1%，家具类下降 57.1%，通信器材类下降 26.6%，建筑及装潢材料类下降 8.4%，石油及制品类下降 0.3%，汽车类增长 15.8%。

图9 2019—2023年社会消费品零售总额及其增长速度

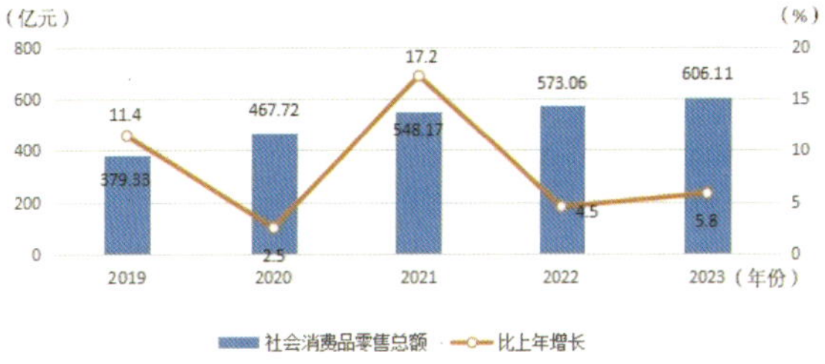

七、对外经济

全年全市货物进出口总额 130.46 亿元，比上年下降 45.8%。其中，出口 102.88 亿元，下降 39.2%；进口 27.59 亿元，下降 61.4%。进出口差额（出口减进口）75.29 亿元。生产型出口总额 84.76 亿元，下降 31.9%。

全年新签合同外资项目 24 个。合同外资金额 2.19 亿美元，比上年下降 86.0%。实际利用外资 0.34 亿美元，下降 62.0%。

图10 2019—2023年进出口总额

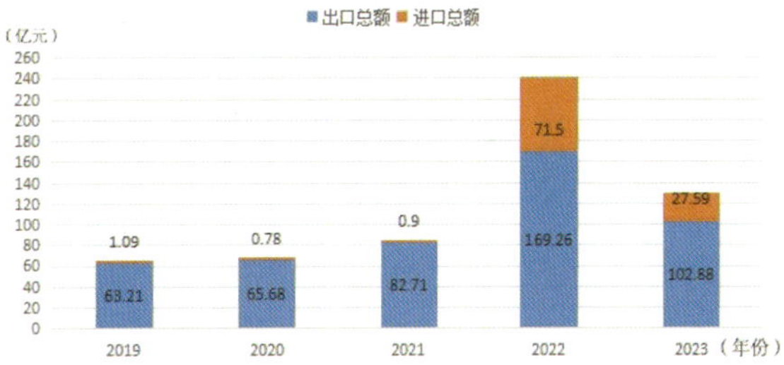

八、财政金融

全年全市一般公共预算收入 90.30 亿元，比上年下降 3.9%。在一般公共预算收入中，税收收入 54.38 亿元，增长 15.3%，税收收入占比 60.2%。一般公共预算支出 239.95 亿元，比上年下降 3.1%。民生方面支出 181.25 亿元，占一般公共预算支出比重为 75.5%。

图11 2019-2023年一般公共预算收入及其增长速度

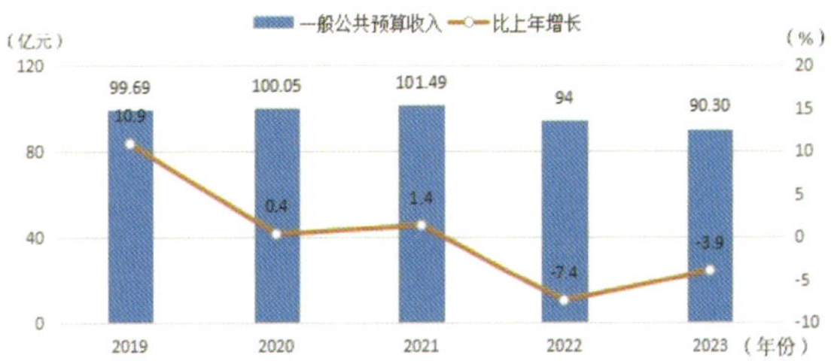

年末，全市金融机构本外币各项存款余额2052.70亿元，比年初增加247.62亿元；其中人民币各项存款余额2035.27亿元，增加240.70亿元。金融机构本外币各项贷款余额1831.40亿元，增加254.57亿元；其中人民币各项贷款余额1831.38亿元，增加254.63亿元。

九、居民收入消费和社会保障

全年全市城镇居民人均可支配收入49528元，比上年增长3.8%；农村居民人均可支配收入23863元，增长6.9%。城乡居民人均可支配收入比值为2.08，比上年缩小0.06。

城镇居民人均消费支出29840元，增长6.3%；农村居民人均消费支出19503元，增长8.0%。

图12 2019—2023年城镇、农村居民人均可支配收入及城乡居民收入比

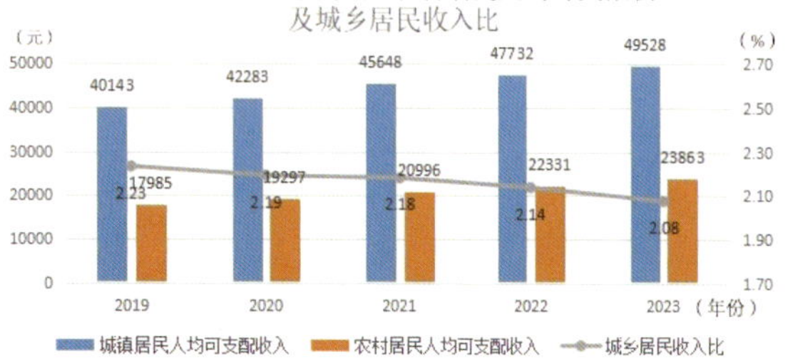

年末，全市参加城镇职工基本养老保险人数48.78万人，比上年末增加2.04万人。参加城乡居民基本养老保险人数56.11万人，减少8.77万人。参加基本医疗保险人数154.61万人，增加0.05万人。其中，参加职工基本医疗保险人数33.23万人，减少0.21万人；参加城乡居民基本医疗保险人数121.38万人，减少0.26万人。参加失业保险人数11.56万人。年末领取失业保险金人数3090万人。参加工伤保险人数21.34万人，减少0.80万人，其中参加工伤保险的农民工2.88万人，减少2.45万人。参加生育保险人数17.28万人，增加0.52万人。年末共有25465人享受城市居民最低生活保障，40048人享受农村居民最低生活保障，3028人享受农村特困人员救助供养，全年临时救助7599人次。全年资助62053人（含大学生）参加基本医疗保险，医疗救助201700人次。

十、教育和科学技术

全年全市中等职业教育招生6553人，在校生19695人，毕业生4807人。普通高中招生15381人，在校生44416人，毕业生13290人。初中招生25145人，在校生77340人，毕业生25288人。普通小学招生20839人，在校生138094人，毕业生25165人。特殊教育招生62人，在校生293人，毕业生65人。学前教育在园幼儿45208人。高中阶段毛入学率为96.9%。

十一、文化旅游、卫生健康和体育

全年全市文化系统艺术表演院团演出460场次，观众36.45万人次；公共图书馆共5个，藏书167.16万册。

全年全市旅游接待总人数5896.35万人次，比上年增长32.0%；旅游总收入709.14亿元，增长95.4%。

年末拥有卫生机构1458所，其中医院51所；卫生工作人员16276人，其中卫生技术人员有13186人，执业医师和执业助理医师4784人；注册护士有6122人，医疗卫生机构床位11806张，其中医院10109张，乡镇卫生院1014张。全年总诊疗人次8917391人次，出院人数316315人。

全年参加运动会运动员3475人次。在省级以上比赛获奖牌数216枚，其中，金牌69枚，银牌69枚，铜牌78枚。

十二、资源、环境和应急管理

全年全市环境空气质量优良天数比率达98.6%；全市地表水断面水质达到或好于Ⅲ类，断面比例达到100.0%，全市集中式生活饮用水水源地水质达标率为100.0%。

全年全市能源消费总量490.54万吨标准煤，比上年增长2.3%，其中，工业能源消耗总量328.84万吨标准煤，增长2.2%。万元GDP能耗下降1.2%，万元规模以上工业增加值能耗下降2.4%。

全年安全生产事故14起，其中，道路交通事故10起，工矿商贸事故4起。安全生产事故死亡人数15人，其中，道路交通事故死亡11人，工矿商贸事故死亡4人。

注释：

1. 本公报中数据均为初步统计数。部分数据因四舍五入的原因，存在着分项与合计不等的情况。

2. 地区生产总值和各产业增加值绝对数按现价计算，增长速度按不变价格计算。

3. 规模以上工业统计范围为年主营业务收入2000万元及以上的企业，固定资产投资统计范围为计划总投资500万元及以上项目和房地产。

4. 万元地区生产总值能耗、万元规模以上工业增加值能耗按2020年不变价格计算。

5. 高中阶段教育毛入学率主要反映高中阶段教育覆盖面，是指高中阶段在校生总数占15—17岁学

龄人口数的百分比。

资料来源：

本公报中财政数据来自财政局；肉类、水产品产量等数据来自农业农村局；进出口、招商引资数据来自商务局；交通运输等数据来自交通运输局；金融数据来自人民银行；教育、体育数据来自教育体育局；艺术表演团体、公共图书馆数据来自文化广电新闻出版旅游局；卫生数据来自卫生健康委员会；城乡居民收支、物价数据来自国家统计局景德镇调查队；社会保障数据来自人力资源和社会保障局；森林覆盖率数据来自林业局；主要河流断面优质水率、空气优良率数据来自生态环境局；安全生产数据来自应急管理局；其他数据均来自统计局。

景德镇市规模以上工业经济规模结构效益

一、工业经济规模

2023 年，全市 641 户规模以上工业企业完成工业产值 1157.5 亿元，比上年下降 6.0%；规模以上工业增加值比上年增长 5.4%，增速列全省第 6 位。

1. 乐平市完成规模以上工业增加值 185.6 亿元，比上年增长 5.2%；浮梁县完成规模以上工业增加值 24.6 亿元，比上年增长 17.2%；昌江区完成规模以上工业增加值 28.4 亿元，比上年增长 8.2%；珠山区完成规模以上工业增加值 23.2 亿元，比上年增长 5.1%；高新区完成规模以上工业增加值 59.6 亿元，比上年增长 0.0%；昌南新区完成规模以上工业增加值 28.6 亿元，比上年增长 6.6%。

2. 非公有制规模以上工业企业营业收入实现增长，2023 年实现营业收入 932.7 亿元，比上年增长 0.6%；利润总额 47.4 亿元，比上年下降 22.6%。

3. 重点工业产品产量中，9 种主要工业产品，电冰箱、汽车、压缩机、服装、烧碱等产品实现同比增长。

表 14　　2023 年景德镇市主要工业产品完成情况

产品名称	单位	本年实际		同比增长（%）	
		12 月	1–12 月累计	比同月	比同期
瓷质砖	万平方米	156.0	1679.3	–25.3	–39.8
电冰箱	万台	5.9	77.5	39.4	10.9
汽　车	辆	6069.0	30059.0	105.9	45.7
无氟压缩机	万台	138.2	1641.8	30.4	15.4
水泥	万吨	24.5	239.6	–51.6	–22.6
服装	万件	240.7	3280.2	10.0	28
精制茶	吨	3872.8	33593.0	–20.4	–21.8
精制食用油	吨	6.0	70.5	–55.9	–75.5
烧碱	吨	26222.4	299522.3	3.1	1.9

二、工业效益

2023 年，全市规模以上工业实现营业收入 1279.8 亿元，比上年下降 0.1%，增速列全省第 7 位；实现利税总额 68.9 亿元，比上年下降 22.2%。

1. 轻工业实现营业收入 309.1 亿元，比上年下降 9.7%；重工业实现营业收入 970.7 亿元，比上年增长3.5%。市县属企业实现营业收入1251.2亿元，比上年增长0.1%；部省属企业实现营业收入28.6亿元，比上年下降6.2%。

2. 全市规模以上工业实现利润总额46.5亿元，比上年下降26.3%，增速列全省第8位。分经济类型看：国有企业实现利润总额801万元，较上年增长1020万元；股份制企业实现利润总额41.6亿元，比上年下降25.6%；外商及港澳台商企业实现利润总额4.5亿元，比上年下降32.6%；其他企业实现利润总额1248万元。

3. 亏损企业亏损额有所减少。2023年，全市规模以上工业亏损企业亏损额为13.0亿元，比上年同期减少亏损0.68亿元，同比减少5.0%。

三、工业经济结构

全市规模以上工业企业营业收入中，按企业隶属关系分，部省属企业占2.2%，市县属企业占97.8%；按企业登记注册类型分，国有企业占0.3%，股份制企业占91.9%，外商及港、澳、台商投资企业占7.3%，其他企业占0.5%；按轻、重工业分，轻工业企业占24.2%，重工业企业占75.8%。

表15　景德镇市重点产业一览表

	企业户数	工业总产值		营业收入		利税总额	
		2023年（万元）	同比（%）	2023年（万元）	同比（%）	2023年（万元）	2022年（万元）
直升机及通航产业	31	778861	15.9	833782	22.6	100759	77625
精细化工及生物医药产业	66	4927660	−6.7	5389762	−7.6	198922	374328
陶瓷及相关辅助材料产业	240	2936682	1.0	2953059	9.3	437240	485815
先进陶瓷	59	1450801	26.0	1286123	43.9	113992	110131
汽车及零部件产业	19	241965	1.8	263481	4.9	−59351	−56450
制冷压缩机及家电产业	3	338693	16.7	390530	1.7	25949	16475
电子信息产业	51	999669	17.1	1134920	38.5	54265	49726

（刘建东）

2023年景德镇市重要文件选目

表16　2023年中共景德镇市委文件选目一览表

文　号	标　题
景党发〔2023〕1号	中共景德镇市委、景德镇市人民政府印发《关于做好2023年全面推进乡村振兴重点工作的实施意见》
景党发〔2023〕2号	中共景德镇市委印发《关于大力激励干部敢为、地方敢闯、企业敢干、群众敢首创的意见》
景党发〔2023〕6号	中共景德镇市委印发《关于在全市深入开展学习贯彻习近平新时代中国特色社会主义思想主题教育的实施方案》
景党发〔2023〕7号	中共景德镇市委、景德镇市人民政府印发《景德镇市知识产权强市建设行动方案（2023—2035年）》
景党发〔2023〕8号	中共景德镇市委印发《学习宣传贯彻习近平总书记考察江西重要讲话精神总体安排》

表 17 2023 年中共景德镇市委办公室文件选目一览表

文 号	标 题
景办发〔2023〕2 号	市委办公室、市政府办公室印发《关于加强文物保护利用改革的实施意见》
景办发〔2023〕3 号	市委办公室印发《关于在全市大兴调查研究的实施方案》
景办发〔2023〕5 号	市委办公室、市政府办公室印发《景德镇市市属国有企业领导人员管理办法》
景办发〔2023〕11 号	市委办公室、市政府办公室印发《全面推进信访工作法治化工作方案》
景办字〔2023〕14 号	市委办公室、市政府办公室印发《景德镇市贸易兴市行动计划（2023—2026 年）》
景办字〔2023〕17 号	市委办公室、市政府办公室印发《景德镇市义务教育学校教师“县管校聘”管理体制改革的实施意见》
景办字〔2023〕19 号	市委办公室、市政府办公室印发《关于优化“洋景漂”发展环境工作方案》
景办字〔2023〕20 号	市委办公室印发《关于实施民生实事项目人大代表票决制工作的意见》
景办字〔2023〕24 号	市委办公室、市政府办公室印发《景德镇市相对集中行政许可权改革实施方案》

（市委办秘书科）

表 18 2023 年景德镇市人民政府文件选目一览表

文 号	标 题
景府发〔2023〕1 号	景德镇市人民政府关于推进大院大所合作增强科技创新驱动力的实施意见
景府发〔2023〕2 号	景德镇市人民政府关于印发《景德镇市产业科技创新专家咨询委员会管理办法（试行）》的通知
景府发〔2023〕6 号	景德镇市人民政府关于印发《景德镇市卫生健康服务能力全面提升三年行动计划（2023—2025 年）》的通知
景府发〔2023〕7 号	景德镇市人民政府关于公布市政府行政规范性文件清理结果的通知
景府发〔2023〕8 号	景德镇市人民政府关于印发《景德镇市贯彻落实江西省气象高质量发展纲要（2023—2035 年）实施方案》的通知
景府发〔2023〕9 号	景德镇市人民政府关于印发《实体经济还贷周转基金管理办法》的通知
景府发〔2023〕10 号	景德镇市人民政府关于印发《景德镇市城乡居民基本医疗保险实施办法》的通知
景府发〔2023〕11 号	景德镇市人民政府关于印发《景德镇市住宅专项维修资金管理办法》的通知
景府发〔2023〕12 号	景德镇市人民政府关于印发《景德镇市城市建设档案管理规定》的通知
景府发〔2023〕13 号	景德镇市人民政府关于印发《景德镇市数字政府建设总体方案》的通知
景府发〔2023〕14 号	景德镇市人民政府关于印发《景德镇市被征地农民参加基本养老保险实施办法》的通知
景府发〔2023〕15 号	景德镇市人民政府关于印发《景德镇市金融支持“景漂”人才发展实施细则》的通知
景府字〔2023〕51 号	景德镇市人民政府关于印发《景德镇市“十四五”节能减排综合工作实施方案》的通知
景府字〔2023〕70 号	景德镇市人民政府关于公布实施景德镇市城区土地定级与基准地价更新成果的通知
景府字〔2023〕82 号	景德镇市人民政府关于确定“景德镇制”地理标志地域保护范围的通知

续表 18

文 号	标 题
景府字〔2023〕103 号	景德镇市人民政府关于宣布《景德镇市促进散装水泥发展和应用管理办法》等 17 件行政规范性文件失效的通知
景府字〔2023〕107 号	景德镇市人民政府关于印发《景德镇市粮食应急预案》的通知

表 19　　2023 年景德镇市人民政府办公室文件选目一览表

文 号	标 题
景府办发〔2023〕1 号	景德镇市人民政府办公室关于印发《景德镇市职业技能竞赛管理暂行办法》的通知
景府办发〔2023〕2 号	景德镇市人民政府办公室关于印发《景德镇市应急管理考核办法》的通知
景府办发〔2023〕3 号	景德镇市人民政府办公室关于印发《景德镇市化工重点监测点认定管理实施细则(试行)》的通知
景府办发〔2023〕4 号	景德镇市人民政府办公室关于印发《景德镇市推进行政审批“市县同权”改革实施方案》的通知
景府办发〔2023〕5 号	景德镇市人民政府办公室关于印发《景德镇市政府网站群管理办法》的通知
景府办发〔2023〕6 号	景德镇市人民政府办公室关于印发《景德镇市货物运输车辆超限超载治理工作问责办法(试行)》的通知
景府办发〔2023〕7 号	景德镇市人民政府办公室关于印发《景德镇市中心城区公共租赁住房管理办法》的通知
景府办发〔2023〕8 号	景德镇市人民政府办公室关于印发《景德镇市公务员医疗补助实施办法》的通知
景府办发〔2023〕9 号	景德镇市人民政府办公室关于印发《景德镇通用航空飞行协调运行暂行办法》的通知
景府办发〔2023〕10 号	景德镇市人民政府办公室关于印发《景德镇市政务数据共享管理暂行办法》的通知
景府办字〔2023〕1 号	景德镇市人民政府办公室关于印发《景德镇市推动国家文化出口基地高质量发展工作方案》的通知
景府办字〔2023〕2 号	景德镇市人民政府办公室关于印发《景德镇市促进建筑业高质量发展若干措施》的通知
景府办字〔2023〕3 号	景德镇市人民政府办公室关于印发《景德镇市成品油供应中断应急预案》的通知
景府办字〔2023〕5 号	景德镇市人民政府办公室关于延续促进房地产业良性循环和健康发展若干措施的通知
景府办字〔2023〕6 号	景德镇市人民政府办公室关于印发《景德镇市货物运输车辆超限超载专项整治方案》的通知
景府办字〔2023〕8 号	景德镇市人民政府办公室关于印发《景德镇市全域融合发展 2023 年重点工作计划安排》的通知
景府办字〔2023〕9 号	景德镇市人民政府办公室关于深入贯彻落实中央八项规定精神持续推进为基层减负工作的通知
景府办字〔2023〕10 号	景德镇市人民政府办公室关于印发《景德镇市生产安全事故应急预案》的通知
景府办字〔2023〕11 号	景德镇市人民政府办公室关于印发《景德镇市城区声环境功能区划分(调整)方案》的通知

续表 19

文 号	标　题
景府办字〔2023〕12 号	景德镇市人民政府办公室关于印发《景德镇市深入整治规范矿产资源保护开发利用专项行动实施方案》的通知
景府办字〔2023〕13 号	景德镇市人民政府办公室关于印发《景德镇市防汛抗旱应急预案》的通知
景府办字〔2023〕15 号	景德镇市人民政府办公室关于印发《景德镇市加强入河排污口监督管理工作方案》的通知
景府办字〔2023〕17 号	景德镇市人民政府办公室关于印发《促进中心城区二手住房交易的若干措施》的通知
景府办字〔2023〕18 号	景德镇市人民政府办公室关于印发《景德镇市安全生产重大事故隐患专项排查整治 2023 年行动工作方案》的通知
景府办字〔2023〕19 号	景德镇市人民政府办公室印发《关于在全市政府系统大兴调查研究的工作方案》的通知
景府办字〔2023〕27 号	景德镇市人民政府办公室关于印发《景德镇市创新服务模式推行“无感办理”服务实施方案》的通知
景府办字〔2023〕28 号	景德镇市人民政府办公室关于印发《景德镇市关于加强数字赋能优化营商环境的若干措施》的通知
景府办字〔2023〕29 号	景德镇市人民政府办公室关于印发《景德镇市政务服务事项现场勘验“四个一批”改革实施方案》的通知
景府办字〔2023〕30 号	景德镇市人民政府办公室关于印发《景德镇市应对旅游高峰服务提升工作方案》的通知
景府办字〔2023〕31 号	景德镇市人民政府办公室关于公布景德镇市行政许可事项清单（2023 年版）的通知
景府办字〔2023〕33 号	景德镇市人民政府办公室关于印发《关于进一步促进中心城区房地产市场健康发展的若干措施》的通知
景府办字〔2023〕34 号	景德镇市人民政府办公室关于印发《景德镇市饶河干流禁捕退捕工作实施方案》的通知
景府办字〔2023〕35 号	景德镇市人民政府办公室关于印发《景德镇市推进养老服务提质升级三年行动方案（2023—2025 年）》的通知
景府办字〔2023〕37 号	景德镇市人民政府办公室关于下达 2023 年度市直转业军官、转业军士安置计划的通知
景府办字〔2023〕38 号	景德镇市人民政府办公室关于印发《景德镇市推进行政权力和公共服务事项规范化实施工作方案》的通知
景府办字〔2023〕39 号	景德镇市人民政府办公室关于印发《景德镇市加快推进农业产业化高质量发展实施方案》的通知
景府办字〔2023〕40 号	景德镇市人民政府办公室关于建立全市消防救援队伍职业荣誉保障机制的意见
景府办字〔2023〕41 号	景德镇市人民政府办公室关于印发《景德镇市健康影响评价评估制度建设工作方案》的通知
景府办字〔2023〕44 号	景德镇市人民政府办公室关于印发《全市政府系统深入学习贯彻习近平总书记考察江西重要讲话精神和对景德镇工作重要指示精神工作方案》的通知
景府办字〔2023〕45 号	景德镇市人民政府办公室关于印发《景德镇市新污染物治理工作方案》的通知
景府办字〔2023〕46 号	景德镇市人民政府办公室关于深入推进跨部门综合监管工作的通知

续表 19

文 号	标 题
景府办字〔2023〕47 号	景德镇市人民政府办公室关于印发《促进全市旅游住宿行业规范经营的实施方案》的通知
景府办字〔2023〕48 号	景德镇市人民政府办公室关于印发《景德镇市餐饮等场所瓶 装液化石油气转换管道天然气工作实施方案》的通知
景府办字〔2023〕49 号	景德镇市人民政府办公室关于印发《景德镇市医疗机构设置规划（2021—2025 年）》的通知
景府办字〔2023〕50 号	景德镇市人民政府办公室关于印发《景德镇市处置水上突发事件应急预案》的通知
景府办字〔2023〕51 号	景德镇市人民政府办公室关于公布"千馆之城"首批创建场馆名录的通知
景府办字〔2023〕52 号	景德镇市人民政府办公室关于印发《景德镇市知识产权纠纷快速处理试点方案》的通知

（市政府办秘书科）

统计资料

表 20　　2023 年景德镇市经济与社会发展主要指标

	单位	2022 年	2023 年	2023 年比 2022 年增长（%）
一、综合				
土地面积	平方千米	5256	5256	—
年末常住人口	万人	162.18	161.67	-0.3
人口自然增长率	‰	0.07	-0.98	—
城镇化率	%	66.48	67.51	—
地区生产总值	亿元	1166.94	1201.10	3.5
第一产业	亿元	75.76	76.64	3.9
第二产业	亿元	507.41	517.36	5.1
第三产业	亿元	583.77	607.10	2.1
万元 GDP 能耗	吨标准煤	0.4404	0.4369	-1.2
二、农业				
农业总产值	亿元	130.46	131.67	4.0
主要农产品产量				
粮食	万吨	54.61	56.19	2.9
棉花	吨	879	878	-0.1
油料	吨	41555	44022	5.9
茶叶	吨	13776	13990	1.6

续表 20

	单位	2022 年	2023 年	2023 年比 2022 年增长（%）
猪肉	吨	44421	48200	8.5
猪年末存栏	万头	31.73	28.10	–11.4
水产品	吨	30706	31745	3.4
三、工业				
规模以上工业增加值	亿元	—	—	5.4
主要工业产品产量				
无氟压缩机	万台	1423	1642	15.4
家用冰箱	万台	70.48	77.49	10.0
汽车	万辆	2.06	3.01	45.9
四、固定资产投资				
固定资产投资完成额	亿元	—	—	–8.0
房屋竣工面积	万平方米	–36.6	–4.6	
五、贸易和外向型经济				
社会消费品零售总额	亿元	573.06	606.11	5.8
出口总值	亿元	169.26	102.88	–39.2
实际利用外资	亿美元	0.88	0.34	–62.0
旅游总人数	万人次	4469.69	5896.00	31.9
旅游总收入	亿元	362.96	709.14	95.4
六、运输和邮电				
运输部门货运量	万吨	2129.00	2286.00	7.4
运输部门客运量	万人次	2410.38	397.00	–83.5
移动电话用户	万户	185.62	199.23	7.3
七、财政				
一般公共预算收入	亿元	94.00	90.30	–3.9
#税收收入	亿元	47.18	54.38	15.3
一般公共预算支出	亿元	247.50	239.95	–3.1
八、人民生活				
城镇居民人均可支配收入	元	47732	49528	3.8
农村居民人均可支配收入	元	22331	23863	6.9
居民消费价格总指数	%	101.9	100.0	
九、教育、卫生				
全市在校学生数	万人	—	—	—
#普通中学	万人	12.02	12.17	1.3

续表 20

	单位	2022 年	2023 年	2023 年比 2022 年增长（%）
小学	万人	14.22	13.81	–2.9
卫生机构数	所	1167	1458	24.9
卫生机构病床数	张	11218	11806	5.2
执业医师和助理医师	人	4105	4784	16.5
注册护士	人	5462	6122	12.1

注：①地区生产总值、农业总产值、规模以上工业增加值绝对值按现价计算，增速按可比价计算；
②人口数据为变动抽样调查推算的常住人口数，与公安部门统计的户籍人口数口径不同。
③从 2017 年起，国家、省份、地市、县区对规模以上工业增加值只公布增速。

表 21　2023 年景德镇市主要指标每人年平均水平

指标	单位	2022 年	2023 年
地区生产总值	元	71980	74176
一般公共预算收入	元	5798	5577
住户存款	元	77496	89588
主要农产品产量			
粮食	千克	336.85	346.65
棉花	千克	0.54	0.54
油料	千克	25.63	27.15
茶叶	千克	8.50	8.63
水果	千克	69.73	59.75
肉类产量	千克	34.49	37.56
水产品	千克	18.94	19.58
主要工业产品产量			
发电量	千瓦小时	4382.44	4129.18
原煤	千克	10.73	42.41
水泥	千克	18108.30	14779.08
自来水	立方米	51.42	63.90

表 22　2023 年景德镇市常住人口基本情况

指标	单位	2022 年	2023 年
总人口	万人	162.18	161.67
城镇人口	万人	107.82	109.15
乡村人口	万人	54.37	52.52

续表 22

指标	单位	2022 年	2023 年
年平均人口	万人	162.12	161.93
人口出生率	‰	6.62	6.16
人口死亡率	‰	6.55	7.14
人口自然增长率	‰	0.07	-0.98
城镇化率	‰	66.48	67.51

表 23　　2023 年景德镇市居民消费价格指数

指标	2022 年	2023 年
居民消费价格总指数	101.9	100.0
食品烟酒	101.7	100.3
衣着	101.1	101.2
居住	101.2	100.3
生活用品及服务	100.7	98.7
交通通信	105.9	96.8
教育文化娱乐	102.0	102.3
医疗保健	100.2	99.4
其他用品及服务	100.7	103.6

表 24　　2023 年景德镇市贸易、外向型经济主要指标

指标	单位	2022 年	2023 年
社会消费品零售总额	万元	5730579	60611071
外贸			
进出口总值	万美元	2407643	1304634
出口总值	万美元	1692600	1028780
利用外资			
批准利用外资项目	个	30	
合同外资金额	万美元	156433	21862
实际使用外资	万美元	8824	3357
旅游			
旅游总收入	亿元	362.96	709.14
旅游总人数	万人次	4469.69	5896

（市统计局）

索 引

说 明

一、索引采用主题分析法编制，大部分选用关键词。

二、索引按标引词汉语拼音字母顺序排列。

三、标引词后面的数字表示内容所在页码，数字后的 a、b、c 分别表示页码从左至右的第一、二、三栏。标引词后第二个页码起，表示该索引同一主题参见内容所在位置。

四、特载、专记、大事记、人物及附录等内容未作索引。

非汉字字符串排序

A

B

C

D

E

F

G

L

R

S

T

W

X

Y

Z

moon

近500个日常单词

真实而有趣的场景

孩子们喜爱的图画

方便查阅的单词表

Nearly 500 basic words

Helpful and fun categories

Kid-friendly illustrations and design

A word list for quick reference

singing

我的第一本英语单词书

世界图书出版

ISBN 978-7-5192-1881-2